HISTOIRE D'ANGLETERRE

ŒUVRES D'ANDRÉ MAUROIS

ROMANS

Les Silences du colonel Bramble (Grasset, 1918).
Ni Ange, ni Bête (Grasset, 1919).
Les Discours du Docteur O'Grady (Grasset, 1922).
Les Nouveaux Discours du Docteur O'Grady (Grasset, 1950).
Bernard Quesnay (Gallimard, 1926).
Climats (Grasset, 1928).
Le Cercle de Famille (Grasset, 1932).
L'Instinct du Bonheur (Grasset, 1934).
Terre promise (Flammarion, 1946).
Les Roses de Septembre (Flammarion, 1956).
Le faiseur d'âmes (Gallimard, 1931).
La machine à lire les pensées (Gallimard).

CONTES ET NOUVELLES

Les Mondes imaginaires (Grasset, 1929).
Les Mondes impossibles (Gallimard, 1947).
Toujours l'inattendu arrive (Deux Rives, 1946).
Le Dîner sous les Marronniers (Deux Rives, 1956).
Pour piano seul (Flammarion, 1960).

CHRONIQUES

Choses nues (Gallimard, 1963)

BIOGRAPHIES

Ariel ou la Vie de Shelley (Grasset, 1923).
La Vie de Disraeli (Gallimard, 1927).
Byron, 2 volumes (Grasset, 1930).
Lyautey (Plon, 1931).
Voltaire (Gallimard, 1932).
Chateaubriand (Grasset, 1938).
Mémoires (Flammarion, 1947).
A la recherche de Marcel Proust (Hachette, 1949).
Lélia ou la Vie de George Sand (Hachette, 1952).
Olympio ou la Vie de Victor Hugo (Hachette, 1954).
Les Trois Dumas (Hachette, 1957).
La Vie de Sir Alexander Fleming (Hachette, 1959).
Adrienne ou la Vie de Mme de La Fayette (Hachette, 1961).
Edouard VII et son temps.
Promethee ou la vie de Balzac (Hachette, 1965).

HISTOIRE

Histoire d'Angleterre (Fayard, 1937).
Histoire des États-Unis (Albin Michel, 1947).
Histoire de la France (Albin Michel, 1958).

ESSAIS

Dialogues sur le Commandement (Grasset, 1924).
Mes Songes que voici (Grasset, 1933).
Sentiments et Coutumes (Grasset, 1934).
Magiciens et Logiciens (Grasset, 1935).
Un Art de vivre (Plon, 1939).
Alain (Domat, 1950).
Lettres à l'Inconnue (Fayard, 1956).
Lecture, mon doux plaisir (Fayard, 1957).
Portrait d'un ami qui s'appelait moi (Wesmael-Charlier, 1960).
De Proust à Camus (Librairie académique Perrin, 1963).
La conversation (Paris, 1927).
Aspect de la biographie (1928).

ANDRÉ MAUROIS
DE L'ACADÉMIE FRANÇAISE

HISTOIRE D'ANGLETERRE

Complétée pour la période récente
par Michel Mohrt

Fayard

A Simone André Maurois

NOTE LIMINAIRE

C'est à la fin de cet ouvrage que le lecteur trouvera la liste des livres dont j'ai fait un constant usage. Déjà fort longue, cette liste est naturellement beaucoup trop courte pour qu'y soit même esquissée la bibliographie d'un tel sujet. Les omissions doivent être expliquées moins par des jugements défavorables que par la dure nécessité de choisir.

Il n'était pas possible, en un volume, de conter, avec l'histoire de l'Angleterre, celle de l'Écosse, ni de l'Irlande. Les rapports des trois pays ont été exposés toutes les fois que cela parut indispensable, mais de la manière la plus brève. Pour les mêmes raisons, l'histoire de l'Empire britannique n'est traitée ici qu'en fonction de l'histoire intérieure de l'Angleterre.

Je dois remercier très vivement Mr. Judges, maître de conférences à l'Université de Londres, qui a bien voulu lire mes épreuves et me faire sur plusieurs points des objections dont j'ai tenu grand compte. Enfin mon traducteur et ami Hamish Miles a été pour moi, comme il est toujours, le plus précieux des conseillers.

A.M.

LIVRE PREMIER

LES ORIGINES

1.
POSITION DE L'ANGLETERRE

I. — « Nous devons toujours nous rappeler que nous sommes voisins, mais non partie du Continent. » Ce mot de Bolingbroke définit la position originale de l'Angleterre. Celle-ci est si voisine du Continent que, de la plage de Calais, on aperçoit les blanches falaises de Douvres, tentation pour l'envahisseur. Pendant des milliers d'années elle fut même reliée à l'Europe et la Tamise longtemps se jeta dans le Rhin. Les animaux qui, après la période glaciaire, repeuplèrent l'Angleterre et les premiers chasseurs qui les suivirent étaient venus d'Europe par terre ferme. Mais si peu profond et si étroit que soit le bras de mer qui sépare aujourd'hui l'île anglaise de la Belgique et de la France, il a suffi pour assurer au pays qu'il protège une destinée singulière.

II. — « Insulaire mais non point isolée. » L'Europe est trop proche pour que l'insularité des idées et des mœurs soit, chez les Anglais, sans mélange. On peut même dire que cette insularité est un fait humain plus qu'un phénomène naturel. Au début de son histoire, l'Angleterre est envahie comme les autres terres et elle se défend très mal. Elle vit alors d'agriculture et d'élevage. Ses hommes sont bergers, fermiers, plutôt que marchands ou marins. Ce sera beaucoup plus tard, quand les Anglais, ayant construit des flottes puissantes, se sentiront abrités par une ceinture de mers bien défendues, qu'ils connaîtront les bienfaits réels de l'insularité et que celle-ci, en les délivrant des craintes d'invasion et en les affranchissant pour quelques siècles des besoins militaires qui commandaient la politique des autres nations, leur permettra d'essayer sans danger des formes nouvelles de gouvernement.

III. — Un hasard favorable a voulu que la partie la plus accessible de l'Angleterre fût cette plaine du Sud-Est qui fait face à l'Europe. Si le sol de l'île s'était trouvé incliné dans l'autre sens, si les pirates celtes et scandinaves n'avaient découvert, lors de leurs premiers voyages, que des montagnes inaccessibles, il est probable que peu d'entre eux eussent tenté cette invasion et que l'histoire du pays eût été fort différente. Mais les marées portaient les bateaux jusqu'au fond d'estuaires bien abrités ; des croupes calcaires couvertes d'herbe permettaient d'explorer l'île en évitant les forêts et les marécages ; enfin le climat était plus doux qu'en d'autres terres de même latitude, car l'Angleterre se trouve dans un golfe de chaleur hivernale créé par les brumes humides et tièdes de l'Océan. Ainsi tous les traits de cette côte étaient faits pour encourager le conquérant, qui fut en même temps le créateur.

IV. — Cette Angleterre accessible est située exactement en face de la frontière qui sépare les langues romanes des langues germaniques (aujourd'hui le flamand du français). Elle était donc destinée à recevoir aussi bien des messagers de la culture romaine et latine que des messagers de la culture teutonique. Ce sera, au cours de l'histoire, un autre de ses caractères particuliers que de combiner, pour s'en faire un génie propre, les éléments de ces deux cultures. Par là l'Angleterre est profondément différente de la France ou de l'Italie chez lesquelles, malgré certains apports germaniques, le fond latin l'emporte toujours, et aussi de l'Allemagne pour qui la culture latine ne fut jamais qu'un ornement, souvent rejeté avec horreur. Trois fois, par la conquête romaine, par le christianisme, par les Normands, l'Angleterre prendra contact avec le monde latin et l'impression que celui-ci laissera sur elle sera profonde.

V. — Il semble paradoxal mais il est vrai de dire que la position de l'Angleterre sur le globe a changé entre le XVe et le XVIIe siècle. Pour les peuples de l'Antiquité et pour ceux du Moyen Age, ces terres si souvent enveloppées de brume sont la frange extrême du monde. C'est la lointaine Thulé, magique et presque inhumaine, toute proche des Enfers. Au-delà de ces rochers que battent les grandes vagues de l'Océan commencent à l'ouest la mer sans fin, au nord les glaces éternelles. Les plus hardis s'y aventurent parce qu'ils y trouvent de l'or, des perles, plus tard de la laine, mais comment pourraient-ils imaginer le prodigieux avenir de ces îles ? Toute activité humaine prend alors pour objet, direct ou indirect, le bassin de la Méditerranée. Il faudra la barrière de l'Islam, la découverte de l'Amérique et surtout l'émigration des Puritains pour déplacer les routes du commerce, et pour faire des îles Britanniques, en face d'un monde nouveau, la base navale la plus avancée de l'Europe.

VI. — Enfin c'est au XVIIIe et au XIXe siècle que l'insularité, après avoir permis à l'Angleterre de se donner, à l'abri de sa flotte, plus de liberté intérieure que n'en pouvaient avoir les peuples du Continent, lui permettra, grâce à cette même flotte, de conquérir un Empire mondial. La maîtrise des mers, solution du problème de la défense nationale qu'imposait à l'Angleterre sa position géographique, explique, pour une part, l'histoire impériale de cette nation. La découverte de l'aéroplane est pour elle l'événement historique le plus important et le plus dangereux de notre temps.

2.
LES PREMIERS SIGNES HUMAINS

I. — La première page de l'Histoire d'Angleterre n'est pas, comme on l'a souvent écrit, une page blanche, mais plutôt une page couverte de caractères qui appartiennent à plusieurs alphabets dont nous ne possédons pas la clef. Certaines parties du pays et en particulier les dunes crayeuses et ondulées du Wiltshire sont semées de monuments construits en des temps préhistoriques. Près du village d'Avebury, on peut voir les traces géantes d'une véritable cathédrale mégalithique. Plus de cinq cents pierres levées formaient là des cercles auxquels conduisaient d'immenses avenues. Un rempart, bordé d'un fossé intérieur, revêtu d'herbe, entourait un vaste espace circulaire. De ce rempart, on aperçoit aujourd'hui encore à quelques centaines de mètres une colline artificielle qui domine la plaine et qui dut demander à un peuple primitif autant de travail, de foi et de courage qu'aux Égyptiens les monuments de Guizeh. Sur toutes les croupes des environs s'élèvent des tertres de gazon aux formes irrégulières, les uns ovales, les autres circulaires, qui sont des tombes de chefs dans lesquelles on a trouvé, à l'intérieur d'une chambre de pierre, des squelettes, des poteries et des bijoux. Ce champ de héros, les lignes simples et majestueuses des tertres qui se détachent sur le ciel, le dessin hardi et clair du rempart, des cercles et des avenues, tout ici évoque déjà une grande civilisation.

II. — Les monuments d'Avebury, le temple de Stonehenge, les tertres de la Colline des Géants semblent prouver l'existence, dès le IIe millénaire avant Jésus-Christ, « d'une population nombreuse, habituée à s'unir pour une action commune sous la direction d'une autorité acceptée ». Des pistes de gazon suivaient les crêtes et servaient de routes aux premiers habitants du pays. Beaucoup d'entre elles gardent leur importance et l'automobile de l'Anglais moderne, comme au XVIIIe siècle le conducteur du troupeau, suit ces chemins élevés qui dominent des vallées aujourd'hui fertiles, mais jadis interdites au voyageur par des forêts et des marécages. Ainsi, dès cette période enveloppée de mystère, certains traits permanents de la géographie humaine étaient déterminés. Beaucoup de lieux sacrés des peuples primitifs allaient demeurer, pour leurs successeurs, des terres d'enchantement. Déjà aussi la nature suggérait les emplacements des villes futures. Canterbury était le point de la route le plus rapproché de la côte est d'où il fût possible, suivant les exigences des marées, de gagner en temps utile tel ou tel port ; Winchester occupait la même position à l'ouest ; Londres conserve peu de traces d'une vie préhistorique, mais devait bientôt s'imposer parce que c'était, au fond de l'estuaire le plus sûr, un abri commode, à l'embouchure d'un ruisseau, et le lieu le plus proche de la mer où il fût possible de jeter un pont sur la Tamise.

III. — D'où venaient ces familles qui, après la disparition de l'homme paléolithique et à la fin de la période glaciaire, avaient peuplé l'Angleterre en y amenant avec elles le bœuf, la chèvre et le porc ? Les squelettes montrent deux races, l'une au crâne allongé, l'autre au crâne large. On enseignait jadis que les crânes allongés se trouvent dans les tertres ovales et les crânes larges dans les tertres circulaires. Cela était commode, mais inexact. Des crânes longs ont été malheureusement trouvés dans les tertres ronds et il faut beaucoup de complaisance intellectuelle pour distinguer, parmi les monuments mégalithiques de l'Angleterre, deux civilisations distinctes. On donne généralement le nom d'Ibères à cette population primitive et l'on pense qu'elle était venue d'Espagne. Espagnole ou non, elle était certainement d'origine méditerranéenne. Le voyageur qui revient de Malte est frappé, à Stonehenge, par les traits communs qu'offrent les monuments mégalithiques en des lieux si éloignés les uns des autres. Sans doute y eut-il aux temps préhistoriques, en Méditerranée, sur les rivages de l'Océan et jusque dans les îles Britanniques, une civilisation assez homogène, comme il y eut plus tard en Europe, au Moyen Age, une chrétienté. Cette civilisation fut apportée en Angleterre par des immigrants qui restèrent en contact avec le Continent grâce aux marchands qui venaient chercher les métaux de la Bretagne et apporter en échange les produits du Levant et l'ambre de la Baltique. Peu à peu les habitants des îles apprirent, comme ceux du Continent, les techniques nouvelles : l'agriculture, l'art de construire des bateaux longs et celui de fondre le bronze. Il est important d'imaginer la lenteur de ces progrès qui ont occupé les hommes pendant des siècles. La mince pellicule des temps historiques repose sur des couches profondes de préhistoire, et les innombrables générations qui n'ont laissé d'autres traces tangibles ou visibles que des pierres taillées et levées, des routes et des points d'eau, ont légué à l'homme un héritage de mots, d'institutions et de recettes, sans lequel la suite de l'aventure n'eût pas été concevable.

3.
LES CELTES

I. — Entre le VIe et le IVe siècle avant Jésus-Christ arrivèrent en Angleterre et en Irlande des vagues successives de tribus pastorales et guerrières qui, peu à peu, prirent la place des Ibères. Ces tribus appartenaient à un peuple celte qui avait occupé d'immenses territoires dans la vallée du Danube, au nord des Alpes et en Gaule. Pourquoi ces tribus se déplaçaient-elles ? Probablement parce que des peuples pasteurs sont condamnés à suivre leurs troupeaux conduits par la faim vers de nouveaux pâturages. Sans doute des causes humaines intervinrent-elles aussi : un chef aventureux, le désir de conquête, la pression d'un peuple plus fort. Ces migrations furent lentes et continues. Un clan traversait la Manche, s'installait au bord de la mer ; un nouveau clan chassait celui-là qui allait un peu plus loin, repoussant à son tour les indigènes. Ces tribus celtes aimaient la guerre, même entre elles. Elles étaient composées d'hommes grands et forts, mangeurs de porc et de bouillie d'avoine, buveurs de bière et habiles conducteurs de chariots. Les écrivains latins et grecs peignaient les Celtes comme un peuple de haute taille, au corps lymphatique, à la peau blanche, à la chevelure blonde. En réalité il y avait beaucoup de Celtes bruns, et les triomphateurs, pour faire parader à Rome des prisonniers conformes à la tradition populaire, devaient les trier et leur teindre les cheveux. Les Celtes eux-mêmes s'étaient fait de leur race un type idéal dont ils cherchaient à se rapprocher. Ils décoloraient leur chevelure et peignaient leur corps au pastel ; aussi les Romains appelèrent-ils plus tard les Celtes de l'Écosse : *Picti,* les hommes peints.

II. — Dans cette longue et lente invasion celtique, les historiens distinguent deux vagues principales : la première, formée de Goidels, ou Gaëls, qui donnèrent leur langue, le gaélique, à l'Irlande et aux Highlands d'Écosse ; la seconde, formée de Bretons, ou Prythons, dont le langage devint celui des Gallois et des Bretons de France. En Angleterre, les invasions germaniques firent plus tard disparaître les langues celtiques. Survécurent seuls quelques mots de la vie domestique, sauvés par les femmes celtes qu'épousèrent les conquérants, comme *cradle* (berceau), et des noms de lieux. *Avon* (rivière) et *Ox* (eau) sont des racines celtiques. Le nom de Londres, *London,* en latin *Lundinium,* passe pour un nom celtique analogue à celui du village français de Londinières. Beaucoup plus tard, des mots celtiques allaient être réimportés en Angleterre par les Écossais *(clan, plaid, kilt)* et par les Irlandais *(shamrock, log, gag).* Le *slogan* de la publicité américaine est le mot celte pour « cri de guerre ». Quant au mot *Breton* ou *Prython,* il signifiait : le Pays des Hommes Tatoués. Lorsque le Grec Pythéas, au IVe siècle avant Jésus-Christ, aborda dans ces îles, il leur donna le nom de *Prétanniques,* qu'elles ont à peu près conservé.

III. — Pythéas était un Grec de Marseille, mathématicien et astronome, chargé d'une exploration de l'Atlantique par un syndicat de marchands. Ce fut lui qui, le premier, tourna le phare de l'histoire vers une région obscure où les hommes de son temps plaçaient les limites de l'univers. En ces lieux fabuleux, Pythéas trouva un pays relativement civilisé. Cet homme de la Méditerranée fut surpris par les marées de l'Atlantique ; il nota que ce peuple cultivait le blé, mais était obligé de le battre en grange couverte parce que le climat était humide. Les Bretons qu'il observa buvaient un mélange de grains fermentés et de miel, et faisaient commerce d'étain avec les ports gaulois du Continent. Deux cents ans plus tard, un autre voyageur, Poseidonius, nous décrit les mines d'étain elles-mêmes et comment les lingots étaient transportés à dos d'âne ou de cheval, puis en bateau, jusqu'à l'île d'Ictis qui doit être le Mont-Saint-Michel. Ce trafic était assez important pour justifier l'emploi d'une monnaie d'or, que les Celtes avaient copiée sur les *statères* de Philippe de Macédoine. La première pièce de monnaie frappée en Angleterre portait une tête d'Apollon, ce qui est un assez bon symbole des origines méditerranéennes de cette civilisation.

IV. — Le meilleur document que nous possédions sur le mode de vie des Celtes est le témoignage de César. Chaque ville, chaque bourg et presque chaque famille, était divisé en deux factions. Les grands de chaque parti protégeaient leurs clients. Ces peuples n'avaient pas le sens de l'État et n'ont laissé aucun héritage politique. L'État, en Angleterre et en France, est une création à la fois latine et germanique. Les Celtes qui, unis, eussent été invincibles, dépréciaient, par leurs querelles, leur bravoure et leur intelligence. Le clan celte n'était pas un clan totémique, mais un clan familial, ce qui crée des liens plus forts, mais fait obstacle au développement de sociétés étendues. Aussi voit-on que dans les pays d'origine celtique la famille est restée l'unité de vie sociale. Chez les Irlandais, et même chez ceux d'entre eux qui ont émigré aux États-Unis, la politique demeure chose de clan. Dès le temps de César, ces clans familiaux « avaient le goût des couleurs, des emblèmes, des blasons... Les tartans des clans écossais ont peut-être une origine celtique ». D'après César la vie en communauté rurale, avec champs et pâturages communaux, qui jouera un tel rôle dans l'histoire de l'Angleterre, est propre aux Germains. Elle n'eût guère été compatible, chez les Celtes, avec le système de factions qu'il décrit. D'ailleurs l'agriculture était, pour ces nomades à peine fixés, moins importante que la chasse, la pêche et l'élevage. Au Pays de Galles, jusqu'au Moyen Age, la population déplaçait ses hameaux pour trouver de nouveaux terrains de chasse, de pâturage et même de culture.

V. — La classe la plus honorée était celle des prêtres ou druides. Rien ne ressemble plus à ces druides que les brahmanes de l'Inde ou les mages de l'Iran. Beaucoup de croyances celtiques rappellent l'Orient. La grève de la faim, pratique irlandaise, est le *dharna* des Hindous, où le brahmane jeûne à la porte de son adversaire jusqu'à ce qu'il ait obtenu satisfaction. C'était en Bretagne qu'au temps de César on trouvait les druides les plus renommés. Ils s'assemblaient chaque année en un point central, peut-être Stonehenge, mais leur Saint des Saints était l'île de Môna (Anglesey). Ceux des Gaulois ou des Belges qui voulaient acquérir une connaissance approfondie de la doctrine allaient en

Bretagne pour s'en instruire. Là ils apprenaient un grand nombre de vers qui contenaient les préceptes sacrés. Les druides enseignaient « que la mort n'est qu'un déplacement et que la vie continue, avec ses formes et ses biens, dans le Monde des Morts, qui constitue une réserve d'âmes disponibles... Il semble que pour eux ce capital d'âmes n'ait pas été limité à l'espèce humaine et qu'ils aient cru à la métempsycose », ce qui est encore un trait commun avec l'Orient.

VI. — Entre les Celtes de Bretagne et les Belges, qui vivaient de l'autre côté de la Manche, les rapports étaient étroits et constants. Au moment de l'invasion romaine, les Celtes bretons envoyèrent des renforts à leurs frères du Continent. César remarqua pourtant que les Celtes des îles étaient moins bien armés que ceux des Gaules. Les Celtes gaulois avaient abandonné le char de combat, instrument archaïque, parce qu'ils avaient trouvé dans les plaines du Midi d'assez bons chevaux. Les Bretons, qui ne possédaient pas de chevaux capables de porter un guerrier, combattaient comme les guerriers d'Homère et avaient encore, au lieu de cavalerie, une infanterie portée.

VII. — En Bretagne comme en Gaule, les Celtes, intelligents et souples, imitèrent volontiers, après leur défaite, la civilisation romaine. « Ce sont des professeurs gaulois, formés à l'école des druides, qui ont donné à la Gaule sa culture classique... Plus tard, au Moyen Age, des moines irlandais rappelleront l'Europe au culte des lettres grecques et latines. » Mais les Celtes ne furent pas seulement de bons agents de transmission pour une culture étrangère. Ils avaient eux-mêmes le goût des arts et les ornements en spirale de leurs armes, de leurs bijoux, de leurs poteries, prouvent plus de fantaisie que n'en possédèrent jamais les Romains. A la littérature européenne, ils apportèrent un sens oriental du mystère et une conception dramatique de la fatalité qui leur appartient en propre. C'est peut-être par l'histoire de Tristan et d'Yseult et par celle du roi Arthur que le génie celtique a surtout laissé sa marque en Europe. Dans la formation de l'Angleterre moderne, les éléments celtiques, conservés à l'ouest des îles, ont joué un grand rôle ; au XXe siècle nous trouverons les Cabinets anglais présidés et les armées anglaises commandées par des Celtes d'Écosse, de Galles ou d'Irlande.

4.
LA CONQUÊTE ROMAINE

I. — Il est difficile, pour des peuples faibles, de rester libres s'ils se trouvent à portée d'une grande puissance militaire. La Gaule étant conquise, la Bretagne devenait pour les Romains le but de campagne le plus naturel. César avait besoin de victoires pour étonner Rome et d'argent pour récompenser soldats et partisans. En ces îles fabuleuses, il espérait trouver de l'or, des perles, des esclaves. En outre, il jugeait utile d'intimider les Celtes bretons qui avaient aidé contre lui ceux du Continent. A la fin de l'été 55 avant Jésus-Christ, il résolut de faire, au-delà des mers, une courte expédition de reconnaissance. Il se renseigna auprès des marchands gaulois qui, par ignorance ou mauvaise volonté, le trompèrent. C'était la méthode préférée de César que de faire de la politique indigène et de progresser de tribu en tribu, les employant les unes contre les autres. Mais en cette aventure improvisée, il était pressé par le temps. Il envoya un vaisseau pour choisir un lieu de débarquement favorable et partit lui-même avec deux légions.

II. — L'opération réussit assez mal. Les Bretons, avertis, attendaient en force sur le rivage. Les légionnaires, obligés de sauter des transports dans une mer assez profonde, alourdis par leurs armes, bousculés par les vagues, eurent grand-peine à prendre pied. César dut ordonner aux galères d'archers et de frondeurs de couvrir le débarquement par des barrages de projectiles. La force des Romains était dans une discipline et une science militaire très supérieures à celles des Bretons. A peine débarqués, les vétérans des légions savaient bâtir un camp, protéger leurs vaisseaux, faire une « tortue » de leurs boucliers unis. Les Celtes avaient amené des milliers de chariots. Quand cette infanterie portée engageait le combat, les guerriers descendaient des chars tandis que les conducteurs se retiraient à courte distance, tout prêts à reprendre chacun leurs hommes en cas de défaite ou de retraite. Malgré des succès partiels, César reconnut vite que sa petite armée n'était pas en sécurité. Déjà la mer, très forte, avait détruit plusieurs de ses transports. Les marées d'équinoxe approchaient. Il profita d'un léger avantage pour obtenir une promesse d'otages et, la face étant sauvée, leva l'ancre par surprise un peu après minuit. Puis, sur cette expédition sans gloire, il envoya au Sénat un communiqué si brillant qu'une *supplicatio* de vingt jours fut votée pour célébrer la « victoire » de César.

III. — Mais César était trop réaliste pour se faire illusion sur un échec. Il avait appris à connaître la nature du pays, les ports, la tactique des Bretons ; il avait compris qu'on ne pouvait les vaincre sans cavalerie et il était décidé à revenir l'année suivante (54 avant Jésus-Christ). Cette fois il trouva les Bretons unis par la grandeur du péril et obéissant à un chef, Cassivellaunus, dont les États se trouvaient au nord de la Tamise. Ce fut vers ce fleuve que se dirigea l'armée romaine. Arrivé sur la rive nord, César, habilement, négocia. Il tira parti des jalousies, déjà réveillées, des chefs celtes, excita certains d'entre eux contre Cassivellaunus, obtint la soumission de quelques tribus, en vainquit d'autres par les armes et enfin, traitant avec Cassivellaunus lui-même, fixa le tribut que la Bretagne paierait chaque année au peuple romain. A la vérité, dès l'année 52, ce tribut cessa d'être payé et la guerre civile, pendant longtemps, détourna des Bretons l'attention de Rome. Cicéron se moquait de cette « conquête » qui n'avait rien rapporté, sinon quelques esclaves, manœuvres du type le plus grossier, sans aucun lettré ni musicien parmi eux, et qui avait été une opération de politique intérieure plutôt qu'une victoire impériale.

IV. — César mort, la Bretagne, pendant un siècle, fut oubliée. Pourtant la Gaule, devenue toute romaine d'esprit, y envoyait des marchands. Les monnaies de l'Empire y avaient cours. Le poète Martial (43-104) se vantait d'y trouver des lecteurs et parlait avec enthousiasme d'une jeune Bretonne qui, ayant épousé un Romain, plaisait beaucoup dans le monde italien. Au temps de l'empereur Claude, des groupes divers demandaient la conquête : généraux qui voyaient là une source de gloire et de profit, marchands exportateurs qui disaient que la sécurité du commerce exigeait la présence des légions, administrateurs gaulois qui se plaignaient de la mauvaise influence, en Gaule, des druides dont le centre actif restait en Bretagne, fonctionnaires innombrables qui espéraient trouver des postes dans une nouvelle province. Claude envoya donc (43 A. D.) une expédition formée de quatre légions (II Augusta, XX Valeria Victrix, XIV Gemina Martia Victoria, et la célèbre IX Hispana de l'armée du Danube), soit, en comptant les auxiliaires et les cavaliers, environ cinquante mille hommes. Avec une telle armée la conquête parut assez facile et ce ne fut qu'en arrivant aux districts montagnards du Pays de Galles et de l'Écosse que la résistance devint sérieuse. De l'île de Môna, centre religieux du druidisme, sortit une effrayante cohorte de guerriers au milieu de laquelle des femmes aux cheveux dénoués agitaient des torches enflammées, tandis que les druides eux-mêmes, en rangs serrés, vêtus de leurs robes blanches, levaient les bras et invoquaient les dieux. Dans le Sud-Est, qui semblait pacifié, un violent soulèvement dirigé par une reine, Boudicca ou Boadicea, et causé par l'injustice des premiers administrateurs romains, mit un instant en danger les conquérants, mais se termina par un massacre des Bretons. Dès le début du IIe siècle, toute la riche plaine du Sud était soumise.

V. — La méthode romaine d'occupation ne variait guère : construction de routes excellentes, qui permettaient aux légions de se déplacer rapidement, et de places fortifiées où vivaient des garnisons fixes. La plupart des villes anglaises dont le nom se termine par *chester* ou *cester* ont été, au temps de la conquête, des camps romains *(castra)*. Dans les petites villes bretonnes de Camulodunum (Colchester) et Verulamium (Saint Albans) les vétérans des légions prirent l'habitude de se retirer à la fin de leur temps de service. Les villes du Nord : Lincoln, York, ne furent, à l'origine, que des villes de garnison. Londres (ou Lundinium), grandit au temps des Romains parce qu'ils firent passer par ce point toutes les routes qui réunissaient le nord au sud et dont la principale, Watling Street, allait de Londres à Chester. Le port de Londres, excellent, fut employé pour le ravitaillement des armées.

VI. — Dans les petites villes fondées par les Romains, les rues se coupaient à angle droit ; les bains, le temple, le forum, la basilique occupaient leur place traditionnelle. Très vite le Sud de l'Angleterre fut semé de petites maisons romaines. Les peintures des murs et les mosaïques du sol représentaient des scènes classiques : l'histoire d'Orphée ou celle d'Apollon. Fonctionnaires et soldats essayaient, en ce climat brumeux, de reconstituer assez pauvrement le décor de l'Italie. A Bath (Aquae Sulis), qui était « le Simla de la Bretagne romaine tandis que Londres en était le Calcutta ou le Bombay », ils avaient bâti une ville d'eaux toute romaine. Les Celtes, ou au moins une partie d'entre-eux, s'étaient adaptés à cette vie nouvelle. Peut-être auraient-ils été plus rebelles s'ils s'étaient sentis contraints, mais la politique romaine respectait les institutions locales. Elle laissait l'indigène venir spontanément à une civilisation qui avait un immense prestige. D'ailleurs l'immigration romaine était trop peu nombreuse pour être oppressive : quelques marchands, quelques usuriers, des officiers et des fonctionnaires. Très vite les soldats furent assimilés ou remplacés par des hommes du pays. Les enfants que les légionnaires avaient avec des femmes indigènes étaient élevés près des camps et plus tard s'engageaient eux-mêmes. La civilisation romaine « n'était pas l'expansion d'une race, mais d'une culture ».

VII. — Cette méthode de pénétration pacifique fut appliquée avec un particulier bonheur par le beau-père de Tacite, Agricola (79-85 A. D.). C'était là un type nouveau d'administrateur romain. Il ne ressemblait plus aux proconsuls aristocratiques qui avaient à la fois fondé et dépouillé l'Empire. Agricola était un grand bourgeois, avec les vertus et les faiblesses de sa classe. Provincial, il inspirait par là plus de sympathie aux provinciaux qu'il gouvernait et comprenait mieux leurs résistances. Il obtint quelques succès militaires, mais « ayant appris que l'on gagne peu par les armes si l'injustice ensuite se donne cours, il voulut couper dans sa racine la cause des guerres ». Agricola réglait les affaires lui-même, nommait d'honnêtes gens aux emplois administratifs, s'opposait aux exactions des collecteurs d'impôts et essayait d'encourager les Celtes à participer à la vie romaine. Il les invitait à construire des bains et des marchés, « louant les indigènes actifs, blâmant les nonchalants, il remplaçait la contrainte par une rivalité d'honneurs. Il fit instruire à la romaine les fils des chefs. Peu à peu ceux-ci se vêtirent de la toge... Qui eût reconnu le Gaulois barbare de jadis en tel élégant Romain aux cheveux roux ? » Beaucoup de Celtes devinrent alors bilingues. A Lundinium on parlait latin et sans doute, sur les quais, entendait-on aussi le grec et les autres langages des marins méditerranéens. On a retrouvé une tuile sur laquelle un ouvrier avait écrit en latin, pour se moquer d'un camarade : « Anstilis prend une semaine de congé par jour. » De tels graffiti prouvent que certains hommes de métier savaient le latin, mais les dialectes celtiques demeuraient, pour la masse du peuple, le langage courant.

VIII. — A cette romanisation de la Bretagne, la religion ne pouvait être un obstacle. Tolérants, les Romains annexaient volontiers les dieux inconnus. S'ils poursuivirent le druidisme et l'anéantirent à peu près complètement, ce fut parce qu'ils y voyaient un danger politique. Mais le dieu celte des combats, Teutatès, fut identifié par eux avec Mars. Dans les grandes villes, ils élevèrent des temples aux empereurs, à Jupiter, à Minerve. Beaucoup d'inscriptions et de mosaïques trouvées en Angleterre évoquent les mères, *Deae Matres,* déesses dont le culte avait sans doute été apporté du Continent par des soldats étrangers. D'autres légionnaires adoraient Mithra, et l'on a même trouvé à Londres un temple à la déesse Isis. Le christianisme était certainement connu en Bretagne dès le IIIᵉ siècle ; au début du IVᵉ il y avait un évêque de Londres, Restitutus, dont on sait qu'il était présent au synode d'Arles avec deux autres évêques bretons. Son diocèse devait être petit et pauvre, car les fidèles n'ayant pu payer le voyage de leur évêque, une souscription fut ouverte en Gaule pour celui-ci.

IX. — Tandis que le Sud et le Centre de la Bretagne devenaient ainsi part vivante de l'Empire, au Nord l'occupation romaine ne faisait aucun progrès. A la lisière de steppes couvertes de bruyères et de broussailles vivait une tribu à demi sauvage, les Brigantes, et plus au Nord encore un autre peuple celtique, celui des Pictes, réfractaire à toute pénétration pacifique. Ces tribus dissidentes, irréconciliables, attirées par la relative richesse des cités celto-romaines, descendaient de temps à autre vers le Sud pour des razzias profitables. C'était en vain que les généraux romains essayaient de les poursuivre. Agricola, grâce à une belle manœuvre combinée de l'armée et de la flotte, crut les avoir vaincues, mais dès que les Romains occupaient l'Écosse, leurs lignes de communication, trop longues, devenaient vulnérables et un raid des Brigantes se terminait par un massacre de légionnaires. Ce fut à la suite d'un tel désastre, où périt la IXe légion, que l'empereur Hadrien lui-même vint en Bretagne, en l'an 120, amenant avec lui la VIe Victrix. L'Empereur décida de renoncer à conquérir le Nord et de fortifier la frontière en construisant, de la Tyne au golfe de Solway, quatorze forts que réunit d'abord un rempart continu de terre, puis bientôt un mur de pierre avec garnison permanente. En somme, Hadrien renonçait à vaincre la dissidence. En Calédonie comme en Europe centrale, il se bornait à la contenir. Cette « sagesse » devait plus tard amener la chute de l'Empire.

5.
FIN DE L'ANGLETERRE ROMAINE

I. — A partir du IIIe siècle l'Empire de Rome, malgré de beaux sursauts, est menacé par une triple crise économique, religieuse et militaire. Le capitalisme romain avait été une exploitation imprévoyante des richesses des provinces ; la lutte entre le paganisme et le christianisme avait divisé empereurs et citoyens ; la puissance militaire de Rome s'était effondrée. Le système de la frontière continue (ligne de forteresses réunies par un rempart) avait échoué. En Bretagne la méthode avait paru un peu plus efficace qu'ailleurs, parce que la frontière à défendre était courte. Sur le Continent, il avait fallu remplacer les lignes fortifiées par des troupes mobiles. Mais les légions elles-mêmes se montraient impuissantes à lutter contre les cavaliers barbares. Bientôt l'épée et le javelot devront faire place à la lance, à l'arc, et les victoires des Goths, formés dans les steppes de la Russie, grand pays de cavaliers, annonceront le remplacement prochain du légionnaire par le chevalier. « Le changement capital et qui détermine l'art de la guerre pour douze ou treize siècles, c'est que la prédominance passe de l'infanterie à la cavalerie. » Pour se donner une cavalerie, dont il a un si urgent besoin, l'Empire engage des Barbares ; au début ceux-ci ne sont que des auxiliaires ; puis ils entrent dans les légions ; enfin ils sont les légions. Au milieu du IVe siècle, militaire est synonyme de Barbare. « Il n'y a rien de bon dans les armées que ce qui n'est pas romain. »

II. — En Bretagne, parce que la cavalerie barbare, faute de transports, n'y a pas accès, la paix romaine dure plus longtemps que dans les provinces continentales, et la première moitié du

IVe siècle y voit l'apogée de la culture romaine, mais là comme ailleurs l'armée a cessé d'être romaine. La garnison du Mur est composée d'unités locales que l'on ne déplace jamais. La première cohorte dacienne y passe deux siècles. Le soldat, enraciné, devient colon. Peu à peu les légions bretonnes oublient leurs liens avec Rome. Un jour elles proclameront leur propre empereur, qui ira lutter sur le Continent avec des prétendants venus d'autres provinces. L'Empire mourra de ces luttes. Le départ des légions, soit qu'elles aillent défendre en Gaule la fortune de leur général, soit qu'un empereur, à bout de forces, les rappelle à Rome, sera pour la Bretagne un événement d'autant plus grave que les éléments civils de la population ont perdu, au cours de la longue paix romaine, toutes vertus guerrières. Ni le riche propriétaire de la villa, ni les fermiers des hameaux celtiques, ni les esclaves ne sont des soldats. C'est le danger des civilisations heureuses que le citoyen y oublie qu'en dernière analyse sa liberté dépend de sa valeur militaire. La féodalité sera la nouvelle forme que prendra la défense locale, quand les Occidentaux, après de dures souffrances, découvriront une fois de plus la nécessité de celle-ci.

III. — Les raids, dans le Nord, des Pictes et des Scots étaient, en Bretagne romaine, des maux anciens et acceptés. Vers la fin du IIIe siècle apparaît pour la première fois un danger nouveau : l'invasion des côtes par des Barbares francs et saxons. Il existait pourtant une flotte romaine chargée de garder la mer du Nord et la Manche *(Classis Britannica)* ; sans doute était-elle insuffisante puisque vers 280 l'Empire dut nommer un nouvel amiral, Carausius, qui fut spécialement chargé de repousser les raids saxons. Accusé d'être plus ardent à piller les pillards qu'à défendre la province, menacé d'enquête, Carausius se révolta, embaucha en Gaule des mercenaires francs et se fit proclamer empereur par ses troupes. De 286 à 293, l'usurpateur, protégé par sa flotte, régna sur la Bretagne et sur une partie de la Gaule. C'est une curieuse figure que celle de cet empereur celte, qui fait frapper jusqu'à Rouen des monnaies sur lesquelles la figure de Britannia lui dit : *Expectate veni,* et d'autres en l'honneur de *Roma aeterna.* Mais le succès de son équipée prouve la faiblesse de l'Empire. Quand Dioclétien eut enfin rétabli l'ordre, il essaya, pour éviter de tels *pronunciamientos,* de diviser en Bretagne le pouvoir entre trois hommes : un gouverneur civil, un commandant en chef ou *Dux Britanniorum,* et un *Comes littoris saxonici,* comte de la côte saxonne, lequel dépendait du préfet des Gaules et non du gouverneur de Bretagne. Cette organisation fut efficace pendant toute la première moitié du IVe siècle, et les invasions cessèrent.

IV. — « La fin du pouvoir de Rome en Bretagne coïncide avec une véritable débauche de désordres et de mutineries militaires, d'autant plus inexcusable que c'était un moment d'extrême danger pour l'Empire. » Vers 384, les légions de Bretagne élevèrent à l'Empire leur populaire et très remarquable général Maxime qui, ne laissant en Bretagne que la garnison du Mur, emmena ses soldats en Gaule pour attaquer l'empereur Gratien. Il le vainquit, mais fut lui-même battu par l'empereur de l'Est, Theodosius, et décapité. Ses légions ne revinrent jamais. « Un des plus beaux récits celtiques raconte les aventures d'un empereur romain, Maxen Wledig (évidemment Maxime) qui, s'étant endormi à la chasse et ayant rêvé d'une merveilleuse princesse, se mit en quête et la trouva en Bretagne. Il l'épousa et éleva la Bretagne à son plus haut degré de gloire, mais Rome l'avait oublié et il lui fallut quitter son nouveau royaume et reconquérir l'Empire. Pour cette expédition, la Bretagne lui fournit des légions qui ne revinrent jamais. L'armée de Maxime peuple le pays des morts. » Un état officiel (rédigé entre 400 et 430), la *Notitia Dignitatum,* assigne encore la Bretagne pour province à de nombreuses unités romaines, mais sans doute ces listes n'étaient-elles pas à jour. En fait, la plupart des légions étaient, à la fin du IVe siècle, parties pour le pays des morts. Au moment de la grande invasion de Rome, en 410, Stilicon, accablé par les Vandales et les Bourguignons, demanda une fois encore des renforts à la Bretagne. Les soldats qui répondirent à cet appel et quittèrent l'île étaient, non des Romains, mais des Bretons. La province se trouvait à peu près privée de ses défenseurs.

V. — Que se passa-t-il ensuite ? Il semble que les Pictes et les Scots soient devenus plus hardis et que, pour les combattre, un chef breton, Vortigern, ait appelé des auxiliaires saxons, Hengest et Horsa, auxquels il offrit des territoires en échange de leurs épées. Ceux-ci, dit le chroniqueur, une fois introduits dans l'île, se retournèrent contre leur employeur. Attirés par ce pays riche et mal défendu, les envahisseurs germains devinrent de plus en plus nombreux. Pour l'an 418, on lit dans la chronique anglo-saxonne : « Cette année-là les Romains rassemblèrent tous les trésors qui étaient en Bretagne. Ils en cachèrent une partie dans la terre ; ils emportèrent le reste avec eux en Gaule. » On a déterré de nos jours plusieurs de ces trésors, où sont réunis des objets d'argent et d'or. Toutes les découvertes des archéologues montrent alors un pays terrifié. Les villas et les maisons détruites portent des traces d'incendie. Des ouvertures ont été hâtivement murées. Des squelettes sont trouvés sans sépulture. Le Vénérable Bède décrit ainsi les invasions : « Édifices publics et privés étaient renversés ; les prêtres étaient mis à mort devant les autels... Parmi ceux qui avaient pu fuir, les uns, pris dans les montagnes, furent massacrés ; d'autres, affamés, se rendirent et devinrent esclaves quand ils n'étaient pas tués sur place. D'autres encore, le cœur désolé, s'enfuirent au-delà des mers. Les derniers menèrent une vie misérable parmi les rochers et les montagnes. » La plupart des Celtes se réfugièrent dans les régions montagneuses de l'ouest, où on les trouve encore aujourd'hui. « Ils se sont arrêtés là, sur le bord de la mer, s'accrochant aux rochers. Au-delà c'est un autre monde. Ils sont restés sur son rivage, attendant la barque du passeur. » Les Saxons donnèrent à ces réfugiés le nom de Gallois, *Welsh,* c'est-à-dire *étrangers* (le mot allemand *Welsch*). D'autres Celtes émigrèrent vers l'Armorique, une des provinces les plus désertes de la Gaule, et y créèrent la Petite-Bretagne. Entre les deux Bretagnes le lien fut durable. « Tristan est un Breton ; Lancelot est venu de France à la cour d'Arthur, et Merlin fait la navette entre les deux pays. »

VI. — La conquête de l'île par les Saxons fut lente et la défense souvent courageuse. En 429, saint Germain, évêque d'Auxerre, visite Verulamium pour y diriger la lutte contre l'hérésie pélagienne, ce qui prouve que les Bretons avaient encore le loisir, en temps d'invasion, de s'occuper de théologie. Pendant le séjour de l'évêque, Saxons et Pictes ayant menacé la ville, saint Germain prit le commandement des troupes, organisa une embuscade et, au bon moment, lança les chrétiens contre les Barbares au cri d'*Alleluia.* Il fut vainqueur. Au VIe siècle, un roi Arthur (ou Artorius), souverain mythique qui allait inspirer les poètes, remporta des victoires contre les envahisseurs. Mais dès ce moment Angles, Saxons et Jutes sont maîtres de la plus riche partie du pays. C'est un naturel sujet d'étonnement que la disparition presque totale, en Angleterre, de la civilisation celto-romaine. En Gaule, et surtout dans notre Midi, villes et monuments romains sont restés debout. Le bas-latin a fourni les principaux éléments de la langue française. Mais en Angleterre le langage a conservé peu de traces de la domination romaine. Les mots anglais d'origine latine sont, ou des mots savants acquis beaucoup plus tard, ou des mots français qui datent de la conquête normande. Parmi les rares vocables qui remontent à la première conquête romaine, on ne peut guère citer que *César,* mot universel, *street,* la rue *(strata via,* qui se retrouve dans *Stratford), mile* qui est le mille romain, *wall,* qui est le *vallum,* et la terminaison *chester (castra)...* Un empereur, des routes, un mur, était-ce donc tout ce que léguait Rome, après quatre cents ans, à la plus lointaine de ses provinces ?

VII. — « Le fait le plus important que l'on puisse observer sur la France et l'Angleterre n'est pas qu'on y trouve des monuments romains ; c'est qu'elles *sont* des monuments romains. » Dans l'héritage romain l'Angleterre, comme toute l'Europe, a trouvé le christianisme et l'idée de l'État. L'Empire et la paix romaine y resteront le rêve heureux des meilleurs souverains barbares. En Irlande, au Pays de Galles, des prêtres et des moines sauveront la culture romaine. Le chroniqueur Gildas (environ 540) cite Virgile et, quand il parle du latin, dit : *Nostra lingua.* Quant à la destruction totale des Celtes romanisés, théorie qui fut jadis chère aux historiens saxons, c'est une idée difficile à concevoir. Que les rares mots celtes qui ont survécu en anglais soient des mots qui concernent la vie domestique semble prouver que les envahisseurs avaient épousé des femmes indigènes. Parmi les hommes beaucoup furent massacrés, d'autres sans doute devinrent esclaves, mais, pas plus que jadis les Ibères, les Celtes ne furent anéantis. Si l'Anglais moderne est si profondément différent de l'Allemand, c'est en partie parce que la conquête normande fut pour lui une seconde conquête latine, en partie aussi parce qu'au sang des envahisseurs germains se mêla, dans une proportion assez grande, le sang des races qui les avaient précédés.

6.

ANGLES, JUTES ET SAXONS

I. — « De grands corps blancs, avec des yeux bleus farouches et des cheveux d'un blond rougeâtre ; des estomacs voraces, toujours affamés, réchauffés par des liqueurs fortes ; de jeunes hommes qui viennent tard à l'amour ; aucune honte à boire tout le jour et toute la nuit. » Ces Saxons et ces Angles ont des tempéraments violents. Ils les conserveront ; après quinze siècles leur caractère, malgré les règles strictes d'un code cérémoniel né de cette violence même, demeurera moins souple que celui d'un Celte ou d'un Latin. Au temps des invasions, ils attachent peu d'importance à la vie humaine. Leur plaisir favori est la guerre ; leur histoire ressemble « à celle des corbeaux et des milans ». Mais « sous cette barbarie native, il y a des penchants nobles » et d'abord « un certain sérieux qui les écarte des sentiments frivoles ». Les femmes, chez eux, sont chastes et les mariages purs. L'homme, quand il a choisi son chef, lui est fidèle. Cruel pour l'ennemi, il se montre loyal à l'intérieur de sa bande. « L'homme de cette race peut accepter un supérieur, être capable de dévouement et de respect. » Ayant éprouvé, plus que l'habitant des pays au climat indulgent, la puissance terrible de la nature, il est religieux. Il a une imagination exaltée et triste. Les déserts dans lesquels il a vécu sont différents de celui où se forma la dure poésie biblique, mais l'ont préparé à comprendre celle-ci. Quand la Bible lui sera révélée, il se prendra pour le Livre d'une passion sincère et durable.

II. — Il est assez facile d'imaginer un débarquement de bande saxonne. Poussés par la marée vers un estuaire, les Barbares remontent une rivière ou suivent une route romaine ; ils trouvent une villa entourée de ses champs cultivés ou les cabanes d'un hameau celte. Pas un cri, pas une voix. Devant les portes, des cadavres ; le reste des habitants a fui. La troupe a faim ; il reste quelques volailles, quelques animaux ; on s'arrêtera là et, puisque le sol est déjà défriché, on le cultivera. Mais les Saxons se gardent bien de s'installer dans la villa romaine. D'abord elle est à demi brûlée et sans doute aussi ces Barbares, superstitieux, craignent-ils les ombres des maîtres assassinés. Moins encore ces hommes de plein air, paysans, chasseurs et forestiers, iront-ils habiter les villes. Très vite les petites cités romaines seront abandonnées. Ces Germains, en un pays nouveau, suivent leurs coutumes anciennes. Ils abattent des arbres et construisent, pour le chef de la tribu, le noble, un hall de troncs d'arbres et pour eux-mêmes des cabanes de pionniers. Pour répartir les terres, la bande suivra la tradition germanique. Le village (*town, township,* du mot saxon *tun,* haie) sera le propriétaire collectif des champs, mais chacun y aura sa part définie [1]. Avant l'arrivée des Romains, les Celtes cultivaient la terre de manière primitive. Ils défrichaient un champ, semaient, récoltaient et, la terre épuisée, allaient un peu plus loin. Les Saxons ont des méthodes plus efficaces. Par certaines tribus, les terres labourables de la commune sont divisées en trois champs, dont l'un sera laissé chaque année en jachère pour que la terre reprenne sa vigueur. Pour défricher le sol, on brûle les herbes, les cendres formant un engrais. Puis on divise chacun des trois champs communaux en parcelles, que séparent d'étroites bandes d'herbe. Les parcelles attribuées à chaque famille sont réparties en des régions diverses des trois champs, afin que tous aient leur part des bonnes et des mauvaises terres. Les prairies, elles aussi, sont partagées jusqu'au jour de la fenaison. Enfin, on enclôt un bois communal où les porcs trouveront des glands et les hommes des fagots.

III. — Une communauté villageoise de dix à trente familles, tel est le village, cellule de la vie anglo-saxonne. Elle est administrée au point de vue économique par une petite assemblée, le *moot,* qui se réunit sous un arbre ou sur une colline et où l'on décide de

1. Naturellement cette esquisse est schématique. Les envahisseurs étaient fort différents les uns des autres. En plusieurs régions, les champs collectifs n'existèrent jamais, mais ce qui suit donne quelque idée du processus le plus simple.

la répartition des champs, du nombre des bêtes que chacun aura le droit d'envoyer aux prairies communes, de la rétribution qui sera donnée aux pâtres et aux bergers communaux. C'est là aussi que l'on nomme le représentant officiel du village, le *reeve,* qui est à la fois un maire et un administrateur du domaine communal, le *wood-reev* qui s'occupera des bois et le laboureur qui conduira la charrue commune. Presque toujours il y a dans le village un noble, *thegn* ou *thane,* chef de guerre qui a le droit d'exiger des redevances en nature ou en travail. En ces temps primitifs les classes de la société sont assez mal définies. Au-dessous du noble est l'homme libre, qui ne doit rien au noble pour ses terres sauf la *trinoda necessitas,* c'est-à-dire le service de guerre, la réparation des routes et celle des ponts. Puis viennent des classes et conditions diverses qui varient suivant les lieux et les temps et dont le trait commun est que les hommes qui leur appartiennent paient un loyer, en nature ou en travail. Enfin beaucoup de villages ont leurs esclaves, peut-être descendants de captifs épargnés, qui disparaîtront entre le xe et le xie siècle.

IV. — Il est probable qu'au moment de l'arrivée des Anglo-Saxons, chaque tribu nouvelle qui débarquait avait son chef ou roi auquel ses *thanes* étaient liés par un loyalisme personnel. Peu à peu par conquête, mariage, défrichement, des États plus vastes se sont formés. Un pouvoir central embryonnaire a pu imposer ce minimum d'organisation administrative sans lequel une armée ne peut être recrutée ni un tribut perçu. Au viie siècle existaient encore en Angleterre sept royaumes. Au viiie siècle trois subsistent : au nord, Northumbrie ; au centre, Mercie ; au sud de la Tamise, Wessex. Au ixe siècle, seul le Wessex demeure. Le Roi descend toujours en chaque royaume d'une même famille sacrée mais, parmi les membres de cette famille, le Conseil des Sages ou *Witan* peut, dans une certaine mesure, choisir. Ce Conseil n'est pas une assemblée représentative, une préfiguration du Parlement ou de la Chambre des Lords. Ce n'est même pas une assemblée de pairs héréditaires. Le Roi y appelle les principaux chefs et plus tard, quand les Germains se seront convertis, les archevêques, évêques et abbés. Ce Conseil des Sages, qui est peu nombreux, constitue aussi la plus haute cour judiciaire. Il peut déposer un mauvais roi ou refuser, surtout en temps de guerre, de confier le royaume à un mineur. La monarchie est donc à demi élective, mais à l'intérieur d'une famille déterminée. Le royaume est divisé en *shires,* d'où le nom des comtés anglais (Wiltshire, Oxfordshire, Yorkshire); les limites des *shires* anglo-saxons correspondent presque partout à celles des comtés d'aujourd'hui. Au début le *shire* est surtout l'unité judiciaire; c'est le siège d'une cour de justice où chaque village envoie, plusieurs fois par an, ses représentants. Bientôt le Roi y sera représenté par un *sheriff,* tandis que l'*ealdorman* sera comme un gouverneur local, à la fois chef militaire et président de la cour. Le *shire* se compose de *hundreds* (qui sont ou des groupes de cent familles, ou des groupes qui fournissent cent soldats) et les *hundreds* eux-mêmes se subdivisent en *tuns,* ou villages. Mais ces divisions administratives, longtemps confuses, ne deviendront précises et stables qu'après plusieurs siècles d'organisation.

V. — La justice était rendue par une assemblée, la cour du *shire,* et non, comme chez les Romains, par un magistrat représentant le pouvoir central. Comment cette assemblée rendait-elle ses jugements? Nous l'ignorons. Sans doute y avait-il discussion, puis détermination, par quelque moyen, d'une majorité. Les crimes les plus habituels étaient l'homicide, le vol à main armée et les querelles violentes. La peine augmentait avec le nombre des coupables. Les lois du Saxon Ina (fin du VIIe siècle) disent : « Nous appelons des hommes voleurs si leur groupe n'était pas composé de plus de sept personnes; s'ils étaient entre sept et trente-cinq, c'est une bande; s'ils étaient plus de trente-cinq, c'est une armée. » Les crimes étaient aussi tenus pour plus graves s'ils violaient la Paix du Roi, c'est-à-dire s'ils étaient commis en présence de celui-ci ou dans le voisinage de l'endroit où il se trouvait. « Si un homme se bat dans la maison du Roi, il peut perdre tous ses biens, et sa vie est à la disposition du souverain; s'il se bat dans une église, il paiera cent vingt shillings; si c'est dans la maison d'un *ealdorman,* il paiera soixante shillings à l'*ealdorman* et soixante au Roi. S'il se bat dans la maison d'un paysan, il paiera cent vingt shillings au Roi et six au paysan. » A chaque homme était attribué un *wergeld* (ou wer-gild), c'est-à-dire une valeur propre qu'il fallait payer à sa famille si on le tuait, et qui d'ailleurs était aussi ce que lui-même devait payer au Roi pour racheter sa propre vie. Le *wergeld* du noble était six fois plus élevé que celui d'un homme libre et son serment avait six fois plus de valeur. Le *wergeld* est le signe d'une société où la tribu, le groupe des hommes liés entre eux par le sang, est plus importante que l'individu. Toute amitié, toute haine, toute réparation est collective.

VI. — Les balances de la justice pesaient alors, non des preuves, mais des serments. La cour n'interrogeait pas de témoins ; plaignant et défendeur y devaient amener des hommes prêts à jurer en leur faveur. La valeur du serment était proportionnelle à la superficie de la propriété du témoin. Un homme accusé de vol en bande devait, pour se disculper, produire des serments d'une valeur totale de cent vingt *hides* (une *hide* étant l'unité de territoire nécessaire à la vie d'une famille). Ces additions de serments peuvent sembler étranges, mais sans doute le parjure était-il assez rare chez des hommes qui croyaient au miracle particulier, et d'autre part, dans une petite communauté, les voisins savaient toujours plus ou moins la vérité. L'homme connu pour ses mauvaises mœurs ne trouvait pas de témoins. Faute de serments, on recourait au jugement par l'eau (l'accusé était jeté pieds et poings liés dans un étang, préalablement béni, et reconnu innocent s'il coulait à pic parce que l'eau acceptait de le recevoir) ou au jugement par le fer rouge (l'accusé devait porter le fer à une distance donnée, culpabilité ou innocence était déterminée par l'aspect de la brûlure après un certain nombre de jours). Après la conquête normande, en cas de conflit au sujet de la propriété d'un terrain, on recourut à l'ordalie par bataille (les deux adversaires, armés seulement d'un bouclier et d'un bâton, se battaient jusqu'à ce que l'un des deux fût épuisé et demandât grâce).

VII. — Tous ces traits dessinent une société brutale, grossière, mais pleine d'honneur et dont les institutions contenaient le germe d'une forte vie locale. « Si Hengest et Horsa n'avaient apporté avec eux, comme on a voulu nous le faire croire, ni le brouillon de la Déclaration des Droits de 1683, ni celui de l'Acte de 1894 pour l'établissement des cours de districts ruraux, ils n'en avaient pas moins introduit en Angleterre quelques usages utiles. » Nous observerons, en étudiant leur histoire, que pendant toute la durée de leur vie nationale les Anglo-Saxons ont conservé le goût des « comités », groupes d'hommes qui essaient de résoudre les difficultés de la vie quotidienne par un débat public, lequel conduit presque toujours à un compromis ; ce goût, qui les a souvent préservés de la guerre civile, est venu en partie de ce que, dès le début de leur existence nationale, ils avaient pris, dans les *moots* de village et dans les cours de comtés, l'habitude excellente de traiter sur place, sans recours à une bureaucratie centrale, un grand nombre de questions administratives et judiciaires.

7.
LA CONVERSION DES ANGLO-SAXONS

I. — La religion des Anglo-Saxons n'était pas sans rude beauté. Elle était constituée par l'ensemble des légendes contées dans l'Edda, bible du Nord. Les dieux, Odin, Thor, Freya (qui ont donné leurs noms, en anglais, aux jours de la semaine : *Wednesday, Thursday, Friday*) vivaient dans le Walhalla, paradis où des vierges guerrières, les Walkyries, transportaient les guerriers tués sur le champ de bataille. Ainsi les braves étaient récompensés, les traîtres et les menteurs punis, les violents pardonnés. Cette religion perdit, par l'émigration, beaucoup de son prestige. Elle était liée à des lieux, à des forêts, à des fleuves de Germanie. Wieland le forgeron, en Bretagne, n'était plus qu'un exilé. La classe des prêtres avait, chez les Saxons, été peu nombreuse et mal organisée. Il ne semble pas qu'elle ait fait une résistance énergique au moment où le christianisme fut introduit en Angleterre. Le seul discours d'un grand prêtre barbare que nous ait conservé l'historien Bède est une acceptation sceptique et découragée. D'ailleurs les rois des Angles et des Saxons savaient, dès le VIe siècle, que leurs frères de race, en Gaule et en Italie, s'étaient convertis. Cet exemple les disposait favorablement. L'Église de Rome était parée du prestige, encore très grand, de l'Empire ; elle avait hérité de la culture antique et de l'esprit d'organisation méditerranéen. Dans les petites cours anglo-saxonnes, les missions chrétiennes furent reçues avec tolérance, souvent avec respect.

II. — La conversion de l'Angleterre fut l'œuvre de deux groupes de missionnaires venus, les uns des pays celtiques et surtout de l'Irlande, les autres de Rome. Après le départ des Romains, le Pays de Galles était resté, en grande partie, chrétien. En Irlande, saint Patrick (le Romain Patricius) avait évangélisé les tribus celtes et fondé les monastères où se réfugièrent plus tard, pour échapper aux Barbares, puis aux Sarrasins, les savants du Continent. De ces villes monastiques partirent des saints qui convertirent les Celtes d'Écosse, et dont le plus célèbre fut saint Colomba. Le christianisme avait profondément imprégné l'âme celte, naturellement mystique. Dans les pays celtes : Irlande, Pays de Galles, Écosse, s'était formée une Église nationale, indépendante de l'Église romaine, et qui s'efforçait de ressembler à l'Église primitive. Les moines d'Irlande furent longtemps des solitaires qui vivaient, comme ceux de la Thébaïde, dans des cabanes isolées ; seul le besoin de sécurité leur fit accepter la réunion de ces cabanes dans un enclos et l'autorité d'un abbé. Le mariage n'était pas en Irlande interdit aux moines, ni d'ailleurs aux prêtres séculiers. Les églises demeuraient nues, sans autel. Les prêtres baptisaient les adultes au bord des rivières. La messe était dite en langage populaire et non en latin. Les prêtres vivaient pauvrement et distribuaient en aumônes tous les dons qu'ils recevaient. Enfin la date de Pâques était déterminée suivant d'anciens usages, de sorte que la fête ne coïncidait pas, chez les Celtes, avec les Pâques romaines.

III. — Cependant, l'Église de Rome avait trouvé un chef. Le pape Grégoire le Grand, aristocrate romain qui avait débuté par les dignités civiles, avait su assurer à la papauté la succession provisoire de l'Empire d'Occident. Que ce fût par un prêtre ou par un soldat, il était nécessaire que fût remplie l'antique fonction de l'Empereur. Après les invasions lombardes, l'Italie avait été livrée à l'anarchie. Rome et Naples mouraient de faim. « Où est le peuple ? s'écriait Grégoire. Où est le Sénat ? Le Sénat n'est plus ; le peuple a péri. » Conscient du danger, il y para. Chef spirituel, il prit aussi en main l'administration temporelle de Rome. Riche des dons des fidèles de Gaule, d'Afrique, de Dalmatie, il se servit de cet argent pour nourrir le peuple romain. Ce grand homme d'action était un artiste. Ce fut sous son inspiration que se développa le chant grégorien et que furent réglées les belles cérémonies de l'Église, qui frappèrent tant les Barbares. Pour la prédication dans les pays neufs, il se servit surtout des moines. Saint Benoît avait fondé au début du siècle l'ordre des Bénédictins, qui unissait le travail manuel au travail intellectuel ; il avait introduit les vœux perpétuels, le noviciat, l'élection de l'abbé ; ses réformes avaient attiré dans les monastères l'élite de la génération. Grégoire chargea les Bénédictins d'innombrables missions ; en particulier ce fut à un de leurs moines, le prieur Augustin, qu'il confia l'évangélisation de l'Angleterre.

IV. — On connaît l'anecdote classique. Le Pape, traversant à Rome le marché aux esclaves, voit des jeunes gens aux cheveux blonds, à la peau merveilleusement blanche et demande d'où ils viennent : « Ce sont, lui dit-on, des Angles de Bretagne. — *Non Angli,* répond Grégoire, *sed Angeli...* » Ils ont visage d'ange et il faut qu'ils deviennent les compagnons des anges du ciel... (597). Autant que sur les moines, le Pape, pour évangéliser les païens, devait s'appuyer sur les femmes. En Angleterre, le roi de Kent avait épousé la fille chrétienne du roi de Paris et permis à sa femme d'amener un chapelain. Ce fut à elle que s'adressèrent d'abord le prieur Augustin et ses quarante moines, très effrayés de se trouver dans un pays qu'ils croyaient sauvage. Ils furent aussitôt reçus dans la capitale du Kent, Canterbury. Le Pape leur avait donné les instructions les plus sages. Avant tout il fallait troubler le moins possible les habitudes des païens : « On ne monte pas par bonds au sommet d'une montagne, mais peu à peu et pas à pas... En premier lieu, il faut bien se garder de détruire les temples des idoles ; il ne faut que détruire les idoles, puis faire de l'eau bénite, en arroser les temples et y placer des reliques... Si ces temples sont bien bâtis, c'est une chose bonne et utile qu'ils passent du culte des démons au service du vrai Dieu ; car tant que la nation verra subsister ses anciens lieux de prière elle sera plus disposée à s'y rendre, par un penchant d'habitude, pour adorer le vrai Dieu... » Cette méthode conciliante réussit et le roi de Kent se convertit. Le Pape envoya à Augustin le *pallium,* symbole de l'autorité, lui donna pouvoir d'établir des évêques en Angleterre, lui conseilla de placer temporairement son archevêché à Canterbury, et de le transporter à Londres dès que Londres serait convertie. Mais rien ne dure comme le provisoire : Canterbury demeura la capitale religieuse de l'Angleterre. Bède nous a conservé un questionnaire envoyé par Augustin au Pape et qui montre les préoccupations d'un grand fonctionnaire ecclésiastique en l'an 600 : « Comment les évêques doivent-ils se conduire envers leur clergé et en combien de parts faut-il diviser les dons faits par les fidèles ?... Jusqu'à quel degré les fidèles peuvent-ils se marier avec des personnes de leur famille et est-il légal pour un homme d'épouser sa belle-mère ?... Si l'on peut baptiser une femme enceinte ?... Combien de temps doit-elle attendre après l'accouchement pour venir à l'église ?... Après combien de jours le nouveau-né peut-il recevoir le baptême ?... Combien de temps après la naissance d'un enfant une femme peut-elle avoir des relations charnelles avec son mari ?... Toutes choses qu'a besoin de savoir la rude nation des Anglais. »

V. — L'évangélisation de l'Angleterre se fit de proche en proche et nous possédons le récit d'une de ces conversions, celle d'Edwin, roi de Northumbrie. On y voit avec quel sérieux et souvent avec quelle poésie ces hommes « qui avaient le sens du sublime » s'entretenaient de choses religieuses. Le Roi convoqua ses principaux amis et conseillers pour écouter le missionnaire chrétien : Paulinus. Celui-ci expliqua la nouvelle doctrine et le Roi demanda à chacun des chefs ce qu'il en pensait. L'un d'eux répondit : « O Roi, il me semble que la vie terrestre de l'homme, si on la compare aux temps qui nous sont inconnus, ressemble au vol rapide d'un moineau qui traverse la chambre où, l'hiver, vous êtes assis devant votre souper, avec vos officiers et vos ministres, un bon feu au milieu de vous, tandis qu'au-dehors font rage les ouragans de pluie et de neige... Le moineau, dis-je, entre en volant par une porte, sort aussitôt par une autre et, tandis qu'il est à l'intérieur, se trouve à l'abri de l'hiver. Mais après ce court espace de beau temps, il disparaît aussitôt dans la sombre nuit de laquelle il était sorti. Telle la vie de l'homme nous est visible pendant un court espace mais, de ce qui s'est passé auparavant ou de ce qui suivra, nous sommes complètement ignorants. Si donc cette nouvelle doctrine contient quelque chose de plus certain, elle semble mériter d'être suivie. » Sur quoi le grand prêtre païen s'écria : « Il y a longtemps que je me suis aperçu qu'il n'y avait rien dans les dieux que nous adorons... Je propose au Roi que nous abjurions tous immédiatement et je mettrai moi-même le feu à ces temples et autels que nous avons si longtemps consacrés sans en retirer aucun profit. » La conversion des rois entraînait celle des peuples, de sorte que l'influence des missionnaires s'étendait par bonds rapides.

VI. — Les progrès de l'Église de Rome en Angleterre devaient amener un conflit avec les vieilles Églises britanniques de l'Ouest (Irlande et Galles). Augustin, ayant reçu du Pape autorité sur tous les évêques de Bretagne, convoqua les évêques celtes. Ceux-ci vinrent, fort embarrassés, et tout de suite se montrèrent froissés de ce qu'Augustin, pour marquer les distances, ne se levait pas pour les recevoir. Il leur demanda trois concessions : célébrer la fête de Pâques en même temps que les autres chrétiens, administrer le baptême selon le rite romain, et prêcher aux païens anglo-saxons, ce que les Celtes avaient toujours refusé de faire, car, haïssant les envahisseurs qui avaient massacré leurs ancêtres, ils ne souhaitaient pas sauver les âmes des Barbares. Les Bretons ne cédèrent sur aucun des trois points, déclarèrent ne reconnaître que leur propre Primat et rompirent avec Rome. Entre chrétiens bretons et catholiques romains, les relations devinrent très mauvaises. Les prêtres bretons ne donnaient pas le baiser de paix aux prêtres catholiques et refusaient de manger avec eux. Les moines celtes, oubliant, par haine de Rome, leurs griefs contre les Barbares, entreprirent, eux aussi, la conversion des païens. Ils réussirent dans le petit peuple tandis que l'Église romaine atteignait surtout les femmes, les souverains et les grands. Quand les deux Églises chrétiennes évangélisaient une même cour, les différences de doctrine créaient des situations assez difficiles. Il arrivait que, dans une famille, il fallût célébrer la fête de Pâques deux fois de suite. Un roi, ayant achevé son Carême, faisait ses pâques tandis que sa reine célébrait le dimanche des Rameaux et jeûnait encore.

VII. — Enfin le roi de Northumbrie, Oswy, qui avait été converti par les Bretons, fut touché par les arguments de son fils Alfred, élevé, lui, par un moine catholique. Le Roi, pour en avoir le cœur net, convoqua au monastère de Whitby un synode, où les deux partis devaient exposer leurs doctrines. Oswy ouvrit le débat avec beaucoup de bon sens, en disant que ceux qui servaient le même Dieu devraient observer les mêmes règles, qu'il n'y avait certainement qu'une vraie tradition chrétienne et que chacun avait le devoir de dire d'où il tenait sa doctrine. A quoi les Bretons répondirent qu'ils tenaient leurs Pâques de saint Jean l'Évangéliste et de saint Colomba, les catholiques affirmant que leurs Pâques étaient celles des apôtres Pierre et Paul, et qu'ils les avaient trouvées dans tous les pays du monde : en Italie, en Afrique, en Asie, en Égypte et en Grèce, partout, sauf chez ces Bretons obstinés qui, dans les deux îles les plus écartées de l'univers, prétendaient défier le reste de la chrétienté. Suivit une longue et fort intelligente discussion, que le catholique Wilfrid termina en disant : « Si même votre Colomba était un saint homme, comment pourrait-il être préféré au prince des apôtres, à celui auquel Notre-Seigneur a dit : « Tu es Pierre et sur cette pierre je bâtirai mon Église, et les portes de l'Enfer ne prévaudront point contre elle, et c'est à toi que je veux donner les clefs du royaume des cieux... » Quand Wilfrid eut ainsi parlé, le Roi demanda : « Est-il vrai, Colman, que ces mots aient été prononcés par Notre-Seigneur ? — C'est vrai, ô Roi », répondit loyalement l'évêque irlandais. « Pouvez-vous prouver qu'un tel pouvoir ait été donné à votre Colomba ? » Colman avoua que non. « Êtes-vous tous deux d'accord, ajouta le Roi, pour penser que les clefs du royaume des cieux ont été confiées à saint Pierre ? — Nous le sommes », répondirent-ils. « Alors, conclut le Roi, puisque Pierre veille aux portes du Ciel, j'obéirai à ses décrets, de crainte que, lorsque je me présenterai à ces portes, nul ne veuille me les ouvrir, celui qui en a les clefs étant alors mon adversaire. » Tous ceux qui étaient présents approuvèrent le Roi et résolurent d'obéir désormais au Pape.

8.

CHRISTIANISME ET GERMANISME EN ANGLETERRE

I. — Dès le VIIIe siècle, toute l'Angleterre fait partie de l'Église romaine. Les rois s'appuient sur l'Église, d'abord parce qu'ils sont croyants, mais aussi parce qu'ils comprennent que cette Église, héritière des traditions impériales, leur apporte une hiérarchie, une organisation et une expérience qui leur manquent. Longtemps évêques et archevêques seront les ministres naturels des rois. L'Église, de son côté, soutient les monarchies ; elle a besoin d'une puissance temporelle pour faire respecter ses lois. Pour la papauté, c'est une grande force que d'avoir pu fonder, en Angleterre et en Allemagne, des Églises neuves et soumises. Les Églises d'Orient disputent la prééminence à celle de Rome ; l'Église de France est parfois trop indépendante ; mais les évêques anglais sollicitent eux-mêmes l'intervention constante du Pape. Aussi celui-ci envoie-t-il en Angleterre de véritables proconsuls de la foi, qui sont à la Rome ecclésiastique ce qu'avaient été à la Rome impériale les grands organisateurs des provinces. Rien ne donne une idée plus majestueuse de l'universalité de l'Église que de voir un Grec d'Asie Mineure, l'évêque Théodore de Tarse, et un Africain, l'abbé Hadrien, introduire en Angleterre toute une bibliothèque latine et grecque et créer en Northumbrie des monastères qui, par leur science, rivaliseront avec ceux d'Irlande. Par un curieux paradoxe, la culture méditerranéenne sera préservée pour les Gaules par des moines anglo-saxons. Au moment où les Sarrasins atteignaient le centre de la France et où semblait s'achever en Europe l'âge classique, dans un royaume presque barbare un moine, Bède le Vénérable, écrivait en latin sa charmante *Histoire ecclésiastique de la nation* *anglaise.* Or ce Bède fut le maître d'Egbert qui fut lui-même, à York, le maître d'Alcuin, et l'on sait que ce fut Alcuin qui, appelé par Charlemagne, arrêta en France la décadence intellectuelle.

II. — L'Angleterre a donc sa place dans l'histoire de la culture latine et chrétienne. Mais la nature des Anglo-Saxons, leurs traditions antérieures et leurs goûts, communiquent chez eux à cette culture des caractères particuliers. Le VIIe et le VIIIe siècle sont, en Angleterre, un âge de saints et de héros. Ces âmes violentes et fortes se montrent capables à la fois de grands sacrifices et de grands crimes. Plus tard, le mélange de la morale du guerrier nordique et de la morale chrétienne fera le héros des romans de chevalerie. Mais en des temps primitifs et sombres, l'équilibre entre les deux forces est difficile à maintenir. Tantôt les rois saxons se font moines ou partent en pèlerinage pour Rome ; Sebbi d'Essex entre au couvent en 694 ; Aethelred, roi de Mercie, en 704. Le successeur de ce dernier, Conrad de Mercie, achève sa vie à Rome ainsi qu'Offa d'Essex. Tantôt des princes sont assassinés, des royaumes dévastés, des villes mises à sac, les habitants massacrés. L'Église doit lutter contre le goût des poèmes épiques et belliqueux que les *gleemen,* s'accompagnant de la harpe, viennent chanter à la fin des festins dans les maisons des nobles et que des ménestrels ambulants récitent dans les rues des villages. Les prêtres saxons eux-mêmes ne se plaisent que trop à ces poèmes païens. En 797, Alcuin doit écrire à l'évêque de Lindisfarne : « Quand des prêtres dînent ensemble, qu'ils se fassent lire la parole de Dieu. Il convient en de telles occasions d'écouter un lecteur, non un harpiste ; les discours des Pères, non les poèmes des païens. Qu'est-ce qu'Ingeld a de commun avec le Christ ? La maison est petite ; elle ne pourra les contenir tous les deux. » Mais l'amour de la poésie nordique était alors si fort qu'un évêque saxon se déguisait pour aller sur un pont, à la sortie de la messe, chanter les aventures de quelque roi de la mer.

III. — Bien que la poésie anglo-saxonne ait été riche, la seule œuvre complète que nous ayons conservée est *Beowulf,* épopée dont la matière est nordique, mais qui a été récrite par un moine anglais, entre le VIIIe et le Xe siècle, en tenant compte des préjugés chrétiens. On a dit que c'est une *Iliade* dont l'Achille serait Hercule. Le thème est celui de *Siegfried :* la destruction d'un monstre par un héros. Beowulf, prince suédois, traverse les mers et visite le château du roi des Danois. Là il apprend qu'un monstre, Grendel, hante chaque nuit ce hall et dévore les seigneurs qu'il y trouve. Beowulf tue Grendel ; la mère de celui-ci cherche vengeance ; le héros la poursuit dans les régions affreuses qu'elle habite et débarrasse le monde de cette race. Revenu en Suède, il devient lui-même roi et succombe enfin, blessé par la dent empoisonnée d'un dernier dragon qu'il a voulu combattre. Il meurt noblement : « J'ai tenu en ma garde ce peuple cinquante hivers. Il n'y avait pas un roi, parmi tous mes voisins, qui osât me rencontrer. J'ai bien tenu ma terre. Je n'ai point cherché des embûches de traître. Je n'ai point juré faussement beaucoup de serments... Je me réjouis d'avoir pu, avant de mourir, acquérir un tel trésor pour mon peuple. A présent je n'ai plus besoin de demeurer ici plus longtemps. »

IV. — Quand on lit *Beowulf,* ou les autres fragments de poèmes anglo-saxons, on est d'abord frappé par la tristesse du ton. Les paysages sont désolés : roches et marécages. Les monstres habitent « les froids courants et la terreur des eaux ». « Une sombre imagination a collaboré avec la tristesse d'une nature septentrionale pour peindre ces puissants tableaux. » C'est l'œuvre d'un peuple qui a vécu en des climats hostiles. Chaque fois que le poète parle de la mer, il est admirable. Il y a, dans *Beowulf,* la description d'un départ de guerriers pour une expédition maritime, de vaisseaux au cou écumeux très semblables à des oiseaux et, au moment de l'arrivée, de falaises qui brillent et de promontoires géants, qui est digne des plus grands poètes épiques. Mais jamais le poète anglo-saxon n'atteint à la sérénité d'Homère. Dans *L'Iliade,* les bûchers des morts brûlent, nombreux, dans la plaine; dans *Beowulf,* les corbeaux et les aigles s'abattent sur des charognes. En ces âmes privées de soleil, on devine, mêlée à des sentiments nobles, quelque complaisance pour l'horreur. Pourtant, la société décrite est plus affinée que celle de la Germanie de Tacite. Rien de commun avec la « démocratie » anglo-saxonne imaginée par quelques historiens anglais du XIXe siècle. Dans le monde de Beowulf, le Roi et ses guerriers sont au premier plan. Trônes, tapisseries, ornements d'or enrichissent les halls des princes. Le Roi est tout-puissant, à la condition qu'il conserve l'appui de ses compagnons. Envers ceux-ci il est généreux; il les comble de terres et de présents.

Tout homme, dans les poèmes, a un seigneur auquel il doit fidélité et qui en échange doit partir pour des terres étrangères. Le traître et le félon sont ce qu'il y a de plus méprisé. Les femmes des chefs sont respectées, toujours présentes aux banquets. Mais l'amour est sérieux, sans gaieté ; « nulle chanson d'amour en cette vieille poésie ; l'amour n'y est pas un amusement ni une volupté, mais un engagement et un dévouement ».

V. — On a rapproché très justement les poèmes anglo-saxons des poèmes homériques. Les uns et les autres présentent en effet les traits de ce que l'on peut appeler les âges héroïques. Dans les sociétés tout à fait primitives, les liens de famille ou de tribu avaient été les plus forts. C'était la famille de chaque homme qui devait obtenir vengeance pour lui et qui était responsable de ses fautes. Dans les sociétés héroïques, le lien de famille tend à se relâcher. L'individu se livère de la tribu. Affranchi de cette terreur de la nature qui accable les primitifs, il laisse libre cours à sa volonté de puissance. Les passions individuelles l'emportent sur l'intelligence politique. C'est un temps de combats singuliers, de guerres entreprises pour l'honneur. Pourtant, comme il faut bien que toute société ait prise sur les individus, un lien nouveau se forme par le loyalisme et l'amitié. Le héros n'a aucune modération, mais il est courageux et il est fidèle. Cela fait un caractère assez beau, où le moraliste chrétien trouvera des éléments de noblesse vraie. La générosité du héros s'exercera bientôt au profit de l'Église. Un roi pieux donne des terres aux évêques, aux monastères. Reste évidemment à discipliner la violence ou à l'employer pour de justes causes. L'humilité et la pudeur chrétiennes, en s'alliant aux passions héroïques, allaient engendrer, du xe au XIIIe siècle, un type que l'antiquité n'a pas connu, qui pèche encore souvent par cruauté mais qui se voulait pur : le Chevalier. Beowulf, qui se bat contre les monstres sortis de l'enfer, est déjà presque un chevalier chrétien. Sa fin est celle de Lancelot. Nous verrons en étudiant l'admirable personnage du roi Alfred, ce que pourra produire de meilleur le mélange de la civilisation romaine, de l'honneur barbare et de la morale chrétienne.

9.
LES INVASIONS DANOISES ET LEURS EFFETS

I. — C'est en 787 que, pour la première fois, la *Chronique anglo-saxonne* décrit l'arrivée en Angleterre de trois bateaux d'hommes du Nord venus « du pays des voleurs ». Le *reeve* du village le plus voisin, ne sachant ce qu'étaient ces hommes, alla au-devant d'eux à cheval, comme c'était son devoir, et fut tué. Six ans de silence suivent ce meurtre puis, à partir de l'année 793, les courtes notes annuelles de la *Chronique* contiennent presque toutes le récit de quelque incursion des « païens ». Tantôt ils ont pillé un monastère et massacré les moines; tantôt « les armées païennes ont répandu la dévastation parmi les Northumbriens ». Quelquefois le chroniqueur note avec plaisir que quelques-uns des bateaux païens ont été brisés par la violence de la mer, que les équipages se sont noyés et que les survivants, en arrivant sur la plage, ont été mis à mort. Peu à peu, l'importance des flottes ennemies grandit. En 851, « pour la première fois, les païens passèrent l'hiver sur l'île de Thanet; la même année trois cents de leurs bateaux vinrent à l'embouchure de la Tamise et leurs équipages prirent d'assaut Canterbury et Londres ». Les années suivantes les « païens » sont nommés par leur nom réel : les Danois, et les chroniques ne parlent plus que des mouvements de l' « Armée », qui est l'armée des hommes du Nord, forte parfois de dix mille hommes.

II. — Les tribus, toutes de même race, qui habitaient alors la Suède, la Norvège et le Danemark étaient en effet païennes, car elles avaient été assez peu touchées par l'Empire de la Rome antique et point du tout par celui de la Rome chrétienne, mais elles n'étaient nullement barbares. Leurs bateaux peints, les figures sculptées de leurs proues, la qualité littéraire de leurs *sagas,* la complexité de leurs lois prouvent qu'elles avaient su créer une civilisation qui leur était propre. Ces Vikings obéissaient à des chefs de bande et se battaient bravement, mais n'aimaient pas le combat pour le combat. Quand ils pouvaient remplacer la force par la ruse, ils le faisaient volontiers. Autant que guerriers et pillards, ils étaient commerçants et, s'ils se voyaient accueillis sur une plage par des habitants trop nombreux, ne demandaient qu'à échanger contre du miel ou des esclaves leur huile de baleine ou leur poisson séché.

III. — Pourquoi ces peuples du Nord qui, depuis tant de siècles, avaient paru ignorer l'Angleterre commencèrent-ils soudain à l'envahir en même temps qu'ils attaquaient la Neustrie ? On a suggéré que ce fut la pression exercée par Charlemagne sur les Saxons qui, refoulant ceux-ci vers le Danemark, apprit aux hommes du Nord le danger que représentaient pour eux les puissances chrétiennes et fut la première cause de leurs attaques. Peut-être est-il aussi simple de penser que le hasard, le besoin d'aventures, le désir, chez des navigateurs très hardis, d'aller toujours plus loin, conspirèrent. C'était chez eux la coutume, comme plus tard chez les Chevaliers de Malte, qu'un jeune homme fît « ses caravanes », c'est-à-dire quelque expédition propre à montrer son courage. La population augmentait rapidement. Des cadets et des bâtards devaient chercher fortune en des pays neufs. Mais leurs bateaux, étroits et longs, portant au mât une seule voile rouge que l'on hissait rarement, sur leurs flancs les boucliers des guerriers, alternativement jaunes et noirs, et en proue l'image d'un monstre marin, n'étaient guère faits pour la navigation de haute mer. C'étaient, comme tous les vaisseaux de guerre de l'Antiquité, des bateaux à rames, et le rayon d'action d'un tel navire est nécessairement limité. Qu'une étape exige plus d'une demi-journée de navigation, aussitôt il faut deux équipes de rameurs. Chacune doit déplacer le poids de l'autre ; les armes sont lourdes ; cela laisse peu de marge pour les provisions. Le navire doit lui-même être léger, de sorte qu'il ne peut résister aux grandes vagues de l'Océan. Il fallut des siècles d'expérience et sans doute d'innombrables naufrages pour que les Vikings apprissent à connaître les étapes et les époques favorables. Peu à peu ils surent sauter d'île en île en profitant du beau temps, construire des bateaux plus grands, et on les vit dans le monde entier. Les Suédois se dirigeaient vers la Russie et l'Asie ; les Norvégiens découvraient la route de l'Irlande par le nord de l'Écosse et même, faisant escale au Groenland, allaient jusqu'en Amérique chercher des fourrures ; les Danois avaient choisi la route intérieure qui, plus proche de leur pays, conduisait aux côtes d'Écosse, de Northumbrie et de Neustrie.

IV. — On peut être surpris par le succès rapide de ces expéditions qui, au début, se composaient d'un petit nombre d'hommes et s'attaquaient à de vastes royaumes qui auraient dû se défendre aisément. Mais il ne faut pas oublier : 1° Que les Vikings possédaient la maîtrise de la mer. Aucun effort n'avait été fait, ni par les Saxons, ni par les Francs, pour créer une flotte. Or, qui domine la mer est d'abord maître des petites îles et peut en faire des bases navales. Les premières attaques des Danois furent dirigées contre ces riches monastères que le désir de solitude des premiers moines avait établis dans des îles comme Iona ou Lindisfarne. Les dons des fidèles avaient pourvu les moines de joyaux et d'or. Les Vikings pillaient le trésor, massacraient les moines et occupaient l'île. Si près qu'elle fût du rivage, ils y étaient invulnérables. Ce fut ainsi que Noirmoutier devint leur base sur les côtes de France, Thanet sur celles d'Angleterre, l'île de Man dans les mers d'Irlande. 2° La maîtrise de la mer leur permettait aussi de choisir leur lieu d'attaque. Trouvaient-ils en un point l'ennemi trop fort ? Il leur était facile de se rembarquer et d'aller à la recherche d'une chance meilleure, cela d'autant plus qu'entre leurs victimes les moyens de communication étaient primitifs et l'entente assez rare. Que pouvait leur opposer un roi saxon ? Il convoquait le *fyrd,* c'est-à-dire la milice des hommes libres. C'était une masse de paysans armés d'épieux, parfois même (quand le Roi appelait l'arrière-ban) de fourches, longs à s'assembler, difficiles à nourrir et qui ne pouvaient, à cause des travaux agricoles, rester longtemps sous les armes. Adversaires indignes des guerriers du Nord qui, très bien armés, protégés par une cotte de mailles et par un casque d'acier, maniaient admirablement la hache de guerre. Les seuls Anglais capables de les combattre étaient les compagnons du Roi *(comitati, gesiths)* mais ceux-ci étaient peu nombreux et d'ailleurs les Danois perfectionnaient sans cesse leur tactique. Bientôt ils surent, dès le débarquement, saisir les chevaux du pays, équiper une infanterie montée, puis construire en hâte un fortin. Les Saxons, hommes des champs et des forêts, qui n'avaient jamais bâti de villes fortifiées, qui avaient perdu leur tradition maritime, et qui en outre étaient désunis, laissèrent l'envahisseur conquérir presque tout le pays. L'Irlande, alors en pleine anarchie, fut la première soumise, puis la Northumbrie et la Mercie. Bientôt, le Wessex lui-même étant en partie perdu, on put croire que toute l'Angleterre allait devenir province d'un Empire du Nord.

V. — Les invasions danoises eurent pour effet immédiat de hâter la formation, dans l'Angleterre saxonne, d'une classe de militaires professionnels. Le problème de la défense du pays aurait pu recevoir trois solutions : *a)* le *fyrd* ou levée en masse des hommes libres ; les rois continuèrent longtemps à y recourir, mais nous avons vu pourquoi elle était insuffisante ; *b)* les mercenaires, hommes qui touchent une solde, *soldats* ou *soudards* (telle avait été la méthode adoptée par les derniers empereurs romains, et ce sera de nouveau celle des rois Cnut et Harold), mais les princes saxons n'avaient pas un revenu tel qu'il leur permît d'entretenir une telle armée ; *c)* l'armée permanente de guerriers professionnels que, faute de solde, le souverain paye en leur concédant des terres. C'est cette dernière solution qui, entre la fin de l'Empire romain et le xe siècle, fut peu à peu adoptée par toute l'Europe parce que, faute d'États forts, il n'y avait pas d'autre méthode possible. On enseignait autrefois que la féodalité avait été introduite en Angleterre au xie siècle par les Normands. Un historien a répondu assez drôlement que la féodalité a été introduite en Angleterre par Sir Henry Spelman, un érudit du xviie siècle qui, le premier, a fait un système cohérent de coutumes assez confuses. La vérité est que la féodalité ne fut pas au début un système consciemment choisi, mais le résultat de multiples transformations naturelles. Au moment où étaient arrivées en Angleterre les tribus saxonnes, le paysan et le militaire se confondaient en un même homme. L'homme libre était libre parce qu'il pouvait combattre. Quand, après les invasions danoises, l'équipement d'un guerrier devint trop onéreux pour le paysan moyen, le métier militaire ne put plus être que la profession d'une classe.

VI. — Pourquoi le cultivateur libre reconnaît-il la supériorité de cette classe ? Parce qu'il ne peut se passer d'elle. Être attaché à un supérieur présente, en des temps troublés, de grands avantages : non seulement celui-ci est un chef de guerre bien armé, mais il défend les titres de propriété de ses hommes. Tant que l'État central est fort, comme fut l'Empire romain ou comme seront les rois Tudors, les individus comptent sur cet État et se reconnaissent des devoirs envers lui. Dès que l'État s'affaiblit, l'individu cherche un protecteur plus proche, plus efficace, et c'est envers celui-ci qu'il se reconnaît des obligations militaires ou pécuniaires. Un lien personnel remplace le lien abstrait. Dans le désordre des petits royaumes anglais, sans cesse en lutte les uns contre les autres, dévastés par les incursions des pirates, le malheureux paysan, le *ceorl,* ne pouvant plus conserver sa terre et la vie qu'avec l'appui d'un soldat bien armé, accepte de donner à celui-ci des redevances en nature, en travail ou en argent, en échange de cette protection. Plus tard ce fait d'expérience engendrera une doctrine : « Nulle terre sans seigneur. » Mais au début la féodalité n'est pas une doctrine ; c'est à la fois « une désintégration du droit de propriété et un démembrement des droits de l'État ». Guizot a écrit que c'est une confusion de la propriété et de la souveraineté. Plus exactement c'est la propriété et la souveraineté passant toutes deux pour un temps à celui qui, seul, peut défendre l'une et exercer l'autre. Comme toutes les institutions humaines, celle-là naît de la nécessité et disparaîtra quand, le gouvernement central étant de nouveau fort, elle sera devenue inutile.

VII. — Un autre effet des invasions danoises sera d'atténuer les rivalités des royaumes anglo-saxons. Une pression extérieure donne à des peuples d'origine similaire, mais divisés par de vieilles rancunes, le sentiment de leur unité. Déjà quelques-uns des rois anglo-saxons s'étaient dits rois de toute l'Angleterre. Un mot spécial les désignait : ils étaient les *bretwaldas.* Egbert de Wessex (802-839), premier souverain duquel descend la reine actuelle d'Angleterre, avait été le huitième *bretwalda.* Ces rois saxons ne sont pas aussi puissants que le seront plus tard les rois normands. Mais ils préparent le terrain pour ceux-ci. Déjà (contrairement à ce qui se passait sur le Continent), ils ont su faire de leur noblesse une aristocratie de service plutôt que de naissance. Les *thanes* tiennent leurs terres du Roi parce que, comme guerriers, administrateurs ou hommes d'Église, ils sont ses serviteurs. Ils ne sont rien sans le Roi, mais le Roi ne peut rien sans eux. Il ne prend ses décisions graves qu'avec eux, en son Conseil. Le Roi saxon n'est pas plus absolu que le royaume saxon n'est absolument héréditaire. Enfin, depuis la conversion, le Roi est le chef sacré, protégé et conseillé par l'Église. Il doit, plus que tout homme, respecter les commandements de celle-ci. L'image du souverain juste, tenant conseil avec ses hommes sages pour le bien de tous, sera solidement imprimée dans l'esprit anglais, bien avant la Conquête, par de grands souverains saxons comme Alfred et tout au long de l'histoire d'Angleterre, chaque fois que cette image menacera de pâlir ou de s'effacer, elle se trouvera en temps utile ravivée par un Édouard Ier, un Henry VII ou une Victoria.

10.
DU ROI ALFRED AU ROI CNUT

I. — Alfred est un souverain légendaire dont la légende est vraie. Cet homme simple et sage, qui fut à la fois un soldat, un marin, un homme de lettres et un législateur, a sauvé l'Angleterre chrétienne. Il a toutes les vertus des rois dévots sans avoir leur faiblesse ni leur indifférence aux choses de ce monde. Son aventure tient du conte de fées et du roman de chevalerie. Comme beaucoup de héros de romans, il est le plus jeune fils d'un roi : Aethelwulf. Il est élevé, en un temps d'invasions, au bruit des combats, et trois de ses frères sont tués à l'ennemi. Maladif, sensible, il a l'énergie des infirmes qui se veulent forts. Excellent cavalier, grand chasseur, il éprouve aussi, dès l'enfance, le désir de s'instruire. « Mais hélas ! ce qu'il désirait le plus : apprendre les arts libéraux, n'était guère possible, car, en ce temps-là, les vrais savants n'existaient plus dans le royaume de Wessex. » Dans sa vieillesse, il devait dire que la grande difficulté de sa vie avait été qu'au temps où il avait l'âge et le loisir d'apprendre il n'avait pas trouvé de maîtres, et qu'au temps où il avait pu réunir autour de lui des savants il s'était trouvé si occupé par les guerres, les soins administratifs et les infirmités, qu'il n'avait pu lire autant qu'il l'eût voulu. Adolescent, il était allé en pèlerinage à Rome où le Pape l'avait fait consul, puis, revenu en Angleterre, s'était distingué aux côtés de ses frères dans la lutte contre l' « Armée » danoise. Quand le dernier des siens eut été tué, Alfred fut choisi pour roi par le Witan, de préférence à ses neveux, trop jeunes pour régner en temps de guerre.

II. — Dès la première année de son règne, il dut livrer bataille aux Danois et, n'ayant qu'une poignée d'hommes, fut battu. Comme l'avaient si souvent fait les rois francs et saxons, il acheta la paix à l' « Armée » danoise par le paiement d'un tribut. Mais le succès du chantage ne pouvait qu'encourager l'adversaire à recommencer sa manœuvre. Les Danois occupèrent le Nord et l'Est, puis, cette conquête achevée, une nouvelle horde, sous les ordres du roi païen Guthrun, envahit à nouveau le Wessex. La panique fut d'abord complète. Alfred dut fuir presque seul dans l'île d'Athelney et là, au milieu des marécages, bâtit avec ses compagnons une petite forteresse. C'est près de ce lieu que fut trouvé dans la terre, au XVIIe siècle, un admirable bijou en émail cloisonné, or et cristal, qui porte l'inscription : « Alfred m'a fait ciseler. » Ce célèbre « Joyau d'Alfred », perdu par le Roi au temps de sa fuite, est maintenant dans un musée d'Oxford, témoin de la vérité des vieilles chroniques. Le Roi resta caché tout un hiver dans les marais, tandis que les Danois se croyaient maîtres du Wessex. Vers le temps de Pâques, il sortit de sa cachette et fit convoquer secrètement, au lieudit la Pierre d'Egbert, le *fyrd* du Somerset, du Wiltshire et du Hampshire. La joie de ces paysans saxons, en retrouvant leur roi vivant, fut si grande que tout de suite ils voulurent marcher avec lui contre l' « Armée » des Danois. Celle-ci fut poursuivie jusqu'à ses retranchements, assiégée et enfin, n'ayant plus de vivres, offrit de se rendre. Alfred accepta de leur donner la vie sauve, mais exigea que l' « Armée » quittât le Wessex et que Guthrun et les principaux des chefs danois se fissent baptiser. Trois semaines plus tard, Guthrun et vingt-neuf autres chefs reçurent le baptême, le Roi lui-même étant parrain. Puis un pacte fut signé et une frontière fixée entre le Danelaw et le Wessex. A partir de ce moment les Danois restèrent maîtres de l'Est et du Nord, et Alfred put régner en paix sur les territoires situés au sud de cette frontière.

III. — L'exemple d'Alfred le Grand montre le rôle immense que peut jouer un individu dans l'histoire d'un peuple. Sans sa ténacité, le pays entier eût accepté l'autorité des païens. C'eût été, non la fin de l'Angleterre, mais pour elle un destin tout différent. Esprit à la fois original et simple, Alfred transforma aussi bien l'armée et la marine que la justice et l'éducation. De l'armée il augmenta les effectifs, appelant au rang de *thane* tous les hommes libres possesseurs de cinq *hides* et les marchands des ports qui avaient fait au moins trois voyages par leurs propres moyens, et exigeant de cette petite noblesse service de chevalerie. La grande faiblesse des armées anglo-saxonnes avait toujours été la courte durée du service. Alfred créa des « classes » ou « équipes » qui pouvaient être appelées tour à tour. Il fit relever les fortifications des vieilles villes romaines et eut l'idée, toute moderne, de créer deux échelons de défense, la défense mobile et la défense territoriale. Les chevaliers qui vivaient près d'un *burgh* (bourg fortifié) devaient s'y porter en temps de guerre ; ceux qui vivaient en pleine campagne formaient l'armée mobile. Il créa une flotte peu nombreuse mais dont les vaisseaux, conçus par lui, semblent avoir été plus stables que ceux des Vikings. Il composa un code où il réunit les règles de vie alors acceptées par les hommes de son pays, depuis le Décalogue de Moïse jusqu'aux lois des rois anglo-saxons. « Je n'ai rien voulu changer, dit-il à peu près, parce que je ne sais pas si cela aurait plu à ceux qui viendront après moi. » Il maintenait donc le vieux système du *wergeld,* ou rachat du crime, *sauf dans le cas de trahison.* Pour le traître envers son roi ou son seigneur, il n'y aura plus désormais de pardon ni de rachat. Un homme ne pouvait même plus défendre son parent contre son seigneur. C'était le triomphe des conceptions néo-féodales sur les vieilles idées tribales.

IV. — Alfred eut fort à faire pour ranimer le goût des études dans un pays où guerres et misères avaient ruiné toute science. « Je ne sais si, quand j'ai pris en main ce royaume, il se trouvait un seul homme au sud de la Tamise qui sût traduire son livre de prières en anglais. » Le Roi créa de grandes écoles pour enseigner aux fils de nobles ou de riches hommes libres le latin, l'anglais, l'équitation et la fauconnerie. Ce fut lui aussi qui donna l'ordre de commencer une *Chronique anglo-saxonne,* où seraient notés chaque année les principaux événements et qui nous est aujourd'hui si précieuse. Peut-être dicta-t-il lui-même l'histoire de son temps. Il écrivit beaucoup, mais plutôt qu'un auteur fut un traducteur, d'ailleurs fort scrupuleux ; il cherchait d'abord le sens mot à mot ou, comme il disait, « pensée par pensée », puis transposait en bon anglais. Quand le sujet l'intéressait, il interpolait des passages écrits par lui. Son but, en faisant ces traductions, était de mettre des textes qu'il jugeait utiles à la portée d'un peuple qui ne savait plus le latin. Il traduisit l'*Histoire* *ecclésiastique* de Bède, l'*Histoire universelle* d'Orose, la *Règle pastorale* de Grégoire le Grand (dont il fit un service de cinquante exemplaires aux évêques et monastères de son royaume) et surtout la *Consolation* de Boèce, qui devait plaire à ce roi philosophe.

V. — C'est un curieux et beau spectacle que celui d'un souverain accablé de soucis, régnant sur le plus menacé des pays et qui écrit très simplement : « Alors, parmi les troubles multiples et variés de ce royaume, je commençai à mettre en anglais le livre qui s'appelle en latin : *Pastoralis.* » Il encouragea les artistes autant que les savants. Quand il parle du célèbre forgeron Wieland, il le nomme un sage et ajoute : « Je l'appelle sage parce qu'un bon ouvrier ne peut jamais perdre son habileté et que c'est là une propriété dont il ne peut pas plus être privé que le soleil ne peut changer de place. » Puis, les légendes de son enfance lui revenant à la mémoire, il se demande, préfigurant Villon : « Où sont maintenant les os de Wieland ? » Enfin son biographe nous apprend que, souhaitant voir respecter dans les monastères les heures des offices, il imagina de placer dans une lanterne de corne quatre chandelles, soigneusement pesées pour brûler chacune six heures. De sorte qu'en les allumant l'une après l'autre, cette machine indiquait l'heure à peu près exactement.

VI. — Après la mort d'Alfred, ses successeurs, formés à son école, accrurent encore le prestige des souverains anglo-saxons. Ils reconquirent sur les Danois d'abord la Mercie, puis la Northumbrie. Le roi Aethelstan (924-941) put se nommer sans exagération « roi de toutes les Bretagnes ». Les Danois eux-mêmes, établis en Est-Anglie, se mêlaient à la population anglo-saxonne et commençaient à en adopter le langage. Mais cette paix intérieure supposait deux conditions : un roi fort et l'arrêt des invasions. Or, si les incursions de pirates avaient paru se ralentir, c'était seulement parce que, dans leurs pays mêmes, les hommes du Nord luttaient alors entre eux pour créer les royaumes de Norvège et de Danemark. Cette période de lutte terminée, les voyages d'aventures reprirent, d'autant plus actifs que beaucoup de mécontents voulaient fuir les nouvelles monarchies. Dans la *Chronique anglo-saxonne,* on retrouve, pendant la deuxième moitié du xe siècle, la même sinistre progression qu'au temps des premières attaques. Ce sont d'abord quelques pillards, sept ou huit bateaux, puis de véritables flottes, puis une armée, puis l' « Armée ». Cette nouvelle invasion coïncide avec le règne d'un roi incapable : Ethelred. Au lieu de se défendre, il revint à la méthode la plus lâche et acheta le dépard de l' « Armée » par un tribut de dix mille livres. Pour payer cette énorme somme, il dut créer un impôt spécial, le *danegeld* (argent des Danois), impôt foncier de trois ou quatre shillings par *hide* de terre possédée. Naturellement, les Danois, alléchés, devinrent de plus en plus exigeants et, après la mort d'Edmund Ironside, fils d'Ethelred, qui avait essayé de lutter mais fut assassiné, le Conseil des Sages ne vit d'autre solution que d'offrir la couronne au chef de l' « Armée », Cnut, frère du roi de Danemark, jeune homme de vingt-trois ans. « Tout le pays, dit un chroniqueur, choisit Cnut et se soumit de lui-même à l'homme auquel il venait de résister. »

VII. — Il se trouva que le choix était bon. Cnut avait été un ennemi dur et même cruel, mais il était intelligent et homme de compromis. Cet étranger voulut être un roi anglais. Il commença par épouser la reine douairière, Emma de Normandie, femme plus âgée que lui, mais qui le rattachait à son nouveau royaume. Tout de suite il montra qu'il ne ferait aucune distinction entre Anglais et Danois. Bien plus, il mit à mort ceux des nobles anglais qui avaient trahi son adversaire, Edmund Ironside. « Comment pourrais-tu, toi homme qui as trahi ton maître, devenir un fidèle serviteur ?... » Il licencia sa grande armée et ne garda que quarante navires dont les équipages, environ trois mille deux cents hommes, formèrent sa garde personnelle. Ce furent les *housecarls* ou *Hus-Carles,* troupes d'élite qui, contrairement aux habitudes féodales, reçurent une solde et non des terres. Pour les payer, Cnut continua de percevoir le *danegeld* ou *geld* et légua au Conquérant cet impôt foncier, accepté par la population. En 1018, Cnut convoqua à Oxford une grande assemblée où Danois et Anglais jurèrent de respecter les anciennes lois anglo-saxonnes. Personnage étonnant que celui de ce pirate princier qui, à vingt ans, se change en un roi impartial et conservateur. Converti au christianisme, il se montra si pieux qu'il refusa de porter sa couronne et la suspendit au-dessus du maître-autel de la cathédrale de Winchester, pour montrer que Dieu est le seul roi.

VIII. — Roi d'Angleterre en 1016, roi de Danemark dès 1018 par la mort de son frère, Cnut conquit la Norvège en 1030 et au prix de nombreuses concessions reçut l'hommage du roi d'Écosse. Une fois encore l'Angleterre se trouvait liée au sort des peuples nordiques. Si l'œuvre de Cnut avait duré et si Guillaume de Normandie n'était venu confirmer la conquête romaine, qui sait ce qu'eût été l'histoire de l'Europe ? Mais l'Empire anglo-scandinave n'était pas viable. Fait de nations qui s'ignoraient les unes les autres, coupé de mers dangereuses, il n'existait que par un homme. Quand Cnut mourut, à quarante ans, son œuvre ne lui survécut pas. Après quelques luttes entre ses fils, les *Witans* montrèrent de nouveau leur éclectisme en revenant à la dynastie saxonne et en choisissant pour roi Édouard, second fils d'Aethelred. Ces alternances fortifiaient l'autorité des *Witans* et la royauté, magistrature élective, perdait beaucoup de son prestige. Certains comtes gouvernaient maintenant plusieurs *shires* et seraient devenus, si la conquête normande ne les avait détruits, de véritables souverains locaux et des rivaux dangereux pour le Roi.

11.
LA CONQUÊTE NORMANDE

I. — Le duc Rollon qui en 911, par la convention verbale de Saint-Clair-sur-Epte, avait obtenu de Charles le Simple le duché de Normandie, était de même race que les conquérants de l'Est-Anglie. Mais après un siècle ces deux greffes d'une même espèce s'étaient développées de manière si différente qu'au temps de la Conquête les Danois d'Angleterre eux-mêmes appelaient ceux de France : les Français. Les Danois anglais, ayant rencontré une civilisation européenne encore mal enracinée, avaient eu sur elle une influence assez grande tandis que les Danois normands, ayant rencontré Rome sous le visage de la France, s'étaient, avec une étonnante rapidité, imprégnés de l'esprit latin. Dès la fin du xe siècle, les Normands ne parlaient plus à Rouen que le français et il fallait envoyer l'héritier du duché à Bayeux pour qu'il y apprît la langue de ses ancêtres. Le mélange du vieil ordre romain et de la jeune énergie normande avait produit des résultats excellents. « O France, écrivait un chroniqueur, tu étais accablée, gisante à terre... Voici venir à toi du Danemark une race nouvelle... Une alliance est conclue, paix entre elle et toi. Cette race portera jusqu'au ciel ton nom et ton empire. »

II. — La « paix du duc de Normandie », le respect des lois que, très vite, il avait su imposer sur son territoire, firent l'admiration des chroniqueurs. Ils racontent que le duc Rollon, ayant suspendu des anneaux d'or à un chêne de la forêt de Roumare *(Rollinis mare),* ces anneaux restèrent là trois ans. Les vieux dictionnaires prétendent que la clameur de *haro* était un appel à la protection de Rollon : « Ha ! Rol ! » Naturellement les barons, les *jarls,* anciens chefs de pirates, supportaient mal cette discipline et continuaient à vider leurs querelles privées avec une violence et une cruauté incomparables. Mais les ducs avaient su imposer leur volonté. Point de grands vassaux en Normandie. Aucun seigneur n'y eût été assez fort pour faire échec au duc. Celui-ci avait dans chaque district un représentant, le vicomte, qui n'était pas un simple administrateur de domaines royaux, mais un véritable gouverneur. Le duc de Normandie percevait des impôts en argent et possédait une administration des Finances : l'Échiquier. De tous les souverains de son temps, il était celui qui ressemblait le plus à un chef d'État moderne.

III. — Beaucoup plus tôt que les Anglais, les Normands avaient adopté le cérémonial et la hiérarchie de la chevalerie continentale. La féodalité s'était développée sur le Continent pour la même raison qu'en Angleterre (nécessité de la défense locale), mais elle y était, au XIe siècle, soumise à des règles plus précises. Au-dessous du duc de Normandie venaient les barons, qui eux-mêmes commandaient à des chevaliers. Était chevalier tout possesseur d'une terre comportant service de chevalerie. A l'appel de son baron, le chevalier devait se présenter avec ses armes et son cheval et demeurer pour quarante jours en guerre. C'était un temps court, mais qui convenait à de petites campagnes. Pour une entreprise de longue durée comme la conquête de l'Angleterre, il fallut des contrats spéciaux. Le baron lui-même devait répondre à l'appel de son duc et amener les chevaliers qui dépendaient de lui. Les cérémonies féodales comportaient, en Normandie comme dans le reste de l'Europe, un hommage symbolique : « Le vassal, à genoux, et sans armes, mettait ses mains jointes dans les mains de son seigneur et se déclarait son homme pour tel fief ; le seigneur le relevait, le baisait sur la bouche ; puis le vassal, debout, prêtait sur l'Évangile le serment de foi. » Pour s'en dégager il fallait une défiance *(diffidatio),* qui n'était permise qu'en des cas déterminés.

IV. — L'Église était étroitement mêlée aux cérémonies de la chevalerie. Après la conversion des Normands, leurs ducs s'étaient acquis une particulière faveur du Pape par leur ardeur à relever monastères et églises détruits par leurs ancêtres. Architectes nés, avec un sens de l'unité de plan qui rappelait leur besoin d'unité gouvernementale, ils furent parmi les premiers en

Europe à construire de belles cathédrales. Ils appelaient de fort loin des clercs. Ce fut ainsi que Lanfranc, élevé à l'École de Pavie, vint enseigner le droit à Avranches et y devint célèbre. Puis, honteux de son ignorance en ce qui touchait les choses religieuses, il conçut le désir de se faire moine dans le plus pauvre couvent. Il entra dans celui qu'Herlouin bâtissait au bord de la Risle, et qui s'appelle encore aujourd'hui le Bec-Hellouin. *(Bec* signifie ruisseau comme le mot allemand *bach.)* Il y fonda une école si célèbre que des Bretons, des Flamands et même des Allemands venaient en suivre les cours. C'était de cette charmante vallée qu'il devait partir pour devenir abbé de Saint-Etienne à Caen, puis archevêque de Canterbury.

V. — Il faut expliquer comment un duc de Normandie put, au XIe siècle, concevoir l'idée de se faire roi d'Angleterre. Après la mort des médiocres descendants de Cnut, l'héritier naturel des rois saxons, Édouard, avait été proclamé roi par les *Witans* et surnommé le Confesseur à cause de son extrême piété. « Il ne parlait pendant le service divin, dit naïvement son biographe, que s'il avait une question à poser. » Édouard le Confesseur semble avoir été un homme vertueux et doux, mais sans volonté et presque puéril. Il avait fait vœu de chasteté, ce qui n'empêche pas le plus puissant des *ealdormen,* Godwin, jadis simple seigneur local, mais devenu tout-puissant dans le Wessex, de lui donner sa fille en mariage. Un mariage blanc n'était pas fait pour déplaire à Godwin qui comptait bien, dans la maison de son gendre, jouer le rôle de maire du palais. Qui savait ? Les Capétiens avaient un jour remplacé leurs maîtres... Édouard, élevé en Normandie, était beaucoup plus Normand qu'Anglais. Il s'entoura de conseillers normands et choisit un Normand, Robert de Jumièges, pour archevêque de Canterbury. Il reçut un jour la visite de son cousin de Rouen, Guillaume le Bâtard (plus tard le Conquérant), et celui-ci soutint toute sa vie qu'Édouard, au cours de cette visite, lui avait promis la succession au trône. A la vérité Édouard ne pouvait offrir une couronne qui dépendait, non de lui, mais du choix du *Witan.* Pourtant il se peut qu'il l'ait imprudemment offerte à Guillaume comme il l'offrit aussi, semble-t-il, à Harold, fils de Godwin, et à Sweyn, roi de Danemark. Bienveillant et brouillon, Édouard a été comparé à ces oncles à héritage qui promettent leur fortune à tous leurs neveux. Il s'était engagé à se rendre à Rome en pèlerinage ; le Pape l'en dispensa, à la condition qu'il construirait une abbaye. Il bâtit donc celle de Westminster et transporta près d'elle son palais, qui jusqu'alors avait été dans la Cité de Londres. Cet acte de piété du Confesseur eut (remarque Trevelyan) des conséquences importantes et imprévisibles : en éloignant de la Cité le Palais Royal, il permit la naissance, parmi les bourgeois de Londres, d'un esprit indépendant qui devait exercer une constante action sur l'histoire du pays. Édouard le Confesseur mourut en juin 1066, et demeura populaire parmi son peuple. Longtemps chaque nouveau souverain dut jurer d'observer « les lois d'Édouard », lequel n'avait jamais fait une loi de sa vie. Mais il avait été le dernier roi anglo-saxon avant la Conquête et, pour cette raison, devint pour les Anglais asservis comme un symbole de l'Angleterre indépendante.

VI. — Guillaume le Bâtard, duc de Normandie, était fils illégitime du duc Robert et de la fille d'un tanneur de Falaise : Arletta. Il avait été reconnu par son père et lui avait succédé. Les barons avaient d'abord mené la vie dure à un souverain qui était à la fois un mineur et un bâtard. Guillaume avait fait alors un rude apprentissage ; il était sorti de l'épreuve non seulement maître de son duché, mais l'ayant agrandi par la conquête du Maine. Il avait rendu la Normandie paisible et florissante. C'était un homme d'une volonté tenace qui, en cas d'échec, savait dissimuler et attendre. Lorsqu'il avait résolu d'épouser Mathilde, fille du comte Baudouin de Flandre, et que le Pape avait interdit cette union à cause de quelque parenté qui la rendait religieusement illégale, Guillaume avait patienté, puis imposé le mariage. Il s'était mis dans une terrible colère contre Lanfranc, prieur du Bec, qui avait osé blâmer cette désobéissance à un décret pontifical, puis s'était servi de ce même Lanfranc pour négocier le pardon du Pape, qu'il avait enfin obtenu, à la condition de construire les deux belles églises de Caen : l'Abbaye-aux-Hommes et l'Abbaye-aux-Dames. Pendant les négociations, le très adroit prieur du Bec avait noué d'intimes relations avec l'homme le plus puissant de Rome : le moine Hildebrand, futur Grégoire VII. Deux ambitions s'accordaient : Guillaume rêvait d'être roi d'Angleterre et, pour ce grand dessein, le Pape pouvait le servir ; Hildebrand rêvait de faire du Pape le suzerain et le juge de tous les princes de la chrétienté, et un candidat au trône prenait volontiers envers Rome des engagements qu'eût refusés un roi légitime.

VII. — Quels étaient les titres de Guillaume à la couronne d'Angleterre ? A n'examiner que sa généalogie, ils étaient nuls. Le duc de Normandie n'avait eu, avec le bon roi Édouard, qu'une grand-tante commune, et il était bâtard. D'ailleurs, au XIe siècle, la couronne anglaise était élective et le *Witan* seul pouvait la donner. La promesse d'Édouard ? Argument médiocre, puisque Édouard avait promis cette couronne à tous ceux qui pouvaient y prétendre et n'avait pas le droit de la promettre. Mais Lanfranc et Guillaume, hommes subtils et qui donnaient toujours à leurs désirs une apparence morale, avaient monté toute une machine diplomatique contre le seul concurrent dangereux : Harold, fils de Godwin et beau-frère d'Édouard. Ce malheureux Harold avait été, après un naufrage sur les côtes du Ponthieu, fait prisonnier par le comte de Ponthieu puis délivré par Guillaume et transporté à Rouen. Là, le duc lui avait fait comprendre qu'il était parfaitement libre, mais à une condition qui était de rendre hommage à Guillaume et de devenir, au sens féodal, « son homme ». Au cours de cette cérémonie, Harold dut prêter un serment sur lequel on n'a pas de précisions. Jura-t-il d'épouser la fille de Guillaume ou d'appuyer les droits de celui-ci au trône d'Angleterre ? En tout cas il jura quelque chose qui fut ensuite retenu contre lui. Le chroniqueur raconte même que les Normands avaient caché sous la table du serment deux coffres contenant des reliques de saints. Tout ce que nous savons de Guillaume rend l'histoire vraisemblable.

VIII. — Que valait un serment imposé par la force ? Harold, quand il eut retrouvé sa liberté, ne se jugea pas lié et d'ailleurs, encore une fois, le choix d'un roi d'Angleterre ne dépendait pas de lui. Au moment de la mort d'Édouard, le *Witan* n'hésita pas un instant entre un grand seigneur vaillant et très aimé (Harold) et un enfant (le seul descendant d'Egbert : Edgar Aetheling). Dans les vingt-quatre heures, Harold, élu roi, fut couronné dans la nouvelle abbaye de Westminster. De Guillaume, il n'avait même pas été question. Aussitôt fut déclenchée dans toute l'Europe, et en particulier à Rome, par les soins de Guillaume et de Lanfranc, une campagne de propagande admirablement montée. Le duc de Normandie prenait toute la chrétienté à témoin de la félonie dont il avait été victime. « Son vassal Harold, violant à la fois la loi féodale et un serment solennel, arrachait une couronne promise par le souverain disparu à un homme qui, fût-ce de très loin, était au moins du sang royal alors qu'Harold lui-même n'était qu'un usurpateur. » La mauvaise foi de Guillaume n'est pas douteuse ; il savait mieux que personne comment le serment avait été obtenu et ce que valaient ses droits au trône. Mais le cas, adroitement présenté et jugé suivant les préjugés féodaux, semblait fort mauvais pour Harold. Il en était alors des principes du droit féodal comme aujourd'hui de ceux du droit international ; ceux qui les respectaient le moins reprochaient aux autres de les violer. D'ailleurs Rome était pour le duc de Normandie parce que celui-ci s'engageait à appliquer les idées d'Hildebrand et à réformer l'Église d'Angleterre. Le Pape donna raison à Guillaume et lui remit, en signe de bénédiction pour son entreprise, une bannière consacrée et une bague contenant un cheveu de saint Pierre.

IX. — Pour une campagne aussi difficile, l'appel ordinaire, pour quarante jours, des chevaliers normands n'eût pas suffi. Les *huscarles* d'Harold formaient une troupe excellente et dangereuse. Quand Guillaume expliqua pour la première fois ses plans aux barons assemblés à Lillebonne, ils montrèrent peu d'enthousiasme. L'affaire paraissait hasardeuse. Mais Guillaume eut l'art de transformer un acte de brigandage international en une véritable croisade. Croisade profitable. A chacun de ses vassaux normands, il promit des terres en Angleterre et de l'argent. Son frère Odon, évêque de Bayeux, et plus soldat qu'évêque, recruta lui aussi des combattants. Puis Guillaume envoya des invitations dans toute l'Europe. Des barons aventureux vinrent d'Anjou, de Bretagne, des Flandres, et même d'Apulie et d'Aragon. Ce fut une mobilisation assez lente, mais peu importait, car il fallait, avant de s'embarquer, créer la flotte. On peut voir dans la Tapisserie de Bayeux comment des forêts furent abattues pour construire les sept cent cinquante vaisseaux alors nécessaires pour transporter douze ou quinze mille hommes, dont cinq à six mille cavaliers. La flotte fut prête au début de septembre 1066. Pendant quinze jours encore, des vents contraires retinrent Guillaume. Comme il arrive souvent dans l'histoire des hommes, ce retard, qu'il déplora lui valut une facile victoire. Car, dans l'intervalle, était arrivé sur la côte de Northumbrie le roi de

Norvège avec trois cents galères. Appelé par un traître, le comte Tostig, frère d'Harold, il venait lui aussi pour réclamer la couronne d'Angleterre. Harold, qui attendait Guillaume au large de l'île de Wight, dut soudain courir au Nord avec ses *huscarles.* Il remporta sur les Norvégiens une victoire complète et détruisit leur armée. Mais au lendemain de la victoire, il apprit que Guillaume avait débarqué sans combat, le 28 septembre, sur la plage de Pevensey. Le vent avait tourné.

X. — Harold revint à marches forcées vers le Sud. L'affaire, pour lui, s'engageait mal. Sa garde avait été entamée par le combat contre les Norvégiens. Les *thanes* du Nord, qui venaient de se battre, se montraient peu ardents à le suivre. Les évêques étaient troublés par la protection que le Saint-Siège accordait à Guillaume. Il y avait dans le pays un « parti normand » formé de tous les Français qu'avait introduits Édouard le Confesseur. L'unique bataille de cette guerre fut livrée sur la route de Londres à Hastings. Deux types d'armée s'y affrontèrent. Les hommes d'Harold formaient, suivant la tradition locale, une infanterie montée ; ils se déplaçaient à cheval mais combattaient à pied. Les Normands, au contraire, chargeaient à cheval, soutenus par des archers. Les premières charges de la cavalerie normande ne réussirent pas à enlever la crête que défendaient les Anglais. Guillaume, bon tacticien, usa de la feinte éternelle des armées : il battit en retraite. L'infanterie d'Harold abandonna ses positions pour le poursuivre. Quand les Normands virent les troupes d'Harold bien engagées, la cavalerie fit demi-tour et ses ailes enveloppèrent les fantassins anglais. Ce fut un massacre où Harold lui-même périt. La supériorité de la cavalerie, déjà solidement établie sur le Continent, se trouva confirmée par ce combat.

XI. — La suite des opérations militaires et diplomatiques achève d'éclairer le caractère de Guillaume. Au lieu d'aller donner l'assaut à Londres, il encercla la ville, l'entoura d'une zone de terres ravagées et attendit l'inévitable reddition. Au lieu de se proclamer roi d'Angleterre, il attendit que la couronne lui fût offerte et alors même sembla hésiter. Il cherchait, suivant sa coutumière méthode, « à mettre dans leur tort les adversaires possibles », et voulait apparaître aux yeux de tous comme le roi légal. Enfin le jour de Noël 1066 il fut couronné à Westminster.

Déjà il avait jeté au bord de la Tamise, aux portes de la Cité, les premières pierres de la forteresse qui allait devenir la célèbre et sinistre Tour de Londres.

XII. — Que trouvent ces Normands en Angleterre ? Un peuple de paysans, de pionniers saxons et danois, dont les communautés villageoises, séparées les unes des autres par des forêts et des landes, sont groupées autour d'une église de bois et du hall de leur seigneur. Les Celtes de Galles et d'Écosse ne font pas partie du royaume conquis par Guillaume. Comme les Romains, les Saxons ont renoncé à vaincre les tribus celtes du Nord et de l'Ouest. Beaucoup plus petit que la France, ce royaume d'Angleterre sera, pour un roi fort, relativement facile à gouverner. Il possède depuis longtemps une monarchie, une Église, un impôt foncier, le *geld,* une levée en masse, le *fyrd.* Les rois normands se serviront de ces instruments mais ce sont eux qui donneront à l'Angleterre la plupart des institutions qui feront son originalité. Les rois saxons ne réunissent pas de parlement ; ils ne font pas juger les criminels par des juges royaux assistés d'un jury ; ils n'ont pas fondé de véritables Universités. Parmi les institutions saxonnes subsisteront seules celles qui régissent la vie locale et campagnarde. Les beaux vocables saxons qui désignent les outils du paysan, les bêtes de son troupeau ou les fruits de ses récoltes garderont jusqu'à notre temps leurs formes simples et vigoureuses. Les assemblées de village se transformeront en assemblées de paroisse et les Anglais y continueront leur apprentissage du gouvernement par comités et compromis. Les limites de ces paroisses et celles des comtés ne changeront plus guère. Mais si les cellules villageoises dont sera fait le corps de l'Angleterre existent dès 1066, ce seront les rois normands et angevins qui, au cours des trois siècles suivants, donneront à ce corps sa forme et ses organes.

LIVRE II

LES ROIS FRANÇAIS

TABLEAU I

Monarques normands et angevins.

Guillaume Ier régna par droit de conquête. Mais le mariage de son fils Henry Ier avec Édith-Mathilde, descendante à la huitième génération d'Alfred le Grand, unit la Maison de Normandie à la dynastie des anciens rois saxons.

GUILLAUME Ier
(1066-1087).

Robert,
duc de
Normandie.

GUILLAUME II
(1087-1100).

HENRY Ier
(1100-1135),
époux
d'Édith-Mathilde.

Mathilde,
épouse de Geoffroy,
comte d'Anjou.

HENRY II
(1154-1189).

Adèle,
épouse d'Étienne
comte de Blois.

ÉTIENNE
(1135-1154).

Henry,
mort en 1173.

RICHARD Ier
(1189-1199).

Geoffroy,
comte de Bretagne.

Arthur.

JEAN
(1199-1216).

(Voir Tableau II.)

1.
EFFETS DE LA CONQUÊTE NORMANDE. LE GOUVERNEMENT CENTRAL

I. — Point de situation plus ambiguë que celle de Guillaume en Angleterre, au lendemain de son couronnement. En droit, il veut être le souverain légitime, un membre de l'ancienne famille royale, un continuateur qui ne souhaite introduire aucun changement ; en fait, il est un conquérant, entouré de cinq ou six mille chevaliers avides auxquels il a promis des terres et qu'il faudra bien pourvoir aux dépens de quelque ancien propriétaire. Encore qu'ils se puissent dire de même race que les Anglo-Danois et très proches cousins des Anglo-Saxons, ses Normands se sont, en cent cinquante ans, si profondément transformés que nul Anglais ne comprend leur langage. Les caractères mêmes sont devenus assez différents. Le chroniqueur Guillaume de Malmesbury, qui compare les deux nations, peint la noblesse anglaise se livrant à la boisson, à la gloutonnerie et à la débauche en des maisons assez pauvres d'apparence, tandis que « les Français, dans de splendides manoirs, vivent avec frugalité ». En revanche les seigneurs anglais, plus généreux, ne cherchent guère, dit-il, à s'enrichir, alors que les Normands « envient leurs égaux, pillent leurs sujets et changeraient de souverain s'ils avaient quelque argent à y gagner ». Le roi normand lui-même, à la grande indignation du chroniqueur saxon, afferme ses terres aussi cher qu'il le peut et les transfère à quiconque lui offre un loyer plus élevé, ce qui est d'un bon administrateur, non d'un parfait chevalier. « Cette bataille d'Hastings avait été un jour fatal pour l'Angleterre et une mélancolique désolation de notre cher pays, à cause de ce changement de maîtres. »

II. — Comment une poignée de Normands, isolée dans un pays étranger, en un temps de communications difficiles et lentes, allait-elle se maintenir et gouverner ? Les avantages des conquérants étaient assez nombreux. Ils avaient en Guillaume un vrai chef, et qui apportait de Normandie une solide expérience de souverain ; ils rencontraient des résistances locales, mais point de résistance nationale ; surtout ils possédaient une éclatante supériorité d'armement. Après la défaite des *huscarles* d'Harold, aucune armée en Angleterre ne pouvait plus être opposée à la cavalerie féodale des Normands. En outre ceux-ci savaient construire, soit sur des collines, soit, en plat pays, sur des « mottes » artificielles, des châteaux forts qui, faute d'artillerie, étaient alors imprenables. Bientôt, dans tous les comtés des frontières, les paysans anglais feront « la corvée de terre » pour élever ces mottes et ces tours crénelées qui serviront ensuite à les tenir en respect. Sur une motte artificielle, la première construction doit être un château de bois parce que la terre molle ne pourrait porter une construction trop lourde ; dès que la terre est tassée, la pierre remplace le bois. D'ailleurs Guillaume, roi prudent, n'autorise la construction de telles forteresses que pour les garnisons royales, comme à la Tour de Londres, ou dans les provinces du Nord et de l'Ouest, où il les confie à des hommes sûrs. Aux seigneurs de l'intérieur, il interdit de posséder un château fortifié et il est homme à faire respecter la défense.

III. — C'était la nature du Conquérant que de faire porter aux actions les plus arbitraires le masque de la justice. Pour distribuer à ses Normands les domaines promis, il lui fallait dépouiller les vaincus ; il les dépouilla dans les formes. Il commença par enlever leurs terres aux traîtres, les traîtres étant ceux qui avaient combattu pour Harold, fiction légale qui se pouvait soutenir puisque lui, Guillaume, se disait souverain légitime. Puis il profita des révoltes, qui furent nombreuses, pour annexer à la Couronne des territoires nouveaux. Avec une effrayante sévérité, il réprima un soulèvement du Nord, brûla sur un territoire étendu tous les villages, puis édifia, pour dominer ce pays dévasté, le splendide château de Durham, flanqué d'une cathédrale digne des églises de Caen. Enfin le dernier rebelle saxon,

Hereward the Wake, étant vaincu, il organisa le royaume. Des manoirs devenus « légalement » vacants, il conserva pour lui quatorze cent vingt-deux, ce qui lui assurait à la fois une puissance militaire et une richesse incomparables. Après lui, les deux seigneurs les mieux pourvus furent ses deux demi-frères, Robert de Mortain et Odon, évêque de Bayeux, qui reçurent respectivement sept cent quatre-vingt-quinze et quatre cent trente-neuf manoirs. Les autres domaines furent beaucoup plus petits. L'unité étant la « terre de chevalier » *(knight's fee)* qui devait au Roi, en temps de guerre, un cavalier, Guillaume créa de nombreux domaines de un à cinq chevaliers, dont les propriétaires devaient former comme une « plèbe » féodale que les grands seigneurs ne pourraient liguer contre le Roi. Les domaines plus vastes eux-mêmes n'étaient pas d'un seul tenant, mais faits de manoirs disséminés dans tout le pays. Donc, dès le début, point de souveraineté telle que l'exerceront en France un comte d'Anjou ou un duc de Bretagne. Après conquête et partage, environ cinq mille chevaliers normands, à la fois propriétaires fonciers et corps d'occupation, tenaient le pays. En principe les Anglais fidèles avaient les mêmes droits que les Français ; en réalité tous les postes importants étaient occupés par des Normands. L'indispensable Lanfranc, appelé de Caen, était devenu archevêque de Canterbury. C'en était fini des Ceolfrid, des Wilfrid, des Aethelstan ; ils étaient remplacés par des Geoffroy, des Robert, des Guillaume, des Simon. Les compagnons du Conquérant formaient la nouvelle noblesse anglaise.

IV. — Deux langues se trouvent alors, comme aujourd'hui aux Indes ou au Maroc, employées à la fois dans un même pays. Les classes dirigeantes, la Cour du Roi, les seigneurs, les juges parlent français. Le haut clergé parle français et latin. Les actes du gouvernement sont rédigés en latin, puis à partir du XIIIe siècle en français et les vieilles formules françaises des rois normands seront encore employées dans l'Angleterre du XXe siècle : « Le Roi s'avisera... » « Le Roi remercie ses bons sujets, accepte leur bénévolence et ainsi le veult... » Les agents locaux des seigneurs et du Roi doivent parler français et saxon. Le peuple continue de parler saxon. Pendant près de trois siècles, l'anglais sera une langue sans littérature, sans grammaire, langue populaire et parlée. Cette langue se transformera très vite, car seules les classes dirigeantes sont conservatrices en matière de langage. Le saxon des lettrés avait été une langue germanique, aux cas compliqués. Mais le peuple simplifie et, très vite, l'anglais, affranchi de la tutelle des élites, acquiert son étonnante souplesse. Les mots prononcés par des hommes sans culture ou par des étrangers ne conservent que leur syllabe accentuée. De là le grand nombre de mots d'une syllabe, qui donne à la poésie anglaise son inimitable densité. Cependant, au contact de leurs maîtres, les paysans saxons et danois apprennent quelques mots de français qui deviennent, presque sans changement, des mots anglais. Mots ecclésiastiques : *prieur, chapelle, messe, charité, grâces ;* termes militaires : *tower* est le français *tour ; standard,* l'étendard ; *castle,* le château ; *peace,* la paix ; enfin *court,* la cour, *crown,* la couronne, *council,* le conseil, *prison* et *justice* achèvent d'esquisser un tableau fidèle des rapports administratifs des deux classes. Une curieuse fortune est celle du mot *preux,* qui en français s'appliquait à un vaillant chevalier et devint, en anglais, *proud,* fier, hautain. Le point de vue du maître et celui du serviteur.

V. — Les effets des actions humaines sont imprévisibles. De même que la temporaire disgrâce de la langue anglaise devait assurer sa particulière beauté, la Conquête allait devenir le point de départ des libertés anglaises. Le roi de France, « pauvre en domaines », encerclé par des vassaux trop puissants, devra péniblement conquérir son royaume et, l'ayant conquis, lui imposer une discipline sévère ; le roi d'Angleterre, qui a lui-même réparti les terres, a pris soin de ses intérêts et empêché dès le début la formation de grands domaines rivaux du sien. Parce que la royauté anglaise est née d'une conquête, elle sera tout de suite vigoureuse. La force indiscutable du pouvoir central fera sa relative tolérance. En France la bureaucratie royale devra s'imposer par la force ; elle n'y réussira pas toujours, ni partout et seule la Révolution finira par établir l'unité des lois. En Angleterre, la sécurité de la Couronne lui permettra d'organiser les libertés locales, léguées par les Saxons, et de contraindre les barons à les respecter.

VI. — Le roi normand est entouré d'une cour, *Concilium* ou *Curia Regis,* qui correspond à peu près au *Witan* saxon. Guillaume, comme jadis Alfred ou Édouard le Confesseur, trois fois par an, « porte sa couronne », à Westminster, à Winchester, à Gloucester, et tient « de profonds discours avec ses hommes sages ». Barons, évêques, abbés se rendent au Conseil, non par devoir national, mais par devoir féodal envers leur suzerain.

Les convocations sont irrégulières. Tantôt cent cinquante prélats et magnats forment le Grand Conseil ; tantôt le Roi se contente de consulter sur une question ceux de ses conseillers qui se trouvent présents au moment où elle surgit. D'ailleurs la présence du souverain suffit pour que toute décision soit valable. En son absence (car étant duc de Normandie il doit sans cesse traverser la Manche) un petit conseil de Justiciers administre le royaume, dominé par quelques hommes de confiance comme Lanfranc et Odon de Bayeux.

VII. — La Conquête normande n'est pas suivie d'une rupture brutale avec le passé. Cette rupture eût été impossible. Comment cinq mille hommes, fussent-ils mieux armés, auraient-ils contraint tout un peuple à renoncer à des habitudes vieilles de plusieurs siècles ? Bien au contraire Guillaume, qui se considère comme l'héritier des rois saxons, fait volontiers appel à leurs lois et à leurs jugements. Il conserve toutes celles des institutions saxonnes qui servent ses desseins. Le *fyrd,* ou levée en masse, deviendra, dès que le peuple des paysans se tiendra pour l'allié de la Couronne (et cette alliance sera vite conclue), une force utile. Dans le *sheriff* saxon, le Normand reconnaît ses vicomtes et trouve un instrument de gouvernement. Il nomme donc un *sheriff* dans chaque *shire* et le charge de percevoir l'impôt, de présider la Cour de Justice du *shire* (lequel s'appelle désormais comté) et, d'une façon générale, de représenter le pouvoir central. Guillaume ne supprime pas les cours manoriales, mais il les contrôle. Quant au *sheriff,* son office n'est pas héréditaire et lui-même est inspecté de temps à autre par des envoyés du Roi, analogues aux *missi dominici* de Charlemagne. En un temps où les seigneurs, sur le Continent, ont droit de haute et basse justice, ceux d'Angleterre voient leurs cours surveillées par un roi sévère. Le *sheriff* châtie les abus de pouvoir et note les signes de mécontentement populaire.

VIII. — Ce serait une image grossière et fausse que celle d'un pouvoir royal toujours occupé à mater des grands seigneurs rebelles. Entre Guillaume et ses compagnons l'hostilité n'aurait pu être un état normal, car ils avaient besoin de lui et il avait besoin d'eux. Il faut donc éviter de former de l'Angleterre féodale cette naïve représentation : le Roi s'appuyant sur le peuple pour mater les barons. En réalité la société médiévale est relativement stable ; les barons collaborent avec le Roi ; c'est parmi eux qu'il choisit ses agents et dès ce moment l'aristocratie commence à jouer dans la vie anglaise l'immense rôle administratif et local qui sera le sien jusqu'à nos jours. Si quelques-uns des barons sont turbulents, la plupart demeurent loyalistes et aident le Roi à vaincre les rébellions. Quand la révolte est générale, comme il arrivera plus tard au temps de la Grande Charte, c'est que le Roi a été au-delà de ses droits et que le baronnage se défend, parfois avec l'appui des chevaliers et bourgeois. D'ailleurs les périodes troublées sont brèves et, encore qu'elles emplissent l'histoire de leur vacarme, elles ne doivent pas faire oublier les longues et tranquilles années où Roi, noblesse et peuple se tiennent pour les membres d'un corps uni et pendant lesquelles, sans éclats, se bâtit une civilisation.

IX. — Pour qu'un roi puisse imposer un contrôle à une noblesse guerrière il faut que deux conditions soient remplies, le souverain doit posséder la force militaire et un revenu assuré. Guillaume peut compter, contre les mécontents, sur la masse des chevaliers, sur ses propres vassaux et bientôt sur le *fyrd.* En 1086, à Salisbury, il se fera prêter serment direct par les vassaux de ses vassaux, de sorte que la foi envers le Roi l'emportera sur tout autre loyalisme. Quant au revenu, celui du roi normand est considérable. Il a d'abord les revenus de son domaine privé : quatorze cent vingt-deux manoirs, plus des fermes. Les terres de Guillaume rapportent onze mille livres[1] de rentes annuelles, deux fois plus que tous les revenus du Confesseur. A cela s'ajoutent les revenus féodaux (*reliefs* dus par le vassal en cas de changement de propriétaire ; *aides* en cas de croisade, de rançon, de mariage de la fille du suzerain, d'entrée en chevalerie de son fils aîné ; *gardes* des biens des mineurs) ; le *danegeld,* impôt foncier que lui ont légué les rois saxons ; les contributions payées par les bourgeois des villes, par les Juifs ; et enfin les amendes. Les comptes de l'Échiquier nous montrent que, sous les successeurs de Guillaume, ces amendes étaient nombreuses, parfois

1. D'autres auteurs disent dix-sept mille.

bizarres : « Walter de Caucy a donné quinze livres pour la permission de se marier quand et avec qui il voudra... Wiverone d'Ipswich, quatre livres et un marc d'argent pour n'épouser que l'homme qu'elle choisira... Guillaume de Mandeville donne vingt mille marcs au Roi pour épouser Isabelle, comtesse de Gloucester... La femme d'Hugo de Neville donne au Roi deux cents livres, pour la permission de coucher avec son mari, Hugo de Neville... » Celui-ci devait être prisonnier du Roi. Enfin le Roi vend des libertés : Londres, sous le roi Étienne, donnera cent marcs d'argent pour choisir ses *sheriffs;* l'évêque de Salisbury donne un palefroi pour avoir un marché dans sa ville ; des pêcheurs paient pour avoir le droit de saler du poisson ; les profits de la justice grandissent avec le prestige des cours royales.

X. — Le Conquérant s'était engagé envers la Papauté, au moment où il avait obtenu l'appui de celle-ci, à réformer l'Église d'Angleterre. Aidé par Lanfranc, grand homme d'État plus encore que grand homme d'Église, il tint parole. Le clergé anglais, ignorant et licencieux, n'était plus respecté par les fidèles. Les prêtres s'habillaient comme des laïcs et buvaient comme des seigneurs. Les évêques, qui auraient dû être élus par les prêtres et les fidèles des diocèses, achetaient les voix des électeurs. De Rome, le pape Grégoire VII (Hildebrand était devenu pape sous ce nom en 1073) insistait pour que Lanfranc fît respecter le célibat des prêtres, pour que le droit d'investir les évêques fût laissé au Pape et pour que le roi d'Angleterre, qui lui devait son trône, lui rendît hommage. Lanfranc et Guillaume suivirent une politique prudente. Imposer aux prêtres saxons un célibat rigoureux eût été une mesure dangereuse ; il fallait tenir compte des habitudes et de l'état moral de leur nouveau pays. Déjà Lanfranc, Italien devenu Normand, écrivait « nous Anglais » et « notre île ». Il interdit de célébrer de nouveaux mariages de prêtres, défendit aux évêques et aux chanoines d'avoir des femmes, mais autorisa les prêtres de paroisse déjà mariés à conserver leurs foyers. Il reconnut que Rome seule pouvait déposer les évêques, mais maintint le principe de l'élection et celui de l'investiture pour la Couronne. En revanche, il soumit à Rome sa propre querelle avec l'archevêque d'York et obtint que fût confirmée la primauté de Canterbury. Enfin le Roi, dans une lettre « ferme et respectueuse », refusa de se considérer comme le vassal du Pape. Toute cette négociation est empreinte d'une grande déférence de la part du Roi, de bienveillance et de courtoisie de la part du Pape, mais on sent poindre d'inévitables querelles entre la Papauté et le pouvoir civil.

XI. — Deux des réformes ecclésiastiques de Lanfranc sont importantes par leurs conséquences lointaines : *a)* Il prit l'habitude de réunir des « convocations », ou assemblées ecclésiastiques, en même temps que le Grand Conseil. Beaucoup de prélats siégeaient à la fois dans l'assemblée féodale, en tant que seigneurs temporels, et dans le synode du clergé. Le Roi présidait les deux assemblées, mais *le fait qu'elles fussent distinctes empêcha plus tard la formation, au Parlement britannique, d'un « état » du clergé ; b)* Lanfranc et le Roi voulurent avoir sur l'Église d'Angleterre les droits que le duc avait sur l'Église de Normandie, c'est-à-dire qu'aucun pape ne devait être reconnu en Angleterre sans le consentement du Roi, aucune correspondance entretenue avec Rome à son insu, que les décisions des conciles anglais ne pouvaient être valables sans son approbation, et enfin que les barons et fonctionnaires du Roi ne pourraient être jugés par les cours ecclésiastiques sans l'assentiment de celui-ci.

XII. — En affirmant dès les premières années de la Conquête son autorité sur la noblesse et sur l'Église, Guillaume jette les fondations d'une grande monarchie. Mais il n'est pas un souverain absolu. Il a juré au moment de son couronnement de maintenir les lois et coutumes anglo-saxonnes ; il doit respecter les droits féodaux qu'il a concédés à ses compagnons ; il craint et vénère l'Église. Guillaume le Conquérant n'aurait pu concevoir l'idée de la monarchie absolue, telle que la formeront plus tard Charles Ier ou Louis XIV. Les hommes du Moyen Age n'imaginent même pas ce que pourrait être un État au sens moderne du mot ; l'équilibre du pays leur paraît assuré, non par une clef de voûte centrale, mais par un enchevêtrement de droits locaux qui se complètent et se soutiennent les uns les autres. Le roi normand est très fort ; aucune constitution écrite ne limite sa volonté ; seulement s'il violait son serment de suzerain, ses vassaux se jugeraient autorisés à le « défier » et à dénoncer le serment de féodalité. L'insurrection demeure un droit féodal et contre des rois injustes les barons s'en serviront. Ce sera pour substituer à l'insurrection un moyen plus simple et moins dangereux de mettre à la raison un souverain injuste que naîtront peu à peu les règles qui formeront la Constitution

2.

EFFETS DE LA CONQUÊTE : FÉODALITÉ ET VIE ÉCONOMIQUE

I. — Dès le temps des rois saxons, il y avait eu des paysans et des seigneurs, des cottages et des manoirs, mais l'esprit saxon laissait volontiers les coutumes s'ajouter aux coutumes et former un réseau confus de liens économiques. Les Normands, cerveaux constructeurs et clairs, introduisent un ordre plus rigide, fondé sur le principe : « Point de terre sans seigneur. » Au sommet de la hiérarchie économique, comme de la hiérarchie politique, est le Roi. Il est le propriétaire de toutes les terres du royaume et, pour que l'esprit normand soit parfaitement satisfait par cet édifice logique, on admet que le Roi lui-même tient de Dieu son royaume. Mais le Roi ne garde pour lui qu'une part des terres et donne le reste en fief à des tenants en chef et à des chevaliers isolés, en échange de services militaires et de certaines redevances. Supposons par exemple que le Roi accorde cent manoirs à un baron, contre promesse de cinquante chevaliers en temps de guerre ; le baron lui-même retiendra quarante de ces manoirs pour assurer son existence et celle de sa suite, et en donnera en fief soixante à des vassaux au second degré contre service de soixante chevaliers. (Le tenant en chef, pour assurer son prestige personnel et aussi pour éviter des amendes en cas de défection, s'assure toujours un peu plus de soldats qu'il n'en promet au Roi.) En principe et sauf crime grave, tous ces fiefs sont héréditaires dans l'ordre de primogéniture, ce qui évite les partages. Le seigneur et le chevalier, ne pouvant faire eux-mêmes, comme un propriétaire moderne, de la grande culture (parce qu'ils ne trouveraient aucun marché pour en vendre les produits) conservent seulement une ferme pour le service du manoir et concèdent le reste de leurs terres aux paysans, contre des redevances en nature et en travail. Aux temps saxons, la hiérarchie des paysans avait été aussi complexe que celle des nobles, car des droits acquis créaient des statuts différents. On distinguait alors des hommes libres, des hommes de *socage* (difficiles à distinguer des hommes libres), des *cottarii,* des *bordarii.* Les seigneurs normands, qui ne comprenaient guère ces subtilités, n'en tinrent pas grand compte. Il est facile d'imaginer le mal que devait avoir un *socman* saxon à expliquer sa situation privilégiée à un conquérant impatient, dont il ne parlait pas la langue. Aussi constate-t-on que dans les vingt années qui suivent la Conquête, sauf dans le Nord-Est danois, les hommes libres disparaissent presque complètement. Tous les paysans deviennent, soit des vilains (qui cultivent une *virgate,* environ trente acres), soit des *cotters* (qui n'ont que quatre ou cinq acres). Les temps sont durs pour le petit cultivateur libre ou à demi libre. Dans le comté de Cambridge, il y avait neuf cents hommes de *socage* au temps d'Édouard le Confesseur et seulement deux cents dès 1086.

II. — Nous connaissons avec une parfaite précision la composition, vingt ans après la Conquête, des différentes classes de la nation, car en l'an 1085, Guillaume le Conquérant « porta sa couronne à Gloucester et tint un profond discours avec ses hommes sages ». Là il exposa que le *danegeld* levé l'année précédente avait donné des résultats décevants. C'était un impôt de grand rendement (en 991, le *danegeld* avait produit dix mille livres, en 1002, vingt-quatre mille livres, en 1018, au temps de Cnut, soixante-douze mille livres) mais, pour que la perception en fût efficace, il eût fallu posséder un état exact de toutes les terres du royaume. En ce Conseil de Gloucester il fut donc décidé que des barons, nommés commissaires spéciaux, parcourraient le pays. Voici leurs instructions : « Les barons du Roi devaient demander par serment au *sheriff* du *shire,* à tous les barons et à leurs Français et, pour la centaine, aux prêtres, aux *reeves* et à six vilains de chaque village, comment s'appelait le château, qui l'occupait au temps du roi Édouard, qui l'occupait maintenant, combien de *hides* de terrain, combien de charrues sur le domaine, combien de vilains, combien d'hommes libres, combien de *socmen,* combien de bois, combien de prairies, combien de moulins, combien de pêcheries, tout ceci trois fois, c'est-à-dire état au temps du roi Édouard, état au moment où le roi Guillaume a donné le domaine, état actuel en 1086, et aussi combien on en peut tirer de plus que maintenant. » Les commissaires s'acquittèrent de cette tâche et l'ensemble de leurs rapports forme ce que l'on appelle le *Domesday Book*. De telles enquêtes statistiques avaient certainement été faites au temps des rois saxons, faute de quoi un impôt comme le *danegeld* n'aurait pu être perçu, mais l'enquête du Normand se distingue par sa méticuleuse précision. Tout est relevé : « A Limpsfield, Surrey, il y a sur la ferme du domaine cinq charrues et leurs bœufs ; il y a aussi vingt-cinq vilains et six *cotters* avec quatorze charrues entre eux ; il y a un moulin qui vaut deux shillings par an, une pêcherie, une église, quatre acres de prairies, un bois qui peut nourrir cent cinquante porcs, deux carrières de pierre valant chacune deux shillings par an, deux nids de faucons dans le bois et dix esclaves. Au temps du roi Édouard le domaine valait vingt livres par an ; en 1066, quinze livres ; maintenant vingt-quatre livres. » L'homme le plus isolé n'échappe pas aux enquêteurs du Conquérant : « Ici, au milieu des bois et hors de toute centaine vit un fermier solitaire. Il a huit bœufs et sa propre charrue. Deux serfs l'aident à cultiver environ cent acres qu'il a défrichées. Il ne paie pas de taxes et n'est le vassal de personne. » C'est un spectacle pathétique et un peu comique que l'horreur du chroniqueur saxon devant cette précision normande : « Si adroitement, dit-il, fit-il faire ce relevé par ses commissaires qu'il n'y eut pas un *yard* de terrain, non, bien plus (c'est une honte de le dire bien que le Roi n'ait pas eu honte de le faire) pas même un bœuf, ni une vache, ni un porc qui ne fussent inscrits dans son registre. » Si l'on additionne tous les chiffres donnés par le *Domesday Book*, on trouve à peu près neuf mille trois cents tenants en chef et vassaux, qui représentent la noblesse et les dignitaires ecclésiastiques ; trente-cinq mille *socmen* et hommes libres, qui vivent presque tous au Nord-Est ; cent huit mille vilains, quatre-vingt-neuf mille *cotters*, vingt-cinq mille esclaves (qui se transformeront en serfs au siècle suivant), soit à peu près trois cent mille chefs de famille, ce qui permet d'estimer la population totale du pays à un million et demi, peut-être deux millions d'hommes, de femmes et d'enfants.

III. — En régime féodal, de même que l'unité politique est la terre de chevalier, celle qui n'envoie à l'armée du Roi qu'un cavalier, l'unité économique est le manoir. Son étendue variait mais, dans un grand nombre de cas, le manoir correspondait à un village d'aujourd'hui. Souvent les manoirs étaient séparés les uns des autres par des forêts ou des landes, et reliés seulement au manoir voisin par des pistes, impraticables en hiver. Au centre était le *hall,* plus tard le château du Lord, entouré de la réserve ou ferme de celui-ci. Quand le seigneur avait plusieurs manoirs, il allait de l'un à l'autre pour consommer sur place les redevances en nature. En son absence, il était représenté par un sénéchal ou par un bailli. Champs et prairies communaux avaient gardé le même aspect qu'au temps des maîtres saxons. Les vilains devaient faire moudre à grands frais tout leur blé par le moulin qui appartenait au Lord. Beaucoup broyaient eux-mêmes leur blé en fraude, mais étaient punis d'amende s'ils se faisaient prendre. A la tête des paysans était le *reeve,* représentant choisi par eux et qui, pris entre le bailli et les villageois, menait une vie difficile. Beaucoup de conflits locaux étaient jugés par la Cour du Manoir qui se tenait, toutes les trois semaines, soit dans le *hall,* soit sous un chêne traditionnel, et que présidait le Lord ou son représentant. En principe on n'y jugeait que de menus délits : « William Jordan, pour avoir mal labouré, amende : six livres... Ragenhilda, pour s'être mariée sans permission, donne deux shillings... Il est fait grâce au curé de l'église, dont la vache a été trouvée sur la prairie du seigneur... Amende à tout le village, sauf sept vilains, pour n'être pas venus laver les brebis du Lord : six shillings huit... Douze jurés disent que Hugh Cross a droit sur la haie au sujet de laquelle il y a eu dispute entre lui et William White. » A certains manoirs le Roi avait laissé le droit de juger des crimes plus graves. En principe un manoir devait se suffire à lui-même. Il avait son cordonnier, son charron, ses tisserands. Les femmes filaient la laine. On n'achetait au-dehors que le sel, les instruments de fer ou d'acier, et les pierres pour la meule du moulin. Ces pierres, fort rares, venaient quelquefois des environs de Paris et le bailli devait aller jusqu'au port de débarquement pour en négocier l'achat et pour en organiser le transport. Pour payer ces « importations », le manoir exportait de la laine et des peaux. Tous les autres produits étaient consommés sur place, sauf dans le voisinage d'un marché.

IV. — Quelle était la situation des vilains ? A premier examen, un homme de notre temps les eût jugés assez malheureux. Le vilain est lié à la terre et ne peut s'en aller s'il est mécontent. Il est vendu avec la propriété. Un abbé n'hésite pas à acheter et à vendre des hommes pour vingt shillings. Une riche veuve donne en présent des vilains : « Je soussignée, Dame Aundrina de Driby, fait connaître à tous présents et futurs, en mon libre et légal pouvoir de veuve, que j'ai donné à mon bien-aimé et fidèle Henry Cole et à ses héritiers, pour leur service, Agnès et son fils Simon, avec tous leurs biens et leur bétail, et que j'abandonne sur eux tout droit de servage. » Le vilain ne peut marier sa fille sans le consentement du Lord, qui le lui fait payer. S'il meurt, le Lord a le droit de réclamer, comme droit mortuaire, la meilleure tête de bétail ou le plus bel objet laissé par le mort. Après le seigneur, le prêtre de la paroisse a le droit de choisir sa part de l'héritage. C'est ainsi que l'on voit, parmi les recettes d'une abbaye, des vaches, des chèvres et des porcs, touchés comme droits mortuaires. Le *socman* ne participe qu'à des travaux extraordinaires, par exemple charrier du blé au marché pour le Lord, mais le vilain travaille sur la ferme du manoir deux ou trois jours par semaine, plus quelques jours supplémentaires pour laver et tondre les brebis, cueillir les noix, faire les foins, il paie un petit tribut en nature : une douzaine d'œufs à Pâques, un rayon de miel, quelques poulets par an, une charge de bois. En outre le Lord peut lever, une fois par an, parmi ses serfs, une taille *(taillage)* de valeur variable. Cet ensemble de redevances paraît assez lourd, mais n'était peut-être pas plus onéreux pour le paysan qu'un contrat de métayage de notre temps. Au lieu de lui demander la moitié de ses produits, son Lord exige de lui à peu près la moitié de son temps. *Reeves* et baillis discutaient avec violence sur ces corvées ; après de longs marchandages ils finissaient par s'entendre, plus ou moins mal. La saison d'été devait être dure pour le vilain, comme elle l'est encore aujourd'hui dans les champs, « mais l'hiver ne pouvait être que tranquille et l'Église veillait sur les dimanches et sur les innombrables fêtes de saints ». Enfin chaque Lord devait respecter la coutume du manoir, c'est-à-dire les droits traditionnels du village que les paysans eux-mêmes se chargeaient de rappeler aux cours. Un peu plus tard, tous ces droits et obligations furent inscrits sur les registres du manoir. Vers le milieu du XIIIe siècle, la coutume s'établit de remettre aux tenants qui la demandaient une copie de pages de ce registre qui concernaient leurs terres et leurs droits. Les possesseurs d'une telle copie furent appelés *copyholders*, par opposition aux *freeholders* dont la propriété était entière et sans réserves.

V. — Un des griefs les plus graves des indigènes anglais contre le Conquérant et ses Normands fut la création des forêts royales. Duc de Normandie, Guillaume avait eu d'immenses forêts pour y chasser le cerf et le sanglier. Roi d'Angleterre, il voulut s'assurer son passe-temps favori et, près de sa capitale, Winchester, fit planter la Nouvelle Forêt, détruisant, disent les chroniqueurs, soixante villages, des champs fertiles, des églises et ruinant des milliers d'habitants. Les chiffres semblent exagérés, mais il est certain que les forêts royales furent une plaie. Au siècle suivant, elles couvriront un tiers de la superficie du royaume. Ces forêts étaient protégées par des lois cruelles. Au temps de Guillaume, quiconque y tuait une biche ou un cerf avait les yeux crevés. Il était interdit, sous peine de mutilation, de toucher aux sangliers et aux lièvres. Plus tard, tuer un cerf dans la forêt royale devint un cas pendable. En cette matière, les passions du Conquérant l'avaient emporté sur son esprit politique. Les écrivains du temps essaient de justifier les lois de la forêt en disant que celle-ci échappe à la loi commune du royaume ; le Roi s'y repose de tous ses soucis, et même de celui d'être juste.

VI. — Au début, la Conquête changea peu de chose au sort des petites villes saxonnes. Celles qui résistaient furent démantelées ; çà et là les hommes du Roi démolirent quelques maisons pour faire place au château fort normand ; en revanche la paix du Conquérant permit aux premiers marchands de s'enrichir. Les libertés de Londres avaient été prudemment confirmées : « Guillaume, roi, salue Guillaume, évêque, et Godfrey, *reeve* du port, et tous les bourgeois qui sont dans Londres, Français et Anglais, amicalement. Et je vous fais savoir que je veux vous laisser le privilège de toutes les lois qui étaient les vôtres au temps du roi Édouard. Et je veux que chaque enfant soit l'héritier de son père, après la mort de ce père. Et je ne souffrirai pas qu'aucun homme vous fasse aucun tort. Que Dieu vous garde. » Des artisans nouveaux vinrent de Normandie à la suite des armées. Parmi eux étaient des commerçants juifs. La position de ceux-ci dans une communauté chrétienne, où toutes les transactions étaient fondées sur des serments religieux, ne pouvait être que précaire. Parce que leurs jours de repos ne coïncidaient pas avec ceux des chrétiens (leur sabbat étant le samedi), il leur était difficile de se livrer aux travaux des champs et même de tenir boutique. Les moyens normaux de gagner leur vie leur étant interdits, ils trouvaient refuge dans le métier de prêteurs d'argent, que l'Église ne permettait pas aux catholiques. Les textes de l'Évangile, interprétés à la lettre, n'admettaient pas que l'argent, qui est stérile, pût produire un intérêt. (Ainsi aux musulmans, aujourd'hui encore, leur religion défend de percevoir ou de recevoir des intérêts.) Au XIIe siècle, un baron normand qui avait besoin d'une somme d'argent pour partir en campagne devait s'adresser aux Juifs, qui exigeaient des taux énormes, usuraires. Haïs à la fois comme ennemis du Christ et comme créanciers professionnels, ces malheureux (qui habitaient des quartiers spéciaux, les *Jewries*) étaient les victimes naturelles de tout mouvement de fureur populaire. Leur unique protecteur était le Roi, auquel ils appartenaient, corps et biens, comme un serf à son seigneur. Winchester, ville royale, était la seule où les Juifs pussent être bourgeois ; ils l'appelaient la Jérusalem anglaise. Les titres de créance des Juifs étaient conservés dans une salle spéciale du Palais de Westminster et ces créances, comme celles du Roi, privilégiées. L'un d'eux, Aaron de Lincoln, devint, sous Henri II, un véritable banquier, si important que, lorsqu'il mourut, il fallut créer pour liquider ses affaires un service spécial de l'Échiquier : *Scaccarium Aaronis.* En échange de cette protection, le Roi, quand il avait besoin d'argent, en exigeait des Juifs. Dans les années normales ceux-ci apportaient à l'Échiquier trois mille livres, un septième de revenu total d'Henry II. « Ce fut dans les coffres juifs que les rois normands trouvèrent la force de dompter leurs barons. »

VII. — Les paysans saxons et danois furent sans doute aussi indignés que le chroniqueur quand ils virent les rois normands relever, avec une honteuse minutie, les biens de chacun, percevoir sévèrement les impôts et établir dans tout le pays des barons étrangers. Mais l'ordre nouveau leur assurait au moins la sécurité. En régime féodal et sous un roi fort, si l'homme du peuple n'était pas libre de se déplacer, de vendre ses biens, de changer de métier, au moins la place qu'il occupait dans l'armature sociale ne lui était-elle pas contestée. Sa terre ne pouvait être vendue qu'avec lui ; il ignorait les crises et la mévente. Personne ne pouvait légalement le priver des moyens de produire lui-même sa nourriture et celle de sa famille. Il était moins bien protégé contre les erreurs judiciaires qu'un homme de notre temps, mais les rois normands allaient s'employer à lui donner des garanties, et le seigneur lui-même devait respecter la coutume. Naturellement, il serait naïf de penser que les hommes aient été alors contents de leur sort. L'humanité fut toujours divisée, à peu près également, en optimistes et pessimistes. Mais au XIIe siècle la plupart des Anglais ne conçoivent guère un état social autre que celui dans lequel ils vivent. Encore qu'ils ne se fassent pas faute de blâmer les mœurs des prêtres, ils sont sincèrement religieux et tiennent un roi oint et couronné pour un personnage sacré. Entre eux et leur seigneur, le lien personnel leur apparaît comme naturel. Tant que persistera le souvenir des dangers passés, des invasions de pirates et les villages pillés, l'existence d'une classe militaire leur semblera nécessaire. C'est au XIIIe siècle que le système féodal, dans une société qui, grâce à lui, connaîtra plus de sécurité, commencera d'apparaître comme inutile et pesant. Et c'est un peu plus tard que, comme tous les régimes d'ordre, il mourra de son succès.

3.
LES FILS DU CONQUÉRANT

I. — Pendant vingt et un ans Guillaume régna sur l'Angleterre, avec une efficace dureté, « portant sa couronne » trois fois par an, à Noël, à la Pentecôte et à Pâques, luttant contre les barons trop ambitieux, chassant le cerf et passant de temps à autre en Normandie, pour s'y défendre contre les empiétements du roi de France. Ce fut pendant une de ces campagnes, alors qu'il venait de reprendre Mantes, que ce grand homme fut mortellement blessé. Son cheval glissa ; il se heurta au pommeau de sa selle et se fit une contusion interne dont il mourut. Sa fin fut assez pathétique. Il n'avait jamais aimé au monde que sa femme Mathilde (qui était morte) et peut-être, à sa manière bourrue, son ministre Lanfranc (qui n'était pas présent). De ses trois fils, qu'il n'avait jamais associés au gouvernement, son préféré était le second, Guillaume Rufus, ou le Rouge, ainsi appelé pour la couleur éclatante de son visage ; ce fut à lui qu'il légua la couronne d'Angleterre. A l'aîné, Robert, qu'il tenait en médiocre estime, il finit par laisser, à regret, la Normandie, en annonçant qu'avec un tel souverain il n'arriverait là rien de bon. Le troisième, Henry, n'eut que cinq mille marcs d'argent. Sur quoi le Conquérant mourut et fut enterré à Saint-Étienne de Caen, au milieu d'une médiocre assistance. Le corps, gonflé, fit éclater le cercueil. « Ainsi, dit le chroniqueur, celui qui de son vivant avait été couvert d'or et de pierres précieuses, n'était plus que pourriture. » Déjà ses trois fils étaient partis pour recueillir leurs parts d'héritage. Rufus s'était embarqué pour l'Angleterre avec une lettre de son père pour Lanfranc, qui accepta de le couronner à Westminster. Il n'y eut pas cette fois d'élection par le Conseil ; les barons acceptèrent leur roi de l'archevêque. C'était un signe de la puissance grandissante de l'Église.

II. — Guillaume Rufus n'était pas un sot, mais il n'avait aucune culture. Ce garçon corpulent, assez mal bâti, brutal, bégayant, sarcastique, n'estimait au monde que les guerriers. En un temps d'universelle piété, il affichait l'horreur des prêtres et blasphémait avec un sauvage plaisir. Quand des moines se plaignaient de ne pouvoir payer un impôt trop lourd : « N'ont-ils pas, disait-il en montrant les reliques, ces coffres d'or et d'argent pleins d'ossements de cadavres ? » Ses grandes joies étaient les banquets qu'il donnait, à Noël et à Pâques, à ses barons ; pour en augmenter la magnificence, il employa pendant deux ans les artisans de Londres à construire le Hall de Westminster, qui fut tenu alors pour l'édifice le plus magnifique du royaume et qui allait devenir le siège des Cours de Justice. La Cour de Rufus fut « la Mecque des aventuriers ». Pour y entretenir des centaines de chevaliers mercenaires, venus de tous pays, il levait des taxes contraires à la coutume. Il avait pourtant, au moment de son couronnement, promis de respecter les lois : « Mais, disait-il cyniquement, qui peut tenir tout ce qu'il promet ? » Il lutta victorieusement contre plusieurs soulèvements des barons, qui voulaient le remplacer par son frère aîné, Robert de Normandie. Ce n'était pas le pauvre Robert, homme sans force de caractère et toujours endetté, qui avait conçu ce projet, mais les seigneurs pensaient que Robert serait un souverain plus malléable que Rufus. C'est un fait remarquable que, pour mettre à la raison ses compagnons normands, le Roi convoqua le *fyrd* anglais. Il promit aux paysans saxons des remises de taxes ; ils eurent la naïveté de le croire et se battirent pour lui. Dès qu'il se sentit solide en Angleterre, le second objectif de Guillaume II fut de reconquérir, sur son frère, la Normandie. La situation créée par la conquête était difficile. Les seigneurs vassaux du roi d'Angleterre l'étaient aussi du duc de Normandie pour les domaines qu'ils possédaient sur le Continent. Cette double souveraineté créait des situations confuses. Le Roi ne réussit pas à s'emparer de la Normandie par la force, mais quand son frère partit pour la Première Croisade, Rufus lui prêta dix mille marcs et reçut en gage le duché. Le Rouge lui-même n'alla jamais à la croisade et ses sujets ne se montrèrent pas plus enthousiastes que lui. On ne vit jamais en Angleterre ce spectacle, alors commun dans les campagnes françaises : des serfs partant pour Jérusalem et traînant dans un chariot leurs enfants et leur femme. Quelques seigneurs normands, dévots ou aventureux, prirent la Croix ; le peuple saxon continua de cultiver ses champs.

III. — Entre l'Église romaine, réorganisée par Grégoire VII, et les monarchies civiles, un conflit devenait inévitable. Le dessein du Pape était noble : « Il souhaitait réformer l'Église pour la rendre digne de réformer le monde. » Le clergé, pensait-il, avait perdu son prestige parce qu'il s'était trop mêlé au monde laïque. Si l'homme d'Église dépendait des seigneurs ou des rois, il ne pouvait montrer, dans sa lutte contre le péché et l'impiété, ni le même courage, ni la même intransigeance que s'il ne dépendait que de ses chefs spirituels. Tel est le sens profond de la querelle dite des Investitures qui troubla l'Angleterre et l'Europe. Le caractère d'un évêque était alors double ; il était un prince de l'Église, et comme tel ne dépendait que du Pape et de Dieu ; mais aussi un seigneur temporel, propriétaire de grands fiefs et qui devait rendre hommage au Roi son seigneur. Beaucoup d'évêques se sentaient humiliés par cette investiture temporelle : « Nous occupons ces terres, disaient-ils, au nom de Dieu et des pauvres. » Mais eussent-ils, après leur élection, refusé l'hommage que le Roi, de son côté, leur eût dénié les terres de l'évêché.

IV. — Si la Papauté cédait sur cette question des investitures, elle risquerait de voir l'Église entre les mains des créatures du pouvoir civil, peut-être même de simoniaques et d'hérétiques. Si le Roi cédait, il favorisait dans son royaume l'établissement d'une puissance rivale sur laquelle il serait désormais sans pouvoir. Danger d'autant plus grand que cette puissance semblait devenir hostile à la monarchie. Beaucoup de théologiens soutenaient que tout gouvernement civil était l'invention d'hommes ignorants de Dieu et guidés par le diable. « Vaine, écrit Jean de Salisbury, est l'autorité des lois si elle ne garde l'image de la loi divine, et sans valeur le désir du prince s'il n'est conforme à la discipline de l'Église. » Par de telles prétentions le Pape semblait aspirer à la domination universelle. Les rois ne pouvaient que résister, mais il était périlleux pour eux d'entrer en conflit avec le vicaire de Dieu, si vénéré par leurs sujets. L'empereur d'Allemagne, qui l'avait essayé, avait dû s'humilier à Canossa (1077). On ne peut dire que la Querelle des Investitures ait été le premier conflit de l'Église et de l'État, puisque l'État n'existait pas encore. Mais c'était un conflit de l'Église et de la Monarchie, qui toutes deux se disaient établies par le même Dieu.

V. — Tant que Lanfranc vécut, son prestige maintint l'équilibre. Après sa mort (1089), le Roi essaya de ne pas le remplacer. Il prit pour conseiller intime un certain Ranulf Flambard, homme de basse naissance et d'esprit vulgaire, et ne nomma aucun archevêque de Canterbury. Il gardait ainsi pour lui les revenus de l'archevêque et trouva la méthode si profitable qu'au moment de sa mort onze grandes abbayes et dix évêchés étaient vacants. Mais pour le siège de Canterbury, une violente pression fut exercée sur Guillaume par l'Église et par les barons pour qu'il y nommât Anselme, prieur du Bec-Hellouin. Italien comme Lanfranc, mais beaucoup moins intéressé que celui-ci par les affaires temporelles, Anselme était un saint auquel la vie terrestre apparaissait comme un rêve rapide et vain, sans autre sens que celui d'une préparation à la vie éternelle. Il fallut une grave maladie du Roi pour que celui-ci acceptât, en un moment de crainte, d'investir Anselme qui d'ailleurs protestait. On dut « à la lettre traîner l'archevêque au lit du Roi, qui lui mit de force l'anneau au doigt et la crosse en main, tandis que les évêques entonnaient un *Te Deum* ». Mais si Anselme avait la modestie d'un saint, il en avait aussi la fermeté et il était décidé à faire respecter en sa personne la dignité de l'Église. Entre le Roi et l'archevêque commença une lutte, tantôt sourde, tantôt aiguë. Le Roi haïssait l'archevêque et ne s'en cachait pas. L'archevêque regardait le Roi dans les yeux et lui reprochait ses vices. Contre la volonté du Roi, Anselme reconnut le pape Urbain, auquel l'empereur d'Allemagne avait essayé d'opposer un antipape. Après cet acte de défi, l'archevêque dut fuir le royaume et se réfugier à Lyon. De nouveau le siège de Canterbury resta vacant et le Roi en toucha les revenus, mais il avait de mauvais rêves et, malgré ses sarcasmes, n'était pas tranquille sur son salut. Il n'eut pas le loisir de l'assurer car, en l'an 1100, étant allé chasser dans la Nouvelle Forêt, il reçut une flèche en plein cœur. Fut-ce accident ou crime ? On ne le sut jamais.

VI. — En ces temps durs, un héritier n'avait pas le loisir d'être décent. Le troisième fils du Conquérant, Henry, qui assistait à cette chasse, laissa sur le terrain le corps de son frère et se hâta de courir à Winchester pour se faire remettre la clef du trésor royal. Il arriva juste à temps, car à peine la tenait-il que le trésorier, Guillaume de Breteuil, venait la réclamer au nom de Robert, duc de Normandie, héritier légitime. Mais Henry se fit précipitamment proclamer roi par une poignée de barons amis et couronner, faute d'un archevêque, par l'évêque de Londres. Tout cela était irrégulier, mais fut toléré. Robert était loin ; c'était un étranger ; il avait mauvaise réputation. Henry passait pour énergique et pour instruit, surtout des choses du droit. D'ailleurs, il se rendit populaire dès le jour de son couronnement en accordant une charte. Ces promesses électorales étaient alors, avec l'insurrection, les seuls moyens de limiter la prérogative royale. Henry Ier, par sa charte, s'engageait à respecter « les lois d'Édouard le Confesseur », à abolir les « mauvaise coutumes » introduites par son frère, à ne jamais laisser vacants les bénéfices ecclésiastiques et à ne plus lever d'impôts féodaux irréguliers. Par ses premiers actes, il inspira confiance ; il mit Ranulf Flambard en prison, rappela Anselme, et surtout épousa une femme de sang royal anglais, Édith, fille du roi d'Écosse Malcolm et descendante d'Aethelred. Ce mariage « indigène » souleva l'ironie des nobles normands qui, parodiant la bizarrerie des noms saxons, donnèrent au Roi et à la Reine les surnoms de Godric et de Godgifu, mais enthousiasma le peuple anglo-saxon qui se plut à nommer le premier fils du Roi « l'*Atheling* », comme leurs ancêtres avaient nommé les fils aînés des rois saxons. Après ce mariage, qui favorisa la fusion des deux races, la position d'Henry en Angleterre devint si solide que ce fut en vain que se soulevèrent les amis de son frère Robert. En 1106, par la victoire de Tinchebray, victoire anglaise remportée sur le sol normand et qui parut comme une revanche d'Hastings, le roi Henry conquit la Normandie. Avec la Papauté, après de longues discussions sur les Investitures, il fit sa paix par un compromis. A l'avenir, le Roi renonçait à remettre lui-même à l'évêque la crosse et l'anneau, mais en revanche, l'évêque, une fois investi, devait rendre hommage au souverain pour ses fiefs temporels. Henry, très sage, avait résisté aux suggestions de l'archevêque d'York, qui lui conseillait la résistance : « Quel besoin ont les Anglais, disait le prélat, de recevoir du pape de Rome la volonté de Dieu ? N'avons-nous pas les Écritures pour nous instruire ? » Boutade qui ne devait être suivie d'aucun effct, mais déjà naissait, chez cet archevêque anglais l'esprit « protestant ».

VII. — Après sa victoire sur les barons insurgés, le règne d'Henry Ier fut assez paisible. Il mit à profit ce calme pour organiser son royaume. Il était grand juriste et les cours royales, sous son règne, se développèrent aux dépens des cours féodales. Presque tous les crimes furent désormais considérés comme des atteintes à la Paix du Roi et évoqués devant les cours de celui-ci. L'institution du jury, encore dans son enfance et empruntée par les Normands aux Francs, était une méthode très ancienne pour déterminer un fait par le témoignage de ceux qui pouvaient connaître la vérité. Au temps du *Domesday Book*, Guillaume Ier avait appelé des jurys locaux pour définir les droits de propriété dans chaque village. Peu à peu, le Roi prit l'habitude de convoquer de tels jurys pour décider des questions de fait dans toutes les affaires criminelles. Puis des particuliers demandèrent à se servir du jury royal. Le Roi leur accorda le droit, mais le leur fit payer. Des cours locales, présidées d'abord par le *sheriff*, ensuite par des juges venus de la Cour royale, et assistées de jurys, remplacèrent peu à peu les juridictions seigneuriales. Mais il faut se garder d'imaginer des conflits locaux. Le changement fut graduel.

VIII. — A la Cour centrale du royaume, l'administration devenait complexe. On y trouvait un grand justicier (Ranulf Flambard puis Roger de Salisbury), un trésorier, un chancelier (le mot vient de *cancer*, crabe. Le *cancellarius* était, chez les Romains, un greffier qui se tenait *ad cancellos*, aux grilles en forme de crabe qui séparaient les juges du public). Le chancelier n'était au début que le chef de la chapelle royale. Mais les clercs de cette chapelle étaient chargés, parce qu'ils savaient écrire, de copier et de rédiger les documents, de sorte que l'importance de leur maître grandit vite. Le sceau royal lui fut confié. (Ce ne fut qu'au temps du roi Jean que fut créé, à côté du Grand Sceau, le Sceau privé.) Les finances étaient administrées par la Cour de l'Échiquier, qui se réunissait deux fois par an, à Pâques et à la Saint-Michel, à Winchester. Tous les *sheriffs* du royaume y devaient rendre leurs comptes. Là ils trouvaient, assis devant une grande table : le chancelier, l'évêque de Winchester, et un commis du chancelier qui, plus tard, quand celui-ci serait trop occupé par d'autres devoirs pour venir en personne, allait le remplacer et devenir le chancelier de l'Échiquier. Sur le tapis de la table étaient tracées des lignes horizontales et sept lignes verticales, pour les pence, les shillings, les livres, les dizaines de livres, les centaines de livres, les milliers de livres et les dizaines de milliers de livres. D'où le nom d'Échiquier. Chaque *sheriff* entrait à son tour et énumérait les dépenses qu'il avait faites pour la Couronne. Un clerc représentait les sommes appelées par des jetons placés dans les différentes colonnes. (Le zéro, invention arabe fort subtile, n'était pas alors connu des Anglais.) Puis le *sheriff* indiquait ses recettes, que l'on représentait à leur tour par des jetons placés sur les précédents et qui annulaient ceux-ci. Les jetons en excédent représentaient le solde créditeur du Trésor, et les *sheriffs* devaient verser la somme en pennies d'argent, tandis que les clercs du Grand Rôle, ou Rôle de la Pipe, notaient les sommes sur des rouleaux de parchemin qui nous sont conservés depuis l'an 1131. Le reçu donné au *sheriff* était constitué par une pièce de bois appelée *tally*, que l'on entaillait sur la largeur d'une main pour mille livres, d'un pouce pour cent livres, et ainsi de suite, après quoi on la coupait en deux. Une moitié servait de reçu au *sheriff*, l'autre de contrôle à l'Échiquier. S'il fallait quelque jour faire la preuve du paiement, il suffisait de rapprocher les deux morceaux. La coïncidence des entailles et du grain du bois rendait toute fraude impossible et la méthode était si sûre qu'elle fut employée par la Banque d'Angleterre jusqu'au XIXe siècle. (Elle l'est encore, en France, par des boulangers de village.) Ce fut parmi les commis de l'Échiquier que se forma la solide tradition financière que continuent aujourd'hui les fonctionnaires de la Trésorerie.

IX. — La Paix du Roi n'avait jamais été si sereine, ni la position de la dynastie si forte quand un accident imprévisible ruina les espoirs de tous. L'héritier du trône, Aetheling Guillaume, revenant de Normandie avec une bande d'amis, dans un vaisseau appelé la *Blanche Nef,* coula par la fausse manœuvre d'un pilote ivre. Quand le roi Henry, le lendemain, fut informé, il s'évanouit de douleur. Comme il ne voulait à aucun prix laisser le royaume au fils de Robert, Guillaume de Normandie, qu'il haïssait, il désigna comme héritière, en 1126, sa fille Mathilde, veuve de l'empereur d'Allemagne Henry V. Afin d'assurer à celle-ci la fidélité des barons, il obtint que le Grand Conseil lui rendît hommage. Puis, pour protéger les frontières de la Normandie, il maria en secondes noces la future reine d'Angleterre à Geoffroy d'Anjou, le voisin le plus puissant de ce duché. Ce mariage étranger déplut aux Anglais. Déjà beaucoup regrettaient d'avoir prêté serment à une femme, et dès lors on put prévoir qu'à la mort d'Henry il y aurait des troubles.

X. — Les trois rois normands : le Conquérant, le Rouge et Henry Ier, avaient bien servi leur patrie d'adoption ; ils avaient fait régner l'ordre, maintenu un équilibre acceptable entre les droits de l'Église et ceux du souverain, organisé les finances publiques, réformé la justice. Les Anglais leur devaient beaucoup et le savaient. Le chroniqueur anglo-saxon, qui n'est pas suspect d'indulgence pour les Normands, après avoir raconté la mort du roi Henry Ier, ajoute : « C'était un brave homme et qui avait inspiré une grande crainte. Nul en son temps n'osa faire tort à un autre. Il fit régner la paix pour l'homme et pour la bête, et à qui se déplaçait dans son royaume avec un fardeau d'or ou d'argent, nul n'eût rien osé dire que des paroles bienveillantes. » La Paix du Roi, c'est le grand titre de gloire de la monarchie et celui qui, à la fin du XVe siècle, assurera son triomphe.

4.
ANARCHIE. HENRY II. CONFLIT AVEC THOMAS BECKET

I. — Dix-neuf années d'anarchie firent alors apprécier par le peuple anglais le bonheur de vivre sous un gouvernement fort et relativement juste. Henry Ier avait désigné pour son héritière sa fille Mathilde, femme du comte d'Anjou. Mais dès la mort du Roi un autre prétendant avait surgi : Étienne de Blois, petit-fils du Conquérant par la fille de celui-ci, Adèle. Les habitants de Londres et une petite clique de barons proclamèrent Étienne et le royaume se divisa en partisans de Mathilde et en partisans d'Étienne. Les débuts de ce dernier furent maladroits. « Quand les traîtres comprirent, dit le chroniqueur, qu'il était un homme doux, et mou, et bon, qui ne ferait pas exécuter la justice, alors ils se mirent à réfléchir. » Partout s'élevèrent, sans licence royale, des châteaux forts. La ville de Londres, imitant une nouvelle mode continentale, se proclama « commune ». Certains seigneurs, délivrés de tout contrôle, devinrent de véritables bandits. Ils employaient les paysans à des corvées de construction et, le château achevé, le remplissaient de soudards, « diables et mauvais gens ». A qui leur résistait, des tortures horribles étaient infligées. Les hommes étaient pendus par les pieds et rôtis comme des jambons. D'autres étaient jetés, comme les héros de contes de fées, dans des donjons remplis de crapauds et de vipères. L'étrange est qu'en même temps, effrayés par l'idée de la damnation, tous ces nobles bandits dotaient des monastères. Pendant le seul règne d'Étienne, plus de cent maisons religieuses furent bâties.

II. — Le type de l'aventurier de ce temps est Geoffroy de Mandeville qui trahit successivement Mathilde et Étienne, se fit nommer par les deux prétendants *sheriff* héréditaire de plusieurs comtés et mourut d'une flèche heureusement égarée (1144). La terre n'était même plus cultivée ; les villes étaient livrées aux pillards ; la religion demeurait le seul refuge. Jamais les hommes n'avaient autant prié ; des ermites s'installaient dans les bois ; les abbayes cisterciennes défrichaient les forêts du Nord et Londres se hérissait d'églises. « L'Angleterre avait l'impression que Dieu et tous ses anges dormaient » et qu'il les fallait réveiller par un redoublement de ferveur. Enfin, en 1152, le jeune Henry, fils de Mathilde (et qui par la mort de son père, Geoffroy, était devenu comte d'Anjou), finit, grâce à l'archevêque de Canterbury, par se rencontrer avec Étienne. L'Église, jouant cette fois utilement son rôle d'arbitre, rédigea un traité qui, signé à Wallingford, fut confirmé à Westminster. Étienne adoptait Henry, l'associait à l'administration du royaume et le faisait son héritier. Étienne et Henry, « les évêques, les comtes et tous les hommes riches » jurèrent que la paix et l'union seraient désormais dans toute l'Angleterre. Un peu plus tard Étienne mourait et Henry devenait roi accueilli avec grand enthousiasme, « car il faisait bonne justice ».

III. — Henry II Plantagenet descendait d'une puissante et terrible famille. Parmi ses ancêtres angevins était ce Foulque le Noir, qui passait pour avoir fait brûler sa femme et qui avait contraint son propre fils à solliciter une grâce à quatre pattes, sellé comme un cheval. Une de ses grand-mères, comtesse d'Anjou, passait pour avoir été sorcière et pour s'être envolée un jour par la fenêtre d'une église. Son fils Richard dira plus tard qu'une telle famille ne pouvait être que divisée, car tous venaient du diable et retourneraient au diable. Henry II lui-même avait un caractère dur, une « force volcanique », une culture étonnante et des manières séduisantes. Solide adolescent au cou de taureau, aux cheveux roux coupés ras, il avait merveilleusement plu à la reine de France, Éléonore d'Aquitaine, quand il était venu rendre hommage au faible roi Louis VII pour le Maine et l'Anjou. Femme d'un tempérament aussi violent que celui de l'Angevin, Éléonore « avait épousé, disait-elle en soupirant, un moine et non un roi ». Entre elle et le jeune Henry, l'entente fut immédiate. Elle obtint son divorce et, deux mois plus tard, prit pour mari, à vingt-sept ans, ce garçon de dix-neuf ans auquel elle apportait en dot l'immense duché d'Aquitaine, c'est-à-dire le

Limousin, la Gascogne le Périgord, avec droits de suzeraineté sur l'Auvergne et le comté de Toulouse. Henry II, qui tenait déjà de sa mère, Mathilde, le duché de Normandie et de son père, Geoffroy, le Maine et l'Anjou, devenait en France bien plus puissant que le roi de France. A peine peut-on le nommer un roi d'Angleterre. Sur trente-cinq ans de règne, il n'en passera que treize au nord de la Manche. De 1158 à 1163, il ne quittera pas la France. C'est en réalité un empereur, aux yeux duquel l'Angleterre n'est qu'une province ; de langue d'ailleurs et de goûts, tout français, mais ce Français fut l'un des plus grands rois anglais.

IV. — Comme son aïeul le Conquérant, Henry II fut servi en Angleterre par son caractère d'étranger. Énergique, il arrivait dans un pays retombé en état d'anarchie ; il allait tailler dans le vif et rétablir l'ordre normand. Au maître de tant de provinces continentales et qui pouvait en tirer des armées, les rebelles n'osèrent pas résister. Henry leur imposa de raser ou de démanteler les donjons bâtis sans licence. De nouveau les impôts furent perçus et les *sheriffs* révocables. Pour ses campagnes d'Aquitaine ou de Normandie, le service féodal de quarante jours ne pouvait suffire à l'empereur angevin. Il le remplaça par une taxe, l'écuage, qui lui permit de payer des mercenaires. Beaucoup de nobles anglais perdirent alors l'habitude de la guerre et remplacèrent les combats réels par des joutes et tournois. Ils se firent exempter de service, sous des prétextes ingénieux, comme certains conscrits modernes. Le seigneur batailleur ne survécut guère que dans les pays de marches ; ce sera dans les comtés palatins, sur les frontières de l'Écosse et du Pays de Galles, que commenceront désormais toutes les grandes révoltes. Mais si la qualité d'étranger donnait à Henry une liberté d'esprit et d'action plus grande dans les affaires anglaises, le caractère hétérogène de son empire était pour lui une faiblesse. Entre la Normandie, l'Angleterre et l'Aquitaine, le lien restait artificiel. Sans doute Henry II rêva-t-il souvent de se faire à la fois roi de France et d'Angleterre. S'il y avait réussi, l'Angleterre fût devenue une province française, peut-être pour des siècles. Mais les événements l'emportèrent, comme il arrive si souvent, sur les désirs. Sa passion de l'ordre engagea le Roi dans les conflits anglais. Ainsi le temps passa, et la vie.

V. — Dès l'arrivée au trône du jeune roi étranger, l'archevêque de Canterbury, Théobald, voulant avoir auprès du souverain un homme sûr, lui recommanda l'un de ses clercs, Thomas Becket, qui plut à Henry II et fut fait par lui chancelier. C'était un office dont l'importance grandissait alors aux dépens du justicier. Becket était un homme de trente-huit ans, de pur sang normand, fils d'un riche marchand de la Cité. Il avait été élevé en gentilhomme, puis, après la ruine de sa famille, était devenu clerc de l'archevêque Théobald, lequel venait du même village de Normandie que Becket le père. Ses qualités semblant plutôt d'un administrateur que d'un prêtre, l'archevêque, qui l'aimait, l'avait donné au Roi. Tout de suite, le souverain et le serviteur devinrent inséparables. Le Roi apprécia ce ministre jeune, bon cavalier, bon fauconnier, capable de lutter avec lui de plaisanteries savantes, et merveilleusement efficace en son travail. Ce fut pour une large part grâce à Becket que l'ordre, après la mort d'Étienne, fut si rapidement rétabli. Le succès fit du chancelier un homme orgueilleux et puissant. Pour une campagne dans le Vexin, en 1160, il amena sept cents chevaliers de sa propre maison, douze cents autres loués par lui et quatre mille soldats : une véritable armée privée. Becket lui-même, bien que prêtre, engagea en combat singulier pendant la campagne un chevalier français et le démonta.

VI. — Quand l'archevêque Théobald mourut, Henry II décida de donner le siège de Canterbury à Becket. Les moines et les évêques, auxquels appartenait l'élection, grognèrent un peu ; Becket n'était pas moine et paraissait plus soldat que prêtre. Le chancelier lui-même, montrant au Roi ses vêtements de laïque, dit en riant : « Vous choisissez un bien beau costume pour le mettre à la tête de vos moines de Canterbury ! » Puis, quand il eut accepté : « Vous me haïrez bientôt autant que vous m'aimez, car vous vous arrogez dans les affaires de l'Église une autorité que je n'accepte pas. Il faut que l'archevêque de Canterbury offense Dieu ou le Roi. » C'est un cas remarquable que celui de ce grand seigneur temporel qui, aussitôt archevêque, devient un ascète. Désormais, il donnera tout son temps aux œuvres et à la prière. A sa mort, on trouvera sur son corps un cilice et les cicatrices de la discipline. Le siège de Canterbury, qui avait déjà fait du doux Anselme un archevêque militant, fit du chancelier Becket, serviteur du Roi, un rebelle, puis un saint. Il semble, quand on lit la vie de Becket, qu'il ait cherché à être successivement le parfait ministre, puis le parfait homme d'Église, tels que les aurait pu imaginer le spectateur le plus exigeant. Attitude où se mêlent les scrupules et l'orgueil.

VII. — Entre le Roi et l'Église, le thème du débat n'était plus la question des Investitures, mais celle, d'ailleurs analogue, des cours ecclésiastiques. Quand le Conquérant et Lanfranc avaient séparé cours civiles et cours religieuses, ils avaient voulu réserver à ces dernières les seuls cas de conscience. Mais peu à peu l Église avait fait, de tous les procès, des affaires religieuses. Violait-on une propriété ? C'était un parjure, cas de conscience. Les accusés ne demandaient qu'à recourir à cette juridiction, plus douce que celle du Roi, et qui ne condamnait ni à la mort, ni à la mutilation rarement même à la prison, faute de locaux, mais à la pénitence ou à l'amende. Les clercs ne relevaient que des tribunaux de leur ordre. Aussi un clerc assassin s'en tirait-il presque toujours à bon compte. Situation grave « en un temps où tout clerc de notaire était un clerc au sens religieux du mot ». Rien de plus facile pour un mauvais garçon que d'entrer dans les ordres mineurs et d'échapper aux lois du pays. En outre, la Cour de Rome se réservait le droit d'évoquer toute affaire ecclésiastique et les amendes échappaient alors à l'Échiquier. Si cette ingérence dans les affaires civiles n'avait été réprimée, bientôt le roi d'Angleterre n'eût plus été maître chez lui. Henry II demanda qu'un clerc reconnu coupable par une cour ecclésiastique fût dégradé. Après quoi, étant redevenu laïc, il pourrait être livré au bras séculier. Thomas refusa, disant qu'un accusé ne peut être puni deux fois pour un seul crime. Le Roi furieux, convoqua un concile à Clarendon et là, sous menace de mort, Becket signa les Constitutions de Clarendon qui donnaient victoire au Roi. Mais l'archevêque ne se tint pas pour engagé par un serment prêté sous contrainte. Le pape Alexandre l'en délia. Condamné par une cour de barons, l'archevêque, superbe, sa crosse en main, vaincu mais non dompté, quitta l'Angleterre et, de Vézelay où il se réfugia, commença de lancer des excommunications contre ses ennemis.

VIII. — Si puissant que fût Henry II, il ne l'était pas assez pour s'exposer impunément à une excommunication ni pour risquer de voir son royaume mis en interdit par le Pape, c'est-à-dire son peuple privé des sacrements. En un temps de foi universelle la réaction populaire aurait pu balayer la dynastie. Mais un accord était difficile. Le Roi ne pouvait sans humiliation renoncer aux accords de Clarendon ; l'archevêque refusait de les reconnaître. Enfin Henry II rencontra Becket à Fréteval, se réconcilia en apparence avec lui et lui demanda seulement de jurer qu'il respecterait désormais les coutumes du royaume. Mais à peine Becket avait-il débarqué en Angleterre que lui arrivaient, sur sa demande, des lettres du Pape destituant les évêques qui, pendant la disgrâce de leur archevêque, avaient trahi celui-ci. Or, c'était une des lois établies par le Conquérant que nul sujet n'avait le droit de correspondre avec le Pape sans autorisation royale. Le Roi apprit la nouvelle tandis qu'il fêtait Noël près de Lisieux. Il entra dans une grande fureur : « Mes sujets, dit-il, sont des lâches et des hommes sans cœur. Ils n'observent pas la foi qu'ils doivent à leur seigneur ; ils permettent que je devienne la risée d'un clerc de basse naissance. » Quatre chevaliers qui entendirent ce propos sortirent sans un mot, traversèrent la Manche dans le premier bateau qu'ils trouvèrent et, en arrivant à Canterbury, menacèrent l'archevêque : « Absous les évêques », lui dirent-ils. Becket, prélat et soldat, répondit avec courage et dédain. Un peu plus tard sa cervelle, répandue par les épées, souillait les marches de l'autel.

IX. — Quand le Roi apprit ce crime, il en fut si désespéré qu'il s'enferma pendant cinq semaines. Il était trop intelligent pour ne pas comprendre que la mort de Becket était pour Rome une immense victoire morale. Le peuple, qui eût hésité entre le Roi et l'archevêque vivant, prit sans réserve le parti du martyr. Pendant trois siècles, le pèlerinage à Canterbury fut un des traits permanents de la vie anglaise. Tous les ennemis du Roi, encouragés, se redressèrent. Pour parer au plus pressé, il apaisa le Pape en renonçant aux Constitutions de Clarendon ; puis il jura de rendre au siège de Canterbury les biens confisqués, d'envoyer de l'argent aux Templiers pour la défense du tombeau du Christ, de construire des monastères (ce fut ainsi, entre autres, que fut bâti le Newstead des Byron) et enfin de combattre les Irlandais schismatiques. Mais sa femme et ses enfants eux-mêmes se soulevèrent contre lui. Il avait pourtant bien traité ses fils. De son vivant, il avait fait couronner l'aîné, Henry, roi d'Angleterre, et attribué au second, Richard, l'héritage maternel : Aquitaine et Poitou. Quand il leur demanda de céder quelques châteaux à leur plus jeune frère, Jean, tous deux refusèrent et, poussés par Éléonore, se mirent à la tête d'une ligue des nobles contre leur père. Après deux générations recommençaient les haines familiales de la maison d Anjou. Ces Plantagenets avaient tous quelque génie mais ils venaient du diable et ils retournaient au diable. Henry II, en ce péril montra son énergie. Du Continent où il se trouvait, il revint précipitamment en Angleterre pour abattre la révolte. En débarquant il passa par Canterbury descendit de cheval, se rendit à pied au tombeau de Thomas et, après être resté longtemps en prière se dépouilla de ses vêtements et se fit donner la discipline par soixante-dix moines Après cela il triompha partout · la noblesse céda ; ses fils lui rendirent hommage. Quand tout fut rentré dans l ordre, la question des cours ecclésiastiques fut réglée à l'amiable : les clercs accusés de trahison relèveraient des cours civiles · ceux qui n'étaient accusés que de félonie (assassinats mineurs ou vols), des cours ecclésiastiques. Solution imparfaite car pendant bien longtemps des ujets anglais coupables de meurtre ou de vol allaient plaider « bénéfice du clergé ». Pour en arriver à ce compromis boiteux le deux hommes les plus remarquables du temps avaient gâché deux vie et une amitié.

5.
HENRY II ADMINISTRATEUR. JUSTICE ET POLICE

I. — C'est un trait essentiel de l'histoire d'Angleterre que, dès le temps d'Henry II, l'unité du royaume est faite. L'œuvre des rois avait été plus facile qu'en France. Grâce au Conquérant, aucun grand seigneur anglais n'est le souverain d'une province ayant ses traditions propres, son histoire, son orgueil. Le Pays de Galles et l'Écosse, qui eussent été difficiles à assimiler, ne sont pas encore annexés. Le territoire total étant plus petit, tout rebelle peut être atteint rapidement. L'Église semble, vers la fin du règne, soumise au Roi, qui contrôle toutes les communications du clergé avec Rome, surveille le choix des évêques et, avec une patience infinie, s'efforce de réconcilier les moines de Canterbury et les évêques du royaume qui se disputent l'élection de l'archevêque. Ce dernier est maintenant à sa dévotion. « Je crois, écrit avec dépit un chroniqueur ecclésiastique, que l'archevêque ne ferait rien sans un ordre du Roi, même si l'apôtre Pierre venait en Angleterre pour le lui demander. » Enfin un siècle après la conquête, la fusion des vainqueurs et des vaincus est complète, « à ce point qu'il est à peu près impossible de distinguer parmi les hommes libres qui est Anglais, qui est Normand d'origine ». Les deux langues subsistent l'une à côté de l'autre, mais elles correspondent à des divisions de classe, non de race. Tout Saxon cultivé se pique de parler français. Les mariages mixtes sont nombreux. « Un roi fort, un baronnage faible, un royaume homogène, une Église bridée », voilà qui permettrait à Henry II de faire de sa Cour l'unique centre moteur du pays.

II. — Cette cour était un des lieux les plus vivants du monde. Le Roi, curieux et cultivé, s'entourait de savants et d'érudits. On trouvait là des théologiens comme Hugh de Lincoln, Pierre de Blois ; de grands linguistes comme Richard Fitz Neal, l'auteur du *Dialogue de l'Échiquier ;* des historiens comme Gérald de Galles. La reine Éléonore avait disparu ; elle était rebelle et prisonnière. Le Roi avait de nombreuses maîtresses, dont la plus célèbre était cette belle Rosamonde, sur la tombe de laquelle les moines devaient écrire : *Hic jacet in tumba rosa mundi, non rosa munda.* Henry II s'intéressait aux affaires de toutes les cours de l'Europe et les voyageurs qui apportaient des informations étaient toujours bien reçus par lui. Alors, pour la première fois l'insulaire anglais apprit à s'inquiéter de ce qui se passait en Allemagne ou en Espagne. La cour continuait à voyager de domaine royal en domaine royal, tantôt en Angleterre et tantôt en France, pour manger les revenus en nature. Pierre de Blois nous a décrit ce train du Roi, grouillant d'acteurs de blanchisseuses, de taverniers, de marchands de gaufres, de prostituées, de bouffons « et autres oiseaux de même plumage ». Durs voyages pour les courtisans qui étaient mal montés, mal couchés, nourris d'un pain trop vite cuit, abreuvés d'un vin aigre et qui sentait le tonneau. Surtout, ce qui ajoutait à leurs maux, c'était l'impossibilité de connaître à l'avance les projets du Roi. « On leur annonçait un long séjour et le lendemain à l'aube, on levait le camp. Alors les courtisans qui s'étaient fait saigner, ou qui avaient pris quelque purgatif, devaient suivre leur prince aux dépens de leur corps et on les voyait courir comme des fous, au milieu des mules et des chariots un véritable pandémonium. »

III. Mais sous ce désordre bigarré naissait un ordre solide. Partout, la ju tice du Roi mordait sur la justice privée. Le but d'Henry II était d'arriver à tenir, dans toutes les provinces du royaume sa cour de justice, image locale de la *Curia Regis.* C était indispensable, car cette dernière se déplaçant toujours, un malheureux plaideur devait la suivre et l'on citait l'exemple de l'un d'eux qui avait couru, pendant cinq ans, à la suite de ses juges. A partir de 1166, chaque année à date fixe, des juges partent de la Cour pour couvrir un certain « circuit » provincial. Leur voyage est solennel et leur personne infiniment respectée. Ils sont précédés par un *writ* (mandat), adressé au *sheriff* et lui ordonnant de convoquer pour tel jour les seigneurs laïques et clercs, le *reeve* et quatre hommes libres de chaque village, plus douze bourgeois de chaque bourg. Le juge, en arrivant, préside cette assemblée et fait nommer par elle un jury, composé autant que possible de chevaliers ou, à leur défaut, d'hommes libres.

IV. — Le mode d'élection était complexe : les notables du comté nommaient quatre chevaliers ; ceux-ci choisissaient deux chevaliers pour chaque centaine et ces deux chevaliers en nommaient dix autres qui, avec eux, complétaient le jury de la centaine. A ce jury étaient soumises par les juges les questions les plus diverses. On leur demandait un verdict (*vere dictum,* un *dict* ou jugement vrai) sur les revendications de la Couronne, sur les affaires des particuliers qui avaient obtenu l'autorisation de se servir du jury du Roi, sur les affaires des Juifs. Parfois juges et jury allaient ensemble visiter les prisons, ou faisaient un rapport sur l'administration du *sheriff.* Enfin, le jury devait accuser lui-même tous ceux qui dans le pays étaient soupçonnés de félonie et les jurés qui négligeaient ce devoir étaient frappés d'amende. Plus tard ce rôle d'accusateur fut dévolu (et l'est encore) à un jury plus nombreux, dit grand jury, le petit jury *(petty jury)* jugeant ensuite de la vérité de l'accusation, ce qui augmentait les garanties de l'accusé.

V. — On imagine aisément que tous les Anglais souhaitèrent bientôt être jugés par un jury de voisins, éclairé par des témoins, plutôt que de recourir aux dangereuses ordalies par le fer ou par l'eau. Henry II édicta sagement qu'un homme connu pour mauvais sujet serait expulsé du royaume, même si l'ordalie l'absolvait. En 1215, le Pape interdit les épreuves de l'eau et du feu ; il fut obéi. L'ordalie par bataille survécut plus longtemps (et, n'ayant pas été abrogée, resta légale en Angleterre jusqu'au XIXe siècle, de sorte qu'en 1819, un meurtrier ayant demandé à régler ainsi son affaire, on fut embarrassé pour rejeter sa requête). Le Roi, en favorisant ces réformes, n'était pas mû par le seul désir de donner à ses peuples une bonne justice. Il enrichissait l'Échiquier des amendes qu'il enlevait aux cours féodales. D'ailleurs les juges royaux eux-mêmes n'étaient pas toujours honnêtes ; il était trop souvent possible de les acheter ; leurs tournées avaient pour objet, autant que l'administration de la justice, la perception, par les moyens les plus durs, des revenus du Roi. Mais par ces voies indirectes, lentement, le bon sens et la pitié gagnaient du terrain.

VI. — Le système des juges « itinérants » ou ambulants engendra bientôt la *Common Law,* loi commune, celle qui est la même partout. Les cours féodales et populaires avaient jugé en vertu des coutumes locales, mais un juge qui se déplaçait de comté en comté avait tendance à faire adopter par tous la meilleure coutume. Les coutumes locales ne furent pas détruites, mais comme fondues dans le creuset de la loi commune. La Cour centrale enregistrait les précédents et ainsi se forma très tôt, en Angleterre, une législation nationale qui couvrit la plupart des cas. A côté de la *Common Law* survécut (et survit encore) un système légal complémentaire, celui des Cours d'Équité qui, en vertu de la prérogative royale, ne jugent pas suivant la coutume, mais au contraire portent remède aux insuffisances ou aux injustices de la coutume. Le principe de l'équité, c'est que le Roi peut en certains cas « violer la loi pour assurer la justice ». Une action de *Common Law* s'engage par un *writ,* ou mandat, ordre de la Chancellerie à un *sheriff* ou à un accusé, une action en équité par une pétition adressée au Roi.

VII. — Il faut dire un mot de la classification des crimes. De tous, le plus affreux était la haute trahison, tentative pour tuer ou détrôner le Roi (car la trahison envers l'État ne pouvait être une idée du Moyen Age). Les peines infligées au traître nous paraissent cruelles, mais il faut se souvenir que de la personne du Roi dépendent le salut et la paix du pays. Le coupable était traîné à la queue d'un cheval jusqu'au lieu de l'exécution, pendu, coupé en morceaux et les morceaux exposés dans les lieux publics. L'entrée du pont de Londres fut longtemps ornée de têtes de traîtres. La petite trahison *(petty treason)* était le meurtre d'un maître par son serviteur ou d'un mari par sa femme ; elle était aussi punie de mort. Hérésie et sorcellerie, trahisons envers Dieu devaient théoriquement être punies de mort, mais en fait ne le furent jamais avant le xve siècle, moment où l'hérésie, par l'inquiétude qu'elle engendra, fit renaître la cruauté religieuse. Parmi les « félonies », il faut ranger l'homicide, l'attaque à main armée et le vol. La félonie était punie de mort ou de mutilation : perte d'une main, des oreilles ou des yeux. Un homme blessé à la guerre, s'il était prudent, se munissait d'un certificat d'origine de blessure, faute duquel, arrivant dans une ville avec une jambe ou une main en moins, il eût été chassé comme repris de justice. Les petits délits étaient punis par l'exposition au pilori ou dans les *stocks* (sorte de cangue, qui existait dans chaque ville), ce qui permettait de livrer les coupables au mépris et souvent aux coups du peuple. Les femmes bavardes ou médisantes étaient attachées sur une chaise fixée au bout d'une perche et plongées dans un étang.

VIII. — La fonction de maintenir l'ordre appartient, dans les sociétés modernes, à deux corps distincts : la justice et la police. La police prévient les désordres et arrête les criminels. Qui jouait ce rôle au Moyen Age ? L'ordre était assuré par le concours de tous. Henry II avait rétabli le *fyrd* et exigé par l'Assise des Armes (1181) que tout homme libre possédât chez lui un équipement militaire et jurât de le consacrer au service du Roi. L'équipement était plus ou moins complet suivant la fortune de l'homme, les plus pauvres n'ayant qu'une lance, un chapeau de fer et une cotte rembourrée. Un système de responsabilité collective rendait la surveillance des malfaiteurs assez facile. Pour tout vilain qui faisait partie d'une maison, le maître était responsable ; les autres devaient s'enrôler dans un groupe de dix. Au moment de l'enrôlement, l'homme se met à genoux et jure sur l'Évangile d'obéir au chef de sa dizaine, de n'être ni un voleur, ni le camarade d'un voleur, et de ne jamais se faire le receleur d'objets volés. En cas de crime, c'est la dizaine qui doit présenter l'homme en justice ; si elle ne le peut, elle est condamnée à une amende. Quand un criminel s'échappe, les hommes de son village le poursuivent jusqu'à la limite de la « centaine », en soufflant dans des cornes et en criant ; c'était ce que l'on appelait le *hue and cry,* sorte de clameur de haro. Arrivés à la limite, les poursuivants passent leur responsabilité à la « centaine » suivante. C'est une police par relais. Si le criminel parvient à se réfugier dans une église, il est protégé par le droit d'asile. Il a le droit alors de faire venir dans l'église le *coroner,* représentant de la Couronne, et devant lui de « renoncer au royaume ». En cette cérémonie, le criminel jure de quitter l'Angleterre et de n'y jamais revenir. Le *coroner* lui désigne un port et il part aussitôt, tenant à la main une croix de bois qui indique à tous ce qu'il est. Il doit aller au port par la route la plus directe et prendre le premier bateau. S'il n'y a pas de bateau avant plusieurs jours, l'homme doit chaque matin marcher dans la mer jusqu'à ce qu'il ait de l'eau jusqu'aux genoux, comme signe de sa bonne volonté. S'il n'observe pas son serment, il est hors la loi et peut être tué à vue. Ce droit d'asile donnait lieu à de nombreux abus et les habitants de Londres se plaignaient de ce que, dans certaines églises et en particulier autour de Westminster, vivaient des troupes de criminels intangibles qui sortaient, la nuit, pour dépouiller les honnêtes gens.

IX. — Tous comptes faits, dans la plus grande partie du pays régnait au XIIe siècle « une bonne paix ». Cette paix était due pour une large part au Roi. Les juges n'étaient honnêtes que lorsqu'un roi sévère les contrôlait. A un juge laïque qui se moquait de la lenteur des cours ecclésiastiques, un prêtre répondait : « Si le Roi était aussi loin de vous que le Pape l'est de nous, vous ne feriez pas grande besogne », et l'autre, en riant, reconnaissait la vérité du propos. Si le vilain se réjouissait de cet ordre royal, beaucoup de nobles et même de clercs regrettaient le bon temps où le duc de Normandie n'était pas encore roi d'Angleterre. « Car il n'est rien qui émeuve le cœur de l'homme comme la joie de la liberté et il n'est rien qui l'affaiblisse autant que l'oppression de l'esclavage », dit un jour Gérald de Galles au jurisconsulte Glanville. Qu'un roi se montrât faible, ou se laissât affaiblir par des aventures étrangères, une réaction des barons devait inévitablement se produire. Mais à la mort d'Henry II, l'Angleterre possède le gouvernement le plus fort de l'Europe. « Il ressuscite des pratiques carolingiennes et, en même temps, par la précision de son mécanisme, l'âpreté du ton et des allures, il fait songer à l'État romain ou, si l'on veut, à l'État moderne. »

6.

LES FILS D'HENRY II. MORT DU ROI. RICHARD CŒUR DE LION. CROISADE ET CAPTIVITÉ. JEAN SANS TERRE

I. — La fin d'Henry II fut tragique. Ses fils, entre lesquels il eût souhaité partager son empire, se haïssaient les uns les autres et le trahissaient tous. « Ne sais-tu pas, répondait l'un d'eux à un messager du Roi, que c'est notre propre nature, plantée en nous par un héritage de nos ancêtres, que tout frère chez nous luttera contre son frère, et tout fils contre son père ? » Henry et Geoffroy, les deux aînés, moururent avant le Roi, Geoffroy laissant un fils, Arthur de Bretagne ; le troisième, Richard, complotait contre son père avec le nouveau roi de France, Philippe Auguste, jeune homme habile et froid qui, décidé à reconquérir son royaume sur ces Angevins, se servait adroitement de leurs dissensions. Henry II, vieux roi solitaire et triste, n'avait plus d'affection que pour son quatrième fils, Jean. Puisqu'il laissait à Richard l'Angleterre et la Normandie, il souhaita réserver à Jean l'Aquitaine. Ce projet rendit furieux Richard qui, ressemblant plutôt à sa mère, Éléonore d'Aquitaine, qu'à son père, tenait plus à cette province qu'à tout le reste du royaume. Soudain il rendit hommage au roi de France pour toutes les terres continentales de son père, de la Manche aux Pyrénées. Henry II, serré de près au Mans par Philippe Auguste, dut fuir la ville en flammes. Le Mans, c'était la cité où il était né, celle où son père, le comte d'Anjou, était enterré. En la quittant, il maudit Dieu. Tandis qu'il fuyait au galop par les sentiers, son fils Richard lui-même le poursuivait. A Chinon, le Roi fut si malade qu'il dut s'arrêter. Là son chancelier, qu'il avait envoyé à Philippe Auguste avec une lettre, revint, rapportant la liste des traîtres anglais qu'il avait trouvée à la Cour du roi de France. En tête était Jean, le fils favori. Voyant son père en danger, lui aussi avait trahi. « Tu en as dit assez ! cria le Roi. Je ne me soucie plus ni de moi, ni du monde. » Après cela il entra en délire et mourut bientôt d'une hémorragie. Henry II avait été un grand roi, cynique, réaliste, dur, mais en somme bienfaisant (1154-1189).

II. — « A un homme d'État succédait un chevalier errant. » Richard, qui fut appelé par les uns « Cœur de Lion » et par le Périgourdin Bertran de Born « Richard Oui et Non », avait certains traits de son père, toute la violence des Plantagenets, leur amour immodéré des femmes et leur courage. Mais Henry II avait poursuivi des fins pratiques et prudentes. Richard cherchait l'aventure et méprisait toute prudence. « Sa vie fut comme un accès de violence furieuse. » Poète et troubadour, ami de tous les châtelains guerriers du Périgord, il souhaita jouer dans la vie le rôle romanesque du chevalier. Au début du régime féodal, la chevalerie n'avait été que l'obligation de servir dans la cavalerie en échange d'un don de terres. Mais l'Église et les poètes avaient enrichi ce contrat et ce mot d'associations plus belles. L'adoubement du chevalier était devenu une cérémonie chrétienne. Le jeune chevalier prenait un bain symbolique de purification (comme plus tard les chevaliers de l'Ordre du Bain) ; son épée était déposée sur l'autel ; il devait faire une veillée des armes dans la chapelle du château. Cette épée était à deux tranchants, « parce qu'avec l'un le chevalier devait frapper le riche qui opprimait le pauvre, avec l'autre le fort qui opprimait le faible ». Le peuple anglais trouvait malheureusement les actes réels des chevaliers fort différents de cette noble doctrine. « Ces hommes, qui auraient dû employer leur force contre les ennemis de la Croix, luttent entre eux d'ivrognerie, se vautrent dans la paresse et pourrissent dans une vie scandaleuse. Ils déshonorent le nom de la chevalerie. » En fait, malgré quelques beaux traits, jamais guerriers ne furent plus cruels que certains des chevaliers du Moyen Age. Des villes entières, hommes, femmes et enfants, furent parfois massacrées par eux. « Une certaine courtoisie à l'égard des femmes de même classe, ou d'autres chevaliers prisonniers et désarmés », voilà tout ce qui subsistera des efforts louables de l'Église pour rendre la guerre plus humaine. De cette courtoisie superficielle et de cette cruauté essentielle Richard Cœur de Lion fournit un complet exemple.

III. — Le grand événement chevaleresque du règne de Richard fut la Troisième Croisade, à laquelle il prit part avec Philippe Auguste. Les deux premières Croisades avaient peu touché l'Angleterre. Des individus aventureux étaient partis, mais aucun souverain. Dans les comptes ecclésiastiques du temps, on retrouve les traces d'innombrables Anglais qui, pour expier une faute, avaient fait serment d'aller à la Croisade et qui, au dernier moment, regrettant le vœu, l'avaient racheté par une amende. L'archevêque Giffard, déliant un pénitent de ses vœux de croisé, ajoute : « Ledit John devra dépenser, sur ses propres biens, pour venir au secours de la Terre sainte, la somme de cinq shillings sterling, quand cela lui sera demandé de la part du Pape. » Un chevalier, pour adultère commis avec la femme d'un autre chevalier, s'engageait à envoyer en Terre sainte un soldat à ses frais, et à payer cent livres en cas de récidive. Vers la fin du règne d'Henry II, les victoires de Saladin, la chute du royaume de Jérusalem, avaient tant ému la chrétienté que le Roi avait levé une grosse contribution, la dîme de Saladin, remarquable parce que ce fut en Angleterre le premier impôt direct qui frappa tous les biens, meubles et immeubles, et non plus seulement les terres. Mais cet impôt était plutôt destiné à solder des armées étrangères qu'à envoyer en Orient des Anglais. Henry II promit bien de partir et le patriarche de Jérusalem lui apporta en grande pompe les clefs du Saint-Sépulcre, mais le roi Henry ne s'embarqua jamais et, quand Gérald de Galles le lui reprocha, il répondit : « Le clergé nous provoque vaillamment à nous exposer au danger, car il ne reçoit lui-même aucun coup dans les batailles et ne porte aucun fardeau qu'il puisse éviter. » L'enthousiasme et le romantisme n'étaient pas des traits d'Henry II. Mais Richard était d'une autre nature ; dès qu'il eut reçu l'héritage paternel, il vida le trésor, vendit quelques comtés et s'embarqua.

IV. — Richard et Philippe Auguste, amis en apparence, rivaux en fait depuis que Richard avait succédé à son père, partirent ensemble pour Jérusalem ; dès la Sicile ils étaient brouillés. Richard perdit beaucoup de temps à attendre la petite flotte qu'avaient dû équiper pour lui les *Cinque Ports.* (Ces cinq ports, Hastings, Douvres, Sandwich, Hythe et Romney, jouaient pour la marine le même rôle que les fiefs des chevaliers pour l'armée. Le Roi concédait aux barons des *Cinque Ports* de grands privilèges, en échange desquels ils devaient, en temps de guerre, lui fournir des bateaux.) L'expédition de Richard Cœur de Lion lui donna l'occasion de montrer son courage, mais ne délivra pas le Saint-Sépulcre. Richard se fit haïr par son insolence et par sa cruauté. Saladin refusant de lui racheter ses prisonniers, il les fit égorger. Longtemps après cette guerre, raconte Joinville, les Sarrasins disaient encore à leurs enfants : « Tais-toi, ou j'irai chercher le roi Richard qui te tuera... » Cependant Philippe Auguste, rentré en France, préparait la guerre contre son rival.

V. — Malgré leur échec et malgré l'abstention de la plus grande partie de la noblesse anglaise, l'influence des Croisades sur l'histoire d'Angleterre, comme sur toute l'histoire d'Europe, fut grande. Ce fut presque toujours par des contacts avec l'Orient que l'esprit occidental prit conscience de sa nature originale et de ses résistances. Les guerres médiques avaient coïncidé avec la plus belle période de la pensée grecque. Les Croisades sont, elles aussi, le début d'une renaissance européenne. Elles déterminent pour trois siècles le centre commercial et maritime du monde. Marseille, Gênes et Venise, points d'embarquement des Croisés, deviennent de grandes villes. Des auberges y sont bâties pour les pèlerins. La police de la Méditerrannée est assurée par les ordres militaires : Templiers et chevaliers de Saint-Jean de Jérusalem, qui bâtissent les premières grandes flottes chrétiennes et forment la première force armée internationale. C'est aussi au temps des Croisés que les chrétiens, en Angleterre comme en France, commencent à porter la barbe et à peindre des armoiries sur leurs boucliers. Des mots nouveaux : *tambour, trompette, abricot,* cent autres sont introduits dans le vocabulaire européen. Enfin l'échec des Croisades aura une influence sur l'avenir maritime de l'Angleterre, car la barrière de l'Islam, en se refermant, va contraindre les hommes à chercher d'autres chemins pour le commerce avec l'Orient.

VI. — L'art de la guerre fit peu de progrès pendant ces combats. Les chevaliers du Moyen Age n'étaient pas des tacticiens. Dès qu'ils apercevaient l'ennemi, ils se rangeaient en trois grandes masses, ou *batailles,* mettaient la lance à l'arrêt, le bouclier en position et chargeaient la *bataille* adverse. Point de réserves, parce qu'on jugeait offensant pour un chevalier de le priver du commencement de la lutte. Aussi les combats sont-ils de simples mêlées de chevaux et d'hommes. L'infanterie ne joue aucun rôle.

En revanche, les Croisades enseignent aux chevaliers européens l'importance de la guerre de siège. Les fortifications de Saint-Jean-d'Acre arrêtent les armées chrétiennes et leur font perdre, dit Michelet, plus de cent mille hommes. L'avantage était alors aux défenseurs et non aux assaillants d'une place forte. Contre des murailles de quinze à trente pieds d'épaisseur, les catapultes et trébuchets du temps étaient impuissants. Un château bien bâti, sans ouvertures près du sol, avait une capacité de résistance qui n'était limitée que par les approvisionnements. Pourtant, s'il n'était construit sur le roc, on pouvait le miner. Les pionniers travaillaient à l'abri d'un toit qui les protégeait des archers de la défense. Contre ce mode d'attaque fut inventée la bretèche, longue galerie de bois qui surplombait les assaillants et permettait de les arroser de substances incendiaires. Mais la bretèche elle-même était exposée à l'incendie ; les mâchicoulis de pierre et les tours flanquantes supprimèrent les angles morts et de nouveau rendirent les places fortes invulnérables. Seule la découverte de l'artillerie annulera la valeur militaire du château fort. La prise de Constantinople par Mahomet II sera le premier grand exemple de l'emploi de l'artillerie.

VII. — Richard, tenu par les souverains d'Europe pour un homme dangereux, fut, en revenant de la Croisade, traîtreusement fait prisonnier par le duc d'Autriche et livré à l'empereur Henry VI qui le garda, au mépris du privilège de la Croisade. L'Angleterre apprit que son roi était captif, qu'il supportait gaiement la captivité en saoulant ses gardiens et que sa rançon serait de cent mille livres. Pour recueillir cette somme énorme, les ministres qui remplaçaient de leur mieux le Roi toujours absent s'efforcèrent de répartir les charges sur toutes les classes de la société (1193). Ils exigèrent un écuage de vingt shillings par terre de chevalier, un quart du revenu de tous les laïques, un quart des revenus temporels du clergé. On demanda aux églises leur vaisselle plate et leurs trésors d'orfèvrerie, aux ordres monastiques leur tonte de laine d'un an. La Normandie dut payer les mêmes taxes. Malgré ces impôts accablants, la somme recueillie fut trop faible. L'Empereur consentit cependant à mettre le roi Richard en liberté provisoire. En l'absence de Richard, son frère Jean avait cherché à s'emparer du pouvoir, mais avait été vaincu par l'énergie de l'archevêque de Canterbury, Hubert Gaultier, qui ne se montra pas moins bon soldat que bon ministre.

VIII. — Richard, à son retour, fut reçu avec enthousiasme et splendeur par les citoyens de Londres. Mais au lieu de montrer, pour le surprenant loyalisme de ses sujets, une juste reconnaissance, il annonça aussitôt des taxes nouvelles. La situation du royaume était périlleuse. Philippe Auguste avait envahi la Normandie ; l'Aquitaine se soulevait ; l'Anjou et le Poitou glissaient vers la France. Pour défendre la Normandie, Richard construisit l'une des plus belles forteresses du temps : Château-Gaillard, qui commandait la vallée de la Seine. « Je le prendrai, ses murs fussent-ils de fer », s'écria Philippe Auguste. « Je le garderai, ses murs fussent-ils de beurre », répliqua Richard. Il n'eut pas le temps de tenir son serment. Un de ses vassaux, le vicomte de Limoges, ayant trouvé dans un champ, près de son château de Châlus, un ornement d'or, sans doute romain, Richard soutint que tout trésor appartenait au Roi et réclama celui-ci. Une querelle, puis une guerre naquirent de cet incident minuscule ; en assiégeant Châlus, Richard fut blessé par une flèche ; la plaie s'infecta et le Roi mourut sous sa tente, le 6 avril 1199. Son corps fut enterré à Fontevrault ; son cœur en sa bonne ville de Rouen. Ainsi le Roi non résident demeura, pour l'éternité, loin de son royaume. Il appartient à peine à l'histoire d'Angleterre. « Un mauvais fils, un mauvais frère, un mauvais mari et un mauvais roi », a-t-on dit de lui. Pourtant il faut, en le jugeant, tenir compte de sa légende, de sa popularité et de la fidélité de son peuple. Sans doute fut-il, comme certains *condottieri* de la Renaissance ou certains libertins du XVIIIe siècle, un exemplaire singulièrement achevé d'un type d'homme aujourd'hui condamné mais qu'acceptait alors l'opinion publique.

7.
LA GRANDE CHARTE

I. — Au Moyen Age, les peuples pardonnaient beaucoup aux rois parce que le pire des rois valait mieux que la plus courte des anarchies. Jean sans Terre, le premier, réussit à unir tous ses sujets contre lui. Par l'éclat de l'intelligence, c'était un vrai Plantagenet, excellent tacticien diplomatique et militaire, grand séducteur de femmes, beau chasseur, mais cruel et d'âme vile. Henry II et Richard avaient eu leur grandeur ; Jean ne fut qu'odieux. Il avait trahi son père et ses frères. Toute l'Europe le soupçonna d'avoir fait assassiner son neveu, Arthur de Bretagne, qui aurait pu lui disputer la succession. Philippe Auguste, son suzerain, le cita devant sa Cour, puis, les délais écoulés, le déclara coupable de félonie et privé de tous ses fiefs français. Ayant ainsi mis le droit féodal de son côté, Philippe commença de reprendre à Jean, un par un, ses domaines. La Normandie fut réoccupée par la France en 1204, en dépit d'une savante manœuvre de Jean sans Terre pour sauver Château-Gaillard ; en 1206 il perdit l'Anjou, le Maine, la Touraine et le Poitou. Dix ans après la mort d'Henry II, c'en était à peu près fini de l'empire angevin. Restait l'Aquitaine, mais elle allait être difficile à conserver, car les barons anglais, qui avaient toujours accepté de se battre pour la défense de la Normandie, où ils possédaient des fiefs, avaient quelque répugnance à poursuivre en Gascogne, au service d'un roi détesté, une aventure pour eux assez vaine.

II. — En guerre avec le roi de France, en querelle avec le baronnage anglais, Jean sans Terre se brouilla encore avec l'Église. Les archevêques de Canterbury faisant presque toujours fonction de premiers ministres des rois anglais, il était assez naturel que ceux-ci réclamassent le droit de les choisir. Mais on sait que, d'une part, les évêques du royaume et, de l'autre, les moines de Canterbury prétendaient au même droit. Sous Jean sans Terre, les trois partis en appelèrent à Rome, et le pape Innocent III répondit de façon inattendue, en imposant au Roi, aux moines et aux évêques son propre candidat, Étienne de Langton, prêtre admirable par le caractère et la science, qui depuis longtemps vivait à Rome. Jean, furieux, refusa de reconnaître un prélat qui, dit-il, ne lui était connu que « pour avoir toujours vécu parmi ses ennemis », et il saisit les biens de l'archevêché. Le Pape riposta par la suite habituelle des sanctions pontificales. Il mit le royaume d'Angleterre en interdit ; les cloches devinrent muettes ; les morts restèrent sans sépulture. Le trouble des fidèles fut grand. Telle était pourtant devenue la force de l'institution royale qu'il n'y eut pas de soulèvement. Un an plus tard, Innocent III excommunia Jean. Enfin il le déposa et autorisa Philippe Auguste à conduire, contre l'Angleterre rebelle, une croisade. La situation devenait dangereuse. Déjà, aux frontières, Gallois et Écossais s'agitaient. Le Roi céda. Il s'humilia devant le légat du Pape, reçut Langton et lui dit hypocritement : « Soyez le bienvenu, mon père. » Puis, se croyant de nouveau solide en selle, il tenta d'organiser contre Philippe Auguste, avec le comte de Flandre et Otto de Brunswick, une coalition continentale. Fait nouveau dans l'histoire du baronnage : ses barons refusèrent de le suivre. D'abord ils dirent qu'ils ne voulaient pas combattre sous les ordres d'un roi excommunié (car l'absolution n'avait pas encore été accordée), puis ils plaidèrent leur pauvreté. Jean dut remettre son départ et soutenir ses alliés par des subsides. Cette coalition, l'année suivante, fut écrasée à Bouvines (1214). La bataille de Bouvines était à la fois le triomphe des Capétiens (qui, grâce à elle, allaient réussir à unifier le royaume de France) et la garantie des libertés anglaises, car si Jean était rentré vainqueur en Angleterre à la tête de ses mercenaires brabançons, il eût tiré des seigneurs anglais une dure vengeance pour leur refus de servir. Il ne garda de ses possessions françaises que la Gascogne et le port de Bordeaux. Les historiens anglais tiennent Bouvines pour une des dates heureuses de l'histoire d'Angleterre parce que cette défaite, en détruisant le prestige de Jean, fut le prélude de la Grande Charte.

III. — Un conflit était maintenant inévitable entre Jean et les barons. Ils avaient supporté le despotisme d'Henry II, roi puissant, victorieux et trop respecté par le peuple pour qu'on osât lui résister. Mais pourquoi eussent-ils toléré les abus d'un roi vaincu et universellement méprisé ? Dès 1213, l'archevêque Langton, cerveau de la conspiration, avait excité un grand enthousiasme en réunissant secrètement les barons pour leur lire la vieille charte d'Henry Ier, que tous avaient oubliée et qui garantissait le respect des droits et coutumes des sujets. Dans une autre réunion, les barons jurèrent sur les reliques de saint Jean qu'ils n'accorderaient la paix au Roi que si celui-ci faisait serment d'obéir à cette Charte. En 1215, ils adressèrent à Jean un ultimatum et lui envoyèrent la défiance *(diffidatio)* que tout vassal devait signifier à un souverain indigne avant de lui déclarer la guerre. Le Roi essaya de mettre les hommes libres de son côté, de faire venir des mercenaires, puis dut reconnaître que tout le pays était contre lui. Les habitants de Londres accueillaient avec enthousiasme la petite armée des barons. En pareil cas les ancêtres de Jean eussent appelé le *fyrd.* Mais la situation avait changé. Les réformes d'Henry II, en affaiblissant les nobles, les avaient rapprochés de leurs tenants. Entre le manoir et le village, les conflits devenaient plus rares. La mise en interdit du royaume avait beaucoup ému un peuple religieux. Le rappel des anciennes libertés plaisait à toutes les classes. En vain le Roi se mit-il dans un état de fureur extrême. Que pouvait-il faire ? La capitale était aux mains des rebelles. Toutes les administrations avaient cessé de fonctionner. Faute d'Échiquier, Jean n'avait plus de revenus. Il fallait céder. Le Roi accepta de rencontrer les barons dans la prairie de Runnymede, entre Staines et Windsor, et là signa la Grande Charte.

IV. — On a tantôt exagéré, tantôt sous-estimé l'importance de la Grande Charte. Il faut rappeler avant tout que c'est un document rédigé en 1215, c'est-à-dire en un temps où les modernes idées de liberté n'avaient même pas été formées. Au XIIIe siècle, quand le Roi accorde à un seigneur le privilège de tenir une cour de justice, ou à une ville le privilège d'élire elle-même ses officiers, ces privilèges se nomment, en langage du temps, des « libertés ». La Grande Charte affirme en termes généraux que le Roi doit respecter les droits acquis. L'homme moyen de notre temps croit au progrès et réclame des réformes ; pour l'homme de 1215, « l'âge d'or était dans le passé ». Les barons ne croyaient pas faire une nouvelle loi ; ils exigeaient le respect de leurs anciens privilèges. Comment contraindre le Roi à respecter les privilèges de la féodalité ? Tel était pour eux le seul problème. Mais par une chance heureuse de rédaction, ils ne l'avaient pas posé sous cette forme et leur texte a permis aux générations futures de lire dans la Grande Charte ces principes plus généraux : « Il y a des lois de l'État, des droits appartenant à la communauté. Le Roi doit les respecter. S'il les viole, le loyalisme cesse d'être un devoir et les sujets ont le droit de s'insurger. » Ce qui fait l'importance de la Grande Charte, c'est donc plus ce qu'elle amorce que ce qu'elle est. Pour les générations suivantes, elle deviendra, au sens moderne, une « charte des libertés anglaises » et chaque roi, jusqu'au XVe siècle, devra jurer, plusieurs fois au cours de son règne, de respecter ce texte. Puis la Charte sera oubliée sous les rois Tudors, pour reparaître, contrepoids au droit divin, au temps de Jacques Ier.

V. — Il y a un autre principe moderne que l'on a cru lire dans la Grande Charte : « Pas de taxation sans représentation. » En réalité les barons demandaient seulement que, si le Roi voulait percevoir des « aides » extraordinaires, non prévues par le contrat féodal coutumier, il ne pût le faire sans l'approbation du Grand Conseil, c'est-à-dire des barons et tenants en chef. Mais il n'était pas dit que les vilains, pour être taxés, devraient d'abord être représentés. Le seul cas prévu, hors du baronnage, était celui de la ville de Londres qui, s'étant déclarée pour la révolte, obtenait position de tenant en chef collectif. Enfin on a dit que la Grande Charte contenait les éléments de la future loi d'*habeas corpus*. Le texte est le suivant : « Aucun homme libre ne sera emprisonné ou exilé, ou en aucune façon détruit, si ce n'est par le jugement légal de ses pairs et la loi du pays. » Texte de portée très limitée dans l'esprit des barons de Runnymede, qui entendaient simplement qu'un seigneur ne pouvait être jugé que par ses pairs, ou un homme libre par des hommes libres, texte destiné, par ceux qui l'avaient rédigé, à mettre en échec les juges du Roi, mais texte qui devait en effet protéger la nation anglaise le jour où les vilains seraient eux-mêmes devenus des hommes libres. Un comité de vingt-cinq membres, tous barons sauf un, le maire de Londres, était chargé de juger les plaintes contre la

Couronne. Le Roi devait ordonner à ses sujets de jurer obéissance à ces Vingt-Cinq et, si lui-même refusait de suivre l'avis de ce comité, les barons auraient le droit de prendre les armes contre lui.

VI. — On voit que, si la Grande Charte n'est pas le document moderne que certains avaient cru jadis y trouver, elle marque cependant la fin de la période anglo-normande de monarchie sans contrôle. Si les fils d'Henry II avaient eu le génie de leur père, et si les barons n'avaient constitué la force armée la plus puissante du royaume, l'Angleterre aurait pu se trouver gouvernée dès le XIIIe siècle par un monarque absolu et irresponsable. La Grande Charte ranime la conception féodale d'une monarchie limitée. La Constitution anglaise est « fille du féodalisme et de la *Common Law* ». La féodalité lui apporte l'idée de coutumes, de droits acquis qui doivent être respectés ; la *Common Law*, répandue par les juges d'Henry II, unit la nation dans le respect de certaines règles protectrices qui sont au-dessus du Roi lui-même. Mais en 1215 ces idées, pour nous assez claires, sont inaccessibles aux masses. La Grande Charte fut si peu un document populaire qu'elle ne fut pas traduite en anglais avant le XVIe siècle.

VII. — A peine le roi Jean eut-il signé la Charte qu'il ne pensa qu'à s'en délivrer. Si violente était sa rage qu'il se roula sur le sol en mordant des bouts de bois. « Ils m'ont donné vingt-cinq super-rois ! » criait-il. Puis, revenant à sa diplomatie perfide et souple, il se tourna vers le pape Innocent III, avec lequel il était réconcilié, pour se faire relever du serment de respecter la Charte maudite. Le Pape, indigné par cette révolte armée qu'avait inspirée l'archevêque choisi par lui, excommunia les bourgeois de Londres. Ceux-ci, sur l'avis de Langton, firent sonner les cloches et célébrer la messe comme si de rien n'était. L'autorité sur l'Angleterre de la Papauté, trop lointaine, devenait déjà fragile. Philippe Auguste, qui tenait, aussi passionnément que jadis Guillaume le Conquérant, à donner à ses ambitions un masque légal, profita des circonstances pour essayer de faire proclamer roi d'Angleterre son fils Louis, qui avait épousé une nièce de Jean sans Terre. Jean, disait-il, avait été condamné à mort pour le meurtre d'Arthur de Bretagne. Il avait donc perdu ses droits à la Couronne et, comme cette sentence avait été rendue avant que son fils fût né, l'héritier légal du trône d'Angleterre était Louis de France. Louis débarqua dans le Kent en 1216 et, soutenu par de nombreux barons anglais, donna la chasse au Roi. Le destin se chargea de dénouer rapidement ce drame. Jean sans Terre mourut le 19 octobre 1216, d'une indigestion causée par des excès de pêches et de cidre nouveau.

8.
LES COMMUNAUTÉS :
1. VILLES ET CORPORATIONS

I. — Pour comprendre comment, après la Grande Charte, le contrôle féodal se transforma lentement en contrôle parlementaire, il faut d'abord étudier la naissance, dans l'Angleterre du Moyen Age, de forces nouvelles qui sont les communautés. Le droit féodal protège le propriétaire guerrier et, indirectement, les serfs de celui-ci. Mais une société, que ne troublaient plus les invasions et qui peu à peu s'enrichissait, ne pouvait demeurer guerrière et agricole. Les citadins, les commerçants, les étudiants, tous ceux enfin qui échappaient aux cadres de la société féodale, n'avaient chance de sécurité que s'ils se groupaient. Les bourgeois d'une ville, les artisans d'une corporation, les étudiants d'une Université, les moines d'un monastère vont donc former des communautés qui sauront se faire respecter. On a déjà vu comment, dès le temps de Runnymede, la ville de Londres avait pris rang de tenant en chef.

II. — Au temps des invasions saxonnes, la plupart des petites cités romaines étaient tombées en ruine, mais quelques-unes avaient survécu. Londres, Winchester, York, Worcester par exemple, n'avaient jamais cessé d'être des villes. Vers le XIIIe siècle, Londres a environ trente mille habitants ; les autres villes ou bourgs (il y en a près de deux cents) sont fort petits. Quelle est leur origine ? Quelques-unes se sont formées autour d'un monastère ; certaines sont des lieux de passage, comme le rappellent tant de noms qui se terminent par *ford* (gué) ou *bridge* (pont) ; d'autres des nœuds de routes, des ports ; mais presque toutes des points fortifiés. Le mot *bourgeois* vient de *burgh,* forteresse, et rappelle que la ville fut longtemps un refuge. Elle avait des murailles de terre ou de pierre, un pont-levis, aux temps normands une forteresse royale. De petits propriétaires terriens y possédaient, pour le temps de guerre ou de danger, une maison qu'ils louaient en période tranquille. Enserrées dans leurs murailles, les villes du Moyen Age ne pouvaient s'étendre ; aussi les maisons y étaient-elles petites, les rues étroites. Les toits de chaume y multipliaient les incendies. Ces villes étaient sales. La première fontaine publique de Londres date du XIIIe siècle et l'eau en était réservée à la boisson des pauvres, car tous ceux qui le pouvaient buvaient de la bière. Les ordures étaient jetées dans les rues et les odeurs effroyables. De temps à autre, une maladie contagieuse emportait une partie de la population. Toute ville demeurait à demi rurale. A l'intérieur même des murs, Londres avait ses jardins potagers et le maire devait sans cesse renouveler l'ordre de ne pas laisser les porcs circuler dans les rues. Quand le Roi, au XIVe siècle, dissout le Parlement, il renvoie « les nobles à leurs sports, les communes à leurs moissons ». C'est qu'en effet la ville participe à la moisson : les travaux des Cours et des Universités sont interrompus de juillet à octobre, pour faire place aux travaux des champs ; de là datent les « grandes vacances » annuelles.

III. — Au temps de la Conquête, toute ville dépend d'un seigneur. Les impôts y sont perçus par le *sheriff.* Le citadin relève de la cour du manoir. Peu à peu les bourgeois, qui s'enrichissent, achètent des « libertés » (c'est-à-dire des privilèges). Dans un récit du XIIe siècle, on voit deux pauvres bougres condamnés par la Cour manoriale à se disputer une propriété par combat. Ils se battent depuis le matin ; déjà le soleil est haut ; l'un d'eux, fatigué, se laisse acculer à un fossé et il est sur le point d'y tomber quand son adversaire, la pitié l'emportant sur l'intérêt, lui crie de prendre garde. Alors les bourgeois de la ville, émus de compassion, rachètent au seigneur, moyennant redevance, le droit d'arbitrer désormais eux-mêmes de tels conflits.

IV. — Au XIIIe siècle, quand les bourgeois du Continent inventent la « commune », sorte de conjuration des habitants d'une ville qui font serment de se défendre les uns les autres, le mot et l'idée traversent aussitôt la Manche. Ils effraient les seigneurs. « Commune, mot nouveau et détestable... Une invention par laquelle les sujets ne paient plus que des redevances fixes et des amendes déterminées. » Quand la ville obtient le statut d'un tenant en chef, elle trouve sa place dans l'édifice féodal. Elle a sa Cour, que préside le maire, sa potence ; elle perçoit ses propres impôts ; bientôt elle sera convoquée au Parlement. Les villes (en France comme en Angleterre) auront des armoiries, une devise, un sceau *parce qu'elles sont des seigneurs.* L'individu, au Moyen Age, ne joue un rôle dans le gouvernement du pays que s'il est noble, mais les *communautés* sont des forces et comme telles reconnues par la loi. La *House of Commons* ne sera pas la Chambre des Communes, mais la Chambre des Communautés : comtés, villes, Universités. L'Angleterre ne passera pas du lien personnel et féodal à un lien patriotique et national, mais à un lien entre le Roi et les *États* ou communautés du royaume.

V. — Rien ne ressemble plus à une ville du XIIe ou du XIIIe siècle que les soukhs de Fès ou de Marrakech. Tous les hommes de même métier y sont groupés en un même quartier. Il y a la rue des Bouchers, celle des Armuriers, celle des Tailleurs. L'objet de la guilde ou corporation est, d'une part, de protéger ses membres contre toute concurrence extérieure, d'autre part de leur imposer des règles qui soient la sauvegarde du consommateur. Les idées du Moyen Age sur le commerce étaient contraires à celles de nos économistes libéraux. Le Moyen Age n'admettait pas l'idée de concurrence, ni celle de marché libre. Acheter à l'avance pour revendre était un délit ; acheter en gros pour revendre au détail, un autre délit. Si un membre de la guilde faisait un achat, tout autre membre pouvait, s'il le voulait, y participer au même prix. Aucun étranger n'avait le droit de s'installer dans une ville pour y exercer un métier. Être membre d'une guilde était un privilège héréditaire. Au début les artisans pauvres purent, en servant comme apprentis pendant six ou sept ans, devenir maîtres ; plus tard les guildes se fermèrent. Le Moyen Age ne reconnaissait pas « la loi de l'offre et de la demande ». On pensait qu'il y avait pour chaque marchandise un « juste prix », qui devait permettre au marchand de bien vivre sans lui laisser un bénéfice excessif.

VI. — Naturellement les marchands n'étaient pas des saints et essayaient, par mille fraudes, d'échapper au contrôle de la guilde et de la municipalité. Les boulangers pétrissaient des miches qui ne pesaient pas le poids légal ou, quand leurs clients apportaient eux-mêmes la pâte à cuire, tenaient un petit garçon caché sous le comptoir pour dérober une poignée de pâte avant la mise au four. On les punissait en les mettant au pilori, leurs miches frauduleuses pendues à leur cou. A un marchand qui avait vendu du mauvais vin, on versait le reste du liquide sur la tête. Sous le nez du vendeur de viande avariée, on brûlait sa marchandise pour qu'il en subît la mauvaise odeur. Mais l'intérêt stimule aussi merveilleusement l'ingéniosité des fraudeurs que l'activité des travailleurs. Malgré la sévérité de la règle, les marchands s'enrichissaient. Dès 1248, la prospérité de la ville de Londres indignait le roi Henry III qui, n'ayant pu recueillir assez d'argent par l'impôt, et ayant dû vendre sa vaisselle plate et ses bijoux, apprenait que les marchands de la capitale les avaient achetés : « Je sais, dit-il, que si les trésors de la Rome impériale étaient à vendre, cette ville les achèterait tous ! Ces clowns de Londres, qui se nomment eux-même barons, sont riches à vomir. Cette cité est un puits sans fond. » Pendant tout le Moyen Age, la puissance politique de Londres fut grande. Ses citoyens armés, les bandes d'apprentis toujours prêts à participer à une émeute apportaient aux armées un appoint et tantôt contenaient le souverain, tantôt le soutenaient.

VII. — Les méthodes commerciales du Moyen Age furent plus tard sévèrement jugées par les économistes du XVIIIe siècle, et il est certain que les corporations devaient, comme toutes choses humaines, devenir causes d'abus. Mais le système avait eu de grands avantages. La suppression des intermédiaires et l'impossibilité de toute spéculation rendirent, jusqu'au milieu du XIVe siècle, la vie dans les campagnes singulièrement stable. Le Moyen Age n'a pas connu les hausses et les baisses artificielles dont nous souffrons. Si l'on étudie le prix des constructions anciennes, on demeure stupéfait par leur bon marché. Thorold Rogers a calculé que la tour de Merton College, à Oxford, coûta cent quarante-deux livres. Elle coûterait aujourd'hui beaucoup plus cher et les maçons n'étaient pas alors mal payés. D'où vient la différence ? Du petit nombre des intermédiaires. Si une personne riche décidait de bâtir un château ou une église, elle louait une carrière de pierres, taillait les charpentes dans les arbres de son propre parc, achetait des treuils, devenait son propre entrepreneur. Si un bourgeois voulait une coupe d'argent, il achetait le métal, s'entendait avec un orfèvre pour la ciselure à façon et, pesant la coupe achevée, se faisait rendre le métal en excédent. La guilde protégeait à la fois l'acheteur et le vendeur contre les excès de la concurrence. C'était un organe régulateur.

VIII. — Les étrangers n'avaient pas le droit de se livrer eux-mêmes au commerce de détail ; ils devaient traiter avec des marchands anglais. A Londres la ligue des villes flamandes et surtout la Ligue hanséatique (Hambourg, Brême, Lübeck) avaient leurs magasins. La maison de la Ligue hanséatique, le Steelyard, était fortifiée ; les marchands allemands, célibataires, y vivaient ensemble, soumis à une règle, comme des Templiers ou des chevaliers de Saint-Jean. Ils achetaient aux Anglais des métaux, de la laine ; ils apportaient des soieries, des bijoux, des épices qu'ils recevaient d'Orient par Bagdad, Trébizonde, Kiev et Novgorod. Les marchands français d'Amiens et ceux de Corbie entretenaient, eux aussi, à Londres, des organisations collectives. Ces étrangers, Français, Allemands, Génois, Vénitiens, étaient pourtant autorisés à se rendre aux grandes foires. Tenir une foire était un privilège concédé par le Roi à des villes ou à des abbayes. L'objet des foires était double. Elles permettaient aux producteurs anglais de trouver des acheteurs plus nombreux que sur les marchés des bourgs, et elles permettaient aux habitants des comtés de se procurer des marchandises qu'ils ne trouvaient pas dans leurs petites villes. La plupart des villages n'ont pas eu de boutiques avant le XVIIIe siècle. A la foire, le bailli achetait son poisson salé et vendait la laine du manoir ; il y trouvait le goudron dont il avait besoin pour marquer ses brebis. Pour la grande foire de Stourbridge surgissait une véritable ville de bois. On y venait depuis Londres. Les changeurs lombards étaient là avec leurs balances ; les marchands vénitiens étalaient leurs soies et leurs velours, leurs verreries et leurs bijoux. Les Flamands de Bruges apportaient leurs toiles et leurs dentelles. Des Grecs et des Crétois exposaient des raisins secs, des amandes, et quelques rares noix de coco, très recherchées, dont on montait les coquilles en argent ciselé. Le marchand de Hambourg ou de Lübeck payait en épices importées de l'Orient les balles de laine produites sur les domaines anglais. Les nobles achetaient leurs chevaux, leurs robes fourrées. Les employés de l'Échiquier circulaient, pour percevoir les droits d'importation. Mais le Roi désigna bientôt, pour rendre leur tâche plus facile, une ville unique par laquelle devraient passer toutes les exportations du royaume. Cette ville qu'on appela *the staple,* en français *estaple* (d'où *étape* et le nom de la ville d'Étaples), fut d'abord Bruges, puis Calais. Ainsi le grand commerce et même l'industrie commencent au Moyen Age à se développer en Angleterre, mais leur rôle, en ce pays encore féodal et agricole, demeure très humble.

9.
LES COMMUNAUTÉS : 2. UNIVERSITÉS

I. — Du XIe au XIIIe siècle, la chrétienté est, en Europe, comme un empire spirituel. Les clercs de tous pays parlent latin ; l'Église enseigne une foi unique ; les Croisades sont des entreprises collectives des rois chrétiens ; les ordres guerriers (Templiers et chevaliers de Saint-Jean) des armées internationales. Bien que les communications soient moins rapides qu'en notre temps, les contacts intellectuels paraissent avoir été, au Moyen Age, plus nombreux et plus étroits qu'aujourd'hui. Un maître illustre, qu'il soit Italien, Français, ou Anglais, attire les étudiants de tous pays et il est compris d'eux parce qu'il enseigne en latin. Un érudit comme Jean de Salisbury (vers 1120-1180) prend ses premières leçons de logique avec Abélard à Paris, va suivre à Chartres les cours de Guillaume de Conches, traverse dix fois les Alpes pour s'enquérir de la vérité romaine, et finit par enseigner en Angleterre. Les institutions qui réussissent dans un pays (universités, communes) sont aussitôt imitées dans toute l'Europe.

II. — L'Université n'existait pas dans le monde antique. Les Grecs avaient fondé des écoles de philosophes, comme le Portique ou l'Académie, mais jamais n'eussent pensé à réunir, comme allait le faire Oxford, trois mille étudiants dans une ville. Cela tenait pour une part à la petitesse de leurs cités, mais surtout à l'absence d'une Église organisée qui, aux jeunes hommes instruits de ses disciplines, aurait pu offrir des moyens d'existence. Le mot *universitas* désigne, à l'origine, toute corporation. C'est par analogie avec les guildes commerciales que l'on parle, au XIIIe siècle, de la Communauté, ou Université des maîtres et des étudiants. Cette Université est, à la lettre, une corporation qui défend ses professeurs et ses élèves, d'une part contre les autorités ecclésiastiques, et d'autre part contre les bourgeois de la ville. Le nom officiel des écoles d'enseignement supérieur qui se sont formées à partir de l'an 1000, à Salerne, puis à Pavie, à Bologne et à Paris, est *studium* ou *studium generale.* On y enseigne le droit civil, le droit canon, le latin, la philosophie d'Aristote, la médecine et les mathématiques. A Paris, depuis le grand succès d'Abélard, triomphe la dialectique. L'étudiant apprend, un peu comme jadis chez les sophistes, l'art de trouver des arguments pour ou contre une théorie, et par exemple de réconcilier Aristote avec la doctrine chrétienne.

III. — Les mémoires de Jean de Salisbury nous permettent d'entrevoir que, dès le XIIe siècle, de bons esprits comprenaient que la dialectique, utile pour éveiller l'esprit, pour l'aiguiser et aussi pour enrichir le vocabulaire abstrait, ne conduisait pourtant à aucune vérité positive. Quand, après ses voyages, le vieil étudiant anglais revint à Paris : « Il me fut agréable, dit-il, de rendre visite sur la montagne Sainte-Geneviève à ces anciens compagnons que j'avais quittés et que la dialectique retenait encore, et de reparler avec eux de nos vieux sujets de débats... Je les trouvai au même point que jadis. Ils ne semblaient pas avoir atteint leur but en débrouillant les vieilles questions, ni même ajouté à leurs connaissances l'ombre d'une proposition... Ils n'avaient progressé que d'une manière : ils avaient désappris la modération et ne connaissaient plus la modestie, de sorte qu'il fallait désespérer de leur guérison. Ainsi l'expérience m'enseigna une vérité certaine, c'est que, si la dialectique peut aider aux autres études, au contraire si elle prétend se suffire à elle-même elle demeure stérile et morte. » Il faut se garder pourtant de juger trop sévèrement la logique scolastique ; c'est elle qui a enseigné aux esprits humains à penser avec exactitude. La dette de Galilée envers Aristote est plus grande qu'il ne semble au premier abord. L'idée que l'œuvre de Dieu est rationnelle et qu'elle peut être décrite sous forme de lois universelles rendit possible la recherche scientifique.

IV. — En Angleterre, le goût des études classiques ne s'était jamais tout à fait éteint. Au temps des invasions saxonnes, les monastères irlandais avaient préservé la torche ; puis était venue la belle période de culture northumbrienne et, quand les Danois avaient détruit l'école de Bède et d'Alcuin, Alfred avait sauvé ce qu'il avait pu des cultures latine et grecque. Les Normands avaient des écoles élémentaires où les enfants apprenaient à chanter les hymnes latins et parfois à lire, des écoles monastiques pour ceux qui voulaient entrer dans le clergé séculier et des *grammar schools* souvent dirigées, elles aussi, par des moines et où l'on enseignait, à grand renfort de coups, la grammaire latine. Pourtant l'ignorance, au XIIIe siècle, était profonde, même dans le clergé. En 1222, l'archevêque Langton chargea les évêques d'examiner les prêtres de leur diocèse et de s'assurer qu'ils comprenaient les livres sacrés. Le rapport de William, doyen de Salisbury, est lamentable. Un certain curé, interrogé sur le canon de la messe et sur la prière : *Te igitur clementissime pater...* ne savait pas le cas de *te,* ni par quel mot ce pronom était gouverné. « Et quand nous lui demandâmes de chercher le mot qui pouvait le mieux le gouverner, il répondit : « *Pater,* car Il gouverne toutes choses. » Nous lui demandâmes ce qu'était *clementissime,* à quel cas et comment cet adjectif se déclinait ; il ne le savait pas. Nous lui demandâmes ce que signifiait *clemens ;* il ne le savait pas... Il est complètement illettré. » Le poète Langland (environ 1332-1400) fait dire par un prêtre :

... J'ai été prêtre et pasteur depuis trente hivers,
Mais je ne puis ni solfier, ni chanter, ni lire une Vie des Saints ;
Je sais faire débûcher un lièvre, dans un champ ou dans un sillon,
Mieux que construire premier Psaume, ou l'expliquer à la paroisse.

Lorsque Louis de Beaumont, en 1316, devint évêque de Durham, il ne comprenait pas le latin. A la cérémonie de consécration, il ne put lire sa profession de foi. Arrivant au mot : *métropolitain* et incapable, après plusieurs essais, de le prononcer, il finit par s'écrier en français : « Comptons-le pour lu ! » Les Universités essaieront de former des clercs plus instruits. La première fut, en Angleterre, celle d'Oxford.

V. — Oxford était depuis longtemps une des villes les plus importantes du royaume. Avant la fondation de l'Université, déjà des maîtres éminents y enseignaient dans les églises. Quand Gérald de Galles, l'ami d'Henry II, eut terminé son *Histoire de la conquête de l'Irlande,* « il résolut d'aller la lire publiquement à Oxford, où l'on pouvait trouver les plus fameux des clercs anglais. La lecture dura trois jours ; le premier, il reçut et nourrit chez lui les pauvres de la ville ; le second jour, les docteurs et les clercs ; le troisième, les bourgeois et les soldats... Ce fut un acte noble et coûteux, mais les temps anciens de la poésie furent aussi, dans une certaine mesure, ressuscités ». Oxford devint une véritable Université quand Henry II, au temps de sa querelle avec Becket, rappela de Paris les clercs anglais. Quant à Cambridge, de nombreux étudiants et maîtres d'Oxford y émigrèrent, en 1209, pour protester contre une injustice du maire d'Oxford qui avait fait pendre, pour le meurtre d'une femme, trois étudiants innocents. En Écosse, la première Université fut celle de Saint Andrews, fondée au début du xve siècle.

VI. — Les étudiants d'Oxford et de Cambridge n'étaient pas, au Moyen Age, des jeunes hommes de bonne naissance qui venaient là pour apprendre à vivre en gentlemen et pour connaître l'élite de leur génération, mais de pauvres clercs qui se préparaient, soit aux carrières ecclésiastiques, soit aux carrières administratives. Certains étaient si pauvres qu'ils ne possédaient, à trois, qu'une seule robe d'étudiant et ne mangeaient que du pain et du potage. Abrités par le « bénéfice du clergé », ces clercs menaient une vie toute dépourvue de sainteté. Leurs querelles étaient sanglantes, leurs mœurs libres. Les Collèges furent fondés pour protéger, par une discipline plus stricte, ces jeunes hommes qui jusqu'alors avaient vécu chez l'habitant. Les études étaient médiocres. Roger Bacon se plaint de ce que les étudiants lisent « les insanités d'Ovide » plus que les œuvres de Sénèque. Bientôt Ovide lui-même cesse de plaire à la jeunesse et l'enseignement du latin classique se meurt. Comme à Paris, la discipline à la mode est, après la résurrection d'Aristote par Edmund Rich, la dialectique ou la logique.

VII. — L'esprit du Moyen Age était métaphysique et non positif. Pourtant les Croisades, par le contact avec la science arabe et la lecture des anciens, avaient éveillé en quelques rares cerveaux le sens de la méthode scientifique. De ces premiers savants européens, le plus illustre fut Roger Bacon, « le prince de la pensée au Moyen Age », dit Renan. Il vint d'Oxford à Paris où il enseigna la géométrie, l'arithmétique et l'art d'observer avec des instruments. Il eut certainement l'intuition de la méthode critique. « En ce qui touche le raisonnement, écrit-il, on ne peut distinguer le sophisme de la démonstration qu'en vérifiant la conclusion par l'expérience et par la pratique. Les conclusions les plus certaines du raisonnement laissent à désirer si on ne les vérifie pas... Il y a mille erreurs enracinées qui proviennent de la pure démonstration, *de nuda demonstratione.* » Et, blâmant les hommes de son temps qui se consacrent à la scolastique, Bacon soutient que les secrets les plus importants de la sagesse restent inconnus à la foule des savants, faute d'une méthode convenable. Mais qui alors se souciait de l'observation scientifique? La médecine elle-même était théorique et enseignait la doctrine des « humeurs ». Roger Bacon, vaincu par la misère, dut suivre les conseils de son ami l'évêque Grosseteste et, pour subsister, se faire franciscain. La règle de l'Ordre ne lui permettant pas de posséder de l'encre, des plumes, des livres, il fit demander au Pape une dispense spéciale. Clément IV la lui donna. Il fallut à Roger Bacon une prodigieuse énergie pour écrire, sans copiste, son *Opus Majus,* véritable Encyclopédie du XIIIe siècle.

VIII. — Les Universités ont joué un rôle important dans l'éveil politique de l'Angleterre. A Oxford, les étudiants venus de l'Écosse et des comtés du Sud, du Pays de Galles et des comtés de l'Est, se rencontraient et apprenaient à se connaître. Comme les provinces, les classes se mêlaient. L'esprit d'Oxford était indépendant ; quand Simon de Montfort livra contre l'absolutisme sa lutte courageuse et brève, les étudiants s'enrôlèrent dans son parti. Toute querelle politique ou religieuse devenait sujet d'émeute universitaire. En 1238, un légat du Pape, dont les gens avaient offensé quelques jeunes clercs, fut poursuivi dans les rues de la ville par des Anglais, des Irlandais et des Gallois qui tuèrent son cuisinier d'une flèche. « Où est-il? criaient-ils. Où est cet usurier, ce simoniaque, ce voleur de revenus, insatiable d'argent, qui nous pille pour remplir les coffres de l'étranger ? » Le Roi dut envoyer ses hommes d'armes à Oxford, pour délivrer le prélat romain et calmer les étudiants. Bientôt l'Église allait se rendre compte du danger que présentait, pour l'unité de la foi, cette foule de jeunes rhéteurs, si facilement séduite par toute doctrine nouvelle, et se servir, pour remettre la main sur les Universités, de nouveaux ordres religieux.

10.
LES COMMUNAUTÉS : 3. LES MOINES MENDIANTS

I. — L'Église, qui se donne pour mission terrestre de dompter et de discipliner les passions humaines, se trouve elle-même sans cesse menacée par les retours offensifs de ces passions. D'où ces réformes successives : la règle de saint Benoît, celle de Cluny, celle de Cîteaux. Au XIIIe siècle, la foi des peuples demeure naïve et forte, mais l'Église se montre souvent inférieure à leur attente. Malgré la sévérité de Grégoire VII, beaucoup de clercs inférieurs, en Angleterre, sont encore mariés ou vivent en concubinage. Les vœux de pauvreté ne sont pas mieux observés que ceux de chasteté. Anthony Beck, évêque vers l'an 1200, a une suite de cent quarante chevaliers. Rien n'est trop cher pour lui. « Il paya un jour, à Londres, quarante shillings pour quatre harengs frais, parce que d'autres grands seigneurs l'avaient défié de les acheter. Il acquit par bravade le drap le plus cher qui se pût trouver et en fit des couvertures pour ses chevaux. » La simonie est partout. « Églises, bénéfices, ordinaires, tout s'achète et tout se vend. » Un abbé qui se présente à Rome et qui n'est pas trop sûr de son latin dépense vingt mille livres pour adoucir ses examinateurs, *examinatores suos emollire.* Les prêtres de paroisses, qui devraient toucher les dîmes versées par les fidèles, sont souvent dépouillés par quelque abbaye qui se fait donner, avec le rectorat, toutes les grosses dîmes (blé et laine) et ne laisse au malheureux vicaire que les dîmes inférieures (légumes et fruits). Quant aux moines, bien qu'ils n'aient pas tous les vices que leur reprochent les satiristes, ils sont loin d'être des modèles de vertu. C'est en vain que saint Bernard a interdit aux Cisterciens de construire des édifices trop ornés ; les magnifiques abbayes qu'ils laissent en Angleterre prouvent à la fois l'excellence de leur goût et l'inefficacité de leur règle.

II. — Deux ordres, créés au XIIIe siècle, répondent, mieux que les anciens ordres monastiques, au constant besoin de ferveur des peuples : ce sont les Franciscains et les Dominicains. Ces ordres « mendiants » ne sont plus composés de moines, mais de « frères » qui n'hésitent pas à quitter le couvent pour vivre dans le siècle, parmi leurs frères les hommes, dans une pauvreté absolue et un mépris complet des biens terrestres. La règle des Frères mineurs, créée par saint François en 1209, exige qu'ils vivent d'aumônes. Ils se multiplient avec une telle rapidité que, dès 1264, le général des Franciscains commande à huit mille couvents et à deux cent mille frères. Les Frères prêcheurs, fondés par saint Dominique en 1215, poursuivent un objet un peu différent. Ce prêtre espagnol, ayant observé dans le Midi de la France les progrès des hérésies albigeoises et les campagnes sanglantes de Simon de Montfort, proposa au Pape de lutter contre les hérésies non plus par l'épée, mais par la parole. Innocent III autorisa l'ordre, dont le développement ne fut pas moins prodigieux que celui des Franciscains et qui eut bientôt des moines en tous pays.

III. — Les Dominicains et les Franciscains, quand ils arrivèrent en Angleterre, en 1221 et en 1224, y exercèrent aussitôt une action étendue. Là ils n'avaient pas à lutter contre l'hérésie. Ni albigeois, ni vaudois ne menaçaient l'Église romaine. Mais l'ignorance et la désaffection n'étaient pas des symptômes moins dangereux. Le prestige de la Papauté avait été atteint par un usage immodéré de l'excommunication. On se souvient que la ville de Londres avait osé, malgré l'interdit pontifical, imposer à ses prêtres la célébration de la messe. L'Église, si elle voulait conserver son emprise sur l'Angleterre, devait, par de nouveaux missionnaires, toucher les classes populaires. Le grand rôle qu'elle avait joué dans la formation de la société anglaise était venu de ce qu'entre des paysans à demi barbares et la culture extérieure, elle avait été le seul lien. La même mission restait à remplir. Un des aspects tragiques du Moyen Age est l'isolement, donc l'ignorance, des villageois. Mais qui pouvait assurer une liaison ? Le prêtre de paroisse ? Il était aussi ignorant que ses paroissiens et non moins isolé qu'eux. Le moine ? Mais il menait dans ses couvents une vie qui, même si elle était sainte, restait égoïste. Le moine mendiant qui, circulant de la ville à la campagne, tantôt vivait parmi ses frères et renouvelait son stock d'idées, tantôt revenait parmi les pauvres, pouvait jouer ce rôle et le joua en effet.

IV. — Un premier groupe de Franciscains traversa la Manche en 1224. Ils étaient neuf et leur voyage en Angleterre avait été charitablement assuré par des moines de Fécamp. Ils allèrent droit à Londres, où une petite chambre leur fut donnée dans une école. Là, le soir, on les voyait autour d'un feu, buvant de la lie de bière, « si amère que quelques-uns préféraient de l'eau pure », dit avec horreur et pitié un écrit du temps. Avec cela, rien que du pain le plus grossier et, quand il n'y avait pas de pain, du porridge. A Cambridge, le Roi leur donna dix marcs pour louer un terrain et ils construisirent une chapelle, « si misérablement pauvre qu'un seul charpentier, en un seul jour, l'eût presque achevée ». Longtemps la règle d'absolue pauvreté fut respectée par les Franciscains. Quand les frères voulurent construire un véritable monastère, le Provincial anglais protesta : « Je ne suis pas, dit-il, entré en religion pour élever des murs », et il fit raser un cloître de pierre que les bourgeois de Southampton avaient bâti pour son ordre. A ses moines qui lui réclamaient des traversins : « Vous n'avez pas besoin, dit-il, de ces petites montagnes pour élever vos têtes vers le ciel. » On imagine aisément l'action sur le peuple d'ordres qui méprisaient aussi sincèrement les biens de ce monde.

V. — Parmi les règles établies par saint François, la première qui cessa d'être observée par ses disciples fut le mépris de la connaissance. A un novice qui lui demandait un psautier, François répondait : « Je suis votre bréviaire. » Il était désespéré quand on lui apprenait que son ordre avait produit de grands docteurs, et sans doute n'eût-il pas, comme Clément IV, autorisé Roger Bacon à posséder de l'encre et des plumes. Mais le succès même de leur prédication contraignit Franciscains et Dominicains à étudier au moins la théologie. Il leur fallait bien se préparer à répondre aux objections ? Très vite ils devinrent, dans les Universités, les rivaux heureux du clergé séculier. Moines et prêtres voyaient d'un mauvais œil ces frères mendiants, dont les pieds nus et la nourriture misérable étaient la muette condamnation des riches bénéfices et des abbayes plantureuses. Mais les étudiants pauvres les accueillaient avec une confiance qui n'était plus accordée par eux à un clergé trop bien pourvu. A Oxford, l'École franciscaine atteignit à une prodigieuse réputation. Ce fut elle qui produisit les trois plus grands esprits du temps : Roger Bacon, Duns Scot et Ockham, et qui éleva l'Université d'Oxford à la hauteur de la Sorbonne.

VI. — Aux deux premiers ordres mendiants, deux autres, au cours du siècle, vinrent se joindre : les Augustins et les Carmes. Puis, comme les moines avant eux, « les quatre ordres » en vinrent à négliger les disciplines qui avaient fait leur grandeur. Il serait injuste de les en blâmer ; ils adoptaient un mode d'existence qui était celui des êtres parmi lesquels ils vivaient, mais au XIVe siècle, le « frère quêteur », trop gras, trop bien nourri, est une des cibles favorites des satiristes. Dès qu'ils cèdent à leur tour aux instincts naturels, tournent la règle qui leur défend de posséder un cheval, en montant sur un âne, vivent dans les cloîtres confortables bâtis pour eux par de riches pécheurs, s'habillent chaudement et parfois se donnent le luxe d'une éducation raffinée, ils perdent leur empire sur les pauvres. C'est en vain qu'un homme, dont les joues grasses et roses prouvent que depuis longtemps il dîne trop bien, prêche que l'apôtre Paul vécut *in fame et frigore*. Dans les *Contes de Canterbury*, le frère de Chaucer ressemble déjà aux moines rabelaisiens. En fait, la plupart des frères étaient des hommes sans méchanceté, mais le contraste entre la règle de leur ordre et la nature de leur vie allait fournir des éléments aux indignations des « purs ». En outre, dans un pays qui, depuis la fin des Empires normand et angevin, prenait conscience de son originalité nationale, ces frères, qui représentaient la dernière vague des apports continentaux et qui prétendaient relever directement du Pape, irritaient beaucoup de fidèles. Entre l'Église romaine et l'Église d'Angleterre, le conflit n'allait éclater que plus tard, mais dès ce temps-là les causes profondes d'une rupture sont semées dans les consciences les plus exigeantes. Elles vont y germer.

11.
HENRY III ET SIMON DE MONFORT

I. — Quand la mort de Jean sans Terre avait fait roi légitime un enfant de neuf ans, Henry III (1216), les barons, que la haine du père avait jetés dans le camp de Louis de France, s'étaient aussitôt ralliés à la Couronne. En cette noblesse, elle-même d'origine étrangère, grandissait un sentiment national. La perte de la Normandie, en les séparant de leurs domaines français, avait achevé de lier à celui de l'Angleterre le sort des barons normands. Pendant la minorité du Roi, de bons soldats, Guillaume le Maréchal et Hubert de Bourg, assurèrent la sécurité du pays ; enfin, en 1227, le jeune Roi atteignit sa majorité. Henry III n'avait ni la cruauté, ni le cynisme de son père. Par sa piété, sa naïveté, il rappelait plutôt Édouard le Confesseur, qu'il admirait fort et en l'honneur duquel il reconstruisit l'abbaye de Westminster. Mais il était peu fait pour régner sur l'Angleterre de ce siècle. En un temps où toutes les forces réelles du pays cherchaient à imposer des règles au pouvoir royal, il était absolutiste ; en un temps de nationalisme, il n'était pas Anglais. Ayant épousé Aliénor de Provence, il s'était entouré des oncles de la Reine et l'un d'eux, Pierre de Savoie, avait bâti au bord de la rivière le palais que rappelle aujourd'hui Savoy Court. Avec les parents de sa femme, le Roi mit au pouvoir ceux de sa mère, des Poitevins. Barons et bourgeois, exaspérés, commencèrent à grogner : « L'Angleterre aux Anglais », et les plus récemment Anglais d'entre eux n'étaient pas les moins véhéments. Enfin le Roi, très dévot et qui gardait une vive reconnaissance au Pape pour avoir protégé sa minorité, se reconnaissait le vassal du Saint-Père et favorisait les empiétements de Rome aux dépens du clergé anglais. Le Pape prenait l'habitude de donner à des favoris italiens les plus riches bénéfices de l'Anglcterre, avant même que ceux-ci fussent vacants. Quand ces *provisors,* ou abbés provisoires, devenaient titulaires, ils restaient tranquillement à Rome, nommaient un vicaire et touchaient les revenus de leurs biens anglais. On imagine la rage du clergé local et un sentiment croissant d'hostilité envers le Pape et le Roi.

II. — L'impopularité d'Henry III grandit lentement pendant trente années. La Grande Charte, bien que confirmée sept fois, n'avait pas été observée par lui. Les prix, dans toute l'Europe, montaient alors parce que, la confiance renaissant, l'argent rentrait en circulation. Cette hausse augmentait automatiquement les dépenses du gouvernement, mais les barons n'étaient pas des économistes et, chaque fois que le Roi leur demandait de nouveaux subsides, il rencontrait une mauvaise volonté croissante. Ne pouvant se résigner à renoncer aux grands rêves angevins, il essaya de reconquérir un empire français et se fit battre à Taillebourg. Il atteignit les limites de la patience anglaise quand il accepta du Pape (lequel, sur son échiquier diplomatique, jouait le roi d'Angleterre contre l'Empereur) le royaume de Sicile pour son second fils, Edmond. C'était un don onéreux et qu'il fallait conquérir ; pour cette expédition les barons refusèrent net toute aide, à moins que le Roi n'acceptât des réformes. Le Grand Conseil se réunit à Oxford en 1258 et, contrairement à l'usage, les seigneurs y vinrent en armes. « Suis-je votre prisonnier ? » leur demanda timidement le Roi. Ils exigèrent qu'il acceptât les « provisions d'Oxford », qui confiaient le gouvernement du royaume à un comité de réformes. Ce comité aurait le contrôle de l'Échiquier ; il nommerait le justicier, le trésorier, le chancelier. S'il avait duré, une oligarchie eût remplacé la monarchie.

III. — Le Roi jura, mais recourut aussitôt à la tactique de son père et se fit délier de son serment par le Pape. Les barons protestèrent ; il fut convenu que les deux partis accepteraient l'arbitrage de saint Louis, roi de France, dont le prestige européen était grand. Le Roi et son fils, Lord Édouard, s'embarquèrent pour aller eux-mêmes défendre leur cause à la Conférence d'Amiens. Saint Louis leur donna raison ; il prononça l'annulation des « provisions d'Oxford », qui étaient contraires à toutes ses idées politiques et confirma le droit, pour Henry, d'employer des étrangers comme conseillers ou ministres. Pourtant l'arrêt, assez obscur, confirmait la Grande Charte. Les plus conservateurs des barons acceptèrent le Dit d'Amiens, mais un parti plus jeune et plus hardi soutint que la sentence arbitrale était contradictoire, qu'on ne pouvait à la fois confirmer la Grande Charte et annuler les « Provisions » qui en étaient l'application, et enfin que la lutte devait continuer. De ce parti le chef était l'homme le plus remarquable du temps : Simon de Montfort, comte de Leicester.

IV. — Ce champion des libertés anglaises était un Français; mais, dans l'héritage de son père, il avait trouvé le comté de Leicester, jadis confisqué par Jean sans Terre. Henry III le lui avait rendu, s'était lié assez intimement avec lui et, en 1238, le mariage de Montfort avec la sœur du Roi avait fort indigné les Anglais. Puis les deux beaux-frères s'étaient querellés. Henry était impatient et léger ; Simon impatient et sérieux. Ils allèrent de brouille en brouille. Simon partit pour la Croisade et, à son retour, administra la Gascogne, remettant de l'ordre dans le pays, mais avec tant de brutalité que des envoyés gascons vinrent se plaindre de lui à la Cour d'Angleterre. Le Roi invita son beau-frère à se justifier. Simon répondit qu'un homme aussi noble que lui n'avait pas à être inquiété pour le bon plaisir « d'étrangers ». La discussion s'échauffa et, Henry ayant prononcé le mot *traître :* « Voilà un mensonge, dit Montfort, et si vous n'étiez mon souverain, ce serait un jour de malheur pour vous que celui où vous avez osé prononcer ce mot ! — Retourne en Gascogne, toi, faiseur et amateur de querelles, et recueilles-y ta récompense comme ton père avant toi ! — C'est avec joie que j'irai et je ne reviendrai pas avant d'avoir fait de tes ennemis tes esclaves, si ingrat que tu sois. » Remplacé en Gascogne (1253) par Lord Édouard, héritier du trône et son neveu, Montfort était rentré en Angleterre, amer et indigné, et y était vite devenu le chef du parti réformiste. Ami intime du grand évêque et théologien Robert Grosseteste, très pieux lui-même, enthousiaste et inspirant l'enthousiasme, frappé par les maux du royaume, le comte de Leicester fut l'âme de l'opposition aristocratique qui essaya, au Grand Conseil d'Oxford, de contrôler l'autorité royale. Après le Dit d'Amiens, cette opposition se divisa. Beaucoup de nobles cédèrent. Montfort s'en irrita avec son habituelle violence : « J'ai été dans beaucoup de pays, dit-il, et nulle part je n'ai trouvé des hommes aussi dépourvus de foi qu'en Angleterre. Mais même si tous m'abandonnent, mes quatre fils et moi nous défendrons la bonne cause. » Il reprit la lutte, malgré les défections

V. — Le trait original de cette époque, c'est que de « nouvelles couches » s'éveillent à la vie politique. Deux groupes surtout sont intéressants à cause du rôle qu'ils allaient bientôt jouer : les chevaliers des campagnes et les bourgeois des villes. La classe des chevaliers s'était beaucoup étendue depuis cent ans. A partir de 1278, sera chevalier et soumis aux obligations militaires de la chevalerie tout homme libre dont le revenu foncier atteint vingt livres. Avec la hausse des prix, de nombreux petits propriétaires se trouveront, qu'ils le veuillent ou non, pourvus d'une terre de chevalier *(Knight's fee).* Déjà pendant tout le XIIIe siècle, le petit gentilhomme campagnard, occupé de ses terres et des affaires locales (le futur *squire*), fort différent du baron guerrier et courtisan, s'était rapidement multiplié. Ces chevaliers formaient une classe aisée, respectée, et qui s'était habituée, surtout depuis l'institution des juges ambulants, à jouer un grand rôle dans la vie du comté. On se souvient que, pour la formation des jurys, le *sheriff* faisait d'abord nommer par l'Assemblée quatre chevaliers et que ceux-ci choisissaient ensuite deux chevaliers par centaine. Il y avait donc là un groupe d'hommes ayant autorité dans leur province et auxquels il était naturel de faire appel quand on voulait connaître les sentiments des comtés. Dès 1213, Jean sans Terre avait admis à un Grand Conseil quatre chevaliers de chaque *shire.* En 1254, Henry III, ayant besoin d'argent et trouvant la grande noblesse hostile, avait fait consulter par le *sheriff* les cours des comtés et fait apporter les réponses de celles-ci au Grand Conseil par deux chevaliers de chaque *shire.* Sans doute espérait-on que ces campagnards, intimidés par la majesté royale, n'oseraient signifier un refus.

VI. — La présence exceptionnelle de quelques chevaliers au Conseil ne suffisait naturellement pas à faire de celui-ci un parlement moderne. Le mot *parlement* est employé en Angleterre depuis 1239, mais il signifie simplement, au début, l'action de parler. Un parlement, c'est alors un débat du Grand Conseil et le Grand Conseil lui-même demeure comme jadis une cour de justice, composée de *barones majores,* convoqués individuellement, et de *barones minores,* convoqués collectivement par le *sheriff.* Les chevaliers de 1254 ne sont là que comme informateurs ; ils ne siègent pas. Mais l'esprit hardi de Simon de Montfort devait aller beaucoup plus loin. Après le Dit d'Amiens, le grand rebelle avait remporté sur les troupes royales, à Lewes, une victoire complète. Il avait eu contre lui son neveu, Lord Édouard, et une partie du baronnage, mais pour lui la jeune noblesse, les bourgeois de Londres, enthousiastes autant que mal armés, les étudiants d'Oxford et surtout les excellents archers gallois qui défendaient ainsi, indirectement, l'indépendance de leur principauté. Simon, entre autres dons, avait celui de la stratégie. Il fit prisonniers le Roi et l'héritier et, résolu à réformer le royaume, convoqua au nom du Roi le Parlement de 1264, auquel devaient se rendre quatre chevaliers « discrets » de chaque comté, élus pour traiter avec les prélats et magnats les affaires du royaume.

VII. — Les écrits du temps montrent que la pensée politique devenait alors très hardie. « Ceux qui sont soumis aux lois, dit un poète, sont ceux qui connaissent le mieux les lois et, puisqu'il s'agit de leurs propres affaires, ils en prendront meilleur soin. » Simon de Montfort, chef réel du gouvernement, fit placer le pouvoir entre les mains d'un comité de neuf membres, nommés par trois électeurs. Au Grand Conseil, il donnait le droit de destituer ces électeurs. C'était l'esquisse d'une constitution presque aussi complexe que celle de Sieyès. A coup sûr Simon de Montfort était loin d'imaginer ce que serait un jour le Parlement britannique et c'est un anachronisme que de faire de lui le premier des whigs. Mais ce grand homme comprenait que des forces nouvelles surgissaient dans le pays et que l'avenir appartiendrait à qui saurait les employer.

VIII. — L'année suivante, nombre de barons s'étant dégoûtés des innovations, Simon, inébranlable, résolut de s'appuyer plus fortement sur les classes nouvelles et il convoqua le célèbre Parlement de 1265, auquel devaient assister deux chevaliers de chaque *shire* et deux bourgeois de chaque cité ou bourg, ces derniers convoqués par un *writ* envoyé, non au *sheriff,* mais directement à la ville. Cette fois tous les éléments du futur Parlement anglais : Lords, députés des comtés ou *county members,* députés des villes ou *borough members* sont réunis. On ne peut cependant dire que la Chambre des Communes date, à la lettre, de cette expérience, parce que les députés des comtés et des villes ne sont là « qu'à titre consultatif ». Leur présence nous semble importante parce que nous en connaissons les conséquences. Aux contemporains, elle sembla sans doute naturelle. Le rebelle convoquait ses partisans.

IX. — Un homme au moins observait avec un intérêt profond et une involontaire admiration la politique populaire du comte de Leicester ; c'était l'héritier du trône, Lord Édouard. Inférieur à son oncle par le caractère, dépourvu de l'idéalisme passionné qui faisait la noblesse de Simon, Édouard était mieux fait pour réussir. Simon de Montfort, obsédé par la grandeur de ses desseins, refusait de tenir compte de la petitesse des hommes. Édouard, incapable d'invention, se montrait supérieur dans l'exécution. S'étant évadé par un stratagème (il feignit d'essayer les chevaux de tous les gentilshommes qui le gardaient puis, ayant choisi le plus rapide, partit au galop et ne put être rejoint), il rallia les barons des marches de l'Ouest et du Nord, attaqua Montfort en appliquant les leçons de tactique reçues de lui et le vainquit à Evesham. Montfort, beau joueur, admira en technicien la manœuvre qui le perdait : « Par saint Jacques ! dit-il, ils viennent en bon ordre... C'est de moi qu'ils ont appris ce tour. Recommandons nos âmes à Dieu car nos corps sont à eux... » Il se battit héroïquement pendant toute une matinée, puis, dans une obscurité presque totale due à un orage et que les contemporains tinrent pour un prodige, il fut tué. Son corps fut mutilé par ses ennemis, mais Édouard permit aux Franciscains d'enterrer ce qui en restait et, pendant longtemps, les reliques de Simon de Montfort furent vénérées par le peuple comme celles d'un saint.

X. — Avec Simon de Montfort disparaît le dernier des grands Français qui ont contribué à faire l'Angleterre. Bientôt les fils des nobles Normands n'apprendront plus que l'anglais. Godwin et Godgifu auront vaincu. Mais le rôle des rois normands et angevins aura été immense. Au moment où Guillaume le Conquérant avait débarqué, il avait trouvé un pays de pionniers, une justice locale et rude, une Église licencieuse et insubordonnée. Par sa vigueur, par celle d'Henri Ier puis d'Henry II, une administration centrale a été créée et s'est montrée assez forte pour qu'elle puisse tolérer sans danger les libertés locales.

Beaucoup des institutions que ces rois ont imposées ou protégées : le jury, les assises, l'Échiquier, les Universités, existent encore aujourd'hui. Même Jean sans Terre, roi perfide, et Henry III, roi faible, ont été utiles à leur manière. La Grande Charte accordée par l'un, confirmée par l'autre, annonce la transformation de la coutume féodale en loi commune, que devra respecter le Roi. La période qui va de 1066 à 1272 est, dans l'histoire de l'Angleterre, l'une des plus fécondes. La colonie normande fondée, au temps de la Conquête, par cinq mille aventuriers, s'est développée de façon si originale qu'elle va, au cours des siècles suivants, après une dernière tentative pour unir les deux royaumes de France et d'Angleterre, couper tous liens avec le Continent. On peut imaginer, très approximativement[1], cette étonnante fortune si l'on suppose que Lyautey, conquérant du Maroc, y ait fondé une dynastie acceptée par les habitants, acceptant elle-même leurs traditions, et que ses successeurs aient donné à cet empire des lois plus fortes et une prospérité plus solide que celles de la métropole.

1. La différence est qu'entre Normands et Saxons il y avait identité de race et de religion.

LIVRE III

GRANDEUR ET DÉCADENCE DE LA FÉODALITÉ 1272-1485

TABLEAU II

Les derniers rois Plantagenets.

- **JEAN** (1199-1216). *(Voir Tableau I.)*
  - **HENRY III** (1216-1272).
    - **ÉDOUARD Ier** (1272-1307).
      - **ÉDOUARD II** (1307-1327), époux d'Isabelle de France.
        - **ÉDOUARD III** (1327-1377).
          - Édouard.
            - **RICHARD II** (1377-1399).
          - Lionel, duc de Clarence,
            - Philippa, épouse d'Edm. Mortimer, comte de March.
              - Roger, comte de March.
                - Edmond, comte de March.
                - Anne Mortimer, ép. de Richard, comte de Cambridge. *(Voir ci-contre.)*
          - Edmond, duc d'York.
            - Richard, comte de Cambridge, ép. d'Anne Mortimer. *(Voir ci-contre.)*
              - Richard, duc d'York.
                - **ÉDOUARD IV** (1461-1483).
                  - **ÉDOUARD V** (1470-1483).
                  - Richard, mort en 1483.
                  - Élisabeth d'York, épouse de **HENRY VII** (1485-1509). *(Voir Tableau III.)*
                - **RICHARD III** (1483-1485).
                  - Édouard, mort en 1484.
          - Jean de Gand, duc de Lancastre, ép. de Blanche. *(Voir ci-contre.)*
    - Edmond, comte de Lancastre.
      - Henry, comte de Lancastre.
        - Henry, duc de Lancastre.
          - Blanche, ép. de Jean de Gand, duc de Lancastre. *(Voir ci-contre.)*
            - **HENRY IV** (1399-1413).
              - **HENRY V** (1413-1422).
                - **HENRY VI** (1422-1461).
                  - Édouard, mort en 1471.

1.
ÉDOUARD Ier (1272-1307). RÉFORMES LÉGALES. ADMINISTRATION INTÉRIEURE

I. — Entre patriciens et plébéiens, entre châtelains et paysans, la Conquête normande avait élevé à partir de 1066 la double barrière du langage et de la rancune, mais assez rapidement les deux civilisations, qu'avait juxtaposées la force, s'étaient mêlées. Les paysans saxons avaient compris la valeur de l'ordre normand ; les seigneurs normands avaient respecté les coutumes du peuple anglais. Au moment de l'avènement d'Édouard Ier, la fusion est à peu près complète et la personne du Roi en est le symbole. Bien qu'il descende en ligne directe du Conquérant, il porte le vieux nom saxon du Confesseur et il est un roi anglais. Son objectif principal n'est plus de reconquérir la Normandie ni de reconstituer l'empire angevin, mais de faire l'unité de la Grande-Bretagne en soumettant le Pays de Galles, puis l'Écosse. Il parle anglais aussi naturellement que français et nous le voyons, à la Croisade, répondre en anglais aux *salaams* des ambassadeurs du Sultan. Sous son règne la langue anglaise qui, depuis la Conquête, suivait un cours souterrain parmi les artisans et les vilains, va reparaître à l'air libre. Dès le temps de Simon de Montfort, elle est employée dans un document officiel. Parmi les nouveaux clercs, « il n'y en a pas un sur cent qui puisse lire une lettre en aucun langage, si ce n'est latin ou anglais ». Avant la fin du XIVe siècle, on cessera d'enseigner le français dans les écoles d'Angleterre et Jean de Trévise se lamentera parce que les nobles eux-mêmes ne l'apprennent plus à leurs enfants. Comme la langue, les institutions d'Édouard Ier préfigurent l'Angleterre moderne. Ses lois exercent une influence durable sur la structure sociale du pays. Enfin, malgré sa sincère piété, l'attitude d'Édouard envers le Pape sera déjà celle d'un chef d'État « national et insulaire ».

II. — Modernisme et insularisme d'autant plus surprenants que le Roi, par son tempérament, demeurait un féodal et, par ses goûts, un Plantagenet. Homme superbe, vigoureux, bien fait, avec de longues et fortes cuisses de cavalier, ses plaisirs favoris étaient la chasse et le tournoi. Sur les lois de la Forêt, il fut toujours intransigeant. Son retour de la Croisade ressemble aux randonnées des chevaliers errants dans les romans. Sur son parcours il redresse les torts, attaque un brigand de Bourgogne et se bat avec le comte de Chalon. Quand il conquiert le Pays de Galles, il demande la couronne du roi Arthur et organise un banquet de la Table Ronde. A l'égard du roi de France, son suzerain pour la Gascogne, il se pique d'observer dans toute sa rigueur le code du parfait vassal. Il rend hommage ; il accepte avec soumission les décisions du suzerain. Sa devise est : « *Keep troth... Pactum serva...* Sois fidèle à ta parole. » Sans doute il lui arrive, après avoir donné cette parole, de changer d'avis ; il se montre alors merveilleusement habile à torturer les textes pour accorder promesses et désirs. « Il veut être légal, dit un contemporain, mais tout ce qu'il aime, il dit que c'est légal. » Il n'hésite pas à recourir, pour s'affranchir d'un serment gênant, à l'héréditaire méthode des Plantagenets : l'absolution pontificale. Tous comptes faits, l'homme est pourtant taillé sur un bon modèle ; ses instincts sont nobles et il montre une aptitude, rare chez les souverains de ce temps, à profiter des leçons de l'expérience. Dès la révolte des barons, il a compris que le temps du despotisme est fini en Angleterre et que le seul moyen de consolider la monarchie sera désormais de l'appuyer sur les classes nouvelles qui grandissent. Irascible, orgueilleux, entêté, parfois dur, mais travailleur, honnête et assez raisonnable, ce chevalier est un homme d'État.

III. — Alors qu'en France presque tout l'édifice légal qui nous abrite date de Napoléon, les statuts d'Édouard Ier, quand ils n'ont pas été abrogés, ont encore en Angleterre force de loi. Dès le début du règne, Édouard, comme jadis le Conquérant, fait faire une enquête dans tout le royaume pour savoir en vertu de quel droit, *Quo Warranto,* les seigneurs privés détiennent une partie de la puissance publique. Cette enquête soulève parmi les nobles de grandes fureurs. Le comte de Warenne, quand les juristes du Roi lui demandent de montrer ses parchemins, tire du fourreau une épée rouillée et répond : « Voici ma charte. Mes ancêtres sont venus avec Guillaume le Conquérant et ont conquis leurs terres avec cette épée. Avec cette épée, je les défendrai contre tout usurpateur. » Réponse gênante pour un roi chevalier. Mais Édouard Ier sait déjà que les chartes écrites ont, en Angleterre, plus d'avenir que le droit de l'épée, et d'ailleurs la résistance est sporadique.

IV. — Grâce à la domination exercée sur lui-même par le Roi, le règne se passa sans conflits irrémédiables avec l'Église. Entre le pouvoir civil et le pouvoir religieux, les querelles furent nombreuses ; jamais elles n'atteignirent à la violence de celles de Guillaume Rufus avec Anselme, ou d'Henry II avec Becket. La plus grave s'éleva quand le pape Boniface VIII, en 1296, par la bulle *Clericis laïcos,* interdit au clergé de payer l'impôt aux autorités temporelles. Édouard Ier, justement irrité, ordonna de saisir les biens d'Église et les laines des moines. Le clergé régulier prit le parti de Rome ; le clergé des paroisses, plus anglais que romain, se montra sensible aux reproches du Roi. Une réconciliation intervint. De tels débats diminuaient dangereusement en Angleterre le prestige de la Papauté. La captivité des papes en France (1305-1376) allait porter à ce prestige un coup plus grave encore, en mettant le Pape au pouvoir de l'ennemi. Dès le XIVe siècle, nationalisme nouveau et catholicisme traditionnel deviennent, aux yeux des Anglais, difficilement compatibles, et le statut des*Provisors* interdit à tout sujet, et en particulier au clergé, de payer des taxes, revenus ou bénéfices hors du royaume.

V. — C'était tarir la plus abondante source de recettes qui alimentât le trésor pontifical. Mais il fallait bien que le Roi défendît âprement ses revenus. Les dépenses du gouvernement augmentaient avec la multiplicité de ses fonctions et les anciens impôts (aides féodales et *geld*) ne suffisaient plus. Les ressources additionnelles du Roi sont : l'écuage, taxe de remplacement du service militaire qui n'est pas payée sans difficultés et disparaît en 1322 ; l'impôt sur les biens mobiliers et fonciers, qui s'élève généralement à un quinzième pour les campagnes et à un dixième pour les villes (à partir de 1334, le quinzième et dixième sera fixé par forfait à trente-neuf mille livres ; désormais, chaque fois que le Parlement votera « un quinzième et dixième », cela voudra dire trente-neuf mille livres) ; et enfin les droits d'entrée et de sortie sur marchandises (*customs* ou douanes). Ces droits portent à la sortie sur les laines et peaux, principaux produits du royaume, à l'entrée sur les vins.

VI. — Édouard Ier se dépouille volontairement d'une des grandes ressources de ses ancêtres en expulsant, en 1290, tous les Juifs d'Angleterre. L'échec des Croisades avait eu pour conséquence un renouveau de haine populaire contre les seuls Infidèles qui fussent à portée de représailles et incapables de se défendre. On les accusait de tous les crimes. La noblesse endettée souhaitait se délivrer à la fois du créancier et de la créance. La mesure prise par le Roi fut moins inhumaine que les persécutions qui l'avaient précédée. Il autorisa les Juifs à emporter avec eux leurs biens mobiliers et fit pendre ceux des mariniers qui volèrent ou assassinèrent leurs passagers pendant la traversée. Le métier de prêteur d'argent fut exercé en Angleterre, après le départ des Juifs, par des chrétiens de Cahors, les Cahorsins, qui avaient trouvé un moyen ingénieux de tourner les lois de l'Église. Ils prêtaient gracieusement pour un temps assez court, puis, le délai expiré et le prêt n'étant pas remboursé, demandaient une indemnité pour le temps écoulé depuis la date de remboursement. Ce fut ce qu'on appela l'intérêt : *id quod interest.* Bientôt les Italiens, à leur tour, exercèrent le métier de banquier et les changeurs lombards donnèrent, à Londres, leur nom à *Lombard Street* où ils tenaient boutique. Puis les Anglais eux-mêmes devinrent maîtres en ce commerce de l'argent. Quand, au temps de Cromwell, les Juifs revinrent en Angleterre, ils y trouvèrent, parmi les chrétiens, des rivaux heureux dont la tolérance leur fut indulgente et la concurrence redoutable.

2.
ORIGINES ET CROISSANCE DU PARLEMENT

I. — C'est sous Édouard Ier qu'apparaît pour la première fois un Parlement, composé de deux Chambres, mais la création des institutions parlementaires ne fut pas un acte conscient. A des difficultés imprévues, le bon sens des rois, la force des barons, la résistance des bourgeois opposèrent des expédients successifs. Le Parlement naquit de ces rencontres. Convoqué par le Roi comme instrument de gouvernement, il devint très lentement pour les barons, puis pour la nation, un instrument de contrôle. A l'origine est le Grand Conseil des souverains normands, dont l'ombre hante encore aujourd'hui le Palais de Westminster. Si nous entrons à la Chambre des Lords, le trône nous rappelle que le Roi est président de cette assemblée. Il la préside réellement le jour où il y vient lire le Discours du Trône. Sur le Sac de laine est assis le Chancelier. Pourquoi est-il là ? Parce que c'est lui qui, au nom du Roi, convoque cette Chambre. Qui convoque-t-il ? Jusqu'au XIVe siècle, le droit d'être appelé au Conseil demeure fort mal défini. Un pair du royaume est, à la lettre, un gentilhomme qui a le droit de n'être jugé que par ses pairs ; mais il existe plusieurs milliers de tels seigneurs alors que, vers 1305, le Conseil ne se compose que de soixante-dix membres, dont cinq comtes et dix-sept barons, les autres étant des fonctionnaires ecclésiastiques ou royaux. En fait le Roi convoque ceux qu'il a besoin de consulter.

II. — Depuis Simon de Montfort et son disciple Édouard Ier, l'usage s'établit, dans les cas graves, de consulter non seulement les barons, mais les représentants des « communautés » : deux chevaliers pour chaque *shire,* deux bourgeois pour les villes les plus importantes. L'objet de cette convocation était double : d'une part, le Roi avait reconnu qu'un impôt était mieux accepté si ceux qui devaient le payer étaient d'abord pressentis, et d'autre part, n'ayant, à cause de la difficulté des communications, aucun moyen de connaître l'état de l'opinion publique, il jugeait nécessaire d'exposer de temps à autre la situation du royaume à des hommes qui, venus de tous les comtés anglais, y pourraient ensuite, par leurs récits et rapports, créer un climat favorable. Au début, cette méthode n'est pas un privilège nouveau accordé aux chevaliers et bourgeois ; c'est, au contraire, une façon commode de leur soutirer de l'argent ou de leur faire impression. Certains chevaliers, au moment où ils sont élus au Parlement par leur comté, s'enfuient pour échapper à cette corvée. D'ailleurs, les députés des comtés et des villes ne prennent aucune part aux délibérations du Conseil. Ils écoutent en silence. C'est un *speaker* (alors officier de la Couronne) qui communique au Conseil leur assentiment ou leurs objections. Mais ils prennent assez vite l'habitude de délibérer entre eux et, vers la fin du siècle, le chapitre des moines de Westminster leur est assigné comme lieu de réunion. Il faut remarquer que ces premières séances des Communes sont secrètes ; elles sont tolérées, non légales. « L'origine de la Chambre des Lords est une cour de justice ; l'origine de la Chambre des Communes est un comité clandestin. »

III. — La coutume de convoquer les différents « états » d'un royaume (le militaire, le prêtre et le plébéien) pour demander leur consentement aux impôts n'est pas, au XIVe siècle, propre à l'Angleterre. Comme les corporations, comme les communes, c'est alors une idée européenne. Presque tous les souverains du temps recourent à cette méthode pour faire accepter des taxes qui deviennent de plus en plus lourdes. Mais la structure originale de la société anglaise fait que le Parlement y devient tout de suite très différent des états généraux français. En Angleterre comme en France, le Roi commença par demander à chacun des trois états de se taxer lui-même ; il y renonça vite, parce que *cette division en états ne correspondait plus à une réalité anglaise : a)* Les évêques faisaient partie du Grand Conseil, non comme évêques, mais comme tenants en chef et seigneurs féodaux. *Le reste du clergé cessa de se faire représenter au*

Parlement. Les prêtres préféraient voter leurs impôts dans leurs propres assemblées, les Convocations de Canterbury et d'York. Effrayés par les conflits incessants du Pape et du Roi, ils souhaitaient se tenir à l'écart du pouvoir civil. Par leur abstention, l'Angleterre se trouva aiguillée vers le système des deux Chambres. *b)* Les chevaliers auraient pu siéger avec les évêques et barons, mais dans les assemblées des comtés, dans les cours tenues par les juges ambulants, ces chevaliers s'étaient trouvés en relations constantes avec les bourgeois. Depuis que tout possesseur d'un revenu foncier de vingt livres devait se faire adouber chevalier, le type d'homme et le type de vie liés à ce mot avaient tous deux changé. La classe des chevaliers s'alliait volontiers, par mariage, avec les riches marchands des villes. Elle était elle-même plus agricole et commerçante que guerrière. *L'expérience prouva que les chevaliers étaient plus à leur aise avec les bourgeois.* D'ailleurs ils étaient comme ceux-ci convoqués par le *sheriff ;* ils représentaient comme eux des communautés. De l'union de la petite noblesse avec les bourgeois des villes fut faite la Chambre des Communes.

IV. — Donc deux circonstances particulières : le départ volontaire du clergé et la réunion des chevaliers aux bourgeois, rendent possible la formation d'un Parlement composé d'une Chambre haute et d'une Chambre basse. *Cette réunion des chevaliers aux bourgeois est un fait capital.* Elle explique pourquoi l'Angleterre ne se trouva jamais, comme la France au XVIIIe siècle, divisée en deux classes hostiles. A l'origine le système féodal est à peu près le même en France (et dans toute l'Europe) qu'en Angleterre. « La condition des paysans est peu différente ; la terre est possédée, occupée, cultivée de même. Des confins de la Pologne à la mer d'Irlande, le seigneur, la cour du manoir, le fief, les classes féodales, le royaume, tout se ressemble... » Mais au XIVe siècle, alors qu'en Angleterre les classes se pénètrent, en France une barrière s'élève entre la noblesse et le reste du pays. Ce n'était pas, comme on l'a souvent écrit, que la noblesse en Angleterre fût ouverte, en France fermée. Nulle classe n'était plus ouverte que la noblesse française. De nombreux offices anoblissaient ceux qui les achetaient. Seulement, si cette barrière était aisément franchissable, « elle était fixe, visible, reconnaissable à des signes éclatants, odieuse à qui restait dehors ». En France, la noblesse fut exempte d'impôts. Le fils d'un gentilhomme y était de droit gentilhomme. En Angleterre, seul le baron propriétaire d'une baronnie, le chef de famille, eut le droit d'être appelé à la chambre des Lords par convocation individuelle[1]. Son fils demeura libre d'aller à la Chambre des Communes représenter son comté, et bientôt sollicita cet honneur. Le droit de primogéniture et la législation d'Édouard Ier sur les « domaines entaillés » rejetèrent à l'aventure des milliers de cadets. « Si les classes moyennes d'Angleterre, loin de faire la guerre à l'aristocratie, lui sont restées si intimement unies, cela n'est pas venu surtout de ce que cette aristocratie était ouverte, mais plutôt de ce que sa forme était indistincte et sa limite inconnue ; moins de ce qu'on pouvait y entrer que de ce qu'on ne savait jamais quand on y était. » En Angleterre la noblesse fut de service plus que de naissance, d'où le prestige qui aujourd'hui encore s'attache aux fonctions publiques.

V. — Si les rois d'Angleterre avaient pensé qu'en appelant à siéger en deux assemblées les barons, chevaliers et bourgeois, ils créaient une force qui, lentement, allait s'emparer de toutes les prérogatives royales, leur politique eût sans doute été fort différente. On peut concevoir des manœuvres qui eussent affaibli et peut-être étouffé le Parlement dès sa naissance. Les rois de France, en jouant les trois états les uns contre les autres, en convoquant des états provinciaux, enfin en instituant une armée permanente et la taille perpétuelle (impôt non consenti) bâtiront en trois siècles une monarchie beaucoup plus indépendante de la nation que celle d'Angleterre. Mais ni les rois de France, ni les parlements anglais ne modelaient consciemment l'avenir. Le destin fit seul diverger leurs chemins. Comment Édouard Ier aurait-il pu prévoir la puissance future du Parlement ? Pour que celui-ci devînt un rival du Roi, il fallait qu'il obtînt : 1° non seulement le vote des impôts, mais le contrôle de leur emploi ; 2° le droit de faire des lois, droit qui, au temps d'Édouard Ier, n'appartenait qu'au Roi ; les Communes ne pouvaient que présenter des pétitions ; 3° le droit de diriger la politique générale du pays, idée qui eût paru inconcevable à tous les membres du Parlement de 1305. La politique était l'affaire du Roi qui, seul, en était responsable. Or, comme le Roi était inviolable et ne pouvait être mis en accusation, un conflit entre le Parlement et la

1. La première baronnie conférant un tel droit fut créée en 1387 (Powicke).

Couronne ne comportait d'autre solution que le renvoi du Parlement ou la déposition du Roi, c'est-à-dire l'anarchie. Il faudra, pour sortir de cette impasse, que soit inventée la fiction de la responsabilité ministérielle. Mais les hommes ne formeront cette difficile idée que par étapes. Sa première forme sera judiciaire et non politique ; ce sera la mise en accusation des ministres, par les Communes, devant les Lords faisant fonction, comme aux temps primitifs du Grand Conseil, de Haute Cour de Justice. Cette forme rudimentaire et brutale de la responsabilité ministérielle s'appellera *l'impeachment* (ou empêchement). L'*impeachment* et son aggravation, l'*attainder* (loi de condamnation votée par les Chambres, sans accorder à l'accusé le bénéfice des formes judiciaires), seront des mesures cruelles, souvent injustes, mais peut-être y avait-il alors moins de danger à punir injustement un ministre qu'à détrôner justement un roi.

3.
ÉDOUARD Ier ET LES CELTES. CONQUÊTE DU PAYS DE GALLES. ÉCHECS EN ÉCOSSE. ÉDOUARD II

I. — De même qu'Édouard est le premier des Plantagenets qui porte un nom anglais, il est le premier qui tente d'achever la conquête des îles Britanniques. A cette mission il avait été préparé par son adolescence. Dès 1252, son père lui avait donné l'Irlande, le comté de Chester (sur les marches galloises), les terres du Roi en Pays de Galles, les îles anglo-normandes et la Gascogne. Don moins généreux qu'il ne semble. Depuis que les Celtes, repoussés par les Saxons, s'étaient réfugiés dans les collines de Galles et d'Écosse, ils y avaient maintenu leur indépendance et continué leurs querelles intestines. Les rois saxons avaient fini par adopter à leur égard la paresseuse méthode de l'empereur Hadrien, celle du Mur, et l'un d'eux avait construit (vers 790) la digue d'Offa, pour contenir tant bien que mal les montagnards gallois. Au temps de la Conquête, des aventuriers normands s'étaient taillé des domaines dans les vallées du Pays de Galles ; ils y avaient élevé des « mottes », bâti des donjons, et les tribus dissidentes s'étaient réfugiées dans les collines. Elles y conservaient leur langage et leurs mœurs. La poésie, la musique et l'occupation étrangère avaient fait naître parmi les Gallois un sentiment national. Dans le massif montagneux du Snowdon, les tribus s'étaient unies sous un seigneur gallois, Llywelyn ab Iorwerth, qui s'était fait appeler le prince de Galles. Très adroit, il avait su jouer le double rôle de prince national et de seigneur féodal anglais. Il avait soutenu les barons au temps de la Grande Charte et s'était ainsi assuré leur appui.

Son petit-fils, Llywelyn ab Gruffyd (1246-1282), avait adopté la même attitude au temps de Simon de Montfort et grandement contribué à la victoire de Lewes. C'était en vain qu'Édouard, au temps où il n'était encore que Lord Édouard et comte de Chester, avait essayé d'imposer aux Gallois les coutumes anglaises ; ils s'étaient révoltés et l'avaient vaincu. A cette guerre le jeune Édouard s'était ruiné, mais il avait appris à connaître les méthodes de combat des Gallois, la valeur de leurs archers, armés d'un arc long, de portée et de pénétration beaucoup plus grandes que l'arc ordinaire, et l'impossibilité d'employer contre eux la cavalerie féodale que leurs flèches mettaient en déroute. Autant de leçons dont il devait se souvenir.

II. — En même temps que le comté de Chester, son père, Henry III, lui avait donné l'Irlande, mais là toute entreprise militaire semblait vaine. L'Irlande, jadis berceau des saints, avait été en partie conquise sur les chrétiens celtes par les Danois, mais ceux-ci n'avaient occupé que les ports de l'Est et les tribus celtiques avaient continué, à l'intérieur du pays, leurs vendettas. Pendant la période où l'Église d'Irlande avait cessé d'appartenir à l'Église romaine, l'île était devenue tout à fait étrangère à l'histoire de l'Europe. Elle avait vécu en marge du monde. Henry II, au temps où il cherchait, après le meurtre de Becket, à gagner le pardon du Pape, y avait envoyé Richard de Clare, comte de Pembrocke, surnommé Strongbow. Mais les Normands, là comme au Pays de Galles, n'avaient pu s'établir qu'à l'abri de leurs châteaux. Autour de Dublin s'étendait une petite zone anglaise qu'on appelait le *Pale.* Au-delà, les Anglais n'avaient aucune emprise et ceux des barons normands qui possédaient des châteaux hors du *Pale* avaient adopté, après quelques générations, le langage et les mœurs des Irlandais. Ces barons, qui jouissaient là de droits souverains, ne désiraient pas plus que les tribus indigènes l'arrivée d'une armée anglaise. En droit ils reconnaissaient la suzeraineté du roi d'Angleterre ; en fait ils maintenaient un régime d'anarchie féodale. « L'Angleterre s'était montrée trop faible pour conquérir et gouverner l'Irlande, mais assez forte pour l'empêcher d'apprendre à se gouverner elle-même. »

III. — Quand Édouard fut roi, le Gallois Llywelyn eut le tort de croire qu'il pourrait continuer à jouer en Angleterre un rôle d'arbitre entre souverain et barons. Édouard Ier n'était pas Henry III et se lassa vite des roueries du Gallois. En 1277, il prépara une expédition en Pays de Galles et la conduisit lui-même. De larges routes furent coupées à travers les forêts ; les *Cinque Ports* fournirent une flotte, qui se tint le long de la côte, en liaison avec l'armée et assura le ravitaillement de celle-ci. Llywelyn, son frère David et ses partisans, cernés dans le massif du Snowdon, durent à l'entrée de l'hiver faire leur soumission. Le roi Édouard essaya alors d'une politique de pacification ; il traita Llywelyn et David avec générosité et même avec honneur. Puis il entreprit d'administrer le Pays de Galles à l'anglaise. Il y créa des comtés, des cours et y envoya des juges ambulants qui devaient appliquer la *Common Law*. Les Gallois protestèrent ; ils tenaient à leurs vieilles coutumes. Édouard, esprit aussi étroit que solide, ne voulut pas tolérer des usages qu'il tenait pour barbares. Il maintint ses lois ; un soulèvement suivit. Llywelyn et David manquèrent à leur serment. Le Roi, terrible pour quiconque n'observait pas un pacte, les combattit cette fois jusqu'à la mort. Llywelyn fut tué dans un combat ; David pendu, écartelé et coupé en morceaux. En 1301, le Roi donna à son fils Édouard, qui était né au Pays de Galles et avait été élevé par une nurse galloise, le titre de Prince de Galles, qui fut désormais celui du fils aîné des rois d'Angleterre. Bien que les lois et les coutumes anglaises y aient été introduites à partir de ce moment, la Principauté resta hors du royaume et n'envoya pas de députés au Parlement. Ce fut Henry VIII qui, au XVIe siècle, fit de l'Angleterre et du Pays de Galles un royaume unique (Acte d'union : 1536).

IV. — Vainqueur des Celtes de Galles, Édouard Ier échoua contre les Celtes d'Écosse. Là s'était formée une monarchie féodale, de civilisation analogue à la civilisation anglo-normande. Toute une province écossaise (le Lothian) était peuplée d'Anglais ; beaucoup de barons avaient des manoirs des deux côtés de la frontière ; une fusion semblait assez facile. Quand le roi d'Écosse mourut, ne laissant pour héritière qu'une petite fille qui vivait en Norvège, Édouard proposa très sagement de la donner en mariage à son fils, ce qui unirait les deux royaumes. L'idée semblait acceptée par la plupart des Écossais et un bateau fut envoyé par Édouard en Norvège pour chercher l'enfant. Pour distraire la « fille de Norvège » pendant la traversée, le navire avait été pourvu de noisettes, de gingembre, de figues et de pain d'épice, mais le dur voyage ne fut pas supporté par cette enfant délicate. Elle mourut en mer et aussitôt les grands seigneurs écossais se disputèrent la couronne. Deux d'entre eux, John Balliol et Robert Bruce, tous deux apparentés à la famille royale et tous deux d'origine française, parurent avoir des titres égaux. Édouard, choisi pour arbitre, attribua le royaume à John Balliol, qui fut couronné à Scone. Mais le roi d'Angleterre, grisé par cet appel à son autorité, exigea du nouveau roi et des nobles Écossais la reconnaissance de sa position de suzerain.

V. — Les Écossais avaient pensé qu'une telle suzeraineté demeurerait nominale. Quand Édouard annonça qu'un plaideur débouté dans une cour écossaise pourrait désormais en appeler aux tribunaux anglais, John Balliol s'allia au roi de France, lui-même adversaire d'Édouard en Gascogne, et envoya au roi d'Angleterre sa « défiance », refusa d'obéir à une citation de son suzerain. « L'insensé a-t-il fait cette folie ? dit Édouard. S'il ne vient pas à moi, nous irons à lui. » En effet, il entra en Écosse, fit Balliol prisonnier, enleva la pierre sacrée de Scone qui passait pour avoir fait partie du pilier le long duquel avaient grimpé les Anges de Jacob et la fit encastrer dans un siège qui désormais servit de trône pour le couronnement des rois d'Angleterre.

VI. — Édouard Ier vainqueur commençait toujours par être miséricordieux. Il entreprit, comme il l'avait fait en Galles, d'imposer à l'Écosse ces lois anglaises qu'il aimait et admirait. Il se heurta à une résistance imprévue, non des barons, mais du peuple écossais qui, sous le commandement d'un chevalier, William Wallace, se souleva. En vain Édouard fut-il vainqueur à Falkirk, en vain fit-il pendre ses prisonniers et Wallace lui-même, en vain ravagea-t-il si complètement la région frontière qu'elle devint un désert. Déjà les Romains avaient dû reconnaître que la victoire, en Écosse, n'était jamais que le prélude de la défaite. Les lignes de communication étaient trop longues, le climat trop dur, le pays trop pauvre. On entrevoit dans Froissart ces lamentables chevauchées de l'armée anglaise, « tout le jour parmi montagnes et déserts sauvages, sans tenir chemin, voie ni sentier, et sans rencontrer ville, ni maison, ni hutte » et, dans l'autre camp, les guerriers écossais, « très farouches, hardis et forts, durs à la peine, n'emmenant point de charrois et si sobres qu'ils se contentent, pour provisions, d'une besace pleine de farine d'avoine ». En 1305, Édouard se crut maître de tout le pays ; en 1306, Robert Bruce souleva de nouveau l'Écosse et fut couronné à Scone.

VII. — Le roi d'Angleterre était vieux, infirme, mais il jura, en un étrange serment mystique, « devant Dieu et les Cygnes », d'écraser la révolte écossaise et, s'il était vainqueur, de ne plus jamais prendre les armes contre les chrétiens, d'aller en Terre sainte et d'y mourir. Cette dernière campagne d'Écosse l'acheva. Mourant, il fit ses adieux à ses fils. Il demanda que son cœur fût envoyé en Terre sainte avec cent chevaliers, que son corps ne fût pas enterré avant la défaite des Écossais, et que ses os fussent portés dans la bataille afin que, mort comme vivant, il conduisît ses troupes à la victoire. Il avait composé lui-même l'inscription qu'il souhaitait voir graver sur sa tombe : *Eduardus Primus Scotorum Malleus hic est. Pactum serva.*

VIII. — *Pactum serva...* Jamais serment ne fut tenu moins fidèlement que celui de ce fils envers son père. Édouard II renonça tout de suite à poursuivre la conquête de l'Écosse et quand il fut, par les événements, contraint de la reprendre, se fit battre à Bannockburn (1314). C'était un étrange homme, à la fois vigoureux et efféminé. Il s'entourait de favoris surprenants, de valets d'écurie, de jeunes artisans et surtout aimait un Gascon, Pierre Gaveston, dont les plaisanteries exaspéraient la Cour autant qu'elles amusaient le Roi. Édouard II ne s'intéressait nullement aux affaires du royaume, n'ayant de goût que pour le travail manuel et la musique. Quand il se maria, il abandonna tout de suite sa femme « pour son ami Pierre ». Il se savait lui-même si peureux qu'il fit demander au Pape si ce serait pécher que de se frotter le corps avec une huile qui donne du courage. Enfin la colère des barons devint telle qu'ils tuèrent Gaveston. L'évêque d'Hereford fit un sermon sur le texte : « C'est au chef que j'ai mal » ; l'évêque d'Oxford prit le texte de la Genèse : « Je mettrai l'inimitié entre toi et la Femme et elle t'écrasera la tête. » Les événements confirmèrent la prophétie. La Reine, qui avait pris un amant, Mortimer, se mit à la tête d'une révolte contre son mari, le fit prisonnier et le Parlement obtint d'Édouard II qu'il renonçât à la couronne en faveur de son fils, qui fut proclamé sous le nom d'Édouard III. Quant au Roi déchu, il mourut d'un supplice horrible. Ses gardes l'empalèrent avec un fer rougi (1327). Pendant quelques années le pouvoir réel fut exercé par la Reine mère et par Mortimer. Mais le jeune Édouard III était un autre homme que son père ; il se révclta bientôt contre la tyrannie de Mortimer, le fit arrêter et mettre à mort (1330). Après quoi il s'efforça d'être un roi fort, comme avait été son grand-père, Édouard Ier.

4.
LA GUERRE DE CENT ANS (PREMIÈRE PARTIE)

I. — Entre la France et l'Angleterre une guerre décisive était devenue à peu près inévitable. Le hasard des héritages féodaux avait mêlé destinées et provinces. Le roi anglais (d'ailleurs à demi français) occupait légalement la Guyenne et la Gascogne, lesquelles étaient nécessaires au roi de France pour achever son royaume. Le roi français soutenait, contre le roi d'Angleterre, l'Écosse que celui-ci devait conquérir pour se sentir en sécurité dans son île. Aucune des deux situations ne pouvait durer. On a coutume de dire que la cause immédiate du conflit fut la candidature au trône de France d'Édouard III, fils d'Édouard II et d'Isabelle de France, et par conséquent petit-fils de Philippe le Bel. Cela n'est pas exact. Il est vrai que, si les juristes français avaient admis, comme l'avaient plusieurs fois fait les Anglais, l'hérédité du trône en ligne féminine, les titres d'Édouard à la couronne de France fussent venus sur la même ligne que ceux de Charles d'Évreux, autre petit-fils de Philippe IV, par Jeanne de Navarre. Mais quand, sous le prétexte d'appliquer une vieille loi des Francs, dite loi salique, les légistes écartèrent ces deux prétendants et choisirent le plus proche des héritiers en ligne masculine, Philippe de Valois, fils d'un frère de Philippe IV, Édouard III pensa si peu à déclarer une guerre pour défendre ses droits qu'il accepta de venir, à Amiens, rendre hommage à son rival pour la Gascogne. Il le fit, contrairement aux usages féodaux, couronne en tête et vêtu d'une robe de velours écarlate brodée de léopards d'or ; mais Philippe se contenta de protester doucement et Édouard revint en Angleterre satisfait des honneurs qu'on lui avait rendus. En 1331, il confirma, par lettres patentes, son hommage lige.

II. — S'il assuma en 1340 le titre de roi de France et unit dans son blason les lys de France aux léopards d'Angleterre, ce fut à la demande des bourgeois des Flandres. Voici pourquoi : le principal produit de l'Angleterre était la laine ; la principale occupation des Flamands le tissage et l'apprêt des draps. L'Angleterre agricole et la Flandre industrielle vivaient en symbiose. Dès que le roi de France sembla convoiter les Flandres et leur imposa un comte français, les marchands anglais s'agitèrent. « Il s'agissait (écrit Michelet), pour le Roi, de la succession de France ; pour le peuple, de la liberté du commerce. Assemblées autour du Sac de laine, les Communes votèrent volontiers des armées. Le mélange d'industrialisme et de chevalerie donne à toute cette histoire un aspect bizarre. Ce fier Édouard III qui, sur la Table Ronde, a *juré le héron* de conquérir la France, cette chevalerie gravement folle qui, par suite d'un vœu, garde un œil couvert de drap rouge, ils ne sont pas tellement fous qu'ils servent à leurs frais. La simplicité des Croisades n'est point de cet âge ; ces chevaliers au fond sont les commis voyageurs des marchands de Londres et de Gand. » Mais les marchands de Gand éprouvaient à déclarer la guerre au roi de France, leur suzerain, des scrupules d'autant plus vifs qu'ils étaient engagés à payer deux millions de florins au Pape s'ils commettaient cette forfaiture. Leur chef, Jacques Artevelde, trouva le moyen de concilier le respect des traités et leur violation. Il conseilla au roi d'Angleterre de joindre à ses armes les armes de France. Ce serait ainsi l'allié des Flamands et non plus leur ennemi qui deviendrait le véritable roi de France et l'objet de leur serment.

III. — La guerre de Cent ans fut donc une guerre dynastique, une guerre féodale, une guerre nationale et surtout une guerre « impérialiste ». L'objectif des marchands anglais, quand ils faisaient don au Roi de vingt mille sacs de laine pour payer les frais d'une campagne, était de se réserver les deux zones d'influence indispensables à leur commerce : les Flandres acheteuses de laine, et le Bordelais producteur de vin, l'argent touché à Bruges et à Gand payant les tonneaux venus de Bordeaux. Enfin, il faut ajouter que cette guerre fut populaire en Angleterre parce qu'elle conduisit les armées dans un pays riche où elles firent un butin abondant. Édouard III et ses barons étaient « la fleur de la chevalerie », mais « leurs écus emblasonnés servirent d'enseignes à une entreprise de pillage » dont on peut suivre, dans Froissart, les déplorables progrès. « Et furent les Anglais, en la ville de Caen, seigneurs trois jours ; et envoyèrent par barges tous leurs gains : draps, joyaux, vaisselle d'or et d'argent et toutes autres richesses jusqu'à leur grosse marine... On ne peut croire à la grande foison de drap que les Anglais trouvèrent en la ville de Saint-Lô... Louviers était une ville de Normandie où l'on faisait beaucoup de draperies ; elle était grosse, riche et marchande, mais point fermée et fut robée et pillée... » « Toute l'Angleterre était remplie des dépouilles de la France, de sorte qu'il n'y avait pas une femme qui ne portât quelque ornement ou qui n'eût en sa main du beau linge ou quelque gobelet, part du butin envoyé de Caen ou de Calais. »

IV. — Il est curieux d'observer, si tôt dans l'histoire, que les principaux traits de la politique anglaise apparaissent déjà et sont imposés à ce pays par sa situation comme par la nature de son peuple. a) *L'Angleterre a besoin de la maîtrise de la mer, faute de laquelle elle ne peut ni continuer son commerce, ni envoyer des troupes sur le Continent, ni rester en liaison avec celles déjà envoyées.* Dès les premiers jours de cette guerre, les marins anglais des *Cinque Ports* ont l'avantage et sont vainqueurs à la bataille de l'Écluse. Tant que cette supériorité navale est maintenue, l'Angleterre triomphe aisément. Plus tard Édouard III néglige sa flotte, Français et Espagnols s'unissent et l'infériorité navale de l'Angleterre marque le début de ses échecs. b) *L'Angleterre, ne pouvant envoyer sur le Continent que des armées relativement peu nombreuses, essaie de former contre ses adversaires des ligues continentales auxquelles elle fournit des subsides.* Ainsi au début de la guerre de Cent ans Édouard III tente de s'unir contre la France, non seulement aux communes flamandes, mais à l'empereur. « Il n'épargne pour cela ni or, ni argent, et donne grands joyaux aux seigneurs, dames et damoiselles. »

V. — Ne réussissant pas à former cette coalition, il allait prendre le parti d'attaquer en Guyenne quand Sir Geoffroy d'Harcourt lui signala que la Normandie n'était pas défendue. D'où le débarquement à La Hougue, avec mille vaisseaux, quatre mille chevaliers et dix mille archers anglais et gallois (1346). Ce fut un spectacle navrant que le passage d'une armée à travers cette riche province « qui, depuis plusieurs générations, n'avait pas connu la guerre » et dont les habitants ne savaient plus se défendre. A ce moment, le seul plan de campagne du roi d'Angleterre était de dévaster autant qu'il le pourrait la France du Nord et de se retirer par les Flandres, avant que le roi de France eût réuni une armée. Mais, à partir de Rouen, Édouard trouva tous les ponts sur la Seine détruits et ne put traverser qu'à Poissy. Philippe avait eu le temps d'appeler ses vassaux et attendait, entre la Somme et la mer, les Anglais qui à ce moment se crurent perdus. Les victoires qu'ils remportèrent à Crécy (1346) et plus tard à Poitiers (1356) les étonnèrent et les emplirent d'un immense orgueil. En 1347, ils s'emparèrent de Calais qui leur assurait la domination de la Manche et qu'ils devaient conserver pendant deux cents ans, après en avoir expulsé presque tous les habitants et les avoir remplacés par des Anglais. Là se place la touchante histoire des Bourgeois de Calais, qu'il faut lire dans Froissart en tenant compte des réserves de Michelet.

VI. — Pourquoi les Anglais, en ces campagnes, furent-ils constamment vainqueurs ? L'histoire des guerres est celle d'une longue lutte entre le choc et le projectile. Le choc peut prendre forme de charge de cavalerie, d'assaut d'infanterie, d'attaque par chars blindés. Le projectile fut tantôt pierre jetée par la fronde, tantôt flèche, boulet, balle, obus, torpille. Le succès du régime féodal avait été la consécration du triomphe d'une troupe de choc, la cavalerie bardée de fer. La féodalité sera ruinée par l'artillerie royale *(ultima ratio regum)* et par deux infanteries populaires : les archers anglais, les piqueurs et hallebardiers suisses. Ce n'est qu'à la fin du XIIIe siècle que les archers acquièrent, dans les armées anglaises, une place importante. L'arc trop court des paysans saxons avait une faible portée et ne possédait pas assez de puissance de pénétration pour arrêter une charge de cavalerie. L'arbalète, introduite en Angleterre comme en France par des mercenaires étrangers, avait paru une arme si dangereuse qu'au XIIe siècle l'Église en avait demandé, sans succès, l'interdiction. Mais l'arbalète était trop longue à recharger. Entre deux décharges, le cavalier pouvait entamer la ligne Au contraire, l'arc long qu'Édouard Ier avait découvert au cours de ses campagnes galloises tirait rapidement un projectile qui portait à cent soixante mètres et qui clouait à la selle la cuisse d'un cavalier vêtu d'une cotte de mailles. Édouard Ier, excellent chef d'armée, avait su grouper adroitement, dans ses batailles, cavalerie légère et archers du type gallois. Par une Assise des Armes, il avait imposé l'usage de l'arc long à tous les petits propriétaires anglais. Le tennis, les boules, les quilles et autres jeux avaient été rendus illégaux pour que le tir à l'arc devînt le seul passe-temps des sujets « non boiteux ou décrépits ». Tout propriétaire d'un revenu foncier de quarante shillings devait posséder son arc et ses flèches et les pères enseigner le tir à leurs enfants. Il fut donc facile, au moment où le Roi eut besoin d'archers pour ses campagnes de France, de les recruter, soit parmi les volontaires, soit en exigeant des comtés un certain nombre d'hommes. Les victoires d'Èdouard III sont dues à une supériorité d'armement.

VII. — C'est une erreur que de représenter le roi de France, au début de cette guerre, comme plus « féodal » que son adversaire. Nul souverain n'aurait pu être plus féodal qu'Édouard III, qui aimait la mise en scène de la chevalerie, se piquait de courtoisie, soupirait pour les dames, jurait de créer la Table Ronde, construisait pour cet objet la tour circulaire de Windsor et fondait l'Ordre de la Jarretière, composé de deux groupes de douze chevaliers, commandés, l'un par le Roi lui-même, l'autre par son fils, le Prince Noir. Mais tout en jouant comme son grand-père le jeu chevaleresque, Édouard III était un souverain réaliste. Il avait pris pour devise : « *It is as it is...* C'est comme c'est. » Il se montrait bon administrateur et d'ailleurs n'y avait pas si grand mérite, car il avait hérité d'une monarchie bien organisée. Ses impôts rentraient avec facilité, surtout quand il s'agissait de poursuivre une guerre populaire. Même les paysans chez lui, depuis trois siècles, haïssaient les Français à cause de souvenirs ancestraux qui dataient de la Conquête, de la longue domination d'une noblesse et d'une langue étrangères. En France, au contraire, la haine de l'Angleterre ne naîtra dans les campagnes que pendant cette guerre. Le roi de France ne peut, au début, compter sur son peuple contre l'envahisseur. Le vilain est indifférent. Le Roi n'a même pas la ressource d'emprunter à de riches marchands, ni de saisir des laines. Beaucoup d'états provinciaux refusent de voter les taxes et, quand ils les votent, les contribuables se montrent rebelles. « Cette résistance à l'impôt livre le royaume à l'Anglais. » Faute d'argent, le roi de France ne peut assembler de soldats. Qu'il le veuille ou non, il lui faut bien se contenter de la cavalerie féodale, déjà surannée et qui méprise l'infanterie. Même après Crécy, la noblesse française ne veut pas admettre l'idée d'une victoire des vilains. Puisque la charge de cavalerie ne passe plus, elle essaie à Poitiers de charger elle-même à pied ; mais cette attaque, si courageuse qu'elle soit, vient se briser sur la position des archers.

VIII. — A partir de la bataille de Poitiers (1356) où le roi de France, Jean le Bon, est fait prisonnier par le Prince Noir, fils aîné d'Édouard III, la leçon a enfin été comprise. L'armée française refuse le combat, s'enferme dans les châteaux forts et dès lors se joue d'un adversaire qui n'est pas armé pour la guerre de siège. Dans les campagnes, les paysans commencent à se lasser de l'invasion. Jacques Bonhomme harcèle les Anglais ; il ne rançonne pas les seigneurs, comme font les soldats de métier, mais il tue s'il en a l'occasion. L'armée anglaise erre sans pouvoir combattre. Les troupes se plaignent de cette longue campagne. Enfin, en 1361, le roi d'Angleterre fait la paix à Brétigny et, après avoir demandé tout le royaume de France, se contente de l'Aquitaine, du comté de Ponthieu et de Calais. C'était une mauvaise paix, car elle ne résolvait pas la seule question grave, cette souveraineté des Anglais sur des provinces qui ne voulaient plus être anglaises. En Périgord, en Armagnac, beaucoup murmuraient, avec raison, que le roi de France n'avait pas le droit de donner ses vassaux. Les notables de La Rochelle disaient : « Nous nous soumettons aux Anglais des lèvres ; de cœur jamais. » Cette résistance contenait les germes de guerres futures et annonçait la libération finale de la France.

5.
LA PESTE NOIRE ET SES CONSÉQUENCES

I. — Le début de la guerre de Cent ans est pour l'Angleterre un temps d'apparente prospérité. Fournisseurs de vivres, armuriers, constructeurs de bateaux font fortune. Le pillage de la Normandie enrichit les soldats et leurs familles. Les besoins d'argent du Roi permettent aux villes et aux individus d'acheter à bon compte des libertés. Déjà, depuis un siècle, la condition du vilain changeait rapidement. Le système des redevances en travail avait été gênant pour le paysan qu'il empêchait de cultiver sa propre terre. Mais il n'était pas non plus très commode pour le bailli du seigneur, qui devait diriger le travail d'une main-d'œuvre intermittente et irresponsable. Au XIIIe siècle apparaissent deux méthodes nouvelles : ou le vilain paie lui-même un remplaçant qui fait pour lui, sur la terre du domaine, le travail coutumier ; ou il remet au seigneur une somme d'argent avec laquelle le bailli loue des travailleurs agricoles. C'est presque le fermage moderne, avec cette différence que l'argent payé par le paysan représente, non le loyer d'une terre, mais le rachat d'une servitude.

II. — Le véritable fermier ne tarde pas à paraître. Certains seigneurs, au lieu d'exploiter une réserve et d'en confier la régie à un bailli plus ou moins honnête, qui s'enrichit à leurs dépens, trouvent plus simple de lotir le domaine et de louer les terres. Le paysan, de son côté, voit un avantage à cultiver des terres encloses et d'un seul tenant, plutôt que les parcelles dispersées qui lui ont jusqu'alors été attribuées dans les champs communaux. Le loyer payé est appelé, en latin : *firma,* une somme ferme, d'où les mots *ferme* et *fermier.* Deux classes se développent alors rapidement dans la campagne anglaise : celle des fermiers, à demi propriétaires, libres sur les terres louées par eux, intermédiaires entre le chevalier et l'ancien vilain, et celle des ouvriers agricoles qui se sont libérés du servage, soit en se rachetant eux-mêmes, soit enfin en se réfugiant pour un an et un jour dans une ville protégée par une charte. Pendant longtemps encore seigneurs et parlements essaieront de fixer la main-d'œuvre au sol, mais ils échoueront. Au lendemain de la bataille de Crécy, un fléau dépeuplera l'Angleterre et rendra plus impossible que jamais le rétablissement du servage.

III. — On ne sait ce que furent les épidémies de peste, qui si longtemps ravagèrent le monde. Peut-être ce nom couvrira-t-il des maladies très diverses, allant du choléra et de la peste bubonique à la grippe infectieuse. L'hygiène était médiocre ; la contagion rapide ; la terreur universelle. La peste du XIVe siècle fut appelée peste noire *(Black Death)* parce que le corps du malade se couvrait de plaques sombres. Elle venait d'Asie et attaqua l'île de Chypre vers 1347. En janvier 1348, elle régnait à Avignon, en août elle rampait des plages du Dorset vers les campagnes du Devon et du Somerset. La mortalité, encore qu'exagérée par l'émoi des chroniqueurs, fut immense. On a décrit les villages où il ne restait plus assez de vivants pour enterrer les morts, les mourants creusant eux-mêmes leurs fosses, les travaux des champs abandonnés et les moutons sans bergers errant dans les campagnes. Il est probable que le tiers de la population de l'Europe périt, soit environ vingt-cinq millions d'êtres humains. En Angleterre l'épidémie fut particulièrement durable. Stationnaire en 1349, elle reprit l'année suivante et réduisit la population du royaume de quatre millions à deux millions et demi environ.

IV. — Les conséquences économiques d'une dépopulation aussi rapide devaient être profondes. Dans les villages, les paysans survivants se trouvèrent soudain plus riches, puisque les champs communaux étaient partagés entre des participants moins nombreux. La rareté de la main-d'œuvre rendit les journaliers exigeants et rebelles. Les seigneurs, ne pouvant plus trouver d'ouvriers pour travailler sur les domaines, cherchèrent à louer leurs terres. Le nombre des fermiers indépendants augmenta et, dans le désarroi des propriétaires, ces fermiers obtinrent des baux avantageux. Certains barons accordèrent des exemptions de fermage par crainte de voir leurs fermiers les quitter. Quelques-uns vendirent à vil prix des terres dont les paysans devinrent propriétaires. Beaucoup renoncèrent à l'agriculture et se livrèrent à l'élevage du mouton. Ce changement, qui semble minuscule, est pourtant la cause première et lointaine de la naissance d'un Empire britannique. Car le développement du commerce de la laine, le besoin de débouchés pour ce commerce, la nécessité de conserver la maîtrise des mers allaient entraîner la lente transformation d'une politique insulaire en une politique navale et impériale.

V. — Ce fut en vain que seigneurs et parlements, au XIVe siècle, essayèrent de lutter par des règlements et des lois contre le jeu naturel du mécanisme économique. Un Statut des Travailleurs fut voté. Toute personne âgée de moins de soixante ans devait accepter de travailler sur la terre aux salaires d'avant 1347 (salaires d'avant peste). Étaient seuls exempts ceux qui vivaient notoirement d'un métier mécanique et les marchands. Un Lord avait le droit le premier au travail de ses anciens serfs ; il pouvait envoyer en prison ceux qui refusaient de cultiver le domaine. Tout seigneur acceptant de payer plus que les salaires d'avant peste était lui-même passible d'une amende. En revanche les produits d'alimentation devaient être vendus aux travailleurs à des prix raisonnables. Il en fut de cette loi comme de toutes celles qui prétendent fixer salaires et prix ; elle ne fut appliquée qu'avec de grandes difficultés. Le Statut des Travailleurs demeura en vigueur jusqu'au règne d'Elizabeth ; tous les parlements, pendant deux siècles, se plaignirent de ce que ce statut était violé ; malgré ces plaintes, employeurs et travailleurs s'obstinèrent à tourner la loi. Dans les registres des châteaux on voit alors que le bailli, après avoir indiqué le prix payé pour les moissons et les battages, efface le chiffre inscrit et le remplace par un autre, plus bas. Le premier prix est sans doute le véritable ; le second était destiné à se mettre en règle avec la loi. Un seigneur disait à un paysan : « Votre salaire sera celui de 1347, puisque tout autre accord nous exposerait à des ennuis, mais vous aurez le droit, gratuitement, de faire paître vos moutons sur les pâturages du domaine. » Un autre accordait d'autres avantages et la concurrence entraînait la hausse. Dans tout le pays on constate que, peu d'années après la peste, les salaires agricoles ont augmenté de 50 % pour les hommes et de 100 % pour les femmes. En 1332, la terre rapporte au propriétaire 20 % de sa valeur en capital ; en 1350, le profit tombe à 4 ou 5 %.

VI. — La peste, qui a ruiné le seigneur, a enrichi le petit fermier. Non seulement il a pu acquérir des terres ou contracter des baux à bon compte, mais alors que le seigneur paie sa main-d'œuvre plus cher, le fermier, qui travaille avec sa famille, ne souffre pas de la hausse des salaires. Au marché, à la foire, il peut vendre ses légumes ou son blé au-dessous des prix du domaine et faire encore un bénéfice honnête. Le journalier lui-même est plus heureux que jadis ; si un seigneur rigoureux prétend lui imposer le Statut des Travailleurs, il s'enfuit dans les bois et cherche à gagner un autre comté où le besoin d'ouvriers sera trop urgent pour que l'on y demande de bien minutieuses explications à un homme qui offre ses bras. Ainsi en même temps que, sur les champs de bataille, l'archer devenait l'auxiliaire indispensable, puis le vainqueur du chevalier, sur les champs labourés le paysan devenait un associé avec lequel il fallait compter. Beaucoup s'en plaignaient : « Le monde va de mal en pis, écrivait Gower vers 1375, quand bergers et vachers demandent plus pour leur travail qu'un bailli ne demandait autrefois. De mon temps, les ouvriers ne mangeaient pas de pain de blé. Ils se nourrissaient de haricots ou de grains plus grossiers ; ils ne buvaient que de l'eau ; le lait et le fromage étaient une fête pour eux. Alors le monde était comme il doit être pour gens de cette sorte. Trois choses sont sans pitié quand on les laisse gagner le dessus : une inondation, un incendie, et la foule des petites gens. Ah ! notre temps, où vas-tu ? car le peuple, qui ne devrait s'occuper que de son travail, demande à être mieux nourri que ses maîtres... » Ces plaintes sont de tous les temps, et toujours aussi vaines. Que l'on s'en réjouît ou s'en attristât, le système féodal, miné de toutes parts, chancelait. Le microbe de la peste noire avait, en quelques années, déterminé une émancipation qu'au XIIe siècle les esprits les plus hardis n'auraient pu concevoir.

VII. — Mais avant de se transformer en inoffensive « gentry », la noblesse féodale, pendant un siècle encore, s'incarnera en de terribles figures. Tandis que le seigneur moyen s'appauvrit, donc s'affaiblit, quelques grands barons deviennent de véritables roitelets. Ils se marient entre eux et forment une caste fermée, unie à la famille royale. Les rois d'Angleterre prennent alors l'habitude de former pour leurs fils, par apanages et mariages, des domaines très étendus. Le Prince Noir épouse la fille du compte de Kent ; un autre fils du Roi, Lionel, devient comte d'Ulster ; un autre, Jean de Gand, épouse l'héritière de Lancastre (première maison ducale) et possède dix châteaux fortifiés, dont le célèbre Kenilworth, arraché à la famille de Montfort. Le comte de March a, lui aussi, une dizaine de forteresses ; les comtes de Warwick et de Stafford, deux ou trois chacun. Lord Percy, comte de Northumberland, tient les marches du Nord pour le Roi, mais aussi pour lui-même. Tous ces grands seigneurs entretiennent chez eux des compagnies de soldats, qui ne sont plus des vassaux, mais des mercenaires qu'ils louent au Roi pour ses guerres de France. Dans l'intervalle des campagnes, ces soudards, qui s'ennuient, pillent les fermes, volent les chevaux, violent les femmes, saisissent les manoirs. En vain le Parlement donne l'ordre aux magistrats de les désarmer. Il faudrait un *sheriff* bien hardi pour aller enlever leurs armes à ces brigands. D'ailleurs l'office de *sheriff* est en décadence. Le *sheriff* du XIVe siècle n'est plus un grand seigneur, mais le plus souvent un chevalier, nommé contre son gré, et qui a grand-hâte d'achever son année pour passer la corvée à un autre. Peu à peu il sera remplacé par un juge de paix, administrateur aristocratique et bénévole, magistrat amateur qui jouera plus tard, dans l'histoire du pays, un rôle immense et excellent. Mais au XIVe siècle, le juge de paix vient à peine de naître ; le *sheriff* est défaillant ; les nobles bandits, « fiers enfants de Lucifer », font de leurs maisons des repaires de voleurs et harassent leurs pauvres voisins.

6.

PREMIERS CAPITALISTES ANGLAIS

I. — Tandis que la guerre et la peste font éclater les cadres féodaux, ceux de la guilde et de la corporation deviennent, eux aussi, trop étroits. Jusqu'au XIVe siècle, la laine, principal produit de l'Angleterre, avait été exportée vers les Flandres qui la transformaient en drap. L'Angleterre avait fabriqué elle-même des tissus pour l'usage populaire, mais les fins secrets du métier demeuraient entre les mains des tisseurs de Bruges ou de Gand. Puis une chance s'était offerte de transporter en Angleterre cette industrie. Les bourgeois flamands s'étaient querellés avec leur seigneur ; le roi de France ayant soutenu celui-ci, les artisans des Flandres avaient été vaincus et beaucoup d'entre eux avaient dû s'expatrier. Ils étaient venus en Angleterre et y avaient apporté leurs traditions et leurs procédés. Édouard III voulut protéger cette industrie naissante ; en 1337, il interdit à la fois l'importation des draps étrangers et l'exportation de la laine. C'était la ruine des Flandres, car il était alors impossible de se procurer de la laine, en grandes quantités, ailleurs qu'en Angleterre. Dès que commença la guerre avec la France, Édouard III ne put maintenir l'embargo dans toute sa rigueur parce qu'il avait besoin, pour des raisons politiques, de contenter ses alliés flamands ; il imposa cependant un tarif protecteur. Les droits perçus à la sortie d'Angleterre furent seulement de 2 % sur les tissus, alors qu'ils s'élevaient jusqu'à 33 % sur la laine. C'était une prime à la fraude. Certains marchands tournèrent la loi en exportant des moutons non tondus, mais le Parlement interdit ce trafic. Le projet d'Édouard III réussit et la fabrication du drap devint la première industrie anglaise.

II. — L'arrivée des drapiers flamands entraîna la création, en Angleterre, malgré les guildes, de véritables entreprises capitalistes. Cette industrie du drap est en effet l'une des plus complexes, et le nombre des opérations nécessaires pour transformer la laine brute en produit fini, très élevé. Il fallait trier la laine, la teindre, la mélanger, la carder, la filer, la tisser, dégraisser le tissu, le fouler, le lainer, le tondre, l'épinceter, et enfin lui donner de l'éclat en le pressant. Les idées du Moyen Age exigeaient que chacune de ces opérations fût faite par une corporation distincte. On imagine la complication des ventes et des achats qui devaient prendre place tout au long du processus de transformation. Pour exécuter une commande, il fallait obtenir l'accord de quinze corporations. Rien de plus tentant pour un foulonnier ou pour un marchand drapier que d'acheter de la laine, de la faire filer et tisser à façon et de surveiller toutes les opérations jusqu'à la vente. Mais une telle concentration du travail était contraire aux principes des guildes. Très vite les entrepreneurs, pour échapper à ces entraves, s'installèrent dans les campagnes. Ce nouveau type d'employeur, qui achète la laine en gros et vend le produit fini, construit bientôt des usines. Dès le XIVe siècle, il y avait à Barnstaple deux manufacturiers qui payaient l'impôt chacun sur une production de mille pièces par an. Sous Henry VIII, un Jack de Newbury aura deux cents métiers dans un seul bâtiment et emploiera six cents ouvriers.

III. — Le temps approche où le grand commerce va, plus que les guerres de chevalerie, tenter les jeunes Anglais aventureux. A l'intérieur d'une corporation du XIIIe siècle, la destinée d'un maître ouvrier était assurée, mais limitée. Ses prix d'achat et de vente étant contrôlés, il ne pouvait faire une fortune rapide. Les grands marchands de la fin du Moyen Age ne se soumettent plus à des règles trop prudentes. Leurs vies étonnantes frappent les imaginations populaires. Ils remplacent dans les ballades les chevaliers errants. Sir Richard Whittington, trois fois lord-maire de Londres, devient le héros d'une légende. Les chanteurs racontent comment, pauvre orphelin, il avait été employé dans la cuisine d'un grand marchand... C'était alors la coutume que tout armateur, envoyant au loin un vaisseau, autorisât chacun de ses serviteurs à y placer quelque objet, afin de donner aux plus humbles leur chance d'être bénis par Dieu... Dick Whittington ne possède au monde qu'un chat ; il le met dans le bateau en partance. Or le vaisseau aborde sur une côte lointaine, dans un royaume barbare où le palais du Roi est infesté de souris. Sur la recommandation du capitaine, le Roi achète le chat et, ravi de ses services, donne pour conserver l'animal dix fois le prix de toute la cargaison. Dick Whittington se trouve soudain riche... La réalité fut moins romanesque ; le véritable Whittington, grand commerçant, prêta de l'argent au Roi et, nommé maire de l'Estaple, se remboursa largement sur les droits de douane.

IV. — William Canynges, marchand de drap de Bristol, est un autre exemple de ces nouveaux capitalistes qui font des affaires dans le monde entier. Le roi d'Angleterre écrivait lui-même au grand maître des Chevaliers teutoniques et au roi de Danemark pour recommander à leur protection son fidèle sujet William Canynges. A Bristol, celui-ci recevait Édouard IV dans sa propre maison. Il commandait à huit cents marins et engageait à son compte cent charpentiers et maçons pour bâtir une église qu'il offrit à sa ville natale de Bristol. Dans sa vieillesse il entra dans les ordres et mourut doyen du collège de Westbury. Peu à peu ces grands marchands anglais prirent, pour les affaires continentales, la place de la Ligue hanséatique. Les banquiers lombards et florentins, qui avaient remplacé en Angleterre les Juifs, furent eux-mêmes remplacés par des Anglais. Les Bardi de Florence s'étaient d'ailleurs ruinés au service d'Édouard III. Leur ayant emprunté de grosses sommes pour sa campagne de France, il avait refusé tout net de les rembourser à la date fixée, de sorte que la guerre de Cent ans appauvrit de nombreuses familles florentines. Déjà les neutres découvraient combien il est dangereux et vain de prêter de l'argent aux belligérants.

V. — Sous l'influence des grands marchands, les guildes se transforment. L'égalité n'y règne plus. Le luxe des costumes et des fêtes devient tel que, seuls, les plus riches le peuvent soutenir. La corporation des marchands de vin reçoit un soir cinq rois en un même banquet. Des artisans qui jadis auraient pu prétendre à la maîtrise s'en voient écartés. Ils essaient de se défendre en créant des « guildes d'ouvriers » qui boycottent les mauvais maîtres. Ainsi tendent à se former deux classes distinctes. Alors aussi commencent les scandales financiers. Les marchands du XIIe siècle n'avaient certes pas été sans reproche et il avait fallu en mettre plus d'un au pilori, mais leurs fraudes avaient été petites parce que les affaires étaient simples et faciles à contrôler. Avec le grand capitalisme commence l'inévitable collusion de la richesse et de la puissance politique. Pendant la vieillesse d'Édouard III, son plus jeune fils, Jean de Gand, duc de Lancastre, s'entoure de financiers sans scrupules. Un riche marchand de Londres, Richard Lyon, entre par ses bons offices au Conseil privé et devient le chef d'une véritable « bande ». Alors que toutes les laines du royaume devaient passer par le port d'Estaple (alors Calais) où elles acquittaient les taxes, Richard Lyon obtient d'envoyer les siennes en d'autres ports où elles ne paient aucun droit. Il fait ainsi une immense fortune. Avec Lord Latimer, ami et confident du duc de Lancastre, il accapare les marchandises qui arrivent en Angleterre et en fixe le prix à son bon plaisir, rendant si rares dans le pays certaines denrées que le pauvre peuple peut à peine vivre. Manœuvres tout à fait contraires à l'esprit du Moyen Age, qui avait cru aux prix imposés, aux bénéfices limités, et tenu pour crime toute combinaison destinée à faire monter les denrées. Mais cet esprit du Moyen Age se meurt ; le Roi est maintenant sous la domination des marchands ; ils entrent dans ses parlements ; eux seuls alimentent son Échiquier. C'est pour eux que sera faite désormais la politique extérieure de l'Angleterre.

7.

DÉSORDRES DANS L'ÉGLISE.

I. — L'Église romaine avait, après les invasions, civilisé l'Angleterre. Elle avait enseigné un peu de modération aux forts et un peu de charité aux riches. Puis force et richesse l'avaient à son tour corrompue. Plusieurs fois des saints avaient dû la réformer et la ramener aux vertus de ses fondateurs. Chaque réforme avait été suivie d'une rechute. Les moines de Cîteaux comme ceux de Cluny, les frères mendiants comme les moines, avaient succombé aux tentations du siècle. En cette fin du XIVe siècle où tout un monde, qui avait été grand, achevait de se décomposer, l'Église semblait un des organes les plus malades du corps social. En Angleterre elle produisait encore quelques grands hommes, mais qui étaient bien plutôt des administrateurs que des prêtres. Un évêque, propriétaire de trente ou quarante manoirs, savait à merveille contrôler les comptes de ses baillis, servir le Roi à la tête de la Chancellerie ou de l'Échiquier ; il ne s'occupait plus guère des âmes. Le grand poète anglais de cette époque, Langland, critique d'autant plus acerbe de l'Église que catholique plus fervent, se plaint de tous les évêques *in partibus* qui fourmillent alors en Angleterre, prélats qui portent le nom de Ninive ou de Babylone, n'ont jamais visité leurs diocèses et s'enrichissent en consacrant des autels, ou en entendant des confessions qui auraient dû être faites au prêtre de la paroisse. Parmi les meilleurs des clercs, quelques consciences inquiètes pensaient que l'Église s'écartait des doctrines du christianisme primitif, que le devoir d'un prêtre était d'imiter la pauvreté évangélique et que, s'il devait rendre à César ce qui était à César, ce n'était pas une raison pour oublier que Dieu est au-dessus de César. « En somme deux conceptions de l'Église se heurtaient : celle de Grégoire VII et celle de saint François d'Assise, église évangélique et clergé césarien. »

II. — En Angleterre, autant évêques et moines devenaient riches, autant les prêtres des paroisses étaient alors misérables. En principe, les prêtres devaient vivre de la dîme et prélever sur celle-ci aumônes et frais d'entretien de l'église. Mais la mode s'était établie, parmi les seigneurs qui disposaient d'une cure, d'en « approprier » les revenus, c'est-à-dire de les attribuer à un évêque ou à une abbaye. Le vicaire ne touchait plus alors que des sommes infimes. Après la grande peste, il devint impossible de trouver des prêtres pour les paroisses les plus pauvres. Un statut analogue à celui des Travailleurs interdit, pour éviter la concurrence, de les payer plus de six livres par an ; ce statut ne fut pas observé et ils obtinrent jusqu'à douze livres, mais leur misère demeura grande. Aussi beaucoup d'entre eux étaient-ils des ignorants, plus occupés de chasser un lièvre dans le champ du voisin que d'édifier leurs paroissiens. Certains louaient le presbytère à un fermier et ne résidaient même pas dans la paroisse. Leur maigre casuel leur était arraché par les ordres mendiants, dont les frères couraient le pays et se chargeaient de faire dire les messes dans les couvents. Il faut lire dans Chaucer le cruel portrait du frère qui va par les villages, entrant dans chaque maison, connaissant chaque ménagère de sa tournée, demandant de la farine, du fromage, du bœuf « ou toute autre chose ; nous n'avons pas le droit de choisir », puis notant avec soin, en vue de prières, le nom de la bienfaitrice sur ses tablettes d'ivoire et, aussitôt qu'il est sorti du village, effaçant gaiement tous les noms. Et non seulement le frère faisait ainsi concurrence au prêtre, mais on voyait circuler dans les campagnes anglaises des « pardonneurs » qui arrivaient de Rome, porteurs d'une lettre scellée du sceau pontifical, lettre qui leur donnait le droit de remettre les péchés et d'accorder des indulgences à ceux qui leur achèteraient des reliques. Chaucer, de qui la fausse religion exerce toujours la verve, montre le « pardonneur » prêchant un sermon sur le thème : « *Radix malorum cupiditas...* La racine de tous les maux est la cupidité », et *vendant* ensuite aux villageois le droit d'embrasser quelque morceau de cristal contenant un os et des chiffons.

III. — C'est encore le mélange de cupidité et de religion qui indigne Chaucer et Langland quand ils décrivent les cours ecclésiastiques. Un archidiacre avait alors le droit de citer devant sa cour toute personne du diocèse coupable d'un délit moral, et en particulier d'adultère. On imagine les abus d'un tel pouvoir. Tantôt le tribunal ecclésiastique était si vénal que les plus grands pécheurs du diocèse n'avaient qu'à payer un abonnement annuel pour ne pas être inquiétés ; tantôt l'archidiacre lui-même était honnête mais son huissier, le *summoner,* admirablement renseigné sur les vices de ses compatriotes, exerçait sur les fidèles un véritable chantage en les menaçant de les citer s'ils n'achetaient son silence. Encore, au début, ces cours avaient-elles condamné les coupables à des pénitences ou à des pèlerinages. « La pénitence était saine pour le pénitent et le pèlerinage avait été une grande force sociale. » Sur la route de Canterbury, le chevalier, le marchand, le tisserand, la nonne et le médecin se rencontraient, s'entretenaient fraternellement et par leurs contacts modelaient à la fois la langue et l'âme anglaises. C'était le pèlerinage aussi qui avait révélé à beaucoup d'Anglais les pays étrangers. Dans Chaucer, la matrone de Bath a été à Jérusalem, à Rome, à Saint-Jacques de Compostelle et à Cologne et elle a, sur ses voyages, mille contes à faire. Mais peu à peu l'habitude avait été prise de racheter pénitences et pèlerinages par une amende en argent. Le sceptique Chaucer, le pieux Langland et le théologien Wycliffe sont d'accord pour condamner ces scandaleuses ventes de pardons. La monarchie elle-même se montre hostile aux tribunaux ecclésiastiques, toujours suspects de collusion avec Rome. Édouard III édicte en 1353 le célèbre statut de *Praemunire* qui assimile à une trahison le fait, pour un sujet anglais, de rechercher ou d'accepter une juridiction étrangère. (Le nom de la loi vient de la forme de l'injonction : « *Praemunire facias...* Fais avertir un tel... ».)

IV. — Wycliffe (environ 1320-1384), esprit hardi, réformé longtemps avant la Réforme, maître des Hussites bohémiens, et puritain avant que le mot existât, avait appartenu au début de sa carrière à « l'Église césarienne ». Il avait été employé par la Couronne, envoyé comme ambassadeur à Bruges, puis était devenu à Oxford l'un des théologiens les plus célèbres de l'Université. Frappé par l'immoralité de son temps, il en vint à conclure que, pour rendre à l'Église ses vertus, il fallait la dépouiller de ses biens et la ramener à sa pauvreté primitive. Puis sa pensée devint plus hardie. Dans son livre : *De domino divino,* il exposa que Dieu est le souverain de l'univers et donne en fief le pouvoir aux chefs temporels. Il délègue ainsi sa puissance à des êtres imparfaits, papes ou rois ; à tous ceux-là le chrétien doit obéir. « Sur la terre Dieu doit obéissance au Diable. » Mais chaque individu chrétien tient de Dieu lui-même un peu de *dominium.* C'est au tribunal de Dieu qu'il doit s'adresser directement si les représentants de Dieu sur la terre lui font tort. L'homme peut être sauvé, non par des cérémonies, des indulgences et des pénitences, mais par ses mérites, c'est-à-dire par ses œuvres. Wycliffe citait volontiers un texte de saint Augustin : « Toutes les fois que le chant me ravit plus que ce qui est chanté, je reconnais que je commets une faute grave. » Le sermon lui paraissait être la partie essentielle de tout service divin. C'était par une prédication sérieuse (et non divertissante, comme étaient les sermons des frères) que les fidèles pouvaient être amenés au repentir et à la vie chrétienne.

V. — Jusque-là, Wycliffe n'avait été qu'un professeur un peu audacieux, toléré par l'Église parce qu'il était soutenu par le duc de Lancastre et par l'Université d'Oxford. Il devint un incontestable hérétique quand il nia la transsubstantiation et le dogme de la présence réelle dans l'Eucharistie. A cette doctrine, il opposa celle de la consubstantiation, c'est-à-dire de la présence simultanée du pain matériel et du corps du Christ. C'était porter atteinte au miracle de la messe et le Pape ne pouvait tolérer cette doctrine sans mettre en danger tout l'édifice de l'Église. Wycliffe, condamné, répudia l'autorité pontificale et, pendant ses dernières années, enseigna que la Bible est la seule source des vérités chrétiennes. Pour la répandre, il la fit traduire en anglais (car il n'existait que des traductions latines et françaises, incompréhensibles pour les gens du peuple). Puis il forma des disciples qui devaient vivre aussi pauvrement que les premiers frères de saint François. Les « pauvres prêtres » de Wycliffe furent au début des hommes d'Université, résolus à donner leur vie pour le salut de l'Église ; puis cette dure existence parut trop pénible à de jeunes hommes riches et instruits. Wycliffe ne les autorisait à posséder aucun argent ; ils ne devaient même pas, comme les frères, porter un sac pour y mettre des dons ; ils ne pouvaient accepter que de la nourriture, et au moment où ils en avaient besoin. Vêtus de longues robes de laine naturelle, marchant pieds nus, ils allaient de village en village, prêchant sans relâche la doctrine de Wycliffe. Bientôt le recrutement ne se fit plus que parmi les pauvres. On peut imaginer l'action dans les campagnes de jeunes hommes ardents qui prêchaient la pauvreté et l'égalité. C'était le temps où, dans les tavernes, les paysans commençaient à discuter sur les livres sacrés. Dans cette Bible qui leur était soudain révélée, ils trouvaient l'image d'un jardin ancestral et paradisiaque, où n'avaient existé ni nobles, ni vilains. « Quand Adam bêchait, quand Ève filait, où était alors le gentilhomme ? » Après la peste noire, cette semence tombait en bonne terre.

VI. — Rien ne permet mieux de mesurer la différence entre la sévérité de l'Église envers les hérétiques à partir du XVe siècle, et sa relative indulgence au temps où elle était encore sûre de sa force, que ce fait : Wycliffe, bien que condamné pour hérésie en 1382, demeura jusqu'à sa mort, deux ans plus tard, recteur de Lutterworth et ne fut pas personnellement inquiété. L'archevêque Courtenay avait même eu grand-peine à empêcher les Wycliffites de continuer à Oxford leur enseignement. Fière de ses traditions d'indépendance, forte de l'appui des étudiants, l'Université résistait. Ses maîtres se tenaient beaucoup plus pour des professeurs que pour des ecclésiastiques. « Elle n'était pas, comme au siècle suivant, un instrument employé par l'Église pour imposer sa doctrine à l'esprit national », ni, comme sous les Stuarts, un corps de fonctionnaires au service de la Couronne. Séculiers et réguliers s'y déchiraient et les séculiers, amis de Wycliffe, étaient les plus puissants. Il fallut pour les faire céder que le Roi lui-même mandât le Chancelier et menaçât de priver l'Université de ses privilèges. Alors les Wycliffites firent leur soumission et Oxford cessa pour longtemps d'être un centre de pensée libre.

VII. — Dans le pays les « pauvres prêtres » que les catholiques orthodoxes avaient surnommés *lollards,* ou bavards, furent pour Wycliffe des disciples plus fidèles que les maîtres d'Oxford. Non seulement le peuple, mais beaucoup de chevaliers irrités par la richesse de l'Église, les recevaient avec faveur et les protégeaient contre les évêques. Ceux-ci eurent beaucoup de mal à obtenir l'appui des *sheriffs* et de la justice civile contre l'hérésie. Quand le Roi promit cet appui, les Communes d'abord protestèrent. Elles cédèrent quand les classes dirigeantes commencèrent à penser que les *lollards* devenaient un danger social et menaçaient la richesse autant que l'orthodoxie. En 1401, fut voté le statut : *De Heretico comburendo,* qui confirmait le droit pour l'Église de faire brûler les hérétiques par le bourreau. Alors commencèrent les persécutions ; les victimes en furent surtout de pauvres gens, des tailleurs, des tanneurs, dont le crime était tantôt d'avoir nié l'Eucharistie, tantôt d'avoir réuni la nuit des amis pour leur lire une version anglaise des Évangiles, tantôt d'avoir refusé d'observer ceux des commandements de l'Église qui ne se trouvaient pas dans ce livre. On entrevoit, à travers ces témoignages, une vie spirituelle ardente, des discussions secrètes sur les mystères de la foi entre des marchands, leurs femmes et leurs serviteurs, parfois le lollardisme hautain d'un gentilhomme. Devant la menace du supplice, beaucoup se rétractèrent. D'autres demeurèrent fermes ; en 1410, on eût pu assister à une scène extraordinaire. Un malheureux artisan, condamné au bûcher, trouva sur le marché de Smithfield (qui était le lieu habituel de ces exécutions) non seulement les fagots, mais l'héritier du trône. Le jeune prince Henry (le futur Henry V) discuta longuement et sérieusement avec le tailleur Badby, lui promettant la vie et de l'argent s'il abjurait. Mais ce fut en vain. Par deux fois les fagots furent allumés, puis le prince abandonna la victime à son sort. C'est déjà l'état d'esprit des juges de Jeanne d'Arc, désir sincère de sauver l'hérétique de lui-même, impitoyable fermeté à l'égard de l'hérésie.

8.
LA RÉVOLTE DES PAYSANS (1381)

I. — Le règne d'Édouard III avait commencé par une longue suite de triomphes maritimes et militaires. Le courage personnel du Roi et de son fils aîné, le Prince Noir, en avait fait les héros nationaux. Quinze ans après le Traité de Brétigny, l'Angleterre n'était plus qu'un pays humilié et mécontent. Le vieux Roi allait au gâtisme entre les bras d'une belle fille de chambre, Alice Perrers, à laquelle il donnait les joyaux de la Couronne. Le Prince Noir, malade, avait dû quitter sur une litière, après de longs combats, son gouvernement d'Aquitaine et se mourait lentement. Le troisième fils du Roi, Jean de Gand, le redoutable duc de Lancastre, avait fait alliance avec Alice Perrers et gouvernait le pays, appuyé par une bande de prévaricateurs. Presque toutes les conquêtes avaient été perdues. La France avait trouvé un grand roi, Charles V, qui lui avait refait une marine et dont les généraux : Du Guesclin, Clisson, avaient compris que le secret de la victoire était, en cette guerre, de ne livrer bataille qu'à coup sûr. Ils laissaient donc les Anglais s'épuiser à courir le pays, à brûler des villes, à massacrer des paysans désarmés. « Cet orage passera », disait Charles V et, en effet, on commençait à entrevoir que les succès des Anglais, à Crécy et à Poitiers, n'avaient pas été la mesure vraie des forces des deux royaumes. La conquête et l'occupation d'un Empire continental dépassaient les forces de l'Angleterre qui « ni en hommes, ni en argent, n'était alors assez forte pour occuper de façon permanente la première place en Europe ». Enfin, et c'est le fait le plus important, l'Angleterre ne possédait plus cette maîtrise de la mer, faute de laquelle elle cesse d'être invulnérable. La maladresse du Prince Noir, moins bon diplomate que soldat, avait uni le roi de Castille et le roi de France. Leurs flottes dominaient le golfe de Gascogne et la Manche. Non seulement une flotte anglaise avait été anéantie à La Rochelle, mais les bateaux français entraient impunément dans la Tamise, des flottilles françaises dévastaient les villes de la côte et brûlaient les villages de pêcheurs. La seule défense de l'Angleterre était l'appel aux armes des populations côtières par des feux allumés sur les hauteurs. Méthode qui laissait aux envahisseurs tout loisir d'atterrir, d'agir et de fuir.

II. — Dans le désordre et le désespoir de tous, un seul corps montrait quelque courage : la Chambre des Communes. La division du Parlement en deux Chambres était maintenant une coutume établie. Les cavalcades de gentilshommes campagnards, arrivant à Londres pour la session, devenaient pour les bourgeois de la Cité un spectacle familier. Aux Communes siégeaient régulièrement deux cents bourgeois, représentant cent « bourgs », et soixante-quatorze chevaliers représentant les trente-sept comtés. Ces derniers, bien que moins nombreux, dominaient et décidaient car ils représentaient la force réelle. Ce furent eux qui, dans le Parlement de 1376, dit « Bon Parlement », eurent l'audace de demander des comptes au duc et à sa clique, d'exiger le renvoi d'Alice Perrers et d'inviter le vieux Roi à assurer la défense maritime du pays. Peut-être eussent-ils été moins téméraires s'ils ne s'étaient sentis soutenus par le peuple de Londres, violemment hostile au duc et si, pour se donner confiance, ils n'avaient appelé à délibérer avec eux quelques Lords qu'ils pensaient favorables à leur cause. Ils obtinrent des promesses, car il fallait bien les amadouer pour remplir l'Échiquier. Mais aussitôt la session finie, le membre du Parlement redevenait un simple chevalier. Le duc jeta le *speaker* en prison ; Alice Perrers, qui avait promis de ne jamais revoir le Roi, reprit sa place auprès de lui ; les évêques, qui avaient juré d'excommunier cette fille, ne bronchèrent pas. Quand le Roi mourut, en 1377, toute l'œuvre du Bon Parlement était détruite. Édouard III ne fut pas regretté ; sa pitoyable vieillesse avait fait oublier les exploits de sa jeunesse. Pourtant le roi de France, voulant honorer un grand ennemi, fit célébrer à la Sainte-Chapelle un service pour le repos de l'âme du roi d'Angleterre.

III. — Le Prince Noir étant mort avant son père, l'héritier légitime était le petit-fils d'Édouard III, Richard II, dit Richard de Bordeaux. C'était un enfant, beau et intelligent, mais qui ne pouvait régner en personne avant quelques années. Ses dangereux oncles, les ducs de Clarence et de Lancastre, allaient donc devenir ses conseillers peut-être ses rivaux. Avec beaucoup de dignité, debout près du cadavre de son grand-père, il obtint que les envoyés de la Cité de Londres et son oncle Lancastre échangeassent un baiser de paix. Dès la première année de son règne, Richard allait avoir l'occasion de montrer un courage et une présence d'esprit surprenants, car un soulèvement la marqua, qui fut une jacquerie, et aurait pu tourner en révolution. Depuis très longtemps, une agitation latente couvait dans les campagnes. Ce n'était pas que les paysans fussent plus malheureux ; au contraire, pendant la décennie précédente, les salaires avaient monté tandis que les prix avaient baissé. Mais les hommes avaient cessé de croire au système qui les tenait en servage. Ils avaient connu la honte du vieux Roi, les défaites en France de leurs seigneurs, les raids des flottilles françaises. Les « pauvres prêtres » de Wycliffe leur avaient parlé des richesses scandaleuses des abbés. Un poème écrit en langue vulgaire, *Pierre le Laboureur,* de Langland, avait été répandu dans tout le pays. Langland n'était pas un révolutionnaire ; il était pieux et admirait la vie monastique, mais il peignait le sort du peuple avec tant de réalisme sombre et le luxe des grands avec tant de mépris hostile que des milliers de Pierre le Laboureur, en écoutant ces vers, s'étaient émus. Innombrables étaient dans les villages, en 1381, les conciliabules secrets, les messages mystérieux qui, circulant de comté en comté, portaient les ordres de la « Grande Société », les agitateurs clercs et laïques qui prêchaient à la fois la réforme de l'Église et la révolte des paysans. Le Statut des Travailleurs alimentait l'exaspération. Chaque jour, en quelque manoir, les paysans entraient en conflit avec un seigneur ou son bailli, qui voulait leur imposer de moissonner pour deux ou trois pence par jour. Les peines prévues par cette loi absurde contre ceux qui refusaient le travail chassaient de leurs champs des paysans qui jusqu'alors avaient été de paisibles laboureurs et qui devenaient des vagabonds, errant dans les forêts, démoralisés parce que déracinés. « Le vilain fugitif est un personnage aussi commun dans l'Angleterre du XIVᵉ siècle que l'esclave en fuite dans l'Amérique du XIXe siècle, dans les deux cas ces refus de plus en plus nombreux sont le signe de la volonté de libération de toute une classe. »

IV. — Froissart nous a conservé les discours du plus connu des agitateurs de 1381, le chapelain John Ball : « Ce John Ball avait coutume, le jour du dimanche, quand tout le monde sortait de l'église, après la messe, de s'en venir au cimetière. Là il faisait assembler le peuple autour de lui et le prêchait en disant : « Bonnes gens, les choses ne peuvent pas bien aller et n'iront pas bien en Angleterre tant que les biens ne seront pas mis en commun, tant qu'il y aura des vilains et des gentilshommes et que nous ne serons pas tous égaux. Pourquoi ceux que nous nommons seigneurs sont-ils plus grands maîtres que nous ? Nous venons tous d'un seul père et d'une seule mère, Adam et Ève. En quoi peuvent-ils dire et montrer qu'ils sont mieux seigneurs que nous, sauf parce qu'ils nous font cultiver et labourer ce qu'ils dépensent ? Ils sont vêtus de velours et nous de pauvres étoffes ; ils ont les vins, les épices et les bons pains ; nous avons le seigle, le son et la paille, et nous buvons de l'eau ; ils se reposent en de beaux manoirs et nous avons la pluie et le vent dans les champs, et il faut que de nous et de notre labeur vienne ce dont ils vivent... Allons trouver le Roi. Il est jeune. Remontrons-lui notre servitude. Disons-lui que nous voulons qu'il en soit autrement ou que nous y remédierons. »

V. — Ainsi avait coutume de parler John Ball, les dimanches, à l'issue des messes de village et, en s'en allant, beaucoup murmuraient : « Il dit vrai. » Pourtant les requêtes des paysans furent moins communistes que les prédications de John Ball. Ils demandèrent seulement leur liberté personnelle et le remplacement de toutes les corvées par une redevance de quatre deniers par acre. La cause immédiate de la révolte fut une taxe que les conseillers de la Couronne, très maladroitement, voulurent lever une seconde fois parce que la première tournée des collecteurs n'avait pas produit assez d'argent. Quand les paysans revirent les hommes du Roi et que ceux-ci voulurent arrêter les récalcitrants, tout un village se fâcha et les mit en fuite. Puis, effrayés de leur propre action, les paysans gagnèrent la forêt. Là vivaient les innombrables hors-la-loi créés par la folle application du Statut des Travailleurs. Armée toute recrutée pour une révolte. De clocher en clocher courut le mot d'ordre tant attendu : « John Ball vous salue tous et vous donne à entendre qu'il vient de sonner votre cloche. » En quelques jours l'Essex et le Kent s'enflammèrent. Les rebelles pillaient les maisons, tuaient les partisans du duc et les hommes de loi. Leur idée fixe était de détruire les traces écrites de leur servitude. Dans les manoirs dont ils s'emparaient, ils brûlaient les registres et les chartes. Devant eux les nobles, curieusement incapables d'organiser une résistance, fuyaient ; bientôt paysans et hors-la-loi entrèrent dans les villes. Les seigneurs à leur tour se cachèrent dans les forêts. Les bourgeois des villes reçurent assez bien les insurgés. A Canterbury, citadins et campagnards unis payèrent quelques vieilles dettes en décapitant des hommes détestés. Puis cette armée informe marcha sur Londres. Là était le jeune Roi, que les chefs de la révolte disaient favorable et dont les bonnes gens ne savaient rien sinon qu'il était un enfant et qu'il fallait le protéger contre son oncle, Jean de Gand, le plus haï de tous les grands seigneurs. Il faut les imaginer marchant par les sentiers, groupés par villes et villages, portant des bâtons, des épées rouillées, des haches, des arcs démodés et des flèches sans ailes.

VI. — Le Roi et ses fidèles s'étaient réfugiés à la Tour de Londres. La ville elle-même eût été facile à défendre ; le pont qui la séparait de la rive était mobile en son milieu et il eût suffi de l'ouvrir. Mais un *alderman* favorable aux révoltés leur en livra l'entrée, malgré le maire qui était pour l'ordre. Tout de suite les scènes dans les rues furent horribles. Les paysans avaient ouvert les prisons et, comme il arrive dans toutes les révolutions, la tourbe des bandits était sortie de l'ombre pour piller et tuer. Un billot fut dressé dans Cheapside et les têtes volèrent. Tout un quartier de Flamands fut massacré sans autre raison que leur qualité d'étrangers. La maison de Jean de Gand fut brûlée. Seul le jeune Roi trouvait grâce devant la populace. Déjà le premier jour il était allé, sans débarquer, haranguer la foule d'un bateau et il avait été acclamé. Sans qu'on sût pourquoi il était l'idole de tous ces malheureux et il allait, de cette popularité, tirer grand parti. Une première fois il donna rendez-vous aux rebelles à Mile's End, dans un champ voisin de Londres, et là feignit de leur accorder tout ce qu'ils demandaient. Trente clercs se mirent à rédiger des chartes d'affranchissement et à les sceller du sceau royal. Les paysans croyaient aux parchemins. A mesure que chaque groupe recevait sa charte, il quittait triomphalement le champ et rentrait dans Londres, portant des bannières royales qui avaient été distribuées. Jamais, à coup sûr, les conseillers de Richard n'avaient eu l'intention de tenir pour valables des concessions arrachées par le pillage et l'assassinat. Ils cherchaient à gagner du temps. De nouveaux crimes allaient les obliger à passer rapidement à l'offensive.

VII. — Tandis que le Roi était hors de la Tour, les rebelles y avaient pénétré ; la tête de l'archevêque de Canterbury et celle du trésorier étaient piquées à l'entrée du pont de Londres. Il fallait à tout prix éloigner cette foule sanguinaire et hors d'elle-même. Déjà de nombreux groupes de paysans, satisfaits de leur charte, avaient quitté la ville. Il en restait quelques milliers, sans doute les pires, qui voulaient continuer le pillage. Mais de tous côtés chevaliers et bourgeois arrivaient pour se rallier autour du Roi. Un nouveau lieu de rendez-vous fut assigné pour le lendemain aux rebelles : le marché aux chevaux de Smithfield. L'enfant royal entra sur cette place à cheval, suivi du maire de Londres et de toute une escorte ; à l'autre bout de la place étaient les « bonshommes » armés de leurs arcs. Leur chef, Wat Tyler, qui était monté, vint au-devant du cortège royal. Qu'arriva-t-il ? Les chroniqueurs diffèrent. A coup sûr l'homme fut insolent et soudain le maire de Londres, qui était armé sous sa robe, se mit en colère, et l'abattit d'un coup sur la tête. Sitôt qu'il fut tombé, les gens du Roi l'environnèrent pour que les bandes, à l'autre bout de la place, ne le vissent pas. Mais elles l'avaient vu et déjà se rangeaient en ligne de bataille et tendaient leurs arcs, quand le jeune Roi fit un geste héroïque, inattendu, et qui tourna bien. Il quitta ses gens, tout seul, en leur disant : « Demeurez ici et que personne ne me suive. » Puis s'avançant sur les rebelles : « Vous n'avez pas, leur dit-il, d'autre capitaine que moi. Je suis votre Roi. Tenez-vous en paix. » La vue de ce bel enfant qui venait à eux avec une tranquille confiance désarma les insurgés qui n'avaient ni chef, ni plan. Richard se mit à leur tête et les conduisit hors de la Cité. Tel du moins est le récit de Froissart.

VIII. — Assassins et pillards méritent peu de pitié. Mais parmi les paysans de 1381 il était beaucoup de braves gens qui croyaient défendre une cause juste. Ce sont ceux-là que l'on ne peut voir sans émotion suivre, en un pathétique et confiant cortège, le bel enfant royal qui les mène au supplice. Car la répression allait être aussi cruelle que l'insurrection. Dès que l'armée de la Jacquerie fut disloquée et les paysans rentrés dans leurs villages, le Roi et ses juges allèrent de comté en comté, tenir de sanglantes assises. Les rebelles furent pendus par centaines. A Londres, sur le billot qu'ils avaient eux-mêmes placé dans Cheapside, les coupables des jours de tuerie, et beaucoup d'innocents furent décapités. Les parents des victimes et jusqu'à des femmes sollicitèrent la permission, pour mieux goûter leur vengeance, d'exécuter eux-mêmes les bourreaux de la veille. La terreur des classes dirigeantes fut durable ; elle alla jusqu'à interdire aux fils de vilains l'entrée des Universités. Les chevaliers et bourgeois libéraux (il y en a toujours) perdirent toute autorité au Parlement. Mais l'esprit d'indépendance du peuple anglais ne périt pas et finit par triompher. Le Statut des Travailleurs tomba en désuétude dès la fin du siècle et les juges de paix furent chargés de trancher à l'amiable les questions de salaire. Enfin sous les Tudors le servage fut aboli et « sous Jacques Ier, ce devint une maxime légale que tout Anglais est un homme libre ».

9.

DEUXIÈME PARTIE DE LA GUERRE DE CENT ANS

Richard II (1377-1399), Henry IV (1399-1413), Henry V (1413-1422), Henry VI (1422-1461), Les Anglais hors de France

I. — L'enfant-roi dont nobles et bourgeois avaient admiré le courage sur la place du marché de Smithfield, et que l'armée des paysans révoltés avait suivi avec un religieux respect, devint un adolescent velléitaire et finit par mourir en prison, méprisé par les grands et oublié de son peuple. Pourtant Richard II avait eu des qualités ; il était brave, très intelligent ; il sut dire à ses terribles oncles : « Je vous remercie pour vos services passés, *my Lords,* mais je ne les requiers pas plus longtemps. » Il essaya loyalement de faire la paix avec la France. Il comprit le danger, pour la monarchie, des ducs apanagés, trop puissants, et il essaya d'être un roi fort à la manière qui fut ensuite celle des Tudors, mais son peuple n'avait pas encore assez souffert pour le soutenir contre les grands et d'ailleurs, après la répression de 1381, les paysans n'avaient plus confiance en lui. L'Église, inquiète de l'hérésie, se fût donnée à qui lui eût fourni les moyens d'abattre celle-ci, mais là encore la sagesse de Richard et sa tolérance le desservaient. Ses bonnes intentions étaient intermittentes, ses accès de volonté violents et brefs, ses favoris mal choisis.

II. — Richard épousa deux princesses : la première était Anne de Bohême, par l'entourage de laquelle les hérésies de Wycliffe se répandirent à Prague et y engendrèrent le mouvement protestant des Hussites ; la seconde était une Française, Isabelle, fille de Charles VI le Fou, ce qui déplut aux Anglais qui n'approuvaient pas la politique francophile de Richard II et regrettaient le temps où les archers de Crécy et de Poitiers revenaient, chargés de butin, dans les villages. Richard, après avoir régné sagement pendant six ans, se laissa tenter par le despotisme. Il réussit à remplir le Parlement de ses créatures et se fit voter, sous menace de ses mercenaires, des droits sur la laine pour toute la durée de sa vie. Dès lors il ne convoqua plus les Chambres. Le succès de cette politique lui tourna la tête. Il exila le fils de Jean de Gand et, à la mort du vieux duc de Lancastre, confisqua l'héritage. C'était provoquer son cousin à la révolte. Lancastre vécut quelque temps à Paris, préparant un coup d'État. Dès qu'il débarqua en Angleterre, Richard se vit abandonné par tous et enfin jeté en prison. Le Parlement, héritier du Grand Conseil, élut roi Henry de Lancastre, que les deux archevêques couronnèrent aussitôt sous le nom d'Henry IV.

III. — Henry IV n'était pas un roi légitime ; il devait sa couronne au Parlement, aux nobles et à l'Église. Aussi dut-il ménager ces trois pouvoirs beaucoup plus que ne l'avaient fait les rois normands ou angevins. A l'Église, ce fut lui qui, en 1401, accorda par le statut : *De Heretico comburendo* le droit de brûler les hérétiques. Pendant les soixante années de cette dynastie lancastrienne, la puissance du Parlement, si menacée par Richard II, ne va cesser de grandir. Le premier des rois lancastriens, Henry IV, se sait un usurpateur et n'ose jamais résister aux Communes. Le second, Henry V, passe une grande partie de son règne hors d'Angleterre et laisse prématurément le trône à un enfant en bas âge, Henry VI, lequel, quand il sera parvenu à l'adolescence, deviendra un souverain faible et un demi-fou. Ainsi pendant une longue période, la faiblesse du Roi, son absence ou ses craintes font du Parlement l'arbitre de la situation. « En face de pouvoirs factieux et instables, la Chambre des Communes, seul pouvoir permanent et largement national, reçoit des circonstances une sorte de rôle arbitral. Ces porteurs de titres litigieux ne peuvent demander qu'à elle un crédit précaire. Encore timide, incertaine, étonnée de ce qui lui échoit ainsi sans qu'elle l'ait cherché, elle exerce, pendant plus d'un siècle, une autorité prépondérante. Ses archives se remplissent de précédents ; ses fastes s'illustrent de revendications ; son règlement s'enrichit de pratiques libérales : pures formes sans doute et qui ne gardent pas à elles seules la substance de la liberté politique (on l'a bien vu au siècle suivant, sous les Tudors), mais qui en perpétuent pour ainsi dire l'appareil, en sorte que le jour où les circonstances redeviennent favorables, on le retrouve tout monté et prêt à la main. »

IV. — Après une longue trêve, Henry V, en 1415, recommença la guerre avec la France. Son véritable but était d'occuper par une guerre étrangère les esprits turbulents de son propre pays. L'agitation religieuse des *lollards* tournait à la guerre civile. Il fallait une diversion et les chroniqueurs disent que les évêques la demandaient. Le Roi lui-même avait de grandes ambitions ; il rêvait de mettre fin au schisme d'Avignon et d'entreprendre une Croisade comme chef d'une ligue occidentale. Quel qu'ait été son but, les moyens qu'il employa sont injustifiables. Trouvant la France déchirée par les factions d'Orléans et de Bourgogne, et gouvernée au nom d'un roi fou par un dauphin sans amis, il releva cyniquement les prétentions d'Édouard III au trône de France. Or, quels qu'aient été les droits, déjà fort contestables, d'Édouard III, ceux d'Henry V, qui n'était même pas l'héritier le plus direct de son bisaïeul, étaient à peu près nuls. Il le savait si bien qu'après une première démarche diplomatique, il demanda seulement qu'on lui donnât, avec la main de Catherine, fille de Charles VI, la Normandie, la Touraine, l'Anjou, le Maine et le Ponthieu. Ces demandes étaient trop absurdes pour être accordées, même par un pays aussi malheureux que l'était alors la France. La guerre devint inévitable.

V. — La deuxième partie de la guerre de Cent ans ressemble prodigieusement à la première. On dirait qu'une sorte d'obsession pousse Henry V à imiter la campagne de son arrière-grand-père. Comme lui il débarque en Normandie. Il n'a que deux mille cinq cents hommes d'armes, leur suite, et huit mille archers. Au total, avec valets et transports, pas plus de trente mille hommes. Il s'empare d'Harfleur, le grand arsenal de l'Ouest, malgré une courageuse défense, puis, ayant envoyé un défi au Dauphin, décide de marcher vers Calais et de traverser la Somme à la Blanche-Tache, le gué de Crécy. C'était une entreprise hardie, mais la noblesse française était divisée ; sans doute laisserait-elle aux Anglais les huit jours dont ils avaient besoin pour atteindre Calais. « L'essentiel était de ne pas soulever les populations sur sa route. Aussi le Roi fit-il exécuter à la lettre les belles ordonnances de Richard II sur la discipline : défense de violer, de piller les églises, sous peine de la potence ; défense de crier : *Havoc* (pille) ! sous peine d'avoir la tête coupée ; même peine contre celui qui vole un marchand ou vivandier ; obéir au capitaine ; loger au logis marqué, sous peine d'être emprisonné et de perdre son cheval, etc. » Trouvant le gué défendu, Henry remonta plus haut et rencontra l'armée de la noblesse française à Azincourt. Affreuse bataille où une chevalerie féodale très brave, mais qui n'avait rien appris et qui tenait aucun compte des leçons de Du Guesclin, se fit transpercer par les archers et tailler en pièces par les hommes d'armes du roi anglais. Dix mille Français périrent dans cette bataille, l'une des plus sanglantes du Moyen Age (1415).

VI. — Après cela, et grâce à la trahison des Bourguignons qui lui ouvrirent les portes de Paris, Henry fut maître de la France du Nord. Il épousa Catherine dans l'église Saint-Jean de Troyes et là signa un traité par lequel il était reconnu comme héritier du trône de France à la mort de Charles VI, et régent pendant la vie de ce Roi. Il devait gouverner avec un Conseil français, et préserver toutes les anciennes coutumes. Son titre, tant que vivrait Charles VI, devait être : Henry, roi d'Angleterre et héritier de France. Mais quelques années après il mourut, dans la forêt de Vincennes, probablement de dysenterie, laissant un fils âgé d'un an. Henry V demeure aux yeux des Anglais un grand roi ; il les avait conduits à de nouvelles victoires et ses vertus privées étaient réelles. Il était généreux, courtois, sincèrement religieux, chaste et loyal. Il parlait peu et répondait seulement : « C'est impossible », ou : « Ce sera fait. » Sa modération, remarquable en des temps si durs, ne l'empêchait pas d'être d'une impitoyable cruauté quand les intérêts du pays et de la Couronne lui semblaient l'exiger. Par ses bons comme par ses mauvais côtés, il avait plu à son peuple. Mais il eût certainement été un plus grand homme d'État s'il avait renoncé à la tentation de se lancer dans cette campagne de France qui, après de si grands succès, finit en désastre.

VII. — Entre les deux parties de la guerre de Cent ans, la symétrie est complète. Après Crécy, défaite de la routine féodale, la France avait produit un soldat réaliste : Du Guesclin. Après Azincourt, elle est sauvée par le bon sens et la foi de Jeanne d'Arc. Quand le petit Henry VI, en 1422, devint, encore au berceau, roi d'Angleterre, la partie pour le dauphin de France semblait perdue. Charles VI était mort deux mois après son ennemi ; les oncles du petit Henry VI, le duc de Bedford, régent en France, et le duc de Gloucester, comptaient le faire sacrer roi de France à Reims, dès qu'il serait en âge de prononcer les formules sacrées ; on ne voyait pas qui pourrait les en empêcher. De 1422 à 1429, le dauphin Charles, sans royaume, sans capitale, sans argent, sans soldats, erra dans les quelques provinces qui lui restaient. On le nommait par dérision : le roi de Bourges. Était-il même le Dauphin ? Beaucoup doutaient de sa naissance, et lui-même. Bedford, maître du Nord de la France, avait entrepris la conquête du Centre et mis le siège devant Orléans. Charles pensait à se retirer jusqu'en Dauphiné. Il semblait que ce fût la fin.

VIII. — Et pourtant la domination des Anglais en France était fragile et artificielle. Faite non d'une force réelle, mais de la division des Français, elle allait tomber au premier choc. L'histoire de Jeanne d'Arc est à la fois le miracle le plus surprenant de l'histoire et la suite d'actes politiques la plus raisonnable. Les plans que dictent à Jeanne ses voix sont simples et géniaux : « Donner au Dauphin confiance en lui-même ; délivrer Orléans ; faire sacrer Charles à Reims » ; Jeanne, dans sa courte vie (1412-1431), n'aura le temps d'accomplir que ces trois actes, mais ils suffisent. « Après le sacre de Charles, jamais plus Henry VI ne pourra être un roi de France légitime. D'ailleurs le branle donné, le peuple suit. L'émoi que soulèvent les victoires de Jeanne et de Dunois, la pitié, l'horreur que provoquent son procès et son martyre, éveillent en France la haine de l'envahisseur. En vain Bedford fait-il couronner Henry à Notre-Dame de Paris, en vain le parti bourguignon et la Sorbonne (qui, par ses consultations, avait permis de brûler Jeanne) reçoivent-ils le petit Roi anglais avec de grandes démonstrations. Le Dauphin gagne du terrain. La maison de Bourgogne se brouille avec l'Angleterre. Paris lui-même finit par chasser la garnison anglaise. La Normandie est délivrée. A la mort de Charles VII (1461), les Anglais ne possèdent plus en France que Calais, qu'ils conserveront encore cent ans, comme un Gibraltar de la Manche.

IX. — Il est remarquable de constater que, de même qu'ils tiennent Bouvines, victoire française, pour une bataille heureuse, les historiens anglais sont aujourd'hui d'accord pour admirer Jeanne d'Arc et pour penser qu'elle a sauvé l'Angleterre du despotisme. Sans elle, le roi d'Angleterre eût vécu à Paris et, appuyé sur une armée française, riche des impôts perçus en France, il eût refusé de subir le contrôle de ses sujets. Grâce à elle, c'en est fait du dangereux rêve d'empire continental dans lequel se sont si longtemps complu les souverains anglais. Ces longues années de lutte avaient produit d'autres résultats durables. Dans les deux pays le sentiment national, émotion neuve et forte, était né au contact d'un peuple étranger. Gens de Rouen, d'Orléans, de Bourges, de Bordeaux, si différents les uns des autres et si longtemps ennemis, avaient pourtant senti qu'entre eux il y avait quelque chose de commun qui les séparait des « Godons » (nom que Jeanne donnait aux Anglais). Ceux-ci de leur côté avaient désormais, et malgré la défaite finale, le souvenir de grandes choses faites en commun. Cependant, entre la France et l'Angleterre, une haine était née qui allait durer, avec quelques intermittences, jusqu'à la fin du XIXe siècle, et laisser dans les masses populaires des deux pays une héréditaire et invincible méfiance.

10.
LA GUERRE DES DEUX-ROSES

I. — La fin des campagnes de France fait refluer en Angleterre des compagnies de soldats habitués à des pillages profitables et toutes prêtes à se mettre au service d'une cause, bonne ou mauvaise. Les lettres du temps sont pleines d'assassinats, d'insurrections, d'exécutions illégales racontées sur le ton le plus naturel et comme des incidents inévitables. Le duc de Suffolk, se rendant à Calais, voit son navire arraisonné par un bateau inconnu ; il est conduit à bord et reçu par les mots de : « Bienvenue, traître ! » Sur quoi on le descend dans une barque et, sans jugement, en cinq ou six coups d'une épée rouillée, un homme d'équipage lui coupe la tête. En 1450, les communes du Kent se soulèvent à l'appel d'un aventurier, Jack Cade, qui se fait appeler Mortimer et se dit descendant d'Édouard III. Ce capitaine va jusqu'à Londres, n'est arrêté que par ses querelles avec les bourgeois de la ville et, avant d'être lui-même tué, décapite le trésorier du Roi et un *sheriff* du Kent. La noblesse est alors prête à suivre de tels usurpateurs, parce que le Roi lui-même n'est plus que fils ou petit-fils d'usurpateur. Les rois lancastriens le savent bien. Quand Henry V, croyant son père déjà mort, a mis la main sur la Couronne, Henry IV est sorti de sa léthargie pour murmurer : « Elle n'est pas encore à vous et ne fut jamais à moi... » Contre le faible Henry VI se dresse Édouard, duc d'York, héritier plus proche d'Édouard III puisqu'il descend par sa mère du duc de Clarence, alors que les Lancastre ne sortent que du cadet, Jean de Gand. Autour de la Rose Rouge de Lancastre et de la Rose Blanche d'York vont se grouper des seigneurs batailleurs, sans autre objet politique que de conquérir la fortune par la victoire de leur parti.

II. — Ces luttes de nobles ambitieux et avides éveillent dans le pays peu d'intérêt. La vie continue. Les champs sont labourés, les récoltes moissonnées ; le commerce de Londres se développe. Une douzaine de grands barons, leurs amis et vassaux, et surtout leurs bandes mercenaires prennent seuls part aux batailles. Il leur faut montrer de la prudence et respecter, en leurs combats, la neutralité des villes et villages, car les hommes armés y sont nombreux et se dresseraient, si on les irritait, contre l'une et l'autre Rose. Les batailles qui décident de la possession du trône se livrent entre quelques milliers d'hommes. Elles confirment le déclin de la cavalerie. Des deux côtés les archers dominent le combat, mais peu à peu l'homme, bête courageuse, s'habitue à braver les flèches. Les barons chargent les archers et cherchent le corps-à-corps où la hache et l'épée décideront de la victoire. Aussi ces batailles, malgré le petit nombre des combattants, font-elles une prodigieuse saignée de la seule classe qui s'y mêle. Après la guerre des Deux-Roses, la noblesse anglaise sera réduite à quelques familles.

III. — Le malheureux Henry VI n'était pas fait pour des temps si rudes. Point du tout sot, mais point du tout roi, c'était un saint et, dans les affaires de ce monde, un enfant. On ne pouvait imaginer une créature plus douce, ni plus respectable, ni plus faible. Dans les grandes guerres de son règne, il n'avait été qu'un spectateur, laissant agir Somerset ou Warwick et ne montant lui-même sur la scène que pour tenir sa place dans un cortège ou dans un sacre. Vivant parmi des êtres qui se haïssaient, il ne pensait qu'à les réconcilier. Marié avec une furie, Marguerite d'Anjou, il ne montrait à son égard que patience et affection. Ses seuls bonheurs étaient d'entendre la messe, d'étudier l'histoire et la théologie. Il avait horreur de toute pompe et s'habillait comme un bourgeois. Au lieu des souliers pointus alors à la mode parmi les grands, il portait des souliers ronds de paysan. Quand il devait revêtir sa robe royale, elle couvrait un cilice. Avant chaque repas il disait ses prières, comme un moine, et avait toujours à table, devant lui, une image représentant les cinq plaies du Christ. Chesterton a remarqué que ces rois faibles et pieux sont ceux qui ont laissé les monuments les plus durables et les plus beaux.

Édouard le Confesseur avait bâti l'abbaye de Westminster; Henry VI fonda l'École d'Eton (1440), et construisit à Cambridge l'admirable chapelle de King's College. Ces fondations achevèrent de le ruiner. En un temps où tous, nobles et marchands, s'enrichissaient, le Roi seul était couvert de dettes. En 1451 il dut emprunter de l'argent pour célébrer la Noël et, le jour des Rois, n'ayant plus de crédit, le Roi et la Reine ne purent dîner. Ce souverain naïf et comme irréel allait être une proie facile pour des chevaliers brutaux et sans scrupules.

IV. — En 1453, Henry VI (qui était petit-fils du pauvre Charles VI de France) donna des signes certains de folie. Non seulement il avait perdu la mémoire et la raison, mais il ne pouvait plus marcher ni se tenir debout. Il ne comprit même pas qu'un fils lui était né. Son cousin d'York, appuyé par Warwick, puissant seigneur qui fut surnommé à la fois le Dernier des barons et le Faiseur de rois se fit couronner à Westminster sous le nom d'Édouard IV. Le doux Henry fut enfermé à la Tour, traité, disent les chroniqueurs yorkistes, avec humanité, laissé dans un état d'abandon et de saleté incroyable affirment, au contraire, les chroniqueurs lancastriens. « Vous avez tort, disait-il doucement à ses gardiens, de frapper ainsi un roi consacré. » Puis une querelle d'Édouard IV avec le Faiseur de rois remit soudain sur le trône Henry VI et la Rose Rouge. Enfin Édouard ayant battu Warwick, qui périt dans la bataille, tua le prince de Galles et fit assassiner le roi lui-même. Après ce consciencieux massacre (1471), Édouard IV régna sans grande opposition jusqu'en 1483. Exacte contrepartie de son pieux cousin, il fut un prince de la Renaissance, brillant et cynique. Il ne répugnait pas à caresser les femmes de ses marchands de la Cité et sa grande beauté faisait qu'elles ne lui étaient pas cruelles. « Par ma foi, lui disait une riche veuve, pour ton charmant minois, tu auras toujours vingt livres. » Le Roi, qui ne s'était attendu à recevoir d'elle que la moitié de cette somme, la remercia et l'embrassa. Sur quoi elle lui redonna vingt livres, « parce qu'elle estimait que le baiser d'un roi était le plus précieux des joyaux ». Grâce aux grands marchands et à leurs femmes, Édouard IV vécut au jour le jour, des libéralités de ses sujets. On peut penser que les donateurs n'y perdaient rien; les avantages et monopoles qui leur étaient accordés leur permettaient de se rembourser sur la masse des acheteurs, ce qui était une forme ingénieuse d'impôt indirect.

V. — L'avènement de la maison d'York porta un coup assez grave au prestige du Parlement. Alors que les rois lancastriens, usurpateurs, avaient demandé l'investiture à celui-ci, les rois yorkistes prétendaient régner par seul droit d'héritage. D'ailleurs la Chambre des Communes cessa, vers ce temps, de représenter réellement les communautés d'Angleterre. Au début, tout bourgeois payant ses impôts avait eu le droit de voter. Mais de même que l'enrichissement des grands marchands avait transformé les guildes en cercles fermés, beaucoup de bourgs avaient acheté à la Couronne des chartes qui excluaient les nouveaux venus. Tantôt le maire et ses conseillers, tantôt un Conseil composé des bourgeois les plus riches eurent seuls le droit de choisir les représentants de la ville. Ainsi commença le processus qui, pour plusieurs siècles, transformera tant de circonscriptions anglaises en « bourgs pourris », où l'électorat sera si restreint qu'il deviendra facile à corrompre. De même, à partir de 1430, les chevaliers des comtés ne furent plus élus que par les *freeholders* dont la terre rapportait au moins quarante shillings. Beaucoup d'hommes qui avaient jusqu'alors voté se trouvèrent ainsi dépossédés de leurs voix. Ce régime devait durer jusqu'à la réforme électorale de 1832. Il assura la puissance légale d'une classe peu nombreuse, car une pression énergique fut exercée, en temps d'élections, sur leurs tenanciers et amis par les seigneurs les plus puissants. En 1455, la duchesse de Norfolk écrit à John Paston : « Comme il est nécessaire, pour diverses raisons, que votre Lord ait en ce moment dans les parlements des personnes qui lui appartiennent et soient de ses serviteurs, nous désirons et vous prions qu'après lecture de cette lettre vous donniez votre voix à nos très aimés cousins et servants John Howard et Sir Roger Chamberlain, afin qu'ils soient élus chevaliers du *shire*. Et exhortiez aussi à voter de même tous autres qui, par votre sagesse, pourraient y être décidés. » Ces recommandations sont de tous les temps.

VI. — Édouard IV laissait deux jeunes fils, dont l'aîné aurait dû lui succéder, mais son frère Richard, duc de Gloucester, fit assassiner ses neveux après les avoir emprisonnés dans la Tour de Londres, et devint roi sous le nom de Richard III (1483). Shakespeare a peint un portrait monstrueux de ce bossu cruel, courageux et brillant. Bien que certains historiens aient essayé de réhabiliter Richard III, il semble qu'il faille croire Shakespeare. Lorsque le peuple connut le double meurtre de la Tour, le sentiment de révolte qui, depuis longtemps, fermentait dans l'esprit des Anglais, fatigués de guerres civiles et d'usurpations, prit une forme plus précise. Une chance semblait s'offrir de réconcilier les deux Roses. Il restait un Lancastre, Henry Tudor, duc de Richmond, adolescent chétif qui, par prudence, s'était enfui en Bretagne et qui par sa mère, Margaret, descendait directement de Jean de Gand. Si cet Henry pouvait épouser Elizabeth d'York, fille d'Édouard IV, les deux maisons seraient unies. Richard, qui comprit le danger, s'efforça de se concilier les bourgeois en convoquant un Parlement et projeta d'épouser lui-même sa nièce. Mais bientôt Henry Tudor, parti d'Harfleur, débarqua à Milford Haven avec deux mille soldats, Anglais réfugiés et aventuriers bretons. Le Pays de Galles se déclara pour lui parce que les Tudors étaient Gallois. Il rencontra Richard à Bosworth (1485). Le sort de la bataille fut décidé par les Stanley, grands seigneurs du Lancashire, qui se prononcèrent pour Henry, parce que Lord Stanley avait épousé, en secondes noces, la mère de celui-ci. Richard, bravement, se jeta dans la mêlée, abattit plusieurs guerriers, mais fut lui-même tué. La couronne, qu'il avait portée dans le combat et qui était tombée dans un buisson, fut retrouvée après la bataille et placée par Stanley sur la tête de son beau-fils, qui devint le roi Henry VII. « Ainsi nous unirons la Rose Blanche et la Rose Rouge. Puisse le ciel, qui si longtemps a regardé leurs haines avec courroux, sourire à cette heureuse union. L'Angleterre a été longtemps folle et s'est mutilée elle-même... Oh ! qu'aujourd'hui Richmond et Elizabeth, héritiers légitimes des deux maisons royales, s'unissent par le consentement béni de Dieu. » Ce mariage eut lieu l'année suivante. La guerre des Deux-Roses était terminée.

11.

L'ANGLETERRE A LA FIN DU MOYEN AGE

I. — Quels sont, au XVe siècle, les traits déjà formés du caractère national ? Bien que la guerre de Cent ans se soit terminée pour les Anglais par un échec, le souvenir leur en paraît glorieux. Tous les combats ont été livrés en sol étranger. Seules quelques villes de la côte ont vu l'ennemi, en des raids furtifs. Le peuple anglais se juge désormais invulnérable dans son île et méprise les autres nations. « Les Anglais sont orgueilleux, dit Froissart, et ne se peuvent contraindre naturellement en l'amitié, ni alliance de nations étrangères, et particulièrement il n'y a pas sous le soleil de peuple plus périlleux que les gens de métier tels qu'ils sont en Angleterre. » Cet orgueil est fortifié par la richesse du pays. Celle-ci frappe alors tous les visiteurs. « Elle est plus grande que celle d'aucun pays d'Europe », dit l'envoyé vénitien. Quand on lit dans Chaucer la description des pèlerins de Canterbury, on imagine ce que dut être en Angleterre, dès le XIVe siècle, l'aisance de toutes les classes. Hommes et femmes sont vêtus de solides étoffes, souvent bordées de fourrure. Le *franklin* de Chaucer, petit propriétaire campagnard, est un rude épicurien, joyeux de vivre, dont la cave est égale aux meilleures, dont la table ne manque jamais de perdrix grasses, ni de brochets, « et malheur à son cuisinier si ses sauces ne sont pas bien relevées » ! Les armes du tisserand et du teinturier sont montées en argent massif. Ces artisans sont des hommes faits pour s'asseoir un jour comme conseillers sous le Dais de Guildhall, des bourgeois dont les femmes sont appelées *Madame* et portent, quand elles vont à l'église, un manteau digne d'une reine. Quand Sir John Fortescue est exilé en France, pendant la guerre des Deux-Roses, il se dit surpris par la misère des paysans français : « Ils boivent de l'eau, ils mangent des pommes avec du pain de seigle : pas de viande, si ce n'est rarement un peu de lard, les entrailles ou les têtes des bêtes tuées pour les nobles et marchands... Tels sont, conclut Fortescue, admirateur passionné des parlements, les fruits du pouvoir absolu. »

II. — Plus encore que la richesse, le grand sujet d'orgueil de l'Anglais est alors sa relative liberté. L'orgueilleux Fortescue, en 1470, fait l'éloge des lois anglaises : « Comment ne seraient-elles pas bonnes quand elles sont l'œuvre, non d'un seul homme, ni même de cent conseillers, mais de plus de trois cents hommes choisis ? D'ailleurs si par hasard elles étaient mauvaises, elles peuvent être réformées avec l'assentiment de tous les états du royaume... En Angleterre, c'est la volonté du peuple qui est la première chose vivante, et qui envoie le sang dans la tête et dans tous les membres du corps politique. » Il oppose triomphalement la liberté de l'Anglais, qui ne paie que des impôts consentis et ne peut être jugé que dans les formes, aux contraintes que subit le sujet français, obligé d'acheter le sel de la gabelle, de payer des tailles arbitraires, et qui est « jeté dans un sac en Seine », sans jugement, si son prince le juge coupable. A la vérité, Fortescue exagère. Les victimes de Richard III n'avaient pas été, que l'on sache, protégées par les formes légales. Mais il est vrai que Richard lui-même n'eût pas osé lever un impôt sans le consentement du Parlement, alors qu'en France, depuis une ordonnance de 1439, Charles VII, ayant obtenu des États un impôt direct : *la taille,* pour solder l'armée, était parvenu à rendre cette taille perpétuelle. Désormais ses successeurs en fixèrent le montant sans convoquer les États.

III. — Pourquoi ces différences entre les deux peuples ? a) *Parce que la tâche des rois français a été beaucoup plus difficile que celle des rois anglais,* maîtres de tout le pays depuis le temps de la Conquête, et qui, dès le XIIe siècle, ont pu imposer aux seigneurs locaux leurs juges ambulants et la loi commune. Le peuple français, qui a cruellement souffert de l'indépendance des grands féodaux et de l'invasion étrangère, est prêt à ouvrir au Roi un large crédit de pouvoir, pourvu qu'il maintienne l'ordre et défende les frontières. En France, pays continental, l'ennemi est proche, l'armée permanente nécessaire. En Angleterre, la liberté du peuple affaiblit le Roi, mais la mer couvre fautes et faiblesses. b) *Parce que chaque homme, en Angleterre, est son propre soldat et son propre policeman.* Le *yeoman,* archer ou valet d'armes du temps de guerre, n'est autre que le petit propriétaire anglais du temps de paix. Le Roi, pour imposer sa volonté à de tels hommes, ne possède pas de troupes. « Il faut bien, dit Froissart très choqué, que le Roi qui est leur Sire, s'ordonne d'après eux et s'incline à leur volonté, car s'il fait le contraire et que mal en vienne, mal l'en prendra. » Le roi de France possède, depuis Charles VII, une petite armée (quinze compagnies de gens d'armes et chevau-légers) et la plus forte artillerie du temps. En France, point de milice dans les villages. Depuis les francs archers jusqu'à la Garde nationale, le soldat-citoyen, chez nous, fut toujours un échec. Ainsi la taille permanente assure, en France, la solde de l'armée et l'armée permanente le recouvrement de la taille. Le roi de France n'a pas souvent besoin des États généraux et les convoque le moins possible. Les convoquerait-il, d'ailleurs, que les trois états : Noblesse, Clergé, Tiers, s'y combattraient et s'y dévoreraient. Le mélange de riches marchands et de petite noblesse qui fait en Angleterre la force des communes serait inconcevable en France au XVe siècle. D'ailleurs, en Angleterre même, une monarchie plus vigoureuee va devenir nécessaire pour en finir avec la violence et l'illégalité. Le peuple anglais, qui a, pendant la guerre des Deux-Roses, souffert de l'anarchie, appelle, lui aussi, vers la fin du siècle, un relatif despotisme, mais toujours son roi devra respecter les formes. L'idée de la monarchie limitée est solidement ancrée dans les esprits anglais.

IV. — La violence n'est pas, en Angleterre, l'apanage des féodaux. Ces Anglais et ces Saxons ont toujours été brutaux. Les usages et les bonnes manières tiendront plus tard cette violence en bride, mais, sous les cérémonies, elle survivra jusqu'à nos jours. Sir John Fortescue la tient pour méritoire, même quand elle conduit au crime. « Il y a, dit-il fièrement, plus d'hommes pendus en Angleterre en un an, pour vol à main armée et pour meurtre, qu'il n'y a de pendus en France pour la même espèce de crime en sept ans. Si un Anglais est pauvre et voit un autre homme ayant des richesses qu'on puisse lui prendre de force, il ne manque pas de le faire, à moins qu'il ne soit lui-même tout à fait honnête. » Chaucer fait un terrible portrait d'un *yeoman* « à poil roux, vigoureux, rustre, large d'épaules, qui porte l'épée au côté et ne doit pas être un gaillard commode ». La violence avait été, au Moyen Age, tempérée par deux forces : la courtoisie chevaleresque et la charité religieuse. Mais au XVe siècle, ceux même qui lisent des romans de chevalerie et qui créent des fondations pieuses ne se font pas scrupule de détrousser les faibles, ni de battre leurs femmes. Les mœurs familiales sont dures et le mariage traité comme une affaire ; un père vend sa fille avant qu'elle soit en âge de protester. Après le mariage, les femmes prennent leur revanche. La matrone de Bath, dans Chaucer, nous apprend comment elles traitaient leurs maris, avec un mélange de coquetterie, d'immoralité et de cruauté, qui est éternel. A divers égards la condition des femmes et surtout celle des veuves était alors meilleure qu'elle n'est aujourd'hui en certains pays. Elles pouvaient exercer tout commerce, faire partie des guildes, devenir, comme les hommes, *sheriffs* ou *High Constables.* Elles voyageaient seules, se joignaient aux pèlerins et vivaient comme eux. Marguerite Paston administrait les affaires les plus importantes de son mari et il louait sa prudence.

V. — La correspondance de la famille Paston nous montre que l'instruction était alors assez répandue dans les deux sexes. Dès qu'un mari et une femme sont séparés, ils s'écrivent. Longtemps garçons et filles ont été élevés ensemble. Puis les rois ont fondé des écoles spéciales pour les garçons. C'est le temps des premières *Public Schools :* Winchester et Eton. Les conversations des pèlerins de Chaucer donnent une idée favorable de la culture moyenne des hommes et des femmes au XIVe siècle. Ceux même qui ne savent pas le latin citent avec à-propos les noms de Cicéron et de Sénèque, voire ceux de Virgile et de Dante. Ils sont affranchis de nombreuses superstitions et raillent, par exemple, ceux qui s'effraient des rêves : « Tout le monde sait que les rêves sont engendrés par les mauvaises sécrétions du corps et la superfluité de la bile. » Avec Chaucer (1340-1400), la littérature de langue saxonne atteint, dès ses débuts, à une perfection qui sera égalée, jamais dépassée. Un des effets de la guerre de Cent ans avait été de créer un préjugé contre la littérature française, devenue celle d'un pays ennemi. Les élites elles-mêmes souhaitent un grand écrivain saxon ; elles le trouvent en Chaucer. Celui-ci, comme plus tard Shakespeare, a connu toutes les conditions humaines ; il a vécu à la cour d'Édouard III ; il a été ambassadeur à Florence, à Rome, et député à Westminster. Il est donc merveilleusement préparé à peindre un tableau complet et vivant de l'Angleterre de son temps. De ses œuvres, la plus importante, aux yeux de l'historien, est le fameux recueil des *Contes de Canterbury*. Les pèlerins qui se rendaient à la châsse de saint Thomas Becket, à Canterbury, se réunissaient au célèbre Tabard Inn, à Southwark, pour ne pas faire seuls le voyage en un temps où les routes n'étaient pas sûres. La description d'un groupe de pèlerins, les récits qu'ils se font les uns aux autres pour occuper le temps du voyage, forment le poème de Chaucer. Comme dans Shakespeare, on y découvre une humanité toute proche de nous. Les grands artistes nous aident à comprendre que, si décors et mœurs se transforment, les passions humaines changent peu.

VI. — Le décor de la vie lui-même, vers ce temps-là, commence à se rapprocher de celui auquel nous sommes accoutumés. Pendant tout le Moyen Age, l'habitation des classes riches avait été une maison fortifiée, construite pour résister à un siège et pour abriter des soldats. A partir du XVe siècle, chevaliers et grands marchands souhaitent posséder des maisons de campagne faites pour l'agrément plutôt que pour la défense. Le nombre des chambres augmente. Maîtres et serviteurs cessent de manger dans le même hall. Un pièce nouvelle, sorte de parloir, permet de ne pas recevoir les visiteurs dans la chambre à coucher. Elle est munie d'une cheminée où l'on peut faire des feux de charbon, de fenêtres profondes que ferment de petits carreaux de verre et sous lesquelles sont taillés des bancs de pierre couverts de coussins. Aux murs sont des tapisseries, des peintures ; sur le sol un tapis d'Espagne. Le lit de plume vient d'être importé de France, et c'est un bien précieux qu'on lègue par testament à l'enfant préféré ou au conjoint survivant. Chacune de ces maisons possède un jardin régulièrement dessiné, coupé de murs ou de haies taillées, planté de fleurs, d'herbes médicinales ou odorantes, de salades. Dans les petites allées sablées, semées de bancs de gazon épais et doux comme du velours, se promènent les dames aux coiffures immenses. Le luxe des costumes est alors si grand qu'il appelle des lois somptuaires. Autre signe de richesse : le pays se couvre d'églises et chaque village se pique d'enrichir la sienne de tapisseries et de statues. Pourtant les maisons des pauvres, et même celles des classes moyennes, restent primitives. Le meunier de Chaucer se contente d'une chambre pour lui, sa femme, sa fille, un bébé et deux étudiants de Cambridge venus pour leur rendre visite.

VII. — Vers la fin du xve siècle apparaissent, dans ces maisons, les premiers livres imprimés. L'imprimerie satisfit un besoin plutôt qu'elle ne le créa. Cette époque rappelle un peu la nôtre par l'accès à la culture de toute une classe nouvelle de lecteurs. En de telles périodes se produit une constante demande de livres de vulgarisation. Notre temps réclame des livres de science, des encyclopédies, des biographies. Le lecteur du xve siècle voulait des livres de piété, des grammaires, des chroniques rimées, des traductions de grands écrivains latins. Chaque *squire* avait alors sa bibliothèque de manuscrits ; nous possédons l'inventaire de celle de John Paston (au temps d'Édouard IV). Elle ne contient qu'un livre imprimé. L'imprimerie fut introduite en Angleterre par Caxton (1422 ?-1491), qui en avait appris les principes à Cologne. Il monta près de Westminster une véritable affaire d'édition, produisit de beaux livres et les vendit très facilement. Édouard IV, homme cultivé, le patronna. L'invention de l'imprimerie, en vulgarisant la théologie, prépara les guerres de religion, comme l'invention de la radio favorise en notre temps la diffusion des passions politiques.

VIII. — Il serait artificiel de dessiner de façon trop précise les frontières qui séparent le Moyen Age de la Renaissance. Comme jadis l'Empire romain, la civilisation médiévale meurt lentement. Pourtant cette fin du xve siècle où la presse de Caxton remplace les copistes des monastères, où la langue anglaise rivalise avec la langue latine, où le bourgeois s'enrichit tandis que le chevalier succombe, où le canon ouvre une brèche dans le donjon, où le marchand échappe à la guilde, le fidèle au clerc et le serf au seigneur est bien une époque de transition. Une société qui eut plusieurs siècles de grandeur décline ; une autre se lève dont nul ne sait encore ce qu'elle sera. L'Angleterre de 1485 est prête au bonheur ; la richesse de ses fermiers et de ses artisans, la maturité de leur esprit frappent tous ceux qui l'observent alors. Il ne lui manque plus qu'un gouvernement fort. Contre toute attente, ce jeune Henry Tudor et ses descendants allaient le lui donner.

LIVRE IV

LES TUDORS
OU LE TRIOMPHE
DE LA MONARCHIE

TABLEAU III

La Maison de Tudor et la dynastie écossaise des Stuarts.

HENRY VII (1485-1509), époux d'Elizabeth d'York.

- **HENRY VIII** (1509-1547).
  - **ÉDOUARD VI** (1547-1553).
  - **MARY** (1553-1558).
  - **ELIZABETH** (1558-1603).
- Margaret, épouse de Jacques Stuart (Jacques IV d'Écosse).
  - Jacques V d'Écosse.
    - Mary reine d'Écosse, épouse d'Henry Stuart, baron Darnley. *(Voir ci-contre.)*
      - **JACQUES Ier** (1603-1625). Jacques VI d'Écosse (1567-1625).
  - Margaret, comtesse de Lennox.
    - Henry Stuart, baron Darnley, époux de Mary, reine d'Écosse. *(Voir ci contre.)*
- Mary.
  - Frances, duchesse de Suffolk.
    - Jane Grey.

Henry VII descendait d'Édouard III par une branche issue du troisième mariage de Jean de Gand, duc de Lancastre. En 1485, Henry était seul héritier des droits successoraux de la Maison de Lancastre. Il s'unit à la Maison d'York en épousant Elizabeth, fille d'Édouard IV.

1.
HENRY VII

I. — L'importance des événements échappe presque toujours à ceux qui en sont les témoins. Aux soldats qui, le soir d'une bataille, virent Lord Stanley placer la couronne sur la tête de son beau-fils Henry Tudor, ce geste dut apparaître comme un des pittoresques épisodes d'une interminable guerre. Ils venaient pourtant d'assister à la fin d'une société. Pendant quinze ans encore des prétendants allaient surgir ; à aucun moment ils ne mettraient en danger le trône d'Henry VII. Stabilité d'autant plus surprenante que le nouveau roi n'était pas un guerrier. Sur cet homme triste, sérieux et pensif, deux légendes se formèrent. La première, créée de son vivant par Henry lui-même, faisait du Roi un personnage distant et mystérieux qui n'était plus, comme les souverains du Moyen Age, un chevalier parmi ses pairs, mais un être à part : le monarque ; la seconde, celle des historiens, décrira un roi avare et méfiant, un Louis XI anglais qui aurait amassé, en pressurant la noblesse, d'immenses trésors. Henry VII fut-il vraiment avide d'argent ? C'est un fait qu'il laissa une grande fortune, près de deux millions de livres. Il tenait ses registres de comptes minutieusement, comme un bourgeois : « Pour la perte du Roi aux cartes : neuf livres... Pour perte de balles au tennis : trois shillings... A mon fou, pour avoir composé un chant... » Mais si ce sont là des comptes précis, ce ne sont pas ceux d'un avare. Le luxe de sa cour, la beauté de ses joyaux, ses robes de velours violet doublées de drap d'or étonnaient les ambassadeurs milanais et espagnols. La vérité semble être que le premier des Tudors a aimé l'argent parce que l'argent était devenu, après l'échec de la société féodale, le nouveau signe de la force. Au XVIe siècle, un roi pauvre eût été un roi faible, soumis à ses nobles et à son Parlement. Henry VII et ses enfants ne dépendront ni des uns, ni de l'autre. Sans autre armée permanente que cent cinquante gardes du corps, ils seront des souverains plus que respectés, vénérés. Il faut expliquer le mécanisme de leur prodigieuse sécurité.

II. — Par la guerre des Deux-Roses, les grands seigneurs avaient été, non pas anéantis, mais fort diminués. Au Parlement d'Henry VII, vingt-neuf Lords temporels seulement sont convoqués et leur influence dans le pays paraît faible. Les institutions naissent parce qu'elles sont nécessaires, et meurent quand elles deviennent inutiles ou dangereuses. Après la chute de l'Empire et les désordres des invasions, les seigneurs féodaux avaient, en l'absence d'un pouvoir central fort, assuré tant bien que mal la défense du sol et l'administration de la justice. Puis le succès des rois normands et angevins avait dépouillé cette aristocratie guerrière de ses fonctions essentielles. Longtemps elle avait trouvé à s'employer en des expéditions de conquête, tantôt au Pays de Galles ou en Écosse, tantôt en Normandie, en Aquitaine ou dans les Flandres. A la fin du XVe siècle, la formation en Espagne, puis en France, de grands États plus forts que la petite Angleterre de ce temps, n'avait plus laissé aux nobles guerriers aucune chance d'aventure continentale. Il ne leur était resté d'autre emploi que de se battre entre eux. La guerre des Deux-Roses avait eu le double effet de dégoûter bourgeois et paysans de toute anarchie féodale, et d'affaiblir ce qui restait de la noblesse anglo-normande. Qui pouvait hériter de son pouvoir ? Le Parlement ? Après de brillants débuts il avait perdu, lui aussi, pendant la période des troubles, son prestige. La Chambre des Communes ne pouvait être élue librement que si un pouvoir central fort protégeait les électeurs contre les interventions des seigneurs locaux. Entre gouvernement féodal et gouvernement parlementaire, le Roi seul pouvait faire la soudure. La carence de la noblesse et des communes laissait place nette à la monarchie.

III. — Pour désarmer ce qui reste encore des nobles partisans et de leurs bandes, les rois Tudors s'appuient sur trois classes nouvelles : la *gentry*, les *yeomen* et les marchands. La *gentry* est l'ensemble des *gentlemen* vivant à la campagne. Ce mot *gentleman,* qui commence à être employé sous la reine Elizabeth, est loin d'avoir le même sens que le mot français *gentilhomme.* On peut être un *gentleman* sans être anobli et même sans posséder une terre féodale. La *gentry* comprend aussi bien le descendant du chevalier que le riche marchand, ancien maire de sa ville, qui achète une terre pour s'y retirer, ou que l'avocat célèbre devenu propriétaire foncier ; elle a pour limite inférieure un cens foncier, ces vingt livres de revenu qui jadis faisaient un chevalier et qui au XVIe siècle permettent à un propriétaire d'être juge de paix. A la petite aristocratie de naissance succède une petite aristocratie de richesse, dont le rôle dans l'État ressemble à celui que jouèrent en France les classes moyennes au temps de Louis-Philippe, mais qui demeure une aristocratie rurale. Entre les *squires* qui la forment et les pairs du royaume, point de cloison étanche. Les héritiers des pairs entrent à la Chambre des Communes et s'y trouvent à égalité avec les gentlemen de la campagne.

IV. — Les *yeomen* sont, eux aussi, une classe rurale, celle qui vient au-dessous de la *gentry,* au-dessus de l'ancien vilain. Elle comprend (approximativement) les individus qui ont au moins les quarante shillings de revenu exigibles pour faire partie d'un jury ou pour prendre part aux élections de comté, mais qui n'atteignent pas aux vingt livres qui feraient d'eux des *gentlemen.* Il n'est pas nécessaire d'être un propriétaire pour devenir un *yeomen.* Des *copy holders* et même des fermiers peuvent être *yeomen.* Bacon définit la *yeomanry* comme la classe intermédiaire entre les *gentlemen* et les paysans ; Black-stone comme la classe des électeurs de campagne (la *gentry* étant la classe des éligibles). Cette *yeomanry* qui se composera au XVIIe siècle de cent soixante mille Anglais environ, forme l'armature du pays et de ses armées. On voit combien la structure de l'Angleterre est alors différente de celle des États du Continent, où peu de personnes autres que les nobles possèdent la terre. Ces *yeomen* ont été les archers de la guerre de Cent ans. Ils n'ont peur, ni de travailler de leurs mains, ni de se battre. « Ils forment dans la nation un élément économique, politique et social de très grand poids » et ils sont du côté du Roi parce qu'ils ont tout à perdre au désordre.

V. — Les marchands anglais n'occupent pas encore dans le monde, au début du XVIe siècle, la place qu'ils y tiendront plus tard. Quelques-uns d'entre eux (les *Merchant Adventurers*), mi-pirates, mi-armateurs, vont bien vendre leurs tissus jusqu'en Russie et font dans la Méditerranée concurrence à Venise et à Gênes, mais dans la conquête, qui commence alors, de mondes neufs, l'Angleterre ne joue aucun rôle. Quand les succès militaires de l'Islam, en barrant la route méditerranéenne des Indes, ont contraint, au XVe siècle, les Européens à tenter de grandes aventures maritimes pour trouver un chemin nouveau vers les richesses de l'Orient, seuls les Portugais et les Espagnols se sont partagé les terres découvertes. Qui eût pensé à l'Angleterre, petit pays agricole et pastoral, pour lui attribuer un empire colonial ? Pourtant un homme, dès ce temps-là, entrevit que « l'avenir de son peuple était sur l'eau » ; ce fut le roi Henry VII. Autant qu'il le put, il encouragea la navigation. Lui-même il construisit de grands bateaux : la *Mary-Fortune*, le *Sweepstake*, et les loua à des marchands. En Méditerranée, vers l'an 1500, la galère demeurait le vaisseau de guerre bien que le voilier y fût le vaisseau marchand ; en Angleterre, au contraire, vaisseau marchand et vaisseau de ligne se confondirent longtemps. Ce fut en partie parce que l'Océan n'avait jamais été sûr pour les galères et en partie parce que les Anglais, peuple pratique, voulaient en temps de paix disposer pour leur commerce de toute leur flotte. Quand venait la guerre, sur réquisition royale, des charpentiers élevaient, à l'avant et à l'arrière des bâtiments, des « châteaux » pour les troupes. Au XVe siècle, ces « châteaux » devinrent des traits permanents. Henry VII fut l'un des premiers à placer des canons à bord de ses vaisseaux ; il créa un arsenal à Portsmouth ; il commandita des expéditions comme celle de Cabot qui, cherchant les épices de l'Orient, découvrit les morues de Terre-Neuve ; il interdit, par un Acte de Navigation, d'importer les vins de Bordeaux sur des bâtiments étrangers (et si aujourd'hui le déplacement des bateaux anglais est jaugé en « tonneaux », ce n'est qu'en souvenir de tant de barriques bordelaises). Bref, Henry VII sembla comprendre que la lutte pour les marchés extérieurs allait devenir l'une des formes de la grande politique ; l'appui qu'il donna à la marine et au commerce lui attacha les bourgeois des villes et en particulier ceux de Londres.

VI. — Appuyé sur ces trois classes puissantes : *gentry*, *yeomen* et marchands, le Roi put mater ce qui restait des grands barons.

Sachant les jurys provinciaux intimidés par le prestige de leurs anciens maîtres, il évoqua les affaires dangereuses devant une Cour de Prérogatives, détachée de son Conseil, et que l'on appela Chambre Étoilée à cause de la décoration de la salle où elle tenait séance. Sous Henry VII, les condamnations à mort furent assez rares. « Il tirait plus d'or que de sang », mais faisait respecter ses ordres. Un jour, rendant visite au comte d'Oxford, il fut reçu par toute une compagnie de valets en uniforme. Une loi nouvelle interdisait aux nobles d'entretenir de telles troupes de serviteurs, trop facilement transformés en soldats. En partant, Henry VII dit à son hôte : « *My Lord,* je vous remercie beaucoup pour votre bonne chère, mais je ne puis tolérer que les lois soient violées en ma présence. Mon *attorney* va maintenant parler avec vous. » Le comte d'Oxford fut heureux de s'en tirer avec une amende de dix mille livres. Ces méthodes antichevaleresques étaient dures, mais saines, et la Chambre Étoilée elle-même fit souvent besogne utile. Pourtant, le principe même des Chambres de Prérogatives, retirant à l'accusé le bénéfice du jury, était condamnable et contraire aux libertés du royaume ; on le vit bien quand, sous les Stuart, elles devinrent des instruments de tyrannie.

VII. — En politique comme en justice, Henry VII mit la légalité en vacances. Pendant son règne, le Parlement ne fut convoqué que sept fois. Qui songeait alors à s'en plaindre ? Le désordre des guerres civiles avait résolu tout conflit constitutionnel au profit de la Couronne. Il est vrai que le Roi ne gouvernait qu'avec l'assistance de son Conseil, mais ce Conseil n'était pas (comme celui des rois normands) une assemblée représentative de magnats et de prélats. Les nouveaux conseillers étaient des fils de bourgeois, élevés dans les Universités. Beaucoup de familles destinées à participer, pendant des siècles, au gouvernement de l'Angleterre : les Cavendish, les Cecil, les Seymour, les Russell débutent dans les bureaux des rois Tudors. Ce n'est plus le guerrier qui fonde une noble lignée, mais le grand commis. Au serviteur personnel du Roi succède le secrétaire d'État.

Nous possédons les procès-verbaux des séances du Conseil privé. On y voit ce qu'était le caractère minutieux de cette administration, qui ressemble à celle d'une affaire de famille. Par exemple, le 6 juin 1592, le Conseil s'occupe d'un certain Thomas Prince, maître d'école, qui a tenu des propos contre la religion d'État. Il est décidé d'écrire au juge d'assises de son comté pour lui demander s'il y a lieu de poursuivre... Le Conseil donne ordre à un gentleman, propriétaire d'une prairie sur laquelle passe un chemin de halage, de réparer celui-ci... Il autorise un boucher à tuer des animaux, pendant le Carême, pour les cuisines de l'Ambassade de France... Tout est prévu. Si des troupes arrivent à Portsmouth, le Conseil écrit au maire pour le prier de s'occuper de leur nourriture Car il n'y a pas de bureaucratie nationale. La Cour et le Roi ne peuvent gouverner qu'en utilisant, dans les comtés et les bourgs, le réseau serré des institutions locales.

2.

LES INSTITUTIONS LOCALES AU TEMPS DES TUDORS.

I. — Une des différences les plus importantes entre l'histoire de la France et celle de l'Angleterre est le développement en France d'une hiérarchie de fonctionnaires dépendant du gouvernement central et payés par lui, en Angleterre d'institutions locales administrées par des volontaires. Le mouvement naturel du roi Tudor est de se servir de ce qui existe et de résoudre les problèmes nouveaux par un appel aux organes anciens. Que restait-il dans les campagnes, après quelques siècles de vie féodale, de l'ancien *folkmoot* des Saxons ? Ce qui ressemblait le plus à cette assemblée villageoise était l'assemblée de paroisse. Au XIIIe siècle, les curés avaient réussi à faire payer par les fidèles les réparations de l'église, les achats de livres, de surplis, dont auparavant ils avaient dû prélever le coût sur la dîme. Pour administrer ce petit budget, les paroissiens avaient nommé quelques représentants. Le *churchwarden* ou marguillier, gardien légal des biens de la paroisse, achetait les vases du culte, le vin de la messe, les ornements sacerdotaux et un uniforme pour le *bedeau* qui, fouet ou bâton en main, chassait de l'église les chiens et les ivrognes ; le *sexton,* ou sacristain, creusait les tombes, nettoyait l'église, allumait le feu ; *le clerc de la paroisse* tenait les écritures et sonnait les cloches. Le revenu de la paroisse était fait du revenu des terres ou troupeaux appartenant à celle-ci et de la taxe d'église *(church-rate),* fixée par les conseils de fabrique et proportionnelle aux biens fonciers de chacun.

II. — Quand, au XVIe siècle, pour des raisons que nous indiquerons, le problème des pauvres prit une gravité nouvelle, les rois Tudors adoptèrent, pour base d'une organisation de secours, la paroisse. Chaque année, à Pâques, celle-ci nommait quatre « surveillants des pauvres » qui, avec les marguilliers, recueillaient les aumônes. On demandait à tous les paroissiens ce que, par charité, ils étaient prêts à donner chaque semaine pour les pauvres. Au début le taux des aumônes était laissé à la discrétion de chacun ; ceux qui refusaient de donner étaient appelés chez l'évêque et parfois mis en prison. Puis, à mesure que le nombre des pauvres augmenta, il fallut rendre la taxe obligatoire. En principe, chaque paroisse était seule responsable de ses pauvres. Aussi était-il rigoureusement interdit à un homme sans moyens de subsistance d'errer de village en village. Faire l'aumône à un vagabond était un délit. S'il était pris, il devait être fouetté, et en cas de récidive, marqué à l'épaule d'un V au fer rouge pour qu'on pût le reconnaître. Une seconde récidive pouvait être punie de mort. Le *rogue,* ou vagabond dangereux, était marqué d'un R, sauf s'il pouvait, en prouvant qu'il savait lire, réclamer le « bénéfice du clergé », auquel cas on se contentait de lui faire une marque au pouce. Après quoi on renvoyait ces malheureux, dûment fouettés et marqués, jusqu'à leur paroisse natale, en leur assignant un délai maximum pour faire le voyage. Tels étant les usages, une paroisse ne pouvait tolérer que s'installassent sur son territoire des familles indigentes dont les enfants pourraient un jour être à sa charge. Un enfant mis en nourrice dans un village autre que celui des parents était souvent, pour éviter tout ennui ultérieur, renvoyé par les autorités de la paroisse nourricière à la paroisse d'origine. « Ainsi le village de chaque homme devenait sa prison. »

III. — Pourtant les hommes du XVIe siècle reconnaissaient qu'une société a le devoir de faire vivre, tant bien que mal, ses infirmes, ses vieillards, ses aveugles et ses fous. Une loi de 1597 ordonne que des hospices pour les infirmes devront être construits sur des terrains en friche, que dans chaque paroisse les « surveillants des pauvres » devront se procurer un stock de matériaux (fer, bois, laine, chanvre), leur permettant de donner du travail aux chômeurs, et enfin que les enfants pauvres devront être placés comme apprentis. Beaucoup de riches construisirent alors pour les pauvres des maisons gratuites, qui nous paraissent aujourd'hui charmantes, car l'époque avait beaucoup de grâce *(Alms houses).* La loi exigeait que tout cottage fût entouré au moins de quatre acres et demi de terrain, ce qui permettait à l'occupant, en cultivant son jardin, de produire sa propre nourriture. Aux vieillards sans ressources, les paroisses devaient payer une pension qui allait de quatre deniers à un shilling par semaine. Si, dans une paroisse, le nombre des pauvres rendait le fardeau insupportable, il arrivait qu'une paroisse plus riche reçût l'ordre d'aider sa voisine. Mais le principe de l'assistance *locale* était maintenu et le gouvernement central ne participait jamais aux secours.

IV. — L'homme qui, dans chaque paroisse, était chargé d'arrêter les vagabonds, de les fouetter, de modérer les querelles, d'empêcher les jeux illégaux et, d'une façon générale, de faire respecter la Paix du Roi, était un agent de police amateur, élu pour un an et que l'on nommait : *petty constable* (littéralement : « petit connétable »). L'emploi de *constable* avait été créé, au XIIIe siècle, par Édouard Ier, pour inspecter les armes, assurer la garde des villages et poursuivre les malfaiteurs. Ce malheureux citoyen passait une année pénible, car il était responsable de la tranquillité de sa paroisse. Si un vagabond était arrêté par un autre que lui, le *constable* se voyait condamner à une amende pour négligence de ses devoirs. S'il arrêtait lui-même un malfaiteur, il devait souvent le garder chez lui (car en beaucoup de villages il n'y avait pas de prison), puis le conduire à la cour du comté. C'était lui encore qui devait mettre dans les *stocks* (sorte de cangue) les villageois coupables de menus délits. Quand un vagabond était renvoyé à sa paroisse d'origine, les *constables* de toutes les paroisses intermédiaires devaient surveiller son voyage. Un homme de notre temps, habitué à voir de telles missions confiées à une police professionnelle, imagine mal que des villageois élus pouvaient alors, d'année en année, les remplir, mais il faut penser que c'était là une vieille tradition anglaise, que dans chaque village les anciens *constables,* toujours assez nombreux, étaient prêts à guider le novice, au besoin à lui prêter main-forte et enfin qu'aux cours trimestrielles du comté, le *constable* s'instruisait par l'exemple et la conversation de ses collègues. Il y avait des abus, des tyrannies locales ; Shakespeare en a décrit quelques aspects. Mais on peut imaginer quelle stabilité donnait à un pays l'habitude séculaire prise par ses habitants de maintenir l'ordre par leurs propres moyens.

V. — De même que le *yeoman* (petit propriétaire) était appelé à remplir le rôle de *constable* ou à siéger dans les jurys, le *squire* (ou *gentleman*) avait le devoir d'accepter les fonctions de juge de paix. Le juge de paix n'était pas élu, mais choisi par le Roi et révocable à son bon plaisir. Il servait de lien entre la paroisse et le comté. Dans la paroisse, où il était aussi le propriétaire du manoir ou du château, on le respectait comme le personnage le plus important du village. Quatre fois par an, il siégeait dans la ville capitale du comté avec ses collègues *(quarter sessions)* et là jugeait les affaires les plus variées, les une judiciaires, les autres administratives. On a dit du juge de paix qu'il était « la bonne à tout faire des Tudors » et en effet son rôle fut si grand que l'on comprend que, même en temps de révolution, les campagnes anglaises aient, à partir du XVIe siècle, échappé à l'anarchie. Peu importaient les défaillances du cerveau central ; les ganglions locaux assuraient les réflexes. Personnage admirable et complexe, le juge de paix était à la fois un agent du pouvoir central et une puissance locale indépendante du gouvernement ; il jouait des rôles multiples qui seraient aujourd'hui ceux des fonctionnaires, mais il avait une connaissance pratique de l'administration d'un domaine que n'aurait pu posséder un fonctionnaire. Entre la féodalité qui se mourait et la bureaucratie qui naissait, il représentait les forces permanentes de l'Angleterre. Au début il y avait seulement six juges par comté ; plus tard leur nombre augmenta (trente-neuf en 1635 pour North Riding). Pendant leur séjour au chef-lieu, les juges de paix recevaient quatre shillings par jour ; quand une affaire exigeait une enquête locale, la Cour en chargeait deux juges de paix, l'un contrôlant l'autre. Audessus d'eux était le *high sheriff* du comté, nommé pour un an. Les délits véniels étaient jugés par des *petty sessions* (petites sessions) qui réunissaient seulement les juges de paix du voisinage. Ainsi toute paroisse vivait sous l'œil d'un juge de paix auquel le *constable* amenait les délinquants. Malgré le travail considérable qui leur était imposé, les postes de juge de paix étaient fort recherchés. Les occuper était un honneur et le signe le plus évident de l'importance d'un homme dans sa province. Comme tout office humain, l'efficacité de celui-là dépendait de la qualité du titulaire, mais il semble que la plupart des juges de paix aient été des administrateurs assez raisonnables.

VI. — On peut imaginer la vie d'un village au temps des Tudors. Au centre est un gracieux manoir de pierre grise, entouré de jardins enclos de murs de brique. C'est la maison du *squire*, qui est aussi le juge de paix. Souvent l'église est construite dans son parc. Les champs communaux existent encore et donnent beaucoup de travail au *constable* parce qu'ils multiplient vols et conflits. En semaine tout le monde travaille, car ne pas travailler est un délit. Le dimanche, les hommes doivent s'entraîner au tir à l'arc et l'enseigner à leurs enfants, mais ce n'est plus qu'une survivance et qui ennuie. Les villageois préfèrent d'autres jeux, que le *constable* doit leur interdire. Aussi se réfugient-ils dans les brasseries *(ale houses)* où ils boivent et jouent en dehors des heures d'église. Aller à l'église le dimanche est obligatoire et ceux qui manquent le service sont frappés d'une amende au profit des pauvres. Toutes les actions sont surveillées. Traiter une femme de sorcière est un délit grave, car les conséquences peuvent, pour elle, être terribles. Quelques vieilles femmes sont soupçonnées de jeter des sorts aux bêtes et aux gens. Heureusement, les juges de paix haussent les épaules et se gardent de brûler toutes les sorcières qu'on leur envoie.

VII. — L'horizon du village est très étroit. Aucun homme n'ose quitter sa paroisse sans raisons valables et légales. Les acteurs ambulants ne peuvent circuler qu'avec une permission signée de deux juges de paix. Faute de quoi ils sont traités en vagabonds, c'est-à-dire fouettés et marqués. Les étudiants des Universités doivent, pour voyager, emporter des passes signées de leur collège. Avec le travail des champs et les innombrables fonctions publiques du village, tout homme est si occupé qu'il n'a guère le loisir de penser à autre chose. Pourtant il entrevoit maintenant le rôle d'un gouvernement central. C'est au nom du Roi que l'on proclame, soit en chaire, soit près de la croix du marché, les édits nouveaux. Les *yeomen* se rendent à la ville pour les sessions trimestrielles ; les juges de paix reçoivent leurs commissions du Roi lui-même ; le Lord lieutenant du comté va parfois à Londres et connaît des ministres. En chaque village se forme lentement une cellule vivante d'un grand corps qui sera l'État.

3. LES RÉFORMATEURS ANGLAIS

I. — En même temps que le régime politique du Moyen Age, se transforme sous les Tudors son appareil intellectuel et spirituel. Rien de plus curieux que les effets, en Angleterre, de la Renaissance italienne et de la Réforme allemande. Déjà les caractères nationaux sont définis. La sensualité des grands Italiens, leur amour passionné des statues et des tableaux, le réveil chez eux de l'antiquité païenne, les sermons où les vertus chrétiennes ne sont plus défendues que par des citations de Sénèque ou d'Horace, les papes humanistes et trop humains, tout cela choque les jeunes Anglais qui viennent écouter avec admiration Savonarole ou Marcile Ficin. En Angleterre comme dans le reste de l'Europe, Platon, au temps d'Henry VII, l'emporte sur Aristote ; les subtilités scolastiques du Moyen Age sont, au XVIe siècle, si méprisées que le nom du Docteur Subtil, Duns Scot, jadis synonyme de sagesse, engendre le mot *dunce :* ignorant. Mais dans les Universités anglaises les érudits se servent de leur connaissance du grec moins pour imiter les poètes que pour commenter les Évangiles. L'Italie est pour eux « un objet d'émerveillement et de répulsion ». Tout au long de leur histoire, les Anglais, bien qu'attirés vers les civilisations méditerranéennes, reconnaîtront en cette attirance une tentation diabolique. L'Italie recevra les rebelles et les artistes ; elle inspirera Chaucer ; elle choquera l'Anglais moyen. « Anglais italianisé, diable incarné », dit un proverbe du XVIe siècle. D'ailleurs, autant que de la sensualité italienne, cet Anglais moyen se sent éloigné de la violence allemande. Le génie brutal de Luther effraie les érudits d'Oxford et ne séduira d'abord que les jeunes gens de Cambridge ou de « pauvres prêtres » *lollards.* Les premiers réformateurs d'Oxford souhaiteraient corriger les erreurs de l'Église romaine, mais ils ne conçoivent même pas qu'un chrétien puisse quitter cette Église. Quelques-uns de ceux qui auront répandu la nouvelle sagesse, comme Thomas More ou John Fisher, mourront plus tard pour l'Église catholique.

II. — John Colet, à la fois grand latiniste et riche bourgeois, représente mieux que personne cette génération. Il était le fils d'un Lord-Maire de Londres, Sir Henry Colet, qui dès le jour de l'ordination de son fils, lui avait fait conférer de gros bénéfices. John Colet continua ses études à Oxford, lut Platon et Plotin, et vers 1493 voyagea en France et en Italie. Là il apprit à mieux connaître les Pères de l'Église, dont il préféra la philosophie à la scolastique qu'enseignait encore Oxford. Quand il revint à son Université, ce jeune homme de trente ans commença, sur les Épîtres de saint Paul, un cours qui attira des foules d'étudiants enthousiastes. John Colet expliquait le texte original des épîtres aux Corinthiens ou aux Romains « comme il aurait expliqué les lettres d'un homme vivant à ses amis ». Il parlait du caractère personnel de saint Paul, comparait la société romaine décrite par l'apôtre à celle que montrent les textes de Suétone, recourait à des textes grecs contemporains de saint Paul. On peut imaginer l'étonnement d'un public qui ignorait tout de ces aspects historiques de la religion et dont une grande partie croyait « que les Écritures avaient été rédigées dans le latin de la Vulgate ». Tout de suite la renommée du jeune professeur fut immense. Des prêtres venaient lui demander des consultations ; il les rassurait ; il commentait pour eux ses cours ; sans doute ne fut-il pas jugé dangereux par ses supérieurs ecclésiastiques puisqu'il fut nommé, tout jeune, doyen de Saint-Paul. Quand son père mourut, lui laissant une grande fortune, il la consacra à créer, à Londres, l'École de Saint-Paul, où les lettres grecques et latines seraient enseignées à cent cinquante-trois jeunes hommes. (Pourquoi cent cinquante-trois ? Le nombre est celui des poissons de la Pêche miraculeuse et aujourd'hui encore les élèves de Saint-Paul portent en breloque un poisson d'argent.) Fait curieux et qui peint bien l'homme et le temps : Colet confia l'administration du legs, non au doyen de Saint-Paul et à son chapitre, non à l'Université d'Oxford, mais à l'honorable compagnie des Merciers de Londres. Comme l'administration royale, l'érudition ecclésiastique aimait à s'appuyer sur les marchands anglais. Le programme de l'École avait été soigneusement composé par le fondateur. On ne devait pas y enseigner seulement le *trivium* du Moyen Age : dialectique, grammaire et rhétorique, mais aussi le grec, le latin et l'anglais. « Il n'est pas surprenant, écrivait à Colet son ami Thomas More, que votre école soulève de tels orages, car elle est comme le cheval de bois dans lequel des Grecs armés étaient cachés pour la ruine de la barbare Troie. » L'étrange était que les constructeurs du cheval de bois ne souhaitaient pas la chute de Troie.

III. — Des amis et disciples de Colet, le plus remarquable, Thomas More, fut à la fois un grand fonctionnaire et un grand écrivain de qui l'*Utopie* est le meilleur livre du temps. More avait inventé ce mot : *Utopie* (pays qui ne se trouve en aucun lieu) comme Renouvier plus tard inventa l'*Uchronie.* Rien de plus intéressant que de connaître les rêves d'avenir d'un Wells du XVe siècle. Hostile à la gloire militaire, More souhaitait la mort de l'esprit de chevalerie ; il annonçait le communisme, le mépris de l'or, le travail obligatoire pour tous, mais limité à neuf heures par jour ; il blâmait l'ascétisme monacal et croyait à l'excellence de la nature humaine ; enfin, dans son *Utopie,* toutes les religions étaient autorisées et le christianisme lui-même ne jouissait d'aucun privilège. On a souvent rapproché ces idées théoriques de More de sa vie pratique et on s'est étonné que ce prophète de la tolérance ait été un chancelier intolérant, puis un martyr. Mais créer un pays imaginaire et administrer un pays réel sont deux opérations sans rapport entre elles et les nécessités de l'action ne sont pas celles de la pensée libre.

IV. — Réformer l'Église, non par la violence ou la persécution, mais par la raison et par la science, pour en refaire une Église universelle, voilà l'objectif de John Colet, de Thomas More et de leur ami Érasme. Le personnage d'Érasme est le meilleur symbole du mouvement. Encore qu'Érasme soit né en Hollande, bien plus que Hollandais, il est Européen. C'est à peine s'il sait la langue néerlandaise ; il parle et écrit en latin ; ses livres sont traduits dans toutes les langues. Son prestige intellectuel est reconnu à la fois par Charles-Quint, par François Ier et par Henry VIII qui se le disputent. Son autorité en Europe est beaucoup plus grande que ne devait être plus tard celle de Voltaire, que celle d'aucun homme de notre temps. De ses

Colloques, on vend vingt-quatre mille exemplaires, tirage prodigieux pour un livre latin, en une Europe si peu peuplée, si peu instruite. Entre les humanistes de tous pays les amitiés étaient alors rendues faciles par cette langue commune : le latin. Ce fut chez Thomas More qu'Érasme écrivit son *Éloge de la Folie,* à Cambridge qu'il prépara sa grande édition du Nouveau Testament d'après les textes latins et grecs. Nulle part plus qu'en Angleterre Érasme ne trouvait un milieu où il se sentît à l'aise : « Quand j'écoute mon ami Colet, il me semble que j'entends Platon lui-même... Quelle nature plus humaine et plus séduisante que celle de Thomas More ? » Tout au plus jugeait-il ces Anglais un peu trop saints pour lui. Thomas More qui, en Utopie, bannissait l'austérité, portait en ce monde un cilice, et quand Érasme fit un séjour chez l'évêque John Fisher il admira la bibliothèque, mais blâma les courants d'air.

V. — La plus grande erreur que l'on puisse commettre au sujet de ces premiers réformateurs anglais, est d'en faire les précurseurs d'un mouvement hostile au catholicisme. Ils se proposaient simplement de réformer les mœurs et l'esprit du clergé. Mais ils allaient rencontrer de grands courants d'opinion qui entraîneraient leurs disciples infiniment plus loin qu'eux-mêmes ne l'auraient souhaité. L'Angleterre du XVIe siècle n'était pas antireligieuse ; elle était anticléricale. Un évêque disait alors que, si Abel avait été un prêtre, tout jury de Londres eût acquitté Caïn. Les anciens griefs : tribunaux ecclésiastiques, richesse des moines, luxe des évêques demeuraient vivaces. La Papauté, trop lointaine, sacrifiait les intérêts anglais à ceux des princes continentaux qui, plus proches, avaient sur elle une action plus directe. Souverains et hommes d'État anglais souffraient de voir qu'une part de leur souveraineté se trouvait déléguée à une puissance étrangère qui ne savait presque rien d'eux. Enfin depuis Wycliffe le lollardisme rampait. Dans les greniers des marchands, dans les tavernes des villes universitaires, la version anglaise de la Bible était lue et commentée par des voix ardentes. Dans les classes moyennes anglaises s'étaient, sous l'influence de Wycliffe, créés des foyers de morale ascétique et individualiste, qui devaient plus tard se ranimer et flamber très haut. Les doctrines de Luther allaient trouver là un public tout prêt à les accueillir, et mieux encore l'ascétisme de Calvin.

VI. — Le règne d'Henry VII (1485-1509) fut favorable au développement des études et aux méditations des réformistes car ce fut un règne pacifique. Pendant ces vingt-quatre années, peu d'événements importants. Mais les grands souverains comme les grands hommes d'État sont souvent ceux qui savent, comme le premier des Tudors, entourer leur nom d'une zone de silence. Ce n'est pas seulement par hasard que sous le gouvernement de tels hommes aucun incident grave ne surgit. Au début d'une dynastie ou d'un régime la sagesse commande la tranquillité. Si les Tudors ont pu s'enraciner si solidement, si les institutions locales sont devenues assez vigoureuses pour remplacer les institutions féodales, cela est dû au quart de siècle de paix intérieure et extérieure que donna au pays, avant les règnes dramatiques de son fils et de ses petits-enfants, leur prudent et mystérieux ancêtre

4.
HENRY VIII (1509-1547)

I. — La mode façonne les souverains comme elle impose les costumes et régit les mœurs. Un grand roi du Moyen Age devait être courtois, chevaleresque, sévère et pieux ; un grand prince de la Renaissance est libertin, cultivé, magnifique et souvent cruel. Henry VIII fut tout cela, mais à l'anglaise, c'est-à-dire que son libertinage demeura conjugal, sa culture théologique et sportive, sa magnificence de bon goût, sa cruauté légalement irréprochable. Aussi resta-t-il parmi ses sujets, malgré ses crimes, un souverain populaire. Aujourd'hui encore les historiens anglais le défendent. Le grave évêque Stubbs dit que les portraits de ses femmes ne justifient peut-être pas, mais expliquent, sa hâte à les éliminer. Le professeur Pollard demande pourquoi ce serait une faute particulièrement grave d'avoir eu six femmes : « Six est-il un nombre prohibé ? La dernière épouse d'Henry VIII, Catherine Parr, a eu quatre maris et son beau-frère, le duc de Suffolk, quatre femmes sans que nul ne leur en ait fait grief. Et d'ailleurs que reproche-t-on à Henry VIII, sinon d'avoir épousé les femmes qu'il aimait ? Il aurait pu, sans choquer personne, avoir beaucoup plus de six maîtresses. Henri de Navarre en a eu quarante sans que sa réputation en souffrît, bien au contraire. » Cela est vrai, mais Henri IV n'a jamais fait décapiter la belle Corisande, ni Gabrielle d'Estrées.

II. — Quand, en 1509, Henry VIII succéda à son père, il avait dix-huit ans. C'était un bel athlète, fort satisfait de sa personne, très fier quand l'ambassadeur vénitien lui disait que ses mollets étaient mieux faits que ceux de François Ier, excellent archer, champion de tennis, grand cavalier qui fatiguait dix chevaux en un jour de chasse. Il avait le goût des lettres, ayant été nourri à la fois de théologie et de littérature romanesque ; il composait des poèmes, mettait en musique ses propres hymnes et jouait « divinement » du luth. Érasme, qui l'avait connu enfant, avait été frappé par sa précoce intelligence. Les nouveaux humanistes trouvaient en lui un ami. Il appela Colet à Londres et le nomma prédicateur de la Cour, fit de Thomas More un courtisan malgré lui, puis un chancelier, et pria Érasme d'accepter une chaire à Cambridge. Il est nécessaire d'ajouter qu'il était fort dévot et que ses amis d'Oxford, tout réformateurs qu'ils fussent, l'avaient confirmé dans le respect de la religion catholique. Si étonnant que cela puisse paraître, il chercha pendant toute sa vie à satisfaire les scrupules et les craintes « d'une conscience toute médiévale ».

III. — Peu de temps après son avènement, le Roi épousa Catherine d'Aragon, veuve de son frère Arthur et fille du roi d'Espagne Ferdinand II. Il ne l'avait pas choisie et ne l'aimait pas ; c'était un mariage politique. Pour l'Angleterre de ce temps, puissance de second ordre, une alliance espagnole était un honneur et une garantie. Aussi, quand la mort prématurée d'Arthur rompit cette alliance, le Conseil, désireux de conserver Catherine pour reine, supplia-t-il Henry de l'accepter pour femme. Mais un texte du Lévitique interdisait les unions entre beau-frère et belle-sœur ; il fallut obtenir une bulle du Pape (1503) et prouver que le premier mariage de Catherine n'avait pas été consommé. On trouva des témoins pour le jurer et, le jour de son mariage avec Henry, Catherine porta, comme les jeunes filles, des tresses déroulées. Ces faits prirent leur importance plus tard quand le Roi voulut la répudier. Au début du règne, Henry ne gouverna guère par lui-même et laissa toute l'autorité au ministre qu'il s'était donné : Wolsey, fils d'un riche boucher d'Ipswich que le Pape, à la requête d'Henry, fit cardinal. Les traits dominants de « ce garçon d'Ipswich » étaient l'ambition et la vanité. *Ego et rex meus,* écrivait-il aux souverains étrangers. « Bonne grammaire, mauvais protocole. » Sa maison fut celle d'un roi ; il avait plus de quatre cents serviteurs, seize chapelains, ses propres enfants de chœur. Pour créer à Oxford le Collège Cardinal (depuis Christ Church) et faire admirer sa générosité, cet archevêque n'hésita pas à dépouiller des monastères. Quand Léon X l'eut fait, non seulement cardinal, mais légat du Pape en Angleterre, Wolsey réunit en ses mains toute l'autorité civile et toute l'autorité ecclésiastique. Moines et frères eux-mêmes, bien que non soumis au clergé séculier, devaient obéir à ce légat de Rome. Il habitua ainsi les Anglais à l'idée, nouvelle et surprenante, de l'union en un même homme du pouvoir spirituel et du pouvoir temporel. Enivré de sa puissance, Wolsey traita Rome avec dédain ; il prétendit acheter le Sacré Collège et se faire, par cette corruption, nommer pape, menaçant l'Église d'un schisme si on ne le choisissait. De telles menaces préparaient les catholiques anglais à la rupture avec Rome, mais ni Wolsey, ni son maître n'eussent alors imaginé que cette rupture fût possible. Quand parurent les propositions de Luther, le Roi lui-même en écrivit une réfutation qui lui valut du Pape le titre de défenseur de la foi (1521).

IV. — La politique extérieure fut le jeu favori de Wolsey. Sur le continent comme en Angleterre, des monarchies fortes émergeaient alors des luttes féodales. Si l'une d'elles, France ou Espagne, l'emportait sur toutes les autres et dominait l'Europe, quelle serait la situation de l'Angleterre ? Le rôle naturel de celle-ci devait être de maintenir sur le continent l'équilibre des forces, « la balance du pouvoir ». Politique mobile, par essence même inconstante et qui pouvait paraître perfide, mais réussit d'abord : François Ier et Charles-Quint se disputèrent l'alliance d'Henry VIII. Au camp du Drap d'Or, les rois de France et d'Angleterre firent un assaut de magnificence qui ne fut plus jamais égalé. Dès le lendemain de cette entrevue, Wolsey en avait préparé une autre entre son maître et l'Empereur. Le cardinal poussait la duplicité jusqu'à faire saisir ses propres dépêches, pour se donner à lui-même contrordre au nom du Roi. Il envoyait dans une conférence internationale un ambassadeur pourvu d'instructions contradictoires qu'il devait montrer secrètement les unes aux Espagnols, les autres aux Français. Après avoir longtemps paru favoriser l'alliance française, Wolsey choisit enfin l'Empereur parce que les marchands anglais l'exigeaient. L'interruption du commerce avec l'Espagne et les Pays-Bas eût ruiné lainiers et drapiers. Mais le commerce est mauvais conseiller diplomatique. En sacrifiant François Ier, l'Angleterre détruisit la balance du pouvoir au profit de Charles-Quint. Après la bataille de Pavie (1525), l'Empereur, souverain de l'Espagne, de l'Italie, de l'Allemagne et des Pays-Bas, fut le maître de l'Europe. En particulier il tint le Pape à sa merci, ce qui allait, par des voies indirectes, causer la perte de Wolsey.

V. — C'est une injustice envers Henry VIII que d'expliquer son divorce et la rupture avec Rome par son amour pour les yeux bleu-noir d'Anne Boleyn. Le Roi pouvait aisément avoir Anne Boleyn sans lui promettre le mariage, mais le problème à résoudre était plus complexe. Pour éviter au pays une nouvelle guerre des Deux-Roses (et les terribles souvenirs de l'anarchie étaient encore tout frais), il semblait nécessaire que le couple royal eût un fils. Or Catherine, après de nombreuses fausses couches, n'avait eu qu'une fille, Mary (née en 1516), et son état de santé ne permettait plus d'espérer qu'elle pût avoir d'autres enfants. Était-il possible de considérer Mary Tudor comme l'héritière ? Le trône, en Angleterre, avait été *transmis* par les femmes ; Henry VIII lui-même ne l'avait tenu que de sa mère. Mais la seule femme qui depuis la Conquête eût *régné* avait été Mathilde et dix-neuf années de désordre constituaient un exemple peu encourageant. L'intérêt de la dynastie et celui du pays exigeaient un fils. Le Roi, qui désirait ardemment ce fils, commençait à se demander si son mariage n'était pas maudit. La dispense du Pape avait-elle été valable ? Très superstitieux, Henry VIII était enclin, après tant de déceptions, à en douter. Pourtant il hésitait encore à divorcer. Catherine était la tante de l'Empereur et Henry VIII espérait que Charles-Quint épouserait Mary, alliance glorieuse. Quand le roi d'Espagne, contrairement à ses promesses, choisit pour femme une infante de Portugal, le roi d'Angleterre jugea qu'il n'avait plus à le ménager.

VI. — Donc Henry VIII, amoureux d'Anne Boleyn, fille toute jeune, coquette, charmante, souhaitait épouser celle-ci pour avoir d'elle un héritier légitime et cherchait le moyen de se débarrasser de Catherine d'Aragon, sa première femme. Le divorce civil n'existait pas et d'ailleurs eût été inutile à un roi pieux ; il lui fallait demander à Rome l'annulation de son mariage. Elle semblait facile à obtenir, car le Pape avait jusqu'alors montré, en telles matières, quand il s'agissait de souverains, une complaisance sans limites. D'ailleurs il existait à la rigueur un cas plausible d'annulation, celui même qu'on avait écarté pour pouvoir célébrer le mariage : Catherine avait été la femme du frère de son époux. Il était vrai qu'une bulle pontificale avait déclaré le second mariage valable ; mais une bulle ne pouvait-elle rendre leur liberté à ceux qu'une bulle avait unis et ne pouvait-on plaider, après nouvelle enquête, que le mariage de Catherine et d'Arthur n'avait *pas* été un mariage blanc ? Le bruit se répandit que le Roi avait des doutes sur la légalité de son mariage et de graves scrupules de conscience à rester marié illégalement. Wolsey fut chargé de négocier avec la Cour pontificale, et tout de suite rencontra une résistance qui n'avait rien de religieux : la volonté de Charles-Quint, lequel, maître de Rome, ne permettait pas que fussent sacrifiées sa tante Catherine et sa cousine Mary. Le Pape aurait pourtant voulu satisfaire Henry et il envoya en Angleterre, comme légat, le cardinal Campeggio qui devait, avec Wolsey, juger le cas. Le Roi crut l'affaire faite mais Catherine, faisant appel à Rome, obtint que le Pape évoquerait la cause devant sa propre cour. Cette fois l'irritation du Roi fut grande et la situation de Wolsey devint périlleuse. Comme tout ambitieux, le cardinal avait des ennemis. Une accusation de *praemunire* (donc de trahison) fut portée contre lui parce qu'il avait accepté d'être, bien qu'Anglais, légat pontifical et de traiter en des tribunaux étrangers des affaires relevant de la Cour du Roi. Accusation absurde, puisque le Roi avait autorisé et favorisé cette nomination. Mais le cardinal ne trouva pas de défenseurs ; il dut abandonner tous ses biens et ne dut qu'à la maladie d'échapper au supplice. Les hommes surprennent toujours : on découvrit, après la mort de cet ambitieux, que sous ses robes il avait porté un cilice.

VII. — Sir Thomas More, non sans inquiétude, remplaça Wolsey à la Chancellerie, mais les deux hommes qui prirent alors le plus d'empire sur l'esprit du Roi furent choisis parce qu'ils lui apportaient, en cette affaire du divorce, un peu d'espoir. Le premier, Tomas Cranmer, était un ecclésiastique qui, un jour, avait dit au secrétaire du Roi, Gardiner, « que le Roi n'avait nul besoin de suivre l'affaire à Rome, qu'il lui suffisait d'obtenir de quelques théologiens éminents la certitude de la nullité de son premier mariage et qu'il pourrait alors, sans scrupule ni danger, prendre la responsabilité morale de se remarier ». Le Roi, enchanté, fit inviter cet homme ingénieux chez le père d'Anne Boleyn et commença, suivant le conseil de Cranmer, à consulter les Universités. Les théologiens, comme les juges, savent plier les textes aux circonstances. Dans le cas d'Oxford et de Cambridge, un peu « d'intimidation et de cajoleries » produisit la consultation souhaitée ; l'Université de Paris fut favorable parce qu'elle détestait Charles-Quint ; celles du nord de l'Italie suivirent la Sorbonne. Bientôt le Roi put soumettre au Parlement les opinions de huit savantes compagnies, lesquelles affirmaient toutes que le mariage avec la veuve de son frère décédé était nul et que le Pape lui-même n'était pas compétent pour accorder une dispense. Les membres du Parlement étaient priés de rapporter ces faits dans leurs circonscriptions et de décrire, à tous, les scrupules du Roi. Celui-ci en effet sentait le pays hostile au divorce. Quand il passait dans les rues, le peuple lui criait de garder Catherine et les femmes lui parlaient insolemment d'Anne Boleyn. Mais le temps passait. Anne attendait un enfant ; il fallait que ce fût l'héritier souhaité et par conséquent qu'il naquît dans le mariage. Cranmer, homme doux et malléable, fut nommé archevêque de Canterbury et maria secrètement le Roi en janvier 1533. A Pâques le mariage fut annoncé, Anne couronnée, Henry excommunié ; c'était la rupture avec Rome.

5.
SCHISME ET PERSÉCUTIONS

I. — Cette rupture aurait été moins brutale si Henry VIII n'avait eu d'autres conseillers que Thomas More et Cranmer. More, homme de haute conscience, n'eût accepté qu'une réforme sage et modérée ; Cranmer, trop faible pour être méchant, eût négocié et temporisé. Thomas Cromwell fut le Narcisse de ce Néron, le Iago de cet Othello. C'était un petit homme carré, laid, dur, au visage porcin, aux yeux à demi fermés, à la bouche méchante. Il avait commencé la vie à Putney, comme marchand de laine et foulonnier ; puis des voyages en Flandre et en Italie lui avaient enseigné le grand commerce, la nouvelle politique et fait de lui un lecteur fervent des politiques italiens. A son retour il était devenu l'un des serviteurs favoris du cardinal Wolsey. Cromwell n'avait ni scrupules, ni religion. Les théologies rivales lui étaient également indifférentes, mais la doctrine de la raison d'État l'avait conquis. Dès qu'il rencontra le Roi il lui conseilla de suivre l'exemple des princes allemands, qui avaient brisé avec Rome. L'Angleterre ne devait plus avoir deux maîtres, deux justices, deux systèmes d'impôts. Puisque le Pape refusait de confirmer la répudiation de Catherine, il fallait non fléchir, mais asservir l'Église. Henry VIII méprisait Cromwell ; il ne l'appelait jamais que « le cardeur de laine » et le maltraitait ; pourtant il se servait de son adresse, de sa servilité et de sa force. Le cardeur de laine devint en quelques années *Master of the Rolls, Lord Privy Seal*, vicaire général de l'Église, lord grand chambellan, chevalier, baron et comte d'Essex.

II. — La spoliation de l'Église fut légale et Henry VIII respecta les formes parlementaires. Le Parlement de la Réforme, qui siégea sept ans (1529-1536), vota toutes les mesures extraordinaires que lui proposa la Couronne. D'abord le clergé fut informé qu'il avait, comme Wolsey, violé le statut de *Praemunire* en acceptant de reconnaître l'autorité du cardinal comme légat. En réparation de ce crime, le clergé dut payer une amende de deux millions de livres, accorder au Roi le titre de protecteur et de chef suprême de l'Église, et abolir les annates ou « premiers fruits » des bénéfices ecclésiastiques qui jusqu'alors avaient été payés au Pape. Puis le Parlement vota successivement le Statut des Appels, qui interdisait les appels à Rome, l'Acte de Suprématie qui faisait du Roi « l'unique et suprême chef de l'Église d'Angleterre », lui attribuait la juridiction spirituelle aussi bien que la juridiction civile, lui donnait le droit de réformer et de réprimer les erreurs et hérésies ; et enfin l'Acte de Succession qui annulait le premier mariage, privait les enfants qui en étaient nés de leurs droits à la couronne au profit des descendants d'Anne Boleyn et obligeait tous les sujets du Roi à jurer qu'ils croyaient à la validité religieuse du divorce. On peut se demander comment un Parlement catholique vota ces textes qui consommaient le schisme, et où le Pape n'était plus appelé que « l'évêque de Rome ». Il faut penser que la personne et la volonté du Roi étaient prodigieusement respectées ; que depuis longtemps le nationalisme naissant des Anglais supportait mal une juridiction étrangère ; que la Papauté apparaissait comme l'alliée, tantôt de l'Espagne et tantôt de la France ; qu'en dehors même du sentiment national, un fort préjugé anticlérical demandait, non la ruine de l'Église, mais l'abolition des tribunaux ecclésiastiques et la saisie des richesses monacales ; enfin que de nouvelles classes, qui devenaient les forces vives de la nation et qui ne savaient pas le latin, avaient, depuis la découverte de l'imprimerie, appris à lire, que les clercs laïques étaient devenus aussi nombreux que les clercs ecclésiastiques et que beaucoup d'entre eux souhaitaient un livre de prières anglais, une Bible anglaise, comme ils avaient remplacé le *Roman de la Rose* par les *Contes de Canterbury*. La Réforme anglaise ne fut pas le caprice d'un souverain, mais la forme religieuse d'un nationalisme insulaire et linguistique.

III. — Une Église vieille de dix à douze siècles a de fortes racines et le Roi le plus puissant ne les arrache pas sans rencontrer quelque résistance. Pourtant évêques et prêtres se montrèrent, hors quelques exceptions, étrangement malléables. Depuis longtemps ils étaient eux-mêmes atteints par le nationalisme ambiant. Les prélats anglais étaient plus hommes d'État qu'hommes d'Église. La Chambre des Lords, où ils siégeaient, vota sans révolte toutes les réformes. « Une sorte de pré-anglicanisme pénétrait tout ce haut clergé. » Quant au petit clergé, très pauvre, il trouvait quelque sécurité à devenir un corps de fonctionnaires ; lui-même avait été travaillé par les *lollards* et n'avait jamais accepté sans regret le célibat des prêtres. Quand le serment fut déféré à tous, quand ce devint trahison que de ne pas reconnaître « le chaste et saint mariage d'Anne et d'Henry » et que de ne pas renier « l'évêque de Rome, lequel usurpe le nom de pape », presque tous les prêtres jurèrent. Mais le chancelier, Sir Thomas More, et le grand évêque Fisher refusèrent de renier leur foi catholique. Tous deux furent décapités, l'évêque lisant avant de mourir l'évangile de saint Jean : « Ceci est la vie éternelle », More déclarant au pied de l'échafaud qu'il mourait « fidèle serviteur du Roi, mais d'abord de Dieu ». Les têtes de ces deux grands hommes pourrirent sur des crocs à l'entrée du pont de Londres. La comédie du divorce devenait une monstrueuse tragédie. Des moines, en grand nombre, furent pendus, étripés, coupés en morceaux. Dans quelques comtés les catholiques, saisis d'une juste horreur au récit de ces boucheries humaines, se révoltèrent ; ils furent vaincus. Rome avait excommunié Henry VIII, mais qu'importait cette sentence à un roi qui s'était placé lui-même hors de l'Église ? Il eût fallu des sanctions ; le Pape essaya d'obtenir que les souverains catholiques, François Ier ou Charles-Quint, se chargeassent de les appliquer ; tous deux refusèrent, par crainte de se brouiller avec l'Angleterre, pays dont ils avaient besoin pour leurs combinaisons diplomatiques. Ainsi abrité du Pape par les dissensions des rois catholiques, vénéré de son Parlement, adulé par son Église nationale, Henry VIII put continuer impunément d'offenser l'humanité.

IV. — Le refus de serment des moines combla de joie Cromwell qui, depuis longtemps, méditait leur perte. Il y avait en Angleterre douze cents monastères, possesseurs de domaines immenses. En confisquant leurs biens, les liquidateurs et le souverain pouvaient s'enrichir. Le courant populaire contre les moines, les légendes répandues sur leurs vices étaient tels que nul ne les défendrait. Ces légendes étaient exagérées et, pour une large part, tout à fait fausses ; on le vit bien quand, après la dissolution des monastères, leurs anciens fermiers, qui les avaient si souvent maudits, les regrettèrent. Mais Cromwell, promu vicaire général et investi du droit de visite, constitua, sur les méfaits des moines, un vaste dossier. En révélant ces « atrocités » au Parlement, il obtint de dissoudre d'abord les petits monastères, puis toutes les maisons religieuses. Des magistrats religieux et fiscaux commencèrent une visitation des monastères. La loi, toujours respectée en ce pays, exigeait que l'on obtînt des moines une « renonciation volontaire ». Le docteur London devint célèbre pour son adresse à incliner rapidement les « volontés ». Dès que l'acte était signé, le Roi prenait possession de l'abbaye, vendait ce qu'elle pouvait contenir et donnait le domaine à un grand seigneur dont il assurait ainsi la fidélité à la nouvelle Église. La vente, qui ruinait les moines, n'enrichissait guère le Roi. Les manuscrits étaient achetés par les épiciers pour leurs cornets. « Vieux livres dans le chœur : six deniers. » Tel était l'inventaire d'une bibliothèque. Quant aux clercs dépouillés, certains d'entre eux recevaient une « capacité », c'est-à-dire l'autorisation d'exercer le ministère séculier, les autres une pension de quel ques shillings ; presque tous quittèrent le pays et gagnèrent l'Irlande, l'Écosse ou les Flandres. « Ainsi l'Église devint une proie pour les vautours, ces oiseaux de carnage se parant de ses belles plumes. » En cinq ans la liquidation des biens monastiques fut terminée ; elle rapporta peu de chose au trésor royal ; mais elle enrichit ceux auxquels le Roi donna des abbayes et ceux qui en acquirent à vil prix. L'effet politique de ces mesures fut analogue à celui des ventes de biens nationaux en France, après la Révolution de 1789. Les acquéreurs devinrent des complices. La crainte de voir revenir les anciens propriétaires assura au nouveau régime religieux l'appui d'une classe riche et puissante. Désormais, contre un retour offensif du catholicisme romain, conspirèrent l'intérêt et la doctrine.

V. — Le *Credo* de l'Église anglicane fut longtemps assez confus. Si Cromwell, Cranmer et Latimer avaient eu les mains libres, ils l'eussent rattachée au luthéranisme. Après sa guerre aux couvents, Cromwell avait commencé une guerre aux images. Latimer brûlait les statues de la Vierge, tandis que Cranmer faisait examiner les reliques, et en particulier le sang de saint Thomas Becket qu'il soupçonnait d'être fait d'ocre rouge. Saint Thomas, dénoncé comme traître à son Roi, fut rayé du nombre des saints après un procès en due forme et les « visiteurs » de Cromwell détruisirent sa châsse à Canterbury. Mais Henry VIII savait que si les Anglais avaient toujours été hostiles aux moines et aux tribunaux ecclésiastiques, ils étaient peu favorables, dans leur ensemble, aux nouveautés des protestants. Lui-même, Henry, prétendait rester le défenseur de la foi et le chef d'une Église « catholique », mais il la voulait catholique nationale (ce qui semblait contradictoire). Aussi après avoir persécuté les fidèles de l'ancienne foi, persécuta-t-il non moins vigoureusement les protestants. L'imprimeur de la première Bible anglaise, Tindale, fut brûlé ; d'autres subirent le même sort pour avoir nié la transsubstantiation. Après plusieurs essais pour définir une religion anglicane, Henry VIII fit voter par la Chambre des Lords un Statut de six articles, que l'on appela aussi « Bill sanglant » ou « fouet à six queues », acte qui affirmait la transsubstantiation, l'inutilité de la communion sous les deux espèces, la validité des vœux de chasteté, l'excellence du célibat clérical, et qui approuvait la confession et les messes privées. Toute violation flagrante de ce statut devait être punie par le bûcher, l'abjuration elle-même ne pouvant sauver le coupable. Les évêques protestants, comme Latimer, durent donner leur démission. Cranmer qui, dès avant la Réforme, avait été secrètement marié et avait toujours transporté avec lui sa femme, dans une malle perforée, dut l'envoyer en Allemagne. Il peut paraître surprenant que le peuple anglais ait accepté si facilement l'idée d'accorder à un parlement élu l'infaillibilité religieuse. Mais le besoin de stabilité, l'indifférence et la terreur expliquent d'étranges complaisances.

VI. — Il avait fallu un schisme pour rompre le premier mariage d'Henry VIII ; la hache suffit pour trancher le second. La pauvre Anne Boleyn commit deux fautes : au lieu de l'héritier attendu elle eut une fille, Elizabeth, puis un fils mort-né, et elle trompa le Roi, peut-être parce que celui-ci semblant incapable d'avoir un enfant sain, elle ne voulut pas le désappointer. Pour ces crimes, son joli cou fut coupé par l'épée du bourreau. Quelques jours plus tard Henry, en habit blanc, épousa Jane Seymour. Le servile Cranmer, sur la foi de certaines confidences de la morte, ayant annulé le second mariage, Elizabeth, comme avant elle Mary, devint une bâtarde. Jane Seymour eut un fils, qui devait régner sous le nom d'Édouard VI, mais elle mourut en couches. Cromwell, toujours désireux de rapprocher le Roi des luthériens, suggéra un nouveau mariage avec une princesse allemande · Anne de Clèves. L'agent d'affaires avait voulu jouer le rôle de conseiller matrimonial ; la femme ayant déplu, il paya de sa vie cette expérience. La cinquième femme du Roi, Catherine Howard, accusée d'adultère, eut le même sort qu'Anne Boleyn. La sixième, Catherine Parr, survécut à Henry VIII, non sans avoir passé par de grandes frayeurs quand le Roi, la trouvant un peu hérétique, lui avait « administré les six articles ». Le règne s'acheva dans le sang. Le pouvoir absolu déchaîne en l'homme ses pires instincts. Henry VIII fit assassiner par ses juges des protestants, des catholiques, la vieille comtesse de Salisbury ; Cranmer lui-même put se croire en danger. Mais pour cet homme qui avait en son terrible Roi une confiance presque naïve, Henry VIII semble avoir éprouvé une affection réelle. Ce fut Cranmer qui s'agenouilla au lit de mort d'Henry et qui, au dernier moment, lui dit de mettre sa confiance en Dieu et en Jésus-Christ. Sur quoi le Roi serra la main de l'archevêque et rendit l'âme.

VII. — Il est difficile, quand on étudie le règne d'Henry VIII, de se défendre d'un sentiment d'horreur. En vain nous apprend-on qu'il réorganisa la flotte, construisit des arsenaux, fonda une école de pilotes, annexa le Pays de Galles, apaisa l'Irlande. Aucun succès temporel ne peut justifier les échafauds de la Tour, ni les bûchers de Smithfield. On a dit, pour l'excuser, que ces supplices affreux n'atteignaient qu'une fort petite minorité. Qu'importe ? Tant de cruauté ne pouvait être nécessaire. Ce qui semble vrai, c'est que la séparation d'un État insulaire et d'une Église universelle était devenue à peu près inévitable. Si la Papauté, pendant dix siècles, avait pu exercer en Europe un tel pouvoir politique et judiciaire, c'était parce que la chute de l'Empire romain n'avait laissé, dans les différents pays de l'Europe, qu'un pouvoir civil faible ou qu'une souveraineté divisée. Du jour où des États forts se constituaient, le choc était fatal. Quand la France à son tour, beaucoup plus tard, connut ces luttes, les mœurs s'étaient adoucies et la séparation des Églises et de l'État put se faire sans verser le sang et sans rupture religieuse avec Rome. A la perte prématurée de prérogatives que les Églises continentales conservèrent encore trois ou quatre siècles, l'Église d'Angleterre dut un avantage, qui fut l'absence presque complète en ce pays, depuis le XVIe siècle, de tout mouvement anticlérical. Les Églises anglaises lutteront entre elles, mais aucun parti politique n'osera se dire hostile au christianisme.

6.

ÉDOUARD VI OU LA RÉACTION PROTESTANTE

I. — Singulier trio que les enfants d'Henry VIII. L'héritier du trône, Édouard VI, fils de Jane Seymour, était un petit garçon grave et précoce qui lisait chaque jour dix chapitres de la Bible et que les réformés appelaient « un nouveau Josias ». Mary, fille de Catherine d'Aragon, avait déjà trente et un ans. Elle commençait à se faner ; son visage rond était d'une pâleur qu'accentuaient les cheveux roux ; elle semblait malade et triste. Élevée par un lettré espagnol et beaucoup plus fière du roi d'Angleterre, elle demeurait catholique fervente, s'entourait de prêtres et passait sa vie dans sa chapelle. Quant à la fille d'Anne Boleyn, Elizabeth, c'était une petite personne de quatorze ans, assez jolie, bien faite, très vivante et qui montrait, pour la culture classique, le goût traditionnel des Tudors. Elle écrivait le latin aussi bien que l'anglais, parlait italien, français et lisait, affirme l'un de ses maîtres, « plus de grec en un jour qu'un chanoine ne lit de latin en une semaine ». Étant, comme son frère Édouard, protestante (quoique sans autant de conviction) elle s'entendait à merveille avec l'enfant-roi et tous deux faisaient bloc contre Mary, à laquelle Édouard interdit bientôt de faire célébrer la messe. Mary répondit que, plutôt que d'obéir à un tel ordre, elle poserait sa tête sur le billot. Le Conseil se souvint qu'elle était cousine de Charles-Quint et jugea sage de ne pas insister.

II. — La question religieuse n'avait pas été résolue par le schisme. Alors que certains comtés regrettaient le catholicisme, Londres, enflammé par des prédicateurs protestants comme Latimer, souhaitait une réforme plus complète. La plupart des

Anglais étaient prêts à accepter un compromis qui, tout en maintenant les rites essentiels auxquels ils étaient habitués, les eût affranchis de Rome. L'archevêque de Canterbury, Cranmer, timide, indécis, continuait de flotter entre luthéranisme et romanisme. Ce fut lui pourtant qui, en donnant à l'Église d'Angleterre un Livre de Prières, écrit dans une prose admirable et pour lequel il rédigea lui-même Litanies et Collectes, permit à cette Église d'acquérir, après l'Église romaine, ce prestige esthétique faute duquel une religion demeure sans prise sur les âmes. Les persécutions contre les catholiques continuaient. Dans les églises, les murs étaient blanchis à la chaux, les vitraux brisés, les crucifix remplacés par des écussons royaux. Toutes les cérémonies symboliques étaient supprimées : plus de pain bénit, plus d'eau bénite, plus d'adoration du Vendredi saint. Pourtant le Carême devait être respecté « afin d'encourager la vente du poisson ». En 1547, le mariage des prêtres fut autorisé et Cranmer put rappeler sa femme. Un acte d'Uniformité, que vota le Parlement, obligea toutes les églises à se servir du *Common Prayer Book* et à observer un rituel commun. Mais cette uniformité elle-même demeurait multiforme... Plus protestant que l'archevêque, le Conseil laïque imposait des retouches au Livre de Prières. L'agenouillement, prescrit par Cranmer dans la première édition, était attaqué par les zélés comme un usage superstitieux, et supprimé dans la seconde. Comment s'accommoder d'une orthodoxie à la fois rigoureuse et mouvante ?

III. — Des changements si profonds irritèrent beaucoup d'âmes simples qui tenaient aux rites mêlés depuis dix siècles à leur vie et à celle de leurs ancêtres. Les paysans de Cornouailles, qui parlaient un patois, se soulevèrent parce que Londres prétendait leur imposer un Livre de Prières écrit dans un anglais qu'ils ne comprenaient pas. Cranmer leur répondit qu'ils ne comprenaient pas davantage le latin, mais Cranmer, professeur et théologien, ne connaissait pas les paysans. Ceux de Cornouailles savaient, sinon à la lettre, du moins en esprit, ce que signifiaient leurs prières traditionnelles. D'ailleurs le mouvement de révolte était alors agraire autant que religieux. C'était un temps de grand mécontentement populaire. Le chômage, presque inconnu dans l'économie médiévale, devenait un mal dangereux. Les causes en étaient multiples. L'obligation pour les seigneurs de licencier leurs bandes armées avait jeté à la route, au début du siècle, des milliers de soldats qui ne savaient aucun métier. Au temps de la peste noire quelques grands propriétaires avaient déjà commencé à remplacer la culture du blé par l'élevage du mouton qui employait moins d'hommes. Au XVIe siècle, beaucoup de *squires* prétendirent enclore, pour élever leurs moutons, une partie des prairies et des landes communales. Des paysans se virent privés, par cette politique « d'enclosures », de leurs terres, des ouvriers de leur travail.

> Les moutons ont mangé nos prairies et nos dunes,
> Notre blé, notre bois, nos maisons, nos communes.

« Le mouton, écrivait Thomas More, était autrefois un animal si doux ; voici maintenant qu'il détruit tout et avale jusqu'aux hommes eux-mêmes. » C'est la nouvelle mode, *the new gyse.* Il est naturel qu'elle séduise les grands propriétaires. Depuis la découverte par l'Espagne des mines d'argent de l'Amérique du Sud, les prix montent en Europe. Le *squire,* qui paie plus cher tout ce qu'il achète, continue à toucher de ses fermiers des redevances fixes ; il se trouve plus pauvre, gêné. Or la demande de laine est sans limite et les prix élevés. La tentation est forte. Vers le milieu du siècle, les propriétaires y cèdent d'autant plus aisément que, sous Henry VIII, la dissolution des monastères et la vente de leurs biens ont créé toute une promotion fraîche de *gentlemen* campagnards. L'état d'esprit de ces nouveaux maîtres du sol est bien différent de celui d'un seigneur du XIIIe siècle. Ce dernier demandait seulement à la terre d'entretenir un certain nombre de chevaliers, mais le nouveau capitaliste exige un profit. Il fait de l'agriculture une affaire « et les pas des brebis changent le sable en or ». Que lui importent des paysans qu'il connaît à peine ? Son fils et surtout son petit-fils deviendront un jour des *squires* conscients de leurs devoirs, mais toute première génération de maîtres est dure. Dès la mort du roi Henry, les paysans murmurent.

IV. — En vain le Conseil du Roi, qui voit le danger, essaie d'intervenir. Des lois ordonnent la reconstruction des fermes détruites, la remise en culture des terres ; d'autres interdisent à un seul homme de posséder plus de deux mille moutons. (Certains propriétaires avaient des troupeaux de vingt-quatre mille têtes.) Mais la fraude emboîte le pas à la loi. Le maître met ses moutons au nom de sa femme, de ses enfants, de ses domestiques ; au lieu de rebâtir une ferme, on replâtre dans la ferme ruinée une chambre symbolique ; on trace un sillon symbolique et l'on soutient au commissaire que le champ a été labouré. D'ailleurs ces commissaires sont les juges de paix, eux-mêmes propriétaires et parfois délinquants ; ils ferment les yeux. En certains comtés les villageois se fâchent et saccagent les haies de la *gentry*. Dans le comté de Norfolk, un petit propriétaire qui est en même temps un tanneur, Robert Kett, homme aux idées avancées, se met à la tête des paysans pour aller détruire les haies d'un voisin qu'il déteste. Dans cette campagne pleine de mécontents, tout de suite la rébellion grandit. Kett, à la tête de seize mille hommes, occupe la ville de Norwich. Révolte vaine, car ni les paysans, ni leur chef ne savent clairement ce qu'ils veulent. Elle se termine, comme toutes les révoltes de ce temps, par une boucherie sanglante et par l'exécution de Kett. Mais elle aura été un symptôme, entre beaucoup d'autres, du mécontentement populaire.

V. — Édouard Seymour, duc de Somerset, frère de Jane Seymour, mère du Roi, faisait fonction de régent pendant la minorité de son neveu. Il avait de réelles qualités, dont la plus remarquable était la tolérance. Mais il fut rendu responsable de ces désordres agraires. Son orgueil avait offensé les courtisans ; sa démagogie avait inquiété les propriétaires ; son enrichissement avait choqué les bourgeois ; sa relative mansuétude avait déplu aux fanatiques. L'aristocratie terrienne, menée par Warwick, obtint sa tête. L'étrange petit Roi, aussi insensible que pieux, nota dans son journal, le jour où son oncle fut décapité à la Tour : « Le duc de Somerset a eu la tête tranchée aujourd'hui, entre huit et neuf heures du matin... Ambition, vanité, avidité ; il a voulu faire le maître. » Warwick (ensuite duc de Northumberland) devint président du Conseil de Régence et poursuivit, plus vigoureusement que Somerset, la persécution des catholiques. Le petit Édouard VI tomba malade et, quand on comprit que sa mort était prochaine, Northumberland, qui ne voyait pas sans terreur arriver au trône Mary, Espagnole et Romaine, lança la candidature de Jane Grey, une arrière-petite-fille d'Henry VII, et lui fit épouser son propre fils. A Édouard VI mourant, il fit signer un testament en faveur de Lady Jane.

VI. — Jane Grey, usurpatrice malgré elle, fut proclamée reine par Northumberland, qui marcha sur Londres ; mais Mary n'était point femme à se laisser écarter sans lutte. « Elle est si ardente et résolue, avait écrit l'ambassadeur d'Espagne à Charles-Quint, que si je lui disais de traverser la Manche dans un baquet à lessive, elle tenterait l'aventure. » Véritable Espagnole, elle avait un courage de soldat et une dévotion qui allait au fanatisme. Elle n'eut qu'à se montrer pour vaincre. L'extraordinaire prestige de son père la protégeait. Les catholiques, encore vigoureux, l'accueillirent comme une délivrance ; aux protestants, elle promit son impartialité ; les indifférents, innombrables, étaient las d'un régime qui, sous prétexte de réformer les rites de l'Église, avait confisqué ses richesses au profit des hommes d'affaires. Dès que Mary parut à Londres, des feux de joie flambèrent ; les comtés lui offrirent des troupes ; le Conseil, effrayé de ce qu'il avait fait, envoya un héraut et quatre trompettes dans la Cité pour la proclamer reine. Elle fit une entrée triomphale, sa sœur Elizabeth chevauchant à ses côtés. Northumberland, lui-même, en apprenant ces événements, agita son chapeau en l'air et cria : « Vive la reine Mary ! » mais il l'acclamait quelques jours trop tard. Il fut incarcéré à la Tour, puis décapité. Celle qui avait été son jouet, la malheureuse Jane Grey, attendit la mort six mois.

7.
MARY TUDOR OU LA RÉACTION CATHOLIQUE

I. — Mary Tudor est un exemple déplorable des ravages que peut produire la rencontre, dans l'âme d'une femme, de l'amour, du fanatisme et de la toute-puissance. « Je perdrais plus volontiers dix couronnes, disait-elle, que de mettre mon âme en péril. » Elle était catholique dans un pays où la génération qui arrivait à l'âge d'homme était née après la rupture avec Rome et où en particulier la capitale, toute-puissante, inclinait fortement au protestantisme. On a dit que, si Paris valait une messe, Londres valait un sermon. Mais Henri IV était un homme d'État et Mary Tudor une croyante. Or s'il était vrai que la majorité de la nation conservait la nostalgie des vieilles cérémonies et souhaitait un retour au national-catholicisme du roi Henry, cette même majorité gardait la haine de Rome. En particulier les acquéreurs de biens d'Église, classe riche et puissante, redoutaient un acte de soumission au Pape qui se fût fait à leurs dépens, et les prêtres mariés un retour à l'ancienne foi qui les eût contraints à choisir entre leurs cures et leurs femmes. A une souveraine adroite, tous ces désirs contradictoires eussent permis la négociation. Les Anglais avaient déjà reçu des rois Tudors tant de dogmes qu'ils eussent facilement accepté quelques articles supplémentaires pour plaire à une fille d'Henry VIII, mais Mary, dans son zèle intransigeant, voulait imposer et non point négocier. Pendant sa longue et douloureuse jeunesse, la religion avait été pour elle la seule consolation. Elle était prête à subir le martyre pour ramener son peuple à Rome. Dès son premier Parlement, elle rétablit la messe en latin et expulsa de l'Église les prêtres mariés. Sa sœur, la princesse Elizabeth elle-même, suprême espoir des protestants, se sentit menacée et vint en larmes demander à la Reine de la faire instruire dans la vraie religion. Conversion qui toucha et ravit Mary, mais laissa fort sceptique l'ambassadeur d'Espagne, lequel jugeait avec plus de perspicacité une princesse adroite et secrète.

II. — Le brusque retour au papisme avait été une première imprudence ; le mariage de la Reine acheva de lui aliéner son peuple. Le Parlement, craignant à juste titre l'influence d'un roi étranger, avait respectueusement demandé à Mary d'épouser un Anglais. Le Conseil et la nation avaient choisi pour elle le jeune Édouard Courtenay, un arrière-petit-fils d'Édouard IV. Elle répondit avec violence qu'elle ne voulait pas se marier. En quoi elle était sincère, ou croyait l'être. Elle avait un peu aimé dans sa jeunesse un lettré catholique anglais, Reginald Pole, comme elle du sang royal. Mais Pole, brouillé avec Henry VIII à propos du divorce, s'était exilé à Rome et y était devenu cardinal. Le seul Anglais que Mary eût volontiers épousé se trouvait donc hors jeu. Bientôt l'ambassadeur d'Espagne, Renard, qui avait sur elle une grande influence, vint lui faire part d'un projet de Charles-Quint. Celui-ci offrait à Mary la main de son fils Philippe. « Quand je lui fis l'ouverture du mariage, écrit Renard, elle se prit à rire, non une fois, mais plusieurs fois, me regardant d'un œil signifiant l'ouverture lui être fort agréable. » Et dans une conversation ultérieure : « Elle jura que jamais elle n'avait senti aiguillon de ce que l'on appelle amour, ni entrée en pensement de volupté, et qu'elle n'avait jamais pensé à mariage sinon depuis que a plu à Dieu la promouvoir à la Couronne, et que celui qu'elle fera sera contre sa propre affection, pour le respect de la chose publique. » Mais elle pria Renard d'assurer l'empereur Charles de son désir de lui obéir en toutes choses, comme s'il avait été son propre père. Bien que ces négociations fussent tenues secrètes, elles furent devinées par les ministres de la Reine et les inquiétèrent. Dans une alliance entre l'Angleterre, nation schismatique et faible, et la toute-puissante, l'orthodoxe Espagne, quel serait le sort de l'Angleterre ? Elle deviendrait sujette d'un prince redoutable. Déjà les hérétiques anglais craignaient les tribunaux de l'Inquisition et les autodafés, aussi nombreux à Madrid que les courses de taureaux. Hélas ! depuis que cette vierge de trente-six ans avait vu le portrait du beau prince espagnol, elle était soudain devenue passionnément amoureuse.

Tout conspirait à la rendre folle de lui, puisqu'en épousant Philippe elle satisfaisait son orgueil de princesse espagnole, sa foi de catholique romaine et ses désirs de vieille fille ardente. Un soir, à minuit, dans son oratoire, elle répéta plusieurs fois le *Veni Creator* et fit serment d'épouser Philippe.

III. — L'ambassadeur d'Espagne, ayant fait fondre quatre mille écus, en cisela des chaînes d'or qu'il distribua aux membres du Conseil. Était-ce un symbole ? Convertis à l'idée du mariage par présents, arguments et promesses, ceux-ci conseillèrent néanmoins d'agir avec prudence. Philippe devrait respecter les lois de l'Angleterre ; en cas de mort de Mary, il n'aurait aucun droit à la couronne ; si un fils naissait du mariage, ce fils hériterait à la fois du trône d'Angleterre, de la Bourgogne et des Pays-Bas ; enfin Philippe s'engageait à ne jamais entraîner l'Angleterre dans ses guerres contre la France. Traité bien fait, mais quelles garanties réelles donnait-il contre une femme amoureuse ? Le peuple anglais, très hostile aux étrangers et en particulier aux Espagnols, montra tout de suite son mécontentement. Les ambassadeurs envoyés par Charles-Quint pour négocier le mariage furent bombardés à coups de boules de neige par les gamins de Londres. Ceux-ci, dans les rues de la Cité, jouaient « au mariage de la Reine » et l'enfant qui représentait le prince d'Espagne était pendu. Plusieurs comtés se soulevèrent. Sir Thomas Wyatt marcha sur Londres. Soutenue par sa foi et par son amour, Mary semblait invincible. Ses ministres voulaient qu'elle cherchât refuge dans la Tour ; elle demeura à Whitehall, souriante, et remporta, grâce au prestige Tudor, une victoire si complète que nul, désormais, n'osa plus rien dire contre le mariage espagnol. Les rebelles furent exécutés par douzaines. Sur quoi le prince d'Espagne arriva. Son père lui avait peint l'orgueil anglais et ordonné de dépouiller toute morgue castillane. Philippe s'efforça de plaire et y réussit assez bien. Le défilé à travers la Cité d'un immense convoi d'or, extrait des mines américaines, fit grand effet sur les marchands de Londres. Voyant tous ces tonneaux déposés à la Tour : « Au moins, dirent-ils, celui-ci ne vient pas pour nous voler. » Sur un seul point, Philippe fut intraitable : la réconciliation avec Rome. « Plutôt ne plus régner que régner sur des hérétiques. » Le Pape, pressenti, annonça qu'il enverrait le cardinal Pole comme son légat, pour recevoir la soumission des Anglais. Les lingots d'or déposés à la Tour par les Espagnols aidèrent à préparer les âmes des familles nobles à ce grand événement.

IV. — Le légat du Pape débarqua. Philippe et Mary dirent qu'il avait été créé par la Providence pour cette mission ; il s'en acquitta en effet avec un tact admirable. Le cardinal Pole unissait la finesse d'un prélat à la timidité hautaine d'un grand seigneur anglais. Sa modestie lui avait fait chercher à Rome, malgré son immense prestige, un effacement dont il sortait pour la première fois. A Calais, quand sa garde lui demanda le mot d'ordre, il dit : « Dieu perdu et retrouvé. » A Douvres, il fut reçu avec enthousiasme. On savait que le Pape avait, par une bulle, promis aux acquéreurs de biens d'Église qu'ils resteraient en possession. « Ce qui ne pouvait être *vendu,* dit-il, peut être *donné* pour sauver tant d'âmes. » Le Parlement se réunit à Whitehall afin de recevoir le légat. Là, par un grand discours, le cardinal rappela l'histoire du schisme et promit absolution plénière pour le passé. Les deux Chambres reçurent à genoux cette absolution. L'Angleterre était purifiée.

V. — La Reine se croyait enceinte. Lorsque le moment de l'accouchement arriva et comme déjà les cloches sonnaient, les médecins reconnurent que la grossesse avait été nerveuse. Ce fut pour Mary une douloureuse déception. Son état mental devint inquiétant. Philippe était reparti pour l'Espagne ; il avait dit que son absence serait de courte durée, mais elle l'avait senti très irrité par cette farce de l'accouchement et aussi par l'attitude du Parlement anglais, qui refusait de le laisser participer au pouvoir. Cette reine qui, vierge, avait étonné les hommes par son courage, se montrait, depuis qu'elle était amoureuse, faible et découragée. La cruauté de ses persécutions contre les protestants, qui la fit surnommer Mary la Sanglante, peut sans doute en partie être expliquée par un désarroi qui touchait à la folie. Philippe ne lui conseillait pas de telles rigueurs. Brûler des hérétiques, pensait-il, était excellent en Espagne et aux Pays-Bas ; en Angleterre la prudence exigeait quelque patience. Mary n'en eut aucune. Le 20 janvier 1555 la loi contre l'hérésie avait été rétablie ; le 22, les commissions commencèrent à siéger ; le 3 février, le premier prêtre marié fut brûlé à Smithfield. Environ trois cents martyrs protestants périrent par les flammes. Ce supplice était si affreux que les assistants, pour l'abréger, apportaient des sachets de poudre qu'ils attachaient au cou des victimes. Les bourreaux, eux-mêmes écœurés, laissaient faire.

VI. — Quelques-unes de ces morts furent sublimes. Le vieux Latimer, qui avait été un grand prédicateur protestant, fut brûlé à Oxford en même temps que le docteur Ridley. Il aurait pu aisément sauver sa vie en abjurant, mais, quand s'ouvrit la discussion avec les docteurs qui précédait toujours le supplice, il répondit qu'il avait lu les Évangiles sans y trouver la messe. « Soyez très tranquille, Master Ridley, dit-il à son compagnon de supplice au moment où les chaînes du bourreau les attachaient tous deux au poteau, soyez tranquille car nous allumerons aujourd'hui, avec la grâce de Dieu, une telle chandelle en Angleterre, qu'elle ne sera plus jamais éteinte. » Cranmer qui, au cours de sa vie, avait montré tant d'hésitation et de faiblesse et qui, dans sa prison, avait renié sa foi, retrouva au moment du supplice tout son courage et abjura son abjuration.

VII. — Les récits de ces supplices furent recueillis par un écrivain protestant, Foxe, dans un *Livre des Martyrs* qui allait figurer, à côté de la Bible, dans toutes les maisons anglaises. La persécution de Mary donna aux protestants ce qui jusqu'alors leur avait manqué : une tradition héroïque et sentimentale. Les victimes catholiques d'Henry VIII avaient peu ému la masse du peuple anglais parce que beaucoup d'entre elles avaient été des moines ou des frères, tenus pour êtres d'exception ; les victimes de Mary furent, hors quelques ecclésiastiques, des hommes et des femmes du peuple. En un pays où la diversité des croyances religieuses était devenue si grande, chacun se sentait menacé. La haine contre Mary et les Espagnols grandit. Malgré les promesses faites, Philippe entraîna sa femme dans une guerre contre la France et cette campagne coûta à l'Angleterre la place de Calais. « Que Dieu sauve Madame Elizabeth », murmuraient les sujets de Mary Tudor. D'ailleurs celle-ci se mourait, abandonnée de tous. Le pape Paul IV lui-même avait pris parti contre elle et contre l'Espagne. Une fois encore elle se crut enceinte, mais ce n'était qu'hydropisie. Le 17 novembre 1558 quittèrent ce monde, à quelques heures d'intervalle, la reine Mary et son cousin le cardinal Pole. Depuis un mois déjà elle était presque seule, toute la Cour s'étant groupée autour d'Elizabeth.

8.

ELIZABETH ET LE COMPROMIS ANGLICAN

I. — L'avènement d'Elizabeth fut accueilli par le peuple anglais avec une joie unanime. Après avoir tant craint la tyrannie espagnole, c'était un soulagement que d'acclamer une reine affranchie de tout lien étranger. Depuis la Conquête normande, aucun souverain n'avait été de sang si purement anglais. Par son père, Elizabeth descendait des rois traditionnels, par sa mère de gentilshommes du pays. Pendant tout son règne, elle fut en coquetterie avec son peuple. On a écrit que la monarchie des Tudors fut aussi absolue que celle de Louis XIV ou que l'Empire des Césars ; on a rappelé qu'Elizabeth menait ses Parlements à la cravache, que ses *warrants* étaient des « lettres de cachet », que par ses juges des accusés furent torturés au mépris des lois anglaises. Mais Louis XIV ou Tibère, pour imposer leur volonté, avaient à leurs ordres des armées. Elizabeth, comme son père et son grand-père, n'avait qu'une garde si faible que la moindre milice de la Cité eût pu la mettre en déroute. Elle n'était forte que parce qu'elle était aimée, ou au moins préférée. Quand elle se vit menacée d'une invasion espagnole, elle appela « non un connétable, non le chef de son armée (elle n'en possédait pas), mais le Lord-maire de Londres ». Elle lui demanda quinze vaisseaux et cinq mille hommes. Il répondit que la Cité serait heureuse d'offrir à Sa Majesté dix mille hommes et trente vaisseaux. Le royaume presque tout entier faisait preuve du même loyalisme. Les rares soulèvements furent facilement écrasés et tenus par le peuple pour des crimes. En un temps où presque tous les royaumes de l'Europe étaient déchirés par des querelles religieuses, ou domptés par la terreur, elle aimait à montrer aux ambassadeurs qu'elle pouvait se fier à ses sujets. Elle poussait sa voiture au plus épais de la foule, s'y tenait debout et parlait avec ceux qui l'entouraient. « Que Dieu sauve Votre Grâce ! » lui criait-on. Elle répondait : « Que Dieu sauve mon peuple ! » Que ce fût à Londres ou au cours de ses voyages annuels parmi les villes du royaume, elle était sans cesse en représentation, alerte, spirituelle, érudite, complimentant un maire sur son latin ou des matrones sur leur cuisine. « Elle jurait, crachait, frappait du poing quand on l'irritait, riait à grands éclats quand on l'amusait, et elle était facilement amusée... Sa réplique à toute impulsion était immédiate et riche ; sous l'aiguillon du plaisir et devant l'horrible fracas des grandes circonstances, son âme bondissait avec une vivacité, un abandon, une présence d'esprit qui faisaient d'elle un spectacle fascinant. »

II. — Parmi les nombreux secrets de sa force, le plus efficace fut cette rapide intuition de ce qui pouvait plaire à son peuple et une économie digne d'Henry VIII. L'avarice, qui est un vice chez les sujets, devient une vertu chez les princes. Ses peuples demandaient à Elizabeth peu de libertés parce qu'elle leur demandait peu d'argent. Son budget annuel n'atteignait pas un demi-million de livres. Parce qu'elle était pauvre, et aussi parce qu'elle était femme, et sans cruauté, elle n'aimait pas la guerre. Elle la fit parfois, avec succès, mais ne se jeta jamais au-devant du danger. Pour l'éviter, elle était prête à mentir, à jurer à un ambassadeur qu'elle ignorait tout d'une affaire à laquelle elle venait de consacrer ses soins ou, suprême ressource, à transporter le débat sur le plan du sentiment où son sexe l'aidait à triompher. « Ce pays, écrivait l'ambassadeur d'Espagne, est tombé entre les mains d'une femme qui est la fille du diable. » Elle avait peu de goût pour les vastes desseins et pensait, en cela encore comme ses sujets, qu'il faut vivre au jour le jour. Les Anglais, même au Moyen Age, n'avaient jamais aimé les Croisades ; tout au plus avaient-ils fourni aux autres des subsides pour les entreprendre. Plusieurs des conseillers d'Elizabeth auraient voulu la jeter dans une ligue de nations protestantes. Elle louvoya et finit par s'en tirer en prêtant de l'argent et quelques régiments. Sa force était de se refuser à la force. « Elle se trouva femme de sens dans un univers de violents maniaques, entre des forces adverses d'une terrible intensité, — nationalismes rivaux de la France et de l'Espagne, religions rivales de Rome et de Calvin ; pendant des années il sembla inévitable qu'elle fût écrasée par l'une ou par l'autre de ces menaces ; et elle ne dut le salut qu'à sa science d'opposer aux extrêmes qui l'entouraient ce qui chez elle était également extrême : l'astuce et l'art des faux-fuyants. » Qu'il s'agît d'une expédition ou d'une conquête, elle aimait mieux, s'il fallait verser le sang, en laisser la responsabilité aux autres et, dans le doute, s'abstenir. Son règne est loin d'être pur d'injustice, mais peut-être fit-elle aussi peu de mal que cela était possible en des temps difficiles.

III. — Sur un seul point, elle résista toujours aux vœux de son peuple. Les Communes la pressaient de se marier. Rien ne semblait plus urgent que d'assurer la succession. Tant que la Reine n'avait pas d'héritier, sa vie et la religion du pays étaient en danger. Ne suffisait-il pas d'assassiner Elizabeth pour mettre sur le trône la reine d'Écosse, Mary Stuart, arrière-petite-fille d'Henry VII, catholique, et femme du dauphin de France ? Grande tentation pour des fanatiques. Mais Elizabeth se refusait au mariage. En vain rois et princes la courtisaient. Avec tous elle jouait le même jeu de coquetterie, de messages aimables, de flirt poétique et parfois audacieux, pour terminer chaque fois par une dérobade l'interminable partie. Elle fit ainsi languir Philippe II, le prince de Suède, l'archiduc d'Autriche, le duc d'Alençon, sans compter ces beaux Anglais qui lui plaisaient tant : Leicester, Essex, Raleigh, courtisans, soldats et poètes, auxquels elle accordait de grandes libertés et des caresses incomplètes, jusqu'au jour où, la femme redevenant reine, elle les envoyait à la Tour. Que souhaitait-elle ? Voulait-elle mourir vierge ? L'était-elle ? Depuis les jours de sa jeunesse où son beau-père, l'amiral Seymour, entrait dans sa chambre, s'asseyait sur son lit et jouait avec elle assez ardemment, elle s'était compromise avec beaucoup d'hommes. Elle aimait leurs flatteries ; il lui plaisait qu'on l'appelât reine des Fées, ou Gloriana. Mais les mieux informés inclinent à penser qu'elle ne fut complètement la maîtresse d'aucun d'eux, qu'elle avait une horreur physique du mariage et que la certitude de ne pouvoir être mère acheva de déterminer sa décision. Un mariage sans héritier l'eût mise inutilement en puissance de mari et dépossédée de son extraordinaire prestige de « Vierge publique ».

IV. — Si quelques-uns des beaux adolescents qui la courtisèrent parvinrent à l'émouvoir, elle sut toujours tenir son esprit hors des égarements de ses sens. Les conseillers qu'elle se choisit furent d'un autre modèle. Elle les prit, comme son grand-père, parmi des hommes nouveaux, fils de *yeomen* ou de marchands, remarquables non par leur naissance mais par leur intelligence. Au Moyen Age, vertus chevaleresques ou dignités ecclésiastiques avaient fait les ministres ; Elizabeth demandait aux siens des qualités d'administrateur et deux sentiments nouveaux : le patriotisme et le sens de la raison d'État. Son principal conseiller, William Cecil (ensuite Lord Burghley), fils d'un *yeoman,* enrichi par la distribution des biens monacaux, fonda une famille qui, comme les Russell, comme les Cavendish, allait être mêlée jusqu'à nos jours au gouvernement du pays. Encore que, sur l'intelligence de Cecil tous les témoins soient d'accord, Macaulay lui reproche d'avoir été de la nature du saule plutôt que de celle du chêne. « Il faisait grande attention aux intérêts de l'État, mais grande attention aussi à ceux de sa propre famille. Il n'abandonnait jamais ses amis jusqu'à ce qu'il fût dangereux de les soutenir, était un excellent protestant quand il n'était pas très avantageux d'être papiste, ne fit jamais torturer ceux auxquels il ne semblait pas probable que la torture arracherait des renseignements utiles, et fut si modéré dans ses désirs qu'il ne laissa en mourant que trois cents domaines. »

V. — Jugement sévère et, semble-t-il, injuste. Il est exact que Cecil ne choisit pas d'être brûlé sous Mary, qu'il estima que la vie de William Cecil valait une messe et qu'il envoya plus tard au supplice des hommes qui n'avaient commis d'autre crime que d'observer par conviction et foi des rites qu'il avait jadis lui-même observés par prudence. Mais lorsqu'il s'agissait des affaires de l'État, il faisait preuve de courage. Il résista souvent à Elizabeth et, dans une certaine mesure, lui imposa ses vues. Sorti des classes moyennes, il les connaissait à merveille et ses idées étaient celles qui leur plaisaient. « Si la Grande-Bretagne est aujourd'hui une nation, si l'Angleterre est un pays protestant, un pays commerçant, si elle peut se vanter d'une certaine continuité, non pas tant des institutions que de leurs noms, elle doit ces caractères à William Cecil, plus qu'à aucun autre homme. » A l'avènement d'Elizabeth, il montra d'abord envers elle une grande méfiance, ayant peu de respect pour l'autorité d'une femme. Il osa blâmer les ambassadeurs qui s'adressaient à elle.

Lentement il apprit à connaître la bizarre et profonde sagesse de la Reine. Ils finirent par former une équipe merveilleusement unie, à laquelle se joignirent des hommes comme le grave secrétaire d'État Walsingham, plus âprement protestant que Cecil et qui souhaitait « d'abord la gloire de Dieu, ensuite le salut de la Reine ». Ce fut à Burghley qu'Elizabeth dit : « Mon jugement sur vous, c'est que vous serez fidèle à l'État. » En quoi elle se montrait bon juge d'hommes, ce qui était son rôle de femme. Si étroite devint l'union de la souveraine et du ministre qu'on put dire d'Elizabeth qu'elle était à la fois un homme et une femme : elle-même et Cecil.

VI. — Était-elle de cœur catholique ou protestante ? Beaucoup pensent qu'elle était païenne, ou au moins sceptique. Élevée en protestante, elle n'avait pas plus que Cecil, au temps de sa sœur Mary, hésité à sauver sa vie par la comédie d'une conversion. Sans doute était-elle religieuse en philosophe, à la manière d'Érasme. Au moment de son avènement, elle pria Dieu de lui donner la grâce de gouverner sans verser le sang. Elle n'y réussit pas, mais fit de son mieux. Elle fut toujours fière du loyalisme de ses sujets catholiques. Apercevant un jour, dans la foule, un vieillard qui criait : « *Vivat Regina!* Honni soit qui mal y pense », elle le montra, toute contente, à l'ambassadeur d'Espagne : « Ce brave homme, dit-elle, est un prêtre de la vieille religion. » Prudente, elle rebuta des moines qui venaient à sa rencontre avec des cierges : « Enlevez ces torches, nous y voyons assez bien », mais elle conserva toujours un crucifix dans sa propre chapelle et imposa silence, fort sèchement, à un prédicateur protestant qui osait l'en blâmer. En religion comme en politique, elle temporisa, elle chercha une foi moyenne, elle cultiva le compromis. Au début de son règne, Cecil lui imposa le retour au national-catholicisme d'Henry VIII. En 1559, le Parlement vota, pour la deuxième fois, l'Acte de Suprématie qui abolissait le pouvoir du Pape, et l'Acte d'Uniformité qui imposait à toutes les paroisses anglaises le Livre de Prières et le service en langue vulgaire. En vertu de ces Actes, quiconque favorisait l'autorité spirituelle du Pape devenait passible de la confiscation des biens. Le réfractaire était coupable de haute trahison. Cette législation introduisit dans la langue anglaise deux mots nouveaux : les *recusants* étaient ceux qui refusaient de prêter serment ; les *poursuivants* formaient la bande d'espions et d'informateurs réunie par Richard Topcliffe, chef du service chargé d'arrêter papistes et puritains. Le poursuivant le plus célèbre du Warwickshire fut Sir Thomas Lucy, mauvais génie de la famille Shakespeare.

VII. — En 1563 furent adoptés les Trente-Neuf Articles, qui devaient rester le *Credo* des Anglicans. Leur protestantisme modéré correspondait à peu près aux vœux de la nation. Le cardinal Bentivoglio, décrivant sous ce règne l'état des religions en Angleterre, estimait qu'il y avait environ un trentième de catholiques zélés, mais que les quatre cinquièmes de la nation redeviendraient catholiques sans scrupules si le catholicisme était légalement rétabli, tout en étant incapables de se révolter s'il ne l'était pas. En fait quand la Couronne et le Parlement rétablirent l'anglicanisme, sur huit mille prêtres, sept mille acceptèrent le changement, bien que deux mille des plus protestants eussent été chassés sous le règne de Mary. Cette soumission prouvait, non que les Anglais fussent irréligieux, mais que beaucoup d'entre eux souhaitaient conserver les cérémonies catholiques tout en supprimant l'emploi du latin et en refusant l'obéissance au Pape. Sauf en des familles, peu nombreuses, de catholiques fervents, le dévouement au souverain l'emportait sur le sentiment religieux. Au début du règne les crypto-catholiques ne furent guère inquiétés. On leur demandait seulement d'assister au service anglican ; s'ils y manquaient, ils devaient payer une amende de douze pence. En de nombreux manoirs, on cachait un prêtre qui vivait dans quelque chambre creusée dans l'épaisseur des murailles et disait la messe en secret pour tous les catholiques du voisinage. Paysans et serviteurs étaient complices. Eux aussi regrettaient le temps des frères « où quarante œufs étaient vendus un penny et un boisseau du meilleur blé quatorze pence ». Si Elizabeth avait été toute-puissante, une relative tolérance se fût établie. Elle avait à sa cour des crypto-catholiques et ne leur demandait que l'apparence de la soumission. Elle ne voulait ni inquisition protestante, ni torture pour sonder les consciences. Mais ses ministres, plus sectaires qu'elle, firent condamner les réfractaires à la prison. Toutefois, pendant la première décennie du règne, il n'y eut pas de condamnations à mort. En certaines églises, les prêtres continuaient à porter des surplis, à jouer de l'orgue, à marier avec des alliances. Presque partout on respectait les vitraux romains pour éviter la dépense ;

on les remplaçait par du verre blanc quand ils étaient cassés. L'économie et l'indifférence s'unissaient pour faire accepter de tels compromis.

VIII. — Trois faits permirent à Cecil, et surtout à Walsingham, de se montrer plus sévères et de forcer la main d'Elizabeth. Le premier fut la Saint-Barthélemy française ; le second, une bulle d'excommunication lancée contre la Reine, en un moment très inopportun, par le pape Pie V ; le troisième, la création à l'étranger de séminaires, comme celui de Douai, destinés à préparer la reconquête de l'Angleterre par le catholicisme. Excommunier la souveraine, c'était délier ses sujets catholiques de leur fidélité, et l'on allait jusqu'à dire que le Pape eût volontiers absous l'assassinat d'Elizabeth. En décembre 1580, le secrétaire d'État pontifical répondit de manière ambiguë et suspecte à une question posée au nom de certains Jésuites anglais : « Puisque cette coupable femme est cause de la perte pour la foi de tant de millions d'âmes, il n'y a point de doute que qui l'enverra hors de ce monde avec la pieuse intention de servir Dieu, non seulement ne péchera point, mais acquerra des mérites. » A partir de 1570, des prêtres catholiques et des laïques furent exécutés en Angleterre, non pour hérésie, mais pour haute trahison. Beaucoup de ceux qui furent ainsi pendus ou écartelés, en d'horribles cérémonies où les corps sanglants des hommes pendus, détachés, puis coupés en morceaux étaient jetés dans une marmite de goudron bouillant, se trouvaient être des innocents ou même des saints. Tel fut le cas du noble Jésuite Campion, de qui Burghley lui-même dut avouer qu'il était « un des joyaux de l'Angleterre » et dont le seul crime avait été d'aller de maison en maison sous un déguisement, prêchant et célébrant la messe. Il mourut en disant qu'il priait pour la Reine. « Pour quelle reine ? » crièrent les spectateurs. « Pour Elizabeth, votre reine et ma reine, à laquelle je souhaite un règne long et tranquille, et toute prospérité. » Ainsi, bien qu'Elizabeth fût encline à la clémence, le nombre des victimes du fanatisme fut, sous son règne, aussi élevé que sous celui de Mary. Son Conseil fit exécuter cent quarante-sept prêtres, quarante-sept gentilshommes, un grand nombre d'hommes du peuple et même des femmes. Ceux qui ne périrent pas n'en furent pas moins persécutés. Le père de Shakespeare, John Shakespeare, en est un exemple car il était catholique et le texte de son testament n'est que la traduction d'un formulaire apporté de Rome par Campion, et recommandé aux Pères Jésuites par le cardinal archevêque de Milan.

IX. — Genève n'était pas mieux traitée que Rome et le calvinisme qui se répandit alors en Angleterre, où il engendra le puritanisme, n'était pas moins suspect que le catholicisme. Les puritains auraient voulu effacer les derniers vestiges du cérémonial romain et supprimer toutes les hiérarchies qui rappelaient « Babylone ». Ils ne reconnaissaient pas les évêques anglicans, affichaient une grande horreur du vice, un merveilleux zèle pour la religion. Ils souhaitaient réorganiser l'État en s'inspirant seulement de la Bible et faire administrer l'Angleterre par les Anciens de l'Église. S'ils l'avaient pu, ils eussent établi toutes les lois de Moïse, y compris celle du talion, « œil pour œil, dent pour dent », et la peine de mort pour le blasphème, le parjure, la violation du sabbat, l'adultère et la fornication. Ce puritanisme fanatique inquiétait la Reine, les évêques et les plus raisonnables des fidèles, mais le puritanisme modéré gagnait des adhérents. Ce fut en vain qu'au Parlement de 1593 les évêques proposèrent contre les puritains des mesures rigoureuses ; la loi ne fut pas votée. « Ceux-ci sont vraiment les hommes de Dieu, disaient les orateurs. Ils sont ses sincères et vrais prophètes. » Le prestige d'Elizabeth était tel que ces prophètes eux-mêmes ne pouvaient prévaloir contre elle ; leur pieuse démagogie allait devenir plus dangereuse pour ses successeurs.

9.
ELIZABETH ET LA MER

I. — Quand les navigateurs européens, s'efforçant d'atteindre, malgré la barrière musulmane, les épices, les parfums et les joyaux de l'Orient, découvrirent les terres situées au-delà de l'Atlantique, peu de nations semblaient en état de participer à ces conquêtes. L'Italie devait défendre la Méditerranée contre les Turcs ; la France était déchirée par les guerres de religion ; l'Angleterre avait grand besoin de ses bateaux sur ses propres côtes. Seuls l'Espagne et le Portugal se disputèrent les continents nouveaux. Ces deux puissances catholiques acceptèrent pour arbitre le pape Alexandre VI. Quelle pouvait être, entre des terres inconnues, la juste frontière ? Le Pape traça tout simplement sur la carte du monde une ligne d'un pôle à l'autre. Ligne droite si la terre était plate, grand cercle si la terre était une sphère. Quoi qu'il en fût, toutes les terres découvertes à l'ouest de cette ligne seraient espagnoles, à l'est portugaises. C'était donner au Portugal l'Afrique et l'Inde ; à l'Espagne toute l'Amérique du Sud, sauf le Brésil. Le Portugal bâtit donc un empire du golfe Persique à la Malaisie et les caraques chargées d'encens parfumèrent le port de Lisbonne. Quant aux Espagnols, ils découvrirent qu'entre l'Europe et l'Inde était un continent sans mosquées, sans bazars, sans Arabes et sans Hindous, mais où de prodigieuses civilisations s'étaient jadis épanouies, où les mines d'or, d'argent et de rubis laissaient couler des flots de richesse, et où des empires comme celui de Montezuma au Mexique, celui des Incas au Pérou avaient accumulé des trésors mal gardés par des peuples mal armés. Bientôt les galions chargés d'or traversèrent l'Océan et la richesse des rois d'Espagne devint fabuleuse.

II. — Le gouvernement de Mary Tudor ne pouvait que respecter les possessions de Philippe II. Mais celles-ci couvraient le monde. Par ses provinces italiennes le roi d'Espagne était maître de la Méditerranée, par ses provinces bourguignonnes du commerce flamand et de l'embouchure du Rhin, par ses colonies américaines des mines d'or et d'argent les plus riches du globe. Sa puissance financière et commerciale semblait invincible. Aux commerçants anglais, condamnés à humer à distance le prodigieux festin des rois catholiques, ne restait qu'un espoir. Puisque l'Espagne avait découvert un passage sud-ouest et le Portugal un passage sud-est vers les Indes, peut-être existait-il un passage nord-est ou un passage nord-ouest. Longtemps les navigateurs anglais cherchèrent. Chancellor alla vers le nord-est et ne découvrit que le chemin de Moscou ; Frobisher vers le nord-ouest, et fut arrêté par la banquise polaire.

III. — Si les souverains anglais n'osaient rompre avec la redoutable Espagne, si Elizabeth elle-même exigeait qu'officiellement aucun acte d'hostilité ne fût commis contre les colonies espagnoles, les marchands anglais n'avaient aucune raison de respecter des accords qui les excluaient des régions les plus riches du monde. « La piraterie anglaise était célèbre dès le XVe siècle ; au XVIe siècle elle atteignit à des proportions patriotiques. » Entre commerce et piraterie, la limite était mal définie. Certaines formes de la piraterie étaient légales. Un capitaine, qui avait été pillé par un vaisseau étranger, recevait des « lettres de marque » qui l'autorisaient à se rembourser sur tout autre vaisseau de même nationalité. Les cours étrangères elles-mêmes reconnaissaient ces « lettres de marque » et traitaient en commerçants, au lieu de les pendre, les pirates qui les portaient. Des marins anglais, propriétaires d'un bateau armé de quelques canons, faisaient ouvertement métier de piller les navires portugais revenant des Indes. D'autres organisaient des raids profitables dans les colonies espagnoles et là se trouvaient en concurrence avec les corsaires français, qui avaient, de telles entreprises, une grande expérience.

IV. — John Hawkins, fils d'un armateur de Plymouth, essaya le premier de substituer à la piraterie un commerce régulier avec les colonies espagnoles. Marchand autant que marin, il avait dès l'adolescence pris part à des expéditions sur les côtes de Guinée et appris l'art d'y enlever des nègres qu'il revendait ensuite à bon prix aux îles Canaries. En 1562, opérant pour son propre compte, il rafla tout un lot d'esclaves qu'il échangea dans les colonies espagnoles contre du gingembre et du sucre. « Ce premier voyage fit de lui l'homme le plus riche de Plymouth ; le second, l'homme le plus riche d'Angleterre. » Au troisième, il entra, pour se ravitailler, dans le port espagnol de Saint-Jean de Ulloa. Pendant qu'il y était, la flotte espagnole y arriva. Hawkins n'était pas en force pour combattre ; il essaya de transiger mais fut traité en ennemi par le vice-roi espagnol. Au retour il alla se plaindre à la Reine. Elizabeth, en son Conseil, déclara solennellement que Hawkins avait eu tort, que les possessions espagnoles devaient être respectées et que les marins qui violeraient les traités le feraient à leurs risques et périls. Sur quoi elle prit le coupable à son service, avec de grands éloges, et en fit le trésorier de la flotte, à laquelle il apporta son expérience. Mais sans doute l'Espagne eût-elle longtemps conservé la maîtrise de la mer si Francis Drake ne l'avait alors défiée.

V. — Francis Drake était le marin des contes, hardi jusqu'à la témérité, capable de condamner à mort un de ses lieutenants si la discipline du bord l'exigeait et de passer amicalement avec le condamné les dernières heures avant de le pendre, adoré de ses équipages malgré sa sévérité et bientôt idole de l'Angleterre. Hawkins avait essayé sans succès de faire avec les colonies espagnoles un commerce légal ; Drake sauta tout de suite à pieds joints dans l'illégalité. Avec deux bateaux et cinquante hommes il attaqua les plus fortes places espagnoles et ramena à Plymouth son petit vaisseau chargé d'or, un dimanche, à l'heure du sermon. Les marins de Plymouth n'y purent tenir et sortirent de l'église pour savoir les nouvelles. Drake avait débarqué sur l'isthme de Darien, attaqué le convoi de mules qui apportait l'or du Pérou, mis l'escorte en déroute et capturé le trésor. L'aventure enchanta secrètement Elizabeth. En 1577, Drake repartit sur le *Golden Hind* pour un grand voyage au cours duquel il se proposait de faire le tour du monde, par le détroit de Magellan et les Indes. L'expédition était entreprise à frais communs par plusieurs associés, dont Elizabeth elle-même, qui continuait à blâmer officiellement ces attaques, en temps de paix, contre une puissance amie, mais n'était pas la moins âpre à réclamer au retour sa part de butin.

VI. — Cette fois, la petite flotte de Drake était armée de canons et portait quelques centaines d'hommes. Il estimait que c'était assez pour attaquer des îles et des ports où l'Espagne n'avait qu'une forteresse. L'arrivée de la flottille de Drake surprenait les gouverneurs espagnols. Les Anglais exigeaient une rançon ou brûlaient la ville. Mais ce n'étaient là que profits accessoires ; le vrai but de Drake était de trouver la flotte qui chaque année ramenait de l'Eldorado des cargaisons d'or et d'argent. Entre Lima et Panama, un Indien, qui pagayait dans une baie et qui était bien incapable de distinguer un Espagnol d'un Anglais, prit Drake pour un de ses maîtres et le pilota vers une crique où la galère capitane, toute chargée d'or, était au mouillage. Drake n'eut qu'à transborder les caisses. Puis, traversant l'océan Indien et contournant le cap de Bonne-Espérance, il revint en Angleterre en 1580 avec une cargaison de trois cent vingt-six mille cinq cent quatre-vingts livres[1]. De ce butin Elizabeth eut une belle part, les autres associés recevant, dit-on, jusqu'à 4700 % des capitaux qu'ils avaient confiés à Drake. Tout chargé de dépouilles espagnoles, celui-ci, en passant devant Carthagène, avait hissé le pavillon de Saint-Georges.

VII. — En Espagne, quand on apprit cet exploit, la fureur fut grande contre les marins de la « Jézabel du Nord ». L'ambassadeur d'Espagne à Londres fut chargé de protester. Elizabeth répondit qu'elle ne savait rien de cette affaire et qu'elle serait certes la dernière à tolérer d'impudentes attaques contre les possessions de son frère bien-aimé. Cependant, Hawkins mettait la flotte en état de combattre et la Reine chargeait son meilleur financier, Sir Thomas Gresham, d'acheter pour elle des armes à Anvers et des canons à Malines. Elle se sentait sans doute déjà prête quand elle emmena l'ambassadeur d'Espagne à bord du bateau de Drake, dit sévèrement à celui-ci que les Espagnols le tenaient pour un pirate, puis, lui ayant ordonné de s'agenouiller sur le pont, lui donna l'accolade avec une tranquille majesté et

1. Certains auteurs donnent un chiffre un peu différent, mais l'ordre de grandeur seul nous intéresse.

conclut : « Levez-vous, Sir Francis. » Entre l'Espagne et l'Angleterre la guerre devenait inévitable. En Espagne, l'Inquisition fut chargée de juger comme hérétiques les marins anglais faits prisonniers. Sir Francis Drake, à la tête d'une flotte royale, ravagea les colonies espagnoles et affirma le droit des marins anglais à la liberté des mers et du culte. Philippe donna l'ordre qu'une grande Armada fût préparée à Cadix pour attaquer l'Angleterre. Drake, avec une audace inouïe, fit le tour de l'Espagne, pénétra dans ce port fortifié et y détruisit à coups de canons les plus belles galères de combat. En quelques minutes la galère (ou croiseur à rames) qui, depuis des milliers d'années, dominait la Méditerranée se trouva condamnée au profit du voilier.

VIII. — Philippe II ne manquait pas de ténacité et, malgré les dégâts faits par Drake à Cadix, une Armada reconstituée fut prête en 1588. Le plan des Espagnols était grandiose et ingénieux. Le duc de Parme, qui commandait les troupes espagnoles aux Pays-Bas, devait préparer un corps de débarquement de trente mille hommes et des péniches pour transporter ces soldats en Angleterre. Mais une infanterie embarquée sur des péniches étant sans défense, il fallait que les vaisseaux de guerre venus d'Espagne fissent la haie au point de passage, prêts à arrêter tout bâtiment ennemi. A la tête de l'Armada qui amenait d'Espagne trente mille autres soldats fut placé le duc de Medina-Sidonia, grand seigneur, grand soldat, mais ignorant des choses de la mer. La flotte anglaise était commandée par Lord Howard, qui avait sous ses ordres Hawkins, Drake et Frobisher ; elle se composait de trente-quatre navires de guerre construits pour Elizabeth par Hawkins, aussi puissamment armés, mais plus allongés et plus bas que ceux d'Henry VIII, et de cent cinquante bateaux marchands fournis par les ports. La grande flotte espagnole arriva devant Plymouth dans une formation qui rappelait celle d'une armée de terre. Le duc de Medina-Sidonia comptait, comme c'était alors l'usage, transformer le combat naval en combat d'infanterie. Déjà les grappins étaient préparés pour l'abordage et l'invincible infanterie espagnole massée sur les « châteaux » quand on vit la flotte anglaise prendre une formation inattendue. Les bateaux de Drake et de Hawkins défilaient en file indienne, à une distance telle qu'aucune arme ne pouvait les atteindre. Ce fut alors que commença la tragédie. Les Anglais ouvrirent le feu et Medina-Sidonia, désespéré mais impuissant, constata que la portée des canons anglais leur permettait de le bombarder sans qu'il pût lui-même riposter. Il n'avait plus qu'à rompre le combat, ce qu'il fit de son mieux en se rapprochant des Pays-Bas et du duc de Parme. Il parvint à s'éloigner sans pertes trop graves. La bataille n'avait pas été décisive parce que la flotte anglaise manquait de munitions. Une invasion de l'Angleterre par les Espagnols des Pays-Bas était encore possible.

IX. — Parme n'était pas prêt et demanda quinze jours à Medina-Sidonia. Dès que les amiraux anglais virent la flotte espagnole mouillée devant Calais, ils l'attaquèrent avec des brûlots chargés de poudre et de goudron. Les Espagnols, pour fuir ce nouveau danger, coupèrent leurs câbles et partirent vers la mer du Nord. Là les canons anglais désemparèrent de nombreux bateaux. La tempête s'en mêla. Vers quels pays fallait-il faire voile ? Suède ? Écosse ? Irlande ? Le duc choisit l'Irlande, pays catholique où à la rigueur il espérait pouvoir débarquer et il essaya de contourner le nord de l'Écosse. S'il avait été marin, il eût reconnu que ses vaisseaux n'étaient pas en état d'entreprendre ce difficile périple. A bord de beaucoup d'entre eux, il n'y avait plus d'eau potable. Bientôt le désordre devint un désastre. Dispersée par le vent, dépouillée par les riverains, la flotte qui, huit jours plus tôt, avait été la splendide Armada se vit à la merci des vagues et des rocs. Sur cent cinquante vaisseaux, cinquante environ rentrèrent en Espagne. Sur trente mille soldats, dix mille avaient péri dans les naufrages, sans compter ceux qui étaient morts par les boulets ou les maladies. L'Espagne avait perdu la maîtrise de la mer.

X. — Cette victoire navale, qui nous apparaît aujourd'hui comme le premier signe de la puissance anglaise, fut loin d'être aux yeux des contemporains une victoire décisive. Malgré la défaite de l'Armada, l'Espagne demeurait le pays le plus fort d'Europe, l'Angleterre une petite île sans armée. La France, déchirée par les guerres de religion, devint le champ de bataille de cette lutte inégale, Elizabeth défendant les huguenots français, Philippe s'alliant avec la Ligue catholique. L'infanterie espagnole occupa Calais. Les armées protestantes furent vaincues. Sur mer les Anglais tentèrent une nouvelle expédition vers Cadix et continuèrent à harceler le commerce espagnol, depuis les Açores jusqu'aux Antilles. Mais Philippe de son côté construisit une nouvelle Armada et envahit avec succès l'Irlande. L'Angleterre de 1588 avait été exaltée par un sentiment de triomphe patriotique, qui est aisément perceptible dans le théâtre historique de Shakespeare ; dans les dernières années du règne, lorsqu'une armée anglaise eut été vaincue par les rebelles irlandais et que l'Espagne occupa les ports de la Manche, le pessimisme se répandit. Ainsi les drames de Shakespeare reflétèrent les passions des spectateurs et la mélancolie de Hamlet fut, à la fin du XVIe siècle, un sentiment plus commun parmi les Anglais qu'on n'a coutume de le croire.

XI. — Il serait faux de dire qu'au temps d'Elizabeth ont été jetées les premières bases d'un Empire britannique. Terre-Neuve, où les pêcheurs anglais allaient depuis longtemps, fut occupée en 1583, mais de manière précaire. L'un des favoris d'Elizabeth, qui fut aussi l'un des hommes les plus cultivés du règne, Sir Walter Raleigh, dépensa une grande partie de sa fortune en essayant d'établir sur les côtes de l'Amérique du Nord une colonie à laquelle la Reine elle-même donna le nom de Virginia. Mais le groupe de colons qu'il y laissa au cours de l'expédition de 1587 (quatre-vingt-neuf hommes, dix-sept femmes) ne fut plus retrouvé quand une expédition de ravitaillement fut envoyée, deux ans plus tard. Un des serviteurs de Raleigh passe pour avoir importé en Angleterre la pomme de terre et le tabac. Raleigh fut un des premiers Européens qui fumèrent. Il lançait cette mode nouvelle en offrant à ses amis de petites pipes à culot d'argent. Dès le règne suivant, l'impôt sur le tabac produisit cinq mille livres en 1619, huit mille trois cent quarante livres en 1623, à raison de six shillings huit deniers par livre de tabac importée. Les grandes compagnies, sociétés par actions qui obtenaient le monopole du commerce en des pays déterminés, se développèrent au XVIe siècle. Nous avons déjà parlé des *Merchant Adventurers* qui contrôlaient surtout le commerce des fleuves allemands, le Rhin et l'Elbe. Une autre compagnie s'occupait du commerce de la Baltique. La Compagnie de Moscovie avait le monopole du commerce avec la Russie, l'Arménie, la Perse et la Caspienne. Une Compagnie du Levant exploitait la Turquie. Tout à fait à la fin du règne, en 1600, fut fondée la *East India Company* qui seule avait le droit de commerce avec les îles et ports de l'Asie, de l'Afrique, et de l'Amérique depuis le cap de Bonne-Espérance jusqu'au détroit de Magellan. Cette compagnie devait entrer en rivalité militaire avec les Portugais et les Hollandais. « Plus de sang, écrit Thorold Rogers, a été répandu à propos du clou de girofle qu'à propos des luttes dynastiques. » Le système des Grandes Compagnies, qui excitait à la fois le désir de conquête et l'avidité commerciale, était, de toutes les formes de la colonisation, la plus dangereuse pour les indigènes et la moins facile à contrôler pour le gourvernement national.

10.
ELIZABETH ET MARY STUART

I. — Depuis l'échec d'Édouard Ier, l'Écosse avait réussi à rester indépendante des rois anglais. Brutale, indisciplinée, la noblesse écossaise demeurait toute féodale. La dynastie au pouvoir était celle des rois Stuarts, qui descendait, par Robert the Stewart, de la famille des Bruce. Cette dynastie s'appuyait sur l'Église catholique et sur l'alliance de la France, ce qui n'était pas sans inquiéter l'Angleterre. Les Stuarts, aussi cultivés que les Tudors, curieux de théologie, de poésie, d'architecture et même de pharmacie, ne cachaient pas comme leurs cousins d'Angleterre, sous cette surface brillante, un bon sens réaliste. A Jacques IV Stuart, Henry VII d'Angleterre avait donné en mariage sa fille Marguerite. « Ne craignez-vous pas, lui avaient dit ses conseillers, que la couronne d'Angleterre ne vienne par ce mariage à tomber aux mains d'un Écossais ? — En ce cas, répondit-il, ce serait l'Écosse qui serait annexée à l'Angleterre. » De Marguerite Tudor était né Jacques V Stuart et, du mariage de ce Jacques V avec la Française Marie de Guise, Mary Stuart qui, venue au monde peu de temps avant la mort de son père, s'était trouvée, dès le berceau, reine d'un peuple farouche. Sa mère Guise, régente d'Écosse, l'avait fait élever en France où elle était devenue une jeune fille au long visage pâle dont les beaux yeux avaient plu au dauphin François. A peine l'eut-elle épousé que son beau-père, Henri II, mourut, de sorte que Mary Stuart, reine d'Écosse, se trouva aussi reine de France. Or elle était, par son sang Tudor, l'héritière la plus proche du trône d'Angleterre — et peut-être même *la* reine d'Angleterre, si Elizabeth était tenue pour bâtarde. On peut imaginer l'importance que toute l'Europe attachait aux actes et aux sentiments de cette jeune femme, souveraine de trois royaumes. En 1560 son mari, tuberculeux, mourut d'une maladie de l'oreille ; la faction des Guise perdit en France tout son pouvoir et Mary Stuart dut repartir pour l'Écosse.

II. — Elle allait régner sur un pays fort peu fait pour la recevoir. La nouvelle religion réformée avait exercé une immédiate attraction à la fois sur le peuple écossais qui, pauvre et grave, n'avait jamais aimé le train féodal des évêques catholiques, et sur les nobles écossais qui, alléchés par l'exemple anglais, convoitaient les dépouilles des monastères. Une série de révolutions et de contre-révolutions religieuses s'était terminée, grâce à l'appui d'Elizabeth, par la victoire du parti protestant, celui de la *Congrégation du Seigneur,* assemblée mi-politique, mi-religieuse, où étaient représentés le peuple, l'Église et les nobles, ces derniers menant le jeu avec le titre de Lords de la Congrégation. Le cardinal avait été mutilé et jeté par la fenêtre de son palais de Saint Andrews. Un serment solennel, ou Covenant, prêté et tenu avec le sérieux de cette race, avait lié entre eux et avec Dieu tous les protestants d'Écosse. Le vrai maître de l'Écosse était, au temps du retour de Mary Stuart (1561), un pasteur, John Knox, homme redoutable par la force et l'étroitesse de sa foi, et dont l'éloquence biblique, rocailleuse, plaisait à ses compatriotes. Knox avait été prêtre catholique, puis anglican. C'était lui qui avait contraint Cranmer à supprimer l'agenouillement dans la seconde édition du *Prayer Book.* Fait prisonnier au château de Saint Andrews, après le meurtre du cardinal, par des troupes françaises envoyées au secours de celui-ci, il avait passé dix-neuf mois sur les galères du roi de France. Au temps de Mary Tudor, il avait vécu à Genève et la doctrine calviniste l'avait entièrement conquis. Comme Calvin, Knox croyait à la prédestination ; il pensait que la vérité religieuse devait être cherchée dans les seules Écritures, sans y mêler aucun dogme introduit par les hommes ; que le culte devait être austère, sans pompe et sans images ; que l'institution calviniste des « Anciens de l'Église » devait remplacer les évêques et archevêques ; enfin que John Knox était l'un des élus et directement inspiré par Dieu. Ayant de tout cela convaincu les Écossais, il avait fait de la *Kirk* écossaise une Église presbytérienne, sans hiérarchie, toute démocratique. Dans chaque paroisse les fidèles nommaient leurs pasteurs et, dans les Assemblées générales de l'Église, ces pasteurs et les *lairds* laïques siégeaient ensemble. L'union des *squires* et des bourgeois pour le contrôle de la Couronne, union qui en Angleterre s'était incarnée dans le Parlement, prit en Écosse forme d'assemblée ecclésiastique. L'Église y fut l'État.

III. — John Knox avait plusieurs fortes raisons de haïr Mary Stuart. Elle était catholique, et Knox accablait de sa pieuse fureur la « Femme Écarlate » ; elle était femme et il avait écrit, au temps de Mary Tudor et de Marie de Guise, un pamphlet contre les reines et régentes : *The First Blast of the Trumpet against the monstruous Regiment of Women ;* enfin elle avait été reine de France et Knox n'avait connu de la France que ses bagnes. « Dieu, avait-il dit en apprenant la mort de François II, nous a envoyé une joyeuse délivrance, car le mari de notre souveraine est mort d'une maladie d'oreille — cette oreille sourde qui n'a jamais voulu entendre la Vérité. » Au moment où Mary Stuart, revenant en Écosse, débarqua, un épais brouillard couvrit le port. « La face du ciel elle-même, dit Knox, nous montre assez clairement ce que cette femme apporte dans ce pays. » Elle apportait la jeunesse, la grâce, la poésie ; elle trouva la violence, le fanatisme et la haine. Ses sujets la reçurent d'abord avec de grandes démonstrations, mais ces démonstrations elles-mêmes étaient faites pour effrayer la jeune femme. Sous ses fenêtres, toute la nuit on chanta des psaumes. Sur le passage du cortège avaient été dressés des tréteaux, où de joyeux tableaux représentaient des idolâtres brûlés pour leurs péchés. Le premier dimanche, quand la Reine fit dire une messe au palais, les saints qui l'entouraient faillirent tuer le prêtre. Mary, avec une patience surprenante chez une fille de dix-huit ans, gagna lentement du terrain. Elle parlait peu, assistait aux séances du Conseil en faisant des travaux d'aiguille et, par son charme, conquérait certains des nobles protestants. John Knox lui-même fut reçu par elle avec bienveillance. En retour il lui exposa le devoir pour le sujet de se révolter contre un principe impie, comme on le voit dans la Bible par Isaïe et Ézéchias, Daniel et Nabuchodonosor, et beaucoup d'autres exemples précieux. Elle n'avait jamais rencontré de prophète ; elle fut stupéfaite et sans doute atterrée. « Je vois, lui dit-elle tristement, que mes sujets vous obéissent et non à moi. » Il répondit qu'il se bornait à exiger du prince et du peuple que tous deux obéissent à Dieu. Puis il fit un sermon sur la messe, cérémonie qui, affirmait-il, n'était pas prescrite par les Écritures. Elle n'était pas théologienne mais eut une charmante réponse : « Si ceux que j'ai autrefois entendus étaient ici, ils vous répondraient. » Knox la quitta en lui souhaitant de réussir aussi bien en Écosse que Déborah dans la communauté d'Israël.

IV. — Entre Mary et Elizabeth, les rapports furent complexes. Aux conflits politiques se mêlait une jalousie de femmes. Quand Melville, ambassadeur de Mary, vint à Londres, Elizabeth fit tout pour le séduire. Elle parla toutes les langues qu'elle savait ; elle joua du luth et demanda si Mary en jouait aussi bien ; elle dansa devant l'Écossais et dit que certainement Mary ne dansait pas si adroitement ; elle voulut savoir si ses cheveux blond-roux n'étaient pas plus beaux que les cheveux châtains de Mary. Melville s'en tira en disant qu'Elizabeth était la plus belle des reines d'Angleterre et Mary la plus belle des reines d'Écosse. Elizabeth demanda encore quelle était la plus grande des deux ? C'était certainement Mary Stuart. « Alors, dit Elizabeth, elle est trop grande. » John Knox eût trouvé dans ces propos d'un chef d'État des arguments contre « le monstrueux gouvernement des femmes ». Mais chez Elizabeth la frivolité n'était qu'un masque commode. Sur la question de la succession, elle ne varia point. Elle ne pouvait admettre que la reine d'Écosse se dît reine d'Angleterre, ni qu'elle unît dans ses armoiries les deux royaumes, même si Mary ne prenait aucune mesure pour faire valoir ses droits. Une telle prétention aurait pu miner dangereusement le loyalisme des catholiques anglais, et cela d'autant plus que les catholiques vivaient surtout dans le Nord, à la frontière de l'Écosse. Si Mary épousait un prince catholique, français ou espagnol, l'Angleterre pouvait craindre une nouvelle Mary Tudor. En revanche si Mary Stuart voulait se laisser marier avec un protestant anglais, choisi par Elizabeth, celle-ci était prête à déclarer qu'après sa propre mort la succession irait à Mary, et à guider celle-ci de ses conseils.

V. — Entre les deux reines s'établit une correspondance amicale, où Elizabeth, jouant à la sœur aînée, assenait à sa cousine de vigoureux proverbes : « Écartez les buissons ; une épine pourrait piquer votre talon... La pierre retombe souvent sur la tête de celui qui l'a lancée. » Conseils plats mais peut-être utiles, car

Mary, après avoir montré au début tant de patience, cédait maintenant à ses nerfs. Quand John Knox, qui continuait à la juger « avec autant de sévère autorité que s'il avait fait partie du Conseil Privé de Dieu », prêcha contre le mariage éventuel de la Reine avec un papiste, elle le fit venir et lui parla longtemps avec violence. « J'ai supporté, dit-elle, votre dure manière de parler contre moi-même et contre mes oncles. J'ai cherché à vous plaire par tous les moyens possibles. Je vous ai reçu toutes les fois qu'il vous a plu de m'admonester. Et pourtant je ne puis avoir la paix avec vous ! Je le jure devant Dieu, je serai un jour vengée. » A ce moment, les sanglots coupèrent son discours et son petit valet de chambre eut peine à trouver assez de serviettes pour essuyer ses yeux.

VI. — Peu de femmes ont droit à plus d'indulgence que Mary Stuart, jetée si jeune, sans conseillers fidèles, en un temps romanesque et brutal, parmi des nobles sans scrupules et des prédicateurs inhumains. Son courage lui avait fait gagner la première manche. Dès qu'elle permit à la femme de primer la souveraine, elle accumula les fautes. Qu'elle ait refusé pour mari le beau Leicester, que lui recommandait Elizabeth, est naturel ; elle n'avait nul désir de recueillir les anciens galants de sa cousine et d'ailleurs Leicester eût fait un mauvais roi. Darnley, qu'elle choisit, était pire ; sans doute il descendait comme elle des Tudors et son jeune corps n'était pas sans grâce ; mais il avait l'âme basse, un cœur lâche, de soudaines fureurs, et Mary se lassa de lui aussi vite qu'elle s'en était amourachée. Elle commit alors la folie de prendre pour conseiller un petit musicien italien, venu en Écosse à la suite du duc de Savoie, David Rizzio. Les seigneurs de la Cour, outrés de se voir préférer un parvenu, jurèrent de se venger. Avec Darnley, ils montèrent une conspiration pour se débarrasser de Rizzio et le tuèrent dans les jupes de Mary, alors qu'il soupait avec elle. Trois mois après elle accoucha d'un fils, qui devait être Jacques VI d'Écosse et Jacques Ier d'Angleterre, et dont on dit alors qu'il était le fils de Rizzio. La position de Mary devenait intenable. Elle haïssait son mari Darnley ; elle aimait follement le plus terrible des seigneurs écossais, un comte de Bothwell qui l'avait violée, puis conquise, et que toute l'Écosse méprisait. Bothwell prépara le meurtre du Roi. Fut-ce avec la complicité de Mary Stuart ? Il est certain que la Reine installa Darnley, qui était malade, dans une maison de campagne isolée, voisine d'Édimbourg, à Kirk-o'-Field; elle le quitta le soir; dans la nuit, la maison sauta et Darnley fut trouvé mort dans le jardin. Nul ne douta de la culpabilité de Bothwell. Or la Reine, trois mois après le meurtre de son mari, épousa l'assassin. C'en était plus que n'en pouvait supporter l'opinion publique, même au XVIe siècle. Le Pape, l'Espagne, la France, tous ses amis abandonnèrent Mary. Des Écossais se révoltèrent. Après une brève lutte, Bothwell, assez lâchement, s'enfuit et Mary fut ramenée captive à Édimbourg par des soldats qui criaient : « Brûlez la putain ! » Elle fut déposée en faveur de son fils Jacques VI, son histoire ayant montré, dit l'ambassadeur vénitien, « que les affaires de l'État ne sont pas un métier de femme ».

VII. — Elle eût certainement été alors exécutée si Elizabeth ne l'avait protégée, au grand désespoir de Cecil et de Walsingham, qui ne se pouvaient expliquer la politique de leur maîtresse que par l'horreur qu'elle avait des rebelles écossais et par son désir de ne pas donner à ses sujets le spectacle et l'exemple d'une reine décapitée. Enfin, après dix mois et demi de captivité à Loch Leven, Mary s'enfuit à cheval, en mai 1568, et gagna l'Angleterre. Qu'allait faire Elizabeth ? Devait-elle tolérer la présence dans son royaume d'une prétendante aussi dangereuse ? Jamais cette grande artiste en hésitation n'avait hésité aussi longtemps. Ses conseillers eussent traité Mary sans aucune pitié. La raison d'État l'exigeait. John Knox écrivait : « Si vous ne frappez à la racine, les branches qui semblent mortes bourgeonneront de nouveau. » Mary demanda qu'une enquête fût ouverte par Elizabeth sur les actes des rebelles écossais ; Elizabeth accepta, mais ordonna aux commissaires d'étendre l'enquête au meurtre de Darnley afin, disait-elle, que « sa sœur » fût lavée de tout soupçon. Des lettres qui prouvaient la culpabilité de Mary, les fameuses « Lettres de la Cassette », furent produites contre la reine d'Écosse. Celle-ci dit que les lettres étaient fausses. Les commissaires, prudemment, déclarèrent que l'enquête ne prouvait rien contre les rebelles, ni contre Mary. Elizabeth garda celle-ci prisonnière et on ne peut guère l'en blâmer, car la malheureuse reine d'Écosse avait été et continua d'être de toutes les conspirations. Le nombre des complots dont Mary fut le centre fait admirer la mansuétude d'Elizabeth. Ce fut pour Mary Stuart que le Nord catholique se souleva, pour elle que mourut le duc de Norfolk. Elle encourageait aussi bien l'Espagne que la France, le duc d'Alençon que Don Juan d'Autriche. Elle conspirait contre Elizabeth avec le Pape, par l'intermédiaire des banquiers florentins. Les Communes demandaient sa tête ; Walsingham ne l'appelait plus que *the bosom serpent.* Il est hors de doute qu'Elizabeth aurait eu vingt solides raisons pour faire exécuter sa belle cousine. Elle refusa.

VIII. — 1568-1587. La belle amazone au teint pâle devint une femme mûrissante et malade ; les cheveux châtains grisonnèrent. Mary, prisonnière, brodait de petits ouvrages pour Elizabeth et, incorrigible, complotait. Elizabeth vieillissait ; il était certain désormais qu'elle n'aurait pas d'enfant ; la question de la succession devenait de plus en plus grave. Après une si longue captivité, le Pape et l'Église oubliaient que Mary avait été coupable d'adultère, peut-être de meurtre et, de nouveau, fondaient sur elle de grands espoirs. Les bons protestants s'inquiétaient d'une échéance si proche. Walsingham, qui guettait Mary, faisait régulièrement saisir sa correspondance. Après vingt ans de captivité, elle s'attachait encore à l' « Entreprise », qui était la ruine d'Elizabeth. Or, en 1587, une guerre avec l'Espagne semblait proche. Il fallait, pensa Walsingham, supprimer, avant de s'y engager, les causes de danger intérieur. Un agent provocateur se chargea d'attirer Mary dans un piège. Elle y donna de tout cœur. Un groupe de jeunes hommes avait formé le projet de tuer Elizabeth ; leur chef écrivit à Mary une lettre qui, naturellement, fut interceptée, dans laquelle il lui annonçait l'assassinat et demandait son avis. Les ennemis de Mary attendaient avec anxiété sa réponse. Ils ne furent pas désappointés. Elle approuva le meurtre et donna même des conseils aux meurtriers. Walsingham triompha. Mary fut jugée à Fotheringay et reconnue coupable à l'unanimité. Les Communes exigèrent l'exécution immédiate. Son fils Jacques lui-même n'oubliait pas que la mort de Mary lui assurait le trône d'Angleterre. « Ma religion m'a toujours fait haïr sa conduite, bien que mon honneur me contraigne à défendre sa vie... » Elizabeth hésitait encore. A quel sentiment obéissait-elle ? Réelle clémence ? Horreur de cette action ? Crainte pour son salut ? Enfin elle signa l'ordre d'exécution. Il fallut trois coups de l'épée du bourreau pour trancher cette tête (8 février 1587). Les tragédies de la jeunesse de Mary Stuart avaient été oubliées et elle devint, aux yeux des catholiques, une sainte.

IX. — Elizabeth vécut jusqu'à soixante-dix ans, âge très avancé pour ce temps et, presque jusqu'au dernier jour, elle brilla, dansa, flirta. Burleigh était mort avant elle ; elle l'avait remplacé par son second fils, Robert Cecil. A Leicester avait succédé, dans les faveurs de cette vieille femme, le beau-fils de celui-ci, le comte d'Essex. Il était gracieux et séduisant, mais arrogant et de caractère ombrageux. Enivré par le sentiment trouble que la Reine avait pour lui et qui tenait à la fois de la protection maternelle, de la tendresse et de la sensualité, enhardi aussi par une glorieuse expédition à Cadix qui avait fait de lui l'idole du peuple anglais, il devint intolérable. Bien qu'il traitât la Reine avec une impertinence et une violence inouïes, elle pardonnait toujours. Il joua sa dernière carte quand il demanda à commander l'armée envoyée par Elizabeth pour abattre la révolte irlandaise qu'avaient suscitée les Espagnols (1594). Général, il se conduisit en enfant gâté et en traître, rêva de ramener ses troupes à Londres pour détrôner sa souveraine, écrivit en même temps à celle-ci des lettres irritées et passionnées. Elizabeth maintenant le jugeait sainement : « Vous avez eu ce que vous demandiez : le choix du moment... plus de pouvoir et d'autorité que nul n'en eut jamais. » Quand il revint, ayant abandonné son poste, et tenta d'organiser un complot pour la saisir et au besoin l'assassiner, elle le livra à son destin. « Ceux qui touchent au sceptre des princes, dit-elle, ne méritent point de pitié. » Le bel Essex fit une fin humble et dévote et fut décapité à la Tour.

X. — Sa mort répandit une nuance de mélancolie sur les dernières années de la Reine. Elle teignait encore ses cheveux « d'une couleur jamais faite par la nature » ; elle se couvrait encore de perles et de diamants, d'étoffes d'argent et d'or ; elle recevait encore les hommages de ses Parlements, leur promettait d'abolir les monopoles qui avaient enrichi trop de courtisans, et donnait sa main à baiser à tous les *gentlemen* des Communes parce qu'elle pensait prendre congé de son dernier Parlement ; parfois même elle dansait encore une « courante ». Mais vite elle retombait sur des coussins ; la fin était proche et elle le sentait. Pourtant elle se refusait à nommer son successeur. Elle savait que ce serait Jacques VI d'Écosse, le fils de Mary Stuart, et que déjà ses ministres étaient en correspondance avec Édimbourg. Elle n'en parlait jamais. *Video et taceo* avait toujours été sa devise. En janvier 1603 elle se sentit plus mal, se coucha, refusa de voir un médecin, désigna enfin Jacques pour son successeur et, se tournant vers le mur, tomba dans une léthargie dont elle ne sortit plus.

11.
L'ANGLETERRE AU TEMPS D'ELIZABETH

I. — Les corps des élizabéthains étaient faits comme les nôtres. Ils avaient les mêmes cerveaux, les mêmes cœurs, les mêmes reins et sans doute éprouvaient-ils à peu près les mêmes passions que leurs descendants. Mais ils déformaient si bien, par les courbes et les angles de leur vêtements, la ligne de ces corps, et par l'éclat de leurs métaphores le naturel de ces passions, que beaucoup d'historiens les ont tenus pour des monstres. En particulier l'on s'est étonné du contraste entre la délicatesse de leurs poèmes et la cruauté de leurs spectacles, entre le luxe de leurs costumes et la saleté de leur vie. Mais toute époque offre de telles surprises et les historiens de l'avenir n'auront pas moins de mal à concilier l'intelligence de nos savants et la pénétration de nos romanciers avec la stupidité de notre économie et la sauvagerie de nos guerres. Les apprentis et les capitaines qui traversaient la Tamise pour aller voir, au Théâtre du Globe, une comédie de Shakespeare étaient les mêmes qui trouvaient plaisir à voir un malheureux ours harcelé par une meute de chiens, ou à contempler le supplice sanglant d'un traître. L'habitude les avait endurcis, comme elle faisait accepter par Essex ou Carlisle, si raffinés, la puanteur des rues de Londres, comme elle fait accepter par tel esthète de notre temps la philosophie politique la plus dure et ses sanglantes conséquences.

II. — Parce que la Reine aimait le luxe et que d'ailleurs le pays s'enrichissait, la mode fut pour les élizabéthains un tyran exigeant et capricieux. Inventés en France, les vertugadins, autour d'eux, s'étaient élargis jusqu'à devenir comme une table sur laquelle reposaient les bras. Au-dessus de cette vaste cloche, un busc de baleine ou d'acier comprimait leur taille en forme de guêpe. Des collerettes immenses, importées d'Espagne, étaient raidies par un fil de fer ou par l'amidon, invention du diable que venait d'introduire en Angleterre la femme du cocher hollandais de la Reine. Les plus riches étoffes, velours, damas, draps d'or et d'argent, étaient employées pour les robes des dames et pour les pourpoints des hommes. Les grands seigneurs, en leurs divertissements mythologiques, luttaient d'imagination avec les poètes qui d'ailleurs étaient souvent eux-mêmes de grands seigneurs. Dans les maisons de la *gentry* et de la bourgeoisie pénétraient le luxe et le confort. Une dame de qualité, avant de se lever, demandait que son page allumât dans la chambre un feu ; avant de se coucher, que sa femme de chambre bassinât son lit avec une boule d'eau chaude. Partout dans les campagnes s'élevaient des manoirs nouveaux, où l'architecture italienne se mêlait au gothique traditionnel. Dans les jardins comme dans les maisons, on recherchait la symétrie des plans et la variété des ornements. Ifs et buis étaient taillés en sphères, en spirales. Le langage des cavaliers et des dames n'était pas moins bizarrement contourné que les arbres de leurs jardins. L'*Euphues* de Lyly avait été publié en 1580 et toute femme cultivée se piquait d'euphuisme. Le bonheur d'inventer des mots et des tournures, l'ivresse que procurait aux esprits le renouveau de la langue engendraient une préciosité qui était à la fois dans les poèmes et dans les propos, et qui allait du ravissant au ridicule sans qu'il fût toujours très facile de distinguer la frontière.

III. — Si la Cour, et quelques esprits cultivés, lisaient Sir Philip Sydney et Sir Thomas Wyatt, Spenser, Marlowe et les *Sonnets* de Shakespeare, sous cette surface irisée continuait de courir le grand courant puritain. La bibliothèque de Lady Hoby, dont nous avons le catalogue, se composait surtout de livres de piété : la Bible et le *Livre des Martyrs* de Foxe en demeuraient le centre solide. « L'auteur le plus lu au temps de Shakespeare était le Révérend Henry Smith. » Hors les sermons, les libraires éditaient surtout des ballades rimées sur les événements du jour, ou des pamphlets religieux comme les tracts puritains publiés sous le pseudonyme de Martin Marprelate. Les poèmes ne trouvaient pas de nombreux lecteurs, mais les écrivains élizabéthains, plutôt que de la vente de leurs livres, vivaient des dons de protecteurs auxquels ils dédiaient leurs œuvres. Une pièce de théâtre était payée à son auteur de six à dix livres, et un dramaturge un peu actif en écrivait dix à douze par an. Enfin l'on vendait à Londres beaucoup d'ouvrages traduits de l'italien et du français, tels les *Contes* de Boccace ou les *Essais* de Montaigne. En ces auteurs étrangers, Spenser et Shakespeare trouvèrent des thèmes auxquels ils mêlèrent, pour leur donner un charme proprement anglais, la gravité mélancolique de leur nation, sa poésie agreste, sa philosophie intime et sérieuse.

IV. — Ce fut sous le règne d'Elizabeth que le théâtre prit en Angleterre une grande place dans la vie de Londres. Dès Henry VII il y avait eu des troupes de comédie, mais peu de théâtres permanents. Ces troupes jouaient dans les cours des auberges ou dans les halls des manoirs. Quand les autorités de la Cité, devenues puritaines, expulsèrent les comédiens, ceux-ci se réfugièrent au sud de la Tamise, hors de la juridiction du Lord-Maire. Alors furent construits plusieurs théâtres, le plus célèbre étant le Globe, dont Shakespeare possédait un dixième. Les hommes prennent aisément pour un trait permanent le détail né d'un hasard. Les constructeurs des premiers théâtres essayèrent presque tous de reproduire la cour d'auberge, avec sa galerie extérieure courant au long des chambres. Cette galerie était commode pour représenter tantôt le balcon de la chambre d'une dame, tantôt le sommet d'une tour. Les spectateurs payaient un penny pour entrer, de six pence à un shilling pour avoir une place assise, soit sur la scène, soit dans les galeries, qui, en souvenir de l'auberge initiale, demeuraient divisées en chambres, d'où probablement nos loges. Comme aujourd'hui devant les baraques foraines, une sonnerie de trompettes annonçait la représentation. Le public, composé d'apprentis, d'étudiants en droit, de soldats et de gentilshommes, était intelligent et sérieux. Il aimait un mélodrame bien sanglant, mais se montrait capable de comprendre les pièces les plus poétiques de Marlowe, de Ben Jonson ou de Shakespeare.

V. — De William Shakespeare qui fit vivre un monde, comment parler en quelques lignes ? Fut-il supérieur à tous les autres auteurs dramatiques de son temps ? Encore que ceux-ci aient été fort remarquables, cela est certain. Aucun d'eux ne parcourut une gamme de tons, de genres et de sujets aussi vaste ; aucun ne sut mêler aussi heureusement la poésie la plus folle et la construction la plus solide ; aucun n'exprima, sur la nature et les passions de l'homme, des pensées aussi profondes dans un langage aussi ferme. Sa supériorité fut-elle reconnue par ses contemporains ? Pas aussi unanimement qu'elle l'est par nous. Cet auteur-acteur quand, vers 1590, il commença d'offrir des manuscrits aux compagnies de comédiens, en concurrence avec les poètes érudits des Universités, excita la jalousie de ceux-ci. Mais le public aima ses pièces. Dans un petit manuel de littérature publié en 1598, *Palladis Tamia*, l'auteur, quand il en vient à la tragédie et à la comédie, parle de Shakespeare comme « du plus excellent dans les deux genres », et « l'un des plus ardents parmi nous à peindre la tristesse des perplexités de l'amour ». « Si les Muses pouvaient parler anglais, dit l'auteur, ce serait dans le beau langage de Shakespeare. » Ami des hommes de la cour, associé à leur vie pendant la fin du règne d'Élizabeth, Shakespeare savait, aussi bien que les passions de l'amour, décrire celles de l'ambition et les tourments du pouvoir. La sagesse d'un peuple est faite de vérités communes auxquelles de grands écrivains ont su donner des formes singulières. La sagesse du peuple anglais, instinctive, poétique et parfois inconstante, doit à Shakespeare ce que celle du peuple français doit à des moralistes.

VI. — L'Angleterre de Shakespeare nous apparaît toute bruissante de poèmes et de chansons, et l'on imagine volontiers le moindre apprenti ou le plus naïf villageois de ce temps jouant de la viole ou composant des madrigaux. Sans doute ne faut-il pas exagérer la poésie et la gaieté de l'Angleterre élizabéthaine. La vie était dure pour les masses autant et plus qu'aujourd'hui. On voit passer dans Shakespeare les paysannes actives, au nez rouge, qui au cœur de l'hiver portent un seau de lait gelé et dont les mains sont gercées parce qu'elles ont lavé du linge grossier. Bien que le prix du blé eût monté, par suite de la baisse de la valeur de l'or, le chômage dans les campagnes restait douloureux puisqu'il fallut édicter, vers la fin du règne, les deux grandes lois sur les pauvres de 1597 et de 1601. Les *squires,* dont la puissance augmentait, se montraient souvent durs et les persécutions religieuses étaient redoutables pour qui voulait penser avec indépendance. Mais il y avait aussi des propriétaires chrétiens qui pratiquaient l'hospitalité et la courtoisie. Les manoirs comme les villages se suffisaient encore à eux-mêmes. Une bonne maîtresse de maison, lady ou fermière, y faisait tout, depuis sa confiture jusqu'à ses chandelles. Les fêtes campagnardes étaient gracieuses ; de vieilles traditions païennes survivaient, comme par exemple la danse autour du Mai *(Maypole),* mât orné de fleurs et de rameaux verts qui évoquait la renaissance du printemps et des Pâques primitives. Les villageois montaient des comédies fort savantes, comme Shakespeare nous l'a si bien montré dans *Le Songe d'une Nuit d'Été,* et les étrangers remarquaient que les Anglais étaient alors le peuple le plus musicien du monde. Non seulement ce peuple produisait des compositeurs comme l'admirable Byrd, mais dans presque toutes les maisons on voyait un luth, une viole, un virginal et des livres de musique. Tous les visiteurs et beaucoup de serviteurs étaient capables de déchiffrer une chanson et de tenir leur place dans un chœur à trois ou quatre voix.

VII. — Ce goût de la poésie et de la musique suppose une éducation assez avancée. Elle ne manquait pas aux élizabéthains. Après Winchester et Eton, de riches protecteurs fondaient de nouvelles *Public Schools :* Rugby en 1567, Harrow en 1590. En principe ces écoles étaient gratuites et destinées aux enfants du voisinage, le fondateur payant le salaire des maîtres et la nourriture des enfants. Seuls devaient une pension les étrangers au pays, qui presque toujours étaient des fils de grands seigneurs ou de riches bourgeois. Peu à peu ces étrangers devinrent les plus nombreux et ce fut pour eux que fonctionna l'école, Harrow par exemple ne conservant que quarante élèves gratuits *(free scholars).* L'éducation élémentaire était donnée dans de petites écoles *(petty schools),* souvent par des dames qui enseignaient l'alphabet, les rudiments de l'écriture et n'en savaient guère plus elles-mêmes. Ensuite l'enfant allait à la *Grammar School,* tenue, parfois même dans les campagnes, par un véritable érudit. Il y avait alors dans la moindre ville de province des hommes de haute culture. Parmi les amis de la famille Shakespeare, à Stratfort-on-Avon, l'un était licencié ès lettres *(Master of Arts)* de l'Université d'Oxford ; un autre lisait du latin pour son plaisir. Les historiens littéraires s'étonnèrent jadis des connaissances de Shakespeare, acteur de condition modeste. Mais ces connaissances étaient alors celles d'un public étendu, en particulier à Londres. Si l'on feuillette des livres ayant appartenu à des hommes ou à des femmes de ce temps, on en trouve les marges couvertes de notes latines, aussi remarquables par la solidité de la forme que par la vigueur de la pensée, et l'on reconnaît que si les méthodes scientifiques sont aujourd'hui plus efficaces qu'au temps des élizabéthains, l'intelligence et le goût de ceux-ci étaient supérieurs à ceux que possèdent, en notre temps, des êtres de même classe.

12.
CONCLUSION

I. — Ainsi l'Angleterre produit, au XVIe siècle, un art et une littérature qui lui sont propres. Elle a tiré de la Renaissance européenne ce qui convenait à son génie, puis elle s'est détachée du continent. Tout a contribué, au temps des Tudors, à la rendre plus insulaire : les progrès de la langue nationale, la construction d'une flotte puissante, la rupture avec l'Église romaine. Il faut lire, dans les *Mémoires* de Sully, le récit d'une ambassade française à Londres au début du siècle suivant pour mesurer ce qu'était alors la violence de la xénophobie anglaise : « Il est certain que les Anglais nous haïssent, écrit Sully, et d'une haine si forte et si générale qu'on serait tenté de la mettre au nombre des dispositions naturelles de ce peuple. Elle est plus véritablement l'effet de leur orgueil et de leur présomption ; puisqu'il n'y a point de peuple en Europe plus hautain, plus dédaigneux, plus enivré de l'idée de son excellence. Si on les en croit, l'esprit et la raison ne se trouvent que chez eux ; ils adorent toutes leurs opinions et méprisent celles de toutes les nations, et il ne leur vient jamais en pensée, ni d'écouter les autres, ni de se défier d'eux-mêmes. Au reste, ils se font, par ce caractère, bien plus de tort à eux-mêmes qu'à nous. Ils sont par là à la merci de tous leurs caprices. Environnés de la mer, on dirait qu'ils en ont contracté toute l'instabilité. » L'un des secrets de la popularité des Tudors est l'art avec lequel ils ont flatté les préjugés insulaires et l'orgueil de leurs sujets.

II. — Le gouvernement des rois Tudors a été un gouvernement fort, mais sa force ne lui est venue ni d'une armée, ni d'une police. Appuyé sur l'opinion publique, sur les *yeomen*, sur les fermiers, sur les marchands, il s'est emparé du pouvoir spirituel. Les rois de France et d'Espagne se sont alliés à l'Église de Rome pour créer des monarchies absolues ; les rois d'Angleterre se sont alliés au Parlement pour chasser l'Église de Rome et devenir eux-mêmes les chefs d'une Église nationale. Leur adhésion à la Réforme aurait amené la ruine de l'Angleterre si les deux grandes puissances catholiques s'étaient entendues pour écraser ce petit royaume. La rivalité des Habsbourg et des Valois a sauvé les Tudors. L'Angleterre a pu, grâce aux divisions de l'Europe, pratiquer cette politique de « la balance du pouvoir » qui lui est imposée par sa situation et qui consiste à susciter, contre la puissance la plus forte du Continent, des coalitions auxquelles elle apporte l'appui de sa richesse et de ses flottes. Elle n'a pas encore, au temps d'Elizabeth, une politique impériale et personne n'imagine au XVIe siècle que les territoires au-delà des océans, alors convoités pour leurs seules richesses, puissent un jour devenir des colonies de peuplement.

III. — Le rêve romain et chrétien d'un empire européen ne hante plus, au début du XVIIe siècle, les esprits des souverains. La force de l'État national est devenue le seul but de leurs efforts. Cette force prend des formes diverses. En France et en Espagne, le pouvoir central gouverne par des fonctionnaires, eux-mêmes soutenus par des soldats ; en Angleterre, les institutions locales du Moyen Age ont conservé tout leur prestige. Le Parlement, agent de liaison entre le Roi et l'opinion publique des comtés, villes et villages, a été respecté par les rois Tudors. Henry VIII s'en est servi pour faire accepter sa réforme religieuse. Elizabeth a courtisé ses Parlements avec un soin qui permet d'imaginer leur puissance. En 1583, c'est-à-dire au plus fort de la puissance de la Reine, Sir Thomas Smith écrit : « Le pouvoir le plus haut et le plus absolu du royaume d'Angleterre est constitué par le Parlement, car tout Anglais est censé là être présent en personne ou par procuration, depuis le prince jusqu'à la personne la plus humble d'Angleterre, de sorte que le consentement du Parlement est tenu pour être le consentement de tous. » Dès la fin du règne d'Elizabeth, le Parlement était devenu conscient de sa force et la critique des actes de la Couronne, tout en restant déférente, montrait clairement l'indépendance et l'autorité des Communes.

IV. — De même que la féodalité était morte de son succès, la monarchie anglaise sera bientôt affaiblie par les services mêmes qu'elle aura rendus. Le prodigieux respect qui avait entouré les Tudors était fait, autant que des mérites propres de cette famille, du souvenir des malheurs qui avaient précédé son avènement. Mais passé le péril, maudit le saint. Bientôt, encouragés par l'ordre intérieur qu'a restauré la monarchie, et par la sécurité extérieure que garantissent à la fois la nouvelle puissance maritime de l'Angleterre et les divisions de l'Europe, *squires* et bourgeois vont tenter d'imposer au Roi leur volonté exprimée par le Parlement. Couronne et Communes joueront en Angleterre une grande partie dont l'enjeu sera le pouvoir suprême ; l'imprudence d'une dynastie nouvelle donnera la victoire au Parlement.

LIVRE V

LE TRIOMPHE DU PARLEMENT

TABLEAU IV

Les rois Stuarts de Grande-Bretagne.

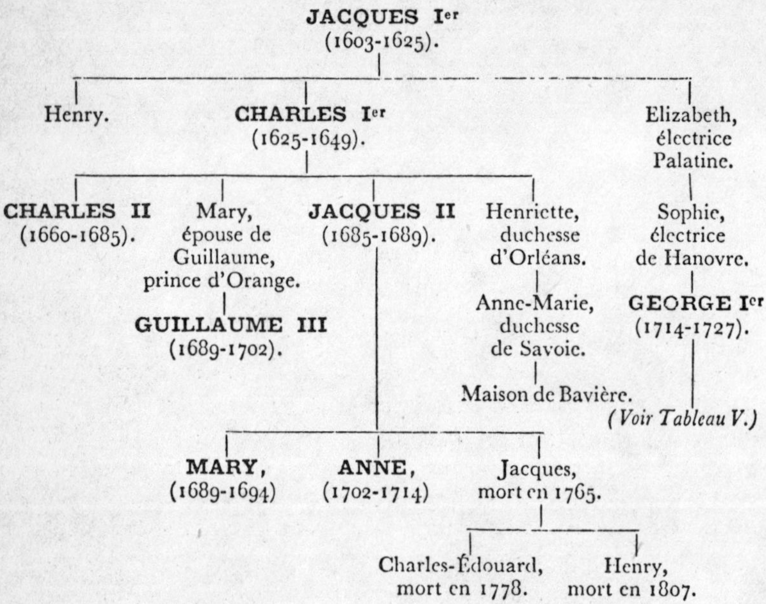

Les descendants d'Henriette, fille de Charles Ier, furent écartés du trône par une loi de 1701, au profit de la branche issue d'Elizabeth, fille de Jacques Ier.

1.

JACQUES Ier STUART ET LE PROBLÈME RELIGIEUX

I. — Les rois Tudors avaient été des dieux nationaux. Pour leur plaire, plusieurs fois, leurs peuples, leur clergé, leurs évêques même avaient changé de religion. Sur un mot d'eux, les têtes des seigneurs et des ministres s'étaient inclinées sans résistance vers le billot. A leurs volontés les Parlements avaient parfois opposé d'humbles remontrances, parfois des murmures, jamais un refus. De cette étonnante puissance nous avons montré les ressorts : chez les sujets, un vif besoin d'autorité après une longue période d'anarchie ; chez Henry VII comme chez Elizabeth, un génie de la royauté et un tact qui leur avaient permis de prévoir en la plupart des circonstances les réactions de l'opinion publique. Seul le consentement de celle-ci avait permis la paradoxale vigueur d'une monarchie désarmée. « Si les *beefeaters* du palais pouvaient garder le bateau dans lequel un noble rebelle ou un ministre tombé était conduit à la Tour, c'était parce que les apprentis de Londres n'essayaient pas de leur arracher leur prisonnier. » Ni le souverain, ni le Conseil privé n'auraient pu contraindre à l'obéissance une population de cinq millions d'âmes, accoutumée depuis des siècles à conserver des armes dans ses cottages et entraînée à se servir de l'arc et de l'épée. Dès l'avènement d'Henry VII, le pouvoir des Tudors avait été, non militaire, mais psychologique et sentimental. Ce long succès et la soumission volontaire du peuple anglais allaient engendrer, chez les successeurs d'Elizabeth, de dangereuses illusions.

II. — Le jour de la mort de la Reine (24 mars 1603) une grande inquiétude s'était emparée du pays. Des patrouilles avaient parcouru les rues de Londres. Des marins protestants avaient quitté les ports pour arrêter, si elle se produisait, une invasion papiste venue des Flandres. Dès que l'on apprit que le calviniste Jacques VI allait descendre de son royaume d'Écosse pour devenir Jacques Ier d'Angleterre et unir les deux couronnes [1], le calme se rétablit. De la frontière à Londres, le voyage du nouveau roi ne fut qu'un long triomphe. Dans tous les villages les cloches sonnaient ; dans les villes une foule enthousiaste attendait le souverain sur la place du Marché ; dans les châteaux, Jacques Ier, accoutumé à la pauvreté écossaise, s'émerveillait de la splendeur des fêtes. Un de ses actes déplut et inquiéta : ignorant des libertés anglaises, il fit pendre sans jugement un voleur arrêté par l'escorte pendant le trajet. Mais il pouvait, avant de rencontrer une résistance, épuiser le vaste crédit de confiance que lui avaient légué ses prédécesseurs.

III. — L'homme avait trente-sept ans. Assez ridicule d'apparence et de manières, dépourvu de toute dignité, il parlait beaucoup, mais difficilement, et sa langue s'embarrassait dans sa bouche. La bouffonnerie de ses discours en masquait la substance, qui n'était jamais sans saveur. On a dit qu'en faisant succéder Jacques Stuart à Elizabeth Tudor, les Anglais firent succéder une nature féminine à une nature masculine et, en effet, ayant passé son enfance parmi les assassinats et les complots, Jacques Ier Stuart gardait la terreur des hommes armés. *Beati pacifici* était sa devise. Il portait des vêtements rembourrés pour arrêter les coups de poignard et la vue d'une épée le rendait malade. Il était assez cultivé, mais plus intellectuel qu'intelligent. Adolescent précoce, il avait écrit des vers, des traités de théologie et deux livres de doctrine politique : le *Basilikon Doron* et la *True Law of Free Monarchies,* où il établissait que les rois sont destinés par Dieu à gouverner, les sujets à obéir. Le Roi était donc supérieur à la Loi, mais devait se soumettre à celle-ci pour donner l'exemple, sauf en des cas exceptionnels dont il était seul juge.

1. Le nom de *Grande-Bretagne*, désignant l'union de l'Angleterre, de l'Écosse et du Pays de Galles, fut employé pour la première fois officiellement en 1707, mais des écrivains s'en étaient servis bien avant cette date.

IV. — Doctrine orgueilleuse, mais elle avait été utile, en Écosse, pour tenir en respect un clergé insolent et redoutable. Jacques Ier arrivait en Angleterre dangereusement convaincu de sa supériorité. Il croyait de bonne foi être un théologien de génie qui apportait à des Anglais égarés la vérité. Du caractère de ses nouveaux sujets, il ne savait à peu près rien et il ne chercha pas à les comprendre. Tout de suite, dans leurs assemblées, il pérora, bafouilla, bava, amusant inconsciemment son auditoire par son accent écossais. Il s'attendait à être « loué jusques aux cieux » pour son éloquence et son érudition. Mais il avait affaire à un peuple qui n'était pas d'humeur à écouter avec respect un raisonneur étranger.

V. — Bien qu'il eût été élevé en calviniste, le nouveau Roi fit bon ménage avec l'Église anglicane. Il avait souffert en Écosse de la démocratique liberté des presbytériens ; il n'était pas fâché de trouver en Angleterre une Église qui reconnaissait une hiérarchie dont le sommet était le Roi. Elizabeth avait imposé à ses sujets un conformisme aussi rigoureux que jadis l'Église romaine. Tous devaient professer les Trente-Neuf Articles ; le clergé ne pouvait se servir que du Livre de Prières officiel ; les commissions ecclésiastiques se montraient aussi sévères que jadis les tribunaux romains. Aux yeux du véritable anglican, la Réforme n'avait pas été une rupture avec le passé et son Église demeurait pour lui « catholique », c'est-à-dire universelle. « Le protestant moyen, écrit Lady Hutchinson, avait renoncé au papisme parce que celui-ci n'était plus à la mode, mais au fond de son cœur, il inclinait de ce côté. » La doctrine anglicane, qui était celle de l'État, se trouvait attaquée sur ses deux ailes par les catholiques romains et par les puritains.

VI. — Les catholiques romains avaient souffert, pendant la deuxième partie du règne d'Elizabeth, de persécutions que la guerre avec l'Espagne et les conspirations des Jésuites avaient rendues plus sévères. Ils étaient exclus de tout emploi local ou national ; ils ne devaient pas s'éloigner de leurs terres sans une permission signée du juge de paix. Des amendes très lourdes (qui à la vérité n'étaient guère perçues) les frappaient s'ils n'assistaient pas au service anglican. Un prêtre qui célébrait la messe et ceux qui l'abritaient pouvaient être condamnés à l'affreuse mort des traîtres, mais la menace était rarement exécutée et, en beaucoup de châteaux, on trouvait encore, dans quelque grenier, le chapelain catholique. Au début du règne de Jacques Ier, les fidèles de l'Église romaine ne formaient plus guère qu'un vingtième de la population. L'arrivée au trône du fils de Mary Stuart leur inspira de grands espoirs. On savait qu'il avait correspondu avec le Pape et qu'il était partisan de la tolérance. Il offrit, en effet, de supprimer les amendes pour fautes religieuses, mais posa deux conditions : les catholiques se déclareraient loyalistes envers le Roi et non envers le Pape ; ils renonceraient à faire des prosélytes. Ces conditions n'étaient pas compatibles avec une foi sincère et bientôt la déception des catholiques fut si grande que beaucoup d'entre eux se mirent à conspirer contre le Roi.

VII. — De ces complots, le plus dangereux fut la célèbre Conspiration des Poudres (1605). Le but était de tuer en même temps le Roi, les lords et ceux des membres des Communes qui seraient présents, en faisant sauter la Chambre des Lords au moment où tous y seraient assemblés. Les protestants se trouvant alors privés soudain de leurs chefs, un soulèvement catholique aurait chance de succès, car on comptait sur l'inertie des masses. Par la qualité des coupables et par les méthodes employées, le complot évoque pour nous ceux des terroristes russes à la fin du XIXe siècle. Les conjurés étaient des gentlemen. Le plus célèbre d'entre eux, Guy Fawkes, soldat catholique, avait appris, en faisant campagne dans les Flandres, l'art des sapes et des tunnels. Guy Fawkes et ses amis commencèrent par louer une cave en face du Parlement, mais bientôt découvrirent par hasard un local situé exactement sous la Chambre des Lords, ce qui les dispensait de creuser eux-mêmes une mine. Ayant loué ce local, ils y entassèrent des barils de poudre que dissimulaient des fagots et leur attentat eût sans doute réussi si les conspirateurs n'avaient jugé nécessaire d'avertir quelques-uns de leurs partisans, pour organiser le soulèvement qui devait suivre l'explosion. Un de ceux qui furent mis dans la confidence estima que son devoir était d'informer le gouvernement. Guy Fawkes resta seul, courageusement, pour allumer la mèche au moment voulu ; il fut arrêté (5 novembre 1605) et supplicié. Avec lui périrent ses complices et aussi le Provincial des Jésuites anglais, Garnet, qui fut accusé d'avoir conseillé le crime. Il semble que l'accusation ait été inexacte ; Henry Garnet n'avait péché que par son silence, mais l'indignation éveillée par la découverte d'un attentat si grave, et qui avait failli réussir, rendit tous les catholiques plus suspects que jamais. Non seulement ils furent déchus de leurs droits civiques, mais déclarés incapables d'exercer les professions d'avocat et de médecin, et même de gérer les biens de leurs enfants mineurs. La Conspiration des Poudres consomma pour longtemps la ruine du catholicisme en Angleterre. Le papisme devint lié, dans les esprits, à de sombres images de complot contre la sûreté de l'État ; pendant un siècle, tout homme politique, tout souverain suspect d'alliance avec Rome, fut condamné par l'opinion publique.

VIII. — Si, sur l'un de ses flancs, l'Église anglicane avait dû se défendre contre les catholiques, sur l'autre elle subissait l'assaut des puritains. Le puritanisme était moins une doctrine qu'une attitude d'esprit, celle des hommes qui voulaient « purifier » l'Église, non seulement de tout contact avec Rome, mais des habitudes romaines. Dès l'arrivée de Jacques Ier, une pétition lui fut présentée par des pasteurs puritains. Ils demandaient le droit pour chaque clergyman de décider lui-même s'il porterait un surplis ; la suppression du signe de croix dans les baptêmes, de l'inclination de tête en prononçant le nom de Jésus, de la génuflexion devant l'autel, de l'anneau dans la cérémonie du mariage ; et enfin la stricte observance du dimanche. D'autres, plus radicaux, souhaitaient abolir les évêques et créer une Église presbytérienne sur le modèle de l'Église d'Écosse. Un troisième groupe était composé d'indépendants, qui réclamaient le droit pour chaque homme de choisir lui-même ses croyances. Tous avaient en commun une profonde « aversion pour la gaieté », un « amour passionné des libertés civiques », le goût d'une vie simple et d'un culte sans éclat. Les puritains avaient horreur de la poésie, italienne et sensuelle, de la Renaissance élizabéthaine. Était-ce le sang saxon ? Le climat ? La joie méditerranéenne demeurait pour eux un sujet d'étonnement et de scandale. Non qu'ils ne fussent sensibles à une certaine poésie, mais c'était celle de l'Ecclésiaste et des Psaumes plutôt que celle de Spenser et de Shakespeare. A leurs enfants, ils donnaient des noms de patriarches ou de guerriers hébreux, s'appelaient l'un l'autre « Frère ceci », « Sœur cela », et croyaient être le nouveau peuple de Dieu, chargé d'exterminer les Amalécites de la Cour. La lecture constante de la Bible les faisait vivre dans un rêve collectif et sombre, souvent noble. Ils réprouvaient le théâtre, avaient horreur du péché, surtout du péché de la chair, s'habillaient avec une modestie volontairement démodée et portaient les cheveux ras pour montrer en quel mépris ils tenaient les courtisans aux perruques bouclées. Enfin, ils étaient tristes, honnêtes, insupportables et forts.

IX. — Au début du règne de Jacques, les puritains faisaient partie de l'Église nationale et ils espéraient lui imposer leurs doctrines. Une conférence fut réunie à Hampton Court, sous la présidence du Roi, pour examiner leur pétition. Jacques Ier trouva plaisir à cette discussion théologique jusqu'au moment où furent prononcés les mots *presbytérien* et *synode*. Ils évoquaient pour lui de pénibles souvenirs. « Si vous voulez une Église presbytérienne, dit-il, elle s'accorde aussi bien avec la monarchie que Dieu avec le diable... Jack, Will et Tom pourront venir critiquer mes actes. Jack dira : « Cela devrait être ainsi », et Will répondra : « Non, cela devrait être de telle façon. » Et, saisissant son chapeau pour lever la séance, il s'écria : « On n'ignore pas comment ils ont traité cette pauvre dame, ma mère, et moi-même pendant ma minorité... Je conclus donc : pas d'évêques, pas de roi... Si c'est tout ce que votre parti a à dire, je les forcerai à se conformer ou je les chasserai du pays. » Par ce discours, il transformait la querelle religieuse en querelle politique. Les puritains avaient appris dans la Bible que la foi doit être militante et que le devoir de tout homme qui connaît la vérité est de la faire prévaloir. Ils allaient tenter, puisqu'il les y contraignait, de la faire prévaloir contre le Roi lui-même. Dès 1604, celui-ci dut faire expulser de l'Église trois cents pasteurs puritains qui refusaient d'observer le rituel anglican.

X. — A partir de ce moment, il faut distinguer dans le clergé anglais trois partis : un parti de *Haute Église*, le moins éloigné de l'Église romaine et qui accepte le rituel imposé par les rois Tudors ; un parti presbytérien, non conformiste, qui reste dans l'Église, mais en souhaitant la réformer ; et un parti indépendant ou « congrégationaliste », qui condamne à la fois l'épiscopat anglican et le symbole presbytérien. Les indépendants refusaient de reconnaître une Église d'État, qu'elle fût du type anglais ou du type écossais. Une Église était pour eux un groupe de chrétiens, unis seulement par leur volonté. Certains d'entre eux allaient, dans leur respect de la liberté individuelle, jusqu'à supprimer le baptême des enfants, pour ne plus baptiser que des adultes en état de croire : c'étaient les baptistes.

XI. — Il importe de comprendre que, pour les protestants indépendants, n'existait alors aucun espoir, s'ils demeuraient en Angleterre, d'y pratiquer en paix leur foi. Beaucoup choisirent de s'exiler et, dès 1608, émigrèrent en Hollande, mais là aussi l'hérésie ambiante inquiéta les plus exigeants d'entre eux. En 1620, quelques-uns revinrent de Hollande jusqu'à Southampton, pour s'y embarquer aussitôt sur le *Mayflower* qui devait les conduire en Amérique. Ces premiers pèlerins étaient au nombre de cent deux. Ils pensaient se fixer vers la frontière nord du territoire de la Compagnie de Virginie ; les vents et les courants firent qu'ils débarquèrent plus au nord, dans la région qui aujourd'hui se nomme Nouvelle-Angleterre. Pendant les années qui suivirent et qui, en Angleterre, furent peu favorables aux puritains, des milliers d'émigrants les y rejoignirent et dans leur nouveau pays ces hommes, qui avaient préféré l'exil à l'hérésie, établirent, comme on pouvait s'y attendre, une théocratie.

2.
PREMIERS CONFLITS DU ROI ET DU PARLEMENT

I. — Entre la Cour de Jacques Ier et son Parlement, point de traits communs. La Cour, frivole, débauchée, grouillait de scandales dont les adultères étaient les moindres. Le Roi, homme faible et tendre, ne pouvait se passer de favoris, choisis pour la grâce de leur visage plutôt que pour leurs qualités d'hommes d'État. Il traitait avec eux les plus graves affaires, non à la table du Conseil, mais à la fin d'un souper ou d'une partie de chasse. Au début de son règne il eut la sagesse de garder près de lui Robert Cecil (dont il fit un comte de Salisbury), et quelques-uns des meilleurs conseillers d'Elizabeth ; mais lentement le pouvoir passa au favori Robert Carr (qui devint comte de Somerset), puis à George Villiers, garçon de vingt-deux ans, ravissant, pauvre, bien né, choisi fort cyniquement par l'archevêque de Canterbury et ses alliés pour supplanter Somerset. Villiers attira tout de suite les yeux de Jacques. Échanson, gentilhomme de la Chambre, chevalier de la Jarretière, baron, vicomte, marquis, Lord Grand Amiral, gardien des Cinque Ports, duc de Buckingham, ministre favori de Jacques Ier, puis de son fils Charles Ier, « jamais, dit Clarendon, on ne vit un homme faire un chemin plus rapide ni s'élever ainsi, par sa seule beauté, aux premières fonctions de l'État ». La correspondance de Buckingham et de Jacques Ier montre l'étonnante familiarité avec laquelle le sujet traitait le souverain. On imagine l'horreur que devait inspirer cette Cour joyeuse et pourrie aux graves chevaliers qui, comme au temps d'Elizabeth, représentaient alors au Parlement les *yeomen* et les bourgeois d'Angleterre. Ces députés des provinces n'étaient pas gâtés par la vie de Londres. Ils étaient (dit Trevelyan) les héritiers de longues générations « de vie campagnarde et saine, instruits par la culture élizabéthaine, inspirés par la religion puritaine ». Sur eux la Cour était sans prise. Ils ne convoitaient pas de places ; ils savaient que le Roi n'avait d'autre force armée que « les bandes entraînées » ou milices des comtés, lesquelles pensaient comme le Parlement. Inaccessibles à la faveur comme à la crainte, ils exerçaient fièrement le privilège de blâmer l'administration royale et, après une séance où ils avaient, en toute liberté, dit ce qu'ils pensaient du duc et même du Roi, rentraient à pied, sans peur, de Westminster à la Cité, parce qu'ils se sentaient protégés, contre les rancunes de la Cour, par la muette mais active complicité des bourgeois et apprentis de Londres.

II. — A un Parlement aussi conscient de ses devoirs et de sa force, Jacques Ier voulut naïvement imposer ses idées sur le droit divin et héréditaire des rois. Théorie neuve en Angleterre où le choix du Conseil, puis celui du Parlement, l'avait, toutes les fois que l'exigeait le salut du pays, emporté sur l'hérédité. Jacques Ier, esprit logique, voulait faire de la monarchie un système cohérent ; c'était, en cette terre bénie de l'incohérence, un sûr moyen de la rendre impopulaire. A en croire le théologien royal, non seulement le Roi oint et couronné devenait un personnage sacré, mais Dieu ayant par avance choisi et consacré tous les rois futurs, le Parlement ne pouvait qu'enregistrer les ordonnances divines. Le Roi était responsable envers Dieu, mais non envers ses sujets. Il n'était pas soumis à la Loi puisqu'il *était* la *Loi.* « *Rex et Lex.* » Cette doctrine, que Jacques Ier avait jadis opposée avec succès aux prétentions de l'Église d'Écosse, offensa la Chambre des Communes.

III. — Au système abstrait du Roi, celle-ci opposa la coutume anglaise. Elle ne réclamait pas encore le contrôle des actes de l'exécutif. Sauf en cas de trahison, les ministres n'avaient jamais été responsables devant le Parlement ; leurs actes d'administration ne dépendaient pas de celui-ci. Mais les principes *généraux* d'après lesquels la nation serait gouvernée (c'est-à-dire les lois) ne devaient être énoncés que « par la Couronne en son Parlement », et ces lois s'imposaient au Roi lui-même, à ses ministres et à son Conseil. A ne considérer que le droit théorique, les deux thèses, celle de la monarchie absolue et celle de la monarchie limitée, pouvaient être défendues. Le Parlement, comme la Couronne, était une délégation de la souveraineté populaire et, sous les Tudors, le monarque avait souvent mieux exprimé le sentiment populaire que les Communes. En pratique, il était nécessaire que le conflit fût résolu. Un régime politique n'est viable que si, tout en conservant aux forces réelles du pays leurs chances d'expression, il consacre dans l'État un pouvoir suprême qui puisse, au moment de la décision, avoir le dernier mot. « La souveraineté, dira plus tard Hobbes, ne peut être divisée. »

IV. — Un gouvernement respecte la liberté des citoyens dans la mesure où il a besoin de leur consentement pour percevoir ses revenus. Le roi de France devint un souverain absolu parce qu'il put établir la taille perpétuelle. Elizabeth avait été d'autant plus puissante qu'elle était économe et qu'elle avait dû aux exploits de Drake et au pillage des trésors espagnols des ressources exceptionnelles. Jacques Ier, qui entretient une cour trop brillante et comble de présents ses favoris, ne peut être qu'un souverain dépensier, donc vulnérable. « Tous les rois, dit un contemporain, jettent de l'argent par la fenêtre le jour de leur couronnement ; celui-ci est le premier qui en jette tous les jours. » Son goût tout féminin pour les bijoux lui coûte parfois jusqu'à trente-sept mille livres par an, alors qu'il ne consacre que vingt-sept mille livres à l'armée. En 1614, il lui faut cent cinquante-cinq mille livres pour son train de maison ; Elizabeth, en 1601, s'était contentée de vingt-sept mille. Eût-il même été économe que la hausse des prix aurait suffi à le mettre dans l'embarras. (Un dîner de la Chambre Étoilée coûte à la Trésorerie, pour le même nombre de convives, deux livres en 1500, vingt livres en 1600.) Jacques Ier dépense, en évitant toute guerre, six cent mille livres par an et son revenu ne s'élève qu'à environ quatre cent mille livres, dont cent cinquante mille sont constituées par le *Tunnage and Poundage,* droits fixes sur les laines et cuirs que le Parlement a pris l'habitude de voter pour la vie du Roi. Comment compléter ce revenu ? Le Roi essaie d'expédients ; il sollicite des dons volontaires ; il contraint les propriétaires qui, à cause des obligations qu'elle entraîne, refusent la chevalerie,à verser une grosse somme pour s'en affranchir ; il vend des prairies ; il vend les bois des forêts de l'État. Enfin il propose au Parlement *the Great Compact,* le Grand Contrat par lequel le Roi renoncerait à tous ses anciens droits féodaux en échange d'un vote à vie de deux cent mille livres. Le Parlement refuse ce compromis; le Roi le dissout. Pendant dix ans, de 1611 à 1621, le Parlement ne sera plus convoqué (sauf quelques semaines en 1614). La couronne pourra-t-elle vivre sans lui? La solution du problème de la souveraineté dépend de la réponse à cette question.

V. — Pour vivre sans argent, il faut qu'un roi vive en paix. C'était aussi le plus ferme désir du pacifique Jacques Ier. Dès 1604, il avait fait sa paix avec l'Espagne, paix sans gloire, mais sans honte. L'Espagne reconnaissait aux Anglais toute liberté de navigation dans les mers européennes; les Anglais ne renonçaient pas à la liberté de l'Océan. Rien n'était résolu; rien n'était compromis. Lorsque Cecil mourut, en 1612, avec lui disparut des conseils royaux la prudence élizabéthaine. Nul ne sembla plus concevoir qu'il était possible de suivre une politique moyenne qui ne fût ni défi à l'Espagne ni soumission à l'Espagne. Pendant quelques années, le parti antiespagnol crut l'emporter. On alla chercher à la Tour de Londres, où Jacques l'avait fait enfermer pour un imaginaire complot, l'un des vétérans des guerres élizabéthaines, Sir Walter Raleigh. Après treize ans de captivité, Raleigh, qui avait toujours souhaité pour son pays un empire, passa soudain de la prison au pont d'un navire et, par ordre du Roi, fit voile pour la Guyane d'où il devait, comme jadis Drake, rapporter de fabuleux trésors. Mais Raleigh, mal équipé, mal soutenu, fut vaincu par les Espagnols, puis, « après cette bouffée d'air marin entre le cachot et la mort », décapité par son roi pour apaiser ceux-ci. George Villiers, duc de Buckingham, qui avait succédé à Somerset dans les faveurs du Roi, se laissa séduire à son tour par les ambassadeurs de l'Escurial. Le prince Henry mourut et le nouvel héritier du trône, Charles, parut moins fermement protestant.

VI. — Les luttes religieuses du Continent éveillaient alors chez les puritains anglais ces violentes passions qu'excitent toujours dans un pays les affaires extérieures, quand les partis y croient trouver l'image de leurs luttes intérieures. En Europe centrale commença, en 1618, la grande guerre plus tard dite de Trente Ans, par laquelle la Maison d'Autriche, appuyée par l'Espagne, s'efforça de rétablir l'unité de l'Empire et l'hégémonie de l'Église romaine. Les Bohémiens hussites, opprimés, s'étaient donnés au jeune Électeur palatin, qui avait épousé la charmante fille de Jacques Ier, la princesse Elizabeth. Attaqué dans ses deux royaumes par les princes catholiques, l'Électeur demanda des secours à son beau-père. L'opinion publique anglaise le soutenait et réclamait des soldats pour le Palatinat. Les puritains eux-mêmes eussent hésité à engager l'Angleterre dans une campagne Bohême, pays qui leur apparaissait comme oriental, éloigné, inconnu. Mais ils étaient prêts à défendre le Rhin. Pour cela il eût fallu d'abord empêcher les Espagnols de débarquer aux Pays-Bas, donc posséder une flotte aussi forte que l'avait été jadis celle de Drake. Or Jacques Ier avait négligé d'être fort. Sans parlement, sans argent, il était aussi sans navires. Un amour trop massif de la paix l'avait conduit, qu'il le voulût ou non, à faire le jeu de princes moins pacifiques. Pour préparer une guerre contre l'Espagne, ou plutôt pour donner aux Espagnols l'impression qu'il la préparait, Jacques Ier dut enfin, en 1621, convoquer un parlement.

VII. — Entre un parlement qui se savait convoqué à regret, et un roi qui ne croyait pas aux droits du Parlement, les conflits étaient inévitables. Le Parlement subordonna le vote des subsides au redressement des griefs. D'innombrables abus avaient été commis : vente de monopoles, de charges, épices aux juges. Le chancelier Bacon, homme d'un grand génie et de caractère faible, transformé en bouc émissaire, s'avoua coupable de corruption, fut condamné à la saisie de tous ses biens et disgracié. C'était le premier *impeachment* d'un grand homme d'État depuis 1459 et un clair signe de l'indépendance des Communes. Elles voulurent aussi intervenir dans les affaires extérieures. Très protestante, la Chambre souhaitait, par passion religieuse, la guerre avec l'Espagne et une campagne dans le Palatinat. Le Roi n'avait voulu que menacer l'Espagne ; il aurait eu horreur de passer de la menace à l'exécution. Avec son favori, Buckingham, il préparait un nouveau projet de mariage espagnol, cette fois pour son fils Charles, et il espérait que la restitution du Palatinat à son gendre serait l'un des articles du contrat. Le Parlement ayant exprimé son horreur de cette politique de compromission, le Roi lui fit savoir que les hautes affaires de l'État n'étaient pas de son ressort. A quoi le Parlement répliqua « que les libertés, franchises et privilèges du Parlement, étaient l'héritage ancien et indiscuté des sujets anglais, et que les difficiles et urgentes affaires concernant le Roi, l'État, la défense du royaume et celle de l'Église d'Angleterre constituaient pour lui des sujets convenables et des matières de débats ». Ces prétentions choquèrent si fort le Roi qu'il déchira, dans le registre des délibérations, la page qui portait ce texte, chassa le Parlement et fit arrêter sept de ses membres, dont John Pym, l'un des parlementaires auteurs de la page déchirée, et l'un de ceux aussi qui avaient pris sur la Chambre le plus d'autorité. Après quoi il envoya Charles et Buckingham faire, en Espagne, la conquête de l'Infante (février 1621).

VIII. — Point de lecture plus surprenante que celle des lettres collectives de Charles et de Buckingham à Jacques Ier pendant ce voyage. On y peut observer le caractère personnel et puéril de toute politique de favori. Ces deux garçons romanesques étaient partis sous un déguisement. Ils écrivaient au Roi : « *Dear Dad and Gossip...* » et signaient : « *Your baby and your dog...* », Charles étant le baby, Buckingham le chien. Jacques Ier correspondait avec le Pape auquel il promettait, si le Saint-Siège autorisait le mariage espagnol sans imposer des conditions religieuses trop sévères, de traiter les catholiques anglais avec modération. Promesse louable, mais qu'il n'était pas en son pouvoir de tenir. Le Pape répondait en demandant que les enfants à naître du mariage eussent des nourrices catholiques. Cependant la mission anglaise exaspérait les Espagnols par son orgueil et ses manières. Sir Edmund Verney, qui accompagnait le prince en Espagne, giflait un prêtre espagnol et le roi d'Espagne invitait sévèrement Buckingham à renvoyer en Angleterre toute la suite protestante. Une négociation menée sur ce ton ne pouvait se terminer que par un échec. Jacques souffrait d'être séparé de son favori et de vivre « une triste vie de veuve ». En octobre 1621, il rappela « son baby et son chien ». Les gens de Londres furent si ravis de cette rupture et de voir revenir leur prince « encore célibataire et encore protestant » qu'ils firent à Charles et à son mentor une réception enthousiaste. Leurs acclamations suffirent à jeter l'esprit léger et vain de Buckingham dans le camp antiespagnol. Soudain ce favori détesté devint un chef populaire pour une guerre que les Anglais souhaitaient. Le Parlement lui-même déclara que « jamais homme n'avait mieux mérité de son roi et de son pays ». Jacques, malgré son attachement à la paix, dut céder. Depuis cette époque jusqu'à la mort de Jacques (1625) et même pendant les premières années du règne de Charles, Buckingham eut la puissance d'un roi sans en avoir la prudence.

3.
BUCKINGHAM ET CHARLES Ier

I. — Quand on étudie dans les portraits de Van Dyck le triste et beau visage de Charles Ier, on s'étonne moins de ses malheurs. Il y a dans ses traits de la noblesse, de l'honnêteté, de la timidité, mais aussi comme une sombre obstination. Le roi Charles était un homme chaste et pieux. Il rougissait s'il entendait un propos malséant et demeurait silencieux dès qu'une attitude lui déplaisait. Dépourvu d'imagination, il ne prévoyait jamais les réactions de ses sujets. Quand ces réactions étaient hostiles, c'était pour lui une surprise qui déclenchait la violence aveugle des timides. Il avait le sincère désir de bien agir, mais s'était fait un système d'idées que ni la discussion ni l'expérience ne purent jamais transformer. « Il mourut en répétant les affirmations de toute sa vie. » Ce fut un malheur pour lui que de se trouver, au début de son règne, associé dans l'esprit public à Buckingham, dont la vanité et la légèreté irritaient les meilleurs des Anglais, et qu'ils comparaient à ces brumes malsaines qui, s'élevant au-dessus de la terre, cachent le soleil levant comme le soleil couchant. Malgré les différences de leurs natures et peut-être à cause d'elles, Charles aimait naïvement ce « Steenie » avec lequel il avait passé sa jeunesse et qui apportait dans sa vie une animation et une fantaisie qu'il n'était pas capable d'y mettre lui-même.

II. — Ce fut Buckingham qui, après un mariage espagnol, suggéra et négocia pour le Roi un mariage français avec Henriette-Marie, la plus jeune fille d'Henry IV. Grande erreur que de faire venir, en un pays encore tout frémissant de la Conspiration des Poudres, une reine catholique, suivie d'une maison étrangère. « On a observé qu'une reine française n'a jamais apporté grand bonheur à l'Angleterre », écrivaient les protestants. Sans doute Charles prit-il soin de déclarer que la future reine n'aurait de liberté que pour elle et pour ses serviteurs, et que rien ne serait changé à la situation des « récusants » anglais, mais, par un paragraphe secret de la convention du mariage, le Roi s'était engagé à protéger les catholiques. Les débuts de cette vie conjugale furent malheureux. La petite reine de quinze ans prenait contre les Anglais le parti de sa suite. Elle allait prier, au pied des gibets de Tyburn, pour les martyrs catholiques. Charles écrivait à Buckingham qu'il était urgent, pour soustraire sa femme à de dangereuses influences, d'écarter *les monsieurs;* bientôt il ordonna de les renvoyer dans leur pays, à l'amiable si c'était possible, par la force si c'était nécessaire. Cette crise surmontée, le ménage royal était destiné à devenir l'un des plus tendres et des plus unis de l'histoire, mais ses débuts malheureux éloignèrent l'une de l'autre les deux cours d'Angleterre et de France, éloignement dangereux pour Buckingham qui avait voulu s'assurer, contre l'Espagne, l'alliance de la France.

III. — La politique extérieure de Buckingham, qui n'était ni diplomate, ni général, fut aussi incohérente qu'imprudente. Au moment de la brouille avec l'Espagne, il s'était complu pendant quelque temps dans le rôle de champion des nations protestantes, qui lui valait à Londres de grandes acclamations. Mais pour jouer réellement ce rôle en Europe, il eût fallu une armée puissante. Or l'Angleterre était un petit pays et ne voulait pas être une nation militaire. Les expéditions que tenta Buckingham en Hollande, à Cadix, se terminèrent toutes, par défaut d'organisation, en désastres. Une politique d'alliance avec la France catholique eût été concevable parce que la haine de la Maison d'Autriche pouvait incliner Richelieu à chercher des alliés jusque dans le camp des Réformés. Mais promettre à Richelieu, comme eut l'audace de le faire Buckingham, l'appui des marins protestants anglais contre les rebelles huguenots de La Rochelle était une folie. Quand il eut enfin compris qu'il ne réussirait pas à nouer une alliance étroite entre Charles Ier et Louis XIII, Buckingham se vengea de ce dernier, pourtant bien innocent des passions anglaises, en faisant publiquement la cour à sa femme, Anne d'Autriche. Puis, s'étant assuré l'hostilité des deux grandes puissances occidentales, Espagne et France, et manquant d'argent pour soutenir une telle lutte, il se vit contraint de s'adresser au Parlement.

IV. — Les Parlements de Charles Ier sont plus indépendants que ceux qui les ont précédés. Les hommes qui les composent, presque tous *squires* cultivés et religieux, connaissent et vénèrent la loi commune. Parmi eux siège un grand légiste, Sir Edouard Coke, ancien juge, de caractère terrible, mais qui a su maintenir victorieusement, contre Jacques Ier, le principe de la supériorité de la Loi sur le Roi. Ces parlementaires respectent les formes traditionnelles ; ils s'agenouillent respectueusement devant le souverain, mais ils entendent que la volonté du Parlement l'emporte en dernier ressort. Une théorie nouvelle s'ébauche dans leur esprit, celle de la responsabilité ministérielle. Le Roi ne peut faire de mal ; s'il se trompe, le seul coupable est le ministre qui aurait dû l'éclairer ; et ce ministre, le Roi l'eût-il approuvé, mérite l'*impeachment* jadis réservé aux traîtres. Le plus grand des parlementaires de ce temps, Sir John Eliot, défendit cette thèse à propos de la folle attaque de Buckingham contre La Rochelle : « *My Lords,* dit-il (poursuivant le ministre au nom des Communes devant les Lords), je dirai que si Sa Majesté elle-même avait consenti ou avait commandé, ce que je ne puis croire, cette attaque, cela n'exonérerait en aucune manière le duc et ne constituerait même pas une atténuation de son crime, car c'était son devoir que de s'y opposer par ses prières et d'intercéder auprès de Sa Majesté pour Lui faire connaître le danger et les conséquences fâcheuses qui pourraient résulter d'un tel projet. » Charles Ier, qui avait admiré la Cour de France, celle d'Espagne, et croyait comme son père au droit divin, n'admettait pas cette doctrine et revendiquait sa responsabilité de souverain : « Je ne permettrai pas à la Chambre de discuter mes serviteurs, et moins que tout autre celui qui est si près de moi. » Mais comment se faire obéir ? Quand il envoya Eliot en prison, l'énergie du Parlement obtint la mise en liberté du prisonnier. Le Roi pourrait-il gouverner sans parlement, grâce à des dons volontaires, à un emprunt forcé ? De tels expédients ne produisaient plus que de maigres ressources en un temps de dépenses croissantes. Après d'humiliantes défaites dans la guerre contre la France, et en particulier à l'île de Ré, il fallut bien convoquer à nouveau les députés des Communes.

V. — Le Parlement de 1628, élu dans la colère, entreprit de rappeler le Roi au respect des lois du royaume. Il composa la célèbre Pétition des Droits, rédigée en grande partie par Sir Edward Coke, et qui était une seconde affirmation, plus claire, de ce que l'on croyait être les principes de la Grande Charte. L'originalité de la Pétition des Droits réside en ceci : qu'elle essaie de fixer une frontière précise entre le pouvoir royal et le pouvoir de la Loi. Le Roi hésita longtemps. Il avait horreur des idées soutenues dans ce document, mais les Lords eux-mêmes le lui présentaient avec les Communes. Il finit par répondre, ainsi que le voulait le Parlement : *Soit droit fait comme est désiré,* et la pétition devint une des lois fondamentales du royaume. Elle restreignait singulièrement la prérogative du Roi. En particulier elle ne lui permettait plus en fait, sinon en droit, d'entretenir une armée permanente, puisqu'elle lui refusait les moyens de loger celle-ci et de maintenir une discipline.

VI. — Le Parlement, s'il avait raison d'exiger le respect des lois, se montrait lui-même déraisonnable dans les affaires extérieures. Il demandait au Roi de soutenir les protestants du Palatinat et lui refusait les subsides nécessaires. Les gentilshommes campagnards et les légistes qui composaient la Chambre ne connaissaient pas l'Europe et ne comprenaient rien à la hausse des prix. Faute d'expérience des affaires, ils rendaient inévitable un conflit avec le monarque. Il serait donc injuste d'attribuer la rupture au Roi seul et à son intransigeance. Macaulay a dit de Charles Ier qu'infatué de sa majesté il croyait devoir à son honneur de se réserver le ton de la tyrannie en réclamant les secours de la liberté. Lorsqu'on va aux textes originaux, on voit que Charles Ier ne prenait pas alors le ton de la tyrannie et que la liberté lui refusait ses secours. Après avoir cédé sur la Pétition, le Roi avait le droit d'espérer que l'impôt de *Tunnage and Poundage* lui serait accordé comme à ses prédécesseurs. Il n'en fut rien. La mort de Buckingham, assassiné par un lieutenant, Felton, en août 1628, n'amena aucune détente. Le Roi, des fenêtres de son palais, vit la joie des foules de Londres et les hommes boire à la santé du meurtrier. On dut, pour que le corps ne fût pas outragé par la foule, enterrer secrètement le duc. Charles avait trop de dignité pour laisser paraître ses sentiments, mais il n'oublia jamais cette démonstration de haine. Dès la session suivante, le conflit avec le

Parlement reprit. Cette fois il eut, pour une large part, un aspect religieux.

VII. — Puritains et ritualistes continaient à se disputer la domination de l'Église d'Angleterre. Charles favorisait la Haute Église (la moins éloignée des rites romains), parce qu'il était sous l'influence de sa femme, et aussi parce que le clergé de la Haute Église acceptait et même sollicitait l'intervention du Roi dans les affaires ecclésiastiques. Un grand désordre régnait dans les esprits. Un pasteur calviniste plaçait la table de communion au centre du chœur ; venait ensuite un sacramentaliste qui la remettait à la place ancienne. L'un rejetait le surplis ; l'autre le portait. Laud, évêque de Londres, puis archevêque de Canterbury, prit l'habitude de consulter le Roi sur toutes ces choses, et même sur les punitions qu'il convenait d'infliger aux pécheurs. Il établit pour le Roi une liste des prêtres, en faisant suivre leur nom des lettres O ou P (Orthodoxe ou Puritain) et seuls, à partir de ce moment, les O obtinrent les grands postes de l'Église. Or, la majorité du peuple et du Parlement était calviniste. Laud et la Cour acceptaient les doctrines de l'évêque hollandais Arminius et croyaient au libre arbitre ; Londres et le Parlement croyaient à la prédestination. Apprentis calvinistes et courtisans arminiens s'injuriaient dans les rues. La cause du libre arbitre se confondait, écrit Trevelyan, avec celle du gouvernement despotique, celle de la prédestination avec la défense des privilèges du Parlement. « Qui ne veut être gouverné que par les lois, disait un député, est tenu pour un puritain ; qui refuse de faire tout ce qu'on voudrait lui faire faire est un puritain. » Théologie, politique et fiscalité se trouvaient inextricablement mêlées. Si le Roi ne devait pas avoir le pouvoir d'imposer à son peuple l'autel à l'orient, le surplis et les sacrements, il fallait lui refuser le *Tunnage and Poundage,* faute duquel il dépendait d'un parlement puritain.

VIII. — De là les étranges et célèbres « trois résolutions » que vota le Parlement de 1629. Elles affirmaient : 1° que quiconque essaierait d'introduire en Angleterre papisme ou arminianisme serait considéré comme un ennemi public ; 2° que quiconque conseillerait la perception d'impôts non accordés par le Parlement serait un ennemi public ; 3° que tout marchand ou toute personne qui paierait de tels impôts, non votés par le Parlement, serait un traître et un ennemi public. Le *Speaker,* effrayé par la nature de ces résolutions, déclara qu'il avait reçu du Roi l'ordre de lever la séance avant qu'elles fussent votées. Deux membres du Parlement, le saisissant chacun par un bras, maintinrent le *Speaker* sur son fauteuil. « Par Dieu, lui dirent-ils, vous resterez là tant qu'il plaira à la Chambre. » Un autre verrouilla la porte et mit la clef dans sa poche. Quand un huissier frappa au nom du Roi, personne n'ouvrit. La motion fut adoptée. C'était une scène révolutionnaire. Charles répondit par un acte révolutionnaire en emprisonnant, après la session, contrairement à la Pétition des Droits, neuf membres de la Chambre des Communes. Le plus illustre d'entre eux, Eliot, mourut à la Tour, trois ans plus tard. Comme tous les martyres, celui de ce grand parlementaire fit de la cause puritaine une cause sainte. Charles était maintenant résolu à se passer du Parlement. Les rois Tudors ne l'avaient-ils pas fait pendant de longues périodes ? Restait l'éternelle question : « Le Roi pourrait-il se procurer de l'argent ? » C'est d'elle que dépend, en dernière analyse, la stabilité de tout gouvernement.

4.
LE ROI SANS PARLEMENT

I. — Voici Charles Ier seul dans Whitehall avec sa petite reine française, que maintenant ce timide aime d'un amour sensuel et tendre, et qui prend sur lui une influence beaucoup plus grande qu'au temps où Buckingham vivait. Privé du contact avec l'opinion publique qu'auraient pu lui assurer des parlements annuels, sur qui s'appuiera-t-il pour gouverner ? Il a trouvé deux hommes qui partagent son goût de l'autorité et qui croient comme lui qu'un ferme usage de la prérogative royale peut faire le bonheur du peuple : l'un est Laud qui, archevêque à partir de 1633, dirige les affaires ecclésiastiques, puis y joint les affaires financières; l'autre est un ancien membre du dangereux Parlement de 1628, Thomas Wentworth, que le Roi en 1640 fera comte de Strafford.

II. — Point d'homme plus calomnié que Strafford. Parce qu'il a été l'ami des parlementaires rebelles, de Pym, de John Eliot, de Hampden, ceux-ci tiennent pour trahison son ralliement à la cause royale. « Je ne vous lâcherai pas tant que votre tête sera sur vos épaules », lui dit Pym. Phrase cruelle et, si l'on pense à ce qui suivit, prophétique. Mais où était la trahison ? Dès le début de sa carrière, Wentworth avait affirmé ses idées : « Ma règle, avait-il dit, sera de ne pas lutter contre la prérogative royale *hors du Parlement.* » Il considérait la confiance populaire et l'autorité royale comme deux éléments indispensables de toute politique saine, le Roi étant la clef de voûte à laquelle nul ne pouvait toucher sans ébranler l'édifice. Charles avait tout de suite reconnu l'abîme qui séparait des opposants professionnels cet homme de gouvernement : « Wentworth, avait-il remarqué, est un honnête gentleman. » Quand il l'eut à son service, il lui confia les missions les plus difficiles ; il en fit le président du Conseil du Nord, puis lui donna l'Irlande à pacifier. L'eût-il employé tout de suite en Angleterre que peut-être Strafford eût formé l'armée permanente faute de laquelle il était impossible de maintenir les prérogatives de la Couronne et que les destinées de l'Angleterre eussent ressemblé davantage à celles de la France de Louis XIV. Mais Charles professait les doctrines de Strafford sans avoir sa force de caractère, ni son génie d'organisation. Lorsqu'il se décida enfin à le placer au premier rang, pour tous deux la partie était déjà perdue.

III. — Laud, comme Strafford, était un homme dur, mais de bonne foi. Cet archevêque autoritaire, peu fait pour gouverner des Anglais, pensait que dans une Église la fermeté de la doctrine vaut mieux que la liberté des opinions. Il souhaitait imposer, par la force, une parfaite uniformité de croyances et de cérémonial. « S'il pouvait contraindre, il dédaignait de convaincre. Toute sa vie, il avait suivi cette ligne de conduite rigide. Dès Oxford, il avait indigné les théologiens calvinistes en leur disant que les presbytériens étaient aussi dangereux que les papistes. Comme il s'inclinait devant l'autel et baissait la tête chaque fois que, pendant l'office, était prononcé le nom de Jésus-Christ, le Pape, enhardi par de si rassurants symptômes, lui avait offert un chapeau de cardinal. « Non, avait répondu Laud, pas tant que Rome sera ce qu'elle est. » Disciple d'Aristote, il pensait que l'habitude est déjà une nature et l'uniformité du cérémonial lui paraissait conduire nécessairement à l'unité de la foi. Il s'efforçait de les imposer toutes deux. Étant sans cruauté, il ne brûlait ni ne torturait, mais exerçait sur l'Église une tyrannie administrative.

IV. — Appuyé sur des cours ecclésiastiques et en particulier sur la Cour de Haute Commission, il épurait les universités et le clergé. Il surveillait les sermons trop protestants et les faisait abréger. Il interdisait aux communautés mécontentes de faire venir des « lecteurs » pour suppléer à la prédication anglicane. Il fermait les chapelles privées des puritains et interdisait leurs pieuses assemblées. Jacques Ier avait, en 1618, publié un *Livre des Sports*, par lequel il encourageait ses sujets, au mépris du sabbat puritain, à continuer leurs jeux du dimanche. Il avait donné en faveur de cette thèse d'excellentes raisons : une rigueur trop sévère risquait d'éloigner les âmes de la religion ; les sports étaient utiles à la santé du corps et préparaient les hommes à la guerre. Cette déclaration avait fait horreur aux puritains, qui avaient refusé de la lire dans leurs églises. Jacques n'avait pas insisté ; Laud prétendit les y contraindre. Les vrais protestants virent avec tristesse que, grâce à l'influence de la Reine, les catholiques jouissaient maintenant de quelque tolérance alors qu'eux-mêmes étaient persécutés. Sur le Continent, les guerres tournaient au triomphe des puissances catholiques. Beaucoup de puritains, désespérés, décidèrent alors de s'expatrier et d'aller vivre en Amérique, loin de Laud et de Rome. Plus de vingt mille d'entre eux rejoignirent les pèlerins du *Mayflower* et formèrent le noyau de la Nouvelle-Angleterre, où ils introduisirent les institutions les plus caractéristiques de l'Angleterre de leur temps. Sans les rigueurs de Laud, il est probable que la civilisation de l'Amérique du Nord n'eût jamais été une civilisation anglo-saxonne. Mais cette lointaine conséquence des persécutions était alors imprévisible et, dans les milliers de foyers anglais où des familles puritaines s'efforçaient, par la lecture quotidienne de la Bible, de maintenir leur foi, le ressentiment était vif et l'angoisse quotidienne.

V. — Quels impôts pouvait percevoir le monarque s'il respectait les formes de la Loi ? Le *Tunnage and Poundage ?* Le rendement de cet impôt dépendait du volume des transactions commerciales et, pendant six mois, les marchands de Londres, pour protester contre l'emprisonnement arbitraire de Sir John Eliot, s'interdirent de vendre et d'acheter. Des commerçants qui refusaient de commercer ! C'était un grand signe, mais qui ne fut pas compris. Aidé par ses légistes qui retrouvaient dans les vieux textes des droits archaïques, le Roi relevait des taxes tombées en désuétude : dons « volontaires » ; obligation pour ceux qui, depuis des siècles, s'étaient établis dans les forêts royales de racheter leurs terres au Roi ; vente de titres de noblesse ; chevalerie obligatoire ; taxe pour l'entretien de la milice *(coat and conduct money) ;* taxe sur les voitures de place *(hackney coaches,* une nouveauté du temps) ; vente de monopoles aux courtisans, ce qui enrichissait à la fois, aux dépens du public, le Trésor et les concessionnaires. Charles prétendit imposer à ses sujets l'emploi d'un certain savon, mal fabriqué par une corporation de « monopolistes ». Ce savon, qui brûlait le linge et les doigts des lavandières, fut appelé : *popish soap,* savon papiste. Les ménagères de Londres pensèrent que les blessures qu'il produisait étaient symboliques et que son usage brûlait aussi les âmes.

VI. — Entre le couple royal, enfermé dans Whitehall au milieu des beaux tableaux hollandais et italiens que le Roi faisait acheter sur le Continent, entouré de courtisans aux longs cheveux bouclés, aux cols de dentelle, aux feutres à larges bords ornés d'une plume, et les marchands de Londres, leurs apprentis aux cheveux courts, leurs graves épouses puritaines en robe grise, s'élevait alors un mur de préjugés, de rancunes et de silences. L'opinion publique, hostile, ne trouvait plus aucune soupape. Plus de Parlement, donc plus de discours publics ; les écrits étaient censurés ; les sermons épluchés par Laud ; les assemblées interdites. Mais malgré l'impopularité de tant de mesures, aucun soulèvement grave ne se produisit pendant longtemps. A ce peuple soucieux de légalité et habitué par un siècle de monarchie Tudor à respecter le souverain comme un personnage sacré, une rébellion contre le Roi apparaissait encore comme un acte monstrueux.

VII. — Parmi les impôts anciens qu'avaient ressuscités les gens du Roi, était celui que l'on appelait *ship money,* l'impôt naval. De tout temps l'usage avait été que les villes maritimes fussent appelées à participer à la défense des côtes en fournissant des bateaux et leurs équipages. Charles Ier étendit cette obligation au pays tout entier et demanda, non des vaisseaux, mais de l'argent pour en construire. L'exigence n'était pas absurde. Depuis Jacques Ier, faute d'une flotte efficace, la marine marchande anglaise était à la merci des pirates. Les Barbaresques osaient venir attaquer des bateaux jusque dans les eaux anglaises et enlever des esclaves sur les côtes d'Irlande. Quand Strafford avait été prendre son commandement en Irlande, ses effets personnels lui avaient été ravis par un pirate. Une lettre de Charles à sa ville de Londres décrit « ces rapines des Turcs et autres pirates, qui enlèvent méchamment par force les bateaux, les biens et les marchandises de nos sujets » et demande à la ville de Londres de lui fournir un bateau de guerre de neuf cents tonnes, quatre autres de cinq cents tonnes et un de trois cents tonnes, « le tout avec artillerie, poudre et équipages ». Mais pour qu'un impôt fût accepté par les Anglais, il ne suffisait pas qu'il fût utile ; il fallait en outre qu'il eût été voté par un parlement. Telle était la Charte des libertés anglaise ; telle fut la thèse que soutinrent quelques citoyens, dont le plus illustre est John Hampden. Le *sheriff* de son comté lui réclama, pour un de ses domaines, trente et un shillings six, pour un autre vingt shillings de *ship money* (1637). Il refusa, non pour la somme (car sa fortune était grande) mais pour le principe. « Vingt shillings eussent-ils ruiné Hampden ? Non, mais le paiement de la moitié de cette somme, dans les conditions où elle était demandée, eût fait de lui un esclave. » Il se laissa traîner devant toutes les juridictions et si la Cour de l'Échiquier le condamna enfin, par sept voix contre cinq, l'opinion publique l'acquitta. Les Anglais commençaient de découvrir que le respect même de la Loi peut amener de grandes âmes à la rébellion.

VIII. — Malgré la sévérité de la censure, des pamphlets contre la Cour circulaient. William Prynne, pamphlétaire puritain, avait entrepris de réformer les mœurs de son temps. Il avait écrit contre les cheveux longs des courtisans, « contraires aux lois du Christ ». En 1632, il publia un pamphlet sur le théâtre. Malheureusement pour lui la Reine et ses femmes venaient elles-mêmes de répéter une pastorale. La Chambre Étoilée, jugeant que le pamphlet était une attaque contre la Reine, condamna Prynne à cinq mille livres d'amende et à la perte de ses oreilles. Il fut mis au pilori et eut les oreilles coupées par la main du bourreau. Ce châtiment cruel ne l'ayant pas empêché de continuer à écrire, cette fois contre Laud, en 1637 il fut remis au pilori en même temps qu'un clergyman et un docteur ; ce qui lui restait d'oreilles fut scié et, sur sa joue, furent marquées au fer rouge les deux lettres : S. L. *(Seditious Libeller).* Le public de Londres vit avec une juste horreur ce traitement barbare infligé à trois gentlemen. Au moment où le bourreau les toucha, un immense cri de fureur s'éleva de la foule. La colère du peuple anglais montait, phénomène grave dans un État où l'amour des sujets était la seule force du souverain.

IX. — La folie suprême fut de prétendre imposer aux Écossais, si ardents à défendre leur *Kirk* presbytérienne, les prières et le rituel anglicans. Charles, roi d'Angleterre et d'Écosse, ignorait l'Écosse plus encore que l'Angleterre. Bien que son père, le roi

Jacques, eût donné aux Écossais des évêques, la *Kirk* était restée d'essence presbytérienne. Quand Laud s'en rendit compte, il fut scandalisé : « L'Église d'Écosse, dit-il, n'est pas réformée ; elle est déformée. » Mais lorsque sur son ordre les évêques introduisirent en Écosse le nouveau rituel, les fidèles ne laissèrent pas terminer le service. Nobles, bourgeois et paysans écossais signèrent (parfois dans des circonstances romantiques : sur des tombes, dans des églises), un pacte ou *covenant solennel,* par lequel ils promettaient de rester fidèles à leur Église. Charles entreprit de briser cette ligue religieuse par les armes. Mais il est dangereux de recourir aux dragonnades lorsque l'on n'a pas de dragons. A quelle armée le Roi pouvait-il confier sa cause ? Aux « bandes entraînées » de la milice ? Elles n'étaient *pas* entraînées. Aux gentilshommes des campagnes ? Ils étaient loin de l'approuver. Quand à l'excellente armée écossaise (vingt mille hommes dont beaucoup avaient servi sur le Continent, dans les armées des princes protestants et que commandait un lieutenant de Gustave-Adolphe) le Roi opposa les quelques Anglais qu'il avait pu réunir, les troupes des deux camps pactisèrent. Si cette première « Guerre des Évêques » ne se termina pas par un désastre, ce fut seulement parce que la négociation arrêta l'armée écossaise.

X. — Restait au Roi un unique espoir : Strafford. Celui-ci était le seul homme fort du régime. En Irlande, il avait appliqué sa devise : « *Thorough...* Jusqu'au bout, à fond. » On lui avait reproché sa dureté. Au moins avait-il maté le pays, réuni un fantôme de parlement, obtenu des troupes, de l'argent. Même il avait pu envoyer au Roi, pour sa guerre d'Écosse, vingt mille livres. Quand Charles le consulta, il conseilla la manière forte. Il fallait convoquer un parlement, obtenir des subsides en révélant les intrigues des Écossais avec Richelieu, puis pousser la guerre « à fond ». Strafford lui-même courut en Irlande, y leva huit mille hommes et revint malade, mais résolu. Le Parlement réuni par Charles (1640), le premier depuis douze ans, n'avait rien oublié des rancunes de jadis. Loin d'accorder leur appui pour une guerre, les Communes demandèrent « réparation de leurs griefs ». Pym rappela toutes les fautes de Charles et les parlementaires négocièrent avec les Écossais. Après dix-huit jours seulement de session, il fallut dissoudre ce « Court Parlement » (avril-mai 1640). Strafford pensa que Charles s'était mis dans une situation telle que, s'il pouvait être sauvé, ce qui était douteux, ce n'était que par un despotisme impitoyable, « affranchi de toutes les règles habituelles du gouvernement ». « Plaignez-moi, écrivait-il à un de ses amis, car jamais homme ne fut appelé à s'occuper d'une affaire si désespérée. L'armée est dans un grand besoin et n'est approvisionnée en rien... Notre cavalerie est sans courage. Le pays, de Berwick à York, est au pouvoir des Écossais ; la frayeur partout, une désaffection générale à l'égard du Roi... En un mot je suis seul ici pour lutter contre tant de maux, sans aucune aide. Que Dieu, dans sa bonté, me délivre du plus grand malheur de ma vie ! »

5.
LE LONG PARLEMENT

I. — Sans argent, sans soldats fidèles, vaincu par les Écossais qui occupaient les comtés du Nord et exigeaient, avant de les évacuer, non seulement la liberté religieuse (que nul n'était en état de leur refuser), mais une indemnité, Charles dut s'incliner devant la volonté des plus fermes de ses sujets. Les Lords l'invitaient à convoquer un nouveau parlement ; une pétition signée de dix mille noms réunis par Pym le lui demandait aussi ; il céda. Jamais encore élections n'avaient excité des passions aussi vives. Pym, en véritable chef de parti, fonction nouvelle, courait les campagnes, tenait dans les villes des meetings, formait des comités locaux. Hampden, devenu l'un des hommes les plus respectés du royaume, appuyait Pym de sa grande autorité. Que voulaient ces hommes ? Faire élire de vrais puritains, prêts à la lutte contre l'absolutisme. Le deuxième Parlement de 1640 n'est plus un parlement réformiste ; c'est un parlement révolutionnaire. Mais cette assemblée révolutionnaire n'est pas démagogique. Les députés au Long Parlement sont des gentilshommes, des propriétaires, graves, religieux, cultivés et qui souhaitent revenir le plus tôt possible à leurs domaines familiaux. De tels hommes n'ont pas le goût de l'émeute et n'appellent la foule à leur aide qu'avec regret. Loin d'être hostiles à l'institution monarchique, ils n'en conçoivent pas encore d'autre. Mais il leur faut vider avec Charles les deux conflits, l'un politique, l'autre religieux, qui depuis l'arrivée au trône de la dynastie des Stuarts empoisonnent la vie de l'Angleterre.

II. — Beaucoup plus qu'ils ne redoutaient le Roi, Pym et les parlementaires craignaient Strafford. Ils savaient qu'entre eux et lui c'était un duel à mort. Ou Pym conduirait Strafford jusqu'au billot, ou Strafford un jour ferait pendre Pym. Un des premiers actes du nouveau Parlement fut d'accuser Strafford de haute trahison par *impeachment* devant les Lords. Strafford, depuis quelques semaines déjà, n'ignorait pas que, s'il se rendait au Parlement, il était perdu. Il le dit à Charles ; celui-ci répondit qu'étant roi d'Angleterre il pouvait l'abriter de tout danger et que le Parlement ne toucherait pas à un cheveu de sa tête. Strafford se présenta donc à la Chambre des Lords au moment même où Pym, à la tête d'une députation des Communes, venait demander son arrestation. Strafford était entré tête haute ; il dut s'agenouiller à la barre pour écouter l'accusation et ne sortit que prisonnier. En bonne justice, il semblait pouvoir être sauvé. Cet *impeachment* n'avait aucune valeur légale. Comment accuser sérieusement de haute trahison, crime contre le Roi, le plus fidèle serviteur du Roi ? Mais les usages constitutionnels n'offraient au Parlement aucun autre moyen de se débarrasser d'un ministre soutenu par le souverain. On essaya de compromettre Strafford en citant des propos tenus par lui au Conseil privé ; il aurait, disait-on, suggéré l'idée d'employer une armée irlandaise pour réduire l'Angleterre. On ne put produire qu'un seul témoin, Sir Henry Vane, et fort douteux. Pym et ses amis comprirent avec rage qu'il ne se trouverait pas aux Lords une majorité pour condamner Strafford, lequel, bien que miné par la maladie, se défendait dans ce beau style bref et haché qui était le sien. La fin de son plaidoyer émut tous ceux qui l'entendirent. « Et maintenant, *my Lords,* en toute humilité et tranquillité d'esprit, je me soumets clairement et librement à votre jugement, que ce juste jugement soit la vie ou la mort. *Te Deum laudamus, te Dominum confitemur.* »

III. — Les accusateurs, inquiets, recoururent à la procédure plus simple et plus brutale d'un *bill of attainder* voté par le Parlement et sanctionné par la Couronne. Par cette procédure, l'accusé perdait toutes les garanties d'une cour de justice. Si l'on considère seulement les preuves légales, la conduite de Pym et de ses amis ne peut être justifiée. Ils assassinèrent Strafford avec quelques formes judiciaires. Il faut dire à leur décharge que, si Strafford avait vécu et retrouvé sa liberté, il n'eût pas hésité lui-même à les détruire « jusqu'au bout ». Peut-être eût-il mieux valu pour Pym et ses amis avouer franchement qu'une guerre civile était commencée et renoncer à l'hypocrisie de la légalité. Lord Digby, dans un discours qui lui fait grand honneur, déclara qu'il ne pouvait voter le *bill :* « Dieu me garde, s'écria-t-il, de condamner un homme à mort d'après une loi faite *a posteriori...* Je sais, Mr. *Speaker,* que le Parlement possède un pouvoir judiciaire et un pouvoir législatif. L'un établit ce qui est légalement juste ; l'autre ce qui convient politiquement au bien de la communauté. Mais ces deux pouvoirs ne doivent pas être confondus et nous n'avons pas le droit de couvrir un acte de prudence politique par une vaine parade de justice légale. » On mesurera la violence des passions si l'on pense que ce discours admirable fut brûlé par le bourreau, et le Roi prié de ne plus conférer aucun honneur à Lord Digby et de ne plus l'employer en aucune manière. La loi d'*attainder* fut votée aux Communes, par 204 voix contre 59, et les noms des opposants qui, d'après les règlements du temps, n'auraient pas dû être connus, furent affichés dans la Cité comme « straffordiens et ennemis de leur pays ». Les boutiques de la Cité se fermèrent. Maîtres et apprentis vinrent à Westminster menacer les straffordiens. Sous la pression de la populace, les lords eux-mêmes votèrent la mort par 26 voix contre 19.

IV. — Le roi Charles, qui avait juré à Strafford que le Parlement ne toucherait pas à un cheveu de sa tête, sanctionnerait-il la loi ? Les évêques, participant à l'universelle panique, vinrent dire à Charles qu'il devait, comme roi, avoir deux consciences, l'une publique, l'autre privée. Les foules de Londres se portèrent autour de Whitehall et devinrent si menaçantes que les courtisans catholiques se confessèrent et que les plus braves des capitaines se préparèrent à mourir en défendant les escaliers et couloirs du vieux château. Le dimanche le bruit augmenta ; vers neuf heures du soir, le Roi signa. « Si rien de moins que sa vie ne peut satisfaire mon peuple, je dois dire : *Fiat Justitia !* » Strafford eut la noblesse, bien que surpris par l'abandon du Roi, de lui écrire qu'il lui donnait joyeusement sa vie. Mais on dit qu'il murmura : « Ne mettez pas votre confiance dans les princes, ni dans les fils des hommes, car en eux il n'y a point de salut. » Sur le chemin du supplice, le vieil archevêque Laud, lui-même prisonnier, vint à la fenêtre pour bénir son ami, qui mourut avec un courage si simple que les apprentis de Londres gardèrent un silence respectueux.

Ainsi disparut ce grand homme dont le crime avait été de souhaiter que la monarchie fût assistée, non dominée par le Parlement. A partir de ce procès on peut dire que le Roi, en Angleterre, a cessé d'être l'État, puisque c'est à cause de son loyalisme envers le souverain que Strafford a été tenu pour un traître envers le pays.

V. — En condamnant Strafford, le Parlement avait éliminé le seul homme qui fût capable de transformer la monarchie anglaise en un gouvernement autoritaire tel que ceux dont l'Espagne et la France avaient donné le modèle à l'Europe. Pour rendre à tout jamais impossible le triomphe de l'absolutisme, il lui fallait maintenant interdire au Roi de gouverner, comme son père et lui-même l'avaient fait pendant de longues périodes, sans Parlement. La faiblesse des assemblées élues, lorsqu'elles entrent en lutte avec un exécutif permanent, c'est que celui-ci peut les renvoyer. Leur unique moyen de défense est d'imposer à l'exécutif des modes et des dates fixes de convocation. Pym et ses amis contraignirent le Roi à approuver : 1° un acte assurant la convocation régulière du Parlement, au moins une fois tous les trois ans ; si, la troisième année, le Roi s'abstenait encore, la convocation pourrait se faire sans recourir à lui ; aucun Parlement ne pourrait être dissous avant d'avoir « vécu » cinquante jours, ni prorogé au-delà de trois années ; 2° un acte retirant au Roi le pouvoir de percevoir des impôts sans un vote du Parlement. Plus de *tunnage and poundage,* plus de *ship money ;* de façon générale, plus d'impôts non consentis ; 3° les pouvoirs du Roi en son conseil étaient très diminués et les cours de prérogatives (Chambre Étoilée, Conseil du Nord, etc.) cédaient le pas aux cours de loi commune. En particulier étaient supprimées les cours ecclésiastiques de Haute Commission, dont Laud s'était servi contre les puritains. La Loi l'emportait sur le Roi.

VI. — Le problème religieux était plus complexe que le problème politique. Sur un seul point la plupart des parlementaires étaient d'accord : protestants, ils craignaient le papisme. Mais beaucoup haïssaient les évêques de Laud, qui avaient tenté de ramener les Anglais au ritualisme ; d'autres étaient attachés aux vieilles hiérarchies. Les premiers voulaient arracher de l'Église l'épiscopat, « racines et branches » ; les seconds, partisans des évêques ou épiscopaliens, avaient l'avantage d'être plus unis que leurs adversaires. Parmi les adversaires des évêques, il fallait en effet distinguer les érastiens, disciples du théologien suisse Thomas Éraste (1524-1583) qui subordonnaient, pour les affaires temporelles, l'Église à l'État et remplaçaient les évêques par des commissaires laïques ; les presbytériens, partisans d'une démocratie religieuse à la manière écossaise ou genevoise, avec Anciens et Synodes ; et enfin des sectariens, ou congrégationalistes, ou indépendants, qui soutenaient que Dieu est avec chaque groupe de fidèles, et qui devenaient ainsi, malgré leur extrême étroitesse d'esprit, les précurseurs inconscients de la liberté de conscience.

VII. — Dans les comtés, les fidèles de l'Église anglicane épiscopale étaient les plus nombreux ; à Londres, les presbytériens avaient l'appui des soldats écossais qui s'étaient, après la victoire, installés dans la capitale et que le Parlement ne se hâtait pas d'éloigner, car ils étaient pour lui des alliés contre le Roi ; les Indépendants pensaient qu'épiscopalisme et presbytérianisme n'étaient que deux formes de tyrannie. Il faut imaginer ces discussions religieuses et politiques se poursuivant, du matin au soir, au milieu d'une ville passionnée de théologie. Les parlementaires conversaient tout le jour et souvent la nuit, aux chandelles. On pouvait voir Pym, Hampden et Hyde se promener autour du cimetière de Westminster ou se réunir pour parler, en soupant, de leur grande affaire. Sur un bruit, marchands et apprentis fermaient leurs boutiques et couraient à Westminster ou à Whitehall. Aucune force armée ne contenait cette foule. C'était elle au contraire qui protégeait le Parlement. Quant au Roi, il gardait près de lui quelques officiers aux longues boucles, capitaines en demi-solde que les apprentis appelaient par dérision des « Cavaliers » tandis que la Reine, voyant par sa fenêtre les puritains aux têtes rasées, demandait qui étaient ces « Têtes rondes », nom qui leur resta.

VIII. — Les historiens ont presque tous blâmé la conduite de Charles Ier pendant le Long Parlement. Mais comment le malheureux aurait-il pu imaginer le compromis qui, au siècle suivant, allait créer la monarchie constitutionnelle ? Charles Ier ne voyait aucun moyen d'échapper à ce dilemme : ou rétablir par la force son autorité, ou devenir un fantôme de roi. La guerre civile était fatale parce que, aucun ministère responsable ne s'interposant entre le Roi et le Parlement, ces deux pouvoirs se heurtaient. L'idée qu'une minorité pût, en cas de conflit, s'incliner devant la majorité et permettre à celle-ci de gouverner n'était alors ni admise, ni même concevable. Dès que le pays se trouvait profondément divisé, il n'y avait d'autre solution que la guerre civile. D'ailleurs la loi des majorités n'eût jamais permis de résoudre la question essentielle de ce temps, qui était une question religieuse. Les intérêts transigent, non les consciences.

IX. — Il faut reconnaître pourtant que le Roi aggrava le désordre en menant un double jeu. Charles confirmait docilement les lois votées par le Parlement, et conspirait secrètement contre les lois et le Parlement. Mais il se considérait comme étant en état de guerre où tout est loisible. Il alla jusqu'à demander aux Écossais, qui demeuraient les meilleurs soldats de l'île, leur appui contre les Anglais. Ils le lui promirent si, de son côté, il acceptait, pour l'Angleterre, le *Covenant* presbytérien. Il ne le pouvait, étant épiscopalien convaincu, et dut renoncer à l'alliance écossaise. Un instant il crut entrevoir la délivrance. Les parlementaires, unis contre lui, se divisaient violemment sur la question religieuse, les uns voulant anéantir tout rituel, et changer jusqu'au *Prayer Book*, les autres hostiles aux évêques mais attachés aux belles prières anglicanes. Grâce à ces divisions, un parti monarchiste et anglican se reformait, que dirigeaient des hommes comme Hyde, dont le Roi aurait pu faire ses conseillers. Une « Grande Remontrance » à Charles ne fut votée qu'à onze voix de majorité. Le prestige du roi Pym baissait ; une maladresse du roi Charles le lui rendit.

X. — Le 3 janvier 1642, l'attorney général du Roi demanda soudain aux Lords l'*impeachment* pour haute trahison de cinq membres des Communes, dont Pym et Hampdem. Démarche illégale, le droit d'*impeachment* appartenant aux seules Communes. Les Lords montrèrent de l'hésitation. Le Roi se rendit lui-même aux Communes pour arrêter les cinq membres. Ils avaient été prévenus et la Cité s'était chargée de les cacher. La scène fut pénible. Le Roi était entré, suivi de cavaliers, et avait pris le siège du *Speaker*. Les membres étaient debout, découverts. D'un coup d'œil, le Roi vit que « les oiseaux s'étaient envolés ». Il repartit au milieu d'une foule hostile qui, sur son passage, criait :

« Privilège ! » Les milices bourgeoises de la Cité furent convoquées et assumèrent la protection du Parlement. Un choc entre les deux forces devenait inévitable. Le Roi jugea plus sage de quitter Londres.

6.
LA PREMIÈRE GUERRE CIVILE

I. — Le temps était venu, pour chaque Anglais, de choisir son camp. Or la plupart d'entre eux n'eussent pas souhaité choisir. Cette révolution n'était pas une de ces vagues de fond qui soulèvent les masses. Elle divisait les classes plutôt qu'elle ne les opposait les unes aux autres. Trente pairs étaient restés à Westminster ; quatre-vingts avaient suivi le Roi ; vingt demeuraient neutres. Comme les pairs, *squires* et *yeomen* étaient partagés entre les deux armées. Londres, ville frondeuse et protestante, se montrait favorable au Parlement, mais les villes cathédrales étaient pour leurs évêques, donc pour le Roi. Quant aux paysans, beaucoup d'entre eux demeuraient indifférents. « Peu leur importe sous quel gouvernement ils vivent, pourvu qu'ils puissent labourer et aller au marché. » Dans certains comtés, puritains et anglicans, royalistes et parlementaires signaient des pactes de neutralité. Ce fut plus tard, quand ils constatèrent que les deux armées traitaient les neutres avec défaveur, que les hésitants, à contrecœur, prirent parti. Parfois, un seul *squire* déterminé entraînait tous les gentilshommes de son voisinage. Les fermiers suivaient leurs seigneurs. Les hommes de plaisir étaient pour le Roi parce que les puritains représentaient l'austérité ; les gens des sectes étaient pour le Parlement parce qu'ils en espéraient (à tort) la liberté religieuse. On peut dire que le Nord catholique et l'Ouest allèrent plutôt au Roi ; le Sud et l'Est au Parlement, mais ces frontières furent toujours mal définies. A aucun moment les armées en campagne ne dépassèrent un quarantième de la population du pays et, dans les batailles les plus importantes de la guerre civile, il y eut au plus vingt mille combattants de chaque côté.

II. — On peut s'étonner de trouver presque apathique en cette époque révolutionnaire un pays qui, en d'autres circonstances, avait montré de si fortes passions. Mais, en 1641, les doctrines et les intentions des deux partis étaient confuses. Personne, dans le camp parlementaire, ne souhaitait, au début de la guerre, abattre Charles Stuart. Nul n'imaginait qu'il fût possible de se passer de lui. Le Parlement voulait seulement s'assurer de la personne du Roi et le séparer de ses mauvais conseillers. Essex, général des armées parlementaires, recommandait à ses troupes la prudence, car, disait-il, « le Roi vaincu serait toujours le Roi, mais nous, vaincus, ne serions que des rebelles et des traîtres ». L'idée du caractère sacré de la royauté, imprimée dans les esprits par des siècles de respect, y demeurait intacte. Quand, au début de la guerre, le Roi, près de Nottingham, « leva son étendard », cette cérémonie symbolique émut beaucoup d'hommes dont l'intelligence donnait raison au Parlement.

III. — Et pourtant la scène avait été manquée. Il pleuvait. Charles, pédant et maniaque comme tous les Stuarts, corrigeait sans cesse le héraut qui lisait la proclamation. Le vent avait abattu l'étendard dans la boue. Tout de même c'était le drapeau du Roi. Plus d'un, en le voyant, pensa, comme Sir Edmund Verney, que si ami qu'il fût de la Bible et du Parlement, il ne pouvait abandonner dans le malheur un souverain dont il avait mangé le pain. Ce fut ainsi que beaucoup défendirent, par loyalisme, une cause qui ne leur paraissait pas juste. Parmi les neutres, certains approuvaient les idées politiques des parlementaires, mais ne voulaient pas que l'on touchât au livre de prières ; d'autres, hostiles à l'Église anglicane, étaient favorables au Roi. Tant de confusion ne pouvait engendrer l'enthousiasme. En réalité, bien plus que d'une révolution véritable, laquelle est presque toujours provoquée par de grands désordres économiques, il s'agissait, en ce pays riche et relativement heureux, de ce que l'on appellerait aujourd'hui une lutte de partis. Ce fut faute d'un mécanisme constitutionnel que ce débat parlementaire prit forme de batailles rangées. Il faudra les maux de la guerre civile pour engendrer la tolérance politique, comme il faudra, en d'autres pays, les horreurs de la persécution pour imposer la tolérance religieuse.

IV. — Ceux qui prennent part active à la guerre, dans les deux camps, sont les meilleurs de la nation. Aussi cette lutte restera-t-elle assez humaine. Les batailles seront sanglantes parce que les soldats sont braves, mais les prisonniers, hors les Irlandais et les prêtres catholiques, bien traités. Dans les deux camps, on se loue d'être une armée chrétienne. Avant le combat, chaque commandant fait célébrer un service. De part et d'autre, on reproche à l'adversaire ses péchés. « Dans notre armée, dit un royaliste, nous commettons les péchés des hommes : nous aimons le vin et les femmes ; dans la vôtre, vous avez les péchés du diable : l'orgueil spirituel et la rébellion. » Si la bravoure et la foi des combattants sont vives, la science militaire, au moins au début, est médiocre. La longue paix des Tudors a fait oublier l'art de la guerre. Quelques-uns des chefs, comme le neveu de Charles, Rupert, fils de l'Électeur palatin, grand cavalier et mauvais tacticien, ont commandé sur le Continent. D'autres, comme un certain Olivier Cromwell, de l'armée puritaine, ont lu des stratèges. La majorité combat au petit bonheur. Les services de renseignements fonctionnent si mal que les armées ont peine à se rencontrer. Au début, Charles a un plan qui est d'encercler Londres ; le Parlement n'en a aucun, sinon de prendre le Roi vivant.

V. — La cavalerie fut de nouveau, dans cette guerre, l'arme qui emporta la décision ; elle formait environ deux tiers des armées. L'infanterie se composait de piquiers et de mousquetaires ; ces derniers très vulnérables aux attaques faites sur leurs flancs par les cavaliers parce que ni les baïonnettes, ni les fusils à répétition n'ayant été inventés, leur salve tirée, ils demeuraient désarmés. La tactique des mousquetaires était de se mettre à l'abri, pour recharger leurs armes, dans le carré que formaient les piques ; ils n'en avaient pas toujours le temps et se faisaient tailler par les sabres. Rupert, le premier, poussa des charges de cavalerie à fond, sabre au clair. Mais Rupert, trop hardi, négligeait le reste de l'armée ; ses charges étaient victorieuses et ses batailles perdues. Pendant toute la campagne, le Parlement, ayant avec lui les marchands de Londres, eut l'avantage de lever facilement des impôts. Il eut aussi la maîtrise de la mer ; les marins protestants avaient conservé la haine de l'Espagne, de l'absolutisme et des cavaliers ; ils permirent aux rebelles de maintenir leurs communications avec le Continent, ce qui sauva le commerce de Londres et les recettes des douanes.

VI. — Le commencement de la guerre fut favorable au Roi qui, après une bataille indécise à Edgehill, put concentrer contre Londres trois armées. Tenu en échec, il se replia sur Oxford, dont il fit sa capitale et dont les collèges gothiques se remplirent de belles dames et de cavaliers aux longues boucles. Les intrigues amoureuses, dans l'armée royale, se mêlèrent à celles des partis et, par réaction contre l'austérité puritaine, on s'y piqua de galanterie. Charles aurait pu triompher s'il avait eu de l'argent et si sa politique avait été plus franche. Mais il essayait de négocier à la fois avec les Écossais, avec la France (par l'intermédiaire de la Reine, qui avait dû, après un accouchement douloureux, passer sur le Continent) et avec le Parlement. Ses offres contradictoires finirent par convaincre de sa mauvaise foi tous ceux auxquels il s'était adressé. Pourtant ses adversaires lui faisaient la partie belle, étant eux-mêmes fort divisés. Le Parlement essayait, comme avait fait le Roi, d'obtenir l'appui des Écossais, mais ceux-ci exigeaient, pour l'accorder, que l'Angleterre devînt presbytérienne. Charles n'avait pu y consentir parce qu'il était sincèrement anglican ; le Parlement hésitait, lui aussi, parce que ses meilleurs soldats étaient des Indépendants, qui demandaient la liberté des cultes. Pourtant le Parlement finit, en 1643, par signer le *Covenant* pour assurer la victoire, acceptant le risque de voir une armée presbytérienne camper sous les murs de Londres. Sur la question religieuse, il avait fait quelques réserves. Il s'engageait à réformer l'Église d'Angleterre « à l'exemple des meilleures Églises réformées », ce qui était une promesse de démocratie presbytérienne, mais aussi « selon la parole de Dieu », ce qui permettait à la rigueur d'autoriser les sectes. L'alliance écossaise donna au Parlement la victoire de Marston Moor, près d'York, en 1644. Pym était mort avant la bataille et avait été enterré à l'abbaye de Westminster.

VII. — Le meilleur des soldats de Marston Moor avait été un homme nouveau : Olivier Cromwell, petit *squire* de Huntingdon, cousin de Hampden et comme lui puritain dès l'adolescence. Mais si la religion de Cromwell était aussi grave que celle de

Hampden, elle était moins sereine. Mélancolique, sujet aux cauchemars, il passait une partie de sa vie en des états de communion mystique. Il s'abandonnait aux émotions plus que ne font les Anglais normaux et avait souvent les larmes aux yeux. Cromwell était capable de dureté pour défendre sa foi, mais aussi d'une tendresse infinie pour les pauvres chrétiens qui ne demandaient qu'à vivre dans la pureté. Plusieurs fois, à la veille d'une grande bataille ou d'une importante décision, on le vit fuir les hommes, s'enfermer avec sa Bible et prier longuement. Le langage du livre saint était devenu son style naturel. Il avait vécu dans « le pays des fougères », terre marécageuse, presque aussi déserte que celle où s'était formé un Mahomet. Du prophète musulman, il partageait le monothéisme, la simplicité de doctrine et la volonté implacable. Député au Parlement de 1628 et puritain passionné, il avait, dès le début de la guerre civile, levé parmi ses voisins une petite troupe de cavaliers. Soldat réaliste, il avait reconnu la supériorité de la cavalerie royale et la nécessité, si l'armée du Parlement devait vaincre, de la composer de soldats dévoués à la cause, non de mercenaires ou d'indifférents. « Un petit nombre d'hommes honnêtes, pensait-il, vaut mieux qu'une multitude. » Il voulait un bataillon sacré, une troupe de choc, « analogue aux Trois Cents de Gédéon ».

VIII. — Pour l'âme tourmentée qu'était Olivier Cromwell, les années de guerre furent des années assez heureuses. Il y trouva dans l'action la paix de l'esprit. Tout à son idée de créer une armée modèle, il leva quatorze escadrons, au total onze cents hommes « selon son cœur, des hommes soudés les uns aux autres par une commune discipline, une compagnie sensible comme un instrument de musique aux volontés de son chef ». Cromwell ne leur demandait pas d'être presbytériens, ni même puritains. « L'État, disait-il, lorsqu'il choisit des hommes pour le service, ne s'occupe pas de leurs opinions. S'ils sont prêts à le servir fidèlement, cela suffit. » Dans le choix de ses officiers, il ne tenait pas compte de la naissance. « J'aime bien mieux un capitaine mal habillé qui sait pourquoi il se bat que ce que vous appelez un gentleman, et qui n'est rien d'autre. » A tous il imposait la plus stricte discipline, non seulement sur le champ de bataille, mais au repos. Parmi les *Ironsides*, les « côtes de fer » de Cromwell, on ne jouait ni ne buvait. Aussi les villages les voyaient-ils arriver sans crainte. Le spectacle de cette troupe ordonnée réjouissait Cromwell. « J'ai une ravissante *(lovely)* compagnie, écrivait-il ; vous la respecteriez si vous la connaissiez. » Les hommes de Cromwell jouent, dans les armées du Parlement, le rôle du « parti » dans les régimes autoritaires de notre temps.

IX. — Plus la guerre traînait en longueur, plus le pays souffrait et s'impatientait. Quelques jours avant sa mort, les femmes de Londres avaient hué Pym, jadis si populaire. L'exécution de Laud, assassiné légalement après Strafford, avait séparé plus profondément que jamais Charles du Parlement. Si la victoire n'était rapide, les milices de la Cité finiraient par chasser de Westminster ceux qu'elles y avaient si longtemps protégés. Mais pour qu'il obtînt une prompte victoire, il fallait au Parlement une armée qui, tout entière, eût la valeur des *Ironsides* de Cromwell. Celui-ci eut le courage de dire crûment aux parlementaires que leur armée ne serait victorieuse que le jour où ils renonceraient à prendre eux-mêmes le commandement des troupes. On avait besoin de soldats et non de politiciens. La mesure demandée par Cromwell fut votée sous le nom de *Self Denying Ordinance* (Loi de renoncement volontaire) et une armée « nouveau modèle » fut créée sous le commandement de Sir Thomas Fairfax. Fairfax était, au repos, un soldat silencieux et bégayant, mais fougueux au combat et respecté de tous pour sa loyauté. Désormais la paie des troupes devait être régulière, l'armement homogène, l'uniforme écarlate de rigueur. Cromwell, bien qu'atteint légalement par sa propre ordonnance, fut autorisé par mesure particulière à demeurer le lieutenant de Fairfax.

X. — Le Nouveau Modèle remporta sur les troupes royales, en 1645, la décisive victoire de Naseby, dans laquelle Cromwell vit la main de Dieu. L'année suivante Fairfax marcha sur Oxford et Charles dut s'enfuir. C'était la fin de la résistance royale. En vain la Reine lui écrivit-elle d'acheter l'alliance écossaise au prix de l'abandon de l'anglicanisme, il ne put s'y résoudre. « Je suis doublement affligé d'être en désaccord avec toi, mais j'espère que tu ne me blâmeras pas si tu comprends bien la question car, je te l'assure, je fais peu de différence entre la soumission à un gouvernement presbytérien et la soumission à l'Église de Rome. » Quand, le 27 avril 1646, il quitta Oxford, sa première idée fut d'aller à Londres : « Je ne suis pas sans espoir de pouvoir attirer dans mon camp, soit les Presbytériens, soit les Indépendants, pour me débarrasser des uns ou des autres, afin d'être de nouveau réellement roi. » Lettre tout à fait dans le caractère de Charles, par son mélange d'héroïsme et de naïve duplicité. Que lui importait, à lui, de tromper à la fois Presbytériens et Indépendants ? Il les méprisait également. Au dernier moment il se ravisa et choisit de se livrer aux Écossais.

7.

L'ARMÉE CONTRE LE PARLEMENT

I. — Après la prise d'Oxford et la fuite de Charles, le Parlement était vainqueur. Mais la victoire militaire, dans une guerre civile, est loin de résoudre tous les problèmes. L'échec du Roi rendait impossible le despotisme du Parlement. Le pays demeurait royaliste. Il souhaitait le retour au temps où les villages n'étaient pas envahis par les soldats ; il n'aimait pas la religion farouche des hommes de Cromwell. Malgré leur défaite, beaucoup de partisans de Charles attendaient avec confiance le moment où l'Angleterre retrouverait « ses bonnes vieilles manières, sa bonne vieille humeur, et sa bonne vieille nature ». Pourtant, même aux yeux des cavaliers et des neutres, l'armée nouveau modèle représentait l'ordre. Si elle avait, dans la victoire, montré quelque modération, elle eût rencontré un assentiment presque unanime. Malheureusement elle attendait de son triomphe le début d'une ère nouvelle. Les Indépendants et les sectaires y étaient en majorité, hommes passionnés, inspirés, dont chacun était un prédicateur et un prophète, démocrates qui, ayant bousculé dans les combats les cavaliers royalistes, ne respectaient plus les hiérarchies de la naissance. « Qu'étaient les lords anglais, aux yeux des officiers de Cromwell, sinon les colonels de Guillaume le Conquérant, les barons sinon ses majors, les chevaliers sinon ses capitaines ? » Et qu'était le Parlement sans l'armée ? Quelle autorité avait-il pour imposer une nouvelle Église nationale à des soldats vainqueurs qui demandaient la liberté de croyance et qui n'étaient pas plus disposés à accepter le presbytérianisme de Westminster que l'anglicanisme de White-hall ?

II. — Coincé entre un peuple conservateur et une armée radicale, le Parlement ne comprenait ni le peuple, ni l'armée. Comme toute assemblée qui demeure trop longtemps au pouvoir, il tendait à devenir une autocratie collective. En son orgueilleuse folie, il se croyait assez fort pour persécuter à la fois Anglicans et Indépendants. Contre la nouvelle Église presbytérienne, il dressait maladroitement les gentilshommes cavaliers en les menaçant dans leurs biens et les soldats têtes rondes en les menaçant dans leur solde. Privé de Pym et de Hampden, le Long Parlement avait perdu la qualité sans laquelle nul ne peut gouverner, et qui est le sens du possible. Il essaya d'abord de traiter avec le Roi, que les Écossais, fatigués de cette querelle anglaise, venaient de lui livrer. A Charles, prisonnier du Parlement, dix-neuf propositions furent présentées comme conditions de paix : il devait accepter le *Covenant;* abolir l'épiscopat ; céder au Parlement pour vingt ans l'autorité suprême sur l'armée et la marine ; permettre au Parlement de nommer les grands dignitaires de l'État ; et consentir à la proscription d'un grand nombre de royalistes. Charles ne croyait pas qu'il eût le devoir de jouer franc jeu avec des rebelles. Il ne refusa pas, n'accepta pas, et continua de négocier avec la France, avec l'Écosse, avec les Presbytériens contre les Indépendants, avec les Indépendants contre les Presbytériens.

III. — Pour que le Parlement pût conclure un traité valable, il eût fallu qu'il possédât la puissance réelle. Or celle-ci n'appartenait qu'à l'armée. Trente mille hommes, sous les ordres de Fairfax et de Cromwell, attendaient avec anxiété de connaître leur destin. Le désir du Parlement était : *a)* de les licencier au plus vite, ne gardant que les troupes nécessaires pour services de garnison et pour une campagne en Irlande que le désordre de ce pays rendait de plus en plus nécessaire ; *b)* de conserver les officiers presbytériens et de mettre en congé les Indépendants qui lui étaient suspects ; *c)* de ne pas payer les arriérés de solde. Cromwell, à la fois parlementaire et soldat, mais plus soldat que parlementaire, était gravement inquiet de la haine contre l'armée qu'il voyait monter à Westminster. Il ne comprenait pas comment le Parlement pouvait refuser le droit d'être chrétiens à leur manière à des vainqueurs qui n'avaient combattu que pour obtenir ce droit. Troublé, déchiré, malheureux, il avait pris pour confidents deux hommes plus jeunes : Vane et son propre gendre, Ireton, qui tous deux, comme lui, étaient révoltés par l'ingratitude des parlementaires presbytériens. Pourtant l'idée de dresser l'armée contre le Parlement n'était jusqu'alors jamais venue à Cromwell qui avait une sincère horreur de la guerre civile et de toute dictature militaire.

IV. — Cependant le mécontentement de l'armée s'aggravait. Dans les régiments se formaient des comités de soldats. Le Parlement envoya quatre de ses membres, dont Cromwell et Ireton, pour négocier avec les mécontents. Peut-être Cromwell eût-il ramené ceux-ci à la discipline si, pendant les négociations, il n'avait appris que les parlementaires, tout en feignant d'écouter les griefs de l'armée, se préparaient à attaquer celle-ci. Le Parlement créait à Londres, en armant les habitants, des milices presbytériennes, appelait les Écossais à la rescousse et offrait maintenant au Roi de lui rendre son trône s'il acceptait le presbytérianisme pour trois ans. Les soldats décidèrent de ne pas laisser au Parlement la carte maîtresse qui était la possession du Roi. Le cornette Joyce partit avec ses cavaliers pour Holmby, où se trouvait le Roi, et pria Charles de le suivre. Le Roi demanda à voir sa réquisition. Joyce montra derrière lui ses cavaliers. « C'est une fort belle réquisition, dit le Roi, et aussi bien écrite qu'aucune de celles que j'ai vues de ma vie : une compagnie de beaux et corrects gentlemen. » Le Roi, qui semblait tout heureux, partit avec Joyce pour Newmarket. Voyant ses ennemis se disputer sa personne, il croyait proche le moment de la revanche. Le Parlement ayant offert à l'armée de la licencier avec huit jours de paie, ce qui était une dérision, Cromwell décida de quitter Londres et de se joindre aux soldats. Il était maintenant prêt à se servir de l'armée pour déjouer les intrigues des parlementaires. Conduite contraire à des idées qu'il avait souvent exprimées, mais c'est parfois la sagesse, pour un homme d'ordre, que de prendre la tête d'un mouvement qu'il juge dangereux. Mieux vaut guider que subir. Sans doute Cromwell craignait-il moins les réactions d'une armée disciplinée et commandée par lui que les convulsions d'une révolte anarchique.

V. — Sous le commandement de Cromwell, vingt mille hommes marchèrent sur la ville, vingt mille hommes qui, avant de se mettre en mouvement, avaient longuement prié le Seigneur ;

vingt mille hommes qui étaient d'accord avec leurs officiers pour exiger justice. Au lord-maire de Londres, qui aurait pu opposer une résistance, fut adressée une lettre que rédigea Cromwell. Il y réclamait la liberté, pour ses soldats, de professer leur religion. Cette lettre, lue aux Communes, fut écoutée avec crainte et respect. Suivit une déclaration de l'armée, rédigée par Ireton. Ce manifeste disait que la source de tout pouvoir est dans le peuple, qu'une oligarchie élue peut devenir aussi dangereuse qu'un monarque tyrannique si elle prétend à l'absolutisme, et que, pour ces raisons, l'armée exigeait que le Parlement fût purgé de onze membres que les soldats jugeaient indésirables. Le Parlement refusa ; l'armée se rapprocha de Londres ; quand elle fut assez près, les onze membres s'enfuirent. Les agitateurs militaires voulaient marcher sur Westminster, mais Cromwell préféra négocier : « Nous éviterons ainsi, dit-il, la grave objection que c'est par la force que nous avons obtenu l'assentiment du Parlement. » Le Parlement autorisa l'armée à entrer dans la Cité et Fairfax fut nommé connétable de la Tour. Quelques jours plus tard, la querelle des parlementaires et des soldats redevint plus aigre que jamais : « Ces hommes, dit Cromwell, ne s'en iront jamais jusqu'à ce que l'armée les tire de là par les oreilles. »

VI. — Cromwell était un esprit lent, vigoureux et simple. Le Parlement avait été la foi de sa jeunesse ; il venait de perdre cette foi ; il essaya de se rallier au Roi. Après tout, Charles ne semblait-il pas demander, comme l'armée, la tolérance pour tous les chrétiens ? Ne suffirait-il pas, pour le rendre désormais inoffensif, d'imposer des limites à son pouvoir ? Cromwell et Ireton rédigèrent des propositions qui, si elles avaient été acceptées par le Roi, eussent établi en Angleterre la monarchie constitutionnelle. Mais Charles, tout à fait ignorant des réalités, n'était pas d'humeur à traiter. « Il n'avait ni remords, ni inquiétude. » Tenant sa cour à Hampton Court, où il recevait avec son admirable dignité les chefs de l'armée, leurs femmes et leurs filles, promettant à Cromwell le cordon de la Jarretière et lui réservant, si jamais il en avait l'occasion, un collier de chanvre, il continuait à se croire indispensable et à intriguer avec tous les partis. Ces jeux de bascule étaient dangereux ; ils décourageaient les amis du Roi. Dans l'armée se formait un parti nouveau : celui des niveleurs. Excités par un pamphlétaire puritain, John Lilburne, les niveleurs répandaient une doctrine républicaine : « Le seul pouvoir naturel venait du peuple ; monarchie et Chambre des Lords étaient des excroissances inutiles ; le gouvernement ne devait consister qu'en une Chambre, élue au suffrage universel » ; le tout mêlé d'innombrables citations bibliques.

VII. — Éloquent, violent, crédule, vindicatif, John Lilburne était de ces hommes qui savent se faire écouter des masses et les conduire à la ruine. Il se heurtait, en Fairfax et en Cromwell, à des chefs capables de défendre par la force une position moyenne et raisonnable. Droits naturels de l'homme, ces abstractions ne pouvaient toucher l'esprit simple et vigoureux de Cromwell. Il avait besoin, pour croire et comprendre, du spectacle d'institutions réelles, d'où ses efforts pour traiter avec le Roi. Mais Charles devait décourager Cromwell comme il avait désespéré tous ceux qui s'étaient attachés à sa cause. Le 11 novembre 1647, il disparut de Hampton Court. Les soldats qui le gardaient trouvèrent son manteau dans la galerie, des lettres sur la table ; le Roi s'était enfui par la rivière. Un peu plus tard on apprit qu'il était dans l'île de Wight. Cette fuite réveilla la défiance des niveleurs contre Cromwell. Le 15, il y eut des mutineries dans les régiments et des hommes vinrent sur les rangs portant le libelle de Lilburne, le Manifeste du peuple, dans leurs chapeaux. Cromwell tira son épée, marcha sur les mutins et les fit arrêter par des hommes sûrs. La masse n'osa bouger. Trois des rebelles passèrent devant une cour martiale. L'un deux, choisi par le sort, fut, sur l'ordre de Cromwell, fusillé. La rébellion était vaincue.

VIII. — Charles n'avait fui ses geôliers que pour s'en donner un autre. Il avait cru s'assurer, au château de Carisbrook, un refuge ; il y trouva une prison. Il correspondait encore avec le roi de France, avec les Écossais, mais non plus avec Olivier Cromwell qui avait appris à se méfier de lui. Une lettre à la Reine, qui fut saisie, révéla que Charles tentait, une fois de plus, d'appeler en Angleterre une armée écossaise. Devant le danger d'une insurrection royaliste appuyée par les Écossais, le Parlement et l'armée s'unirent. Dans cette seconde guerre civile (1648), la victoire de Cromwell fut rapide et complète ; en son triomphe il vit la main de Dieu. Si le Seigneur s'était servi, pour frapper les troupes du Roi, de l'armée de Cromwell, n'était-ce pas le signe du choix, par Dieu, de l'armée et de Cromwell pour abattre un pouvoir jadis sacré ? Cependant le Parlement, délivré de toute crainte par la victoire, négociait avec Charles, le jugeant désormais inoffensif. Le Roi acceptait la plupart des conditions presbytériennes, fermement résolu à ne les point exécuter.

IX. — La situation des Indépendants et de l'armée devenait dangereuse. La masse de la nation n'attendait qu'un signe de faiblesse pour se tourner contre eux ; Londres, source principale des revenus de l'État, et le Parlement, seul pouvoir légal, leur étaient hostiles ; les niveleurs demeuraient hargneux. Beaucoup d'officiers puritains commençaient à dire que nulle paix véritable ne serait possible tant que Charles Stuart, « cet homme de sang« , n'aurait pas été éliminé. Mais Fairfax restait loyaliste et Cromwell lui-même hésitait, priait, pleurait. Que voulait le Seigneur ? Où était le devoir ? Que faire de ce roi ? Le ramener à Londres en vainqueur ? Il n'eût pas épargné ses ennemis. Le garder prisonnier dans l'île de Wight ? Il n'eût pas cessé d'intriguer. L'exécuter ? C'était peut-être provoquer une invasion française et écossaise. Quoi qu'on fît, il fallait agir ou périr. L'armée marcha contre le Parlement. Le 6 décembre 1648, le colonel Pride et ses mousquetaires se placèrent à l'entrée du Parlement, une liste en main, arrêtant les suspects (« Celui-ci en est ; il ne peut entrer »), envoyèrent les quarante plus dangereux dans une taverne appelée l'Enfer, et ne laissèrent plus à Westminster qu'une cinquantaine d'hommes à eux. Désormais il était certain que ce Parlement Croupion voterait tout ce que lui demanderaient les chefs de l'armée. Restait le Roi. Cromwell voyait clairement que, s'il sacrifiait Charles Stuart, cette mort creuserait un fossé profond entre l'armée et la nation. D'ailleurs le prince de Galles était en France, tout prêt à faire un prétendant légitime, de sorte que la mort de Charles Ier ne découragerait même pas les royalistes. Pourtant Cromwell était certain que, tant que ce fauteur de troubles vivrait, « il n'y aurait point de paix possible pour Israël ».

X. — La décision de Cromwell fut soudaine et il l'attribua, comme toujours, à une inspiration divine. Le 20 janvier 1649, s'ouvrit le procès du Roi. L'accusation disait que « Charles Stuart, roi d'Angleterre, ayant reçu un pouvoir limité de gouverner par et selon les lois du royaume et non autrement, avait traîtreusement et malicieusement fait la guerre au Parlement, et qu'ayant été l'artisan de cette guerre il était devenu coupable de toutes les trahisons, meurtres et rapines commis au cours de ladite guerre ». C'était une inculpation sans valeur légale. « Je voudrais savoir, demanda Charles, par quelle autorité, je veux dire légale, j'ai été amené ici ? Il y a beaucoup d'autorités illégales dans le monde, depuis les voleurs jusqu'aux détrousseurs de grands chemins. Mais quand je saurai quelle est votre autorité légale, je vous répondrai. Souvenez-vous que je suis votre roi, votre roi légal. Pensez aux péchés que vous avez accumulés sur vos têtes et au jugement de Dieu sur ce pays. Pensez-y bien, je vous le dis. Pensez-y avant que vous ne passiez d'un péché à un péché plus grand encore. » Rien de plus anglais que cette manière insistante de répéter le mot *légal.* Longtemps après la mort de Charles, c'était l'idée de légalité qui allait ramener son fils sur le trône. « Je n'ai jamais, dit-il encore, pris les armes contre le peuple, mais pour les lois. » Condamné à mort, il écrivait au prince de Galles une noble lettre dans laquelle il lui conseillait d'être bon plutôt que grand et de se montrer stable et fidèle en matière de religion. « Car j'ai observé, disait-il en un langage excellent, que le démon de la rébellion se change volontiers en ange de la réformation. » Jusque sur l'échafaud et quelques minutes avant sa mort, il répétait avec une admirable clarté les idées politiques pour lesquelles il périssait : « Quant au peuple, dit-il, je désire sa liberté autant que qui que ce soit, mais je dois vous dire que cette liberté consiste à avoir un gouvernement, des lois grâces auxquelles la vie du peuple et ses biens puissent être appelés siens. Elle ne consiste pas pour le peuple à gouverner lui-même. Cela ne lui appartient en rien. Un sujet et un souverain sont des êtres clairement différents. » C'était là en effet tout le procès. Il parut alors jugé contre le Roi. Bolingbroke allait, au siècle suivant, reprendre la thèse de Charles Stuart.

8.
CROMWELL AU POUVOIR

I. — Cromwell, le Croupion et l'armée demeuraient seuls à la tête d'une Angleterre hostile, indignée et que pourtant il fallait gouverner. En ce pays légaliste n'existait plus aucun pouvoir légal. En jugeant Charles Ier, le Parlement avait affirmé que les Communes d'Angleterre assemblées en parlement, choisies par le peuple et le représentant, sont le suprême pouvoir et que tout ce qui est fait par elles a force de loi, même sans le consentement des Lords et du Roi. Mais cette fiction ne trompait personne. En quoi les débris, choisis non par le peuple mais par les soldats, d'un parlement vieux de neuf ans, représentaient-ils la nation ? Ces hommes étaient à Westminster parce que l'armée les y avait maintenus, le peuple haïssait l'armée et l'armée elle-même méprisait le Parlement. Rien de plus triste que le spectacle d'un pays qui subit par crainte un gouvernement détesté. Les Indépendants et Cromwell répétaient sans cesse qu'ils avaient été « élus par le Seigneur » ; aucun autre mode d'élection ne leur eût permis, a-t-on dit, de représenter l'Angleterre.

II. — En mars, le Parlement Croupion abolit la Chambre des Lords et l'office de roi, comme « inutiles, pesants et dangereux pour la liberté du peuple ». L'Angleterre devait, à l'avenir, être un *Commonwealth* ou république. Mais pour que le mot eût quelque sens, il aurait fallu faire des élections et les Indépendants ne le pouvaient pas. Royalistes et presbytériens se fussent unis pour les chasser. Condamnés à maintenir une dictature militaire toute contraire à leurs principes, ces républicains se justifiaient en invoquant la Bible. La fille du Pharaon, en trouvant le berceau de Moïse, avait fait chercher, pour élever l'enfant, la mère de celui-ci. La nouvelle République devait être élevée, avant d'arriver à l'âge adulte, par ceux qui l'avaient mise au monde. Ils étaient d'ailleurs fort capables, sinon de se faire aimer, au moins de se faire obéir. Cromwell forma un Conseil d'État, où siégèrent quelques *squires,* des avocats, des soldats, et qui administra de manière efficace les finances, l'armée et la marine. L'ambassadeur de Mazarin, bien qu'hostile à ces régicides, reconnaissait dans ses dépêches leur compétence : « Ils sont économes dans leurs affaires privées et prodigues de leur dévouement aux affaires publiques, pour lesquelles chacun d'eux trime comme s'il s'agissait de son propre intérêt. » En Cromwell lui-même coexistaient (mélange très anglais) un réalisme prudent et les passions les plus violentes.

III. — Une dictature militaire ne semble possible que si le dictateur possède au moins la faveur de l'armée. Or celle-ci, qui avait cru faire une révolution démocratique, s'irrita vite d'avoir mis au pouvoir une oligarchie. Ses meneurs avaient composé une constitution républicaine *(The Agreement of the People) :* élections tous les deux ans, suffrage presque universel, liberté de conscience. Le Croupion avait reçu ce document avec toute la courtoisie due à des citoyens bien armés et n'en avait tenu aucun compte. Bientôt l'hostilité au gouvernement devint à peu près unanime. Les royalistes se sentaient encore impuissants, mais espéraient une prompte revanche. Les presbytériens tenaient le Parlement pour hérétique. A la tête des niveleurs, le démagogue Lilburne, éternel mécontent, partait en guerre contre le nouveau gouvernement. Quand John Lilburne mourut, quelqu'un composa pour lui une épitaphe où il était dit que si, dans l'autre monde, John rencontrait Lilburne, ces deux moitiés se combattraient. Mais cet insupportable pamphlétaire plaisait aux masses qui le nommaient l'honnête, le libre John. Toute révolution amène à la surface deux types d'hommes : ceux qui sont naturellement des chefs et ceux qui sont naturellement des rebelles. Cromwell appartenait à la première espèce, Lilburne à la seconde. Or gouverner est un métier qui a ses exigences immuables ; les nouveaux maîtres justifient ces exigences par des principes originaux, mais leur obéissent comme les anciens. Cromwell, tel jadis Charles Ier, fit arrêter John Lilburne. Celui-ci refusa de se découvrir devant le Conseil d'État, « lequel, dit-il, n'avait pas plus d'autorité légale que lui-même ». Aucun jury ne voulut le condamner. Londres était maintenant aussi hostile au *Rump* que jadis au Roi. Quand le gouvernement de la République, en avril, fit exécuter un mutin devant Saint-Paul, tous les bourgeois de la Cité arborèrent le ruban vert des niveleurs.

IV. — Cromwell ne pouvait être que fort impatient de cette agitation égalitaire. Il croyait à la nécessité d'une aristocratie, qu'il eût d'ailleurs définie par la foi plutôt que par la naissance. Il avait horreur de tout désordre. « Vous devez briser ces hommes ou ils vous briseront », répétait-il au Conseil d'État. Mais sa conscience le tourmentait ; au temps de Pym et de Hampden, il avait lui-même mis sa confiance dans la Loi et le Parlement ; il pouvait bien maintenant imposer le règne de l'épée et se dire, pour se rassurer, que cette épée était celle du Seigneur ; il n'arrivait pas toujours à s'en convaincre. A ses inquiétudes morales, le remède avait toujours été l'action. Dans la bataille se réveillaient son bon sens et ses vertus pratiques. Or les occasions d'agir ne manquaient pas. En Irlande, depuis plusieurs années, un parti catholique tenait le pays. Les protestants anglais y avaient été massacrés. Cromwell s'y rendit, à la tête d'une armée nouveau modèle et dans un appareil presque royal. Il anéantit les forces locales et vengea le massacre par un massacre ; soldat de Jéhovah, il appliqua dans toute leur rigueur les méthodes de guerre décrites dans la Bible. En Irlande, sur les terres de l'Est, il planta ses soldats protestants et, retrouvant l'instinct des antiques envahisseurs, rejeta les Irlandais vers le comte de Connaught, à l'ouest. Ce fut alors que commença le long martyre de l'Irlande, abandonnée à des propriétaires étrangers et non résidents. Les *yeomen* plantés par Cromwell ne prirent jamais racine. Les uns louèrent leurs fermes à des Irlandais et revinrent en Angleterre ; les autres épousèrent des Irlandaises et devinrent des Irlandais. Une conséquence grave de cette guerre fut que l'aristocratie irlandaise ayant été détruite, une théocratie lui fut substituée. C'est le protestant Cromwell qui a livré l'Irlande au cléricalisme catholique (1650-1652).

V. — L'Écosse semblait plus dangereuse. L'exécution de Charles Stuart, roi écossais, avait réconcilié dans la haine des régicides la *Kirk* presbytérienne et la noblesse écossaise. Le prince de Galles avait été, à dix-neuf ans, proclamé roi sous le nom de Charles II et il avait signé le *Covenant.* Une invasion de l'Angleterre par une armée royaliste devint probable. Cromwell proposa une guerre préventive. Le loyal Fairfax refusa de s'y mêler. « Ce serait, dit-il, la violation de la ligue solennelle formée jadis. — Votre Excellence, répondit Cromwell, devra bientôt choisir entre la guerre dans les entrailles d'un autre pays et la guerre dans le nôtre. » Fairfax se retira ; Cromwell devint commandant en chef. L'expérience de dix ans de guerre avait fait de ce petit *squire* un grand général. Il avait peu de théories sur l'art de la guerre, mais c'était un merveilleux organisateur, un entraîneur d'hommes admirable et, dans la bataille, un tacticien qui savait garder l'esprit libre et prendre au moment favorable la décision de tout risquer. Contre les Écossais, il joua un jeu hardi. Les laissant pénétrer en territoire anglais, il alla se placer entre eux et l'Écosse et les écrasa à Worcester, en 1651. Le jeune roi Charles II, qui s'était bravement battu, dut s'enfuir. C'est un signe du loyalisme des populations anglaises que le nombre de fidèles que cet adolescent fugitif trouva dans tout le pays pour le protéger, le cacher et le renvoyer enfin, sain et sauf, sur le Continent. Comme l'Irlande, l'Écosse semblait soumise, mais son ancien parlement devait renaître à la Restauration. L'union de la Grande-Bretagne était maintenant complète et, pendant quelques semaines, cette victoire rendit Cromwell populaire. Le Parlement lui donna une dotation royale et le palais de Hampton Court. Quand Londres, qui deux mois plus tôt le huait, le reçut avec des salves de mousqueterie et des cris de joie, et que ses lieutenants lui montrèrent cette foule immense, il répondit qu'elle serait plus grande encore pour le voir pendre.

VI. — Une sombre réponse, mais, malgré ses victoires, Cromwell demeure sombre. Il voit, il sait que ce pays, qu'il souhaiterait gouverné par des saints, est exploité par des profiteurs, que cette armée de cinquante mille hommes, inutile après la défaite des ennemis extérieurs, ruine le pays, que les prisons sont pleines de débiteurs et les routes couvertes de mendiants. Il comprend que le moment est venu de repasser de la loi militaire à la loi civile, de la force à la justice. Mais par quelle méthode ? Malgré ses méditations et ses prières, il n'aperçoit pas le remède. Que faire ? Des élections ? Mais ne sait-il pas que s'il permettait à *tous* les citoyens de voter librement, ceux-ci rappelleraient les Stuarts ? Il est vrai qu'à Edmond Calamy, qui lui dit que sur dix Anglais neuf lui sont hostiles, il répond : « Et si je désarme les neuf et mets une épée dans la main du dixième ? » Encore faudrait-il être d'accord avec le dixième ; or Cromwell est las de l'intolérance de ses amis et commence à rêver vaguement d'une Angleterre protestante, unie et impériale. Quelle autre solution ? Licencier l'armée ? Elle se révolterait. Rétablir la monarchie ? Il lui arrive d'y penser. « Et si un homme prenait sur lui de se faire roi ? » En tout cas il importe de renvoyer le Croupion ; l'armée en est lasse. Le 20 avril 1653, le lord-général Cromwell entre au Parlement et s'assied sur un des bancs. Il écoute ; il s'impatiente ; puis se lève : « Allons, allons, dit-il, nous en avons assez de tout cela. Je vais mettre fin à votre caquetage... Vous vous dites un Parlement ; vous n'êtes pas un Parlement... Quelques-uns d'entre vous sont des ivrognes, d'autres des miroirs à putains... Comment pouvez-vous être un Parlement par la grâce de Dieu ? Partez, vous dis-je... » Et soulevant la masse, emblème sacré de la puissance du Parlement : « Que ferons-nous, dit-il, de ce colifichet ? Enlevez-le... » Les ayant tous expulsés, il fit fermer les portes. Un soldat emporta les clefs et la masse. « Le Long Parlement avait disparu, dit un témoin, aussi doucement qu'un rêve. »

VII. — La masse après la couronne, le Parlement après le souverain, il ne restait plus en ce pays aucune trace d'un long passé de liberté. Mais encore une fois, comment gouverner ? Par une république, disaient les uns ; par une monarchie, répondaient les autres ; par les saints, fut le premier choix de Cromwell. N'osant recourir à une élection, il demanda aux Églises indépendantes de choisir des hommes sages et il constitua ainsi un parlement de cent cinquante membres, qui fut appelé le Parlement de Barebones, ce nom étant celui de Praisegod Barebones, marchand de cuir de Fleet Street, qui en était l'un des membres. Sir Harry Vane avait refusé de faire partie de cette assemblée, disant qu'il préférait attendre le paradis pour vivre avec des saints. Cromwell lui-même se dégoûta vite de ces hommes qu'il avait tirés du néant et sans doute les eût-il renvoyés à leur tour s'ils ne s'étaient eux-mêmes dissous.

VIII. — Une nouvelle constitution fut préparée par les chefs de l'armée. Cet *Instrument de gouvernement* est remarquable par la hardiesse des idées, si neuves qu'elles ne purent alors être appliquées. Plus encore que l'Angleterre moderne, ce document préfigurait les États-Unis d'aujourd'hui. L'autorité suprême devait appartenir à un lord protecteur, à un conseil et à un parlement, bientôt complété par une chambre des lords. Toute mesure votée par le Parlement devenait légale, même après veto du Protecteur, pourvu qu'elle ne fût point contraire aux lois fondamentales de la République. Au XXe siècle, le Parlement britannique sera, au moins en théorie, tout-puissant ; il pourra au besoin par un vote modifier la constitution du royaume. Les parlements du Protecteur étaient au contraire, comme le Congrès américain, soumis à cette constitution. Pour la première fois Angleterre, Écosse et Irlande se trouvaient unies sous les mêmes lois. Des juges anglais siégeaient en Écosse ; une armée anglaise, sous les ordres de Monk, y maintenait l'ordre ; le Parlement de Westminster légiférait pour l'Écosse. L'Irlande, elle aussi, était représentée au Parlement commun et les colons anglo-saxons y expropriaient la population indigène. Mais cette « union » imposée par la force demeurait précaire et, dès la Restauration, les vieux parlements devaient reparaître en Écosse et en Irlande. Éphémères aussi, parce que prématurées, la plupart des mesures qui furent alors votées, mais beaucoup d'entre elles (enseignement gratuit ; service postal public ; liberté de la presse ; vote des femmes et vote secret ; banque nationale) devaient reparaître et triompher après une longue éclipse. Une activité réformatrice anima les fragiles parlements du Protecteur comme la fièvre anime un corps malade.

IX. — Entre Cromwell et ses Communes, les conflits furent aussi graves qu'entre Charles et son Parlement, mais le Protecteur possédait ce qui toujours avait manqué à Charles : une bonne armée. Sur un point seulement, Parlement et Protecteur étaient d'accord : l'un et l'autre voulaient l'ordre. Tout rebelle intelligent qui arrive au pouvoir devient homme de gouvernement. Cromwell l'était par instinct. Ce pays avait assez souffert, disait-il ; il fallait maintenant panser les blessures et rétablir l'Angleterre traditionnelle. Tel était bien aussi le sentiment des parlementaires. Mais ils prétendaient que, pour un tel rétablissement, il fallait d'abord que la Constitution ne fût pas imposée au Parlement par un chef militaire, et Cromwell se refusait à leur permettre de discuter les traits essentiels de l'*Instrument de gouvernement* rédigé par l'armée. Les parlementaires exigeaient le contrôle de l'armée et Cromwell pensait que, mettre celle-ci au service des factions, c'eût été ranimer la guerre civile. Enfin Cromwell voulait quelque tolérance religieuse (dès 1655 il autorisait tacitement le retour des Juifs, expulsés depuis Édouard Ier) ; le Parlement combattait à la fois tolérance religieuse et despotisme militaire. Le sabre l'emporta. L'Angleterre fut divisée en régions militaires, placées chacune sous l'autorité d'un major-général. La discipline austère des puritains fut progressivement imposée à tout le pays. Comme ils avaient fermé les théâtres de Londres, ils emprisonnèrent les comédiens errants, interdirent les jeux des villages, fermèrent les estaminets. L'Angleterre de Shakespeare devint vertueuse par contrainte et regretta le juge de paix cavalier, qui au moins avait été jovial. Ce régime inspira pour longtemps au pays l'horreur des armées permanentes.

X. — L'Angleterre n'aimait pas l'armée, mais l'armée et la flotte, à l'extérieur, faisaient respecter le nom de l'Angleterre. L'adversaire principal fut longtemps la Hollande. Les deux pays se disputaient le commerce et le fret. Par un Acte de navigation de 1651, Cromwell interdit d'importer des marchandises en Angleterre dans des vaisseaux autres qu'anglais. Les Hollandais refusèrent de saluer le pavillon anglais dans les mers anglaises. Suivit un conflit où deux grands amiraux, le Hollandais Tromp et l'Anglais Blake, se trouvèrent opposés. Les flottes de combat étaient égales, mais le commerce de la Hollande plus vulnérable et elle souffrit plus que sa rivale. Après la paix hollandaise, signée en 1654, le principal ennemi extérieur de Cromwell fut l'Espagne. Contre elle il s'allia avec la France qui, bien que puissance catholique, faisait à l'étranger une politique protestante par haine de la Maison d'Autriche. Cromwell enleva à l'Espagne la Jamaïque et, en y « plantant » des colons anglais, créa une colonie prospère. Le premier, il eut l'idée d'envoyer et de maintenir une flotte anglaise en Méditerranée et, pour assurer à cette flotte libre passage, de fortifier Gibraltar. Sa puissance maritime et méditerranéenne permit à Cromwell d'intervenir avec efficacité dans les affaires continentales ; il protégea les protestants vaudois contre le duc de Savoie, bombarda Tunis et put exiger des indemnités de la Toscane et du Pape. Mazarin chercha son alliance et les *Ironsides* occupèrent Dunkerque. Mais ces guerres coûtaient cher, et malgré tant de succès sur terre et sur mer, la politique étrangère de Cromwell était impopulaire.

XI. — Maître de trois royaumes, craint dans toute l'Europe, le Protecteur n'avait plus pour ennemis, mais ceux-là irréconciliables, que ses anciens amis. Arrivé au pouvoir sur les épaules d'une armée républicaine, fanatique et « niveleuse », il aurait voulu se servir d'elle pour rétablir l'antique hiérarchie anglaise. Il la trouvait rebelle. Si le Parlement voulait faire de lui un roi d'Angleterre, ses soldats le menaçaient de leur hostilité. Si, prince de fait, il tenait une véritable cour, les puritains murmuraient que c'était une cour « de péchés et de vanités », d'autant plus abominable qu'on y invoquait sans cesse le nom de Dieu. Quand Cromwell mourut, en 1658, jeune encore (cinquante-neuf ans), à la fois de tristesse et de fièvre, tout l'édifice hâtivement bâti par lequel il avait essayé de remplacer l'Angleterre traditionnelle chancela aussitôt. Vers la fin on l'entendit murmurer : « Mon œuvre est faite. » Elle ne devait pas lui survivre.

XII. — Cromwell avait désigné pour lui succéder son fils Richard, homme sans méchanceté mais sans génie, qui se trouva impuissant à résoudre le conflit latent entre l'armée et le pouvoir civil, et incapable d'apaiser les dissentiments, plus graves encore, entre les chefs rivaux de l'armée. Suivirent dix-huit mois d'anarchie. Richard disparut de la scène et bientôt ne demeurèrent plus en lice que deux généraux : Lambert, républicain ; Monk, secrètement royaliste. Monk vint à Londres et le poète Milton, entre autres, lui proposa de rétablir le Long Parlement pour sauver la République. Mais il suffisait d'observer la ville pour connaître les sentiments des Anglais. Dans les feux de joie, bourgeois et apprentis jetaient des croupions symboliques. Plutôt que la guerre civile ou qu'une dictature militaire, la masse du peuple souhaitait une restauration. Monk, homme énergique et raisonnable, agit avec une sage lenteur. Le retour du Roi, désiré à la fois par les cavaliers et les presbytériens, c'est-à-dire par une grande majorité du pays, était difficile à préparer légalement, car seul un parlement pouvait rappeler le Roi, et seul un roi pouvait convoquer le Parlement. Monk groupa autour de lui autant de lords qu'il en put réunir et invita les électeurs à élire une chambre des communes. Plus tard, le Roi confirma cette convocation et les juristes maintinrent la fiction que la monarchie n'avait jamais cessé d'exister. En fait, une assemblée irrégulièrement convoquée avait remis sur le trône un roi, mais comme celui-ci était le roi légal, désigné par le droit de succession, la décision était inattaquable. La Restauration se fit sans guerre civile, parce que Monk prit la précaution de garantir aux troupes le paiement de leur solde. Les soldats connaissaient le sentiment public, ils n'étaient plus en accord avec leurs officiers ; ils furent heureux d'en finir. Cromwell n'était pas mort depuis deux ans que tout ce qu'il avait créé n'était plus, comme lui-même, que poussière.

9.
EFFETS DURABLES DU PURITANISME

I. — La vie spirituelle de l'Angleterre, au temps des Saints, constitue l'un des phénomènes les plus surprenants de l'histoire. De récits et de poèmes orientaux, vieux de quelques milliers d'années, tout un peuple occidental fit alors sa seule lecture, sa constitution et sa foi. Aux yeux de ce peuple légaliste, la lettre d'une loi devait toujours être observée, et puisque la Bible était la Loi de Dieu, c'était à la lettre qu'il fallait vivre selon la Bible. Parce que les Israélites avaient massacré les Amalécites, Cromwell n'hésita pas à massacrer les Irlandais. Parce qu'ils avaient lapidé certains coupables, on entendit crier aux Communes : « Lapidons-le ! » Parce que les Psaumes sont des poèmes guerriers, les puritains furent toujours prêts à combattre par les armes les ennemis de Jéhovah. Parce que la Bible exaltait le peuple d'Israël au-dessus de tous les autres peuples, le peuple anglais, convaincu qu'il était un nouvel Israël, sentit croître en lui l'orgueil que la guerre de Cent Ans avait fait naître. Un Milton pensait que Dieu, s'il avait sur cette terre quelque besogne difficile à accomplir, faisait appel à ses Anglais. C'est un sentiment que l'on retrouvera, au XIXe siècle, chez Curzon et chez Cecil Rhodes.

II. — Après l'Ancien Testament, ce que le puritain lit le plus volontiers ce sont les Épîtres de saint Paul et les livres de Calvin. Son Dieu n'est pas le Dieu de l'Évangile, mort pour tous les hommes. C'est le Dieu terrible et jaloux, qui ne sauve que ses élus. Le puritain, qui suit avec anxiété les mouvements intérieurs de son âme en cherchant à y reconnaître les signes de la grâce, ne peut être qu'hostile aux plaisirs. « Comment vivre en joie, comment jouir de la gaieté du printemps, comment supporter les théâtres et les spectacles quand on sent sur soi la griffe du diable, quand déjà vous atteignent les flammes de l'enfer ? » Cromwell, toute sa vie, lutte contre le Malin. Il s'abaisse devant Dieu jusque dans la poussière. Il attend de l'inspiration divine toutes les directions de sa vie. On l'a appelé « un homme ivre de Dieu ». Mais cette doctrine, qui assombrit la vie, rend très forts ceux qui la professent. Le volontaire sacrifice de tout ce que l'homme de la Renaissance avait appelé plaisir ou bonheur, fait des êtres graves et courageux. Ils ont si grand-peur du péché qu'ils se montrent soldats disciplinés, commerçants loyaux, ouvriers travailleurs. Exigeants envers autrui, ils le sont aussi envers eux-mêmes. Quand les vétérans de Cromwell plus tard furent licenciés, « ils ne fournirent pas une seule recrue aux vagabonds, ni aux bandits ». Les royalistes eux-mêmes confessèrent que « dans toutes les branches d'industrie honnête, ils prospéraient au-delà des autres hommes, que nul d'entre eux n'était accusé de larcin ou de brigandage et que si un boulanger, un maçon ou un charretier se faisait remarquer par sa sobriété ou son activité, il était très probablement un des vieux soldats d'Olivier ».

III. — Certaines sectes allaient, dans l'interprétation de la Bible, plus loin que Cromwell et ses hommes. Le parti de la Cinquième Monarchie croyait que le Christ allait revenir et que le *Millennium* était proche. Le septième chapitre de Daniel, le chapitre apocalyptique, était leur Évangile et parce qu'un de ses versets annonçait le règne des saints, ils prétendaient faire gouverner l'Angleterre par un sanhédrin. Les anabaptistes rebaptisaient hommes et femmes, au crépuscule, dans les ruisseaux. En ce temps-là, George Fox fondait la Société des Amis, qui bientôt reçurent le surnom de *Quakers* (les Trembleurs) parce que leur foi se manifestait, en certaines réunions, par un tremblement physique. Aux yeux des Quakers, la religion ne devait être qu'une expérience spirituelle intérieure. Ils jugeaient inutile d'ordonner des prêtres ou de construire des églises. Contrairement aux puritains, les Amis pensaient que chaque homme peut remporter dans sa vie une victoire complète sur le péché. Ils montraient plus de bonté et plus de sérénité que la plupart des autres sectes. Mais leur refus de prêter serment, leur refus de prendre part à une guerre, même juste, et leur refus de reconnaître l'autorité d'un ministre ecclésiastique faisaient d'eux, malgré eux, des rebelles.

IV. — Pendant le règne des puritains, la vie, dans la mesure où ils pouvaient la régler, fut assez triste. Ils interdisaient les plaisirs favoris des Anglais : le théâtre, les courses de chevaux, les combats de coqs. Maisons de jeux et maisons de filles furent bannies. Le dimanche, des patrouilles parcouraient les rues pour faire fermer les cabarets. Chacun devait passer cette journée dans sa famille, en lisant l'Écriture, en chantant des psaumes. Le dimanche, dans la ville de Londres, on n'entendait plus « que le son des prières ou des cantiques qui sortait des églises ». En 1644, le Parlement défendit, le jour du sabbat, de vendre des denrées, de voyager, de transporter des fardeaux, de tolérer sonneries de cloches, tirs, marchés, buvettes, danses, jeux, sous peine d'une amende de cinq shillings pour chaque personne au-dessus de quatorze ans. Pour les enfants trouvés coupables de ces fautes, parents ou tuteurs payaient. Les services religieux étaient privés de tout ce qui pouvait rappeler la pompe et la beauté des cérémonies catholiques, ou même anglicanes. Evelyn, dans son journal, raconte qu'en 1657, il fut arrêté le jour de Noël, dans une chapelle, pour avoir observé « le temps superstitieux de la Nativité ». Les fidèles avaient une telle crainte de paraître papistes qu'ils avaient perdu toute modération et tout décorum. « Ils lisent et prient sans méthode, dit encore Evelyn, sans respect et sans dévotion. J'ai vu toute une congrégation garder son chapeau pendant la lecture des Psaumes. En certains temples, ils ne lisent pas du tout les Écritures mais font des prières insipides, que suit un sermon qui n'est compris ni par ceux qui l'écoutent, ni par ceux qui le font, mais d'une extraordinaire longueur... Beaucoup des églises sont maintenant remplies de bancs fermés où les assistants se trouvent isolés par groupes de trois ou quatre. » Ce banc fermé demeurera l'un des signes de l'individualisme puritain, l'un des sujets de débats entre la Haute et la Basse Église.

V. — Malgré son mépris de la beauté, le puritanisme a produit deux grands écrivains, qui d'ailleurs ont écrit leurs œuvres essentielles après la chute du *Commonwealth*. Le premier est Milton (1608-1674) qui, poète exquis dans sa jeunesse et l'héritier immédiat des grands élizabéthains, renonce à la poésie païenne au temps des conflits politiques, se jette dans « l'élément glacé de la prose », est « secrétaire latin du Conseil d'État » et l'un des fidèles partisans de Cromwell, puis, après la Restauration, devenu aveugle, dicte deux grands poèmes épiques : le *Paradis perdu* et le *Paradis regagné,* plus un drame : *Samson Agonistes,* autobiographie spirituelle où le héros vaincu, et comme Milton aveugle, se lamente parmi les Philistins triomphants. Milton est, en un âge déjà classique, le dernier survivant de la Renaissance. En lui seul se sont mêlées la grâce païenne et la sublime solennité du puritanisme. Le second est Bunyan (1628-1688), auteur de ce *Voyage du Pèlerin* publié en 1678, aussi célèbre chez les Anglais que *L'Iliade* chez les Grecs, récit symbolique qui se sauve de l'aridité par la naïveté. Ce chaudronnier ambulant, tourmenté tantôt par des visions infernales, tantôt par des visions célestes, avait eu l'idée simple, mais géniale, de transformer la peinture abstraite des progrès de l'âme chrétienne en marche vers le salut, en une description d'un voyage réel. *Chrétien,* personnage central du livre, et qui sans doute n'est autre que Bunyan lui-même, cherche le chemin de la Cité éternelle. Il l'atteint enfin malgré ses ennemis. Le naturel du récit, du dialogue, la transposition des événements spirituels en drames concrets, permit à des lecteurs simples et sincères de comprendre, mieux que dans les autres livres de piété, la nature de la vie religieuse.

VI. — Il en fut de la tyrannie puritaine comme de toutes celles qui prétendent transformer les mœurs. Une minorité se soumit par conviction, la majorité par crainte, et la soumission de cette dernière fut plus apparente que réelle. Il suffit de lire les lettres de Dorothy Osborne à Sir William Temple pour comprendre comment, en de nombreux manoirs, des hommes et des femmes tentèrent alors de mener sans bruit, hors de leur temps, une vie humaine et sage. Les royalistes les plus déterminés, malgré leur horreur des rebelles, essayèrent, après avoir quelque temps erré sur le Continent, de rentrer chez eux, et de s'y installer. Le Prétendant lui-même les y encourageait. Mieux valait pour lui avoir des partisans dans la place. Evelyn raconte comment il se résolut à rouvrir son manoir « parce qu'il y avait peu d'espoir de changement favorable, tout étant entièrement entre les mains des rebelles ». Tant que Cromwell vécut, la Restauration, pourtant si proche, ne fut guère prévue même par les plus sages.

VII. — Après la Restauration, l'esprit puritain allait à son tour connaître les persécutions. Mais il était destiné à survivre. Le dissident, l'homme qui n'accepte pas de « se conformer », qui réclame pour sa conscience le droit de juger tous les cas, qui s'est habitué à faire partie d'une minorité, à jouir de cette situation et qui, son choix fait, y reste fidèle, fût-ce au péril de son bonheur ou de sa vie, restera l'un des types anglais les plus remarquables et les plus stables. Tantôt il s'attachera aux questions religieuses, tantôt aux questions politiques, mais quel que soit l'objet de sa ferveur il sera fort, entêté, incorruptible. Ce sera lui qui mènera la lutte contre l'esclavage, contre la prostitution, contre la guerre, et qui maintiendra jusqu'à nos jours la tristesse du dimanche anglais. Le caractère anglais lui devra quelques-uns de ses traits les plus beaux et quelques-uns de ceux qui l'ont fait haïr. Le sérieux, la fidélité, l'incorruptibilité sont parmi ses attributs, mais aussi parfois la duplicité, car la nature humaine est plus complexe que ne le voulaient les calvinistes. La vérité n'est pas que les uns abritent Dieu et les autres Satan, mais qu'en chacun de nous luttent Dieu et Satan. Faute d'accepter leurs mauvaises pensées, inévitables, les puritains s'efforceront de les interpréter par de pieux discours. A leurs intérêts personnels et même nationaux, ils imposeront un masque moral. En cela comme en beaucoup d'autres choses, un grand nombre d'Anglais étaient destinés à conserver les manières de penser puritaines et Disraeli, trois siècles plus tard, devait reconnaître que nul ne peut gouverner l'Angleterre contre la conscience non conformiste.

10.
LA RESTAURATION

I. — Ce nouveau souverain que l'Angleterre, après l'avoir longtemps proscrit, attendait comme un sauveur n'avait rien du personnage séraphique qu'imaginaient les fervents serviteurs de son père, le roi martyr. Plutôt que le visage noble et sombre de ce père, par ses grosses lèvres sensuelles, son nez robuste, ses yeux moqueurs, il rappelait son grand-père Henri IV. Du Béarnais il avait hérité la gaieté, l'esprit, le goût des femmes. Son long exil ne l'avait pas aigri, mais lui avait donné l'expérience de la pauvreté et le ferme dessein de ne plus « s'embarquer en ses voyages ». Aussi s'était-il gardé, malgré la pression de sa mère et de sa sœur Henriette, toutes deux catholiques, de se convertir. Il avait été séduit par le catholicisme, peut-être convaincu ; mais il s'était souvenu des passions puritaines et n'avait pas voulu compromettre son trône. Pour le préserver des dangers de la cour papiste de Saint-Germain, son fidèle conseiller, Hyde, l'avait conduit en Hollande chez sa sœur Mary, femme de Guillaume d'Orange. Là il avait aimé une jeune réfugiée galloise, Lucy Walters, et avait eu d'elle un bâtard qu'il fit duc de Monmouth. La vie d'un prince exilé est difficile : Charles avait emprunté de l'argent à la cour de France, à celle d'Espagne. Cette existence précaire avait fait de lui un homme plus charmant que majestueux, plus adroit que scrupuleux. Il était fermement résolu, si un jour la vie lui souriait, à en jouir. On le vit bien lorsqu'il fut roi et que ses ministres, le cherchant pour lui parler des affaires de l'État, le trouvèrent jouant avec ses chiens ou caressant ses maîtresses. Quand, le 25 mai 1660, il débarqua sur la plage de Douvres, le maire lui offrit une Bible. Charles répondit « que c'était ce qu'il aimait le mieux au monde ». Le successeur de Cromwell avait un sens de l'humour, mais une âme sans respect.

II. — L'accueil de Londres fut chaleureux. « Les chaussées étaient semées de fleurs, les rues tendues de tapisseries ; les cloches sonnaient ; du vin coulait dans les fontaines... J'étais dans le Strand, écrit Evelyn, et regardais tout cela, et bénissais Dieu. Et ce fut fait sans qu'une goutte de sang fût répandue, et par cette même armée dont la rébellion l'avait chassé... » Charles II, se tournant avec un sourire vers quelqu'un de sa suite, dit « que c'était certainement par sa propre faute qu'il avait été absent si longtemps, car il ne rencontrait personne qui n'eût souhaité son retour ». La mobilité des peuples est surprenante. Tout, en Charles, aurait dû choquer ses sujets. Il ramenait dans ses bagages une belle maîtresse, Barbara Villiers, qui allait devenir Lady Castlemaine, et ce fut avec elle que, cyniquement, il passa sa première nuit à Whitehall. Un véritable sérail l'entoura bientôt et les mœurs de la Cour imitèrent celles du Roi. Mais, après la contrainte puritaine, un peu de folie ne déplaisait pas. « La débauche devenait loyalisme, la gravité rébellion. » Le Roi avait pris, dans sa jeunesse errante, l'habitude de la flânerie et de l'irresponsabilité. Il laissa tout le pouvoir réel au conseiller de son exil, Edward Hyde, qu'il avait fait lord Clarendon. Les débuts de cette administration ne furent pas maladroits. Un Acte « d'indemnité et d'oubli » rassura ceux qui avaient pris part à la rébellion. Seuls furent exécutés, en une dégoûtante boucherie, des régicides. Les corps de Cromwell et de quelques autres furent déterrés, pendus, puis enterrés au pied du gibet. Comme en toute restauration, les amis des mauvais jours se jugèrent mal traités. La loi d'amnistie les déçut. « Indemnité pour les ennemis du Roi, oubli pour ses amis », dirent-ils avec amertume. Cette politique modérée, qui irrita quelques cavaliers extrémistes, rallia vite à la monarchie les *squires* du parti de Cromwell. Une restauration pouvait alors concéder quelques têtes à la vengeance pourvu qu'elle respectât la fortune acquise. Clarendon eut l'intelligence de payer jusqu'au dernier penny la solde due aux troupes de la République. Cela lui permit de licencier sans conflit cette redoutable armée. Cinquante mille vétérans de Cromwell furent soudain lâchés sur l'Angleterre ; il faut constater à leur honneur qu'on n'en vit pas un seul demander l'aumône et qu'ils ne firent aucun mal. Le puritanisme avait ses bons aspects.

III. — Pour ne plus « s'embarquer en ses voyages », Charles était résolu à gouverner légalement. Grand admirateur de Louis XIV, son désir secret était de fortifier « autant que possible » sa prérogative et de préparer « autant que possible » l'émancipation des catholiques, mais le tout sans aller jusqu'au conflit. Dès 1661 il convoqua un parlement. Dans la Convention qui l'avait rappelé, presbytériens et cavaliers s'étaient partagé les sièges. Cette fois le pays nomma un parlement « plus royaliste que le Roi et plus anglican que les évêques », tout dévoué aux intérêts de la propriété foncière et de l'Église établie. Les élus étaient, pour la plupart, de jeunes hommes. « Je les garderai, dit le Roi, jusqu'à ce qu'ils aient de la barbe », et en effet, il garda ce parlement pendant dix-huit années, mais si fort était maintenant chez les Anglais un besoin instinctif de liberté que cette Chambre introuvable elle-même se montra décidée à ne donner au Roi ni armée permanente, ni ressources suffisantes pour qu'il pût se passer de parlement, ni tribunaux de prérogative. Le Roi de son côté se souvenait de l'histoire de son père et se garda de franchir ces limites. Aucun frein constitutionnel ne lui avait été imposé ; aucun cabinet responsable ne s'interposait entre le monarque et les Chambres. Mais Charles sut toujours, quand ses ministres devenaient impopulaires, les renvoyer à temps. Ainsi le Parlement était maître en fait, sinon en droit. L'ambassadeur de France jugeait que ce régime n'était pas une monarchie et s'étonnait d'entendre les bateliers de la Tamise parler de politique avec les « milords ». Au siècle suivant, Montesquieu dira sa surprise de voir un couvreur lire une gazette sur les toits. L'éducation politique de ce peuple avait commencé beaucoup plus tôt que celle des nations du Continent.

IV. — Si les puritains avaient attendu du nouveau roi la tolérance religieuse, ils furent déçus. Le Parlement et Clarendon se montrèrent fort durs à l'égard des sectes indépendantes et même des presbytériens. Quatre lois formèrent le Code Clarendon et imposèrent un conformisme sévère. La première obligeait tous maires et fonctionnaires municipaux à renoncer au *Covenant* presbytérien et à recevoir les sacrements anglicans ; la deuxième imposait à tous les clergymen de se faire ordonner par un évêque, de se servir du Livre de prières et d'accepter la liturgie anglaise ; la troisième interdisait tout service non anglican auquel seraient présents plus de quatre fidèles; la quatrième obligeait les ministres non conformistes à se retirer à cinq miles au moins de toute paroisse où ils avaient prêché. Ces lois eurent de profonds effets sur la vie de l'Angleterre. Elles achevèrent le ralliement des *squires* à l'anglicanisme, car l'impossibilité pour un dissident d'occuper un poste politique ou civique contraignait à la soumission tous ceux qui avaient des ambitions ou des intérêts. L'alliance en chaque village du *squire* et du *parson,* de l'église et du manoir, date de ce temps. Mais beaucoup de ces ralliés conservèrent des âmes de dissidents et ce seront eux qui plus tard, avec les sceptiques et les rationalistes, soutiendront en politique le parti whig. Le Clarendon Code rendit en Angleterre le presbytérianisme à peu près impossible; les sectes, moins organisées, survécurent. En isolant une classe d'hommes auxquelles il refusait leurs droits politiques, ce Code acheva de modeler le type, si important dans l'histoire de l'Angleterre, du *dissenter,* qui a accepté, pour rester fidèle à ses idées, de se mettre en conflit avec le pouvoir et qui ne craindra plus, en aucune circonstance, d'affronter l'opinion publique. Nous retrouverons ce dissident, sous des formes diverses, aux siècles suivants et son action sera grande parce que son courage intellectuel sera sans bornes.

V. — Clarendon s'usa vite au pouvoir. Il était, dans une cour jeune et cynique, un vieux serviteur pompeux, goutteux, moralisant. Les belles amies du Roi se moquaient de lui; le duc de Buckingham faisait, dans l'intimité, des imitations du chancelier; Charles, non sans ingratitude, riait. Il ne fallait plus, pour se débarrasser de ce débris de la vieille génération, qu'un prétexte. Les événements en fournirent toute une brassée : *a)* Le frère du Roi, Jacques, héritier du trône, s'était amouraché, pendant l'exil, de la fille de Clarendon, Anne Hyde. Il l'épousa, d'abord secrètement, puis publiquement. De cette union devaient naître deux souveraines anglaises : Mary (qui épousa Guillaume III d'Orange) et la reine Anne. Au moment où il prit place, ce mariage déplut à l'opinion et excita les esprits contre Clarendon, qui pourtant feignait de s'y opposer. *b)* Clarendon fut responsable du mariage de Charles II avec une princesse de Bragance, Portugaise catholique et qui en outre se révéla bientôt stérile. Un mariage portugais n'était pas un crime tout à fait aussi grave qu'un mariage espagnol, mais il s'en fallait de peu et l'on dit, contre toute vraisemblance, que Clarendon avait choisi une reine stérile afin d'assurer le trône à ses petits-enfants. *c)* Clarendon vendit Dunkerque à la France pour cinq cent mille pistoles et fut accusé d'avoir touché une commission. *d)* En 1665, la ville de Londres, où cinq à six cent mille habitants grouillaient dans des rues étroites et sales, fut ravagée, en un mois de juin un peu chaud, par une épidémie de peste, aussi terrible que la peste noire. Soixante-dix mille cadavres durent être jetés à la fosse commune. *e)* Quelques mois plus tard, un immense incendie détruisit les deux tiers de la Cité. Bientôt églises, édifices publics, des milliers de maisons flambèrent à la fois. Nul ne pouvant arrêter le feu, Samuel Pepys et ses voisins durent creuser des trous dans leurs jardins pour y enfouir leur vin et leurs fromages de Parmesan. On n'enraya l'incendie qu'en faisant sauter des rues entières. La multitude qui veut aux grands événements de grandes causes, et mystérieuses, accusa les papistes, les Français et Clarendon. *f)* Enfin, en 1667, une flotte hollandaise remonta la Tamise et vint jusqu'à Chatham brûler des bateaux anglais. La panique, prompte à s'élever depuis la peste et l'incendie, de nouveau s'enfla. Déjà les foules de Londres, capricieuses, regrettaient le temps du brave Olivier où les côtes étaient défendues, l'armée forte. En vain le traité de Bréda, qui mit fin à la guerre hollandaise, donna-t-il à l'Angleterre New York et toute la côte qui unissait la Virginie à la Nouvelle-Angleterre. Le peuple anglais se crut trahi et Clarendon, ennemi public, fut exilé.

VI. — Il ne fut pas remplacé par un ministre unique, mais par un groupe de confidents que ses adversaires appelèrent la Cabale ; une curieuse coïncidence faisait des initiales des membres du groupe : Clifford, Arlington, Buckingham, Ashley, Lauderdale, les lettres du mot *cabal.* Ce n'était pas, au sens moderne, un cabinet ; le Roi demeurait seul responsable de l'exécutif ; et d'ailleurs ces cinq hommes n'avaient pas de politique commune. Clifford et Arlington étaient des catholiques ; les trois autres des sceptiques. Le plus remarquable, mais le plus haï des cinq, fut Ashley, qui devint bientôt comte de Shaftesbury et que Dryden, dans une satire célèbre, décrira sous le nom d'Achitophel, le conseiller du roi David. Avec l'appui de la Cabale le Roi, non seulement régna, mais gouverna. En apparence, il continuait à folâtrer avec insouciance parmi ses maîtresses et ses chiens ; en fait il poursuivait avec une secrète ténacité un grand dessein : se procurer, par l'alliance de Louis XIV, de l'argent et des soldats, puis, avec l'appui de cette force étrangère, rétablir le catholicisme.

VII. — L'admiration de Charles pour la France et son gouvernement était sincère. Là il trouvait ce qu'il aurait voulu être et n'osait être : un monarque absolu ; il comprenait que seul l'accord du souverain et de l'Église romaine avait rendu possible cette toute-puissance ; il souhaitait réaliser cet accord et imiter son cousin. Une nouvelle maîtresse française, Louise de Kéroualle, dont le visage enfantin masquait l'adresse, le confirmait dans ces sentiments. Bien que le Parlement souhaitât l'alliance avec la Suède et la Hollande, puissances protestantes, contre la France qui devenait, depuis la décadence de l'Espagne, la puissance la plus forte du Continent, Charles signa en 1670, avec Louis XIV, par l'entremise de sa sœur Henriette d'Angleterre, un traité secret, dit traité de Madame et, en 1672, il s'allia avec les Français contre la Hollande. Le Parlement britannique refusa des subsides pour cette guerre impopulaire et la défense des Hollandais fut efficace. Charles, en 1674, dut, malgré lui, traiter avec les Hollandais, et en 1677 sa nièce Mary (fille de Jacques et d'Anne Hyde) épousa Guillaume III d'Orange. Le traité de Madame fut la dernière entreprise personnelle de Charles dans le domaine de la politique étrangère, et un échec

VIII. — Il espérait encore achever son grand dessein sur le plan religieux. Au début de son règne, il avait essayé d'imposer au Parlement une Déclaration d'Indulgence ; il croyait faire accepter l'émancipation des catholiques à la faveur de celle des dissidents. Mais les dissidents eux-mêmes, protestants avant tout, s'opposèrent à la mesure et le Parlement la repoussa. Plus tard, Charles essaya de la faire passer malgré le Parlement, en vertu de sa prérogative ; il avait mal choisi son temps ; la peste et l'incendie venaient d'attiser la haine du papisme, à laquelle se mêlait la crainte de la France. C'était de nouveau une de ces époques où la politique extérieure est commandée par la politique intérieure. Jadis l'Espagne avait représenté aux yeux des protestants l'esprit de persécution ; maintenant la France personnifiait l'absolutisme et la perte des libertés du sujet. Des voyageurs comparaient une fois de plus la richesse des fermiers anglais avec la misère des paysans français. « Papisme et sabots de bois », ce mélange abhorré hantait les esprits. Le Parlement se montra ferme et refusa de reconnaître au Roi le droit de régler de telles questions par ordonnance. Charles hésita, se souvint de la Rébellion, de ses voyages et céda. D'ailleurs une partie de la Cabale avait pris parti contre lui et lui imposa le *Test Act,* réponse nationale et protestante à l'alliance française et à la Déclaration d'Indulgence. Cette loi excluait de toute fonction publique ceux qui ne juraient pas fidélité à la suprématie du Roi et à la communion anglicane. Les pairs catholiques durent quitter la Chambre des Lords. Le frère du Roi lui-même se vit contraint d'avouer son catholicisme. Le Roi et la tolérance étaient vaincus.

IX. — Comme Charles acceptait sa défaite avec modération, on put croire pendant un temps que le calme allait être rétabli. Mais les sages eux-mêmes sont à la merci des événements. Tout fut changé en quelques jours par un mensonge et par un mystère. Titus Oates était un ancien clergyman anglican, converti au catholicisme par intérêt plus que par conviction, caractère bas, méprisable, et qui s'était fait haïr partout où il avait passé. Ayant vécu chez les Jésuites anglais de Saint-Omer, expulsé par eux sans un sou, il rentra en Angleterre et en 1678 fabriqua une dénonciation où il accusa les Jésuites d'avoir formé un complot pour mettre le feu à la Cité, assassiner le Roi, le remplacer par son frère Jacques, conquérir l'Angleterre avec l'aide des Hollandais et des Français et rétablir le catholicisme. De ce rapport il adressa deux copies, l'une au Roi, l'autre à un célèbre juge de paix, Sir Edmund Berry Godfrey. Pour imaginer l'éclat produit, il faut se souvenir de la nervosité de Londres, de la Conspiration des Poudres, de la peste et de l'incendie, de la terreur folle qu'inspiraient les Jésuites et le papisme. Une perquisition fut faite chez le secrétaire du duc d'York (le futur Jacques II) ; elle révéla une correspondance fort compromettante avec le Père La Chaise, confesseur de Louis XIV. La dénonciation calomnieuse rencontrait une intrigue véritable. A ce moment, second coup de théâtre : Godfrey fut découvert assassiné sur une route des environs de Londres. Qui l'avait tué ? Cela reste un mystère, mais on ne vit plus partout que Jésuites en armes. Les femmes elles-mêmes ne sortaient plus qu'avec un poignard. Le Roi, qui ne croyait pas au complot (« Qui serait assez fou, dit-il à son frère, pour m'assassiner quand ce meurtre vous mettrait à ma place ? »), fut obligé de feindre la crainte et de doubler la garde à Whitehall. En vain, quelques esprits raisonnables alléguèrent-ils la vilenie privée de Titus Oates, l'absurdité d'un crime sans objet puisque Godfrey ne possédait qu'une copie d'un document qui avait déjà produit son plein effet ; bientôt eux-mêmes, en butte à un véritable chantage de l'opinion publique, se virent contraints d'affirmer leur foi en Oates sous peine d'être tenus pour papistes. Une terreur inouïe fut déclenchée.

X. — Depuis la Restauration, des embryons de partis se formaient dans le pays. Ils étaient nés des passions de la guerre civile. Les Anglais avaient pris l'habitude de s'intéresser aux affaires publiques ; rien ne devait plus les en guérir. Les uns étaient, comme les cavaliers de jadis, amis du Roi ; leurs adversaires les baptisaient *Tories,* ou brigands irlandais, pour insinuer qu'ils n'étaient que des papistes déguisés ; ils relevèrent fièrement le nom et le portèrent désormais. Les Tories eux-mêmes baptisèrent *Whigs* les ennemis du Roi ; *whigs* étant une abréviation de *whigamores,* groupes de paysans puritains de l'ouest de l'Écosse. Les Whigs étaient des rebelles ; le diable avait été le premier Whig ; Shaftesbury le second ; mais cette rébellion demeurait aristocratique. Les Tories étaient attachés à la propriété foncière et à l'Église anglicane ; les Whigs aux Dissidents et aux marchands de Londres. Quand, en 1679, pour la première fois depuis dix-sept ans, le Roi convoqua les électeurs, les nouveaux partis donnèrent à cette élection l'aspect qu'ont aujourd'hui de telles consultations populaires, avec meetings, cortèges, discours violents. Ces méthodes étaient bruyantes, mais sans doute firent-elles, en donnant à la vie politique un caractère de spectacle et de jeu, le succès durable du gouvernement parlementaire. « Nous jouâmes, dit Halifax, à nous jeter à la tête Whigs et Tories, comme les enfants se jettent des boules de neige. »

XI. — Aux élections de 1679, les Whigs l'emportèrent en prenant pour « plate-forme », avec une grande mauvaise foi, les mensonges d'Oates. Ils firent, après ce succès, la première expérience d'un gouvernement constitutionnel. Un Conseil privé de trente membres devait servir d'intermédiaire entre le Roi et le Parlement. Ce Conseil était dirigé par Shaftesbury, Sir William Temple, les Lords Russel et Halifax. Son acte le plus connu fut la célèbre loi d'*habeas corpus* (1679) ; désormais tout Anglais arrêté, sauf pour trahison, pouvait se plaindre à un juge qui devait donner aux gardiens du prisonnier l'ordre d'amener celui-ci devant le tribunal dans un temps ne pouvant dépasser vingt jours. Le geôlier qui eût refusé se fût exposé à une amende énorme ; le juge de même. Cette loi rendait difficiles les emprisonnements arbitraires. Aucune mesure ne marque plus clairement la frontière qui sépare un gouvernement despotique d'un régime de liberté.

XII. — Le succès des Whigs avait été dû à la crainte du catholicisme. Or la cause du catholicisme était liée à celle du duc d'York. Les Whigs, partisans de mesures radicales, pensaient qu'il fallait exclure du trône le frère du Roi ; les Tories, légitimistes, qu'il suffirait de limiter son pouvoir. Si on l'écartait, par qui le remplacer ? là-dessus les Whigs eux-mêmes étaient divisés. Les uns tenaient pour le prince d'Orange, époux de la princesse Mary et gendre du duc d'York ; les autres pour le duc de Monmouth, fils illégitime de Charles II. Le Roi était pour son frère, contre son bâtard. Très vite le peuple, avec la surprenante mobilité des foules anglaises, se lassa de la terreur whig, et oublia Titus Oates. En 1681, Charles, qui n'avait plus besoin des Communes pour obtenir des subsides puisqu'il en recevait de Louis XIV, put dissoudre, sans soulever trop d'émoi populaire, le dernier Parlement de son règne, réuni à Oxford pour l'éloigner des foules de Londres. Les Tories l'emportaient.

XIII. — Les Anglais n'avaient pas encore appris ce jeu parlementaire dont les règles, acceptées par tous, permettent à des adversaires politiques d'alterner au pouvoir sans que le premier effet de la victoire soit le massacre des vaincus. Le triomphe des Tories et du Roi fut suivi par une persécution des Whigs. Shaftesbury, poursuivi pour rébellion, dut, bien qu'acquitté par le jury, s'enfuir en Hollande où il mourut. Les autres grands Whigs : Essex, Russell, Sidney périrent en prison ou sur l'échafaud. Un véritable délire de dévouement mystique à la royauté s'était emparé des Anglais. Les Tories prêchaient la doctrine de non-résistance au Roi, laquelle les protégeait à la fois contre un retour offensif des Whigs et contre l'indépendance des calvinistes. Filmer publiait sa *Patriarcha,* où il expliquait que le Roi, étant le successeur des patriarches et le père de ses sujets, toute révolte était un parricide. Dans cette crise de servilité, toutes les préventions contre Jacques furent oubliées. Ce fut impunément que, pendant ses dernières années, Charles vécut sans vergogne des subsides de Louis XIV et toléra, au mépris des intérêts anglais, que celui-ci s'agrandît dans les Flandres et sur le Rhin. Ainsi ce roi qui avait, avec tant de charme, trahi l'Angleterre, deux Églises, sa femme et toutes ses maîtresses, put maintenir jusqu'à la mort son voluptueux, son périlleux équilibre. « Quand je serai mort et parti disait-il, je ne sais ce que fera mon frère. J'ai très peur que, lorsqu'il sera roi, il ne soit obligé de voyager encore... Et pourtant je prendrai soin de lui laisser mes royaumes en paix. » A son lit de mort, pour la première fois, il fit appeler un prêtre catholique et reçut l'extrême-onction.

11.
JACQUES II ET LA RÉVOLUTION DE 1688

I. — Charles II léguait à son frère un pouvoir despotique et presque incontesté. L'Église établie prêchait le droit divin et la non-résistance au tyran. Un parlement tory était prêt à accorder au Roi des impôts à vie. Charles avait commencé de recruter sans bruit une armée permanente de dix mille hommes, dont Jacques allait doubler les effectifs. Grande nouveauté pour un souverain anglais. Le pays laissait faire, ne souhaitant plus, semblait-il, que le calme. Même le catholicisme du nouveau roi ne souleva pas une opposition violente. Anglicans et dissidents admettaient qu'il pratiquât sa religion, pourvu qu'il n'entreprît pas de convertir la nation. S'il avait été, comme son frère, un homme de compromis, il aurait pu régner en paix. Mais Jacques II était obstiné, énergique, loyal et peu intelligent. Comparant les deux frères, on disait : « Le roi (Charles) pourrait comprendre les choses s'il le voulait, le duc (Jacques) voudrait les comprendre s'il le pouvait. » Il eut la naïveté de croire, parce que l'Église d'Angleterre prêchait la non-résistance, qu'elle-même ne résisterait pas s'il entreprenait de la détruire. Mais le jour où la doctrine cessa de coïncider avec ses intérêts, l'Église anglicane en devait découvrir la faiblesse. Le Roi crut aussi que, contre les anglicans, il pourrait s'appuyer sur les dissidents parce qu'il leur promettait la tolérance en même temps qu'aux catholiques, mais c'était le temps de la révocation de l'Édit de Nantes (1685) et de l'arrivée en Angleterre des huguenots français en fuite. Leurs récits ne constituaient pas, pour les protestants anglais, un exemple encourageant.

II. — Tout de suite on put voir que les répressions, sous le nouveau règne, seraient cruelles. Des soulèvements conduits, en Écosse par le duc d'Argyll, en Angleterre par Monmouth, furent aisément réprimés et leurs chefs mis à mort. Des centaines de malheureux paysans, qui avaient suivi Monmouth, subirent le même sort. Le Chief Justice Jeffreys ensanglanta son circuit. Partout on pendait, fouettait, emprisonnait. Il semblait que le temps de Mary Tudor fût revenu. Un camp armé ayant été établi par le Roi près de Londres, Jacques se croyait à l'abri de toute émeute et ne se gênait plus pour violer la Loi. Ne pouvant obtenir du Parlement l'abrogation du *Test Act,* il en dispensa les catholiques, en seule vertu de sa prérogative, et put ainsi remplir d'officiers et de fonctionnaires catholiques les postes civils et militaires. Dans l'Église anglicane, il favorisa des prélats crypto-catholiques. Parmi sa noblesse, il essaya de faire des prosélytes. Au duc de Norfolk qui, portant devant lui l'épée de l'État, s'arrêtait à la porte de la chapelle : « Votre père fût allé plus loin, dit le Roi. — Votre père, qui valait mieux que le mien, ne fût pas allé aussi loin », répondit le duc. Le jeune duc de Somerset, ayant reçu l'ordre d'introduire le nonce du Pape chez le Roi, dit · « On m'assure que je ne puis obéir à Votre Majesté sans enfreindre la Loi. — Ne savez-vous pas que je suis au-dessus de la Loi ? s'écria Jacques, furieux. — Votre Majesté peut-être, pas moi », répondit le duc. L'esprit de résistance se montrait plutôt parmi les pairs que parmi les membres des Communes. Les grandes familles catholiques elles-mêmes, connaissant le caractère du pays et prévoyant les dangereuses réactions qui allaient suivre, se refusaient à accepter les hautes charges que leur offrait le Roi. Le pape Innocent XI conseillait la modération. Mais le Roi, enthousiaste et aveugle, poursuivait d'un pas hardi sa marche vers le précipice.

III. — Pour gouverner, il fallait l'appui des classes moyennes. Elles ne comptaient plus de catholiques. Jacques crut les rallier par une Déclaration d'Indulgence étendue aux dissidents. C'était la vieille, l'indéracinable illusion sur la possibilité de faire triompher le catholicisme à la faveur des conflits entre protestants. Il ordonna au clergé anglican de lire en chaire cette déclaration. Toute l'Église refusa. Sept évêques, dont l'archevêque de Canterbury, adressèrent au Roi une pétition. Il les envoya à la Tour. Sur le bateau qui les transportait, les soldats agenouillés demandaient aux évêques leur bénédiction. Quand le jury eut acquitté ceux-ci, tout Londres illumina et l'on vit sur chaque fenêtre un chandelier à sept branches, dont une plus haute pour Mylord de Canterbury. A Oxford, le Roi voulut imposer pour président au collège de Magdalen un catholique. Les *fellows* ayant résisté, il en renvoya vingt-cinq. Le conflit entre les Stuarts et leur peuple renaissait, mais dans un monde émancipé où la rébellion contre le Roi, malgré les traités dogmatiques, n'apparaissait plus comme une action inouïe et monstrueuse. Pourtant le peuple anglais prit patience tant que le Roi n'eut pas d'héritier mâle. L'héritière du trône était la princesse Mary, bonne protestante, mariée avec Guillaume d'Orange. Ce couple, pensait-on, rétablirait un jour l'ordre dans le royaume. Mais quand, en 1688, la seconde femme du Roi, la catholique Marie de Modène, eut un fils : Jacques, le désespoir s'empara des Anglais. Ils racontèrent que l'enfant était supposé, que l'accouchement n'avait pas eu de témoins légaux et que c'était encore un complot des Jésuites. Le Roi semblait prêt à lancer contre l'Angleterre une armée irlandaise et catholique. Dans toutes les rues on chantait *Lillibullero,* refrain qui allait devenir célèbre et chasser un roi de son royaume. Beaucoup plus qu'en 1640, la révolution était dans tous les cœurs.

IV. — Engagé dans une lutte désespérée avec la France de Louis XIV, le gendre du roi Guillaume d'Orange pensait que, si l'Angleterre ne demeurait protestante, c'en était fait des libertés de l'Europe. Ni lui, ni sa femme n'avaient scrupule à se déclarer contre leur père et beau-père ; ils se tenaient en contact constant avec les partis anglais et n'attendaient, pour agir, qu'une invitation précise. Le jour de l'acquittement des sept évêques (30 juin 1688), dans Londres illuminée, cette invitation fut signée par quelques pairs (Danby, le sage et charmant Halifax), qui risquèrent leur vie et que soutinrent de nombreux officiers, dont Lord Churchill. Louis XIV venait d'envahir le Palatinat, donnant ainsi quelques semaines de répit à la Hollande. Guillaume, débarquant à Torbay, le 5 novembre 1688, marcha sur Londres. Jacques avait une armée, mais la sentait peu sûre. Pris de panique, il fit des concessions. Il était trop tard. Dans tous les comtés, les milices se réunissaient. Le mot d'ordre était : « Un Parlement libre et une religion protestante. » Les grands seigneurs se déclaraient pour Guillaume. De puissants intérêts étaient hostiles à Jacques : l'Église et l'Université avaient tout à craindre de ce roi catholique. Anne, seconde fille du Roi, se joignit aux rebelles. Il se sentit abandonné de tous. S'il avait combattu, la situation de Guillaume fût peut-être devenue difficile, car le peuple anglais n'avait nulle envie de recommencer une guerre civile. Aussi, au lieu de chercher à capturer Jacques II, ses adversaires lui ouvrirent-ils soigneusement le chemin de la fuite. Il le prit et partit pour la France, jetant dans la Tamise le grand sceau d'Angleterre, dans l'espoir d'empêcher l'expédition des affaires. Mais un sceau se remplace, et même un roi.

V. — Il n'était pas aisé d'assurer légalement la transmission des pouvoirs. Les Whigs soutenaient que, la monarchie étant un contrat entre le peuple et le souverain, le peuple ou ses élus avaient le droit d'écarter Jacques II et ses fils parce qu'ils n'inspiraient aucune confiance et d'appeler Guillaume par choix libre. Les évêques tories, fidèles à la doctrine du droit divin, ne pouvaient accepter cette méthode et tenaient pour une régence. Un compromis légal, proposé par Danby, considérait le Roi comme ayant abdiqué par sa fuite et proclamait Mary l'héritière du trône. Ce plan se heurta à la volonté du nouveau couple royal : Mary ne voulait pas régner sans son époux, ni celui-ci devenir prince consort. Enfin une convention les reconnut tous deux et le règne fut celui de « Guillaume et Mary » (février 1689). Après ce compromis, il ne put plus être question du droit divin des rois d'Angleterre. Mais grâce à lui cette révolution conservatrice se fit sans guerre civile, sans proscriptions, sans exécutions. Les Anglais apprenaient lentement l'art difficile de vivre en société.

12.

MŒURS ET IDÉES DE LA RESTAURATION. CONCLUSION

I. — Il faut que la nature humaine oscille autour de sentiments assez stables. La contrainte que les puritains avaient imposée aux passions devait être suivie d'une détente. On comprend que les Cavaliers, brimés pendant vingt ans, aient eu la naturelle horreur des mœurs et des idées dont ils avaient tant souffert et même que, dans leur réaction, ils aient dépassé le point d'équilibre. A la cour de Charles II, la haine de l'hypocrisie alla jusqu'au mépris de la décence. Puisque c'en était fini de ces mines sombres et de ces cheveux courts qui avaient régné à Westminster, Whitehall voulait savourer sa revanche. Dans ce palais ouvert à tous, chacun pouvait être témoin de la paillardise royale. Chaque soir, les soldats de garde voyaient le Roi traverser les jardins pour aller coucher chez sa maîtresse, la toute-puissante et impudique Lady Castlemaine. Les sujets imitaient leur maître. Femmes habillées en hommes, groupes qui se réunissaient pour danser nus, cyniques libertés avec les filles de chambre, on retrouve alors les traits coutumiers de ces époques de débauche qui succèdent presque toujours aux grands bouleversements sociaux. L'Angleterre de la Restauration ressemble à la France du Directoire et à l'Europe d'*Ouvert la Nuit.* Les *Mémoires* du chevalier de Gramont en offrent une image, mais sans doute la réalité fut-elle plus brutale que ne l'a décrite Hamilton. Plutôt que le Français Gramont, l'Anglais Rochester représente ce monde et cette époque. Compagnon intime du Roi qui s'amuse de ses propos obscènes, irrespectueux jusqu'à voler un baiser à la favorite, libertin jusqu'à louer une taverne avec le duc de Buckingham pour y corrompre les femmes les plus respectables du voisinage, il est comme une image dégradée des grands élizabéthains. La violence est la même, mais plus médiocres les objets auxquels elle s'applique.

II. — Les jeunes Cavaliers de 1660 n'ont pas reçu, comme leurs pères, la solide éducation que peut donner à ses fils une famille de *squires* riche et heureuse. Ils ont vécu, tandis que leurs pères se battaient, avec des valets d'écurie ; ils ont connu la pauvreté et l'exil ; ils ont erré dans les bas quartiers de Paris et d'Amsterdam. Parmi eux l'ivrognerie est à la mode. Rochester se vante d'avoir été ivre cinq ans de suite. Un excellent fonctionnaire comme Pepys raconte avec complaisance ses beuveries et coucheries. Tavernes et mauvais lieux se multiplient dans Londres. Le café et le thé qui viennent d'être introduits en Angleterre sont prétextes à ouvrir des *coffee houses* où l'on boit plus de brandy que de café. C'est dans ces *coffee houses* et dans leurs rivales les *ale houses* que se tiennent les propos séditieux et que courent les anecdotes scandaleuses sur « My Lady Castlemaine ». Les spectacles brutaux : combats de coqs, taureaux contre chiens, ne suffisent pas à rassasier de sang des spectateurs qui se ruent aux exécutions des régicides. Le théâtre reflète le cynisme du temps. Pepys se plaît encore à *La Tempête,* mais tient *Le Songe d'une nuit d'été* pour la pièce la plus ridicule qu'il ait vue de sa vie. Les auteurs à la mode sont, pour le drame, Beaumont et Fletcher, pour la comédie, Congreve, Wycherley, qui reprennent les sujets de Molière *(Le Misanthrope, Tartuffe),* mais de manière assez crue et brutale. Au XIXe siècle, l'audace des comédies de la Restauration étonnera ; Taine, avec dégoût, se demandera comment un public a jamais pu les tolérer. Plus amoral, le XXe siècle en apercevra de nouveau la vivacité, la drôlerie, et Londres applaudira en 1935 *La Femme campagnarde* de Wycherley qui eût fait, en 1865, un intolérable scandale. Telles sont les oscillations de la pudeur, mais Taine a raison de juger le comique de Wycherley moins sain que celui de Molière. En ces Anglais déchaînés de la Restauration, le puritain, tout au fond, survit et c'est avec une violence assez sombre que les auteurs comiques s'acharnent à le choquer.

III. — Si la grande influence étrangère a été en Angleterre, au XVIe siècle, l'Italie, c'est au XVIIe siècle la France. Beaucoup de poètes cavaliers ont vécu en France au temps de l'exil ; ils y ont connu et admiré Boileau, Molière, Bossuet. Poèmes et romans français sont alors traduits en anglais. Le roi Charles II lui-même est un Français, non seulement par sa mère, mais par ses habitudes, par ses souvenirs. De Louis XIV, il reçoit « une pension, une maîtresse et des exemples ». Un Anglais de la Restauration mêle des phrases françaises à tous ses propos. C'est encore, semble-t-il, une manière de réagir contre les puritains. Alors sont introduits dans la langue anglaise des mots qui désignent toutes les nuances de la moquerie : *to burlesque, to droll, to ridicule...* les substantifs *travesty, badinage.* Au poème religieux succède la satire. Un des grands succès du temps est le *Hudibras,* de Butler, dont on a fait un Don Quichotte du puritanisme, mais qui fait plutôt penser à Scarron qu'à Cervantès. Dryden mêle, dans ses brillantes satires, les allusions bibliques à la forme française et peint sous les noms d'Absalon et d'Achitophel, le malheureux Monmouth et le perfide Shaftesbury. A côté de la satire fleurit de madrigal. D'innombrables poètes cavaliers composent des chansons d'amour, souvent charmantes. La littérature du temps est une littérature aristocratique. Le mysticisme d'un Milton ou d'un Bunyan n'est pas fait pour cette cour ; elle sait trop bien quelles sont les mœurs que lui imposerait le mysticisme. L'Angleterre officielle, vers 1670, se veut gracieuse, légère et raisonnante.

IV. — Descartes est le philosophe à la mode. Le règne de la Raison, divinité si peu britannique, commence. Au XVIIe siècle, la science est cartésienne et peut l'être parce qu'elle traite de mathématiques, d'astronomie, d'optique. Ces disciplines produisent, en Angleterre, un homme de génie : Newton qui, en découvrant quelques-unes des lois de la mécanique, confirme les droits de la Raison. Le Roi lui-même et le second duc de Buckingham sont hommes de science. En 1662, une charte est octroyée à la *Société Royale* pour améliorer la connaissance de la Nature. Là se réunissent tous ceux qui s'intéressent aux recherches scientifiques, depuis le Roi jusqu'à des bourgeois cultivés. Des travaux remarquables y sont exposés. Halley y parle de sa comète, Newton de la lumière, Roy de la classification botanique, Boyle de la propagation du son. Les principes de la recherche scientifique, déjà exposés par Bacon dans le *Novum Organum,* produisent alors de tels résultats que les hommes commencent de prendre en l'esprit humain cette confiance qui devait les amener, au XVIIIe siècle, à chercher des solutions rationnelles en politique, en morale, en économie. Toutefois le rationalisme demeure, en Angleterre, avant Locke, fort différent de ce qu'il est en France. Le grand penseur de la Restauration anglaise est Hobbes, qui conçoit les sociétés humaines comme des systèmes purement mécaniques que font mouvoir nos appétits et nos désirs. L'égoïsme est à ses yeux le seul ressort de la loi morale, mais la vie en société amène la lutte des égoïsmes et, par cette lutte, l'état naturel, qui est un état de guerre, se transforme en accord légal. La philosophie politique de Hobbes est celle que pouvait engendrer un temps de guerres civiles comme celui dont il avait été le témoin. Puisque les hommes se haïssent et sont incapables de vivre en paix, le seul remède à l'anarchie est un maître fort. Le *Leviathan* de Hobbes (1651) n'est autre que l'État totalitaire des dictateurs modernes, mais son dictateur est le monarque.

V. — L'Église elle-même devient alors rationaliste. La foi violente, hallucinée d'un Cromwell a répondu aux besoins de certains Anglais, dont la race n'est pas éteinte, mais la majorité d'entre eux souhaite une religion moins violente. Le grand penseur chrétien de la Restauration : Barrow, est un professeur de mathématiques. Sa théologie est scientifique, sa morale utilitaire. Il montre quel avantage évident il y a pour l'homme à s'assurer, au prix de quelques sacrifices assez faciles, une récompense éternelle. Tillotson, si admiré qu'un libraire donne à sa veuve deux mille cinq cents livres pour les droits de ses sermons inédits, prêche sur *La Sagesse d'être religieux* et il prouve cette sagesse par des arguments pratiques, ordonnés comme une démonstration géométrique. « Point de verve, point d'imagination, aucune de ces qualités de style qui font la valeur esthétique d'un Bossuet, d'un Bourdaloue, d'un Massillon, mais un édifice bien construit, bien clos. »

VI. — Cette religion douce et raisonnable a grand empire sur les Anglais. Rien ne serait plus faux que de se représenter, sur la foi des comédies et de mémoires de cour, tout un pays s'abandonnant, au temps de la Restauration, au cynisme et à la débauche. De telles mœurs sont toujours celles d'une minorité : oisifs qui emploient leurs forces à des amours artificielles, faute de les pouvoir employer à des besognes réelles. Dans les manoirs de campagne, dans les arrière-boutiques, dans les fermes, la vie de famille demeure ce qu'elle a toujours été. Les correspondances privées révèlent des ménages excellents, unis par une tendresse grave. Aux portes de Londres, Pepys, dans ses promenades, rencontre un vieux berger lisant la Bible à son petit garçon. Les bibliothèques sont pleines de livres de théologie et les sermons, sous Charles II, se vendent mieux que les poèmes.

VII. — La Révolution anglaise de 1688 ne ressemble en rien à la Révolution française de 1789. Par la Révolution française, des classes entrent en conflit. Bourgeois et paysans se révoltent contre roi et noblesse. Rien de tel en Angleterre. En apparence, les deux grands conflits de la Révolution anglaise ont été un conflit religieux et un conflit politique. Qui dominera ? Roi ou Parlement ? Qui formera les âmes ? Église romaine, Église anglicane ou Église indépendante ? A ces deux conflits il en faut ajouter un troisième, moins avoué, qui est un conflit fiscal. Qui paiera les dépenses de l'État ? Les riches par des taxes directes, ou les masses par des taxes indirectes ? Charles 1er avait été, dira Disraeli, « l'homme de l'impôt direct ». La Révolution est certes le triomphe du Parlement ; c'est aussi celui des classes possédantes. Pendant quelques années, au temps des niveleurs, on avait pu croire que naîtrait une opposition égalitaire et puritaine. Mais l'effet de telles craintes avait été de rapprocher les uns des autres les grands seigneurs partisans du Parlement et les grands seigneurs amis du Roi. Bien que les premiers soient devenus des Whigs, les seconds des Tories, entre eux existe un accord tacite pour éloigner du pouvoir tout ce qui pense dangereusement. Le puritanisme, qui ne reconnaît d'autre autorité que celle de la conscience, sera tenu à l'écart de toute vie politique.

VIII. — Autant qu'une victoire du Parlement sur la Couronne, l'aventure des Stuarts a été le triomphe de la Loi commune. Après eux c'en est fini en Angleterre du droit administratif et des cours de prérogative ; la Loi est la même pour tous et aussi sévère pour l'État que pour les individus ; l'*habeas corpus* achève de fermer à la « raison d'État » le domaine de la justice. En France, les assemblées révolutionnaires de la fin du XVIIIe siècle et plus tard l'Assemblée Nationale de 1871 s'efforceront, après avoir renversé une monarchie et un empire, de recréer aussitôt un État fort. Au contraire, la Révolution anglaise de 1688 n'a d'autre objet que de limiter la puissance de l'État au profit des droits du sujet. Le Parlement, en appelant Guillaume et Mary, leur impose ses conditions. C'est que l'Angleterre, abritée des armées étrangères par sa ceinture liquide, et du désordre intérieur par le légalisme de ses citoyens, n'a pas pour premier souci de protéger ses frontières contre une invasion, ni ses provinces contre l'anarchie, « mais de défendre la liberté, la prospérité et la religion des sujets contre les attaques d'un gouvernement arbitraire ».

IX. — Burke nomme l'événement de 1688 « une heureuse et glorieuse révolution », et c'est en effet un bonheur pour l'Angleterre que d'avoir pu effectuer le plus grand changement de son histoire, et le passage du despotisme à la royauté constitutionnelle sans qu'entre les Anglais des deux camps se soit creusé un fossé trop difficile à franchir. Si Cromwell était resté au pouvoir et s'il avait fait souche de rois, il est probable que pour longtemps l'Angleterre eût été divisée comme allait être la France après 1789 ; dépouillés, les descendants des Cavaliers n'eussent pas facilement pardonné leur défaite aux descendants des Têtes rondes. Une restauration indulgente au temps de Charles II, puis, au moment de la fuite de Jacques II, l'accord des deux partis pour défendre la religion protestante, et enfin, à partir de 1807, le ralliement des derniers légitimistes par l'extinction des rois légitimes, expliquent la relative modération des luttes politiques au XVIIIe et au XIXe siècle. Alors qu'en France au temps de la Terreur, entre Bleus et Blancs, ou, comme on dira plus tard, entre gauche et droite, une vendetta fut ouverte qui n'est pas encore oubliée, en Angleterre, après 1688, les passions politiques, bien que vives, n'atteignirent jamais à la ferveur des sentiments religieux.

LIVRE VI

MONARCHIE ET OLIGARCHIE

TABLEAU V

George Ier (George-Louis, Électeur de Hanovre) et ses descendants.

GEORGE Ier
(1714-1727).

GEORGE II
(1727-1760).

Frédéric, prince de Galles,
mort en 1751.

GEORGE III
(1760-1820).

GEORGE IV
(1820-1830).

Charlotte,
princesse de Galles,
morte en 1817.

GUILLAUME IV
(1830-1837).

Édouard,
duc de Kent,
mort en 1829.

VICTORIA
(1837-1901).

ÉDOUARD VII
(1901-1910).

GEORGE V
(1910-1936).

ÉDOUARD VIII
(1936-1936).

GEORGE VI
(1936-1952).

ÉLIZABETH II

1.

LE HOLLANDAIS RÉGNANT

I. — Le Hollandais frêle, aux cheveux bruns, aux yeux gris et perçants, qui devint, en 1688, roi d'Angleterre, n'était pas un étranger par le sang puisque petit-fils de Charles Ier, ni par les alliances puisque époux de la fille de Jacques II, mais il apparut toujours aux Anglais, Whigs et Tories, comme un étranger par le caractère, par les goûts et par les idées. En un temps de joyeuse débauche, ils le trouvèrent, sinon pur, au moins grave et inamusable ; en un temps de bavardage élégant, il fut, comme le plus grand de ses ancêtres, un taciturne. Aux vieilles querelles anglaises sur la suprématie des Parlements ou de l'Église établie, il ne se mêla qu'avec une tolérance hautaine, presque méprisante. Ayant été menacé aux Pays-Bas par la force croissante de Louis XIV, il resta toujours un homme du Continent aux yeux duquel le maintien en Europe de la « balance du pouvoir » demeurait l'objectif principal. Par là s'explique ce paradoxe que le souverain qui croyait le moins au Parlement et qui dans son pays d'origine avait triomphé d'une démocratie, devint en Angleterre l'un des fondateurs de la monarchie parlementaire. Appliqué à parer à des dangers plus graves, il acceptait et employait l'instrument offert. Il essaya de défendre ce qui restait encore du pouvoir personnel, mais après sa mort tous les partis reconnurent que le pouvoir réel n'appartenait qu'au Roi en son Parlement. La Révolution de 1640 avait montré que l'Angleterre se refusait à devenir une monarchie absolue, celle de 1660 qu'elle se refusait à devenir une république. Il lui restait à découvrir les moyens d'être à la fois une république et une monarchie.

II. — Guillaume et Mary avaient, en montant sur le trône, ratifié la Déclaration des Droits qui devint le *Bill of Rights* de 1689. Ce texte, d'esprit très anglais, n'énonçait pas de principes abstraits. Il énumérait les actes arbitraires de Jacques et les déclarait illégaux; il affirmait que le Roi ne peut, sous aucun prétexte, porter atteinte aux lois fondamentales du royaume; enfin, pour assurer le respect de ces lois, le Parlement rappelait que tout subside serait voté annuellement et que la solde de l'armée ne serait jamais assurée que pour un an. Le *Mutiny Act,* rédigé après la mutinerie d'Ipswich, et qui seul permettait d'appliquer aux soldats un code de justice militaire, devait, lui aussi, être voté chaque année. Enfin il fut décidé, en 1694, que les parlements seraient convoqués au moins tous les trois ans et qu'aucun parlement ne pourrait durer plus de trois ans. Une longue expérience avait montré aux Anglais que leurs libertés essentielles dépendaient de ces mesures simples et le mécanisme pratique de la liberté les intéressait beaucoup plus que son éloge théorique. Le Roi ayant accepté la Déclaration des Droits, peu de sujets de conflits subsistaient entre lui et le Parlement. Une méthode n'avait pas encore été trouvée qui permît d'assurer la liaison de l'exécutif et du législatif. Personne n'imaginait que l'unité de gouvernement serait réalisée par la formation d'un groupe homogène de conseillers du Roi (le cabinet) qui, occupant les grands postes de l'État et appartenant à la majorité des Communes, suivraient le sort de cette majorité. Dès que Guillaume, sous l'influence de « l'ingénieux Sunderland », essaya de former de tels groupes de ministres, le Parlement, effrayé, parla de *junta,* de *cabale,* et brandit sa vieille arme : l'*impeachment.* Mais l'*impeachment* n'assurait aucun contrôle efficace de l'exécutif. Il permettait de punir des ministres *après* un échec, non de prévenir une imprudence. Depuis des siècles, l'Angleterre tournait autour de la responsabilité ministérielle sans trouver la solution de ce difficile problème.

III. — Si Guillaume III conserve, au moins en droit, le pouvoir exécutif, il est loin de posséder le prestige personnel que Charles Ier avait gardé jusqu'à l'échafaud. Un parti jacobite assez nombreux demeure fidèle à Jacques II. Tout grand seigneur auquel Guillaume refuse une faveur commence une correspondance secrète avec la Cour réfugiée à Saint-Germain. Quelques évêques et quatre cents prêtres, soumis au droit divin, refusent de prêter serment. Ce sont les *non-jurors,* qui doivent quitter leur poste et que Guillaume remplace par des évêques « latitudinaires », comme Burnet et Tillotson. S'il l'avait pu, Guillaume III eût imposé aux Anglais la neutralité religieuse. Devant l'opposition que soulève cette idée trop neuve, il doit transiger. Un édit de tolérance de 1689 établit une relative liberté des cultes, mais catholiques et dissidents demeurent exclus des fonctions officielles. Quelques non-conformistes acceptent, pour faire partie des municipalités, de communier dans l'Église établie. C'est ce qu'on appelle la « conformité occasionnelle ». Elle excite la fureur des Tories, qui jugent impie cette comédie.

IV. — Les frontières des partis deviennent plus précises. Le parti tory est celui des propriétaires terriens *(Landed men),* celui des *squires* jacobites et des amis de l'Église anglicane. Le parti whig se compose de trois éléments : familles aristocratiques de tradition antijacobite (les Cavendish, les Russell, les Pelham) ; marchands de Londres, nababs coloniaux, nouveaux financiers *(moneyed men)* qui, en ce temps-là, s'enrichissent rapidement et achètent des sièges au Parlement ; et enfin dissidents, qui n'ont guère d'autre lien avec les deux premiers groupes qu'une commune crainte des Stuarts et de l'intolérance religieuse. Au temps de Jacques II, les Tories se sont vus, avec désespoir, obligés de choisir entre l'Église anglicane et le Roi ; pour échapper à Rome, ils ont supporté La Haye. Quelques-uns le regrettent et rêvent d'une impossible restauration. Au contraire, sous le règne de Guillaume, les Whigs, par un curieux retournement, sont devenus les plus fidèles soutiens du monarque. Ils appuient sans réserve Guillaume d'Orange dans ses guerres contre la France : *a)* parce qu'il les entreprend comme chef des princes protestants ; *b)* parce que, combattre Louis XIV, c'est aussi combattre le prétendant Stuart dont les Whigs ont tout à craindre ; *c)* parce que leurs amis de la Cité connaissent, pendant cette guerre et à cause d'elle, une incroyable prospérité.

V. — Depuis 1609, existait à Amsterdam une banque renommée où tout grand marchand d'Europe avait son compte, de sorte qu'on y pouvait à la rigueur, et si l'on se soumettait à une procédure compliquée, payer par « transfert » comme dans une banque moderne. L'Angleterre en était restée aux banques privées et aux innombrables changeurs du Moyen Age. Les orfèvres*(goldsmiths)* faisaient le commerce de l'or, prêtaient au Roi, aux particuliers, et acceptaient des dépôts de métaux précieux en échange desquels ils donnaient des reçus *(goldsmiths notes)* qui furent les premiers billets de banque. L'Échiquier lui-même empruntait aux orfèvres. Au temps des guerres contre Louis XIV, taxes et emprunts devinrent insuffisants pour en payer les frais. Ce fut alors que les Whigs inventèrent la dette publique, la Banque d'Angleterre et la spéculation sur titres. « Finances hollandaises », disaient avec mépris les Tories qui détestaient ces nouvelles méthodes, politiquement parce qu'elles aidaient les Whigs à se maintenir au pouvoir, économiquement parce que la facilité des emprunts accroissait les dépenses de l'État, moralement parce qu'elles augmentaient la puissance des hommes d'argent aux dépens des gentilshommes campagnards, colonne vertébrale du pays.

VI. — La Banque d'Angleterre ne fut créée que pour permettre à Guillaume de continuer ses guerres. Un certain nombre de capitalistes réunirent une somme de douze cent mille livres, qui fut tout entière prêtée à l'État contre un intérêt de cent mille livres par an. La Banque fondée pour cette opération entreprit en même temps d'ouvrir (comme la Banque d'Amsterdam) des crédits aux particuliers. Elle n'avait pas de réserves, puisque son capital avait été prêté au gouvernement, mais elle reçut le privilège d'émettre des billets de papier pour une somme égale à son capital. Ces billets étaient remboursables en or. La Banque réussit à faire face aux remboursements, au moyen de ses bénéfices et des cent mille livres d'intérêt qu'elle recevait chaque année du gouvernement. Au début ses billets excitèrent une grande méfiance. Puis le public fut heureux de n'avoir plus à emprunter aux orfèvres, dont les taux d'intérêt étaient élevés. Le prêt à l'État de 1694 fut le début de la dette publique *(National Debt)*. Il eut pour effet de consolider les liens qui unissaient Guillaume III à la Cité et aux Whigs. Si jamais Louis XIV et le Prétendant triomphaient, il était certain que les emprunts ne seraient pas remboursés. Ainsi la Banque d'Angleterre fut, pour la Maison d'Orange, ce que la spoliation des monastères avait été pour la Maison des Tudors. Elle associa les passions politiques aux intérêts économiques. La création de la Banque, l'habitude des grandes affaires, les liens étroits avec Amsterdam contribuèrent à faire de Londres le centre financier et commercial du monde. Quatre fois moins peuplée que la France, l'Angleterre allait devenir plus riche que celle-ci. La finance hollandaise sut bientôt qu'elle avait formé une rivale dangereuse.

VII. — Guillaume, qui n'était pas un général et de qui Massillon disait « qu'il était plus heureux à exciter les guerres qu'à combattre, et plus à craindre dans le secret des cabinets qu'à la tête des armées », fit la guerre toute sa vie. Roi d'Angleterre, il dut se défendre contre le roi détrôné Jacques II qui, soutenu par la flotte française, tenta un débarquement en Irlande et obtint l'appui des catholiques irlandais. Avec une armée catholique, Jacques essaya d'occuper les comtés protestants de l'Ulster et en traita cruellement les habitants. En 1690, Guillaume, à la tête d'une armée anglo-hollandaise, remporta la victoire de la Boyne et chassa Jacques du royaume. L'Irlande conquise, Guillaume aurait voulu lui donner quelque liberté, mais son désir de tolérance se heurta à des sentiments anciens et vifs. Des lois très dures furent passées contre la religion et même contre le commerce des Irlandais. Manufacturiers et éleveurs anglais craignaient cette concurrence. La lutte du bétail irlandais contre le bétail anglais ne fut pas un des moindres obstacles à la réconciliation des deux îles. En Écosse, le Nord, par fidélité à la famille écossaise des Stuarts, avait pris parti pour le roi Jacques. Le Sud, au contraire, dès 1690, avait accepté la Révolution. Ce ne fut que sous le règne suivant, en 1707, qu'un acte unit le Parlement anglais et le Parlement écossais. Alors seulement l'Écosse eut droit de commercer avec les colonies britanniques. Elle y réussit à merveille : Glasgow devint rivale de Londres, la Clyde aussi active que la Tamise, les Écossais princes de la Cité.

VIII. — Aux yeux de Guillaume III, les problèmes importants étaient ceux du Continent. Elizabeth avait souffert pendant tout son règne du redoutable voisinage des Espagnols maîtres des Flandres. Contre l'Espagne, elle avait alors soutenu les Hollandais et ceux-ci avaient, au siècle suivant, affaibli le port d'Anvers au profit d'Amsterdam et de Rotterdam. Mais l'Espagne, au début du XVIIIe siècle, n'était plus la puissante monarchie qui avait jadis dominé l'Europe. Son invincible infanterie avait fondu jusqu'à n'être plus composée que de quelques milliers d'hommes. Sa marine était le dixième de celle de Philippe II, ses arsenaux détruits, son trésor vide. Sa longue lutte contre les Maures avait fait d'elle une féodalité prolongée, aucune classe moyenne ne s'était formée sur son territoire ; au milieu d'États vigoureux, elle demeurait en état d'adolescence politique. La force espagnole abattue, une autre avait surgi, celle de la France, beaucoup plus dangereuse pour la Hollande et l'Angleterre parce que, dans le cas de la France, entre le gros des forces nationales et les Pays-Bas n'existait plus, comme dans le cas de l'Espagne, un grand État tampon. Or Louis XIV souhaitait donner pour frontière à la France la ligne du Rhin, barrière naturelle et sûre. Les marchands hollandais et anglais estimaient qu'Anvers aux mains d'une France maîtresse par ailleurs de toutes les ressources du Continent, c'était leur ruine certaine. Guillaume était résolu à s'y opposer. Il poursuivit donc la politique traditionnelle de l'Angleterre : défense des Flandres, maîtrise de la mer et formation d'une ligue contre la puissance la plus forte du Continent. Au début, la flotte française, excellente, et commandée par Tourville, l'emporta sur les flottes anglaise et hollandaise combinées. Mais c'était une dure obligation pour la France que de tenir à la fois la Méditerranée et l'Océan, la mer et le Continent. Colbert n'était plus là pour équiper la marine française. Les marins français finirent par succomber à La Hougue et Louis XIV souhaita de négocier. Il montra au Congrès de Ryswick la plus sage modération. Il acceptait de renoncer aux Pays-Bas et de reconnaître, en Angleterre, la Maison d'Orange. Cela valait mieux, pensait-il, que de permettre à l'Espagne de reconstituer, avec l'appui de l'Angleterre, l'empire de Charles Quint. De son côté Guillaume III avait réussi à rétablir entre l'Empire et la France un équilibre continental. Il semblait, après Ryswick, que la paix européenne fût assurée (1697).

IX. — Le destin se chargea de la troubler et la malice des choses l'emporta sur la sagesse des hommes. La seule question qui restât dangereuse était celle de la succession d'Espagne. Le roi d'Espagne, l'imbécile Charles II, allait bientôt mourir sans héritier (1700). Qui lui succéderait ? Un fils de l'Empereur, un prince français ou l'Électeur de Bavière ? L'Empire en Espagne et en Italie c'était, une fois encore, la France encerclée.

Louis XIV, désireux de paix, proposa de laisser l'Espagne à l'Électeur de Bavière, de se contenter, pour le Dauphin, de Naples, des Deux-Siciles, de la Toscane et du Guipuzcoa, et de céder le Milanais à l'Autriche. Solution raisonnable, mais « la mort n'avait pas souscrit au traité ». L'Électeur de Bavière, enfant de cinq ans, mourut ; le Dauphin et l'Archiduc restaient seuls aux prises ; le compromis devenait caduc. Une nouvelle négociation commença entre Louis XIV et Guillaume III. Les deux souverains étaient prêts à démembrer l'Espagne pour maintenir la paix. Les ministres espagnols ne le voulurent pas et, considérant que l'appui de la France était pour l'Espagne affaiblie le plus précieux, parce que le plus proche, ils obtinrent de leur roi mourant un testament qui désignait comme successeurs le duc d'Anjou ou le duc de Berry. Si ceux-ci refusaient, le prince autrichien devait être substitué. C'était forcer la main de Louis XIV. Il ne pouvait plus refuser le royaume d'Espagne pour ses petits-fils sans restaurer lui-même l'empire de Charles Quint. Il accepta le dangereux honneur, envoya Philippe V en Espagne et introduisit dans les places fortes de la barrière des garnisons françaises à côté des garnisons hollandaises (1701). La fureur de Guillaume III fut grande. Il se crut joué et entra en négociations avec l'Empereur ; Louis XIV, par représailles et contrairement à la Paix de Ryswick, reconnut pour roi d'Angleterre l'exilé Jacques III.

X. — La mort arrêta Guillaume III au moment où il préparait, avec l'Empire et la Prusse, un nouveau plan de campagne contre la France (1702). Sa femme, Mary, était morte en 1694 ; la seconde fille de Jacques II, Anne, était devenue l'héritière du trône. Anne avait perdu en bas-âge tous ses enfants (le dernier survivant mourut en 1700) et il était probable qu'elle n'en aurait plus d'autres. Aussi, dès la dernière année du règne de Guillaume, un acte très important *(Act of Settlement)* avait-il réglé l'ordre de succession au trône. Tous les héritiers mâles, étant catholiques, avaient été exclus et il avait été décidé que la couronne passerait, après Anne, à l'Électrice Sophie de Hanovre, petite-fille de Jacques Ier, et à ses descendants, pourvu qu'ils fussent protestants. C'est encore cet acte qui règle aujourd'hui l'ordre de succession au trône d'Angleterre.

2.
LE TEMPS DE LA REINE ANNE (1702-1714)

I. — La reine Anne n'avait jamais eu les mêmes amis que son beau-frère Guillaume III. Il avait soutenu les Whigs parce qu'ils étaient purs de tout jacobitisme, parce qu'ils appuyaient sa politique européenne et parce qu'ils se montraient dans les affaires religieuses plus tolérants que leurs adversaires. Anne fut insulaire, étroitement anglicane et farouchement tory. Elle passait pour sotte ; ses lettres la montrent plutôt obstinée. On a écrit qu'elle s'était proposé dans la vie trois objectifs : être reine, favoriser l'aile droite de l'Église et donner à son mari, le prince Georges de Danemark (de qui Charles II disait : « Je l'ai essayé ivre et je l'ai essayé sobre, mais il n'y a rien à en faire »), des postes qu'il était incapable de remplir. A ces trois objectifs, il en faut ajouter un quatrième : plaire à ses favorites. Elle eut pour deux femmes, au cours de sa vie, des amitiés qui ressemblaient à de l'amour. L'objet de la première de ces passions fut Sarah Jennings, qui devint par mariage Lady Churchill, puis duchesse de Marlborough. « Je vous supplie de ne pas m'appeler « Votre Altesse », écrivait Anne à Sarah et, pour écarter le respect, elle adoptait dans cette correspondance le surnom de Mrs. Morley, Sarah Churchill devenant Mrs. Freeman. « Rien ne peut exprimer, chère Mrs. Freeman, à quel point je suis passionnément à vous. » Mais Mrs. Freeman, tout en acceptant la pluie de bienfaits que répandait sur elle et son mari la morbide affection de la Reine, jugeait Anne avec sévérité : « Pour les choses ordinaires, dit-elle, ses propos n'avaient rien de brillant ni de spirituel ; quand il s'agissait des choses importantes, elle ne parlait qu'à la hâte et avec une manière irritante de s'attacher à ce qui lui avait été conseillé, sans donner le moindre signe d'intelligence, ni de jugement. » Pendant le dernier tiers de la vie de la Reine, Sarah Marlborough fut remplacée auprès de celle-ci par Abigail Hill, qui devint Mrs., puis Lady Masham, et ruina la fortune des Marlborough.

II. — La carrière de John Churchill (après 1702 duc de Marlborough) offre un curieux mélange d'amoralisme, d'adresse et de génie. Fils d'un *squire,* Winston Churchill, il débuta comme page chez le duc d'York, grâce à la protection de sa sœur Arabella qui était la maîtresse de Jacques II. Lui-même devint l'amant de Lady Castlemaine, duchesse de Cleveland, et accepta d'elle un présent de cinq mille livres. Cet argent mal acquis fut bien placé, le jeune Churchill le cédant à Lord Halifax contre une annuité de cinq cents livres. Ce fut le commencement d'une immense fortune. Il se trouva que ce bon amant, ce capitaliste prudent, était aussi un grand soldat. Dès le temps de Jacques II, Churchill s'était élevé aux premiers postes de l'armée. Au moment de la Révolution de 1688, il joua comme la plupart des hommes de cette époque difficile un double jeu, soutenant Guillaume et prenant une contre-assurance à Saint-Germain. L'arrivée au trône de la reine Anne (qui, par amour pour la femme, protégeait le mari) fit de lui l'homme le plus puissant du royaume et cette fortune, due à la faveur, fut fixée par le mérite. Non seulement Marlborough était un excellent général, attentif aux détails, soucieux de la santé de ses soldats, mais aussi le politique le plus sage et le moins partisan. Tory par naissance et par habitude, il accepta de collaborer avec les Whigs parce que ceux-ci, comme ils avaient appuyé Guillaume III, le soutenaient contre Louis XIV. Les deux grands hommes du règne d'Anne, Marlborough et Godolphin (où, comme on les nommait, le général et le trésorier), furent des techniciens qui se placèrent au-dessus des partis, type d'homme indispensable dans les temps difficiles, mais que, le danger passé, les passions partisanes finissent toujours par abattre.

III. — Le premier parlement d'Anne fut composé de Tories extrémistes. Puis le général et le trésorier se trouvèrent poussés vers les Whigs par les nécessités de leur politique extérieure. Ils essayèrent de gouverner avec des cabinets d'union ; c'était « mêler l'huile au vinaigre ». Les controverses politiques et religieuses devenaient aussi violentes que brillantes. La liberté de la presse, toute nouvelle, permettait de publier des pamphlets que rédigèrent les plus grands écrivains. Ce fut en ce temps-là que Steele et Addison, Whigs, composèrent le *Tatler* et le *Spectator ;* que Swift, ami des Tories et de la Haute Église, écrivit le *Conte du tonneau,* tandis que Daniel Defoe exprimait la pensée des modérés. Ces « obus de papier », chargés de prose explosive, portaient la guerre des partis en des milieux qu'elle n'avait jamais atteints. Les passions montèrent. Le mélange de l'huile et du vinaigre, du whigisme et du toryisme, qu'avaient pu imposer Charles II, Jacques II et Guillaume III, parut scandaleux. Le pays allait de lui-même vers cette alternance des partis qui fait de la guerre civile une maladie chronique et souvent bénigne.

IV. — La guerre de succession d'Espagne dura jusqu'en 1713. Le but des Anglais restait le même : *a)* maintenir en Europe la balance du pouvoir ; *b)* empêcher Louis XIV d'unir les forces de l'Espagne et de la France ; *c)* le contraindre à évacuer les Flandres et le delta du Rhin. La France avait l'avantage d'occuper dès le début de la guerre les territoires en litige, mais elle était épuisée par cinquante ans de luttes et surtout elle n'avait pas la maîtrise de la mer. Les généraux des alliés, Marlborough et le prince Eugène, profitant de ce que les armées de Louis XIV s'étaient aventurées au-delà des lignes fortifiées de Vauban, s'efforcèrent, à la grande horreur des militaires orthodoxes, de substituer à la guerre de siège la guerre de mouvement. Le fusil à pierre et la baïonnette (inventés par Vauban en 1687) avaient remplacé, pour les infanteries des deux armées, la pique et le mousquet. Les pertes, dans les deux camps, furent terribles. Marlborough écrasa les Bavarois et les Français à Blenheim (1704), puis reconquit les Flandres à Ramillies (1706). Mais les Whigs, qui avaient su gagner la guerre, ne surent pas faire la paix. Les Anglais auraient pu, dès 1709, obtenir un traité qui les eût délivrés, dans les Flandres, de toutes craintes. Ils voulurent davantage et prétendirent faire chasser par Louis XIV lui-même son petit-fils de l'Espagne. Cette insulte rapprocha les Français de leur roi. Une belle lettre de Louis XIV à son peuple ranima les courages. La bataille de Malplaquet fut loin d'être aussi heureuse pour les alliés que la précédente ; les vainqueurs y perdirent plus du tiers de leurs effectifs et le maréchal de Villars fit retraite en si bon ordre que la poursuite fut impossible.

V. — La réaction tory eut plusieurs causes ; les esprits étaient las de la guerre. Swift publia un pamphlet : *La conduite des Alliés.* « Après dix ans d'une guerre triomphale, nous dire qu'il est impossible d'obtenir une bonne paix semble surprenant. » Il blâmait ceux qui voulaient imposer à la France une paix trop dure. « Après la bataille de Ramillies, disait-il, les Français étaient si découragés de leurs pertes, et si impatients d'obtenir la paix, que le Roi était résolu à la signer dans n'importe quelles conditions raisonnables. Mais quand ses sujets furent informés de nos demandes exorbitantes, ils devinrent jaloux de son honneur et furent unanimes pour l'aider à continuer la guerre à tout prix plutôt que de se soumettre. » Un événement imprévu confirma les Anglais dans leur désir de traiter avec la France. La mort inattendue de l'empereur d'Autriche menaçait de réunir sur la tête de l'archiduc, au cas où Philippe V abdiquerait, la couronne d'Espagne et celle d'Autriche. C'était la « balance du pouvoir » rompue, l'Espagne dans les Flandres, tout ce que l'Angleterre avait redouté pendant un siècle. Jouant un jeu de bascule qui allait devenir le mouvement favori de sa politique étrangère, elle abandonna ses alliés qui se firent battre par les Français à Denain (1712).

VI. — Le traité qui fut signé à Utrecht en 1713 devait être sévèrement attaqué par les Whigs, mais ce n'était pas un mauvais traité. L'Empereur perdait tout espoir de reconstituer l'empire de Charles Quint, Louis XIV celui de réunir les deux couronnes. Avec Gibraltar et Port-Mahon de Minorque, l'Angleterre obtenait en Méditerranée deux bases importantes. Elle augmentait son empire de Terre-Neuve et de la baie d'Hudson, que lui cédait la France. Enfin, ne pouvant arracher à l'Espagne cet immense domaine colonial dont les marchands anglais étaient jaloux depuis si longtemps, elle y obtenait des privilèges. Désormais l'Angleterre aurait le droit d'importer en Amérique du Sud un certain nombre d'esclaves. En outre, elle pourrait y envoyer chaque année un bateau chargé de ses produits qui allait, par abus et supercherie, se transformer en toute une flotte. Enfin, par le traité d'Utrecht, la France s'engageait à ne plus donner asile aux prétendants anglais (Jacques III et son fils Charles-Édouard). De ce traité date la position prépondérante de l'Angleterre en Europe. Elle avait affaibli toutes ses rivales européennes. Elle avait acquis, même contre la Hollande,

« chaloupe dans le sillage de ce navire », une maîtrise de la mer, au moins temporaire. Ce petit pays devenait l'arbitre du monde. La paix d'Utrecht, que les Whigs jugèrent trop favorable à la France, était le type même de la paix anglaise, assez souple pour ne pas réduire l'adversaire au désespoir, assez dure pour enrichir l'Angleterre et son commerce. Louis XIV s'était montré, dans ce retour de la fortune, politique modeste et prudent. Ayant sacrifié à temps des conquêtes qu'il ne pouvait défendre, il laissait au moins les frontières de la France plus sûres qu'il ne les avait trouvées.

VII. — Pour faire voter le traité d'Utrecht par la Chambre des Lords, où la majorité était whig, la Reine dut faire un véritable coup d'État et créer douze pairs tories, précédent illustre dans l'histoire constitutionnelle anglaise. Si violentes étaient les passions politiques que Marlborough, général vainqueur, était hué dans les rues de Londres. « Arrêtez le voleur », criait-on, car on l'accusait d'avoir touché des commissions sur les fournitures de l'armée. Il dut se réfugier sur le Continent. La réaction était partout. Des Tories libres penseurs se faisaient les champions de l'Église établie et menaçaient de persécution les non-conformistes. Oxford, trop modéré au gré de son parti, était dominé par Bolingbroke. Celui-ci préparait une loi électorale qui lui eût permis, pensait-il, d'installer les Tories au pouvoir pour l'éternité. Mais il luttait contre un ennemi plus puissant que les Whigs, qui était le Temps. La reine Anne était vieille et l'on pouvait prévoir qu'elle ne vivrait plus longtemps. La sagesse eût été de courtiser le futur roi, George de Hanovre ; ce n'était pas chose facile pour les ministres d'Anne. Le résultat fut que, seuls, les Whigs firent leur cour en Hanovre. Bientôt il devint évident que, si la Reine mourait, les Whigs auraient le pouvoir. Que pouvaient faire les ministres? S'entendre avec le prétendant, Jacques III ? Jamais les *squires* tories n'eussent soutenu un roi catholique. C'est une situation très fausse que celle de ministres légitimistes qui savent le roi légitime inacceptable. La fin vint avec une rapidité dramatique. La Reine, après une discussion avec Oxford où elle avait exigé qu'il lui remît le bâton blanc, insigne du pouvoir, eut une attaque d'apoplexie. Tandis qu'elle expirait, les deux partis s'affrontèrent. Marlborough, qui était à Amiens, recrutait des soldats pour défendre la cause protestante. Bolingbroke, qui exerçait le pouvoir sans en avoir été officiellement investi, préparait un ministère légitimiste et disait qu'il ne lui fallait que six semaines pour être prêt. Être prêt à quoi ? A proclamer Jacques III ? On ne devait pas le savoir, car Bolingbroke n'entra jamais dans la Terre promise. « Harley a été chassé le mardi, la Reine est morte le dimanche, écrivait-il à Swift, quel monde que celui où nous vivons et comme la fortune se joue de nous ! »

VIII. — Un étrange souverain arriva du Hanovre. Bolingbroke, que ce nouveau roi n'avait même pas voulu recevoir, s'exila en France, prudemment. Il vécut désormais dans la retraite, tantôt à Chanteloup, près d'Amboise, tantôt en Angleterre où bientôt ses successeurs, le jugeant peu dangereux, lui permirent de revenir. Écarté des Conseils, il fit connaître sa doctrine par des écrits politiques dont un, *Le Roi patriote,* est célèbre parce qu'il inspira les actes de George III et la doctrine de Disraeli. Bolingbroke y défendait un toryisme renouvelé. Il s'efforçait de délivrer son parti d'idées devenues surannées : le droit divin, la non-résistance, mais il soutenait que le gouvernement d'un roi fort, s'appuyant sur les masses populaires, peut être plus favorable à celles-ci que le gouvernement d'une oligarchie parlementaire. Qu'avaient apporté au peuple anglais les grands Whigs ? « Un gouvernement vénitien, des finances hollandaises, et l'hostilité de la France », allait répondre plus tard, assez injustement, Disraeli. C'était à peu près déjà la thèse de Bolingbroke. Plus encore que par ses écrits décevants, celui-ci est remarquable pour avoir joué, au XVIIIe siècle, le rôle d'agent de liaison spirituel entre la France et l'Angleterre. Ce fut chez lui que Voltaire rencontra Pope, Swift, et que le jeune Français apprit à connaître des institutions auxquelles les victoires de Marlborough venaient de donner en Europe un tel prestige.

3.
LE TEMPS DE WALPOLE

I. — La médiocrité même des premiers rois hanovriens fait leur importance historique. Elle achève la transformation de la monarchie britannique en monarchie parlementaire. Sur la tête de ces rois étrangers, la couronne allait cesser pour plus d'un siècle d'être l'objet d'une ferveur émue. Parler de droit divin eût été désormais ridicule. George Ier était bien l'arrière-petit-fils de Jacques Ier, mais de nombreux princes, au moment de son avènement, auraient eu, si l'Acte de *Settlement* n'avait donné au Parlement le droit de choisir parmi les membres de la famille royale, plus de titres que lui au trône d'Angleterre. S'il régnait, ce n'était que par le consentement libre de la nation. De ses origines anglaises, nulle trace en cet Allemand. S'il avait dû choisir entre le Royaume d'Angleterre et l'Électorat de Hanovre, il eût préféré le second. Il aimait sa petite capitale hanovrienne, son petit Versailles (qui s'appelait Herrenhausen), sa petite armée. Pourtant une tragédie conjugale aurait dû lui gâter le souvenir du Hanovre. Il y avait répudié sa femme, Sophie-Dorothée, pour adultère avec le Suédois Kœnigsmark, lequel avait été étranglé, disait-on, et enterré sous un parquet du château. La princesse, depuis ce drame, était prisonnière d'État. George Ier s'était consolé avec des maîtresses qui suppléaient par la vigueur de leurs charmes à la lourdeur de leur esprit. Toute femme lui était bonne, pourvu qu'elle fût consentante et grasse. Aussi celles qui aspiraient à lui plaire se gonflaient-elles de leur mieux. Le peuple hanovrien les avait supportées parce qu'elles ne coûtaient pas cher au Trésor. En Angleterre, le harem qui arrivait avec le nouveau roi divertit plus qu'il ne choqua. Une des femmes était maigre, l'autre énorme. On les appela « le mât de cocagne et l'éléphant ». Aux yeux de la suite allemande de George Ier, l'Angleterre n'était qu'un pays où il fallait s'enrichir. De l'une des favorites, Walpole disait qu'elle eût vendu l'honneur du Roi pour une surenchère d'un shilling. Personne, dans cette suite, ne savait l'anglais et la seule langue commune entre la Cour et le ministère était le latin. *Mentiris impudentissime,* entendait-on crier dans les galeries du palais. Le consentement de la nation à cette farce peut surprendre. Ce furent les Whigs qui rendirent le miracle possible parce qu'ils avaient besoin du Hanovrien. Sans lui, ils n'auraient eu qu'un royaume sans roi ; sans eux, il n'eût été qu'un roi sans royaume. George Ier n'était qu'une convention assez absurde, mais de cette convention acceptée dépendait la paix intérieure.

II. — Au moment de son avènement, le roi George avait déjà plus de cinquante ans. Ses habitudes étaient prises, ses idées arrêtées. Pour les affaires autres que celles d'Allemagne, il était prêt à s'en rapporter aux ministres anglais. A peine connaissait-il la Constitution et les lois de son nouveau royaume. Comme en outre il ne comprenait pas l'anglais, il cessa vite d'assister aux séances du Conseil de cabinet. De cette circonstance fortuite allait naître une forme de gouvernement destinée à une longue fortune : le cabinet responsable devant les Communes. Avant George Ier, l'idée de responsabilité ministérielle n'avait pu se former parce que, le Roi assistant aux délibérations, les décisions du Conseil étaient toujours censées être les siennes. Souvent d'ailleurs, les ministres avaient été choisis par le Roi dans les deux partis, ce qui avait rendu impossible une responsabilité collective. Avec les Hanovriens commence une longue période de ministères purement whigs. Dès l'avènement, les Whigs réduisirent le parti tory à l'impuissance en exilant Bolingbroke pour quelques mois et en envoyant Oxford à la Tour, où il resta deux ans. Puis ils consolidèrent leur position aux Communes en manipulant les bourgs pourris et en corrompant les électeurs. Sûrs désormais de l'appui des Communes, ils portèrent la durée du mandat parlementaire de trois à sept ans (loi mofifiée en 1911, la durée du mandat étant réduite à cinq ans).

III. — Quant au cabinet, groupe de ministres solidairement responsables devant les Chambres, il sera, comme toutes les institutions britanniques, non une conception *a priori,* mais l'œuvre du temps, du hasard, du compromis et du bon sens. Le cabinet n'est qu'un groupe de conseillers privés et les ministres n'ont pas d'autre titre officiel. Nul ne pense à créer un premier ministre ; le Parlement a horreur du mot et de l'idée ; mais le Roi ne pouvant plus, par ignorance de la langue, présider le Conseil, il faut bien qu'un des ministres le remplace. Il se trouve que ce ministre, Walpole, est un maître en l'art de gouverner. Ses collègues prennent l'habitude de reconnaître son autorité. Lui-même admet qu'il tient cette autorité de son accord avec la majorité de la Chambre des Communes et il se retire, contrairement à tous les précédents, quand il perd la confiance, non du souverain, mais de la Chambre. Cette retraite est, aux yeux du Roi, un empiétement sur la prérogative de la couronne et les autres ministres ne suivent pas Walpole dans la retraite. Longtemps encore le Roi pourra maintenir au Conseil des ministres qui ne feront par partie de l'équipe du premier ministre. Ce ne sera qu'avec le second Pitt que l'office de premier ministre commencera de ressembler à ce qu'il est aujourd'hui et il faudra attendre le XXe siècle pour que le titre et la fondation soient officiellement reconnus.

IV. — Le commencement de l'ère walpolienne ne coïncide pas exactement avec celui du règne. Un premier ministre whig (Stanhope-Townshend) réprime avec succès, en 1715, un soulèvement jacobite, mais ce ministère commet des erreurs qui bientôt le perdent : *a)* Pour assurer la stabilité des Whigs, aux Lords comme aux Communes, il propose de limiter le droit du Roi à créer de nouveaux pairs ; mesure dangereuse, qui eût fait les lords complètement indépendants de la couronne et du pays, rendu l'accès à la pairie impossible « sinon à travers un cercueil » et préparé pour l'avenir des conflits sans remède entre les deux Chambres. Walpole combattit cette mesure et la fit repousser. *b)* En 1720, un grand scandale financier, le *South Sea Bubble,* discrédita toute une génération d'hommes d'État. Une compagnie des mers du Sud avait reçu, en 1711, le monopole du commerce britannique avec l'Amérique du Sud. Puis ses dirigeants avaient offert de prendre à leur charge toute la dette de l'État contre certaines concessions et annuités. Quel pouvait être leur bénéfice ? Ils empruntaient à un taux moindre que l'État et pensaient donner aux créanciers de celui-ci, en échange de leurs titres de créance, des actions de leur Société au cours du jour. (Or de 121 1/2 au début de l'année, ces actions avaient monté en juillet jusqu'à 1 000.) Cette folie spéculative, analogue à celle qui, à la même époque, s'empara de la France (système de Law) se dissipa aussi vite qu'elle s'était propagée. En août, les actions étaient retombées à 135. Des milliers d'Anglais se trouvaient ruinés. Une enquête prouva que des ministres, dont le chancelier de l'Échiquier, avaient été achetés. Walpole lui-même avait spéculé avec succès et vendu ses actions au plus haut, mais ses discours avaient dénoncé le danger. Comme il arriva plus tard en France après le scandale de Panama, des jeunes hommes se trouvèrent soudain portés au pouvoir par la faillite et l'imprudence de leurs aînés. Tel fut le cas de Walpole après le *South Sea Bubble.* On loua la prudence de ses propos et l'on envia celle de sa conduite. Il devint premier lord de la Trésorerie et chancelier de l'Échiquier. Il allait porter ces titres pendant vingt et un ans et exercer en fait les fonctions de Premier.

V. — Sir Robert Walpole fut l'un des plus grands ministres anglais, bien qu'il repoussât tous les attributs de la grandeur. Fils d'un *squire* du Norfolk, il avait les goûts et les manières d'un propriétaire campagnard. Il ouvrait les lettres de son garde-chasse avant celles de ses collègues. Il avait horreur des livres, de la musique. Il aimait la galanterie, les repas joyeux et pouvait tenir tête pendant quatre heures au roi George en parlant latin de cuisine. Cynique, il ne redoutait rien plus que les nobles discours et riait quand ses adversaires parlaient de leur patriotisme. Il détestait les doctrines, les croisades et se méfiait de tous ceux qui eussent voulu, d'après les livres d'histoire, lui dicter sa conduite. Il menait les affaires de l'État comme un bon commerçant mène les siennes, au jour le jour. Il travaillait si habilement qu'il avait l'air de ne rien faire, alors qu'il faisait tout. Son grand principe était : *quieta non movere,* ou laisser dormir les chiens qui dorment. Il ne croyait pas à la fidélité des partisans : « Je donne à mes jeunes hommes le conseil de ne jamais dire *toujours.* » On lui a reproché d'avoir dit : « Tous les hommes ont leur prix », mais il avait dit : « Tous *ces* hommes ont leur prix », parlant d'adversaires de qui cela était vrai. « Il gouvernait par corruption, dit Macaulay, parce qu'en son temps il était impossible de gouverner autrement. »

VI. — Walpole ne proposa jamais à la nation plan ni programme, mais « son bon sens allait jusqu'au génie ». Pendant ses vingt années de pouvoir son système politique fut simple : il pensait qu'un État faible doit fuir les aventures et que, pour consolider une dynastie sans prestige, son devoir était de gagner du temps. Il chercha donc à maintenir la paix par l'entente avec la France, à diminuer les impôts, à éviter l'union de l'Église d'Angleterre et des Jacobites, et enfin à écarter du pouvoir les Tories. Ces buts étaient peut-être sans grandeur, mais, en les atteignant, il donna à son pays quelques années d'une prospérité incomparable. Ce fut lui qui enleva aux luttes de partis le caractère de férocité qu'elles avaient eu si longtemps. Quand enfin il perdra le pouvoir, il se laissera renverser « par des hommes dont il lui eût été facile de faire tomber les têtes ». Parce qu'il jugeait la politique avec scepticisme et l'espèce humaine avec humilité, il fit pendant son passage aux affaires aussi peu de mal que possible, mais son manque d'enthousiasme déplut aux âmes ardentes et jeunes.

VII. — En politique internationale, le pacifisme de Walpole fut servi par les circonstances. Le traité d'Utrecht n'avait pas laissé de ces blessures d'amour-propre qui appellent de vaines et cruelles revanches. Le temps des guerres de religion était passé ; celui des guerres nationales n'était pas venu. Pendant vingt-cinq ans, par crainte de l'Espagne que l'étrange Alberoni venait de ressusciter, les ministres français Dubois et Fleury recherchèrent l'alliance anglaise. Unies, la France et l'Angleterre ont presque toujours, au cours de l'histoire, été invincibles. Elles maintinrent alors une paix relative. Le principe de non-intervention sur le Continent ne pouvait être appliqué sans réserve par Walpole, dont les souverains avaient en Europe des intérêts hanovriens, et dont les électeurs avaient dans les colonies espagnoles des intérêts commerciaux. « Ma politique, dira-t-il prudemment, est de me tenir libre de tout engagement aussi longtemps que nous le pouvons. »

VIII. — Pendant l'été de 1727, George Ier mourut d'apoplexie. On put croire que Walpole allait tomber en disgrâce. Le prince de Galles s'était toujours fort mal entendu avec son père ; devenu George II, il semblait probable qu'il souhaiterait un changement de ministre. Mais bientôt les courtisans trouvèrent Sir Robert mieux en cour que jamais. Le nouveau roi n'était pourtant pas facile à séduire. Avare, mesquin, méthodique jusqu'à la manie, il attendait chaque soir, montre en main, l'heure d'aller chez sa maîtresse parce qu'il s'y voulait rendre ponctuellement à neuf heures. Il avait montré dans sa vie quelque courage physique, « mais c'était, disait Walpole, le plus grand poltron politique qui eût jamais porté couronne ». Heureusement pour le ministre et pour le pays, George II se laissait diriger par la reine Caroline, « femme intelligente, cultivée, stoïque et surtout patiente ». Sept à huit heures par jour, sans se lasser, elle recevait le torrent de paroles du pauvre roi qui pontifiait sur la guerre ou sur la généalogie. A tant d'ennui, la seule compensation était qu'elle gouvernait le pays et pouvait soutenir son cher Sir Robert. Grâce à cet appui, Walpole dura. Le seul grand orage de son ministère fut l'extraordinaire révolte de l'opinion publique contre la loi d'Excise. Il s'agissait tout simplement d'un droit de douane intérieur sur le commerce du tabac et du vin. Le pays se fâcha aussi fort « que si Walpole avait voulu abolir la Grande Charte ». Londres hurla : « Pas d'esclavage, pas d'excise, pas de sabots de bois ! » Ces sabots de bois obsédaient le peuple anglais depuis le temps de Sir John Fortescue. Walpole, qui avait cent fois raison, ne jugea pas que l'affaire valût que l'on versât du sang. « Cette danse n'ira pas plus loin », dit-il. On a dit du gouvernement des Whigs que c'était une oligarchie tempérée par l'émeute. A la vérité, la menace de l'émeute suffisait. Le soir où Walpole céda, Londres illumina. Mais le ministre garda le pouvoir.

IX. — Après vingt ans de répit, le Grand Pacifique finit par se voir contraint à la guerre. Le chauvinisme mercantile grandissait. Sous couvert du traité qui avait donné à l'Angleterre le droit d'importer des esclaves dans les colonies espagnoles et d'y envoyer un bateau par an, toute une contrebande avait été organisée. Le bateau unique était suivi d'une flottille qui, après chaque escale, sous prétexte de ravitaillement, le remplissait de marchandises nouvelles. Les gardes-côtes espagnols, furieux, fouillaient tous les bateaux anglais. L'opposition se servait de ces « atrocités » pour attaquer l'inertie de Walpole et ce qu'elle appelait « sa rage de négocier ». Un certain capitaine Jenkins vint à la barre des Communes raconter comment son brick, *Rebecca,* avait été arraisonné par les Espagnols, comment ceux-ci lui avaient coupé une oreille et comment « il avait recommandé son âme à Dieu et sa cause au pays ». Pour régler cette affaire, Walpole conclut avec les Espagnols une convention équitable. Elle fut dénoncée par un jeune parlementaire, William Pitt, comme déshonorante. La vérité était que les adversaires du ministre désiraient la guerre avec l'Espagne, non sans l'arrière-pensée d'enlever à celle-ci ses colonies. « Ce sera votre guerre, lui dit Walpole quand il lui fallut, en 1739, s'y résigner, et je vous souhaite d'en avoir grand plaisir. »

X. — Cette « guerre de l'oreille de Jenkins » fut, comme Walpole l'avait prévu, difficile. L'opposition, qui l'avait exigée, refusait au gouvernement les moyens de la gagner. « Sir Robert veut avoir une armée, ne veut pas avoir de guerre et ne peut avoir une paix. » Le ministre, malade de la pierre, épuisé, battu aux Communes grâce à l'appui prêté à ses adversaires par les députés d'Écosse et de Cornouailles, donna enfin sa démission et passa à la Chambre des Lords, sous le nom de Lord Orford. Son départ donna lieu à une curieuse manifestation contre l'office de premier ministre. Trente et un pairs formulèrent une protestation où il était dit que ce titre, non prévu par les lois anglaises, n'était pas compatible avec la constitution du pays. Pitt devait plus tard reconnaître son injustice envers Walpole et louer ce sage et excellent ministre. Mais le « sage et excellent ministre » avait achevé son œuvre. Par un long calme, il avait enraciné la dynastie et enrichi le pays. Cette richesse même appelait des hommes nouveaux. Une Angleterre avide de conquêtes convoitait un Empire. Elle souhaitait non plus la paix, le bon sens, ni même le bonheur, mais les nouvelles de victoires, les listes de villes prises, les triomphes et les aventures. Le temps de Walpole était passé.

XI. — Avec Walpole s'éclipsèrent aussi deux de ses idées favorites : le cabinet homogène et l'alliance avec la France. Les ministres whigs qui succédèrent à Walpole (Carteret, les Pelhams) prirent dans leur cabinet quelques Tories pour en finir avec « ces malheureuses distinctions de parti ». C'était rouvrir le débat (qui, deux cents ans plus tard, n'est pas achevé) entre l'État totalitaire et l'État parlementaire. Carteret, homme d'un beau génie, tomba vite, faute de petitesse. Méprisant la corruption pratiquée par Walpole, il laissa voir que la grande politique seule l'intéressait et qu'il ne perdrait pas son temps à s'occuper de places et de bénéfices. Ceux qui voulaient des places et des bénéfices « s'adressèrent à gens qui avaient plus de loisirs ». Contrairement aux maximes de Walpole, Carteret s'engagea dans les affaires continentales. L'empereur Charles VI avait légué à sa fille Marie-Thérèse, par la Pragmatique Sanction, tous ses États (Europe centrale, Belgique, Italie). Un tel héritage devait éveiller des convoitises. A la mort de Charles, Frédéric II de Prusse réclama pour sa part la Silésie. Quels étaient ses droits ? « Des troupes toujours fraîches, un trésor bien rempli, et une âme avide. » L'Angleterre, liée malgré elle par sa dynastie aux intérêts hanovriens, prit parti contre la Prusse pour l'Autriche ; la France, antiautrichienne par tradition, se lança, elle aussi, dans cette bagarre. Bientôt, comme dans les duels de jadis, les « seconds » finirent par se battre. En mai 1744, la guerre fut déclarée entre la France et l'Angleterre ; en juin, le jeune prétendant Charles-Édouard, petit-fils de Jacques II, venu de France, débarqua en Écosse.

XII. — Là il retrouva une fois de plus l'étonnante fidélité des Highlanders à sa famille ; une fois de plus aussi, on vit que les Écossais étaient les meilleurs soldats de l'île. Avec six mille hommes, Charles-Édouard put entrer en Angleterre et s'avancer jusqu'à Derby. Si un soulèvement anglais l'avait appuyé, il aurait pu ramener sur le trône, en sa personne, la dynastie des Stuarts, ce qui eût été le point de départ de grands désordres. Mais l'affaire montra la prodigieuse indifférence des masses anglaises à ce débat dynastique. Quelques milliers de Highlanders avaient suffi pour envahir l'Angleterre ; une petite armée rappelée du Continent suffit pour sauver Londres et Charles-Édouard battit en retraite. Dans les Flandres, la guerre tournait à l'avantage des Français. Libéré de la menace autrichienne par la victoire de Frédéric de Prusse, le maréchal de Saxe remporta sur l'Angleterre, à Fontenoy, une victoire éclatante (1745) qui fut une victoire d'artilleurs. Si les Anglais n'avaient été maîtres de la mer, si leurs corsaires n'avaient ruiné le commerce français et si les protestants n'avaient chassé Charles-Édouard, Louis XV aurait pu concevoir de grands espoirs. Mais en avril 1746. Charles-Édouard, vaincu à Culloden, s'enfuit en France et les Highlanders furent enfin soumis, non sans rudesse. Bientôt des régiments levés dans les Highlands (Black Watch-Gordon Highlanders) devaient être parmi les plus braves et les plus loyaux du royaume.

XIII. — De 1740 à 1748, l'Angleterre et la France furent en guerre non seulement en Europe, mais au Canada et aux Indes. Maîtres du Canada, les Français souhaitaient occuper les vallées de l'Ohio et du Mississipi, ce qui eût coupé de leur hinterland les colonies de la côte. Aux Indes, les deux compagnies rivales entretenaient de petites armées qu'elles mettaient au service des princes indigènes chaque fois qu'elles apercevaient quelque chance d'augmenter leur territoire. Là se heurtèrent deux grands hommes, le Français Dupleix et l'Anglais Clive. Dupleix triompha d'abord et s'empara de la ville anglaise de Madras. Il dut la rendre au moment du traité d'Aix-la-Chapelle (1748). Mais la paix n'empêcha pas les compagnies rivales de continuer la lutte, sous couvert d'assistance aux souverains locaux. Clive, malgré son extrême jeunesse et le petit nombre de ses soldats, remporta sur les armées des souverains indigènes d'éclatantes victoires. Par sa défense d'Arcot (1751) et plus tard par la bataille de Plassey (1757), il fonda aux Indes un empire anglais. Sa fortune personnelle et le territoire de la Compagnie des Indes orientales s'en trouvèrent prodigieusement accrus. Les Anglais découvraient aux Indes des trésors comparables à ceux que jadis les Espagnols avaient rapportés de l'Amérique du Sud. Les princes indiens, pour s'acquérir les bonnes grâces de leurs conquérants, leur prodiguèrent l'or et les pierres précieuses. Les fortunes faites aux Indes jouèrent désormais un rôle capital dans les élections anglaises.

XIV. — La Paix d'Aix-la-Chapelle (1748) ne satisfit personne. Comme il arrivait, depuis longtemps, toutes les fois que s'achevait une guerre entre la France et l'Angleterre, chacune des deux devait rendre ses conquêtes parce que l'autre tenait des gages précieux. Pour obtenir le retrait des troupes françaises maîtresses des Flandres, le gouvernement anglais dut évacuer l'île du Cap-Breton qui commandait le Canada. Aux Indes et au Canada, les conflits franco-anglais n'étaient pas réglés. Aucun des grands pays européens n'acceptait la carte du monde. Tous les vieux systèmes d'alliances se mouraient. France et Autriche se demandaient si leur inimitié traditionnelle était justifiée par de réelles oppositions d'intérêts, ou si au contraire les progrès de la Prusse ne constituaient pas pour toutes deux un commun et redoutable danger. France et Angleterre commençaient à comprendre qu'elles ne connaîtraient point de paix durable aussi longtemps qu'entre elles la question de l'empire des mers et celle des colonies n'auraient pas été réglées.

4.
ÉTAT DES MŒURS (1700-1750)

I. — Jamais l'Angleterre n'avait eu en Europe un prestige plus étendu. Le succès de ses armées, la prudence de sa révolution, inspiraient aux autres peuples un respectueux désir d'étudier ses idées et ses institutions. Le philosophe des Whigs, John Locke, allait devenir le maître de tous les philosophes européens. Son but était d'opposer au droit divin des Stuarts ce qu'il appelait le droit naturel. Alors que Hobbes, qui tient l'homme à l'état de nature pour une brute dangereuse, déduit de la méchanceté de l'espèce la nécessité de l'État fort, ou Leviathan, Locke enseigne qu'à l'état naturel l'homme, créature raisonnable, respecte encore des lois qui sont celles de la morale. Pour Hobbes, le contrat qui unit le souverain aux sujets est imposé à ceux-ci par leur propre faiblesse ; aux yeux de Locke c'est un contrat fait librement par des êtres libres qui ont le droit d'imposer leurs conditions. Un théologien pourrait dire que Hobbes croit au péché originel et que Locke nie cette doctrine. De l'optimisme officiel de Locke allaient sortir *Le Contrat social* de Rousseau, la Déclaration des Droits de l'Homme et du Citoyen, et la Déclaration d'Indépendance américaine. L'esprit rationaliste antihistorique du XVIIIe siècle est dû pour une large part aux essais et traités de John Locke.

II. — On peut se demander comment des bourgeois et des paysans anglais, auxquels la philosophie à la mode enseignait qu'ils sont nés libres, acceptèrent si facilement l'autorité d'une aristocratie terrienne qui ne possédait même pas, comme les chevaliers féodaux, la force militaire. C'est d'abord que l'Anglais attache plus d'importance aux réalités concrètes qu'aux droits abstraits ; Locke eut une influence plus profonde en France qu'en Angleterre parce que les idées ont en France plus de crédit et plus de pouvoir. C'est aussi que les Anglais du temps de Locke n'avaient pas de graves sujets de mécontentement. Ils constataient que leurs institutions locales, malgré d'inévitables injustices, étaient efficaces et supportables. Le juge de paix, presque toujours *squire* du manoir local, assouplissait les lois que votait le Parlement ; il y était bien obligé ; comment eût-il pu les appliquer sans le consentement des paroisses, alors que sa seule police était faite de *constables* villageois ? Sa faiblesse semblait garante de sa relative équité. Sans doute les lois pénales étaient-elles d'une sévérité archaïque, vaine et cruelle. Vagabonds et braconniers étaient traités comme de dangereux criminels. Mais les propriétaires résidaient sur leurs terres et respectaient un honnête fermier. Compétent en agriculture, le *squire* anglais travaillait dans son domaine parmi ses bouviers, ses bergers. Le sport éveillait un intérêt aussi vif chez l'homme du peuple que chez le lord. « Le duc jouait au cricket avec son jardinier. » Les rapports personnels remplaçaient les rapports administratifs. L'Angleterre au XVIIIe siècle n'est pas seulement « une aristocratie tempérée par l'émeute », c'est aussi une oligarchie tempérée par la familiarité.

III. — Les commerçants et les bourgeois, si souvent humiliés sur le Continent, conservent en Angleterre leur fierté. Nobles et roturiers s'occupent des mêmes affaires ; entre leurs familles des mariages se nouent. Nous avons déjà signalé cette révolution, la plus difficile de toutes et qui en Angleterre est vieille de plusieurs siècles. Il en reste un témoin, qui est le langage. « Depuis plusieurs siècles, écrit Tocqueville, le mot de *gentilhomme* a entièrement changé de sens en Angleterre et le mot de *roturier* n'existe plus. Il eût déjà été impossible de traduire littéralement en anglais ce vers de *Tartuffe,* quand Molière écrivait, en 1664 : « Et tel que l'on le voit il est bon gentilhomme. » Voulez-vous faire une autre application encore de la science des langues en la science de l'histoire : suivez à travers le temps et l'espace la destinée de ce mot : *gentleman,* dont notre mot de *gentilhomme* était le père. Vous verrez sa signification s'étendre en Angleterre à mesure que les conditions se rapprochent. A chaque siècle, on l'applique à des hommes placés un peu plus bas sur l'échelle sociale. En France, le mot de *gentilhomme* était toujours resté étroitement resserré dans son sens primitif. On avait conservé intact le mot qui servait à désigner les membres de la caste, parce qu'on avait conservé la caste elle-même, aussi séparée de toutes les autres qu'elle l'avait jamais été. »

IV. — Le personnage du *squire* en habit à boutons d'argent, en perruque, son équipage de chasse, le banc réservé où il dort à l'église, tout cela, aux yeux mêmes des paysans, fait partie nécessaire du décor de la vie. Ce sera seulement après la révolution industrielle que les masses, transplantées, cesseront d'admettre un parlement de *squires* comme un phénomène naturel. Au début du siècle, elles se contenteront de trouver entre l'occupant du manoir et celui du cottage une certaine identité de mœurs. Ce *squire* est un paysan ; il jure comme les paysans ; au besoin il boit avec eux ; aux jours d'élection ils insultent son fils, lui jettent de la boue, puis l'acclament. « Les luttes électorales sont un sport national, aussi populaire, plus populaire que les courses de chevaux. » Le peuple des campagnes n'est pas alors très malheureux. Il est bien nourri, il mène la vie qu'ont menée ses ancêtres et n'en connaît point d'autre ; le village demeure son univers. Dans les villes mêmes, l'apprenti est encore considéré, chez de nombreux marchands et artisans, comme un membre de la famille. « Le petit peuple, écrit un voyageur suisse, n'a guère besoin en Angleterre d'une description particulière ; dans la plupart des choses, il me paraît confondu avec toute la nation. Il a à peu près les mêmes plaisirs que les nobles, les marchands et le clergé, les mêmes vertus et les mêmes vices. » Pendant la seconde moitié du siècle cet équilibre sera détruit par le développement des machines et par l'émigration vers les villes.

V. — A la stabilité des formes sociales correspond, au XVIIIe siècle celle des formes littéraires. Le classicisme est alors une église dont Horace et Boileau sont les pères. Le grand poète du temps, Pope, compose un *Lutrin* (qu'il nomme *Dunciade*), des épîtres, des satires, de forme traditionnelle et d'ailleurs admirable. On le sent obsédé par Boileau. Plus originaux, donc plus Anglais, Swift et Daniel Defoe donnent, avec les *Voyages de Gulliver* et *Robinson Crusoé,* deux des plus parfaits récits en prose qu'ait produits la littérature de tous les temps. Steele et Addison, dans le *Tatler* et le *Spectator,* imposent à l'essai anglais des formes qu'il conservera longtemps. L'art n'est pas moins classique que la littérature. La grâce, la simplicité des lignes sont les caractères essentiels des poteries de Wedgwood, des meubles de Chippendale et de Sheraton, des maisons de style Adam. De grands peintres anglais : Gainsborough, Romney, Reynolds, continuent dans les familles aristocratiques (comme celle des Spencer) les galeries de portraits commencées par Holbein et Van Dyck. Haendel, arrivé en 1710 du Hanovre où il était *Kapellmeister,* devient en Angleterre un compositeur d'oratorios bibliques parce que ce type d'ouvrage était à la mode et, en 1742, fait jouer à Dublin le *Messie.* L'année précédente (1741), Garrick avait débuté dans le *Richard III* de Shakespeare, l'affiche décrivant, sans le nommer : « un gentleman qui n'a encore paru sur aucune scène. » Ce grand acteur était aussi un grand homme, « le premier du monde, dira Johnson, pour la conversation brillante ». En ce nouveau siècle d'Auguste, peintres, musiciens, acteurs, écrivains, hommes politiques forment une véritable « société » qui, chaque jour, se retrouve dans les *Coffee Houses,* dans les maisons de chocolat et dans les clubs. Alors naissent quelques-uns des plus célèbres de ceux-ci : le Kit-Kat, le Beefsteak Club, l'October Club. Addison les décrit, avec une charmante raideur, dans la Lettre n° IX du *Spectator.*

VI. — Pour former l'esprit de conversation, cafés et clubs jouent en Angleterre le rôle qui fut en France celui des salons, mais leur goût est plus rude. Si l'époque a un côté Gainsborough-Reynolds, elle a aussi un côté Hogarth. « Les plaisirs les plus ordinaires des Anglais, dit notre voyageur suisse, ou du moins des habitants de Londres, sont le vin, les femmes, les dés, la débauche en un mot. Ils n'y cherchent pas de finesse, du moins pas à l'égard du vin et des femmes, qu'ils aiment à joindre ensemble, mais sans beaucoup de délicatesse ni d'agrément ; on dirait qu'ils ne boivent précisément que pour boire. Ils veulent que leurs courtisanes boivent de même et ils sont acharnés quand ils en trouvent qui leur tiennent tête. » Depuis le traité Methuen, les classes riches abusent du vin de Porto. Bolingbroke, Carteret, Walpole sont de grands buveurs, hommes de une, deux, trois bouteilles, car c'est ainsi alors que l'on classe les hommes d'État. Un ministre n'éprouve aucune honte à se présenter ivre devant la Reine, un *squire* à s'enivrer devant sa fille. Le peuple boit du gin ;

on en distille deux millions de gallons en 1714, cinq millions en 1735.

VII. — Avec l'ivresse se répand la violence, d'autant plus dangereuse qu'il n'y a pas de police et que l'armée se trouve réduite, après le traité d'Utrecht, à huit mille hommes pour toute la Grande-Bretagne. Dans les rues de Londres, une bande de jeunes voyous de qualité, les Mohocks, brutalisent les passants. Sur les routes, qui sont de véritables marais, des brigands à cheval dévalisent les voyageurs. Vers 1725, on ne parlait à Londres que de Jack Sheppard, sorte d'Al Capone du XVIIIe siècle. Ce détrousseur était populaire ; il ne s'attaquait guère qu'aux riches ; il leur prenait leur argent avec des manières de gentleman ; puis le dépensait généreusement. Quand il traversa pour la dernière fois les rues de Londres, allant de la prison de Newgate à la potence de Tyburn, ce fut comme une procession triomphale. Sur la vie de ce bandit, le poète John Gay eut l'idée d'écrire une pastorale comique, parodie des opéras italiens, et qui se passerait dans la prison de Newgate, endroit étonnant où les voleurs, pourvu qu'ils eussent de l'argent, étaient traités par les geôliers comme de grands seigneurs. La pièce de Gay, le *Beggar's Opera,* devint la fureur de la ville. Vif, alerte, cynique, brutal, *L'Opéra de Quatre Sous* (c'est son titre français) est, comme *Le Mariage de Figaro,* un de ces ouvrages qui doivent leur célébrité à la fois à leur réussite esthétique et à leur importance historique. Il peint une société immorale, qui n'est pas maîtresse de ses bandits et qui, par un reste de férocité, les admire.

VIII. — Un autre grand vice du temps était le jeu. Dans tous les clubs on jouait, comme aussi dans les sociétés de femmes. En une nuit une femme perdait ses joyaux et ses propriétés. Le whist, jusqu'alors surtout jeu de clergymen, devenait à la mode. Des professeurs l'enseignaient, à une guinée la leçon. Ceux qui ne jouaient pas aux cartes spéculaient. Le goût du lucre était tel que l'escroquerie ne manquait jamais de victimes. Des financiers véreux créaient des sociétés pour les objets les plus absurdes. L'un d'eux alla jusqu'à demander deux guinées par tête pour une opération dont il ne pourrait révéler le secret qu'après la souscription. En un seul jour, il reçut deux cents guinées avec lesquelles il s'enfuit. C'était là le climat qui avait rendu possibles les folies du *South Sea Bubble.*

IX. — La boisson, le jeu et la galanterie étaient causes de querelles, qui souvent s'achevaient en duels. On se battait partout, dans les salles de bal, dans les *Coffee Houses,* et jusque dans les couloirs des théâtres. La coutume de tuer un homme pour un mot ne disparut pas entièrement avant la fin du siècle. En 1775, le « mauvais Lord » Byron tua encore, dans le plus fou des combats, l'oncle de Mary Chaworth. Pourtant dès 1730, le duel tendit à disparaître grâce à un homme qui exerça sur les mœurs anglaises la plus curieuse influence : Richard Nash, plus connu sous le nom de « Beau Nash ». En 1705, Nash avait été nommé maître des cérémonies à Bath ; depuis le temps des Romains cette ville d'eaux avait gardé grande réputation, mais les baigneurs s'y ennuyaient fort. Nash entreprit de la réveiller. Investi (par lui-même) d'une autorité sans limite, il imposa les règles les plus strictes et les plus sages. Ce fut lui qui le premier habitua les Anglais de classes différentes à se mêler les uns aux autres pendant une saison d'eaux, lui aussi qui interdit à Bath le port de l'épée. Cet usage, d'abord propre à Bath, devint ensuite général, ce qui supprima au moins les duels impromptus. Nash imposa aux hommes le bas de soie et le soulier découvert. « Il fut le premier, dit Oliver Goldsmith, qui donna une certaine aisance d'allures et d'abord à un peuple que les étrangers avaient coutume de blâmer pour sa réserve et sa timidité... La *gentry* porta jusqu'à Londres l'aisance acquise à Bath et ainsi tout le royaume peu à peu devint plus raffiné, grâce aux leçons de « Beau Nash ». On pouvait railler le maître des cérémonies, son chapeau blanc et son carrosse à six chevaux ; mais « encore que la cérémonie soit fort différente de la politesse, jamais nation ne devint polie sans avoir été d'abord cérémonieuse ». En ces piscines de Bath où hommes et femmes, tandis que devant eux flottaient sur un petit plateau de bois leur mouchoir, leur bouquet ou leur tabatière, remédiaient par des amourettes à l'ennui d'une saison de bains, le ton grossier de la comédie de Wycherley devint celui, spirituel et frivole, des personnages de Sheridan.

X. — Dans toute l'Europe les hommes de cette première moitié du XVIIIe siècle ont beaucoup de traits communs. Frivolité, sensualité, scepticisme, tous les caractères des sociétés trop heureuses se retrouvent à Londres comme à Paris. Montesquieu en 1729 note : « Point de religion en Angleterre. Un homme ayant dit, à la Chambre des Communes : « Je crois cela comme article de foi », tout le monde se met à rire. » David Hume, philosophe à la mode dans les deux capitales, est un esprit type de son siècle « par sa haine de l'enthousiasme, et celui dont il a le plus horreur est l'enthousiasme religieux. Pourquoi les opinions religieuses seraient cause d'antagonisme, il ne peut pas plus le comprendre que si des gens refusaient de se croiser sur la grand-route ». Son contemporain Voltaire devait reconnaître, à la fin de sa vie, que l'homme ne peut vivre sans enthousiasme et qu'il lui faut sans cesse passer « des convulsions de l'inquiétude à la léthargie de l'ennui ». En Angleterre comme en France, l'ennui et l'appétit d'émotions allaient amener, après un demi-siècle de scepticisme et d'égoïsme, une révolution sentimentale. A la vérité le scepticisme lui-même avait souvent été le masque d'un nouveau mysticisme. « C'est une chimère, écrit Bernard Fay, que d'imaginer un XVIIIe siècle régi par une logique implacable, maîtresse des cœurs et des imaginations ; comme toutes les autres époques, cet âge fut emporté par des rêves et des passions qui ont modelé la forme des intelligences et qui lui ont imposé des disciplines. » De même que la doctrine de Locke, en apparence toute logique et raisonnable, avait permis aux Whigs de rationaliser leurs passions politiques, qui étaient vives, ainsi, depuis la fondation de la Grande Loge de Londres (1715), la Franc-Maçonnerie, qui se développe alors rapidement dans toute l'Angleterre, offre un abri spirituel aux déistes qui gardent le besoin d'un rituel et d'un mysticisme. Mais la Franc-Maçonnerie anglaise demeure aristocratique et bourgeoise ; les besoins sentimentaux du peuple seront mieux satisfaits par les missions de Wesley, comme on le verra en son temps.

5.
LE TEMPS DE PITT

I. — « Bête comme la paix », avait-on dit en France après le traité d'Aix-la-Chapelle, et en effet cette paix n'avait rien réglé. Aux colonies, la guerre avait continué. Comment les gouvernements s'y fussent-ils opposés ? Par mauvais temps il fallait deux mois pour aller à New York, six mois pour aller à Calcutta. Les ordres de Londres ou de Paris arrivaient quand les batailles étaient gagnées ou perdues. Aux Indes, Pondichéry rivalisait avec Madras, Chandernagor avec Calcutta. En Amérique, les gouverneurs français s'efforçaient de réunir la Louisiane au Canada, le Mississipi au Saint-Laurent, en passant derrière les colonies britanniques qui se fussent ainsi trouvées sans hinterland et encerclées entre les Alleghanys et la mer. En pleine paix la lutte s'était engagée dans la vallée de l'Ohio et les Français, en ayant chassé les coloniaux, y avaient construit Fort-Duquesne.

II. — En dépit de ces victoires, la position des Français au Canada était loin d'être sûre. Les colonies anglaises, depuis Charles II, qui avait acquis les Carolines et l'État de New York (ce dernier cédé par la Hollande au traité de Bréda), formaient, le long de la côte, un bloc homogène et bien peuplé. Elles avaient environ 1 200 000 habitants, alors que le nombre des colons français au Canada ne dépassait guère 60 000. L'Angleterre, peuple où les marchands étaient puissants, tenait passionnément à ses colonies et elle était prête à faire, pour les conserver, des sacrifices que n'eût pas consentis la France. En revanche, les Anglo-Saxons étaient en Amérique plus divisés que les Français. Ces États peuplés de dissidents, caractères difficiles et sujets peu loyalistes, étaient jaloux les uns des autres et ne semblaient guère capables de s'unir pour une action commune, tandis que les colonies françaises, bien administrées par de fidèles soldats du Roi, pouvaient former de grands desseins et les exécuter.

III. — Non seulement les coloniaux des deux pays se battaient, au mépris des traités, dans tous les coins du globe, mais sur mer, les escadres anglaises arraisonnaient et attaquaient les vaisseaux français. Deux bons ministres de la Marine, Rouhier et Machault, ayant refait à la France une flotte, l'Amirauté inquiète donna, sans déclaration de guerre, la chasse aux bâtiments français. Louis XV, pacifique, se contentait d'envoyer des notes, méthode qui, depuis sept mille ans qu'il y a des hommes et qui convoitent le bien d'autrui, a enchanté et encouragé les agresseurs. En réalité, depuis l'avènement de Guillaume III, avait recommencé une guerre de Cent Ans. L'enjeu n'était plus l'empire angevin, l'empire anglo-français, mais l'empire mondial. Il devait appartenir à celui des deux adversaires qui obtiendrait la maîtrise des mers. Or pour consacrer toutes ses forces à la reconstruction d'une marine, la France aurait eu besoin de la paix continentale ; à l'Angleterre il suffisait au contraire de trouver, suivant sa tradition, un soldat sur le Continent. Dix expériences avaient montré que victoires navales et coloniales étaient vaines si la France pouvait occuper les Flandres, car il fallait alors, au moment de la négociation, rendre les colonies pour obtenir l'évacuation d'Anvers. Restait à choisir le soldat. Jusqu'à 1748, l'Angleterre avait comblé l'Autriche de ses subsides ; depuis la dernière guerre, George II admirait le roi de Prusse. Frédéric II demandait moins d'argent que Marie-Thérèse et il était meilleur stratégiste. L'Angleterre renversa ses alliances. En même temps, et en partie à cause de ce changement, la France renversa les siennes. La traditionnelle rivalité des Bourbons et des Habsbourgs se transforma en alliance à la grande inquiétude des masses françaises. « De l'alliance autrichienne date en France le divorce entre la monarchie et la nation. » Ce retournement, d'ailleurs, ne changea rien aux principes de la politique britannique : former une coalition continentale, lui fournir de l'argent, des troupes, et porter la guerre aux colonies. Mais, au cours de cette lutte avec la France, un homme d'État anglais allait surgir qui ne verrait plus dans la guerre européenne qu'une diversion et consacrerait à la guerre coloniale les forces principales du pays.

IV. — William Pitt était né en 1708. Son grand-père, gouverneur de Madras, avait, avec une fortune acquise aux Indes, acheté des « bourgs », dont le fameux Old Sarum, circonscription sans électeurs. Le petit-fils, cornette de cavalerie, était entré à la chambre comme député d'Old Sarum, en 1735, et très vite avait surpris les membres du Parlement par une éloquence théâtrale, ironique et passionnée. L'éclat des yeux de ce jeune homme, son grand nez menaçant terrifiaient les opposants. Ils pouvaient détester sa grandiloquence ; ils devaient reconnaître son autorité. « Il faut mater ce terrible cornette », avait dit Walpole. Mais les méthodes habituelles de Walpole étaient sans prise sur William Pitt, incorruptible. Un problème, dans cet esprit, dominait tous les autres : la formation au profit de l'Angleterre d'un empire au-delà des océans. Hanovre, Prusse, Autriche, ces jeux continentaux avaient aux yeux de Pitt peu d'importance intrinsèque. Pions utiles pour sauver les grosses pièces : Indes et Amérique. Rien de plus. Un fait surtout lui semblait inacceptable : la mainmise de l'Espagne sur le commerce de l'Amérique du Sud. Tant que l'Espagne avait toléré la contrebande anglaise, le mal avait paru supportable. Dès qu'elle avait voulu appliquer rigoureusement les traités, les marchands anglais s'étaient indignés et la mollesse de Walpole avait entraîné sa chute. Pitt avait pris parti contre lui. « Quand il s'agit du commerce, avait-il dit à ses compatriotes, c'est votre dernière ligne de défense, c'est votre dernier retranchement, vous devez le défendre ou périr. » Ce langage plaisait à la Cité. Walpole, renversé par Pitt, conseilla tout de suite à ses successeurs : Henry Pelham et le duc de Newcastle (frère de celui-ci), de faire place à ce jeune homme dans leur combinaison. « Tout le monde, leur dit-il, croit Pitt capable et formidable. Essayez-le et montrez ce qu'il est. » Pitt obtint alors son premier poste important, celui de payeur général de l'armée. Son honnêteté y surprit. Jusqu'alors les payeurs, ayant toute l'année entre les mains des sommes importantes, en touchaient les intérêts pour leur compte. Pitt versa ces intérêts à l'État. Il refusa la commission que ses prédécesseurs avaient reçue sur les emprunts. Pendant quelques années on put croire qu'il resterait dans ce poste subalterne. Le roi George II le détestait parce que le jeune ministre, hostile aux engagements continentaux, s'opposait à toute politique hanovrienne ; par ailleurs, des accès de goutte aiguë le retenaient à Bath et les douleurs l'empêchaient de marcher. L'arrivée de Pitt au pouvoir ne fut rendue possible et nécessaire que par de grands revers anglais.

V. — Pelham, autant que Walpole, souhaitait la paix. Son frère et ministre des Affaires étrangères, Newcastle, prince des corrupteurs parlementaires et pire des géographes (il fut si surpris quand il découvrit que Cap-Breton était une île qu'il alla aussitôt le dire au Roi) envoyait des tonneaux de bière et ses compliments à Mme de Pompadour. Mais les pirateries des marins anglais démentaient les politesses du ministre. Un accord avec la France eût exigé des réparations, des excuses ; la nation ne l'eût jamais permis. Pitt décrivait les horreurs d'une invasion française à Londres et blâmait la mollesse du ministère : « Ce n'est pas, disait-il, un ministère. Ils se passent le fardeau de l'un à l'autre. L'un dit : « Je ne suis pas général. » La Trésorerie murmure : « Je ne suis pas amiral. » L'Amirauté répond : « Je ne suis pas ministre. » Un, deux, trois, quatre, cinq lords se réunissent ; ils ne peuvent se mettre d'accord. « Oh ! disent-ils, nous nous reverrons samedi. — Non, « reprend l'un d'eux, je ne puis être en ville ce jour-là. » De l'assemblage de ces pouvoirs séparés, sans doctrine commune, résulte le néant. »

VI. — Ainsi raillait Pitt et en effet quand, en mai 1756, la guerre fut déclarée, elle commença mal pour l'Angleterre. Minorque, base navale en Méditerranée, fut prise par le maréchal de Richelieu. L'amiral Byng, bouc émissaire, devait un peu plus tard être injustement fusillé pour n'avoir pas fait tout ce qui était humainement possible pour sauver l'île. Aux Indes, Calcutta tombait. En Europe, la France, l'Autriche, la Russie et la Suède s'unissaient contre la Prusse et imposaient aux Anglo-Hanovriens la capitulation de Closterseven. En Amérique, les indigènes indiens se joignaient aux Français. De tant de désastres Pitt accusait les Whigs. A coup sûr Newcastle savait acheter des « bourgs », mais ce n'était pas par la corruption que l'on vaincrait les Français. Le peuple exigeait Pitt et celui-ci était prêt à prendre le pouvoir. « Je sais, disait-il, que je puis sauver ce pays et que personne d'autre ne le peut. » Et encore : « Quand on voit un enfant conduire vers un précipice une petite voiture qui contient un vieux roi et la famille de celui-ci, on a le devoir de prendre les rênes. » L'enfant, pendant quelques semaines, disputa les rênes au sauveur. Enfin Pitt eut les mains libres.

VII. — Chaque nation, en temps de crise, évoque un mythe national et l'image traditionnelle d'un sauveur. Clemenceau, en 1918, rassura les Français parce qu'il agissait et parlait comme les grands Jacobins. William Pitt demeure le modèle de l'homme d'État par lequel l'Angleterre souhaite, en temps de guerre, être gouvernée. Tendre le moral de la nation, employer sans compter hommes et argent pour atteindre le but, mettre fin, tant que dure la lutte extérieure, aux rivalités des partis, telle fut sa méthode. Quant au but, c'était le maintien et l'accroissement de l'Empire par la maîtrise de la mer. Pitt, pendant quatre ans, put conduire la guerre en despote, parce qu'il avait l'opinion publique avec lui, mais « nul ne le quitta jamais sans se sentir plus brave ». Ses ordres furent clairs, ses choix excellents, sa volonté indomptable. Il n'hésita pas à prodiguer, pour vaincre, toutes les richesse anglaises. « Nous devons lever, disait-il, des tas et des tas de millions. » En 1758, il fit voter dix millions de livres ; en 1759, douze millions ; en 1760, quinze millions. Il animait à la fois les Communes, « les soldats qui traînaient les canons sur les collines de Québec, les marins qui risquaient leurs bateaux sur les rochers de la Bretagne. A tous il semblait communiquer sa propre impétuosité et sa volonté de vaincre ».

VIII. — Pitt entreprit à la fois de bloquer les ports français, de détruire l'empire colonial de la France et de sauver la Prusse. Malgré l'héroïsme de Montcalm, Wolfe prit Québec, et malgré la belle résistance de Lally-Tollendal, Clive triompha aux Indes. Fort-Duquesne, pris par des régiments de Highlanders et des colons américains, reçut le nom de Pitt et devint le berceau de Pittsburgh. Sur le Continent, Pitt soutint la Prusse et Frédéric répara par la victoire de Rossbach la défaite des Anglo-Hanovriens. En 1759, Horace Walpole pouvait écrire qu'il fallait chaque matin, au breakfast, demander quelles avaient été les victoires de la veille. Le ministre français, Choiseul, eut la sagesse de reconnaître qu'en cette guerre le principal adversaire n'était pas sur le Continent. Ayant conclu avec l'Espagne un Pacte de Famille, il prépara une descente en Angleterre ; mais, comme jadis au duc de Parme, il lui fallait, pour cette entreprise, au moins pendant quelques heures, la maîtrise de la Manche ; or la flotte française fut vaincue et après la « journée de M. de Conflans » les îles bretonnes elles-mêmes furent occupées par les Anglais. Choiseul comprit qu'il n'y avait plus qu'à traiter.

IX. — Si Pitt était resté au pouvoir, il eût imposé à la France une paix très dure. « Aucun nouveau traité d'Utrecht ne tachera, disait-il, notre histoire. » Mais George II mourut en 1760 et fut remplacé (le prince de Galles, Frédéric, étant mort en 1751) par son petit-fils George III, garçon de vingt-deux ans. George III, hostile aux aventures extérieures parce qu'il voulait faire une nouvelle politique intérieure et rétablir le pouvoir personnel du Roi, souhaita dès son avènement la fin de la guerre et toléra mal l'omnipotence de Pitt. Celui-ci était prêt, en 1761, à déclarer la guerre à l'Espagne, qui venait de conclure avec la France un traité d'assistance mutuelle ; il disait qu'il fallait en finir avec la Maison de Bourbon et que l'Espagne était un adversaire inoffensif, car ses ressources lui venaient de ses colonies dont elle serait coupée par la flotte anglaise. « Cette attitude hardie, mais nécessaire, enseignerait non seulement à l'Espagne, mais à l'Europe, quelle dangereuse présomption c'était que de vouloir dicter des conditions à la Grande-Bretagne. » Avec cent cinquante vaisseaux de ligne à flot dans un monde où n'existait aucune autre grande marine, Pitt se sentait prêt à réclamer le monopole des colonies. Mais le Conseil tremblait, le Roi ne soutenait pas Pitt, et le pays commençait à penser que, si l'Angleterre accaparait trop de territoires, elle ferait bientôt contre elle la coalition du Continent. Les collègues de Pitt refusèrent de le soutenir en ses nouveaux projets belliqueux. Quand il menaça de donner sa démission, l'un d'eux répondit « qu'ils n'auraient aucun chagrin si le Gentleman les quittait, car autrement ce serait eux qui le devraient quitter ».

X. — En octobre, Pitt donna sa démission. Le Roi le remplaça par Lord Bute, un de ses favoris et, disait-on, l'ancien amant de la princesse de Galles. La Paix de Paris, qui fut signée en 1763, donnait à l'Angleterre le Canada, Saint-Vincent, la Dominique, Tobago et le Sénégal ; la France s'engageait à évacuer le Hanovre, la Prusse et, condition pénible, à démanteler Dunkerque. L'Angleterre lui restituait Belle-Isle, la Guadeloupe, la Martinique, Marie-Galante, Sainte-Lucie, les comptoirs français des Indes, Saint-Pierre et Miquelon, et lui rendait le droit de pêche à Terre-Neuve. A l'Espagne, qui cédait la Floride aux Anglais, la France donnait en compensation la Louisiane. Le roi de Prusse, ayant cessé d'être utile, se voyait abandonné. Paix dure pour les Français, meilleure pourtant que ne l'eût souhaitée Pitt, qui eût voulu garder toutes les colonies françaises et espagnoles. Il vint lui-même au Parlement protester contre les termes du traité signé par son successeur. Soutenu par des serviteurs, appuyé sur des béquilles, les jambes enveloppées de flanelle et les mains de gants épais, il parla trois heures, malgré de grandes souffrances, réclamant pour son pays le monopole du commerce mondial, prêchant la haine de la Maison de Bourbon, annonçant la grandeur prochaine de la Maison de Brandebourg. Ce fut une scène tragique et grandiose, mais un discours vain car le traité fut ratifié. « Maintenant, dit la princesse de Galles, mon fils est roi d'Angleterre. »

XI. — Le cas de Pitt est un de ceux où il semble que la fermeté d'un seul homme ait détourné le cours de l'histoire. Que fût-il arrivé sans lui ? Un historien anglais imagine Dupleix consolidant aux Indes l'empire de la France, Montcalm étendant le contrôle de celle-ci jusqu'à la vallée du Mississipi, la France devenant la mère patrie des États-Unis. En 1755 ces événements paraissaient possibles ; dès 1761, ils étaient devenus inconcevables ; Pitt avait passé par là. Mais l'œuvre des grands hommes n'est durable que dans la mesure où ils ont tenu compte des grands courants. Or Pitt avait eu raison de penser que l'Angleterre avait, au XVIIIe siècle, plus de chances qu'aucun autre pays d'obtenir l'empire des mers : *a)* parce que, puissance insulaire et dispensée par ses barrières liquides d'entretenir des armées, elle pouvait dépenser pour sa marine plus que les puissances continentales ; *b)* parce que la forme de gouvernement qu'elle s'était donnée lui permettait de percevoir, sur les classes riches et influentes, les taxes les plus lourdes. Tandis que les parlements anglais votaient sans murmurer les subsides demandés par Pitt, les parlements français (parlements non élus) refusaient de lever l'immunité fiscale des classes privilégiées : *c)* enfin, les marchands de Londres, qui savaient la valeur pour eux de l'Inde et des colonies, soutenaient de leur argent, de leurs votes, de leur admiration passionnée, Wolfe et Clive, tandis que les intérêts commerciaux avaient peu de prix aux yeux des noblesses continentales. Ces causes générales qui eussent, tôt ou tard, produit leurs effets, assurèrent les victoires de Pitt. L'Europe avait connu une période de domination espagnole, puis une période de domination française. Avec la guerre de Sept Ans commence une période de domination anglaise. Mais enivrés de leurs victoires, les Anglais deviennent alors plus orgueilleux que jamais. Ils ne craignent pas de s'aliéner à la fois la France, l'Espagne et l'Autriche. Cependant la France dépouillée demeure une grande puissance. Peut-être un jour voudra-t-elle sa revanche sur ceux que Choiseul nomme « les tyrans de la mer ».

6.

GOUVERNEMENT PERSONNEL DE GEORGE III. PERTE DES COLONIES AMÉRICAINES

I. — *Born and educated in this country, I glory in the name of Britain...* De cette phrase et de ce fait, George III attendait une popularité que n'avaient jamais connue ses ancêtres. Il avait écrit *Britain* plutôt qu'*England* pour ne pas froisser ses amis écossais, mais en fait il était Anglais d'aspect, de manières, de langage, de caractère. Le Hanovre pour lui n'était plus qu'un souvenir de famille. Il ne pouvait, raconte-t-on, trouver l'Électorat sur la carte. Pourtant, alors que les deux premiers George, rois étrangers et grotesques, avaient eu des règnes faciles, le troisième, infiniment plus estimable, allait plusieurs fois entrer en conflit avec son peuple. Élevé par son père, Frédéric, puis par sa mère, la princesse de Galles, dans le mépris de son faible grand-père, il avait été nourri des doctrines exposées par Bolingbroke : « Le roi patriote doit régner et gouverner. Pourquoi obéirait-il aux ordres d'un cabinet, de quelques grandes familles, d'un parlement, qui ne représentent pas le pays ? A lui au contraire de devenir, contre les oligarchies, le champion de ses sujets. Sur lui les yeux de tout un peuple sont fixés, remplis d'admiration et brillants d'affection. »

II. — Cette doctrine, en incitant le Roi à établir le pouvoir personnel, l'exposait à de graves conflits avec le Parlement. Mais George III pensa que, si les Whigs avaient dominé les Communes en achetant des circonscriptions et des voix, il pouvait jouer ce jeu aussi bien qu'eux. Il s'efforça donc de créer dans le pays un parti des « Amis du Roi » et il espéra y être aidé par le nouvel état d'esprit des Tories. *Squires* provinciaux et *clergymen* anglicans avaient enfin, depuis l'éclatant échec de Charles-Édouard, renoncé à leur jacobitisme. Plutôt que de céder la place, comme ils le faisaient depuis 1688 par fidélité à une idéologie périmée, à une poignée de grands seigneurs whigs appuyés sur les hommes d'argent, les Tories souhaitaient désormais devenir un parti de gouvernement. Contre les Whigs, divisés par un trop long monopole du pouvoir, le Roi aurait pu s'appuyer utilement sur cette nouvelle forme de toryisme. Mais son caractère détruisait toutes ses chances. Honnête homme, bon mari, frugal, chaste, le « Fermier George » était vaniteux, vindicatif. « Ce que je n'oublie pas, je ne le pardonne pas », disait-il, et il avait trop bonne mémoire. Dès son avènement, la guerre, qui augmentait le prestige de Pitt, lui déplut. L'Angleterre *avait* un roi patriote, mais « qui se nommait William et non George ». Telle fut bientôt sa haine de William que George eût accepté la défaite extérieure si elle avait été pour lui l'occasion d'une victoire intérieure. Dès son premier discours, il voulut parler de cette « guerre sanglante et coûteuse » et il fallut toute l'autorité de Pitt pour qu'il acceptât de dire « juste et coûteuse »

III. — Décidé à choisir lui-même ses ministres, George III prétendit imposer, à ce pays fou de Pitt, Lord Bute, homme loyal, honnête, mais peu fait pour gouverner, qui passait pour avoir été l'amant de la princesse douairière de Galles. Hué par les foules de Londres, doublement irritées de voir leur idole placée sous l'autorité d'un autre, et cet autre un Écossais, Bute se dégoûta vite. Dans leurs feux de joie, les gens de la Cité jetaient des tartans, des bonnets, enfin tous les symboles de l'Écosse. Le ministre, effrayé, donna sa démission. Grenville, qui le remplaça, ne fut pas mieux traité par le public. Comme il se plaignait des emprunts rendus nécessaires par la guerre et demandait à la Chambre où il trouverait de l'argent, le terrible Pitt, imitant la voix plaintive de Grenville, murmura le refrain d'une chanson à la mode : « Gentil berger, dis-moi où... » Grenville en porta toute sa vie le surnom de Gentil Berger. Un membre des Communes, Wilkes, brillant et spirituel pamphlétaire, ayant, dans le n° 45 de son *North Britain,* blâmé le Discours du Trône de 1763, fut, à la requête du Roi, arrêté en vertu d'un mandat en blanc « contre toute personne responsable de cette publication ». Cette arrestation était contraire aux privilèges du Parlement. Les cours de justice donnèrent raison à Wilkes (qui fut pourtant l'année suivante expulsé par les Communes et s'enfuit en France) et condamnèrent le secrétaire d'État, pour arrestation arbitraire, à huit cents livres de dommages et intérêts. Londres illumina ; sur toutes les maisons brillait le chiffre 45. Après les Stuarts, George III apprenait la nécessité, pour le plus patriote des rois, de respecter les libertés traditionnelles des Anglais.

IV. — Des événements plus graves allaient être déclenchés aux colonies par la défense de ces libertés. En Amérique les treize « plantations » formaient maintenant un peuple de trois millions d'habitants, peuple prospère, jaloux de son indépendance et qui peu à peu avait contraint les gouverneurs royaux à laisser le pouvoir réel aux assemblées locales. De cette lutte, les péripéties avaient été à peu près les mêmes qu'en Angleterre. Les Assemblées avaient vaincu parce qu'elles tenaient les cordons de la bourse. Mais les colonies avaient dû, pendant la guerre de Sept Ans, se défendre contre le Canada français. Les troupes nécessaires à cette guerre avaient été fournies et les frais de la campagne supportés par la métropole. Après la guerre, il fut nécessaire de maintenir en Amérique une force permanente de dix mille hommes, pour parer à une révolte possible des Canadiens français. Grenville proposa qu'un tiers des sommes nécessaires pour l'entretien de cette petite armée fût levé dans les colonies par un droit de timbre. Cette mesure ne semblait pas monstrueusement injuste, mais les Américains, comme tous les contribuables, détestaient les taxes et ils trouvèrent contre celle-là des appuis jusque dans la métropole. « Pas de taxation sans représentation », avait toujours été depuis le Moyen Age une des maximes politiques de l'Angleterre. Or, au Parlement de Westminster, les colonies n'étaient pas représentées. Il est vrai que la plupart des grandes villes anglaises n'y avaient pas elles-mêmes de députés ; au moins tous les « intérêts » anglais y trouvaient-ils quelque porte-parole, ce qui n'était pas vrai des intérêts coloniaux sinon de manière trop indirecte.

V. — Il y avait d'ailleurs, en faveur du point de vue colonial, d'autres arguments. Les colonies avaient contribué à la prospérité du commerce anglais ; elles avaient été exploitées suivant les principes du mercantilisme, c'est-à-dire dans l'intérêt de la nation mère. La doctrine mercantile exigeait de toute colonie : 1° qu'elle reçut et expédiât les marchandises sur des vaisseaux construits en Angleterre ou aux colonies (Acte de Navigation) ; 2° que le commerce colonial passât par les ports anglais, même si les coloniaux trouvaient de meilleurs prix en France et en Hollande ; 3° qu'il fût interdit aux colonies de construire des usines pouvant lutter avec celles de l'Angleterre. Pitt lui-même avait déclaré que « si l'Amérique fabriquait un seul fil de laine, un seul fer à cheval, il la remplirait de soldats ». Aux taxes directes votées par les Assemblées, il fallait donc ajouter, pour calculer la contribution réelle des colonies aux revenus du royaume, les profits des industriels et marchands anglais, eux-mêmes taxables.

VI. — Le système mercantile pouvait à la rigueur être supporté par les colonies du sud ; celles-ci cultivaient du tabac et d'autres produits que l'Angleterre devait leur acheter ; elles obtenaient ainsi de l'or qui leur permettait d'acquérir à leur tour les produits manufacturés que leur envoyait la métropole. Au contraire ce régime était insupportable pour les colons du nord dont les produits n'étaient pas complémentaires, mais rivaux de ceux de l'Angleterre. Là est la cause immédiate de la Guerre d'Indépendance américaine. Les Anglais avaient jusqu'alors considéré une colonie comme un placement immédiatement rémunérateur. Nul chez eux n'avait formé l'idée d'empire. Or la conquête du Canada ne pouvait pas « payer ». Pitt avait acquis ce territoire malgré les esprits mesquins qui « en vertu de l'idée de commerce vendent tout ce qu'ils peuvent, jusqu'à l'honneur, la vérité et la conscience ». Les mercantilistes, incapables d'accepter, même d'imaginer une colonie qui, loin d'être une source de revenus, deviendrait pour l'Angleterre une cause de dépenses, entreprirent de faire payer les frais du nouvel Empire par les anciennes colonies. Non moins égoïstes que la métropole, celles-ci voulaient bien participer aux avantages de l'Empire, mais non à ses frais. Un impôt sur les mélasses irrita les distillateurs américains, qui vendaient leur rhum aux Indiens. Puis le *Stamp Act*, en établissant un droit de timbre, draina dans les caisses du fisc le peu d'or que possédaient les colonies et rendit leur commerce impossible.

VII. — Au début de 1766, Pitt intervint. Depuis sa retraite il avait vécu à Bath, goutteux jusqu'à l'impotence. Bien qu'il ne pût plus marcher sans béquilles, ni tenir sa fourchette à table, ni écrire lisiblement, il vint, au moment du Discours du Trône, recommander « la suppression de la taxe ». A son avis, l'Angleterre n'avait aucun droit à taxer les colonies. « On nous dit que l'Amérique est en rébellion, déclara-t-il ; je dis que je me réjouis de ce que l'Amérique ait résisté... Dans un tel combat, je crains plus la victoire que la défaite. L'Amérique, si elle tombait, tomberait comme Samson : elle saisirait les colonnes du temple et entraînerait avec elle la Constitution... Les Américains n'ont pas toujours agi avec prudence, mais ils ont été poussés à la folie par l'injustice. Les punirez-vous d'une folie dont *vous* êtes les auteurs ? » L'acte fut annulé et George III dut, contre son gré, offrir le gouvernement à Pitt. Quand cet infirme se présenta chez le Roi, il était de nouveau l'homme le plus puissant et l'idole du royaume. Mais une erreur, un geste, un mot suffisent pour perdre la faveur des peuples. Pitt, à demi fou de douleur physique, abandonna la Chambre des Communes et se fit comte de Chatham. Quand on avait su qu'il acceptait le ministère, des illuminations avaient été préparées dans Londres ; lorsqu'on apprit qu'il passait à la Chambre des Lords, les illuminations furent décommandées. Il était absurde de dire que Pitt avait trahi. Passer des Communes à la Chambre Haute n'était pas un crime ; mais, pour le grand *Commoner,* c'était une faute. Peut-être Chatham eût-il pu vaincre l'opposition et reconquérir sa popularité s'il n'avait été épuisé, mais la maladie le réduisit à un tel état de nerfs qu'il devint inaccessible. En vain le Roi lui envoyait-il des émissaires ; ceux-ci ne rencontraient plus qu'un fou brandissant une béquille. Un roi obstiné, un ministère décapité, un chef paralysé, tel fut pendant quelques mois le gouvernement de l'Angleterre.

VIII. — Lord North, qui accepta, en 1770, de couvrir, comme premier ministre, le gouvernement personnel de George III, avait le cynisme de Walpole sans en avoir la sagesse ni la vigueur. Dans l'affaire des Colonies, le Roi céda en fait et supprima l'Acte du Timbre, mais il maintint, pour sauver le principe, quelques droits très faibles sur des articles secondaires comme le verre et le thé. C'était mal connaître les coloniaux. Beaucoup d'entre eux avaient conservé le violent esprit de dissidence de leurs ancêtres ; le « principe » était justement ce qu'ils ne pouvaient admettre. Enfin, à une voix de majorité, le cabinet de Lord North décida de ne conserver qu'une taxe, celle sur le thé. Pour une misérable somme de seize mille livres, l'Angleterre perdit un empire. Car, les Américains ayant refusé d'acheter du thé si celui-ci devait être taxé, ordre fut donné à la Compagnie des Indes orientales, qui avait des stoks immenses, d'envoyer une cargaison de thé à Boston. Encore l'affaire aurait-elle pu s'arranger si la vente de ce thé avait été confiée aux marchands habituels, mais la Compagnie voulut vendre directement aux consommateurs. Elle froissa ainsi des commerçants autant qu'elle irrita des hommes libres. Prévenus par leurs amis de Londres, des protestants américains, déguisés en Indiens, envahirent le bateau et jetèrent à la mer les caisses de thé. Cet acte de rébellion amena des représailles, et la crainte de voir celles-ci s'étendre incita les colonies à s'unir pour résister. Un tel conflit ne pouvait conduire qu'à la guerre et, dix-huit mois après l'affaire de Boston, les hostilités commencèrent. Un *covenant* solennel unit les coloniaux, comme jadis les presbytériens écossais. Ils furent d'ailleurs loin d'être unanimes. Sur sept cent mille hommes d'âge militaire, un huitième seulement entra dans les armées. En aucune bataille, Washington n'eut avec lui plus de vingt mille hommes. L'aristocratie de Virginie, le peuple et les classes moyennes se déclarèrent pour la résistance, mais les riches fermiers et les hommes les plus sérieux des professions libérales demeurèrent loyalistes.

IX. — Tous les experts pensaient que les coloniaux seraient rapidement vaincus. « Ils n'avaient pas une ville fortifiée, pas un régiment discipliné, pas un bateau de guerre, pas de crédit. Ni au point de vue financier, ni au point de vue militaire, ils n'étaient de force à faire la guerre à l'Angleterre et en outre, si celle-ci cessait de les protéger, ils allaient être exposés à des attaques de toutes les puissances maritimes du monde... Les Américains, dirent les experts, sont un peuple faible qui doit être protégé par unc puissance navale pour plusieurs siècles encore. » Peut-être, malgré le génie de Washington, eussent-ils en effet été vaincus si la France, heureuse de l'occasion qui lui était offerte de se venger du traité de 1763 et entraînée par un mouvement public d'enthousiasme, ne les avait soutenus. Pour la monarchie française, cette intervention fut une folie ; elle acheva de ruiner ses finances ; elle offrit à tous les Français l'image d'une république triomphante et leur enseigna un vocabulaire démocratique. En Angleterre, l'intervention de la France transforma la nature de la querelle. Pitt, mourant, sentit se réveiller sa haine pour la

Maison de Bourbon et vint au Parlement prononcer le discours le plus dramatique de l'histoire. Tout fut vain. Les flottes françaises, reconstruites par Choiseul, dominaient la mer. Le bailli de Suffren, les amiraux de Grasse, de La Motte-Picquet, d'Estaing, remportaient victoire sur victoire. Le triomphe militaire des Américains fut déterminé par une bataille navale, celle de la Chesapeake.

X. — Quand Lord North apprit la capitulation, à Yorktown, du général anglais Cornwallis et de toute son armée, il chancela comme un homme frappé par une balle : « O Dieu ! dit-il, tout est fini. » L'opinion publique anglaise, désabusée, souhaitait que fût reconnue l'indépendance des colonies. Le Parlement lui-même, bien que composé de créatures du Roi, abandonnait celui-ci. En 1780, John Dunning obtint une majorité aux Communes pour une motion déclarant « que l'influence de la Couronne avait augmenté, augmentait encore, et devrait être diminuée ». La tentative de pouvoir personnel de George III s'achevait en désastre. L'Irlande, toute prête elle aussi à la révolte, avait dû être apaisée par l'octroi d'une complète indépendance législative au Parlement de Dublin, d'ailleurs étrangement composé, car les catholiques en étaient exclus et soixante sièges se trouvaient entre les mains de trois familles. En Angleterre même, les grandes villes protestaient contre l'archaïque découpage des bourgs qui les privait de représentants. L'échec américain affaiblit le ministère. Au début de novembre 1782, Lord North n'avait plus qu'une voix de majorité. En 1783, il dut donner sa démission bien que le Roi fût loin de la souhaiter. Le Roi fut obligé de faire appel à ses ennemis les Whigs, dont les chefs étaient Rockingham, Burke, Shelburne et le jeune fils de Lord Holland, Charles-James Fox. Admirablement doué, grand orateur et grand lettré, ami délicieux et généreux, Fox, à ces qualités, joignait des défauts et des vices qui l'empêchèrent toujours de gouverner l'Angleterre. Son père, cynique, avait volontairement fait de lui un joueur et un libertin, ce qui écartait de lui le vertueux George III. La violence de son zèle pour les insurgés américains ou irlandais allait jusqu'à souhaiter la défaite de son pays. Toujours couvert de dettes, toujours riche d'amis, passant de la table de jeu de Brook's à Théocrite ou à Virgile, il fut adoré, mais non pas estimé. Ce fut par lui et par Shelburne que fut négociée la paix qui termina cette guerre malheureuse.

XI. — En Europe, l'Espagne, la Hollande, la Russie elle-même avaient pris parti contre l'Angleterre, mais celle-ci avait trouvé en Rodney un grand amiral et, malgré un siège franco-espagnol, elle avait pu sauver Gibraltar. La paix de Versailles (1783) n'en fut pas moins, pour la France, une belle revanche du traité de Paris et pour l'Angleterre une paix humiliante. Elle reconnaissait l'indépendance des colonies américaines, rendait Minorque à l'Espagne, Saint-Pierre et Miquelon, Sainte-Lucie, Tobago, Gorée et le Sénégal à la France. « Le soleil de la gloire anglaise s'est couché », disait le jeune fils de Chatham, William Pitt, et beaucoup de bons esprits pensaient alors que c'en était fini de l'Angleterre. A l'intérieur, elle semblait en décomposition ; le système parlementaire avait tourné en tyrannie, en corruption, en impuissance ; le gouvernement personnel avait amené la défaite. Nul ne pouvait alors imaginer l'Angleterre triomphante de 1815.

XII. — Les conséquences immédiates de la guerre américaine furent graves : *a)* L'Angleterre conçut une haine profonde pour la monarchie française et souhaita sa perte ; le rôle de l'argent anglais dans la préparation de la Révolution française sera grand. *b)* Les deux grandes démocraties anglo-saxonnes se trouvèrent séparées et, pour un temps, hostiles. Beaucoup d'historiens pensent que l'événement fut heureux et qu'aucun esprit humain n'aurait pu gouverner de telles masses, à de telles distances. C'est vrai, mais on peut concevoir les États-Unis membres d'un *Commonwealth* britannique et y exerçant une influence prépondérante. Peut-être une telle solution eût-elle été plus favorable à la paix du vieux Continent ? *c)* Parce que le commerce de l'Angleterre avec les États-Unis, bien loin de diminuer, augmenta dès le lendemain du traité de Versailles, de nombreux marchands anglais commencèrent à se demander si la possession d'un empire colonial était vraiment souhaitable. *d)* Enfin la perte de l'Amérique fit des Indes (qui avaient été, pendant cette guerre, courageusement défendues par Warren Hastings) le centre vital du commerce anglais et l'un des éléments les plus importants de la politique extérieure du pays.

XIII. — Les défaites subies par les Anglais en Amérique avaient probablement sauvé en Angleterre la monarchie constitutionnelle. Si le Roi et sa Chambre introuvable avaient triomphé, le gouvernement personnel se fût maintenu, ce qui eût conduit, comme en France, à un conflit révolutionnaire. Mais l'échec militaire consomma la perte de Lord North ; après lui l'Angleterre n'aura plus de ministères responsables envers le Roi seul. Les cabinets naîtront et tomberont au gré de la majorité des Communes. Une combinaison Fox-North, alliance immorale, dura peu. Le jeune Pitt, second fils de Chatham, qui s'était montré à vingt et un ans, « non seulement un copeau du vieux bloc, mais le vieux bloc lui-même », allait rendre son prestige au gouvernement parlementaire. Formé dès l'enfance par son père, il fit à la Chambre des débuts si brillants que, tout de suite, il fut question de lui pour les postes les plus hauts. Par contraste avec Fox il apparaissait, malgré sa jeunesse, comme un prodige de dignité et de prudence. Du grand Chatham, Pitt avait hérité une honnêteté irréprochable et une autorité irrésistible. Alors que toutes les sinécures lui étaient offertes, il sut rester pauvre. Lorsque, malgré les Whigs, le Roi fit de Pitt (alors âgé de vingt-quatre ans) un premier ministre, le prestige du chef du gouvernement l'emporta tout de suite sur celui du souverain. Pitt allait gouverner l'Angleterre sans interruption pendant plus de vingt ans et apporter, dans la vie politique, une qualité nouvelle et précieuse : la pureté.

XIV. — Il est probable que, sans le souvenir de Chatham, cette prise du pouvoir par un adolescent eût été inconcevable. Mais les vertus personnelles de Pitt eussent suffi pour la rendre légitime. A vingt-quatre ans, il montra la sagesse d'un homme mûr. Il fit des Tories un véritable parti, indépendant de la couronne, ayant ses fonds électoraux, ses bourgs et son programme : « Paix, Économies, Réformes. » Il rendit à l'office de Premier Ministre la puissance et le prestige que lui avait donnés Walpole. Il s'efforça d'enlever aux Whigs l'appui des *moneyed men.* Il combattit la corruption, adjugea les emprunts aux plus forts enchérisseurs et endigua l'accroissement de la dette publique par la création d'une Caisse d'amortissement. Ses budgets sont encore aujourd'hui cités comme des modèles d'ingéniosité. Il réussit moins bien quand il voulut réformer le système électoral. Il était évident que la Chambre des Communes ne représentait plus le pays. Pitt proposa une réforme modérée. Il voulait donner soixante-douze sièges à Londres et aux plus grands des comtés, ces sièges étant obtenus par l'annulation des bourgs sans électorat. Mais un tel projet lésait trop d'intérêts ; il fut repoussé. Pitt avait jusqu'alors gouverné sans majorité. Aux élections de 1784, il vainquit (en partie grâce à l'or des magnats anglo-indiens) Fox et ses amis, qui tombèrent par douzaines et qu'on appela, en souvenir du *Livre des Martyrs* de Fox : les martyrs de Fox. Les adversaires de Pitt le crurent perdu quand le roi George III donna des signes évidents de folie. Lorsque le souverain commença de prendre les arbres de son parc pour le roi de Prusse, il fallut nommer un régent. Le prince de Galles préférait Fox à Pitt. Heureusement pour celui-ci, la folie du Roi était une maladie cyclique, et déjà le souverain se remettait quand se produisit un événement dont on a dit qu'il fut le plus important de l'histoire de l'Angleterre au XVIIIe siècle : la prise de la Bastille.

7.
LA RÉVOLUTION ET L'EMPIRE

I. — Si sages qu'ils puissent être, les hommes d'État sont entraînés par les affaires bien plus qu'ils ne les dirigent. Pitt, qui allait devenir, comme son père, un grand ministre de la Guerre, ne souhaitait rien tant que la paix. Excellent financier, il s'intéressait plus à ses budgets qu'à ses armées. Tout le début de son ministère fut pour l'Angleterre un temps de prospérité commerciale. De 1784 à 1793, il éleva les exportations anglaises de dix millions de livres à dix-huit millions. En 1783, le 3 % était à 74, en 1792 au-dessus de 96. Pendant la même période, Pitt avait essayé d'imposer à ses amis tories une politique généreuse. S'il n'avait tenu qu'à lui, catholiques et non-conformistes eussent été affranchis des clauses surannées du *Test Act.* Il obtint quelques mesures partielles en leur faveur, mais se heurta, quand il voulut aller plus loin, à l'opposition des évêques anglicans. Quand, en 1801, il unit l'Irlande à la Grande-Bretagne et forma le Royaume-Uni de Grande-Bretagne et d'Irlande, là encore il aurait voulu accorder leur émancipation aux catholiques irlandais et les autoriser à siéger à Westminster ; il ne put malheureusement convaincre ni son souverain ni son parti et une minorité protestante continua, au mépris de toute justice et de toute prudence, à représenter l'Irlande. Mais une réaction antijacobite avait alors créé, au Parlement anglais, un état d'esprit hostile à toute réforme.

II. — La Révolution française fut, au temps de ses débuts, difficilement intelligible pour les Anglais. Ils n'en prévirent pas la violence parce que sa nature et ses causes leur étaient inconnues.

Entre l'aristocratie terrienne et les fermiers, entre la Cour et les marchands de la Cité, ne s'étaient pas formées en Angleterre ces haines vigoureuses que provoquent les castes fermées. L'inégalité y était grande, mais les carrières ouvertes au talent, et les lois applicables à tous. De 1789 à 1792, les Anglais crurent de bonne foi que les Français allaient se donner, sans troubles graves, des institutions analogues à celles de la Grande-Bretagne. Quand il apprit la prise de la Bastille : « Voici, dit Fox, l'événement le plus important de l'histoire du monde, et le plus heureux. » Beaucoup de philosophes, de savants et d'écrivains pensaient comme lui. Pitt lui-même refusa d'abord de prendre, comme faisaient les souverains du Continent, parti contre la Révolution. Bien au contraire, il est probable qu'il la favorisa. Son sentiment, comme celui de toute l'Angleterre tory, fut en 1789 qu'une puissance rivale allait être affaiblie par des dissensions intérieures et qu'elle émergerait, de cette tempête, régénérée. Burke pensait et écrivait que pour longtemps les facultés guerrières de la France seraient éteintes. C'était quelques mois avant Valmy, quelques années avant Bonaparte. En 1792, Pitt réduisit la flotte anglaise à deux milles marins et ajouta : « A coup sûr il n'y a jamais eu, dans l'histoire de ce pays, un temps où la situation de l'Europe permît mieux d'espérer quinze années de paix que le moment présent. » Les prophéties sont dangereuses pour les prophètes.

III. — L'exécution de Louis XVI et l'occupation de la Belgique transforment en hostilité déclarée cette bienveillance optimiste. A partir de la Terreur, toutes les sympathies des classes gouvernementales vont, en Angleterre, à la monarchie déchue et aux puissances européennes qui attaquent la Révolution. Ne restent favorables à la France révolutionnaire que des républicains radicaux comme Paine et un petit noyau de Whigs réformistes qui se groupent autour de Fox, dc Sheridan et de Grey. Burke lui-même conçoit alors, à l'égard de la Révolution française, des sentiments de haine qui parfois semblent aller jusqu'à l'idée fixe. Encore peut-on facilement expliquer par l'horreur et par la crainte cette attitude des classes dirigeantes. Mais celle du peuple surprend. Pourquoi la contagion des idées révolutionnaires atteignit-elle si lentement les ouvriers et les paysans anglais ?

IV. — Ce n'est pas dans le bonheur du peuple anglais, bonheur, qui, à la fin du XVIIIe siècle, avait été compromis par une révolution agricole et industrielle, qu'il faut chercher l'explication de ce phénomène, mais parmi les causes suivantes : *a)* Comme on l'a déjà montré, une certaine identité de mœurs rapprochait, en Angleterre, seigneurs et paysans. Le seigneur français avait conservé ses privilèges alors qu'il avait perdu ses fonctions. « Il ne gouvernait plus, dit Tocqueville, mais sa présence dans la paroisse empêchait qu'un bon gouvernement paroissial y pût s'établir à la place du sien. » Le paysan anglais était peut-être aussi pauvre que le paysan français ; il se croyait certainement plus libre. *b)* La France étant l'ennemie héréditaire, toute idée qui venait d'elle semblait suspecte, toute invective contre elle rencontrait, dans des cœurs anglais, des résonances. *c)* La nature des principes de 1789 répugnait à l'esprit anglais. Dans les assemblées françaises, des hommes de loi et des hommes de lettres avaient rédigé des déclarations abstraites, énuméré les droits de l'homme, paraphrasé le *Contrat social.* « Je n'entre pas, disait Burke, dans ces distinctions métaphysiques. Je hais jusqu'aux mots qui les désignent. » Et ailleurs : « Aucune question morale n'est jamais une question abstraite. » *d)* La Révolution française détruisait l'édifice construit, au cours des siècles, par la monarchie et en voulait rebâtir un autre avec les seuls matériaux fournis par la raison. Or l'intelligence anglaise était (et demeure) essentiellement historique. Burke répétait sous mille formes que l'homme ne peut vivre sur son petit capital de raison et que l'individu doit demander quelque crédit de sagesse à la banque fondée, au cours des âges, par les innombrables générations des hommes. *e)* Enfin une révolution religieuse (la révolution méthodistes) venait, en Angleterre, de donner aux esprits un autre aliment. La Révolution française était déiste, antichrétienne ; ce trait la condamnait aux yeux des classes moyennes et populaires « qui avaient peur de perdre leur religion », comme sa violence la condamnait aux yeux des aristocrates qui avaient peur de perdre leur vie.

V. — A partir de 1793, le parti whig, coupé en deux, cessa de compter et une coalition nationale se forma autour de Pitt pour lutter contre la contagion des idées révolutionnaires et contre l'esprit conquérant de la Révolution française. A Londres, l'agent français Chauvelin intriguait avec les mécontents, excitait les Irlandais, noyautait l'armée et s'efforçait de préparer une révolution anglaise. La réaction fut vive. Une loi limita les droits des étrangers ; l'*Habeas Corpus* fut suspendu ; la publication de libelles sévèrement punie. Dans chaque village se formèrent des associations loyalistes. A l'extérieur pourtant les Anglais n'eussent pas déclaré, comme avaient fait les monarques continentaux, une guerre de principe à la Révolution française si celle-ci n'avait été elle-même agressive. Aussi longtemps que cela parut possible, Pitt affirma son désir de rester spectateur et « de jouir de la neutralité ». Grande preuve de patience, il vit la prise d'Anvers sans en faire un cas de guerre. Quand la Convention assura les délégués révolutionnaires anglais que le jour était proche où la France pourrait aider une Assemblée nationale d'Angleterre, Pitt toléra encore cette provocation. Mais quand la France décida d'ouvrir à la navigation la rivière d'Anvers, l'Escaut, et de ruiner ainsi les ports hollandais, il dut agir. Un traité solennel garantissait la Hollande contre une telle menace. Pitt lui-même l'avait solennellement confirmé en 1781, le gouvernement français en 1785. La Convention ne niait pas l'existence du traité, mais soutenait que les nécessités de nature l'emportent sur les contrats. La guerre contre la France devenait inévitable. Pitt se consolait en pensant que, pour des raisons financières, une telle campagne serait courte. Elle allait durer vingt ans.

VI. — La nature de cette guerre est assez simple. Au début, l'Angleterre, suivant sa politique traditionnelle, défend ses alliés hollandais. Elle s'oppose à ce qu'Anvers et la Belgique restent entre les mains d'une grande puissance européenne. Elle conquiert de nouvelles colonies et défend les anciennes. En particulier elle soutient aux Antilles une dure campagne qui, plus par la maladie que par les combats, lui coûte quarante mille hommes et dont la seule justification est l'importance que l'on attachait alors aux plantations de cannes à sucre, grande source de richesse. Puis, à partir du moment où Napoléon domine la scène, l'objectif de l'Angleterre n'est plus la victoire sur tel ou tel pays, mais la défaite du conquérant qui menace de détruire en Europe la « balance du pouvoir ». Pour la troisième fois de son histoire, elle combat la puissance la plus forte du Continent ; la lutte contre Napoléon devient la suite naturelle des luttes contre Philippe II et contre Louis XIV.

VII. — Les méthodes de guerre de l'Angleterre ne changent pas plus que ses objectifs. Avant tout elle recherche la maîtrise des mers. Elle l'obtient parce qu'elle a une marine puissante et un corps d'amiraux excellents : Hood, Jarvis, Nelson qui tous ont acquis, par la guerre d'Amérique, l'expérience du combat naval. Contrairement à ce qui se passe alors dans l'armée britannique, c'est dans la marine la compétence, non la naissance, qui donne droit au commandement suprême. Collingwood est le fils d'un marchand de Newcastle, Nelson d'un pasteur de village. Avantage capital sur les marines continentales : Kemperfeldt venait de donner à la flotte son « livre des signaux » grâce auquel il devenait enfin possible, pour un amiral, de diriger, pendant le combat même, les mouvements de ses vaisseaux. La maîtrise de la mer allait permettre à l'Angleterre : de repousser toute invasion ; de transporter ses propres troupes partout où elle le jugerait utile ; et enfin d'empêcher tout ravitaillement d'atteindre les ports ennemis.

VIII. — En même temps qu'à sa flotte, l'Angleterre recourt à son autre arme favorite : les subsides à des coalitions continentales. La méthode semble déplaisante et Bonaparte a parlé avec mépris de « l'or de Pitt ». Mais l'Angleterre n'avait que dix millions d'habitants ; la France, vingt-sept millions. Moins riche en hommes, elle avait besoin de marins plus encore que de soldats ; il était assez naturel que, pour la guerre continentale, elle essayât de trouver des mercenaires. Elle aida les États coalisés de deux manières : dons directs et emprunts consentis. A la vérité les deux méthodes étaient identiques, car jamais intérêts ni principal des dettes de guerre ne furent payés. Au total les subsides de Pitt à l'Europe s'élevèrent de 1792 à 1805, à dix millions de livres. L'augmentation de la dette publique de l'Angleterre, de 1793 à 1802, fut de trois cent trente-quatre millions, sur lesquels la Trésorerie ne toucha guère que deux cents millions, car le 3 % en 1797 ne cotait plus que 47. Pitt avait triplé tous les impôts, fait appel à une contribution volontaire, et enfin établi un impôt sur les revenus, de base extrêmement large, dont le taux était environ de 10 %. Le pays, pour cette guerre, dut donc une fois encore tendre tous ses muscles et seules ses immenses richesses lui permirent de soutenir un effort dans lequel, en certains moments, il se trouva opposé au Continent tout entier.

IX. — Le début de la guerre fut malheureux pour l'Angleterre. La Révolution créait un type d'armée nouveau et fort. « Le système français de la conscription réunissait des spécimens moyens de toutes les classes, dit plus tard Wellington, tandis que notre armée était composée de l'écume de la terre. » Sur mer les Espagnols, puis les Hollandais s'étaient joints aux Français ; l'Angleterre se voyait exclue de la Méditerranée, ce qui lui enlevait une grande partie de ses moyens de pression sur les puissances continentales. Excités par les idées d'égalités prêchées en Europe, les marins de la flotte anglaise se soulevèrent. Ils avaient toujours été mal payés, mal nourris, mal traités. En 1797, quelques équipages chassèrent leurs officiers et arborèrent le drapeau rouge. C'était le moment où, après quatre ans de guerre, le Continent faisait la paix avec la France. L'Angleterre était isolée, l'Irlande en révolte, la flotte mutinée. Si cette insurrection avait été connue des ennemis de l'Angleterre, celle-ci était perdue. Pitt, insulté dans les rues de Londres, dut se faire garder. Mais la situation fut rétablie par un mélange assez anglais de sévérité et d'indulgence. Les mutins devinrent des vainqueurs. La bataille du cap Saint-Vincent (1797) délivra Pitt de la flotte espagnole, celle de Camperdown de la flotte hollandaise. Pourrait-il reconquérir la Méditerranée ? Depuis la perte de Minorque, l'Angleterre n'avait plus de base dans cette mer, d'où l'importance pour elle du port de Toulon qu'elle captura, mais qui fut repris par les Français. Bonaparte, en route pour l'Égypte, conquit l'île de Malte, la meilleure des bases navales de ces temps, et se crut assuré désormais de pouvoir, en Orient, refaire l'empire d'Alexandre. Mais aucune conquête située au-delà des mers ne peut être conservée par une puissance qui a perdu la prépondérance navale. La flotte de Bonaparte ayant été détruite par Nelson en rade d'Aboukir, cette bataille donna Malte et l'Orient à l'Angleterre. Appuyé sur Malte et ses alliés de Naples, Nelson put exercer une pression sur l'Autriche dont il menaçait les possessions italiennes. Une fois de plus, la maîtrise de la Méditerranée allait permettre à l'Angleterre de former une coalition continentale.

X. — Si l'Angleterre l'emportait sur mer, Bonaparte demeurait invincible sur terre. Dès 1801, il pensait à fermer les marchés du Continent à « la perfide Albion ». Une ligue de neutralité armée fut formée, entre les puissances scandinaves, la Prusse et la Russie, afin de protester contre le droit de fouille que prétendaient exercer les Anglais. Pour dissocier cette ligue, qui pouvait priver la Grande-Bretagne de matières indispensables à la flotte (bois, toile à voile, cordages), Nelson attaqua la flotte danoise. La Ligue Nordique s'effondra ; le projet de blocus devint chimérique. Le Premier Consul et le Premier Ministre connaissaient maintenant les limites de leurs forces respectives. La paix s'imposait. Elle était rendue difficile par l'attitude critique et doctrinaire de l'Angleterre à l'égard du système français. Seul Fox comprenait la grandeur de Bonaparte. Aux yeux des Tories, celui-ci n'était qu'un bandit corse sur lequel couraient les plus absurdes légendes. Grenville écrivait insolemment à Talleyrand que le gouvernement de Sa Majesté ne pouvait avoir confiance dans les assurances de paix du Premier Consul. Politique peu raisonnable : si Bonaparte n'était pas sincère dans son désir de paix, le seul moyen de prouver son insincérité était d'accepter la paix. En 1801, Pitt, ne pouvant obtenir l'agrément du Roi à l'admission au Parlement des catholiques irlandais, quitta le pouvoir. Addington, qui lui succéda (« Pitt est à Addington comme Londres à Paddington », chanta-t-on), négocia et, en 1802, signa la Paix d'Amiens. C'était pour l'Angleterre une grave défaite diplomatique. Elle gardait quelques lointaines conquêtes comme Ceylan, mais la France restait en possession de la rive gauche du Rhin et de la Belgique, situation que l'Angleterre pouvait d'autant moins tolérer que Bonaparte, tout de suite, étudia les moyens de faire d'Anvers une base navale et militaire. En Méditerranée, l'Angleterre renonçait à Minorque et promettait de rendre Malte aux Chevaliers, ce qui de nouveau l'eût privée de toute base. Elle avait dû traiter à tout prix, car « elle avait besoin d'un repos, si court fût-il », mais alors qu'aux yeux de Bonaparte la Paix d'Amiens était « une paix finale », aux yeux de Pitt elle n'était qu'une trêve. L'acquisition par la France de la Louisiane, l'expédition de Saint-Domingue, l'alliance avec la Hollande achevèrent d'irriter les Anglais.

XI. — En fait personne n'observa le traité d'Amiens. L'Angleterre garda Malte ; Bonaparte, bien qu'il eût promis de respecter le *statu quo* européen, devint chef de la République d'Italie, annexa le Piémont, imposa sa protection à la Suisse et présida au remaniement de l'Allemagne. *Le Moniteur* publia, sur une « mission commerciale » du colonel Sébastiani en Orient, un rapport menaçant. Les Anglais y apprirent que le Premier Consul ne renonçait ni à l'Égypte, ni aux Indes ; leur décision de garder Malte, au mépris des traités, s'en affermit. Après un ultimatum d'Addington, en 1803, les hostilités reprirent. Cette fois Bonaparte, rêvant de frapper l'Angleterre elle-même, réunissait à Boulogne une armée de débarquement et équipait une flottille de bateaux à fond plat pour transporter cette armée au-delà de la Manche. Comme jadis au duc de Parme et plus récemment à Choiseul, il lui eût fallu, pour réussir, faire protéger pendant quelques heures au moins ses transports par une escadre. Or les flottes française et espagnole étaient bloquées dans les ports de Toulon, Rochefort, Brest, Cadix, par Nelson, Cornwallis et Collingwood. Jusqu'à l'été de 1805, elles y demeurèrent impuissantes, incapables d'obéir aux ordres de concentration que leur donnait l'Empereur. (Il l'était devenu en mars 1805.) En octobre, alors que Napoléon, ayant renoncé à ses projets d'invasion de l'Angleterre, forçait l'Autrichien Mack à capituler dans Ulm, la défaite navale franco-espagnole de Trafalgar, dernière grande bataille de voiliers, au cours de laquelle périt Nelson, donna pour un siècle à l'Angleterre la maîtrise incontestée des océans. (La flotte danoise, en 1807, fut saisie en pleine paix, à Copenhague, par les Anglais qui ruinèrent ainsi les dernières forces maritimes de l'Europe.)

XII. — A partir de Trafalgar et pendant tout le XIXe siècle, l'idée d'attaquer la flotte anglaise apparaîtra comme absurde à tous les chefs d'État et à Napoléon lui-même. Mais si la supériorité navale de la métropole est une condition nécessaire de la stabilité des empires coloniaux, cette supériorité ne suffit pas pour résoudre les questions continentales. A Trafalgar, Napoléon perdit ses colonies et tout espoir de s'emparer de la route des Indes ; il n'en demeura pas moins le maître de l'Europe. En vain Pitt, qui avait repris le pouvoir, suscita coalition sur coalition. Au lendemain d'Austerlitz, il dut reconnaître son impuissance. Ce fut alors que, montrant une carte de l'Europe, il dit : « Roulez cette carte, on n'en aura plus besoin pendant dix ans ! » Il mourut en 1806, de surmenage et de tristesse, en murmurant : « O mon pays ! Dans quel état je laisse mon pays ! »

XIII. — En ce duel Pitt-Napoléon, Pitt avait vaincu sur mer, l'Empereur sur terre. Maître de l'Autriche et de la Prusse, allié de la Russie, Napoléon allait maintenant essayer d'atteindre indirectement la puissance navale et commerciale de l'Angleterre, en interdisant aux vaisseaux anglais l'accès des ports continentaux. Au décret de Berlin qui proclamait le blocus continental, l'Angleterre répliqua par les Ordres en Conseil et arrêta tout commerce maritime qui ne passait pas par ses propres ports, fût-ce le commerce des États-Unis. Ces mesures furent, de part et d'autre, causes de grandes souffrances. Elles amenèrent une guerre entre l'Angleterre et les États-Unis (1812). L'Europe ne pouvant se passer des produits anglais et coloniaux, la contrebande fut universelle et les profits qu'elle laissa tels que la sévérité des peines ne put l'empêcher. L'Empereur lui-même dut se faire fraudeur pour importer des capotes destinées à la Grande Armée. Les industries continentales qui avaient, comme celle du coton, besoin dc matières premières importées, se trouvèrent ruinées au profit de la concurrence anglaise. En revanche, l'Angleterre souffrit d'une crise industrielle et commerciale. L'Europe, privée de produits dont elle avait pris l'habitude (tabac, sucre), essaya de les cultiver elle-même. Le sucre de betterave remplaça celui des plantations antillaises, au grand dommage des colonies britanniques. En 1810-1811, le chômage fut grave en Angleterre et les émeutes menaçantes. Si le Tsar n'avait, en 1811, rompu le système continental, peut-être l'Angleterre eût-elle touché des épaules.

XIV. — Mais le blocus continental amena la chute de Napoléon parce qu'il contraignit l'Empereur, qui voulait la paix, à continuer la guerre. Ayant essayé de plier l'Espagne à ses desseins, il trouva là un pays de guérillas « où une grande armée mourait de faim et où une petite armée se faisait battre ». Des troupes anglaises arrivèrent au Portugal, pays très utile à l'Angleterre comme point de débarquement en Europe, sous le commandement de Wellesley (après 1805 Lord Wellington) et forcèrent les Français à se concentrer, ce qui, en un tel pays, devait être la perte de tout conquérant. Chaque fois que Soult et Suchet durent, pour résister à Wellington, abandonner une province espagnole, celle-ci se souleva. Les maréchaux de l'Empereur arrivèrent à rejeter Wellington derrière les retranchements de Torres Vedras. Mais il sut tirer parti des circonstances et par un remarquable emploi des feux, par la création d'un champ de tir étendu, il résista victorieusement sur ces lignes. La tactique de Wellington était une défensive active. La masse des troupes occupait une position couverte ; seuls des tirailleurs, en avant de la position, attendaient les colonnes ennemies. Sir John Moore avait, au camp de Shorncliffe, formé certains régiments anglais pour ce type de combat « de lignes » ; ce furent ces troupes qui triomphèrent à Busaco, à Salamanque et plus tard à Waterloo. En 1814, l'Espagne était perdue pour Napoléon. Cependant il avait dû s'attaquer à la Russie qui se refusait, elle aussi, à maintenir le blocus. Il y laissa ses meilleurs soldats. Aidées par les subsides anglais, la Russie, la Prusse et l'Autriche, après la bataille de Leipzig (octobre 1813), le ramenèrent en France où, malgré les étonnantes victoires de la campagne de France, l'Empereur se vit enfin contraint d'abdiquer (1814). Tandis que les Alliés, au Congrès de Vienne, discutaient sur le sort de la France, Napoléon, qui n'avait été envoyé qu'à l'île d'Elbe, revint, chassa sans lutte les Bourbons et marcha sur Bruxelles. Wellington, avec une petite armée anglo-allemande, le vainquit à Waterloo (1815).

XV. — La bataille de Waterloo est la défaite de la Révolution armée. Bien que Napoléon eût épousé une archiduchesse, il n'avait jamais été considéré par « ses bons frères les empereurs et rois » que comme un dangereux aventurier. Le but des souverains de la Russie, de l'Autriche et de la Prusse fut, au Congrès de Vienne, d'entourer d'une barrière d'États-tampons la nation qui leur avait inspiré tant de craintes. Ils créèrent un royaume des Pays-Bas (Hollande-Belgique) qui dura jusqu'en 1830 ; ils confièrent la garde de la rive gauche du Rhin à la Prusse ; celle de la frontière des Alpes à un royaume de Piémont et Sardaigne ; celle de l'Italie du Nord à l'Autriche. Talleyrand, qui s'efforçait de limiter les sacrifices de la France, trouva un appui assez inattendu dans le plénipotentiaire anglais Castlereagh. Une fois de plus l'Angleterre, pour maintenir la balance du pouvoir, prenait, après la victoire d'une coalition qu'elle avait animée, le parti du vaincu. Elle ne voulait pas que la France fût trop faible, ni la Russie trop forte ; elle n'était pas, comme les puissances centrales, en état de panique conservatrice ; elle avait obtenu ce qu'elle voulait : Malte, le cap de Bonne-Espérance, Ceylan ; surtout elle avait abattu l'homme qui lui avait résisté et qui avait essayé d'obtenir l'hégémonie en Europe ; elle était satisfaite. Pourtant elle traita sans générosité Napoléon qui, après une seconde abdication, était venu « s'asseoir au foyer du plus noble de ses ennemis » et le laissa jusqu'à sa mort à Sainte-Hélène, dans un état de dénuement digne de pitié. Cette conduite sans grandeur provoqua les protestations de nombreux Anglais, dont Byron.

XVI. — Libéré de ses craintes, le gouvernement anglais se fût volontiers désintéressé du Continent. Il ne le put pas. Entre les nations victorieuses s'était formée une société pour le maintien de la Paix de Vienne et du principe de légitimité. L'Angleterre dut, à contrecœur, faire partie de cette Sainte-Alliance. Elle ne devait pas tarder à entrer en conflit avec ses partenaires. Quant à l'œuvre du Congrès de Vienne, encore que plus durable que n'ont coutume d'être ces édifices diplomatiques, elle était destinée à s'effriter au cours du XIXe siècle. Les négociateurs de Vienne avaient tenu compte des deux idées qui leur semblaient essentielles : la légitimité et l'équilibre européen. Ils avaient négligé les sentiments nationaux dont la force grandissante allait, quarante ans plus tard, faire éclater les cadres établis par eux.

8.
RÉVOLUTION AGRICOLE ET INDUSTRIELLE

I. — Au XIVe siècle la peste noire, en réduisant brusquement d'un tiers la population de l'Angleterre, avait, semble-t-il, favorisé l'émancipation des paysans et le morcellement des fermes ; dès la seconde moitié du XVIIIe siècle, un subit accroissement de la population amena au contraire une recrudescence « d'enclosures ». Vers 1700 le nombre des habitants de l'Angleterre avait été évalué à cinq millions et demi ; jusqu'en 1750 ce chiffre augmenta très lentement, puis soudain en un seul règne, celui de George III, il doubla, atteignant en 1821 quatorze millions. De cette augmentation les causes furent multiples. Le développement rapide des industries, en assurant des emplois aux enfants, et malheureusement même aux plus jeunes d'entre eux, avait encouragé les familles pauvres à se multiplier ; le transfert des travailleurs de la campagne à la ville les avait entassés dans des maisons trop petites, surpeuplées, où les sentiments traditionnels de pudeur et de retenue se trouvaient affaiblis. Cependant qu'augmentait le nombre des naissances, les progrès de la médecine diminuaient celui des décès. C'en était fini de ces grandes épidémies qui enlevaient d'un seul coup le tiers des habitants de Londres ; les enfants et les mères étaient mieux soignés au moment des accouchements ; des hôpitaux s'ouvraient dans la plupart des villes. A une population accrue il fallait plus de nourriture. D'où la nécessité d'accroître aussi les surfaces cultivées et des profits certains pour les propriétaires du sol.

II. — De cette prospérité de l'agriculture devaient seuls profiter les grands *landlords*. Tout gouvernement favorise certains intérêts économiques. Les rois Tudors avaient soutenu les marchands, Charles II avait assuré la prépondérance de ces gentilshommes campagnards auxquels il devait son retour. Les parlements du XVIIIe siècle furent composés de grands seigneurs et de *squires*, les lois qu'ils votèrent peu favorables au peuple des campagnes. Les fermiers ayant des baux de longue durée se virent remplacés par des tenanciers qui pouvaient être renvoyés avec préavis de six mois. Tous les cens fonciers furent relevés. Pour devenir magistrat, pour avoir un grade dans la milice du comté, pour obtenir le droit de chasse, il fallut être beaucoup plus riche que jadis. Aux vieilles institutions populaires de la paroisse se substituèrent des institutions de comté, aristocratiques. Au temps de la Révolution française, les juges de paix devinrent plus durs. Enfin les grands propriétaires furent tentés de se servir de leur puissance politique et administrative pour arrondir leurs domaines, et ils y réussirent d'autant plus facilement que leurs intérêts personnels semblaient coïncider en cela avec l'intérêt national.

III. — Les champs communaux, encore très nombreux en 1750, constituaient en effet une méthode d'exploitation fort primitive. Un agriculteur négligent y rendait inutile le travail des autres en ne détruisant pas les mauvaises herbes. Le paysan y passait sa vie à courir d'une parcelle à l'autre. L'emploi des engrais et de la marne y était difficile parce que les occupants des parcelles manquaient de capitaux pour acheter ces produits nouveaux. Cependant en Hollande, en France, naissait une agriculture scientifique que faisaient connaître en Angleterre des hommes comme Jethro Tull et Lord Townshend. Ce dernier, ayant quitté la vie politique, devint un savant agriculteur. Au lieu de laisser, tous les trois ans, ses champs en jachère, il fit alterner des racines pivotantes (navets, betteraves) avec des céréales et des prairies artificielles (sainfoin, trèfle), et se prépara ainsi des réserves pour nourrir ses bêtes pendant l'hiver. Les paysans haussaient les épaules : « Bon pour un gentleman de semer du trèfle », disaient-ils. « Avec quoi paierons-nous nos fermages ? » Mais les paysans se trompaient et la méthode la plus productive devait l'emporter. Coke de Norfolk, agriculteur illustre dont le domaine modèle attirait des voyageurs de l'Europe entière, arrivait, par un prudent emploi des engrais, à cultiver du blé sur des terres jusque-là stériles. Bakewell améliorait les races de bestiaux, de chèvres, de moutons. Comprenant que les besoins de viande allaient augmenter avec l'accroissement de la population, il cherchait à produire, au lieu des bêtes à longues jambes qui avaient été utiles au temps où l'Angleterre n'était que marais, fondrières et ronces, des races à chair abondante. Ces expériences amusaient une époque curieuse de science et de nouveauté. Pendant tout le XVIIIe siècle, la culture et l'élevage furent à la mode. Les nouveaux riches placèrent leur argent en terres. Des médecins, des pasteurs, des hommes de loi se faisaient fermiers dès qu'ils avaient quelques loisirs. « La tribu fermière, dit Young, est maintenant formée de toutes les classes, depuis le duc jusqu'à l'apprenti. »

IV. — Au début du XVIIIe siècle, les terres communes, les terres en friche, les landes avaient couvert encore des surfaces immenses. Sous George III, les grands propriétaires s'efforcèrent d'amener leurs « tenants » à enclore leurs champs. Eux-mêmes acquirent, au cours de l'opération, non seulement des terres labourées, mais une partie des « commons ». Cela se fit par actes du Parlement « privés ». Au cours du règne de George III, trois mille trois cent cinquante-quatre de ces actes furent passés et environ quatre millions d'acres rendus disponibles pour les méthodes nouvelles de culture. Il suffisait, pour obtenir du Parlement le vote d'un acte, que la demande fût appuyée par les trois quarts des propriétaires d'une paroisse. Mais les trois quarts étaient comptés en superficie et non pas en nombre, si bien que, dans beaucoup de paroisses, le *squire* constituait à lui seul une majorité. Pour plus de décence, il s'adjoignait quelques gros propriétaires, déposait une demande au Parlement, et les paysans apprenaient la suppression de leurs terres communales sans même avoir été consultés. Les *enclosures* permirent la formation de grandes fermes aux terres groupées, l'adoption de méthodes scientifiques et une production infiniment accrue. L'Angleterre devint un des greniers de l'Europe. Mais les petits paysans souffrirent durement de cette spoliation. La disparition des terres communes les privait du coin de prairie qui leur permettait d'avoir une vache et du coin de forêt où leurs porcs trouvaient des glands, où eux-mêmes avaient toujours cherché du bois pour la cuisine et le chauffage. Ils se découragèrent, cessèrent de travailler avec cœur ; se laissèrent glisser à la paresse, à l'ivrognerie, ou émigrèrent vers les villes du Nord où les industries nouvelles cherchaient de la main-d'œuvre. Alors fut abrogée cette excellente loi d'Elizabeth qui interdisait de construire un cottage sans lui laisser au moins quatre acres de jardin. Ce fut cette abrogation qui permit le développement des *slums,* ces quartiers de taudis qui devaient, jusqu'au XXe siècle, déshonorer les grandes villes anglaises.

V. — En d'autres temps, le *yeoman* eût résisté et se fût accroché à sa terre. Mais, outre les villes, les colonies l'attiraient. De 1740 à 1763, l'Angleterre avait acquis la plus grande partie du domaine colonial français. Le Canada, peu peuplé, les colonies américaines, très prospères, offrirent un refuge aux fermiers hardis. Ceux qui restèrent entrèrent au service des *landlords.* Cobbett, en 1821, observe que dans toute l'Angleterre on ne trouve plus qu'une ferme là où jadis il y en avait trois. En 1826 il note, en un certain village, le remplacement de quatorze fermes par une. Le mot de *yeoman* tend à disparaître. « Au XVe siècle, ce mot avait désigné à la fois le propriétaire indépendant et le fermier ; au XVIIIe siècle, c'est au contraire le mot fermier qui désigne les uns et les autres, marquant la classe tout entière d'un signe de dépendance vis-à-vis de la *gentry.* » Dépendance qui plus tard devient imitation. Le grand fermier de 1820 n'est plus le premier de ses ouvriers, mais un homme riche qui veut vivre en *gentleman* et chasser à courre. « C'est quand les fermiers deviennent des *gentleman,* écrit Cobbett, que leurs ouvriers deviennent des esclaves. » Pendant les guerres napoléoniennes, les hauts prix des produits agricoles permirent encore de vivre à ceux des petits fermiers qui avaient pu sauver leur indépendance. Waterloo les acheva et l'on vit disparaître presque entièrement cette classe moyenne rurale qui avait fait si longtemps la force militaire et morale de l'Angleterre.

VI. — Quant à l'ouvrier agricole, il était au début du XIXe siècle dans la misère. Les salaires avaient haussé moins vite que les prix. Jadis chaque village, et presque chaque maison, avait pu vivre en circuit fermé. Avec le développement de la grande industrie, les artisans de village disparurent. Bientôt on verra des fermiers refuser, non seulement de donner, mais de vendre du blé à leurs ouvriers agricoles. Le divorce entre la production et les producteurs va créer une économie abstraite, entièrement inconnue du Moyen Age, et qui favorisera le développement de la plus affreuse pauvreté. Les meilleurs des magistrats essayèrent de porter remède à cette situation, en appliquant plus généreusement la loi des pauvres, mais leurs bonnes intentions produisirent de redoutables effets. En 1794, un groupe de juges de paix réunis à Speenhamland décida de fixer une somme qui serait considérée comme un minimum vital nécessaire à une famille. Cette somme devait être l'équivalent de vingt-six livres de pain par semaine pour chaque homme adulte, plus treize livres pour la femme et chacun des enfants. Si le salaire du père n'atteignait pas ce minimum, il devait être complété par une allocation fournie dans chaque paroisse par l'impôt des pauvres *(rates)*. Les conséquences immédiates de ces mesures furent lamentables : propriétaires et fermiers trouvèrent des ouvriers prêts à travailler pour des salaires infimes parce que ces salaires étaient complétés par la commune ; les petits fermiers, qui n'employaient que leur famille, furent ruinés par la concurrence de cette main-d'œuvre indigente qu'ils devaient eux-mêmes, comme contribuables, entretenir. Le système de Speenhamland eut pour effet de transformer la population rurale du pays qui avait été « la joyeuse Angleterre » en une masse de malheureux nourris, et mal nourris, par la charité publique.

VII. — En même temps que la grande agriculture se développait la grande industrie. La révolution industrielle ne fut pas, comme une révolution politique, une suite d'événements ramassés en un temps assez court, mais une transformation d'abord lente, puis, entre 1760 et 1815, plus rapide, de l'économie. La disparition du système des *guildes* avait commencé avec le développement du capitalisme ou exploitation par un entrepreneur du travail collectif. Ce mouvement vers la grande entreprise fut accéléré, au XVIIIe siècle, par l'accroissement en Angleterre du nombre des consommateurs, par l'ouverture dc marchés nouveaux (en particulier celui des colonies américaines), et par les inventions mécaniques. Dans l'industrie textile, l'invention de la navette volante (1733) augmenta la production des tisseurs et le besoin de fil. Jusqu'alors la laine avait été filée à domicile par la femme et les filles du tisserand. (Et c'est pourquoi la vieille fille se nomme, en anglais, *spinster,* la fileuse.) Pour répondre aux besoins accrus des tisseurs, Hargreaves, Arkwright, Crompton arrivèrent à faire mouvoir simultanément dix broches, puis cent, que conduisait un seul ouvrier aidé par des rattacheurs. Ce fut alors la filature qui produisit plus vite que le tissage. L'invention des métiers à tisser mécaniques répondit à ce nouveau besoin. Puis la machine à vapeur remplaça la force des hommes ou des rivières et les mines de charbon devinrent la richesse essentielle du pays. La France, qui aurait pu être, en cette conquête des marchés, rivale heureuse de l'Angleterre, se trouva retardée au moment critique : *a)* par ses douanes intérieures ; *b)* par le manque de charbon (la France de 1845 ne produit encore que cinq millions de tonnes contre trente-cinq millions en Angleterre) ; *c)* puis par les guerres napoléoniennes et par le blocus qui la priva de coton. La nouvelle industrie cotonnière devint une industrie tout anglaise. En 1784, l'Angleterre consommait quatre millions de livres de coton ; en 1833, trois cents millions. Le remplacement, pour le travail de la métallurgie, du charbon de bois par le charbon de terre conduisit à transporter les grandes usines anglaises du Sud, pays de forêts, au Nord, pays de mines.

VIII. — Grande agriculture et grande industrie exigeaient une amélioration des moyens de transport. Au XVIIIe siècle, dans une partie du pays, on ne pouvait encore circuler qu'à cheval. La médiocrité des chemins était due à ce que chaque paroisse demeurait, comme au Moyen Age, responsable de ses routes. L'autonomie locale, jadis utile, privait l'Angleterre d'un réseau routier que possédait la France parce qu'il y avait été conçu et réalisé par une administration centrale. A partir de 1760, le système des routes à péage *(turnpike roads)* concédées à des trusts qui, pour se rembourser de leurs dépenses, avaient le droit (comme on fait aujourd'hui à l'entrée de certaines autoroutes) de faire payer les voyageurs, donna pourtant d'assez bons résultats. Mais ce ne fut qu'à partir de 1815 que l'art de construire des routes fit de réels progrès. MacAdam, ingénieur écossais, eut l'idée de revêtir la route d'une carapace imperméable. La vitesse des diligences et des *coaches* passa, grâce à lui, de quatre à sept puis à dix milles à l'heure. Ces vitesses fatiguaient les chevaux dont on fit alors une consommation très grande. De jolies auberges aux enseignes peintes s'élevèrent le long des routes. En 1831, apogée des *coaches,* sur trois mille parcours étaient employés cent cinquante mille chevaux. (A partir de cette date, les chemins de fer se développent et les *coaches* déclinent.) Ce fut aussi à la fin du XVIIIe siècle que le Nord et les Midlands se couvrirent de canaux destinés au transport du charbon. Alors également se développèrent les auxiliaires du commerce : banques et assurances. Dans le *coffee house* d'Edward Lloyd avaient pris l'habitude de se réunir dès 1689 quelques hommes prêts à assurer les armateurs contre les risques de mer. Cette institution allait devenir la plus grande association d'assureurs du monde, mais avec l'habituel conservatisme des Anglais, elle continua, jusqu'à une époque très récente, de se nommer *Lloyd's Coffee House*.

IX. — La révolution industrielle préparait et rendait nécessaire une révolution politique. Les villages mouraient ; les villes grandissaient. Liverpool qui, de 4000 habitants en 1685, avait passé à 40000 en 1760, allait atteindre 517000 en 1891 et 803000 en 1936 ; Manchester, de 6000 en 1685, à 40000 en 1760, 93000 en 1801, 505000 en 1891, 800600 en 1936. La carte politique du pays ne coïncidait plus avec sa carte démographique. Le Nord jadis peu peuplé, jacobite et catholique, grouillait maintenant de mineurs et de tisseurs radicaux. Le développement de la grande industrie créait deux classes nouvelles : celle des riches manufacturiers dont la fortune, proportionnelle à l'étendue des nouveaux marchés, devenait égale à celle des grands seigneurs terriens et allait exiger sa part d'influence ; et celle des ouvriers des villes, tout à fait différents de l'ancien artisan villageois, plus accessibles aux agitateurs parce que plus groupés, et prêts à revendiquer un pouvoir politique parce que conscients de leur force. Entre ces « deux nations », l'économie politique à la mode avait tracé la plus infranchissable des frontières.

X. — Toute grande transformation sociale trouve ses théoriciens, qui imaginent des causes permanentes pour expliquer des effets transitoires. Le théoricien de la révolution industrielle fut, en Angleterre, Adam Smith. Inspiré par les physiocrates français, ce professeur de Glasgow écrivit la *Richesse des Nations,* livre qui devint, pour plus d'un siècle, la bible des économistes. Il y prêchait le « laisser faire », la libre concurrence, la confiance dans les mouvements spontanés de l'économie. Aux yeux de Smith et de ses disciples, un Dieu bienfaisant a réglé l'univers de telle manière que le libre jeu des lois naturelles assure le plus grand bonheur du plus grand nombre. Il est possible que la liberté soit cause de souffrances temporaires, mais l'équilibre se trouvera automatiquement rétabli. Cette théorie devait apaiser les scrupules des riches en faisant de la misère et du chômage des remèdes naturels et divins. Telle n'avait pas été la doctrine du Moyen Age, si étroitement corporatif, ni celle du XVIIe siècle, mercantiliste. Les mercantilistes croyaient que la prospérité d'un État est mesurée par la balance positive de son commerce extérieur. L'État, en système mercantile, doit sans cesse intervenir pour protéger la balance du commerce (et ce fut à cette doctrine que l'Angleterre dut de perdre les colonies américaines). Au XIXe siècle le mercantilisme est discrédité ; le libéralisme économique triomphe parce qu'il convient à une période d'expansion où tout producteur nouveau trouve un marché. Il deviendra dangereux dès que les marchés du travail ou ceux de la production se trouveront saturés. Alors la libre concurrence engendrera des maux évidents et l'on verra commencer en Angleterre, comme dans tout le reste du monde occidental, un reflux protectionniste, étatiste et autarcique, qui eût prodigieusement étonné Quesnay et Adam Smith.

9.
LA RÉVOLUTION SENTIMENTALE

I. — « L'esprit du XVIIIe siècle était ordre et unité ; il était achevé ; il était simple. Sa littérature et son art sont le langage d'une petite société d'hommes et de femmes qui se mouvaient à l'intérieur d'un seul système d'idées, qui se comprenaient les uns les autres et qui n'étaient tourmentés par aucun problème angoissant ou troublant... Les classiques étaient leur franc-maçonnerie. » On a vu en son lieu que cette description, assez généralement acceptée, ne décrit que la surface des idées et des mœurs. Il n'est pas vraisemblable que des esprits humains n'aient été troublés par aucun problème angoissant. Encore que Gibbon et Johnson soient de véritables esprits du XVIIIe siècle, leurs passions profondes sont fort violentes ; ce qui est vrai, c'est qu'ils s'efforcent de justifier ces passions par des explications rationnelles et de donner à leurs idées forme classique. Mais l'équilibre intellectuel que cherchent alors, comme les écrivains, les plus sages des aristocrates et bourgeois, ne pouvait satisfaire les classes, beaucoup plus nombreuses, dont la révolution agricole et industrielle détruisait alors l'équilibre économique, et qui avaient besoin d'une foi religieuse ou politique, pour échapper à une insupportable réalité.

II. — L'Église anglicane était elle-même trop rationaliste pour satisfaire à des sentiments ardents et douloureux. Les théologiens anglicans du XVIIIe siècle s'efforcent avant tout de démontrer qu'il n'existe aucun sujet de conflit entre la religion et la raison. La Providence a voulu que la morale du Christ soit aussi le plus sûr chemin du salut temporel. William Paley (1743-1803), si cher au père de Shelley et à tant d'esprits avides de certitudes apaisantes et simples, est le type de ces philosophes optimistes qui prouvent l'existence de Dieu comme un théorème de géométrie. L'Église anglicane devient alors une Église « de classe ». Les évêques appartiennent presque tous aux familles aristocratiques, whigs ou tories, suivant le parti au pouvoir. Quant au clergé subalterne, il est choisi tantôt par le Roi, tantôt par le *squire* local. Sur onze mille cures, cinq mille sept cents sont à la disposition de « patrons ». Naturellement ceux-ci désignent des hommes de leur milieu social et souvent de leur famille : fils, neveux, cousins. Les clergymen anglicans n'ont pas besoin, pour prendre les ordres, de passer par un séminaire. Le plus humble diplôme d'Oxford ou de Cambridge leur suffit. Leur culture, quand ils en ont une, est plus classique que chrétienne. Ce sont des *gentlemen* qui ont les goûts et les défauts, d'ailleurs aussi les vertus, de leur classe. Le pasteur qui chasse à courre ne choque personne. Souvent il est juge de paix et se retrouve sur le banc des magistrats avec son oncle et ses cousins. Ainsi l'armature religieuse du pays souligne et double l'armature politique. Dans l'une comme dans l'autre, la classe des propriétaires terriens forme l'élément principal. L'Église d'Angleterre se trouve ainsi associée à la puissance locale des classes dirigeantes, mais elle perd tout contact avec les classes populaires. Beaucoup de riches recteurs ne résident pas : ils sont « pluralistes », c'est-à-dire titulaires de plusieurs bénéfices et se font remplacer dans chacun de ceux-ci par de pauvres vicaires. En 1812, sur onze mille titulaires, six mille sont non-résidents. Le vicaire lui-même s'efforce de vivre en gentleman et de plaire au *squire*, afin d'être un jour choisi comme titulaire.

III. — Si la religion « douce et raisonnable » des anglicans du XVIIIe siècle convenait admirablement à la partie la plus heureuse de la nation, elle n'apportait aucune nourriture spirituelle aux ouvriers et aux paysans, alors aigris et troublés par la misère. Révolution agricole et révolution industrielle créaient un sentiment d'injustice et d'instabilité. A des âmes blessées et malheureuses, des arguments rationnels sur l'existence d'un Dieu abstrait ne pouvaient suffire. Les sectes dissidentes ou non conformistes, plus égalitaires, avaient jadis conquis les masses. Mais au début du XVIIIe siècle, les trois vieilles dénominations (presbytériens, indépendants et papistes) étaient, elles aussi, devenues tièdes. La persécution attise la foi ; la tolérance l'endort. Encore qu'il existât des lois contre les dissidents, elles n'étaient plus guère appliquées. La « conformité occasionnelle » était tout ce qu'on exigeait d'eux pour leur permettre de faire partie des corporations et municipalités. Le dogme calviniste de la prédestination, religion terrifiante et qui avait touché si profondément les Écossais, s'était, en ce pays de compromis, atténué. Il restait certes en Angleterre des calvinistes convaincus, mais ceux-là, certains d'être les élus, ne faisaient aucun prosélytisme.

IV. — « Le possible est près du nécessaire. » Puisqu'il existait, dans les classes moyennes et pauvres, de nombreuses âmes qui avaient besoin d'une religion plus ardente, et puisque dissidents et anglicans se montraient également impuissants à satisfaire ce besoin, un homme devait se trouver pour donner aux masses populaires cette religion. Cet homme fut John Wesley. Au début de sa vie il avait été, à Oxford, un anglican latitudinaire et qui tenait la foi pour un consentement rationnel. Mais cette doctrine ne le satisfaisait pas complètement. « La raison, pensait-il, cesse-t-elle jamais de raisonner ? Comment être certain qu'on a enfin trouvé la vérité et le salut ? Ne peut-on sentir la grâce ? Pour y atteindre, ne faut-il pas la chercher avec plus de ferveur ? » Vers 1726, Oxford vit avec surprise quelques jeunes hommes fonder un Holy Club (Club de Sainteté) dont les membres jeûnaient, priaient, visitaient les pauvres, prêchaient en plein air et confessaient les uns aux autres leurs péchés. On se moqua beaucoup de Wesley, de ses amis et on les baptisa « méthodistes ». Ce surnom allait devenir le nom d'une Église qui compte aujourd'hui des millions de fidèles. En vain le père de Wesley, recteur anglican, supplia-t-il son fils de renoncer à ses folies et de lui succéder dans sa paroisse. John Wesley se sentait appelé à une mission plus vaste : celle de convertir au christianisme un monde envahi par la tiédeur.

V. — Pendant quelques années sa vie fut agitée. D'abord il partit avec son frère pour les colonies américaines. On entrevoit, à travers les récits de ses malheurs, un tempérament violent et sensuel. L'ardeur que mettait John Wesley à convertir des femmes jeunes et jolies tenait à la fois du zèle religieux le plus sincère et d'un désir physique, peut-être inconnu de lui-même.

Les chrétiens des colonies n'aimèrent pas cette religion agressive, ces prédications personnelles et farouches. Rejeté par eux, Wesley dut rentrer en Angleterre. Il n'avait pas encore trouvé sa voie. « J'ai été en Amérique pour convertir les Indiens, mais qui me convertira ? » Sur le bateau, il était pour la première fois entré en contact avec des membres d'une secte allemande, les Frères Moraves, et avait cru trouver parmi eux ce qu'il cherchait. Il alla visiter en Allemagne les communautés moraves, mais jugea leur foi trop souriante. L'âme de Wesley avait besoin d'un feu plus vif. Un jour (24 mai 1738), dans une sorte d'illumination, il entrevit la vraie foi qui est un lien vivant et non une opération de la raison. Désormais il admit que sa propre mission était d'amener les hommes à cet état de transe spirituelle et de communion totale avec Dieu. D'abord il essaya de prêcher dans les églises, mais sa violence déplut aux évêques qui l'écartèrent des chaires consacrées. Un de ses amis, Whitefield, le fit venir à Bristol et là, pour la première fois, il prêcha en plein air, devant un auditoire populaire, avec un prodigieux succès.

VI. — Alors commença une vie de prédication. Les deux amis, Wesley et Whitefield, prêchèrent dans les champs, dans les granges, dans les faubourgs ouvriers. John Wesley seul prêcha quarante mille sermons et parcourut deux cent cinquante mille milles. Au début, il fut souvent mal accueilli par des foules hostiles ; très vite le bruit se répandit des étonnantes conversions qu'il opérait. Son influence physique était surprenante. Des hommes et des femmes tremblaient, s'évanouissaient, puis se réveillaient envahis par le Saint-Esprit. Quant à Wesley lui-même, voyageant par tous les temps, dormant à peine, il domptait enfin, par cette vie qui eût tué tout autre homme, un tempérament plus qu'humain. Comment concevait-il sa mission ? Il aurait voulu rester dans l'Église d'Angleterre et lui infuser plus de vigueur. Il se croyait un parfait anglican, qui remplissait son devoir un peu mieux que les autres. Mais les évêques raisonnables et aristocratiques de 1750 ne pouvaient voir qu'avec un mépris agacé ces meetings en plein air, ces foules nerveuses. Non seulement ils fermèrent à Wesley leurs églises, mais ils se refusèrent à endosser ses prédications et à ordonner ses prédicateurs. Ce ne fut que tout à fait à la fin de sa vie que Wesley, désespérant de faire la paix avec l'Église établie, se résigna à ordonner lui-même des prêtres, et par là fonda, contre son gré, la secte dissidente des méthodistes wesleyens qui, dès 1810, comptait déjà deux cent trente mille membres.

VII. — L'influence du méthodisme sur l'attitude religieuse du peuple anglais a été immense. Pour des milliers d'êtres et pour ceux qui en avaient le besoin le plus aigu, la religion redevint vivante. Comme les premiers puritains, les premiers wesleyens condamnaient la philosophie tolérante, voluptueuse, de leur temps. Ils contribuèrent à maintenir la tradition du dimanche anglais. Pour lutter contre une concurrence sentimentale qui les effrayait, ils retardèrent l'émancipation des catholiques. Dans l'Église anglicane elle-même, ce mouvement « évangélique » envahit toute la Basse-Église. Les pasteurs du parti anglican évangélique, comme les prédicateurs de Wesley, allèrent au peuple. Les sectes dissidentes, effrayées par les progrès des wesleyens, renoncèrent à leur pieuse anarchie et se groupèrent en Églises. Toute religion devint plus émotionnelle. Parce que le christianisme absorbait, par ce « réveil », les forces vives des misérables, ceux-ci furent moins tentés que la plèbe du Continent par les doctrines révolutionnaires. La misère et l'inégalité furent acceptées en Angleterre, au moins pour un temps, comme des plaies envoyées par Dieu, et qui avaient pour contrepartie le bonheur intérieur et le salut. A la fin du XVIIIe siècle, l'aristocratie et la haute bourgeoisie anglaises peuvent être cyniques, immorales et parfois athées ; les classes populaires respectent la Bible.

VIII. — La révolution sentimentale n'est pas seulement religieuse. En Angleterre comme en France, le XVIIIe siècle commence par le culte d'une civilisation raffinée, mais artificielle, puis il découvre la complexité de l'homme, la puissance du sentiment et souhaite le retour à la nature. Tandis que Fielding observe les êtres en grand romancier classique, Richardson s'attache, comme Rousseau, à peindre leurs inquiétudes et leurs passions et découvre l'un des premiers le charme équivoque d'un mélange de moralité et de sensualité. Goldsmith, puis Sterne mettent à la mode une sensibilité douce, tranquille, « un trémolo continu », un humanitarisme nouveau. Scott permet à ses lecteurs l'évasion dans le passé. A la poésie mondaine succède une poésie intime et mystique ; Cowper, Wordsworth, Blake, Coleridge préparent et annoncent le romantisme. Déjà ils sont des romantiques car il n'y a pas, entre les deux aspects du siècle, de frontières précises, et le docteur Johnson est encore un homme jeune l'année où Richardson publie *Paméla.* Quand éclate la Révolution française, si elle choque des philosophes politiques comme Burke, elle émeut quelques-uns des plus grands poètes anglais. Shelley en défend les principes ; Byron, en apprenant la victoire de Wellington à Waterloo, écrit : *Well, I am damned sorry for it.* Dans les deux pays, la jeunesse éprouve alors un désir de renouvellement. La jeunesse française transforme une société par ses actes et l'Europe par ses guerres. Cette transformation réelle la dispense de l'évasion littéraire. La jeunesse anglaise se sent au contraire opprimée dans une société dont les cadres ont été rendus plus rigides par la peur du jacobinisme. Elle s'évade en imagination ; elle s'évade même en fait, et l'Italie recueille les grands rebelles du romantisme anglais. G. K Chesterton a remarqué que cette fin du XVIIIe siècle qui, dans la France révolutionnaire, produit la peinture si classique de Boilly et de David, est en Angleterre le temps des romantiques visions de Blake, que Coleridge et Keats eussent certainement choqué Danton et que, si le Comité de Salut public n'avait pas exécuté Shelley comme aristocrate, il l'eût enfermé comme fou. Aucune époque ne permet mieux d'observer le caractère « complémentaire » de toute activité artistique. L'un des deux pays fait une révolution politique ; l'autre une révolution esthétique. Les écrivains anglais « pleurent sur le prisonnier, mais ils n'ont nul désir de détruire la Bastille ».

IX. — Les diverses révolutions du XVIIIe siècle, industrielle, politique et sentimentale, se reflètent dans le miroir du langage. Entre 1700 et 1750 apparaissent, nous apprend Logan Pearsell Smith, les mots : *bankruptcy* (banqueroute), *banking, bulls and bears* (haussiers et baissiers) ; après 1750, *consols* (consolidés), *finance, bonus, capitalist.* Le mot *minister* date de la reine Anne, *budget* de George II. A la Révolution française, l'Angleterre doit les mots : *aristocrat, democrat, royalism, terrorism, conscription, guillotine.* La saison de Londres, le club, le magazine, la presse sont des mots du XVIIIe siècle. *Interesting* (intéressant) apparaît pour la première fois en son sens actuel dans le *Voyage sentimental* de Sterne (1768) et à peu près au même moment naît *boring* (ennuyeux). Le vocabulaire montre ainsi que l'homme devient alors plus conscient de ses propres émotions et cette remarque s'applique au mot *sentimental* lui-même qui naquit en Angleterre au milieu du XVIIIe siècle. Wesley, pendant un de ses voyages de prédication, avait lu le *Voyage sentimental* et s'était demandé : « Sentimental ? Qu'est-ce que cela ? Ce n'est pas anglais. Il aurait aussi bien pu dire : continental. » Car il était alors difficile de prévoir que le mot et l'attitude (« cet état d'âme qui fait de la tristesse un luxe et de la sympathie une fin plutôt qu'un moyen ») deviendraient si profondément anglais.

10.
CONCLUSION

I. — Entre le XVIIIe siècle anglais et le XVIIIe siècle français, les traits de ressemblance sont nombreux. Dans les deux pays, le libertinage et le cynisme se mêlent au sentimentalisme. Mais les tempéraments des deux peuples, modelés par le climat et par l'histoire, demeurent profondément différents. On imagine mal en France, vers 1760, un docteur Johnson, tory vigoureusement réactionnaire, qui proclame son amour des hiérarchies, sa haine de la liberté, « notions bonnes pour amuser le peuple », et qui pourtant est l'ami de Burke, le commensal de Wilkes, l'admirateur de Fox. Le protestant puritain, homme rare en France et qui n'y exerce point d'influence, demeure dans la composition de l'Angleterre un des éléments les plus importants. Sa religion colore celle de toutes les classes et même de celles qui, en d'autres pays, sont alors les moins religieuses. Comparez la vie d'une Adrienne Lecouvreur ou d'une Sophie Arnould avec celle de Mrs. Siddons, actrice émouvante, vertueuse, respectée et toujours un peu solennelle. Si, au temps de Charles II et dans l'ivresse de la Restauration, on a pu croire l'Angleterre convertie au cynisme, au temps du Régent, et malgré les hardiesses de quelques dandies, l'Angleterre évangélique a repris tout son empire. Il est curieux d'observer, en Byron mourant, le triomphe symbolique d'un calvinisme héréditaire, qui a dans l'âme des racines profondes, sur un cynisme tout intellectuel.

II. — Les trois phénomènes les plus importants de la période 1688-1815 sont : *a)* Le passage d'un gouvernement monarchique où le Parlement n'avait eu qu'un rôle législatif à un gouvernement oligarchique où le Parlement est aussi, contrairement à ce que croyait Montesquieu, la source du pouvoir exécutif. Ce passage se fait grâce à l'invention (ou plutôt à la génération spontanée) du cabinet responsable devant les Chambres, invention qui rend possible l'alternance pacifique des partis. *b)* La lutte avec la France qui a pour premier objectif d'empêcher la formation sur le Continent d'une hégémonie redoutable pour l'Angleterre, que ce soit celle de Louis XIV ou celle de Napoléon, pour second objet d'assurer à l'Angleterre la maîtrise des mers, et enfin pour conséquence indirecte, à peine souhaitée, la formation d'un nouvel empire colonial. *c)* La révolution agricole et industrielle qui, tant en ruinant les petits propriétaires qu'en massant dans les villes un prolétariat, rend inévitable une révolution politique. « A toute forme d'économie correspond un régime[1]. » L'économie pastorale comporte un gouvernement familial ou tribal ; l'économie agricole primitive suppose quelque sorte de féodalité parce que les agriculteurs épars ont besoin d'être défendus ; le temps des marchands est celui de la ploutocratie ; le temps de l'industrie sera, au moins pendant le XIXe siècle, celui de la démocratie.

III. — En Angleterre le pouvoir, au XVIIIe siècle, avait appartenu à une classe mixte, formée d'une aristocratie (issue de la féodalité défunte) et d'une ploutocratie toute neuve. Cette classe seule, en se divisant, avait donné naissance aux deux partis. Vers 1800, sur 658 membres de la Chambre des Communes, 487 étaient nommés par elle. Nous avons montré que le régime avait été accepté parce que ceux qui l'exerçaient gardaient contact avec les paysans, parce que les institutions locales en avaient dans une certaine mesure corrigé les injustices, et enfin parce que ce groupe de privilégiés était ouvert au talent, ou au moins au succès. Ce système avait eu l'avantage de faire accepter par les classes dirigeantes l'autorité du Parlement. Si au XIXe siècle celui-ci, devenu plus démocratique, ne rencontra jamais dans l'élite anglaise un préjugé défavorable, c'est parce que cette élite avait pris l'habitude, au XVIIIe siècle, de le considérer comme *sa* maison. Là est l'une des raisons, peut-être la plus importante, du succès en Angleterre du parlementarisme qui, ailleurs, échoua faute de telles racines. Mais ce monopole aristocratique cessa

1. Professeur Pollard.

d'être viable quand la révolution industrielle, en groupant les ouvriers dans les villes, comprima sous de petits volumes des forces immenses qui durent trouver quelque soupape ouverte, faute de quoi elles eussent fait sauter le régime. Avec l'ouvrier de Birmingham ou de Leeds, les *squires* de la Chambre n'ont plus ni vie, ni pensée commune. Que peut être « la paroisse » aux yeux d'un habitant des *slums ?* La population de l'Angleterre ayant doublé en soixante ans, la jeunesse qui, vers 1815, peuple les grandes villes, n'a jamais connu la vie rurale qui a engendré et explique la constitution du pays. Il est naturel que cette jeunesse devienne inquiète, irritable, et qu'elle exige des réformes.

IV. — Inquiétude et irritation d'autant plus vives que les craintes éveillées par la Révolution française ont alors rendu l'aristocratie anglaise moins souple et moins encline au compromis. Contagieuse, agressive, cette Révolution a éveillé en Angleterre de durables ressentiments. Les guerres qu'elle a provoquées ont troublé le développement normal du pays. Les villes anglaises ont grandi en un moment où le gouvernement, absorbé par la lutte extérieure, n'a pu imposer aux architectes les règles d'hygiène qui eussent été indispensables. Toute période de transformation et d'inventions entraîne d'abord de grands malheurs, mais la misère des pauvres, qui fut alors insupportable, aurait pu dans une large mesure être évitée, surtout dans les campagnes. Aussi le mécontentement est-il vif. La monarchie elle-même a perdu tout prestige. Au lendemain des victoires de 1814, le Régent est hué dans les rues de Londres. Le loyalisme national a longtemps soutenu les Tories contre l'ogre corse ; la paix va libérer les consciences et les griefs accumulés pendant vingt-cinq ans jailliront en émeutes.

V. — Pour résister à une pression populaire, le gouvernement est sans force. Il est vrai qu'il possède la plus grande flotte du monde, mais une flotte ne peut maintenir l'ordre intérieur. L'armée, après la guerre, devra en partie être licenciée et ce qui en restera sera bien incapable d'occuper tout le pays. La *yeomanry* ne répond plus à l'appel ; les *constables* volontaires refusent de prêter serment ; les magistrats sont désarmés. On verra que l'Angleterre échappa pourtant aux chocs, sanglants et vains, d'une révolution et d'une réaction. Elle devra cette immunité à trois forces : la puissance de l'opinion qui par la presse, le jury, les associations, impose à un parlement oligarchique les réformes nécessaires ; l'existence dans le parti whig (grâce à la durable influence de Charles James Fox) d'un élément libéral assez fier des privilèges de la naissance pour faire bon marché des privilèges politiques, assez noble pour être peuple ; enfin le courant évangélique qui adoucit les mœurs et détourne les passions. L'indépendance des juges, le hautain libéralisme des Whigs et la charité des Chrétiens vont permettre au pays de franchir, sans guerre civile, le passage le plus difficile de son histoire.

LIVRE VII

DE L'ARISTOCRATIE A LA DÉMOCRATIE

1.
LES DIFFICULTÉS DE L'APRÈS-GUERRE

I. — Il est naturel qu'une longue guerre, même victorieuse, soit suivie, après la brève détente du triomphe, par des jours de mécontentement et de désordre. Un peuple qui vient d'accepter de grands sacrifices attend de la victoire de grands bienfaits. Or la paix amène presque nécessairement, avec la rupture de l'équilibre artificiel qui s'était établi pendant la guerre, une crise économique qui devient vite une crise politique. L'Angleterre connut, de 1816 à 1821, cinq mauvaises années. Dès la paix, tous les prix baissèrent. Le blé, qui s'était vendu jusqu'à cent vingt shillings le *quarter,* tomba au-dessous de soixante shillings. Cette baisse ruinait les fermiers qui, croyant les hauts prix de guerre éternels, avaient signé des baux onéreux. *Squires* et fermiers réclamaient des allégements de taxes. Le chancelier Vansittart dut renoncer à l'impôt sur le revenu et recourir à l'emprunt. Quand une mauvaise récolte fit soudain remonter le blé à cent trois, ce furent les ouvriers qui protestèrent. Les manufacturiers accusèrent le gouvernement de les contraindre, par sa politique de pain cher, à relever les salaires. Pour l'usine comme pour le manoir, c'en était fini de la prospérité. Plus de commandes militaires. On avait cru que le Continent pourrait absorber la production des nouvelles machines, mais le Continent, épuisé par la guerre, rejetait les marchandises anglaises. Deux cent cinquante mille soldats, démobilisés, cherchaient en vain du travail. Comme il arrive toujours dans les périodes d'inventions rapides et multiples, la machine privait l'homme de son travail. Exaspérés, les tisserands à la main brisaient les métiers mécaniques et parfois mettaient le feu à l'usine. La misère et le chômage étaient tels que la taxe des pauvres passa de cinq millions à neuf millions de livres. Étaient-ce là les bienfaits d'une paix tant souhaitée ?

II. — Il semblait que les intérêts de l'usine et ceux du manoir fussent contradictoires, mais quand l'agitation populaire devint violente, quand les meules brûlèrent après les tissages, manufacturiers et propriétaires furent réconciliés par la crainte. N'étant pas électeurs, les ouvriers industriels et agricoles se faisaient émeutiers. Aucun de leurs défenseurs n'avait chance d'être élu au Parlement. Dans les comtés votaient seuls les francs tenanciers, possesseurs de terres de quarante shillings de revenu ; quant aux bourgs, la liste n'en avait pas été rajeunie depuis le temps des Tudors, de sorte que les grandes villes dont la prospérité était récente demeuraient sans députés. Privé de représentants élus, sur qui pouvait compter le peuple des villes ? Sur le souverain ? Depuis 1810, le vieux roi George III était aveugle et fou. Il est vrai que la démence, en faisant de lui le plus constitutionnel des monarques, lui avait enfin assuré une popularité sans réserve. Mais le trône était occupé en fait par son fils, le Régent (plus tard George IV), que les Anglais ne respectaient pas. Ce n'était ni un méchant, ni un sot ; il protégeait les artistes, appréciait Miss Austen, soutenait Byron et Scott, faisait de Sheridan son meilleur ami, posait pour Lawrence et envoyait deux cents livres à Beethoven. Il construisit Regent Street, traça Regent Park, rebâtit Buckingham Palace, et restaura Windsor Castle. La perfection de ses manières fit de lui, sinon « le premier gentleman de l'Europe », au moins le premier de ses dandies. Mais il était égoïste, mesquin et ses débauches, en un temps de prudente vertu, le rendirent impopulaire. Ayant pris secrètement pour femme la catholique Maria Fitzherbert avant d'épouser officiellement Caroline de Brunswick, de laquelle d'ailleurs il s'était séparé après un an de mariage, il trompait à la fois deux épouses et n'avait pu, même par la bigamie, s'affranchir du libertinage. Faute d'un souverain intercesseur, le peuple aurait-il pu faire confiance aux ministres ? Le cabinet au pouvoir était composé de Tories, hostiles à toute réforme et de qui l'on aurait pu dire, comme de Metternich, que s'ils avaient été présents à la création du monde ils eussent demandé à Dieu de conserver le chaos. A l'opposition ? Les grands seigneurs whigs n'avaient pas encore conclu leur alliance avec les réformistes. Restait l'insurrection, droit le plus ancien et le plus indiscutable des Anglais, arme d'autant plus redoutable que l'Angleterre ne possédait aucune police et que le rapide accroissement des villes n'avait pas permis aux autorités locales d'acquérir l'expérience des foules. A Chateaubriand qui lui parlait de la solidité des institutions anglaises, le Premier Ministre, Lord Liverpool, répondait alors : « Qu'y a-t-il de solide avec ces villes énormes ? Une insurrection sérieuse à Londres et tout est perdu. »

III. — A cette insurrection, plusieurs groupes radicaux poussaient le peuple. Les uns, comme Henry Hunt, lui conseillaient de réclamer le suffrage universel ; d'autres, comme Sir Francis Burdett et le major Cartwright, d'exiger le droit de vote pour tout Anglais payant l'impôt direct ; Cobbett, fils de *yeoman,* devenu radical en observant la condition misérable des paysans anglais depuis les *enclosures,* publiait un petit journal réformiste : le *Political Register,* rédigé par lui dans une langue admirable. L'Angleterre se couvrait de Hampden Clubs et, imitant la méthode qui avait si bien réussi à Wesley, d'innombrables prédicateurs politiques couraient le pays. Leurs meetings, la violence des ouvriers briseurs de machines, les esquisses de jacquerie effrayaient le ministère. Les souvenirs de la Révolution française demeuraient vivaces et menaçants. Quand les classes possédantes virent dans les meetings Henry Hunt précédé de deux hommes, l'un portant sur une pique le bonnet phrygien, l'autre le drapeau tricolore (vert, bleu et rouge) de la future République britannique, elles tremblèrent. La peur est toujours cruelle : des ouvriers et des paysans révoltés furent pendus.

IV. — Comment maintenir l'ordre dans les villes ? En beaucoup de comtés, les juges de paix firent appel aux soldats. La cavalerie de la Garde fut répartie dans les comtés. Plusieurs fois le sang coula. De ces massacres, le plus grave fut celui de Manchester où, en 1819, les soldats tirèrent sur la foule, faisant onze morts et de nombreux blessés. Comme cela se passait sur la place Saint-Peter, l'opposition dit que « si le duc de Wellington avait remporté la bataille de Waterloo, Lord Sidmouth avait remporté celle de Peterloo », mot qui resta. Après ces désordres, il fut décidé par les fameux Six Actes de Lord Sidmouth d'interdire toute réunion ou assemblée ayant pour objet des exercices de caractère militaire, de donner aux juges de paix le droit de saisir les armes dangereuses pour la sûreté publique et d'arrêter leurs détenteurs, enfin de limiter le droit de réunion et la liberté de la presse. Une conspiration pour assassiner les ministres (conspiration de Cato Street), encouragée par des agents provocateurs, acheva d'affoler les esprits dans les deux camps. Les riches souhaitaient un gouvernement militaire et comptaient sur le duc de Wellington ; les pauvres préparaient ouvertement la révolution. Cinq ans après la victoire, l'Angleterre semblait au bord de la guerre civile.

V. — Elle en fut sauvée par deux faits imprévisibles : un scandale et une reprise économique. La reprise économique se produisit, comme il arrive toujours, au moment où les économistes en désespéraient et proposaient les remèdes les plus radicaux, dont l'inflation. Le scandale surgit lorsque le vieux roi George III mourut et que le Régent lui succéda, sous le nom de George IV. Sa femme, Caroline de Brunswick, qui menait depuis longtemps sur le Continent une vie peu édifiante, s'avisa soudain, par vanité, et haine de son mari, de vouloir être couronnée avec lui. Légalement elle en avait le droit ; moralement elle n'avait rien de royal. Mais le Roi, lui-même vulnérable, se fût montré prudent en évitant tout débat moral. Or il mit, à écarter Caroline, une obstination si maladroite que les ministres se demandèrent parfois s'il n'avait pas hérité la folie de son père en même temps que sa couronne. Il alla jusqu'à engager, devant la Chambre des Lords, un procès en divorce où il entreprit d'exposer les débauches de la Reine. Femmes de chambre italiennes et espions orientaux vinrent conter mille histoires : comment la reine Caroline était la maîtresse de son courrier, comment on l'avait vue sortir, le matin, oreiller sous le bras, de la chambre de ce courrier, comment elle l'avait fait Grand Maître de l'Ordre de Caroline. Tout Londres oublia la réforme électorale pour savourer l'obscénité. Le peuple avait pris parti pour la Reine et l'acclamait quand elle passait dans les rues. Les témoignages contre elle ne touchaient guère les Anglais, parce qu'ils émanaient d'étrangers. Cet engouement d'ailleurs fut de courte durée et la Reine mourut en 1821, au grand soulagement de son mari.

VI. — Cependant, grâce à cette diversion, les esprits s'étaient un peu calmés. Les Tories intransigeants avaient fait place parmi eux à de jeunes hommes qui souhaitaient ramener le parti dans la tradition réformatrice de Pitt. Parmi ces nouveaux venus on remarquait surtout Robert Peel, Huskisson et Canning. Peel, fils d'un manufacturier du Lancashire, propriétaire d'une des sept plus grandes fortunes de l'Angleterre, avait été élevé, comme jadis William Pitt, pour faire un premier ministre. A cinq ans, son père le hissait sur une table et lui faisait répéter des discours ; à vingt et un ans il avait eu un siège aux Communes ; à vingt-trois ans il était devenu secrétaire d'État. Respectable et respecté, il servait d'arbitre entre les esprits avancés du parti, comme Canning, et les esprits résistants, comme le duc de Wellington. Ministre de l'Intérieur, Peel fit d'excellente besogne ; en particulier ce fut lui qui abolit la peine de mort pour de nombreux crimes et délits qui ne méritaient pas un châtiment aussi dur. L'incroyable sévérité des lois, qui avait eu quelque excuse au temps où un gouvernement faible pouvait tout craindre de l'anarchie, devenait inutile et choquante en un temps de meilleure administration et de mœurs plus douces. Les enfants surtout avaient jusqu'alors été traités par la justice avec une cruauté aussi scandaleuse que vaine. Peel réforma tout cela. Cependant, Huskisson soulageait les manufacturiers en supprimant les droits protecteurs sur les matières premières, laines et soies ; il eût volontiers supprimé aussi les droits sur les blés, mais se heurta aux gentilshommes campagnards, si nombreux dans son parti et qui montaient bonne garde. Enfin Canning, prenant la direction du Foreign Office après le suicide de Castlereagh, fit, dans un ministère tory, une politique « libérale ». (Le mot était nouveau, ayant été mis à la mode par la révolution espagnole, pendant laquelle les partisans de la monarchie absolue avaient été appelés *serviles* et leurs adversaires *liberales.*) Ce n'était pas sans appréhension que les Tories avaient confié ce grand poste à Canning, « talent dépourvu de moralité », aventurier politique qui les avait souvent trahis et raillés ; mais il avait du génie et c'était ce qui manquait le plus au parti.

VII. — La situation de Castlereagh, depuis la chute de Napoléon, avait été difficile. Les souverains du Continent, inquiets de la présence, en tant de pays européens, d'une jeunesse rebelle, faite « de lieutenants en demi-solde, d'étudiants disciples de Byron et de conspirateurs romantiques », s'étaient constitués en Sainte-Alliance pour empêcher un retour offensif de la Révolution française. Bien que l'Angleterre fît partie du groupe des vainqueurs, ses intérêts étaient différents, ses craintes moins vives. Elle avait dû s'engager à reprendre, avec l'Autriche, la Prusse et la Russie, les hostilités contre la France si celle-ci restaurait un Bonaparte ou commettait une agression contre ses voisins. Mais Castlereagh ne voulait pas se transformer en policier de la contre-révolution européenne. Il avait tenté de s'opposer aux tendances despotiques de ses alliés ; il n'y avait pas toujours réussi. Canning lui-même, lorsque la France fut chargée par la Sainte-Alliance de juguler la révolution espagnole, dut laisser faire, n'ayant pas d'armée pour une nouvelle expédition péninsulaire. Castlereagh, bon Européen, croyait à la responsabilité collective ; Canning voulait avoir les mains libres. Mais l'effet des réputations est tel que, de Castlereagh qui passait pour réactionnaire, le public oubliait les actes libéraux, tandis que de Canning, qui passait pour libéral, on négligeait les concessions conservatrices. Or si Canning détestait la Sainte-Alliance, ce n'était pas tant parce qu'elle était réactionnaire que parce qu'elle n'était pas britannique. « Au lieu d'*Alliance* lisez *Angleterre,* écrivait-il, et vous aurez la clef de ma politique. »

VIII. — S'il n'avait pu, faute d'armée, protéger la révolution à Madrid, il prit sa revanche quand les colonies espagnoles de l'Amérique du Sud déclarèrent leur indépendance. Ce fut à la flotte britannique autant qu'à l'appui moral du président Monroe que les jeunes Républiques américaines durent leur salut. En cette affaire Canning gagna une immense popularité. C'était un de ces cas heureux où les intérêts commerciaux de la Cité coïncident avec les sympathies sentimentales du peuple anglais. Depuis le temps de Drake et d'Elizabeth, les marchands de Londres avaient souffert de se voir fermer l'un des plus beaux marchés du monde. A la faveur de la guerre péninsulaire et du blocus, ils avaient commencé d'y pénétrer. Le ministre qui ouvrait les marchés tout en défendant les libertés satisfaisait à la fois les doctrinaires whigs et les cotonniers du Lancashire. Seuls le blâmèrent les vieux Tories comme Wellington, qui redoutaient la démagogie à l'extérieur comme à l'intérieur. Quand, en 1827, Canning, malgré la fureur de la Sainte-Alliance, reconnut les rebelles grecs attaqués par les Égyptiens et les Turcs, ce ministre tory devint le grand favori des libéraux de tous pays. Lorsque, après la démission de Liverpool, frappé d'une attaque, il forma un ministère auquel Wellington et Peel refusèrent leur concours, ce furent les Whigs qui, avec quelques-uns de ses amis personnels, le soutinrent. Mais arrivé au pouvoir en février 1827, Canning, dont la santé avait toujours été mauvaise, mourut en août, d'une crise de dysenterie, sans avoir pu donner sa mesure.

IX. — La mort de Canning créait une situation confuse. Depuis 1815, chaque fois qu'un souverain anglais se trouvait embarrassé, il pensait au duc. Le vainqueur de Waterloo était l'objet d'un respect sans bornes de la part des Tories ; quant à l'opposition, après avoir longtemps redouté que Wellington ne voulût établir une dictature militaire, elle avait fini par reconnaître que le duc, comme la plupart des grands soldats, avait horreur de la guerre civile et qu'il était au Parlement un adversaire honnête, maladroit et peu dangereux. Le duc craignait, autant que le vieux roi, toutes les réformes à la mode : émancipation des catholiques, élargissement du suffrage, libre-échange. Son idéal eût été de ne jamais rien changer. Mais ses campagnes politiques ne furent faites que de retraites. Comme, plutôt que d'accepter le combat, il finissait toujours par céder, l'esprit libéral trouva en lui, et malgré lui, son meilleur allié. Ce fut sous son ministère que l'amiral Codrington, appliquant, sans demander de nouveaux ordres, de vieilles instructions de Canning, détruisit à Navarin la flotte turque alors que le duc, en cette affaire, était favorable aux Turcs. Ce fut le duc encore qui accepta bien à contrecœur la suppression des *Test and Corporations Acts* et qui dispensa les dissidents de communier suivant le rite anglican avant de pouvoir accepter un poste municipal ou des fonctions d'État. Ce fut lui enfin qui, ayant commencé par l'émancipation des dissidents, se trouva face à face avec la question, plus grave, de l'émancipation des catholiques.

X. — Le droit, pour les catholiques, de voter et de siéger au Parlement avait été promis aux Irlandais au moment de l'Acte d'Union (1800). Seule l'opposition du roi George III, qui en avait fait une question de conscience, avait empêché la promesse d'être tenue. Les catholiques irlandais avaient alors fondé une ligue, réuni des fonds, choisi un chef éloquent : O'Connell. Leur bon droit n'était pas douteux. En Angleterre même toute la jeunesse des deux partis, lasse de ces querelles qui lui semblaient périmées, était favorable à l'émancipation. Pourtant les catholiques avaient, dans le cabinet, des adversaires déterminés dont le plus puissant était Peel, lequel était l'élu de l'Université, très anglicane, d'Oxford. L'Irlande , pendant quelques années, vécut dans une atmosphère de guerre civile ; l'association catholique et les *squires* protestants du Nord-Est étaient près d'en venir aux mains. O'Connell, en dépit de la loi se fit élire membre du Parlement et le *sheriff* n'osa ni le proclamer, ni proclamer élu son adversaire. Wellington jugea la situation périlleuse. Il n'était pas lui-même hostile aux catholiques ; la guerre civile lui parut encore moins souhaitable que le changement ; il conseilla au Roi de céder et finit, non sans peine, par le convaincre. Peel offrit sa démission. Enfin le prestige du duc emporta tous les retranchements de son propre camp et, une fois de plus, il battit en retraite victorieusement. L'acte d'émancipation fut voté en 1829. Après quelques délais O'Connell put siéger à Westminster ; à la Chambre des Lords, le duc de Norfolk et les autres pairs catholiques reprirent leurs sièges. De toutes les inégalités religieuses, ne subsistait plus en Angleterre que celle qui atteignait les Juifs. La première loi les concernant fut présentée au Parlement en 1830 ; ils obtinrent leurs droits complets de citoyens britanniques en 1860. Le premier pair juif (non converti au christianisme) fut Lord Rothschild (1886). Après l'émancipation des catholiques, le duc fut maudit par ses amis et loué par ses adversaires. « Voilà, écrivit la *Revue d'Édimbourg,* un homme plus grand que César. Il n'a pas détruit dans la paix le pays qu'il a sauvé dans la guerre ! »

2.

RÉFORME ÉLECTORALE DE 1832

I. — Le roi George IV mourut en juin 1830 et le premier gentleman de l'Europe ne laissa pas de regrets à son peuple. Le duc, qui régla les funérailles, trouva au cou du souverain un médaillon contenant une miniature de Mrs. Fitzherbert et ordonna que ce portrait fût enterré avec le Roi. Celui-ci fut remplacé par son frère, le duc de Clarence, qui régna sous le nom de Guillaume IV. C'était un vieil homme assez populaire, assez ridicule, qui avait longtemps servi dans la marine de manière assez honorable. Il se montra irrésolu, peu intelligent, mais impartial. Cette année 1830 fut pour l'Europe une année révolutionnaire. En France, après les journées de Juillet, Louis-Philippe, roi des Français, remplaça Charles X, roi de France. Pour protester contre l'union avec la Hollande, qui lui avait été imposée par les traités de 1815, la Belgique se souleva. Elle eût souhaité, soit l'union totale avec la France, soit au moins un roi français : le duc de Nemours. Mais l'Angleterre était décidée à ne jamais laisser une grande puissance européenne s'installer à nouveau dans les Flandres. Afin d'éviter la guerre, Louis-Philippe accepta que le nouveau royaume fût attribué par les puissances à Léopold de Cobourg (gendre de George IV, puis de Louis-Philippe), qui fut un roi sage et actif (1831).

II. — Dès 1830, l'agitation révolutionnaire gagna l'Espagne, l'Italie et même l'Angleterre, où éclata dans les comtés du Sud une nouvelle révolte de paysans. Les ouvriers agricoles réclamaient un salaire minimun de quatorze shillings, ce qui était juste, mais ils le demandaient en bande, ce qui les rendait justiciables du *Riot Act* (loi sur les émeutes). Ils brisèrent des machines à battre, rançonnèrent de quelques livres certains propriétaires détestés, demandèrent aux pasteurs de renoncer à une partie de leur dîme, démolirent des *workhouses*, mais ne firent de mal à personne. Quand ils eurent été vaincus, trois furent exécutés et quatre cents déportés ; parmi ces derniers, beaucoup moururent de désespoir. La répression avait été plus impitoyable que l'insurrection ; mais celle-ci avait montré la faiblesse réelle du gouvernement oligarchique. Aux esprits les plus modérés, il apparaissait qu'une réforme électorale devenait inévitable.

III. — Le ministère Wellington-Peel ayant été renversé, l'un des vieux chefs whigs, Lord Grey, accepta de sortir de la retraite campagnarde où il élevait ses quinze enfants et forma un ministère de coalition, Whigs et amis de Canning. Ce ministère fit des élections. Les Whigs avaient choisi, fidèles en cela aux traditions de leurs familles, de s'allier aux radicaux réformistes et aux bourgeois non conformistes, ce qui faisait d'eux un parti populaire. Quand un valet de pied de Holland House ouvrit une porte et annonça : « Mr. Macaulay », le XIXe siècle, dit Chesterton, prit le tournant décisif. Dans le camp opposé, le duc, ayant par sa modération mécontenté les vrais Tories, ne fut pas très vigoureusement soutenu par son parti. On l'avait aimé pour ses défauts ; on lui tint rigueur de ses vertus. Malgré leurs bourgs pourris, les Tories perdirent la majorité. Dans les comtés, où la liberté du vote était plus grande, soixante députés sur quatre-vingt-deux furent des Whigs. Il y avait cinquante ans que les Tories gouvernaient le pays. Ce fut un grand événement politique et mondain que la constitution d'une nouvelle équipe et le regain d'influence de Devonshire et de Holland House. Les moins perspicaces des Whigs se crurent revenus aux temps heureux du XVIIIe siècle et du « gouvernement vénitien ». Dans leur premier ministère, sur quatorze ministres, dix furent des pairs, quatre seulement des *commoners*. Si les grands Whigs choisissaient de s'allier à la Révolution, au moins semblaient-ils déterminés à faire cette révolution en famille. Mais les classes moyennes, comme l'a remarqué Trevelyan, « souhaitaient une réforme, aussi bien pour apaiser l'esprit révolutionnaire que pour défendre leurs propres droits contre une aristocratie en laquelle elles n'avaient plus confiance ». Seules la Révolution française, les guerres napoléoniennes et leurs conséquences avaient retardé cette réforme d'une génération.

IV. — Tout de suite Lord Grey fit connaître que le premier objectif de son administration serait la réforme électorale. Qu'elle fût indispensable semblait évident, mais il était certain que le projet se heurterait à une violente opposition. Les possesseurs des bourgs pourris, menacés de perdre leurs sièges, étaient résolus à se défendre et savaient qu'ils seraient soutenus par la Chambre des Lords. En revanche étaient favorables à la réforme les bourgeois des grandes villes : marchands, banquiers, rentiers qui jugeaient absurde et humiliant d'être privés du droit de vote alors que, dans certains bourgs campagnards, tout propriétaire d'une petite maison était citoyen et qu'en d'autres les pierres elles-mêmes votaient. Le mouvement pour la réforme fut, de 1830 à 1832, un mouvement de classes moyennes qui souhaitait triompher par des méthodes légales. Un premier projet, présenté par Lord John Russell, ne fut voté aux Communes qu'à une voix de majorité. Ce n'était pas suffisant pour imposer aux Lords une mesure aussi importante. Lord Grey, après un accord avec le Roi, résolut de dissoudre la Chambre et de faire de nouvelles élections.

V. — Il revint avec une majorité whig de cent trente-six Voix. Le pays crut la réforme faite et s'en réjouit. Dans toutes les classes de la population, on attendait merveilles d'une loi électorale. Les bourgeois espéraient par là donner de platoniques satisfactions aux masses populaires dont l'agitation violente, depuis quinze ans, les effrayait. Sur l'étendue de la réforme, ouvriers et manufacturiers n'auraient certes pas été d'accord ; sur sa nécessité, ils s'entendaient aisément. Il est difficile d'unir les hommes pour une action constructive, assez facile de les liguer contre une minorité. Les propriétaires de bourgs pourris (soixante-dix familles) jouèrent, au début du XIXe siècle, le rôle qui, au début du XXe siècle, devait être distribué aux chefs d'industrie et aux banquiers internationaux. « Toutes les jeunes personnes, écrivait Sydney Smith, savent qu'aussitôt cette loi votée elles trouveront un mari. Les collégiens croient que les vers latins seront abolis et que les tartelettes baisseront. Le caporal et le sergent sont sûrs d'avoir double paye. Les mauvais poètes s'attendent à ce qu'on lise leurs poèmes... et les sots seront désappointés, comme ils le sont d'ailleurs toujours. »

VI. — Les Tories avaient pensé que les Whigs, gens de leur classe, présenteraient d'inoffensifs projets de réforme. Ils furent stupéfaits et indignés quand ils connurent le texte de Lord John Russell. Délibérément, les Whigs, jadis si exclusifs, faisaient le jeu des classes moyennes. Les bourgs pourris de moins de deux mille habitants étaient supprimés ; les villes de deux mille à quatre mille habitants perdaient un représentant sur deux ; les cent quarante-quatre sièges disponibles étaient répartis entre les villes plus importantes. Londres gagnait dix sièges ; les villes de Liverpool, Manchester, Birmingham, Newcastle obtenaient chacune deux députés. De façon générale, la distribution des sièges favorisait le Nord industriel aux dépens du Sud agricole. Il était évident qu'une telle représentation entraînerait un jour prochain l'abrogation des droits protecteurs sur les blés. Dans les villes, le vote fut donné à tout occupant d'une maison de valeur locative annuelle de dix livres, dans les comtés aux fermiers dont le bail valait annuellement dix livres et aux tenanciers sans bail dont la terre valait annuellement cinquante livres. En somme la loi créait un électorat de petits bourgeois dans les villes, de fermiers dans les campagnes. Les ouvriers d'usine comme les ouvriers agricoles restaient sans représentation. Les Whigs avaient refusé de rendre le vote secret parce que le scrutin public maintenait dans les campagnes l'autorité politique du *squire* sur ses fermiers.

VII. — Les Lords eussent été disposés à tolérer une réforme atténuée ; cette révolution électorale les exaspéra. En octobre 1831, ils rejetèrent le projet. Puis devant l'agitation du pays qui, presque unanimement, criait : « La loi ! Toute la loi ! Rien que la loi », ils votèrent une partie de cette loi, mais non pas « toute la loi » ; les articles qui supprimaient les bourgs pourris étaient disjoints. Lord Grey, en minorité à la Chambre des Lords, donna sa démission. Dès que le duc, resté, malgré tant de déceptions, le suprême espoir des Tories, essaya de former un ministère, le pays se souleva. Dans les églises on sonnait le tocsin ; dans les usines le travail s'arrêtait. A Bristol, l'hôtel de ville fut brûlé et le palais de l'évêque mis à sac. Lord Stanley, le plus brillant des jeunes Whigs, sauta sur une table et dit : « Si les Lords résistent, Sa Majesté peut planter des couronnes de pairs sur les têtes de toute une compagnie de sa Garde. » Les murs se couvrirent d'affiches invitant les Anglais à retirer leur argent de la Banque : « Pour arrêter le duc, reprenez votre or ! » La Banque d'Angleterre était la seule institution qui fût plus respectée que le duc. L'insurrection des déposants vainquit celle des seigneurs. Le duc, suivant sa coutume, évita la guerre civile. Quand, sur son conseil, Guillaume IV, qui déjà se voyait sur le chemin de l'exil, peut-être de l'échafaud, fit à nouveau appeler Lord Grey, celui-ci ne consentit à reprendre le pouvoir que si le Roi lui donnait la promesse écrite de créer, au cas où cela deviendrait nécessaire, autant de pairs qu'il en faudrait pour faire passer la réforme. Cette menace suffit. Wellington et ses amis s'abstinrent de paraître aux séances et, dans une Chambre plus qu'à demi vide, le *bill* fut enfin voté par cent six voix contre vingt-sept (4 juin 1832). A la vérité la nouvelle loi était loin d'être ce que l'on appelle aujourd'hui « une mesure démocratique ». Sans doute, en accordant quelques députés aux centres industriels, elle diminuait un peu l'influence de l'aristocratie campagnarde. Mais elle introduisait dans l'électorat un grand nombre de fermiers qui dépendaient de cette aristocratie. Les Whigs avaient servi leurs intérêts de parti sans mettre en grave danger leurs intérêts de classe.

VIII. — Cette réforme électorale, si désirée par les masses, si redoutée par les classes dirigeantes, ne produisit ni les miracles qu'avaient attendus ses partisans, ni les désastres qu'avaient annoncés ses adversaires. La bataille gagnée, l'agitation tomba. Le nouvel électorat se montra raisonnable et même, au grand désappointement des radicaux, conservateur. Les familles traditionnelles restèrent au pouvoir. Quand un peu plus tard une nouvelle campagne, celle des Chartistes (1835-1841), essaya par des pétitions géantes, par des meetings, par des cortèges, de ranimer l'enthousiasme en faveur d'un programme plus révolutionnaire (suffrage universel, vote secret, circonscriptions égales entre elles, Parlement annuel, paiement des membres du Parlement) cette campagne rencontra quelque succès auprès des classes ouvrières qui, jusqu'en 1850, demeurèrent irréconciliées et regrettèrent leur révolution manquée ; mais les classes moyennes prirent position contre les Chartistes. Quand ceux-ci recoururent à l'émeute, quand, à Newport, une foule armée de faux, ayant tenté de s'emparer de l'hôtel de ville, dut être repoussée par les soldats, la masse des nouveaux électeurs se montra fidèle au gouvernement. Par bonheur les troupes furent commandées, dans la région la plus dangereuse, celle du Nord, par un excellent général, Sir Charles Napier, qui sut concilier la fermeté et l'humanité. Grâce à lui fut évité un presque inévitable massacre. Lorsque plus tard, en 1848, les Chartistes menacèrent d'imiter la nouvelle révolution française de février, deux cent mille citoyens appartenant aux classes moyennes s'engagèrent comme « *constables* volontaires » et maintinrent l'ordre. Les Anglais du XIXe siècle demeuraient plus légalistes que jamais et aussi capables que leurs ancêtres d'organisation spontanée. Parlant à Lord Stanhope de la révolte de Newport, le duc, dont le bon sens allait parfois, comme celui de Walpole, jusqu'au génie, dit : « Il y a une chose dont il faut toujours se souvenir dans ce pays et sur laquelle on ne peut trop insister, c'est que, quand notre peuple sait qu'il a tort et qu'il marche *contre la loi,* il devient terriblement effrayé et se sauve. Cela n'est pas vrai en France. Autrement comment pourriez-vous expliquer que trente hommes, à Newport, en aient mis en fuite dix mille ? »

IX. — Il fallait pourtant bien que les Whigs et leurs nouveaux amis, les industriels, apportassent quelques réformes à un peuple qui avait tant attendu d'eux. La plus importante, et aussi la plus imparfaite, fut celle de la Loi des Pauvres. On a vu en son lieu comment, au temps d'Elizabeth, par les Actes de 1597 et de 1601, une distinction avait été faite entre le chômage volontaire, celui des vagabonds incorrigibles, et celui des malheureux qui pour des raisons indépendantes de leur volonté : misère, vieillesse, folie, maladie, se trouvaient incapables de gagner leur vie, puis comment, au XVIIIe siècle, par l'absurde système de Speenhamland, il avait été décidé de compléter les salaires suivant un barème fixe, ce qui avait eu pour résultat prévisible de transformer en indigents presque tous les ouvriers agricoles, de ruiner les petits fermiers et d'élever le taux des *rates.* Au temps du *Reform Bill,* la condition des pauvres, dans les villes comme dans les campagnes, était atroce. Disraeli et Dickens ont peint, dans leurs romans, ces « deux nations » : celle des riches et celle des pauvres, qui vivaient côte à côte en s'ignorant. Les cottages des ouvriers agricoles étaient souvent de véritables bouges autour desquels couraient des enfants en haillons. Les habitants de ces cottages subsistaient à grand-peine de salaires insuffisants, de braconnage et de charité. Les heureux *yeomen,* qui avaient été cent soixante mille en 1688, avaient presque tous disparu. Le ministère de Lord Grey nomma une commission d'enquête. Il en confia la direction à Nassau Senior et à Edwin Chadwick, qui tous deux avaient sur le sujet des idées *a priori*, aussi fermes que contestables.

X. — Nassau Senior pensait que le meilleur moyen de supprimer la pauvreté était de ne jamais secourir les pauvres. « En effet, disait-il avec une cruauté inconsciente et sereine, si les pauvres savent qu'il leur faut travailler ou mourir de faim, ils travaillent. Si les hommes jeunes savent qu'ils n'auront pas de secours dans leur vieillesse, ils économisent. Si les vieillards savent qu'ils auront besoin de leurs enfants, ils s'efforcent de s'en faire aimer. Donc point de secours sinon à ceux qui n'ont vraiment ni famille, ni moyens d'existence. Pas d'allocation partielle. Tout ou rien. » Pour les êtres en âge ou en état de travailler, la Maison du Travail *(Workhouse)* et pour que la *Workhouse* ne soit pas un asile recherché, il importait, ajoutait Nassau Senior, « d'y rendre la vie moins souhaitable que celle des plus malheureux des ouvriers indépendants ». Si l'on considère ce qu'était alors la condition des ouvriers les plus malheureux, il semblait presque impossible de créer un type de vie moins souhaitable encore. Pourtant ce cruel programme fut appliqué et la *Workhouse* devint « une Bastille des pauvres », haïe et redoutée ; il suffit de lire *Oliver Twist* et le *Village* de Crabbe pour s'en convaincre. En 1838, quarante-huit mille enfants de moins de seize ans vivaient dans les *Workhouses,* où trop souvent ils étaient mêlés à des adultes du type le moins souhaitable et même à des demi-fous. Après le vote du *Poor Law Amendment Act* (1834), le nombre des pauvres inscrits aux paroisses diminua prodigieusement. Les sommes dépensées tombèrent de sept millions en 1831 à quatre millions cinq cent mille livres en 1836. Les commissaires furent alors fiers de leur œuvre, mais rien ne justifiait cette fierté. Le résultat était dû à la fois à l'horreur qu'inspiraient les *Workhouses* et au développement de l'industrie. Et d'ailleurs le résultat était-il, en lui-même, un progrès ? Quoi qu'il en fût, les souffrances infligées à des innocents au nom des principes de la saine économie étaient impardonnables. Il faut citer Dickens : « Je crois qu'il n'y a jamais eu en Angleterre, depuis le temps des Stuarts, une loi administrée de façon si infâme, une loi ouvertement violée, une loi dont l'exécution ait été si mal surveillée. »

XI. — Parmi les autres réformes des Whigs, il faut retenir : *a) Une loi sur les corporations municipales* qui remplaça le système ancien par des municipalités plus démocratiques, tous ceux qui payaient des taxes locales étant électeurs. Ce texte ne s'appliquait qu'aux villes, et les campagnes restèrent sous l'autorité administrative des juges de paix jusqu'à ce qu'une autre loi établît, en 1888, les Conseils de comtés. Peu à peu les Corporations municipales, aidées par l'État, administrèrent les moyens de transport, les écoles, la distribution de lumière et d'eau. *b) L'abolition de l'esclavage dans les colonies.* L'histoire de cette réforme commence en 1772, date à laquelle un jugement de Lord Mansfield déclara que la loi commune anglaise ne reconnaissait pas la condition d'esclave, ce qui libéra d'un mot quinze mille Noirs que leurs maîtres avaient importés dans les Iles Britanniques. Bien plus difficile à obtenir était l'abolition de la traite, commerce qui avait fait la fortune de Bristol et de Liverpool et sans lequel Nelson lui-même soutenait que la marine marchande anglaise ne pouvait vivre. C'est l'honneur du Parlement anglais que, malgré la pression des intérêts en jeu, l'évêque Wilberforce et Charles James Fox, soutenus par un puissant mouvement d'opinion quaker et méthodiste, et d'ailleurs aidés par Pitt, aient pu obtenir l'interdiction de ce commerce et cela en 1807, au plus fort des guerres napoléoniennes. Restaient les esclaves des colonies britanniques, et sur ce point les planteurs des Antilles (le *West Indian Interest*) continuèrent la lutte avec un acharnement désespéré, consacrant leurs immenses fortunes à l'achat de bourgs pourris. L'antiesclavagisme devint ainsi une question politique puisqu'il était lié à la réforme électorale, et une question religieuse car les planteurs persécutaient les missionnaires qui enseignaient aux nègres l'égalité des races devant le Christ. Soutenue à la fois par les libéraux et par les nonconformistes, la réforme fut enfin votée en 1833 et accueillie par les Églises dissidentes comme une grande victoire. Une indemnité de vingt millions de livres fut accordée aux planteurs, mais la production du sucre tomba d'un tiers, celle du café de moitié, et pour longtemps les îles furent ruinées.

XII. — Lord Grey donna sa démission en 1834, en partie parce qu'O'Connell et sa bande de députés irlandais lui menaient la vie trop dure, mais surtout parce qu'entre les Whigs modérés et les radicaux non conformistes qui avaient fait la coalition victorieuse de 1832, l'union ne pouvait être durable. Il fut remplacé, après un court intérim de Peel, par Lord Melbourne. William Lamb, Lord Melbourne, était un Whig de la vieille école. Mari de la trop célèbre Caroline Lamb (celle de Byron), il était par elle allié à Devonshire House. Homme du XVIIIe siècle, sceptique, spirituel, il administra sans bruit, à la Walpole, un pays encore agité par les remous du *Reform Bill.* Mais l'enthousiasme, qui est mauvais conseiller, est malheureusement bon partisan. Si, comme la plupart des sceptiques, Melbourne fit peu de mal, il affaiblit son parti. Les électeurs anglais cessèrent, sous Melbourne, de tenir les Whigs pour des hommes « avancés ». Le grand événement du ministère fut la mort du roi Guillaume et l'avènement de la jeune reine Victoria qui allait régner de 1837 à 1901. Elle fut bien accueillie par les Anglais, qu'elle sauvait de son oncle Cumberland, frère du Roi et très impopulaire. Son règne allait, pour un demi-siècle, faire du loyalisme un devoir chevaleresque. L'avènement d'une reine eut un autre effet heureux. Le royaume de Hanovre n'était pas transmissible par les femmes ; Cumberland en hérita, ce qui débarrassa le pays à la fois d'un prince détesté et d'une dangereuse symbiose qui compromettait l'Angleterre dans les affaires continentales. Après avoir rompu avec l'internationale spirituelle, l'Angleterre rompait avec l'internationale dynastique. Tout de suite la jeune Reine montra une volonté tenace, qui allait jusqu'à l'entêtement. Au début, Melbourne put espérer qu'il la convertirait à la frivolité, mais dès qu'elle eut épousé son cousin, Albert de Saxe-Cobourg, elle apprit de celui-ci le métier de souverain et le respect des vertus familiales qui plus tard sauvèrent la monarchie anglaise. Dans un royaume qui devait défendre ses institutions contre les idées républicaines et s'adapter au goût des bourgeoisies industrielles, « les rois Stuarts, absolus, ou les rois hanovriens, dissolus, n'eussent pu conserver la couronne ». En Angleterre comme en Belgique, les Cobourg rendirent la monarchie respectable. Ce fut avec la reine Victoria que les Anglais prirent l'habitude de considérer la vie de famille du souverain comme une part de la vie familiale et personnelle des sujets. L'influence sur les mœurs anglaises de la rigidité morale du prince Albert et de la sévérité de la Cour fut aussi profonde et plus étendue que jadis celle de Wesley.

3.

LE TRIOMPHE DU LIBRE-ÉCHANGE

I. — les Whigs avaient dit au peuple que la réforme électorale amènerait la fin de tous ses maux. Le peuple avait imposé la réforme aux Lords et les maux étaient pires que jamais. Le peuple grognait ; les Whigs chancelaient. Pour leur enlever les faveurs du nouvel électorat, les Tories n'étaient pas sans armes, ni sans chefs. Le duc préférant désormais la popularité au pouvoir, la direction du parti avait passé aux mains de Sir Robert Peel qui se disait non plus tory, mais conservateur, mot mieux fait pour séduire les classes moyennes. A ces classes, Sir Robert, lui-même beaucoup plus proche de l'usine et de la boutique que du manoir ou de la chaumière, devait plaire. A côté de Peel, et parfois contre lui, un conservatisme dit « populaire » était représenté dans le parti par le petit groupe de la Jeune-Angleterre dont Benjamin Disraeli, orateur de génie, fils d'un écrivain juif, mais converti à l'anglicanisme dès l'enfance, et Lord John Manners, fils du duc de Rutland, étaient les porte-parole. Disraeli et ses amis reprenaient les thèses de Bolingbroke sur la constitution traditionnelle de l'Angleterre. Ils maudissaient une doctrine qui, au lieu de maintenir entre les classes une hiérarchie naturelle, comportant des droits et des devoirs, laissait aux lois mécaniques de l'économie le soin de régler les rapports entre ouvriers et employeurs. Ils soutenaient que le salut serait dans un retour à une société construite comme celle du Moyen Age où, du seigneur au paysan, chacun avait connu sa place et l'avait acceptée. Selon Disraeli et ses amis, le rôle d'un parti conservateur était à la fois de sauver du passé ce qui demeurait viable et de préparer l'avenir par une politique généreuse.

II. — La Jeune-Angleterre amusa John Bull. Cette clique de jeunes gentilshommes en gilet blanc, qui prétendait conquérir les ouvriers aux idées féodales, semblait comique. Les politiciens professionnels n'y croyaient pas. Les idées de Bentham, de Malthus, de Ricardo, de Cobden, de James Mill étaient alors acceptées comme articles de foi. Tous les hommes sérieux, ou presque tous, pensaient, comme la secte utilitaire, que les sociétés humaines cherchent le plus grand bonheur du plus grand nombre et qu'elles ne peuvent le trouver qu'en laissant agir l'intérêt personnel de chacun. La lutte des intérêts amène, non la justice parfaite, mais la plus parfaite possible. Il fallait donc éviter toute intervention de l'État. La moindre restriction de la concurrence semblait une hérésie. Les prix devaient être fixés automatiquement par la loi de l'offre et de la demande ; les profits des entrepreneurs et les salaires des ouvriers seraient ramenés automatiquement par la concurrence, au niveau convenable. « Les salaires montent, disait Cobden, quand deux maîtres courent après le même ouvrier et baissent quand deux ouvriers courent après le même maître. » Le prolétaire ne pouvait avoir d'action sur les salaires qu'en réduisant volontairement la population. Ce qui était vrai des individus l'était aussi des États. « La règle qui consiste à acheter le meilleur marché et à vendre le plus cher possible, règle que suit chaque commerçant dans sa vie individuelle, est aussi la meilleure règle pour le commerce d'une nation tout entière. » Toute barrière douanière faussait les lois de l'offre et de la demande. Des hommes de bonne foi, comme Richard Cobden, industriel et homme d'État, prophète de l'École de Manchester, cherchaient à persuader au peuple anglais que sa misère était causée par les droits protectionnistes et en particulier par les droits sur les blés.

III. — La campagne contre le protectionnisme fut l'une des premières menées, en Angleterre, par les moyens de propagande (presse, campagnes de discours) qui allaient, au XIXe siècle, transformer la vie politique. Dans les réunions publiques, les orateurs de l'*Association contre les lois sur les blés* montraient trois miches de tailles différentes qui coûtaient le même prix en trois pays : France, Angleterre, Russie. L'Angleterre était le pays dont la miche était la plus petite, donc le peuple anglais était frustré. Ces démonstrations obtenaient un particulier succès auprès d'industriels comme ceux de Manchester qui importaient à la fois leur coton et leur blé. En revanche elles effrayaient les intérêts agricoles. « Vous allez, disaient les fermiers et les *squires,* si vous supprimez les droits sur les blés, tuer l'agriculture anglaise. — Peu nous importe, répondait l'École de Manchester. Si d'autres pays sont dans une situation telle qu'ils puissent produire du blé à meilleur compte que nous, qu'ils labourent pour nous, nous filerons et tisserons pour eux. Tout commerce doit être un cycle. Nous ne pouvons vendre si nous n'achetons. Fermer nos frontières aux importations serait la fin de nos exportations. »

IV. — Le parti conservateur, qui se composait surtout de gentilshommes campagnards, ne pouvait être qu'hostile au libre-échange et favorable au maintien des droits sur les blés. Cependant son chef, Sir Robert Peel, montrait une dangereuse sympathie pour les doctrines de ses adversaires. C'était un homme de bonne foi, de grand courage intellectuel, admirable financier et administrateur, mais autoritaire et sans contact intime avec la Chambre. En 1842, il s'attaqua au tarif et réduisit le nombre des articles qui payaient des droits de douze cents à sept cent cinquante. Pour compenser les pertes ainsi subies par le budget, il créa un impôt de sept deniers par livre sur les revenus de plus de cent cinquante livres. En 1845, il ramena le tarif douanier à quatre cent cinquante articles. Il s'acheminait ainsi à grands pas vers le libre-échange. Les effets de ces réductions successives furent surprenants. Non seulement le revenu de l'État ne diminua pas, mais par l'accroissement du volume du commerce et par les bénéfices taxables, il augmenta. Ces résultats enhardirent Peel. Pourtant il n'osait pas encore toucher à l'agriculture, citadelle de son parti. Déjà Disraeli avait plaisanté le Premier sur sa conversion au libre-échange : « Le Très Honorable Gentleman, avait-il dit, a surpris les Whigs au bain et il a emporté leurs vêtements. Il les a laissés en pleine jouissance de leur position libérale et il est lui-même un strict conservateur, sous leurs habits. » La Chambre avait ri et applaudi. En 1845 et en 1846, coup sur coup, l'Irlande eut deux mauvaises récoltes de pommes de terre. Bientôt Peel commença d'employer le mot « famine », car la moitié de cette île surpeuplée ne vivait que de pommes de terre. Le blé manquait en Angleterre pour venir en aide à l'Irlande. Donc pas d'autre solution, disait-il, que de supprimer les droits sur les blés et d'autoriser enfin la libre entrée de toute nourriture en Grande-Bretagne.

V. — Cette violence, cette panique surprirent. Lord Stanley, membre le plus influent du cabinet après Peel, avouait qu'il ne comprenait plus son chef, qu'on ne saurait rien de certain sur la récolte avant deux mois, que l'entrée des blés étrangers ne nourrirait pas les Irlandais, lesquels n'avaient pas un penny pour en acheter, que d'ailleurs Peel parlait de maintenir des droits modérés pour trois ans et que, dans trois ans, la famine serait loin. Mais la décision de Peel était plus sentimentale que rationnelle. Ce que les Tories appelaient trahison n'était à ses yeux que pieuse conversion. La Reine et le prince Albert, tous deux libre-échangistes, lui répétaient qu'il sauvait le pays. Contre lui, à l'intérieur de son propre parti, se forma un groupe de conservateurs protectionnistes, l'assaut étant mené par deux hommes fort différents l'un de l'autre, George Bentinck et Benjamin Disraeli. Nul n'aurait imaginé que ce jeune Juif, connu seulement comme orateur sarcastique et brillant, pût devenir le chef des gentilshommes campagnards et renverser le tout-puissant Sir Robert. Ce fut pourtant ce qui arriva. Dans une suite de philippiques étincelantes, semées d'images, Disraeli dénonça la « trahison » du Premier Ministre. L'abolition des droits sur les blés fut votée parce que l'opposition whig et libre-échangiste s'unit, pour ce scrutin, aux amis de Peel, mais le soir même celui-ci fut renversé par une coalition de libre-échangistes ingrats et de protectionnistes vindicatifs.

VI. — Cette scission allait, pendant vingt ans, écarter du pouvoir, sauf pendant de courts intermèdes, le parti conservateur. Jamais les amis de Peel ne devaient se réconcilier avec ceux qui avaient renversé leur chef. Peel lui-même mourut d'un accident de cheval, en 1850. Les principaux des Peelites et en particulier le plus remarquable d'entre eux, William Gladstone, s'associèrent avec les Whigs et les Libéraux. Les chefs des conservateurs furent désormais Lord Stanley (plus tard Lord Derby), grand seigneur intelligent, cultivé, sans ambition, et Disraeli qui, malgré son génie, mit longtemps à se faire accepter pour *leader* par son parti, mais finit par lui inspirer une juste confiance. Pour gouverner le pays, Lord John Russell, puis Lord Aberdeen et Lord Palmerston présidèrent des coalitions de Whigs et de Peelites. D'ailleurs libre-échange et protection avaient cessé, avec une surprenante rapidité, d'être des sujets de controverse politique. La suppression des droits sur les blés n'avait pas, comme l'avaient annoncé Disraeli et ses amis, ruiné l'agriculture. Longtemps encore l'Angleterre n'importa qu'un quart environ du blé qu'elle consommait. Malgré des crises inévitables, la période 1850-1875 fut pour le pays une période de remarquable prospérité, due à l'accroissement de la population, au développement des chemins de fer, à l'équipement de l'Empire. Les fermiers en profitèrent comme le reste de la nation et cessèrent de se plaindre. « La protection n'est pas seulement morte ; elle est damnée », disait Disraeli. Ses héritiers politiques allaient découvrir, vers la fin du siècle, qu'elle n'était qu'en Purgatoire. Cependant Gladstone, devenu le grand financier des Whigs, transforma le système fiscal du pays par une série de budgets qui passèrent pour remarquables parce qu'ils coïncidaient avec les années d'abondance. Supprimant presque tous les droits de douane, il ne laissa plus, en 1860, que quarante-huit articles dans le tarif au lieu de douze cents. Il simplifia les impôts et ne conserva que l'impôt sur le revenu, les droits de succession, l'impôt foncier et les droits sur les boissons : thé, café, alcool. De 1825 à 1870, les impôts tombèrent de deux livres, neuf shillings, trois pence, à une livre, dix-huit shillings, cinq pence et demi par tête.

VII. — *Post hoc, ergo propter hoc.* L'adoption du libre-échange avait coïncidé avec l'enrichissement du pays ; la liberté économique devint en Angleterre article de foi. Pourtant le développement rapide de l'industrie avait produit de grands abus. On ne pouvait attendre d'une Chambre des Communes qui n'était encore qu'un club de *gentlemen farmers,* et fort occupée à lutter contre Napoléon, qu'elle imposât aux usines et aux villes, au temps de leur croissance, des règles saines et strictes. Mais le résultat avait été indigne d'un pays riche et libre. La famine irlandaise avait jeté, dans le seul port de Liverpool, plus de cent mille affamés dont la présence avait encore augmenté la misère des *slums.* Engels, visitant Manchester en 1844, trouva trois cent cinquante mille ouvriers entassés dans des cottages humides et sales, et respirant un air qui semblait un mélange d'eau et de charbon. Dans les mines, des femmes à demi nues étaient employées comme de véritables animaux de trait ; des enfants passaient leur vie dans l'obscurité d'une galerie, à ouvrir et à fermer une porte de ventilation. Dans l'industrie de la dentelle, on employait des bébés de quatre ans. A la vérité, ces maux n'étaient pas universels et peut-être les écrivains du temps peignirent-ils avec quelque complaisance les pires exemples, mais leurs exagérations furent utiles pour soulever l'opinion publique

VIII. — Malgré les préjugés du « laisser-faire », le Parlement finit par intervenir. Un *Factory Act* de 1819 avait réglé le travail des enfants au-dessous de neuf ans qui, au début du siècle, avaient travaillé jusqu'à quinze et seize heures par jour dans les usines de coton. Un acte de 1833 limita le travail des ouvriers au-dessous de dix-huit ans et créa les quatre premiers postes d'inspecteur des usines. En 1847, le travail des femmes fut limité à dix heures, ce qui entraîna bientôt une limitation analogue pour les hommes. La célèbre « semaine anglaise » fut adoptée dans l'industrie textile en 1850; elle allait transformer la vie de l'ouvrier anglais en lui permettant de s'intéresser aux sports le samedi après-midi. La campagne pour la limitation des heures de travail avait été dirigée par Lord Ashley (plus tard Lord Shaftesbury), qui fit aussi adopter en 1842, après publication d'un rapport dont la lecture inspira au public un mélange de dégoût et de honte, une loi qui interdit de faire travailler dans les mines des femmes et des enfants au-dessous de dix ans. Ashley, qui vécut de 1801 à 1881, était un Tory très chrétien, qui consacra sa vie à l'amélioration de celle des pauvres. Il fut l'un des fondateurs de la *Young Men's Christian Association.* Ces lois plus humaines, la prospérité générale à laquelle ils participaient, et aussi l'attraction des chapelles arrachèrent vers 1850 beaucoup d'ouvriers anglais aux mouvements proprement révolutionnaires Ce fut en ce pays que l'on vit naître les sociétés coopératives et les unions réformatrices d'ouvriers. Les Trade-Unions existaient depuis le XVIIIe siècle, mais elles n'étaient pas légales. Elles le devinrent en 1824. L'une des plus remarquables fut l'*Amalgamated Society of Engineers,* fondée en 1851 et qui, dès 1865, avait trente mille membres ; c'était à la fois un syndicat et une société de secours mutuels. Elle eut pour premier *leader* William Allen, qui fut le type même du syndicaliste anglais réformiste de l'époque victorienne.

IX. — L'administration des nouvelles lois sur les usines, sur les mines, sur l'hygiène, la création en 1829 par Peel d'une police, rendirent nécessaire le développement de la bureaucratie centrale qui avait jusqu'alors manqué à l'Angleterre, pays d'institutions locales. En 1815, le *Home Office* (ministère de l'Intérieur) n'occupait que dix-huit employés. Avec les postes, les chemins de fer, l'inspection du travail, le nombre des fonctionnaires s'éleva, en 1853, à seize mille. La question du recrutement des fonctionnaires est, dans une démocratie, l'une des plus difficiles à résoudre. Si les postes sont mis à la disposition des hommes politiques pour récompenser leurs partisans, aucun gouvernement ne peut conserver sur les fonctionnaires une autorité durable. En Amérique le système des « dépouilles » qui, après chaque élection, bouleverse l'administration du pays, en France l'abus de la recommandation politique sont des exemples d'erreurs dangereuses. C'est une des raisons du succès de l'Angleterre au XIXe siècle que la création d'un excellent *Civil Service*. Pendant la première moitié du siècle, le régime de la recommandation sévit. Les vieux Whigs tenaient « la clientèle » pour un des attributs du pouvoir ; quand il fut décidé qu'un examen impartial donnerait seul accès au *Civil Service*, cette idée neuve les choqua d'autant plus que diplômes et « mandarinisme » étaient loin de jouer dans la vie anglaise le même rôle que dans la vie française. Ils durent reconnaître assez vite que les résultats étaient bons. Les *civils servants* se montrèrent fidèles serviteurs de tout gouvernement anglais, quelle que fût sa nuance politique et, en se tenant scrupuleusement à l'écart des luttes partisanes, assurèrent la continuité des traditions nationales.

4.
LA POLITIQUE ÉTRANGÈRE DE PALMERSTON

I. — Nous avons vu que l'Angleterre ne fit jamais qu'à contrecœur une politique à la Metternich et que l'opinion publique approuva Canning quand il combina la défense des nations opprimées avec celle des intérêts britanniques. Après Canning, le grand ministre des Affaires étrangères fut, pendant vingt ans, Lord Palmerston, lequel n'était pas un Whig, mais avait soutenu la réforme électorale et s'était ainsi brouillé avec les Tories. Palmerston apporta aux affaires de l'intelligence, de la gaieté, une idée fort précise des devoirs de l'Angleterre dans le monde, et un entêtement qui le rendit cher à ses compatriotes. Depuis 1815 nul danger réel ne menaçait plus le pays. Sur mer aucune puissance ne prétendait lutter avec l'Angleterre ; sur terre restaient quelques points sensibles où tradition et prudence lui imposaient de monter la garde. Elle voulait une Belgique indépendante ; elle avait réussi à la créer ; elle était résolue à la protéger. Elle ne voulait pas de prince français sur le trône d'Espagne et, si Palmerston ne put pas empêcher le mariage espagnol du duc de Montpensier, la chute de Louis-Philippe le délivra vite de toute crainte à ce sujet. Enfin l'opinion publique anglaise entendait soutenir les peuples luttant pour leur liberté ; Palmerston prit donc le parti des Hongrois, celui des Italiens, et il appuya les Siciliens contre le roi de Naples comme les Sardes contre l'Autriche. Dans les discussions internationales, l'argument habituel de Lord Palmerston était la menace de la flotte britannique. Il exaspérait ainsi la Cour, qu'il brouillait avec les cours étrangères, inquiétait les esprits pacifiques qui craignaient que ce bluff ne conduisît un jour à la guerre, mais enchantait l'Anglais moyen qui voyait le pavillon anglais respecté sans combat, entendait avec délices des discours de Lord Palmerston sur le thème : *Civis romanus sum*, et se croyait de bonne foi « le défenseur du droit » quand Lord Palmerston envoyait un ultimatum à la Grèce pour protéger un certain Don Pacifico, lequel n'était même pas Anglais, et un autre à la Chine en l'honneur de marchands qui étaient surtout des trafiquants d'opium. Quand, en 1851, Palmerston se permit, sans consulter la Reine ni le Cabinet, d'approuver le coup d'État de Napoléon III, Lord John Russell lui reprit son portefeuille. Mais l'incident ne fit que rendre Palmerston plus populaire, de sorte qu'un peu plus tard il devint lui-même premier ministre (1855).

II. — C'est un fait que la politique autoritaire de Palmerston n'engagea l'Angleterre en aucune guerre et que la politique hésitante de Lord Aberdeen rendit possible la guerre de Crimée. La fameuse « question d'Orient » était avant tout une question de Turquie. Beaucoup d'hommes d'État européens pensaient vers le milieu du XIXe siècle que l'Empire ottoman d'Europe ne pourrait plus survivre longtemps. « Nous avons sur les bras, disait le Tsar à l'ambassadeur d'Angleterre, un homme malade ; il ne faut pas le laisser disparaître sans avoir réglé la succession. » L'idée que se faisait le Tsar du règlement était la suivante : lui-même prendrait les provinces danubiennes et offrirait sa protection à des États balkaniques indépendants ; à l'Angleterre il offrirait l'Égypte et la Crète. « Si nous parvenons, disait-il, l'Angleterre et moi, à nous entendre sur cette affaire, peu nous importe ce que pensent et font les autres. » Mais l'Angleterre souhaitait la convalescence de l'homme malade plutôt que son héritage et elle voyait avec inquiétude grandir la force de la Russie, puissance asiatique redoutable aux Indes, puissance autocratique hostile aux nations libérales. La France, de son côté, avait avec le Tsar des querelles sans cesse renouvelées à propos des Lieux Saints que les deux pays prétendaient protéger. L'orage éclata quand le Tsar exigea du Sultan que celui-ci lui confiât la protection de tous les chrétiens du Levant. L'ambassadeur d'Angleterre à Constantinople, Stratford Canning, se joignit à la France pour encourager le Sultan à résister. La politique étrangère de l'Angleterre devint un curieux imbroglio. Le Premier Ministre, Lord Aberdeen, voulait la paix ; le Foreign Office voulait la paix ; l'ambassadeur à Constantinople voulait la guerre ; l'opinion publique, irritée par l'arrogance du Tsar, voulait un triomphe diplomatique. Pour la première fois une attitude était *imposée* au Foreign Office par une campagne sentimentale. C'était une des conséquences inévitables de l'élargissement du suffrage et de la liberté de la presse. Le 27 mars 1854, la France et l'Angleterre déclarèrent la guerre à la Russie qui avait envahi des provinces turques. Des navires français et anglais passèrent le Bosphore et contraignirent la flotte russe à se réfugier à Sébastopol.

III. — L'opinion publique avait obtenu sa guerre. Avait-elle eu raison ? A coup sûr on ne pouvait permettre au Tsar de découper à son gré l'Empire ottoman, mais peut-être eût-il été possible de l'en empêcher par une diplomatie plus adroite. Succès paradoxal : le triomphe du libéralisme sentimental faisait de l'Angleterre l'alliée d'un « despote », Napoléon III, pour soutenir un autre despote, le Sultan. Les campagnes anglaises avaient presque toujours commencé par de remarquables exhibitions d'imprévoyance ; de toutes, la guerre de Crimée fut la plus brillante. Le service de ravitaillement et le service de santé se montrèrent si inférieurs à leur tâche que dans une guerre où ne furent employés que de petits effectifs, vingt-cinq mille Anglais moururent tandis que le pays dépensait, en vain, soixante-dix millions de livres. La puissance nouvelle de la presse ameuta utilement l'opinion publique. Un grand journaliste, William Russel, du *Times,* suivit les opérations comme correspondant de guerre et renseigna le public sur les souffrances des soldats. Lord Aberdeen, blâmé par tous les partis, dut quitter le pouvoir, et fut remplacé par Lord Palmerston qui eut la chance d'entrer en scène au moment où les circonstances favorisaient enfin les Alliés. Après un long siège, Sébastopol fut prise (1855). Déjà Napoléon, réconcilié avec les Russes, souhaitait la paix afin de poursuivre ses autres grands desseins et en particulier l'unité de l'Italie. Lord Palmerston aurait voulu écraser la Russie et la chasser des rives de la mer Noire. S'il avait imposé ses vues, la guerre aurait pu durer « aussi longtemps que celle du Péloponnèse ou que la guerre de Trente Ans », cela pour un objet lointain et assez équivoque. Mais déjà l'opinion publique, très mobile, oscillait et commençait à se demander si elle n'avait pas « soutenu le mauvais cheval ».

IV. — En 1856 fut signé le traité de Paris, que les mécontents appelèrent la capitulation de Paris. « Nous avons fait une paix, disait Clarendon, mais non la paix. » Il fut décidé que l'Empire ottoman serait maintenu dans son intégrité et que la Russie n'aurait plus le droit d'entretenir une flotte en mer Noire. Le Sultan promit des réformes, plus de bienveillance envers ses sujets chrétiens, et toute une génération anglaise crut avoir fait de « l'homme malade » un homme meilleur. Le temps de la désillusion était proche : l'échec des ambitions européennes du Tsar eut pour effet de le rejeter vers l'Asie, ce qui n'était pas sans danger pour les Indes ; quant au Sultan, ses conflits avec ses provinces balkaniques allaient troubler l'Europe pendant plus d'un demi-siècle.

V. — La décision la plus importante du Congrès de Paris fut l'adoption de nouvelles règles internationales sur la liberté des mers en temps de guerre. Quatre principes essentiels avaient été adoptés : « La course est et demeure abolie. Le pavillon couvre la marchandise, à l'exception de la contrebande de guerre. Les marchandises neutres ne peuvent être saisies sous pavillon ennemi. Les blocus, pour être obligatoires, doivent être effectifs. » Ces garanties données au commerce neutre en temps de guerre contenaient les germes de graves incidents, et même de guerres futures. Une conséquence inattendue et lointaine de la guerre de Crimée fut, en Angleterre, le suffrage des femmes. Au moment où les services de santé fonctionnaient si mal en Russie, le seul être qui s'était montré capable de les réorganiser avait été une femme, Florence Nightingale, « ce qui mit à la mode des idées entièrement nouvelles sur l'éducation des femmes, leur place dans la société, et prépara de manière indirecte le mouvement suffragiste ».

VI. — Pendant la guerre de Crimée, Napoléon III avait beaucoup insisté pour que les Sardes fussent autorisés à se joindre aux Alliés. L'Empereur, homme romantique, s'était attaché à l'idée des nationalités. Il souhaitait aider les Italiens à s'affranchir de l'Autriche et faire de la Maison de Savoie, qui régnait à la fois sur la Sardaigne et le Piémont, le pilier de l'Italie nouvelle. Palmerston et l'opinion publique anglaise étaient favorables à cette idée ; la Cour se méfiait de l'Empereur. « C'est un conspirateur, répétait le prince Albert ; ce mot est la clef de tout ce qu'il fait. »

En 1859, Napoléon III entreprit sa campagne d'Italie. S'il voulait libérer celle-ci, il souhaitait cependant la maintenir divisée afin d'y faire sentir sa propre puissance, et en particulier il entendait souvegarder l'autorité temporelle du Pape. Palmerston et son ministre des Affaires étrangères, Russell, forcèrent la main à Napoléon III,donnèrent leur appui à l'expédition sicilienne de Garibaldi, et rendirent possible la réalisation complète de l'unité italienne. L'objet de cette politique était : de plaire à une opinion publique libérale et protestante ; de s'assurer l'amitié et la reconnaissance de l'Italie nouvelle ; de ne pas permettre à la France d'acquérir trop d'autorité dans la péninsule. L'annexion à la France, après un plébiscite, de Nice et de la Savoie avait alarmé Palmerston. Aussi eut-il plaisir à vaincre Napoléon III avec les armes qu'avait forgées celui-ci.

VII. — Quand, en 1860, en Amérique, les États du Sud annoncèrent l'intention de se séparer de ceux du Nord, l'Angleterre, au sujet de cette querelle, se divisa. Quelques radicaux et les Églises dissidentes s'associèrent à la campagne antiesclavagiste que menait le Nord ; la société, le monde de Londres, la petite clique aristocratique qui dirigeait la politique anglaise furent de tout cœur avec le Sud. Là, en effet, les manières étaient meilleures, l'accent plus raffiné ; de là aussi venait le coton dont l'Angleterre avait un pressant besoin. Lorsque Lincoln déclara que le but de la guerre était, non d'abolir l'esclavage, mais de maintenir l'unité du pays, le sentimentalisme britannique lui-même cessa d'être en conflit avec des préjugés si favorables au Sud. Puisque les États du Sud ne demandaient que leur liberté, le principe des nationalités n'exigeait-il pas qu'elle leur fût donnée ? En 1861-1862, comme le Lancashire souffrait d'une véritable famine de coton, le gouvernement de Palmerston fut sur le point de reconnaître le Sud comme un État indépendant. Seules les victoires décisives du Nord, en 1863, empêchèrent cette folie. Mais déjà l'attitude de la presse anglaise avait profondément irrité les Nordistes. Cette irritation faillit provoquer une guerre quand, très imprudemment, le gouvernement anglais autorisa la construction en Angleterre de vaisseaux soi-disant destinés au commerce ; des vaisseaux de guerre maquillés, comme l'*Alabama,* furent mis au service des Confédérés et firent beaucoup de mal au commerce du Nord. Après la victoire de ce dernier, l'Angleterre, pour retrouver l'amitié américaine, dut payer une somme importante, à titre de réparation, pour les énormes dégâts faits par l'*Alabama.* Cet épisode envenima pour longtemps les rapports des deux pays; d'ailleurs, au cours des cinquante années qui suivirent, l'Amérique du Nord reçut une abondante émigration slave, latine, irlandaise, et cessa d'être une communauté anglo-saxonne, pour devenir le creuset de races qu'elle demeura jusqu'à la guerre de 1914.

VIII. — « je donne un exemple que probablement, dans très peu de temps, la Prusse sera heureuse d'imiter », avait dit Cavour à la cour de Berlin, laquelle n'avait pas protesté. Le danger de la politique des nationalités était qu'elle permettait de remettre en question à chaque instant la carte de l'Europe, et qu'elle éveillait des sympathies sentimentales qui s'exprimaient avec plus de véhémence que d'efficacité. Les Polonais, opprimés par les Russes, s'étaient soulevés en 1863. L'opinion anglaise les soutint avec chaleur. Napoléon III, favorable au principe des nationalités, appuya l'Angleterre, qui envoya au Tsar une note péremptoire. Le Tsar répondit sur un ton de sarcasme hautain. Tout le monde attendait la guerre. Quand le gouvernement anglais confessa qu'une erreur momentanée avait égaré ses conseils depuis trois ou quatre mois, et qu'il n'avait jamais eu l'intention d'aller plus loin que des échanges de notes, Napoléon se trouva placé dans la position la plus fausse. Les résultats les plus clairs de cette agitation furent : *a)* que le ministre russe, Gortchakov, responsable de la répression brutale et qui, avant l'intervention de John Russell, était blâmé par son maître et allait être déplacé, devint soudain dans son pays le plus puissant et le plus populaire des hommes d'État; *b)* que les places de Varsovie furent jonchées de morts et de blessés. « Tels étaient, disait Disraeli, les effets d'une politique qui n'avait été ni chair, ni poisson, ni volaille. »

IX. — Quelques mois plus tard, Prussiens et Autrichiens menacèrent d'envahir le Danemark et de lui enlever, toujours en vertu du principe des nationalités, les duchés de Sleswig et de Holstein. Lord Palmerston déclara au Parlement que « si l'indépendance du Danemark était menacée, les assaillants verraient que ce n'était pas avec le Danemark seul qu'ils auraient à se mesurer ». Les Danois, en lisant ce discours, furent grandement réconfortés et prirent l'attitude la plus ferme. Palmerston demanda l'appui de l'armée française, mais l'Empereur avait été lâché par l'Angleterre dans l'affaire polonaise ; il n'avait plus confiance. Tandis que la France et l'Angleterre jouaient à contretemps, l'armée prussienne entra au Danemark. Les Danois se tournèrent avec espoir vers Lord Palmerston ; n'avait-il pas dit que ce ne serait pas avec le Danemark seul que la Prusse aurait à se mesurer ? Mais l'opinion publique, à la onzième heure, découvrait les dangers de l'intervention. Le cabinet se réunit et se prononça contre la guerre. Que répondre aux Danois ? On leur expliqua que Lord Palmerston avait parlé sans avoir consulté le cabinet et, par conséquent, n'avait pas engagé celui-ci. En 1864, le Sleswig et le Holstein furent annexés par la Prusse. Une nouvelle puissance, exigeante et forte, grandissait en Europe et aspirait secrètement à l'hégémonie. Elle allait être aidée par les incertitudes de la politique britannique qui, héritant à la fois de l'impérialisme dominateur de Pitt, du libéralisme agressif de Canning ou de Palmerston, et du pacifisme de l'École de Manchester, oscilla dangereusement pendant un demi-siècle entre des attitudes contradictoires.

5.
L'ANGLETERRE VICTORIENNE

I. — En aucun moment de l'histoire des hommes l'invention scientifique ne transforma aussi rapidement les mœurs, les idées et même les paysages, qu'en ce début du XIXe siècle. La méthode scientifique, celle de Francis Bacon, avait soudain produit des effets que les Anglais du temps de Bacon eussent tenus pour des miracles. L'homme semblait devenu maître de la nature. La vapeur remplaçait à la fois la force des bras, celle des animaux et celle du vent. En 1812, un steamer remonta la Clyde ; en 1819, un bateau à vapeur traversa l'Atlantique ; en 1852, fut lancé l'*Agamemnon,* premier navire de guerre à hélice et à cuirasse. En 1821, Stephenson construisit sa première locomotive ; en 1830, le duc inaugura le chemin de fer de Manchester à Liverpool ; en 1838, Disraeli voyagea de Londres à Maidenhead à la vitesse de trente-six milles à l'heure, surprenante sensation ; en 1842 le prince Albert, étant allé de Windsor à Londres en chemin de fer, dit, à la fin du voyage : « Pas si vite la prochaine fois, monsieur le conducteur, je vous en prie. » La grandeur des gares, les quartiers qui naissaient autour d'elles étonnaient les esprits les plus hardis. Des sociétés avaient été créées pour exploiter l'invention ; des Anglais de tous métiers, anciens officiers, marchands, maîtres d'école, devenaient administrateurs de Compagnies de chemins de fer ; en 1842 commença un *boom ;* actions et salaires montèrent verticalement. *Punch* représenta la locomotive Spéculation écrasant ses adorateurs, et elle les écrasa en effet, car en 1847 l'ensemble des actions de chemins de fer fit une chute, non moins verticale, de soixante-dix-huit millions de livres. La spéculation sur les titres qui, au XVIIIe siècle, n'avait été qu'une maladie passagère, devenait un métier ; en beaucoup de grandes entreprises, la société anonyme (inventée jadis par les compagnies coloniales) remplaçait le maître unique et responsable.

II. — Vers la même époque, la lettre affranchie à un penny donna le goût d'écrire à des classes nouvelles. Les journaux, moins chers parce que le droit de timbre avait été abaissé par les Whigs de cinq pence à un penny, virent leur tirage augmenter. (Le *Times* existait depuis 1785, le *Morning Post* depuis 1772 ; le *Daily News* fut fondé par Dickens en 1846.) A partir de 1837, le télégraphe rapprocha villes et continents. La planète « se recroquevilla aux dimensions d'un comptoir anglais ». Araignée « tapie dans son île » au centre du commerce mondial, l'Angleterre jeta autour de la terre une immense toile de câbles. Parce qu'elle vivait en paix, parce qu'elle avait la plus grande flotte et les mines de charbon les plus accessibles, parce que sa bourgeoisie prospère et libre était prête à tirer parti des inventions nouvelles, elle s'enrichissait plus rapidement qu'aucun autre peuple. Dès 1830, en pleine crise économique, le grand historien Macaulay avait entonné un hymne triomphal et annoncé qu'en 1930, dans ces mêmes îles, une population doublée jouirait d'une richesse double. On sait combien sa prophétie, qui parut alors téméraire, fut dépassée par les faits.

III. — Comme en France le règne de Louis-Philippe, l'ère victorienne fut en Angleterre celle des classes moyennes. Enrichies par les découvertes scientifiques et leurs applications, elles eussent alors conquis le pouvoir par la force de l'argent si les Whigs ne leur avaient livré sans lutte la citadelle aristocratique. « C'est, écrit Élie Halévy, le chef-d'œuvre de la politique anglaise au XIXe siècle que de perpétuer la tradition du parlementarisme aristocratique. Mais à quelle condition s'opère ce tour de force ? A la condition d'adapter sans cesse cette politique aux besoins d'une société qui s'industrialise et se démocratise. » L'alliance des Whigs et de la bourgeoisie aura, sur les mœurs de l'Angleterre, des effets profonds et durables. Beaucoup des grands bourgeois qui formaient la nouvelle oligarchie industrielle sortaient de familles non conformistes. Ceux même d'entre eux qui n'avaient plus la foi des puritains en gardaient l'austérité, et cette coïncidence de la rigueur morale et de la réussite commerciale n'était pas une rencontre fortuite. « Mener une vie sérieuse, s'abstenir de jouer et de boire, se souvenir du jour du Sabbat, limiter les plaisirs des sens aux caresses d'une femme légalement épousée, sont des vertus dont la récompense ne se trouve pas seulement dans le ciel. » Souvent même la religion avait été l'occasion directe et le secret du succès temporel : si Thomas Cook fonda la plus illustre des agences de voyage, ce fut parce que, missionnaire baptiste, il avait organisé d'abord des excursions pour les meetings de tempérance et les écoles du dimanche ; si Cadbury et Fry, quakers, bâtirent les plus prospères et les plus vertueuses des chocolateries, ce fut parce que le cacao était, pour la lutte contre l'alcool, l'allié le plus efficace du prédicateur. A leurs associés politiques, les Whigs sacrifièrent alors leur cynisme et, au moins en apparence, leurs plaisirs. « L'aristocratie, écrit en 1867 Bagehot, vit dans la terreur des classes moyennes, de l'épicier et du marchand. » Dès 1850, une correspondance comme celle de Byron et de Lady Melbourne fût devenue presque inconcevable. En même temps que la réforme électorale et le libre-échange, les Whigs avaient, sans doute à contrecœur, mis à leur programme la vertu.

IV. — La Reine elle-même, en épousant le prude Albert, s'était transformée. Sa Cour était devenue grave et familiale. « Cette damnée moralité finira par tout abîmer », disait en grognant Lord Melbourne. Mais Lord Melbourne appartenait à une époque disparue et Gladstone, pieux et prospère, grave et familial, représentait bien mieux le règne. Romans et comédies furent alors écrits pour une jeune reine, mère de famille et vertueuse. Rien n'y devait « faire monter le rouge aux joues d'une jeune personne ». *Punch* était loué de pouvoir être lu « par nos enfants et nos épouses ». Non seulement le vice, mais le crime étaient proscrits de toute littérature, à moins qu'ils ne fussent voilés de sentimentalité et d'humour. Monarchie, aristocratie et littérature avaient compris que, dans ce monde nouveau, les excès du libertinage, ou ceux de la sincérité, eussent mis leurs privilèges en danger. Pour imposer aux masses une rassurante respectabilité, les classes dirigeantes en acceptèrent, sinon toujours la réalité qui eût été inhumaine, au moins les conventions et les apparences. Très vite d'ailleurs, pour beaucoup, ces apparences devinrent des habitudes. Quand on lit *Père et Fils* d'Edmund Gosse, on constate que l'état d'esprit de certains victoriens ne fut pas éloigné de celui des saints de Cromwell. Le mélange de gravité, de réserve et de force qui est le caractère propre de ce temps, se retrouve dans la redingote noire, dans la haute cravate des hommes comme dans les robes de soie noire et les bonnets légendaires de la reine Victoria.

V. — Si les Whigs, en cette alliance, avaient sacrifié la liberté de leurs mœurs, les bourgeois avaient abandonné le radicalisme de leur pensée. La bourgoisie victorienne professe un snobisme qui est essentiellement conservateur ; elle accepte les cadres de la société aristocratique ; elle les respecte d'autant plus qu'ils s'ouvrent pour elle. Chaque homme des classes moyennes aime alors à connaître des personnes titrées, « et s'il dit qu'il n'y tient guère, ne l'en croyez pas ». Longtemps la servilité des nouveaux électeurs annula les effets de la réforme électorale. « Le féodalisme, écrit Gobden, reprend chaque jour plus de place dans la vie politique comme dans la vie sociale. » Bagehot analyse cette curieuse « déférence » de la nation anglaise : « Si étrange, dit-il, que cela paraisse, il y a des nations où la majorité ignorante souhaite être gouvernée par la minorité compétente. Elle abdique en faveur de son élite. L'Angleterre est le type de ces nations déférentes. » Et, en effet, il semble vers 1850 que le peuple accepte de laisser aux classes moyennes le privilège du vote et que les classes moyennes elles-mêmes aiment à se faire représenter par des aristocrates professionneles. On dirait que les bourgeois se considèrent alors comme des spectateurs qui se plaisent à voir d'excellents acteurs leur donner, sur une scène admirable, le spectacle d'une vie fastueuse. Aussi les grandes familles anglaises gardent-elles longtemps encore, sans rencontrer d'hostilité véhémente, leurs beaux parcs, leur train de vie royal, leurs demeures bâties par Inigo Jones, John Vanbrugh ou Christopher Wren. A Chatsworth, chez le duc de Devonshire, à Belvoir chez le duc de Rutland, à Woburn chez le duc de Wellington, se tiennent de véritables petites cours. En juin 1832, au lendemain de la réforme, Disraeli avait écrit : « Le régime des ducs, qui semblait éternel, vient de s'écrouler. » Disraeli allait bientôt reconnaître que les ducs, ainsi enterrés par lui, se portaient encore assez bien, et rechercher lui-même leur alliance.

VI. — Cette survie, tolérée par tous, d'une fabuleuse richesse, est d'autant plus surprenante que la condition des pauvres apparaît alors plus misérable. A la belle race anglaise du

XVIIᵉ siècle, bien nourrie dans ses campagnes, vigoureuse et gaillarde, succède un pâle prolétariat urbain. Dans les quartiers populaires des grandes villes, la mortalité demeure effrayante. A Londres, elle est dans l'*East End* (quartier pauvre) double de ce qu'elle est dans le *West End* (quartier riche). A Bath, la durée de vie normale d'un gentleman est de cinquante-cinq ans, d'un ouvrier de vingt-cinq ans. On a décrit[1] la misère et la saleté dans lesquelles vivaient alors des milliers de familles : l'eau potable remplie de matières fécales, les cours empestés où l'herbe refusait de pousser, les caves où couchaient dix ou douze personnes et qu'inondait une eau croupie. Certes l'Angleterre rurale n'était pas tout à fait morte. En 1861 le rapport de la population urbaine à la population rurale est de 5 à 4 et il faut attendre 1881 pour que la population des villes devienne double de celle des campagnes. Mais la population rurale elle-même n'a pas retrouvé son équilibre. L'ouvrier agricole est désormais plus heureux sur les grands domaines, où « les ducs » bâtissent de solides cottages, que dans les petites exploitations privées qui, hors certaines périodes de prix élevés, ont grand-peine à vivre. Quant aux ouvriers des villes, leur condition s'améliore lentement tout au long du règne. Mr. Clapham a montré que le pire moment fut le début du siècle. Jusqu'à Peel, la nourriture du peuple avait été chère. Le libre-échange fit baisser le coût de la vie et, au début de la décennie de 1850, les salaires commencèrent à monter. Les salaires de 1865 dépassent de 20 à 25 % ceux de 1845 ; les prix avaient monté de leur côté, mais le pain par exemple ne valait guère que 12 % de plus. Le pouvoir d'achat des ouvriers devenait donc plus élevé. En même temps les caisses d'épargne, les sociétés coopératives les aidaient à souffrir un peu moins pendant les crises. C'est d'ailleurs un fait qu'à partir de 1850 ils renoncèrent à l'action directe et que, comme les bourgeois, les ouvriers anglais se prirent à espérer, au temps où Renan écrivait l'*Avenir de la Science*, que machines et découvertes scientifiques amèneraient un nouvel Age d'Or.

VII. — Ainsi tous les victoriens, riches et pauvres, en arrivaient à croire au progrès. La science leur inspirait un respect religieux. Le Moyen Age n'avait vu dans l'univers que l'effet de la volonté libre de Dieu ; le XVIIIᵉ siècle avait essayé de concilier avec une

1. G. M. Young, *Early Victorian England.*

foi raisonnable un système de lois naturelles ; au XIXe siècle beaucoup de savants crurent observer un monde tout mécanique. Les *Principes de Géologie de Lyell* et l'*Origine des Espèces* de Darwin ébranlèrent les théories bibliques et donnèrent aux hommes de ce temps l'illusion d'avoir découvert, de l'évolution des êtres vivants, des lois aussi précises que celles du monde matériel. La philosophie elle-même devint « matérialiste ». Herbert Spencer, esprit simple et faux, aussi universel qu'Auguste Comte, mais aussi sommaire que Comte était génial, et doué « d'un extraordinaire talent pour bâtir des idées générales autour de faits peu importants », conquit non seulement le public anglais, mais le lecteur moyen du monde entier, par une philosophie de l'évolution appliquée à toutes les sciences, y compris la morale et la politique. Ce temps d'universalité, de foi dans le progrès scientifique et matériel, de pacifisme et d'industrie, trouva un parfait symbole dans l'Exposition de 1851, organisée par le prince Albert, avec un sérieux et une perfection tout allemands. La grandeur du Crystal Palace, l'enthousiasme des foules, l'atmosphère de réconciliation nationale après les émeutes de la réforme et du Chartisme firent grande impression sur les Anglais dont beaucoup, pour la première fois, prirent à cette occasion le chemin de fer et virent Londres.

VIII. — Contre le matérialisme scientifique et social, il était inévitable que se produisissent des réactions. Le règne eut donc ses vagues romantiques qui furent tantôt religieuses, tantôt littéraires. En religion, non seulement le mouvement méthodiste continua, mais le clergé anglican entreprit, avec dévouement, l'évangélisation des nouvelles villes industrielles. Le mouvement d'Oxford, qui commença vers 1833, essaya de rendre à la religion anglicane le prestige historique et poétique du catholicisme. Le plus célèbre de ses adeptes, Newman, finit par se convertir au catholicisme et, vers la fin de sa vie, devint cardinal. Carlyle dirigea, contre l'utilitarisme, l'attaque protestante et montra que « ce n'était pas, comme le croyaient les gens du temps, Manchester qui devenait plus riche, mais seulement quelques-uns des hommes les moins sympathiques de Manchester ». Ruskin mena son combat contre la laideur de l'industrialisme et engendra les préraphaélites dont quelques-uns fondèrent, aux côtés de William Morris, un socialisme esthétique. Enfin Dickens fut, à lui seul, la plus formidable des vagues d'assaut et fit plus pour enseigner aux Anglais de son temps la véritable générosité, laquelle est à base d'imagination, que tous les philanthropes professionnels. Mais Dickens lui-même dut, pour faire accepter son réalisme, l'estomper d'humour, de sentimentalisme et donner à ses tragiques histoires des épilogues heureux. Car tel était le compromis victorien.

6.
DISRAELI ET GLADSTONE

I. — La réforme de 1832 avait satisfait la petite bourgeoisie ; elle n'avait donné aux masses populaires aucun moyen d'expression. Les violentes campagnes des Chartistes avaient montré que les dangers d'une telle situation demeuraient graves. Il est vrai que l'ébullition chartiste avait été noyée par la vague de prospérité qui avait surgi à partir de 1850 ; les sages n'oubliaient pas que l'agitation pouvait renaître et qu'il serait alors souhaitable qu'elle trouvât une soupape. Pourtant les nouveaux maîtres du pays légal, qui d'ailleurs avaient maintenu au pouvoir ses anciens maîtres, n'éprouvaient nul désir d'élargir encore l'électorat ; mais les hommes d'État les plus clairvoyants des deux partis : Gladstone chez les libéraux, Disraeli chez les conservateurs, pensaient que c'était là le seul remède. Chacun d'eux souhaitait l'honneur et les profits politiques d'une nouvelle réforme. *Punch,* en 1852, publiait un dessin représentant un lion endormi que les politiciens s'efforçaient de réveiller en le piquant avec des barres de fer rouge. Sur chaque barre était le mot : *Réforme.* Mais quelles réformes ? Tantôt un gouvernement tory proposait de donner le vote à tout électeur payant plus de dix livres de loyer ; l'opposition whig s'écriait que c'était une honte et que huit livres formaient la saine limite des Droits de l'Homme. Tantôt un parlement whig proposait sept livres et Derby, par la bouche de son prophète Disraeli, affirmait que c'était livrer l'Angleterre à tous les dangers de la démagogie. La question réelle était de savoir lequel des deux grands partis serait favorisé par les nouveaux électeurs. Mais Gladstone parlait avec indignation de ceux qui consultaient ainsi des statistiques électorales et qui mesuraient les forces populaires comme celles d'une armée d'envahisseurs. « Les personnes auxquelles s'appliquent ces remarques sont nos frères, des chrétiens comme nous, notre propre chair et notre sang. » Sur quoi un Tory lui demanda pourquoi notre chair et notre sang s'arrêtaient à sept livres de loyer.

II. — Une trentaine de Whigs, hostiles à toute nouvelle avance sur le chemin de la démocratie, refusèrent en 1866 de voter les réformes de Gladstone. On les baptisa Adullamites, car « le roi David s'étant retiré dans les cavernes d'Adullam, tous ceux qui avaient des dettes et tous ceux qui étaient mécontents s'étaient réunis autour de lui ». Derby et Disraeli, avec l'appui passif des Adullamites, renversèrent Russell et Gladstone et, se retrouvant un pouvoir en minorité, entreprirent de faire du parti conservateur un parti moderne, non plus hostile à tout changement comme l'ancien parti tory, mais à la fois attaché aux vieilles institutions anglaises (monarchie, Chambre des Lords, Église anglicane) et capable de les amender si des circonstances nouvelles l'exigeaient. Les efforts de Disraeli pour « éduquer son parti » réussirent et le parti conservateur lui dut une seconde et longue jeunesse. En rappelant à l'aristocratie que son rôle traditionnel n'est pas de contenir, mais de conduire le peuple, il permit aux familles qui avaient si longtemps gouverné l'Angleterre de continuer à jouer un rôle dans une société transformée. Cédant aux libéraux sur des points de détail, il fit voter par les Communes une nouvelle réforme électorale, celle de 1867. Le droit de vote dépendait, comme en 1832, de la propriété d'une maison, ou du montant d'un loyer, mais les taux étaient plus bas, surtout dans les bourgs, et le résultat de la réforme fut d'ajouter au corps électoral plus d'un million de votants, presque tous ouvriers des villes. Quelle serait l'attitude politique des nouveaux électeurs ? Cela était imprévisible, et Derby lui-même admettait que la nouvelle loi serait « un saut dans le noir ». Mais il était fier d'avoir enlevé aux Whigs un de leurs thèmes favoris et, comme Disraeli, faisait confiance au bon sens des ouvriers anglais. Les conservateurs n'eurent pas lieu plus tard de regretter ce geste, mais la première élection qui suivit la réforme (1868) fut une victoire libérale.

III. — Peu de temps après le vote de la réforme, Derby, malade, céda la place de *leader* du parti conservateur à Disraeli. Vers le même temps Gladstone devenait le chef incontesté du parti libéral et les deux hommes qui, depuis la chute de Peel, avaient toujours été opposés l'un à l'autre se trouvèrent en conflit direct. La lutte Disraeli-Gladstone, en dehors de son intérêt humain, a une valeur exemplaire parce qu'elle illustre l'importance, pour la réussite du régime parlementaire, d'un certain prestige dramatique. Si l'émeute réelle doit être remplacée, pour les citoyens d'un pays, par des révolutions en chambre, encore faut-il que ces batailles oratoires soient elles-mêmes de nobles spectacles. Grâce aux talents, très différents mais tous deux admirables, de Gladstone et de Disraeli, les luttes parlementaires, pendant vingt ans furent à Westminster des luttes de géants. Deux philosophies et deux attitudes d'esprit s'opposaient. D'un côté la gravité, le sérieux, la vertu consciente ; de l'autre l'éclat, l'esprit et, sous l'apparence d'une superficielle frivolité, une foi non moins vive que celle de Gladstone. Celui-ci croyait au gouvernement par le peuple, voulait recevoir du peuple ses inspirations et se disait prêt à toutes les réformes que souhaiterait le peuple, dussent-elles porter atteinte aux traditions les plus anciennes de l'Angleterre. Disraeli croyait au gouvernement *pour* le peuple, à la nécessité de maintenir les cadres du pays, et n'admettait les réformes que dans la mesure où elles respectaient certaines institutions essentielles liées à des traits fixes de la nature humaine. De ces deux attitudes, les images de Gladstone abattant lui-même des arbres à Hawarden et de Disraeli refusant, à Hughenden, d'en laisser abattre un seul, sont de bons symboles.

IV. — Gladstone fut premier ministre de 1868 à 1874, Disraeli de 1874 à 1880, et de nouveau Gladstone de 1880 à 1885. Pendant ces dix-huit années, de grands changements se produisirent sur le Continent. Ni Disraeli, ni Gladstone ne surent comprendre que « la balance du pouvoir » allait être détruite en Europe par la puissance nouvelle de la Prusse. Palmerston avait toléré l'annexion du Sleswig-Holstein ; Disraeli et Gladstone assistèrent sans réagir à la guerre austro-prussienne, puis à la guerre franco-allemande, qui consacrèrent l'hégémonie de la Prusse et amenèrent la formation de l'Empire allemand. La Russie à son tour dénonça le traité de Paris, qui avait terminé la guerre de Crimée, et reconstitua sa flotte de la mer Noire. Là encore Gladstone laissa faire. Mais le danger des concessions est qu'elles augmentent l'appétit et l'audace de ceux auxquels on les fait. L'Angleterre semblait endormie et les puissances les plus faibles pensèrent qu'elles pouvaient désormais taquiner impunément le lion britannique. A la longue, l'opinion publique s'irrita de ces faiblesses. Dans un théâtre, on représenta Gladstone recevant de Chine une ambassade qui venait lui demander l'Écosse. Le Premier Ministre réfléchissait, puis trouvait qu'il y avait trois réponses possibles : céder tout de suite l'Écosse, attendre un peu et finir par céder, ou désigner un arbitre. Le public trouvait la satire assez juste.

V. — La politique étrangère de Disraeli fut plus hardie, plus pittoresque, mais aussi plus dangereuse que celle de Gladstone. Alors que celui-ci voulait la paix à tout prix, se désintéressait même de l'Empire et, souhaitant pour son pays bien plutôt un prestige moral qu'un prestige impérial, valait à ses partisans le surnom de *Little Englanders* (partisans d'une petite Angleterre), Disraeli et ses amis se proclamaient « impérialistes ». L'idée d'empire, défaillante depuis la mort de Chatham et la perte des colonies américaines, renaissait dans l'imagination romantique de Disraeli. Avant Chamberlain, avant Rhodes, avant Kipling, il proposait à l'Angleterre une image toute romaine de son rôle et de ses devoirs dans le monde. Contre le vœu de la majorité de son parti, qui avait horreur des changements quels qu'ils fussent, il fit donner à la Reine, laquelle le souhaitait ardemment, le titre d'impératrice des Indes. En 1875, il acheta secrètement au Khédive, pour quatre millions de livres, cent soixante-dix-sept mille actions du Canal de Suez. La majorité restait à la France, mais l'Angleterre acquérait une part de cette entreprise, si importante pour elle puisque le canal était désormais le chemin le plus court vers l'Inde et vers la Chine. Ce fut la même année que Disraeli, vieux et fatigué, passa à la Chambre des Lords sous le nom de Lord Beaconsfield. L'Europe continuait de s'inquiéter du conflit entre la Turquie et ses provinces chrétiennes que défendait, pour les acquérir, la Russie. Il n'était rien au monde que Disraeli craignît davantage que les Russes en Méditerranée. Le premier axiome de la politique britannique était, pour lui, le maintien de la libre communication avec les Indes. Or, par terre, cette communication n'était possible qu'à travers une Turquie amicale ; par mer, elle devait désormais se faire par le canal de

Suez, très vulnérable si les provinces turques d'Asie se trouvent aux mains d'une nation hostile. Il prit donc le parti de la Turquie. Mais des atrocités ayant été commises en Bulgarie par les Turcs, Gladstone souleva contre ceux-ci l'opinion anglaise au cours d'une campagne oratoire que Disraeli jugea ridicule, mais qui toucha les masses religieuses par sa ferveur. Le mouvement fut tel que Beaconsfield dut renoncer à intervenir.

VI. — Bientôt la Russie put imposer aux Turcs le traité de San Stefano. La Turquie d'Europe disparaissait presque complètement et une grande Bulgarie donnait aux Russes accès à la Méditerranée. Lord Beaconsfield jugea ce traité inacceptable pour l'Angleterre et lança un ultimatum à la Russie. Celle-ci, épuisée par la guerre, effrayée par l'arrivée de troupes des Indes et par l'envoi de la flotte britannique à Constantinople, s'inclina. Cette négociation, dans la manière de Palmerston, flotte en pointe, diplomatie dans le sillage, plut à l'orgueil britannique. Le Congrès de Berlin (1878) révisa le traité de San Stefano. La Bulgarie fut coupée en deux, la Bosnie promise à l'Autriche, l'Angleterre obtint l'île de Chypre. Le traité de Berlin semblait être un complet succès pour Lord Beaconsfield et l'ordre de la Jarretière l'en récompensa. En fait, Chypre ne fut jamais très utile à l'Angleterre ; la Turquie continua de maltraiter les sujets chrétiens qu'on lui avait rendus, et l'affaire de Bosnie allait déclencher la guerre de 1914. Dès 1879 l'hostilité de la Russie, dont les ministres étaient revenus de Berlin fort irrités contre l'Angleterre, précipita des conflits sur la frontière des Indes. Quand suivit une guerre en Afrique du Sud, contre les Zoulous, le public commença de penser que, si la politique pacifiste de Gladstone était sans gloire, la politique impérialiste de Disraeli n'était pas sans danger. En 1879, Gladstone fit de nouveau en Écosse une grande campagne oratoire et obtint un prodigieux succès. Il disait aux électeurs qu'il ne s'agissait plus d'approuver telle ou telle mesure politique, mais de choisir entre deux morales. Depuis cinq ans on ne leur parlait que des intérêts de l'Empire britannique, de frontières scientifiques, de nouveaux Gibraltars, et quel était le résultat ? La Russie agrandie et hostile, l'Europe troublée, l'Inde en guerre, en Afrique une large tache de sang. Pourquoi ? Parce qu'il y a autre chose au monde que les nécessités politiques, disait Gladstone, il y a les nécessités morales. « Souvenez-vous que la sainteté de la vie dans les villages d'Afghanistan, parmi les neiges de l'hiver, est aussi inviolable aux yeux du Tout-Puissant que dans vos villes. » Ce beau visage d'oiseau de proie, ces yeux perçants et forts, cette voix dont la vigueur continue semblait un miracle, cette haute et religieuse doctrine emplissaient les villageois écossais, hommes pieux, d'une admiration presque craintive ; il leur semblait entendre la parole divine et contempler un prophète. Aux élections de 1880, Disraeli et son parti furent écrasés.

VII. — Il est plus facile de prêcher la paix que de la maintenir. Gladstone était sincère dans son horreur de la violence, mais il allait se trouver contraint d'en user, et d'autant plus que sa faiblesse initiale augmentait partout les dangers et les désordres. Les premiers ennuis vinrent de l'Afrique du Sud. Là, depuis que, pendant les guerres napoléoniennes, les Anglais avaient annexé Le Cap, colonie hollandaise, des conflits avaient surgi entre fermiers hollandais et colons anglais. En 1877, les Anglais avaient annexé la république hollandaise du Transvaal ; en 1881, les Boers se soulevèrent et vainquirent à Majuba Hill la petite armée anglaise d'occupation. Gladstone accepta le fait accompli et rendit leur indépendance aux Boers. En Irlande, un parti républicain, rebelle, antianglais, se développait secrètement. A la Chambre des Communes, quatre-vingts députés menés par le mystérieux et brillant Parnell, partisans du *Home Rule,* c'est-à-dire du séparatisme irlandais, rendaient la vie difficile au gouvernement. En Irlande même, l'action parlementaire était appuyée par une action directe, laquelle allait jusqu'au meurtre. Les paysans refusaient de payer leurs fermages. En vain Gladstone essaya-t-il de les appuyer par un *Land Act,* loi agraire qui donnait à des tribunaux spéciaux le droit de reviser les baux ; en vain il relâcha Parnell et ses amis, arrêtés pour excitation à l'émeute. Quelques jours plus tard, les attentats recommencèrent. L'opinion publique anglaise, indignée, obligea le ministère à proposer une loi de coercition qui fit quelque effet.

VIII. — Après le Transvaal et l'Irlande, l'Égypte. La mauvaise administration du Khédive avait amené la France et l'Angleterre à assurer ensemble le contrôle des finances et l'administration de la dette égyptienne. Des Européens ayant été massacrés à Alexandrie, le ministère français, avec plus de timidité que de sagesse, retira sa flotte. Gladstone eût volontiers rappelé, lui aussi, la flotte anglaise, mais la presse et le public ne le lui permirent pas. L'armée anglaise entra au Caire. Cette conquête « entreprise en un moment d'absence », rendit Gladstone, qui l'avait blâmée, populaire. En droit, l'occupation de l'Égypte était temporaire et jalousement surveillée par la France. En fait, Sir Evelyn Baring (plus tard Lord Cromer) administra bientôt le pays sous la souveraineté nominale du Khédive. Une armée d'occupation anglaise était restée « provisoirement » en Égypte. Lorsque, dans le Soudan égyptien, un fanatique musulman se proclama le Mahdi, rallia les Derviches et chassa les soldats égyptiens, un général anglais, Hicks, y fut envoyé et taillé en pièces. Gladstone décida d'évacuer le Soudan et, imprudemment, chargea de l'opération le général Gordon, personnage extraordinaire, qui s'était fait pendant les guerres de Chine une grande réputation, et aussi fanatique à sa manière que le Mahdi. Au lieu d'évacuer le Soudan, Gordon s'enferma dans Khartoum et réclama en vain des renforts. Quand Gladstone se décida à lui en envoyer, il était trop tard. Le Mahdi massacra le général et les onze mille hommes de la garnison. Gordon avait toutes les vertus nécessaires pour devenir un héros national ; sa ténacité plaisait aux impérialistes, son amour de la Bible aux protestants, et sa fantaisie à tout le peuple anglais. Sa mort amena la chute du ministère. Mais ce ne fut qu'en 1898 que ce meurtre fut vengé par l'expédition de Kitchener.

IX. — A l'intérieur, Gladstone libéra le pays de quelques inégalités religieuses ; il sépara de l'État l'Église anglicane d'Irlande, que les catholiques irlandais n'avaient nulle raison d'entretenir ; il fit ouvrir aux non-conformistes (qui déjà, en 1836, avaient eu libre accès à la nouvelle Université de Londres) les Universités d'Oxford et de Cambridge. Par l'*Education Act* de 1870 (loi Forster), l'Angleterre eut enfin l'embryon d'un système d'écoles national. Le prince Albert avait été choqué par le nombre des illettrés anglais, si supérieur à celui des illettrés allemands ou français. A Manchester, en 1838, sur 100 conjoints, 45 signaient d'une croix le registre, ne sachant pas écrire ; en 1854, 33 % des hommes et 49 % des femmes étaient illettrés ; en 1861, respectivement 25 % et 35 %. La complaisance victorienne n'admettait pas qu'il fût nécessaire sur ce point d'imiter le Continent. Les classes nobles et moyennes envoyaient leurs enfants dans les *Publics Schools ;* le peuple n'eut longtemps que les écoles soutenues par les Églises. La loi Forster créa enfin, dans les villages où n'existait pas d'école libre, une école d'État qui demeurait chrétienne, mais n'était plus confessionnelle. Ce fut en 1891 que l'éducation, en Angleterre, devint obligatoire, en 1912 qu'elle devint gratuite pour tous. Il faut noter que l'Angleterre, pays du monde où les sciences étaient le moins enseignées dans les écoles, est celui qui a produit quelques-uns des plus grands savants du XIXe siècle : Darwin, Huxley, Lord Kelvin, Clerk Maxwell, Lister, Thomson. Peut-être l'allégement des programmes y préserva-t-il la fraîcheur du génie ?

X. — Disraeli, en 1877, avait donné le vote aux ouvriers des villes ; Gladstone, en 1884, le donna aux travailleurs agricoles. Une loi sur le scrutin secret et une loi sur la corruption électorale avaient mis fin au régime ploutocratique. A partir de 1884, sur sept millions d'adultes mâles, cinq millions votent. Ne sont plus guère exclus que ceux qui partagent la maison de leur maître (domestiques), la maison de leur père (fils vivant avec leur famille), et toutes les femmes. L'administration locale elle-même fut désormais assurée par des corps élus et les juges de paix perdirent la puissance administrative qu'ils détenaient depuis les Tudors. L'Angleterre avait passé, en un demi-siècle, sans secousses profondes, de l'oligarchie à la démocratie. Mais en même temps, l'indépendance de la Chambre des Communes s'était fort affaiblie. Dans l'ancien système aristocratique, un grand seigneur dans son bourg (ou celui auquel il avait donné ce bourg) se savait invulnérable ; leur vote au Parlement était libre parce que le Premier Ministre n'avait sur eux aucune prise, sinon par la corruption à laquelle résistaient les députés honnêtes, — ou trop riches. En système démocratique tous les sièges devinrent instables ; le député n'étant jamais sûr d'être réélu par un électorat vaste et capricieux, la menace de dissolution devint, pour le Premier Ministre, un moyen de ramener les hésitants. Une association libérale fondée par Joseph Chamberlain à Birmingham donna l'exemple de ce qui fut appelé, à l'imitation de l'Amérique, un *caucus*. Les partis devinrent de puissantes organisations qui choisirent les candidats, réunirent des fonds électoraux (souvent obtenus par la vente des titres de noblesse) et imposèrent leur chef au choix du souverain pour le poste de premier ministre. De plus en plus, sauf accident imprévisible, faute personnelle grave ou scission d'un parti, un Premier fut, après des élections favorables, à peu près certain de conserver le pouvoir pour la durée d'un parlement. Ainsi, conséquence imprévue des réformes électorales, l'exécutif se trouva renforcé et le système anglais rapproché du système américain, mais affranchi du danger que présente, en Amérique, le chevauchement des élections présidentielles et des élections au Congrès.

XI. — Les deux grands partis traditionnels semblaient alors éternels, et bien hardi eût paru qui eût prédit, vers 1892, qu'un parti du travail prendrait un jour le pouvoir. Le socialisme anglais, de Thomas More à William Morris, avait été utopique et inefficace. Un Juif allemand, Karl Marx, qui vivait à Londres depuis la révolution de 48, y avait publié en 1864 *Le Capital*, Coran du socialisme comme *La Richesse des Nations* avait été la Bible du libéralisme ; il y constatait les effets, bien inattendus pour Adam Smith, de la libre concurrence ; il y annonçait que, comme la bourgeoisie avait vaincu la féodalité, le prolétariat exproprierait un jour la bourgeoisie. Mais la guerre de classes trouvait peu de guerriers en cette Angleterre prospère. Il fallut la crise économique, longue et douloureuse, qui suivit 1875, pour que naquît une fédération social-démocratique, fondée par le bourgeois Hyndman, et même alors ce dernier joua dans la vie des ouvriers anglais un rôle infiniment moins grand que les trade-unionistes pratiques. Le socialisme prit toujours en Angleterre des formes originales. Il avait été réformateur et paternaliste avec Robert Owen, esthétique avec Ruskin et les préraphaélites ; il fut intellectuel, paradoxal et temporisateur avec la Société Fabienne ; parlementaire, évangéliste avec Ramsay Macdonald. C'est par ce dernier caractère qu'il devait plus tard rallier, à côté des ouvriers, une partie des petits-bourgeois non conformistes. De même que Bentham et Mill avaient imprégné de leur doctrine les intellectuels victoriens et fait triompher le libéralisme individualiste, les Fabiens, et en particulier Bernard Shaw et le ménage Webb, ont donné, dans les esprits des intellectuels édouardiens, droit de cité au collectivisme. Du socialisme continental, le collectivisme fabien se distinguait par deux traits : plutôt que le capital industriel, il attaquait la rente foncière et la grande propriété agricole ; et plutôt que de prôner un gouvernement direct par des électeurs populaires, il restait fidèle aux principes du gouvernement représentatif. Les idées des Fabiens allaient bientôt inspirer la politique financière et sociale de libéraux avancés comme Lloyd George.

7.
L'EMPIRE AU XIXe SIÈCLE

I. — Après la perte des colonies américaines, ce fut en Angleterre une attitude assez commune que de nier la valeur économique des colonies. Par ailleurs Wesley avait éveillé les scrupules des âmes religieuses envers les races indigènes, surtout lorsque celles-ci se convertissaient au christianisme. Indifférence et scrupules expliquent la surprenante générosité avec laquelle par deux fois, en 1802 et 1815, l'Angleterre rendit à la France et à la Hollande des colonies que la maîtrise de la mer lui avait permis de conquérir. A la France elle restitua les Antilles françaises, l'île Bourbon, le droit de pêche à Terre-Neuve et diverses autres possessions. A la Hollande elle rendit Java, Curaçao et Surinam. Pourtant un obscur instinct avait, en certains points, retenu les négociateurs et ils avaient conservé au moins l'armature d'un empire. L'Inde et le Canada en demeuraient les deux pièces essentielles. Le cap de Bonne-Espérance, conquis sur les Hollandais en 1796, était conservé comme station utile sur la route des Indes. Gibraltar, Malte et les îles Ioniennes dominaient la Méditerranée. Dans le Pacifique, une colonie de déportés avait été fondée en Australie depuis 1739. Ainsi le squelette du futur Empire britannique se trouvait malgré tout ébauché, mais nul n'imaginait que ces terres éparses pourraient un jour former un *Commonwealth,* ou Fédération d'États autonomes réunis par un lien librement accepté.

II. — Il fallait pourtant bien, si le nouvel Empire ne devait tôt ou tard suivre l'exemple des colonies américaines, qu'il obtînt quelque forme d'autonomie, là au moins où s'étaient établies de vastes communautés de race blanche. Nous avons vu, en étudiant l'histoire de l'Angleterre, naître et grandir l'attachement de l'Anglo-Saxon à ses libertés. C'était là un sentiment qu'il devait porter en tous lieux. Le colon anglais, qui souvent n'avait quitté la métropole que pour échapper à des contraintes religieuses et sociales, n'était pas homme à accepter de perdre, en s'exilant, le droit de participer au gouvernement du pays où il allait vivre. Aux colonies comme dans la métropole, il était nécessaire que fussent respectés les deux grands principes qui, dit H. A. L. Fisher, sont les pôles de la race anglo-saxonne, « et dont le premier est que tout gouvernement doit reposer sur le consentement des gouvernés, le second que le rôle de l'homme d'État est d'éviter la révolution par la réforme ». Mais comment faire des colonies des États libres tout en maintenant l'unité de l'Empire ? Il eût été contraire au génie de la race que ce problème fût résolu par le triomphe d'un raisonnement abstrait sur un autre raisonnement. Un accident heureux créa le premier Dominion ; la réussite encouragea l'imitation ; ainsi naquit le *Commonwealth* britannique. L'accident heureux fut la présence, dans une province du Canada, d'une population française qui (depuis 1791) nommait une Assemblée législative presque entièrement française de langue et de cœur, alors que le pouvoir exécutif y appartenait à un gouverneur anglais, entouré d'un Conseil composé de fonctionnaires anglais. En cas de désaccord (et les circonstances étant telles, le désaccord était inévitable) renaissait au-delà des océans le vieux conflit du monarque et du Parlement, celui qui avait amené en Angleterre la chute des Stuarts.

III. — En 1837, une rébellion éclata dans le Canada français et gagna les provinces anglaises. Elle fut aisément vaincue et un gouvernement obstiné, ou aveugle, aurait pu ne tenir aucun compte des signes de mécontentement. Les Whigs eurent la sagesse d'envoyer au Canada un homme d'État qui ne craignait pas les expériences. Lord Durham avait le cœur généreux et le caractère détestable, une assez bonne combinaison pour un chef. Après quelques mois de séjour, il rapporta un remarquable rapport sur la situation au Canada. Il concluait à la nécessité d'établir dans les deux provinces, que l'on s'efforcerait d'unir plus intimement, quelque forme de représentation ministérielle. « Je ne veux toucher à aucune des prérogatives de la Couronne, mais la Couronne doit se soumettre aux conséquences nécessaires des institutions représentatives et elle doit gouverner par l'intermédiaire de ceux en qui le corps représentatif a confiance. » Cette idée apparut comme révolutionnaire à beaucoup des contemporains de Lord Durham. Il leur semblait que c'était là briser tous liens entre la colonie et la métropole. Et qu'arriverait-il si un conflit s'élevait entre le représentant du Roi et le ministère local ? Le risque fut accepté. Le nouveau gouverneur général, Lord Elgin, forma bravement un ministère composé des Canadiens réformistes qui avaient alors la majorité dans le pays et dont plusieurs avaient pris part à la rébellion. L'expérience réussit. La confiance engendra la fidélité. A partir de ce moment le principe du *self-government* fut admis. En droit rien n'était changé, car il fallait respecter les formes. Le gouvernement anglais gardait le privilège de nommer les ministres. En fait il ne choisissait ceux-ci que parmi les hommes qui avaient la confiance des Chambres canadiennes. Ainsi la plus grande révolution coloniale s'était faite sans textes et sans bruit. C'était une solution très britannique.

IV. — Les différents États qui composaient l'Australie et la Nouvelle-Zélande reçurent aussi, entre 1850 et 1875, le droit de se donner des constitutions libérales. Le problème était complexe dans les pays où vivaient côte à côte un petit nombre de colons blancs et de nombreux indigènes. Là, donner tous les droits de contrôle à la minorité blanche eût été dangereux, car celle-ci aurait pu abuser de son pouvoir pour opprimer les indigènes. En Afrique du Sud, un problème plus difficile était encore posé par la présence de deux races européennes. On a vu en son lieu que les colons du Cap, au temps où l'Angleterre avait occupé ce pays, étaient des fermiers hollandais, que ces paysans (ou Boers) avaient émigré, d'abord au Natal, puis dans les républiques, formées par eux, de l'Orange et du Transvaal, qu'en 1881 une révolte des Boers avait annihilé les forces anglaises à Majuba, et enfin que Gladstone avait alors renoncé au Transvaal. La colonisation anglaise dans l'Afrique du Sud fut pourtant continuée par une « Compagnie » privée dont l'âme était Cecil Rhodes, le Clive de ce continent. Quand, un peu plus tard, des mines d'or et de diamant furent découvertes au Transvaal, un flot d'émigrants anglais se rua vers les républiques hollandaises, où le droit d'acquérir des concessions leur fut accordé, mais les droits civiques refusés. En 1895, un Anglais ami de Rhodes et dirigé par celui-ci, le docteur Jameson, entreprit en pleine paix un raid armé au Transvaal pour y renverser le gouvernement. Vaincu et capturé, Jameson compromit gravement le gouvernement britannique que les Boers soupçonnèrent d'avoir encouragé le raid.

V. — Pendant toute la deuxième moitié du XIXe siècle, l'Afrique, « continent inventé par la Providence pour ennuyer le Foreign Office », fut dépecée par les puissances européennes. De 1853 à 1873, Livingstone explora la région du lac Tanganyika, puis Stanley traversa le continent tout entier. Dès que les nouveaux territoires furent ouverts, l'Allemagne, la Belgique et la France, plus tard l'Italie se les disputèrent. L'Angleterre officielle resta longtemps hors du jeu africain. Ce furent les grandes Compagnies, non seulement celle de Cecil Rhodes *(British South Africa Company),* mais celle du Niger, celle de l'*East Africa,* qui créèrent les nouvelles colonies anglaises de Nigeria, Rhodesia, Kenya, Ouganda. Ce curieux retour au vieux système des compagnies à charte peut être expliqué par les avantages que trouvait le gouvernement impérial à laisser des capitalistes entreprenants faire les frais de recherches et de premier établissement. Si l'entreprise était un échec, on l'abandonnait ; si elle réussissait, le gouvernement impérial se substituait à la Compagnie. Ainsi peu à peu se forma, en Afrique, un empire si vaste que Rhodes put concevoir le projet d'un chemin de fer qui irait du Cap au Caire sans quitter le territoire britannique. Seul coupait cette ligne l'Est africain allemand, que l'Angleterre devait acquérir après la guerre de 1914.

VI. — Aux Indes, la Compagnie à charte *(East India Company)* avait continué, presque malgré elle, après la dissolution de l'Empire des Mogols, la conquête du pays. Elle y avait introduit un corps de fonctionnaires qui avait lutté de son mieux contre la famine et l'anarchie. Les réformateurs de 1832 avaient voulu appliquer là aussi leurs principes et l'*Indian Charter Act* de 1833 avait déclaré que tout sujet de Sa Majesté pourrait remplir un poste quelconque, quels que fussent sa race, son lieu de naissance et sa couleur. C'était une thèse hardie, mais alors difficilement applicable. En 1857, une terrible mutinerie militaire éclata parmi les troupes indigènes auxquelles la Compagnie avait, comme jadis l'Empire romain, confié la sécurité du pays. Après d'affreux massacres de femmes et d'enfants par les rebelles, la répression fut efficace et brutale. Le gouvernement britannique prit en main lui-même l'administration de l'Inde ; la garnison européenne fut portée à soixante-quinze mille hommes. Après de nouvelles campagnes contre les Mahrattes, les Sikhs, les Gurkhas et enfin les Birmans, la conquête de la péninsule fut achevée (1885).

VII. — Kipling a fait l'éloge de l'*Indian Civil Service ;* d'autres écrivains ont au contraire reproché à ses membres un orgueil de race et un manque de contact avec les indigènes. C'est un fait que l'Inde, pays de trois cent cinquante millions d'habitants, a été depuis la mutinerie, et hors quelques inévitables émeutes, maintenue en paix par soixante-quinze mille soldats européens et cent cinquante mille soldats indigènes ; c'est un fait que le nombre des administrateurs anglais n'a jamais dépassé cinq mille et que l'étendue des terres défrichées, irriguées et assainies par eux est immense ; c'est un fait que, sous la domination anglaise, la population des Indes a augmenté de deux cent trente millions d'habitants ; c'est un fait enfin que la langue anglaise est la seule commune aux innombrables peuples de l'Inde et celle qui est parlée dans les congrès panindiens. Une immense classe d'Hindous instruits à l'européenne a pu occuper de nombreux postes administratifs. Il était naturel que l'Inde à son tour en arrivât à désirer le *self-government* tel qu'il avait été accordé aux Dominions, ou même une indépendance totale. Depuis la guerre russo-japonaise, l'Orient n'a plus accepté que de mauvais gré la domination de l'Occident. Des mouvements nationaux se sont produits, assez mal accueillis par l'administration anglo-indienne, mais tolérés par le gouvernement impérial qui, là comme ailleurs, a cherché le compromis. Lentement, l'autorité gouvernementale se trouve transférée aux Hindous. En 1917, l'Instruction publique et la plupart des services intérieurs ont passé à des cabinets provinciaux indiens, responsables devant des Chambres élues, l'armée et la police restant seules entre les mains de fonctionnaires britanniques.

VIII. — C'est la tragédie de toute administration coloniale que, si elle réussit trop bien, elle relâche, par le succès même, les liens avec la métropole. En Égypte comme aux Indes, l'assainissement des finances, le développement de l'instruction, de la richesse et de l'ordre, devaient tôt ou tard inspirer aux populations indigènes un plus grand besoin d'indépendance. Toutefois il ne semblait pas impossible de concevoir que des peuples libres fussent unis par un commun engagement de défense mutuelle, par des tarifs préférentiels, par des liens de langue et de culture. La nature nouvelle de l'Empire allait être, au XXe siècle, l'un des problèmes de l'après-guerre. Au XIXe, il fallait d'abord que cet Empire achevât de prendre sa forme et se fît reconnaître par les nations rivales. Cette double tâche exigeait un gouvernement qui crût à l'Empire ; cela donnait une chance aux conservateurs.

8.
LE DÉCLIN DU LIBÉRALISME

I. — La reine Victoria estimait Gladstone, mais le tenait pour un homme d'État dangereux : « Il a, disait-elle, affaibli l'autorité de ce pays dans le monde. » Or c'était une curieuse faculté de la Reine que de penser sur tous sujets à peu près comme « ses peuples ». Depuis le meurtre de Gordon, beaucoup d'électeurs de Gladstone avaient cessé, malgré sa prodigieuse éloquence, de croire en lui. Aux élections de 1886, après un court intermède tory, il retrouva une petite majorité, mais seulement avec l'appui des Irlandais. Par une conséquence paradoxale du jeu parlementaire, ces étrangers devenaient, en Angleterre, des arbitres. Bientôt le bruit se répandit que Gladstone avait acheté leur appui en leur promettant le *Home Rule.* C'était vrai ; en avril 1886, le premier ministre déposa au Parlement un projet accordant l'autonomie à l'Irlande et créant à Dublin un parlement irlandais. A une chambre unique (mais composée de deux sortes de membres, les uns élus par les bourgs et comtés, les autres inamovibles) seraient confiées toutes les affaires intérieures de l'Irlande, le gouvernement impérial conservant le contrôle de l'armée, des douanes et de la politique étrangère. L'Irlande paierait à l'Empire une contribution annuelle pour sa part des dépenses communes. Joseph Chamberlain, Lord Hartington et de nombreux dirigeants du parti libéral protestèrent ; ils eussent à la rigueur accepté une solution fédéraliste ; ils n'admettaient pas une solution séparatiste. « Le passé de Parnell et de ses amis ne justifiait pas, disaient-ils, la confiance de Gladstone. » Bientôt ces *Unionistes,* ou champions de l'union avec l'Irlande, quittèrent le parti libéral et, sans se joindre encore au parti conservateur, s'engagèrent à soutenir ce dernier contre Gladstone. Celui-ci fit appel aux électeurs, mais la réponse du pays lui fut hostile. Furent élus quatre cents unionistes, dont trois cent dix-huit conservateurs. Les gladstoniens étaient vaincus et le pouvoir passait à Lord Salisbury, chef de la coalition unioniste.

II. — Robert Cecil, marquis de Salisbury, considérait les affaires humaines avec une sagesse distante et profonde. Au temps où il avait été ministre de Disraeli, il avait condamné les rêveries romantiques de son chef aussi sévèrement que l'idéalisme de Gladstone. Il avait horreur des arguments élevés et moraux que la plupart des hommes politiques mettent au service de leurs intérêts. Il considérait les sociétés humaines comme des organismes fragiles auxquels il fallait toucher le moins possible. Quand, après vingt ans, il quitta le pouvoir, il n'avait résolu ni les problèmes sociaux, ni la question d'Irlande, mais il les avait empêchés de créer du désordre pendant cette période. En politique extérieure il chercha, comme en politique intérieure, à se garder des sentiments et à penser « chimiquement ». Il ne voulait avoir pour les nations étrangères ni sympathie, ni antipathie. Solitaire dans la vie privée, il acceptait pour son pays « un splendide isolement ». Cette attitude demeura possible, et même raisonnable, aussi longtemps que Lord Salisbury fut au pouvoir, c'est-à-dire jusqu'en 1902. Après lui le temps allait venir où l'Angleterre, menacée, devrait comme au temps de Pitt trouver un soldat sur le continent.

III. — Le long gouvernement de Lord Salisbury ne fut interrompu que par un bref intermède. Aux élections de 1892, la majorité de la Chambre se trouva de nouveau formée de libéraux gladstoniens et d'Irlandais *home rulers*. Gladstone, indomptable, fit une fois de plus, à quatre-vingt-trois ans, voter le *Home Rule* par la Chambre des Communes. Mais les Lords rejetèrent la loi et celle-ci était trop peu populaire pour qu'il pût être question d'engager sur ce terrain une lutte à mort avec la Chambre Haute. La retraite de Gladstone laissa le parti libéral sans chef, Sir William Harcourt et Lord Rosebery, qui tous deux auraient pu revêtir le manteau d'Élie, ne s'entendant pas assez bien pour collaborer. En présence d'adversaires si divisés, le rôle des conservateurs devenait facile. Cette fois les libéraux unionistes : Hartington (plus tard duc de Devonshire), Joseph Chamberlain et leurs amis acceptèrent d'entrer dans le ministère à côté de Salisbury et de son neveu Arthur Balfour. C'était un temps d'impérialismes en conflit, de jalousies et d'intrigues. En Amérique, une querelle de frontière entre le Venezuela et la Guyane britannique amena le président des États-Unis à rappeler la doctrine de Monroe et aurait pu aller jusqu'à la guerre si Salisbury n'avait accepté un arbitrage. En Afrique, des expéditions françaises, remontant les vallées du Niger et du Congo, annexaient d'immenses territoires qui coupaient de leur *hinterland* les colonies anglaises. La France n'avait alors aucune raison de renoncer à l'Égypte. Elle espérait y rentrer par le Haut-Nil et une mission, sous les ordres du commandant Marchand, se dirigeait vers le Soudan. L'Angleterre, de son côté, n'avait pas renoncé au Maroc et un aventurier écossais, le caïd MacLean, encourageait, à la cour du Sultan, la résistance à l'influence française. La frontière siamoise, Madagascar, Terre-Neuve étaient d'autres sujets de discorde entre les deux pays.

IV. — Cette aigreur latente devint conflit aigu quand le général Kitchener, ayant vaincu le Mahdi, vengé Gordon et occupé le Soudan, rencontra sur le Haut-Nil, à Fachoda, la mission Marchand. Pendant quelques jours la guerre parut inévitable. A Londres, les journaux conservateurs eurent un dangereux accès de fièvre militaire ; les journaux libéraux parlèrent gravement du devoir moral qui s'imposait aux Anglais de reconquérir le Soudan pour les Égyptiens. Des deux côtés, les flottes furent mobilisées. L'Angleterre déplaçait en hâte ses vaisseaux, qui se trouvaient dangereusement distribués, sa flotte de la Méditerranée étant en partie à Malte, en partie à Gibraltar, et pouvant être coupée par la flotte française de Toulon. L'empereur d'Allemagne espérait que cette guerre éclaterait. Mais Delcassé crut sage de céder et de préparer ainsi une réconciliation durable entre les deux pays. Pendant les années qui suivirent cet épisode, l'Angleterre fut, en France, très impopulaire.

V. — A la vérité, elle était alors impopulaire dans le monde entier, car elle traversait une de ces périodes d'orgueil et d'euphorie qui sont aussi dangereuses pour les peuples que pour les individus. La doctrine impérialiste, prêchée vers 1875 par Disraeli à des conservateurs assez rebelles, devenait une religion nationale. Comme l'exposition du Crystal Palace avait marqué, en 1851, l'apogée de la prospérité industrielle des Anglais, le Jubilé de Diamant de 1897 marqua l'apogée de leur gloire impériale. La Reine et Lord Salisbury avaient été d'accord pour faire de cette fête une cérémonie intérieure de l'Empire. Point de souverains étrangers, mais des princes, des hommes d'État et des soldats venus de toutes les terres anglaises. Depuis quelques années un poète de génie, Rudyard Kipling, mettait en forme inoubliable les sentiments de tant d'Anglais qui, épars sur la planète, s'efforçaient de maintenir, sous tous les cieux, les solides qualités du caractère britannique tel que le formaient, depuis Arnold, les *Publics Schools.* A ce peuple moral, Rudyard Kipling donnait, pour aimer sa gloire, des raisons morales ; la conquête devenait à ses yeux un devoir ; l'Empire le « fardeau de l'homme blanc ». Un autre homme de génie, le ministre des Colonies, Joseph Chamberlain, radical devenu l'allié des conservateurs, soutenait que c'était par le développement du commerce avec l'Empire qu'il convenait de combattre la misère et le chômage. Par tous les moyens, il essayait de donner aux Dominions, aux colonies et à la métropole, le sentiment de cette unité que chantait Kipling. Une lettre affranchie à un penny put atteindre, non plus seulement le Royaume-Uni, mais les parties les plus lointaines de cet Empire. Les Dominions furent encouragés à faire connaître leurs produits à Londres. Chamberlain fut le premier à concevoir qu'en cas de guerre le Canada et l'Australie pourraient collaborer à la défense de l'Empire, idée qui, cinquante ans plus tôt, eût paru folle, et quinze ans plus tard devint réalité.

VI. — Kipling, au moment du Jubilé, avait publié dans le *Times* un poème dont la gravité menaçante avait surpris. Au milieu du festin, il écrivait sur le mur un chant biblique : « Dieu des Armées, sois avec nous, afin que nous n'oubliions pas. » Avertissement prophétique. Moins de trois ans après la glorieuse procession du Jubilé, à la pointe du continent africain, deux petites républiques de paysans, le Transvaal et l'Orange, tenaient en échec le plus puissant empire du monde. A la grande surprise des Anglais et de l'Europe, ce conflit inégal dura plus d'un an. Il révéla la faiblesse de l'armée britannique, la mauvaise organisation du War Office, et aussi les inimitiés que l'Angleterre, par sa politique d'égoïsme impérial, avait éveillées dans le monde entier. En amenant les plus sages des Anglais à réfléchir sur cette situation et à y chercher remède, la guerre du Transvaal eut une profonde influence sur la politique européenne au début du siècle suivant. Elle dégoûta pour un temps l'Angleterre d'une diplomatie autoritaire que Canning et Palmerston avaient mise à la mode et que ne justifiaient plus les rapports réels des forces en présence. Quand enfin les victoires de Roberts et de Kitchener permirent de signer avec les Boers une paix victorieuse, cette paix fut modérée. Les deux républiques furent annexées, mais l'Angleterre accorda aux fermiers vaincus une généreuse indemnité qui leur permit de reconstruire leurs fermes et de remettre en état leurs champs. Quand les généraux boers, quelques mois plus tard, vinrent à Londres, ils y furent accueillis avec un enthousiasme qui les surprit. Dès 1906 les deux républiques reçurent le droit de former un gouvernement parlementaire et, en 1910, fut formée l'Union sud-africaine qui groupait le Cap, l'Orange et le Transvaal. Rien ne fait plus honneur à la politique anglaise que le loyalisme avec lequel, au temps de la grande guerre, les républiques sud-africaines participèrent à la défense de l'Empire. Le général Botha et le général Smuts, vétérans des guerres contre l'Angleterre, furent, de 1914 à 1919, parmi les conseillers le plus écoutés de celle-ci, et parmi les plus dignes de l'être.

VII. — La reine Victoria n'avait pas vu la fin de la guerre. Elle était morte en 1901, après un règne de soixante-trois ans, le plus heureux peut-être de l'histoire de l'Angleterre, celui au cours duquel le pays avait accepté sans guerre civile, sans souffrances graves, une révolution beaucoup plus profonde que celle de 1688, tandis que le Royaume devenait non seulement en nom mais en fait, un Empire. Elle avait eu pour sujets : Dickens, Thackeray, George Eliot, les Brontë, Macaulay, Carlyle, Newman, Tennyson, Ruskin, William Morris, Rossetti, Browning, Thomas Hardy et, vers la fin de son règne, Meredith, Swinburne, Oscar Wilde, Stevenson, Kipling ; mais la littérature ne l'avait intéressée (et bien peu) qu'au temps où vivait son « cher Albert ». Sa curiosité et sa grandeur étaient ailleurs. Elle avait rétabli et rehaussé la dignité royale compromise par les derniers Hanovriens. Grâce à elle, la monarchie constitutionnelle était devenue une forme de gouvernement acceptée, éprouvée, souhaitable. Sauf dans les temps si lointains de son adolescence, elle avait toujours eu la sagesse de céder lorsqu'elle s'était trouvée en désaccord avec ses ministres, « mais elle avait retenu et exigé trois droits essentiels : le droit d'être consultée, le droit d'encourager, le droit d'avertir ». C'en était assez pour que le souverain, surtout après un long règne, pût exercer une influence modératrice sur des ministres respectueux. Au début du règne, et de nouveau vers 1870, quand la Reine, devenue « veuve professionnelle », avait paru se désintéresser du royaume, des vagues de républicanisme s'étaient élevées ; au moment de la mort de la Reine, l'attachement des Anglais à la monarchie était aussi grand, plus grand peut-être, qu'au temps d'Elizabeth. Le fils et le petit-fils de Victoria allaient encore, par leur intelligence du métier de roi, réchauffer et enraciner ce sentiment.

VIII. — Le victorianisme était mort avant Victoria. Autour du prince de Galles s'était formée une société nouvelle, antivictorienne par réaction, plus libre de mœurs et de propos, plus ouverte aussi que la Cour aux nouveaux *moneyed men,* Américains et Juifs. Les classes moyennes elles-mêmes ne s'attachaient plus avec autant de passion au compromis victorien. La mode condamnait les grands poètes et romanciers de l'époque victorienne. Au temps où Marcel Proust adolescent admirait George Eliot, l'Angleterre lisait Oscar Wilde. Comme en France, au romantisme scientifique et à la religion du progrès, avaient succédé le doute et le découragement. Les demi-dieux du victorianisme, Spencer et même Darwin, voyaient leurs autels renversés. Samuel Butler raillait à la fois (dans *Erewhon*) évolutionnisme et christianisme. Certains cherchaient refuge dans l'esthétisme décadent du *Yellow Book.* D'autres, plus vigoureux, ne critiquaient que pour reconstruire. Une nouvelle génération d'écrivains montait qui, avec Bernard Shaw, H. G. Wells, Arnold Bennett, John Galsworthy, allait enseigner à la bourgeoisie anglaise des valeurs morales nouvelles. Le *Daily Mail,* journal à un demi-penny, avait été fondé par Harmsworth (plus tard Lord Northcliffe) en 1898, et tout de suite avait atteint les masses populaires. La place des sports dans la vie et les pensées des Anglais grandissait. Les victoriens de 1850 avaient joué au croquet, tiré à l'arc ; ceux de 1900 jouaient au tennis, au golf ; le cricket, le football, les courses, la chasse à courre demeuraient des traits permanents. La fin du règne fut la grande époque de la bicyclette. L'automobile naissait et Wells annonçait à un public incrédule qu'un jour elle chasserait les chevaux des routes anglaises. Huit ans après la mort de Victoria, en 1909,

Blériot allait traverser la Manche sur un appareil volant. Après le Jubilé de 1897, les constructeurs d'une étrange machine, le cinématographe, purent montrer à la Reine sa propre image en mouvement. Pas un instant pendant ce long règne, l'ingéniosité des savants et des inventeurs ne s'était ralentie. La crise de fièvre et de génie que, depuis 1760, traversait l'humanité, demeurait aiguë ; il semblait difficile qu'elle n'amenât pas quelque jour un accident grave.

9.
LA PAIX ARMÉE

I. — Le nouveau roi avait, au moment de son avènement, près de soixante ans. Prince de Galles, sa mère l'avait écarté des affaires. L'opinion publique, et surtout celle de ses sujets non conformistes, avait jugé sévèrement une vie qui jusqu'alors semblait avoir été consacrée au plaisir. Mais Édouard VII avait du bon sens, de la bonhomie, du tact. Ayant beaucoup voyagé, il connaissait l'Europe, le personnel des hommes d'État de tous pays et les limites du pouvoir de l'Angleterre. Alors qu'il avait à Paris de nombreux amis, et cela jusque parmi les hommes d'État républicains, son neveu Guillaume II, empereur d'Allemagne depuis 1888, avait conçu pour lui une véritable haine. Aux yeux de l'Empereur, capricieux, susceptible, romantique, le prince de Galles avait été le type même de cette tranquille sûreté des Anglais qui le déconcertait et l'irritait. Après quelques offenses publiques et privées, l'oncle avait fini par éprouver, lui aussi, une évidente répulsion à l'égard de son neveu. L'antipathie des deux hommes devait jouer un rôle, secondaire mais réel, dans l'évolution de la politique européenne de 1900 à 1910. En particulier le désir, chez l'Empereur, d'étonner les Anglais et de les vaincre sur leur propre terrain accéléra la construction d'une grande flotte allemande qui allait bientôt inquiéter l'Angleterre.

II. — La guerre du Transvaal avait prouvé aux plus clairvoyants des Anglais que le splendide isolement, après avoir été une force, était devenu un danger « et l'isolement plus apparent que la splendeur ». L'étendue de l'Empire était telle qu'à tout instant l'Angleterre pouvait se trouver contrainte d'employer une grande partie de ses forces en quelque région distante du globe. Si un des ennemis que lui avait faits en Europe l'arrogance d'un Palmerston ou d'un Rosebery choisissait un tel moment pour la frapper aux Indes, en Égypte ou même chez elle, qui la défendrait ? Deux puissances apparaissaient comme des alliées possibles : l'Allemagne et la France. Entre les deux, Chamberlain, qui avait été l'un des premiers à comprendre les périls de cette situation, hésitait. Des avances furent faites par lui à l'Allemagne, et repoussées. Après le remplacement de Lord Salisbury par son neveu Balfour à Downing Street, et par Lord Lansdowne au Foreign Office, une réconciliation avec la France devint plus facile. Elle le fut d'autant plus que, dans les deux pays, des hommes d'État effrayés par la puissance allemande souhaitaient un rapprochement. Après un voyage du roi Édouard à Paris, en 1903, voyage qui transforma l'atmosphère sentimentale de la négociation, celle-ci s'engagea. Son trait essentiel fut l'abandon par la France de toute prétention sur l'Égypte, en échange de la reconnaissance par l'Angleterre des intérêts de la France au Maroc, voisin de l'Algérie. L'accord, signé en 1904, point de départ d'une « Entente cordiale », fut remarquable en ceci qu'il satisfaisait également les deux parties. Toutes les querelles anciennes, à Terre-Neuve, en Afrique, en Asie, étaient réglées. Les deux gouvernements se promettaient l'un à l'autre leur appui *diplomatique* à l'égard des tiers, pour l'exécution de cette convention. Ainsi se trouvait heureusement achevée la longue rivalité qui, depuis la conquête normande, avait divisé les deux pays. Intérêts dynastiques, intérêts religieux, intérêts impériaux, tout les avait opposés. Maintenant les querelles se trouvaient épuisées ; chacun des deux avait désormais un empire bien adapté à sa nature et à ses forces. Aucun des deux ne convoitait plus les territoires de l'autre. Il semblait probable que ces deux nations saturées seraient bientôt amenées à se prêter un mutuel appui contre des puissances moins bien pourvues.

III. — Le gouvernement allemand avait vu avec inquiétude le rapprochement de la France et de l'Angleterre, avec irritation l'accord au sujet du Maroc, pays où il avait des intérêts. Mais il attendit, pour protester, une occasion favorable. Celle-ci parut offerte, en 1904, par la guerre russo-japonaise. La Russie, malgré les hésitations du Tsar, s'était, depuis une dizaine d'années, rapprochée de la France. Après sa défaite, elle cessait, pour quelque temps au moins, d'être une puissance militaire. La France, depuis l'affaire Dreyfus, semblait trop divisée par des querelles intestines pour qu'elle pût soutenir une lutte extérieure. L'Angleterre l'appuierait-elle, si l'Allemagne prenait une attitude résolue ? Le gouvernement allemand ne le croyait pas. Le moment paraissait favorable pour se débarrasser de ce Delcassé, que l'Allemagne tenait pour l'artisan d'une coalition dirigée contre elle. Un débarquement de l'empereur d'Allemagne à Tanger, puis un ultimatum à peine déguisé firent craindre la guerre. Lord Lansdowne offrit à Delcassé, non une alliance, mais un resserrement des liens qui unissaient les deux pays. Rouvier, président du Conseil français, effrayé par les menaces allemandes, préféra capituler. Delcassé fut sacrifié. Pendant quelques semaines, les hommes d'État britanniques se demandèrent si la politique d'Entente cordiale avait été sage (mai-juin 1905).

IV. — Mais déjà en Angleterre le pendule arrivait à bout de course. Le ministère conservateur avait, par sa politique scolaire, mécontenté ses alliés : les radicaux unionistes. Les écoles, religieuses mais non confessionnelles, qui avaient été créées par la loi Forster de 1870, avaient satisfait les non-conformistes, mais desservi les anglicans et les catholiques. Le cabinet unioniste, qui comptait une majorité d'anglicans, décida que toutes les écoles, libres ou non, recevraient des subventions de l'État, et s'aliéna ainsi les électeurs non conformistes, qui étaient ceux de Chamberlain et de ses amis. Sentant monter un orage, Joseph Chamberlain s'efforça de le détourner en lançant une idée neuve : celle des tarifs préférentiels, qui uniraient plus étroitement le commerce de la métropole et celui des colonies. « Vous êtes un peuple impérial, dit-il aux Anglais ; laissez entrer librement chez vous les produits de l'Empire ; taxez ceux des autres pays. » Mais protéger le blé canadien, les moutons australiens, le coton des Indes, c'était rouvrir toute la controverse libre-échangiste. Or la religion dont Cobden et Bright avaient été les prophètes, et Sir Robert Peel le martyr, demeurait curieusement vivace. L'Angleterre avait grandi et prospéré en régime de libre-échange ; elle avait dû à ce régime un siècle de bonheur, une nourriture abondante et variée, des marchés pour ses manufactures. Elle conservait sa foi. En vain Chamberlain démontra-t-il que Cobden s'était trompé. « Cobden avait dit aux Anglais de son temps que son but était de faire de l'Angleterre l'atelier du monde et du reste de l'univers le champ de blé de l'Angleterre. Mais le reste du monde n'avait pas conçu ainsi sa destinée. Au libre-échangisme anglais, il avait répondu par un protectionnisme actif. L'Allemagne et les États-Unis avaient construit des usines, qui luttaient avec succès contre celles de l'Angleterre. En beaucoup d'industries, l'Angleterre était battue. Si elle ne voulait perdre à la fois ses Dominions et ses industries, elle devait réagir. » Ces doctrines choquèrent, sans les convaincre, les libre-échangistes du cabinet. L'appel au sentiment impérial touchait peu les électeurs et même leur déplaisait parce qu'à l'enthousiasme des premiers jours de la guerre des Boers avait succédé, lorsque celle-ci s'était prolongée, une vague de pacifisme et d'anti-impérialisme. Tous les libre-échangistes du cabinet envoyaient leur démission à Balfour. L'unionisme était désuni. Le pendule avait achevé sa course.

V. — Le parti libéral eut quelque peine à former un ministère. Pour éviter toute querelle, les anciens *leaders* se virent écartés et le Premier Ministre fut Sir Henry Campbell Bannerman, dont on n'attendait pas grand-chose et qui fit merveille. Il mourut en 1908 et Mr. Asquith, grand parlementaire, d'une noblesse de caractère indiscutée, lui succéda. Le Foreign Office alla à Sir Edward Grey, descendant de la vieille et célèbre famille whig. « Parsifal égaré dans une partie de poker », ce grand seigneur idyllique et loyal allait diriger les destinées de l'Angleterre dans la crise la plus grave de son histoire. Par une ironique malchance, le cabinet libéral, pacifiste, hostile à l'impérialisme et aux dépenses militaires, héritait, comme Gladstone en 1880, d'une situation qui l'obligeait à la fermeté. Grey était à peine installé au Foreign Office qu'il dut s'occuper de la Conférence d'Algésiras, convoquée pour régler le sort du Maroc et autoriser des conversations entre états-majors français, anglais et belges. Algésiras se termina sans catastrophe, M. de Bülow ayant cédé devant l'attitude ferme de l'Angleterre et l'hostilité de toute l'Europe. Mais, de 1906 à 1914, les alertes se succédèrent. La flotte allemande croissait avec une telle rapidité que l'on pouvait prévoir le moment où elle égalerait, puis dépasserait la flotte anglaise. La balance du pouvoir en Europe était rompue. Si pacifique que fût le ministère libéral, il se tenait pour responsable de la sécurité du pays et savait qu'une Angleterre privée de la maîtrise des mers serait un pays perdu. Après de vains efforts pour en arriver à un accord naval avec l'Empereur et l'amiral Tirpitz, le cabinet prit des mesures de défense. Un accord avec la Russie, complétant celui passé en 1904 avec la France, groupa les trois puissances en Triple-Entente. L'Allemagne se dit, et sans doute se crut, encerclée. Au War Office, Lord Haldane réorganisa l'armée, créa une armée territoriale et forma un état-major. A l'Amirauté, l'amiral Fisher, soutenu par Winston Churchill, s'efforça de regrouper les flottes trop divisées et de constituer dans la mer du Nord une puissante masse de manœuvre. La police de la Méditerranée fut, pour une large part, laissée à la France.

VI. — Cette lutte d'armements absorba les ressources que le parti libéral s'était proposé de consacrer aux réformes sociales. Elle mécontenta et déçut ses électeurs. Aller à des élections sans qu'une agitation populaire eût réhabilité le parti, eût été un désastre. Lloyd George, jeune Gallois radical, agressif et séduisant, devenu chancelier de l'Échiquier, trouva pour cette agitation un thème favorable : le réveil des hostilités contre les Lords. Le prestige de ceux-ci avait été atteint depuis que tout Anglais savait que des pairies étaient vendues au profit des caisses électorales. Le parti libéral avait, contre la Chambre Haute, un assez juste ressentiment, car ses mesures les plus chères : la séparation de l'Église galloise, le développement des écoles non conformistes, le *Home Rule,* avaient été arrêtées par celle-ci. Mais en un pays si fidèle à ses traditions, il fallait, pour vaincre les pairs, les mettre indiscutablement dans leur tort et par exemple les amener, contre tout précédent, à rejeter le budget. Lloyd George proposa un ensemble d'impôts nouveaux et de lois sociales qu'il appela : le budget du peuple. « Il me faut, dit-il, de l'argent pour payer les nouveaux cuirassés, les dépenses militaires, les pensions pour les vieillards. Je vais le demander aux riches. » En particulier il s'empara des idées des Fabiens et imposa des taxes nouvelles sur les grandes propriétés terriennes et sur les accroissements de valeurs « non gagnés par le travail ». En 1909, les Lords, comme le souhaitait Lloyd George, rejetèrent le budget et le Parlement fut dissous. La campagne électorale montra combien l'Angleterre édouardienne demeurait conservatrice. Un peuple d'électeurs devait choisir entre une assemblée aristocratique et un budget démagogique. Le résultat fut surprenant. Les libéraux perdirent un grand nombre de sièges. Asquith se retrouva aux Communes dans la situation où avait jadis été Gladstone. Il ne pouvait plus faire passer son budget sans l'appui des Irlandais et devait acheter cet appui par une promesse de *Home Rule.* Mais pour que cette promesse eût quelque valeur, il fallait que le veto des Lords fût aboli, car il était certain que la Chambre des Pairs ne voterait jamais un démembrement de l'Empire. Par là le problème du budget passa au second plan, la limitation du veto au premier. Comment amener les Lords à voter leur propre déchéance ? Ce n'était possible que par la méthode de 1714 et de 1832, la menace d'une fournée de pairs. Cette menace elle-même exigeait l'appui du Roi ; il était certain que celui-ci ne l'accorderait qu'après de nouvelles élections.

VII. — Les Lords, prudemment, votèrent le budget de Lloyd George. La mort d'Édouard VII (1910) interrompit les luttes des partis, mais la violence des sentiments était trop vive pour que la querelle en restât là. De nouvelles élections ayant donné les mêmes résultats que les précédentes, c'est-à-dire une majorité libérale-irlandaise, le nouveau roi, George V, contraignit la Chambre des Lords, sous menace d'une fournée de pairs, à voter elle-même la limitation de ses pouvoirs. Depuis 1911, toute mesure financière votée par les Communes devient loi après un mois, même si les Lords refusent de la voter. Quant aux autres lois, les Lords gardent un veto suspensif, mais après trois votes favorables en trois sessions successives de la Chambre des Communes, la Chambre des Pairs doit s'incliner. Ces mesures n'ont d'ailleurs pas privé la Chambre des Lords de tout prestige. Elle continue de jouer un rôle modérateur, et les débats y ont souvent plus de valeur intellectuelle et oratoire qu'aux Communes.

VIII. — Cette loi juste avait été votée dans une atmosphère de haine. Les luttes politiques prirent, en Angleterre, de 1911 à 1914, un caractère de violence qu'elles n'avaient pas eu dans ce pays depuis longtemps. Lloyd George avait opposé les unes aux autres les classes, et même les Églises. Dans les mines, dans les chemins de fer, de puissantes corporations ouvrières se dressaient contre d'autocratiques corporations patronales. Les grèves, pendant cette période, furent innombrables. Les progrès scientifiques multipliaient les biens consommables. La classe ouvrière en réclamait sa part. Un nouvel ajustement des droits de l'employeur et de ceux de l'employé pourrait-il se faire sans troubles ? Si le régime parlementaire devait durer, il était nécessaire que les Trade-Unions fussent représentées au Parlement. Le parti libéral eut la sagesse de préparer cette transition par toute une série de lois, dont la plus importante fut celle qui, accordant aux députés un traitement, enleva à la Chambre son caractère de club aristocratique. Le parti travailliste, qui n'avait en 1901 que deux députés, en eut cinquante en 1906. Uni au parti libéral, il vota d'utiles lois d'assurances en faveur des ouvriers. Cependant les femmes, qui désiraient obtenir pour leur sexe le droit au vote (suffragettes), exaspérées par l'attitude du gouvernement et des Communes à leur égard, renonçaient aux méthodes légales et cherchaient maintenant à effrayer les hommes par des brimades plutôt qu'à les convaincre par des arguments. La loi de *Home Rule,* votée en 1912, rencontrait en Irlande la résistance passionnée des protestants de l'Ulster. Ceux-ci déclaraient qu'ils n'accepteraient pas d'être séparés de l'Angleterre et qu'ils se défendraient au besoin par la force. Leur chef, Sir Edward Carson, et ses amis formaient un gouvernement provisoire et organisaient une armée ; des manifestations d'officiers, au camp de Curragh, donnaient à craindre qu'une part de l'armée régulière britannique ne refusât de marcher éventuellement contre l'Ulster. Renonçant à la coutumière prudence de son parti, le *leader* unioniste, Bonar Law, soutenait Carson. Asquith, pour éviter une guerre civile, proposa de donner à l'Ulster six ans de répit. « Nous ne voulons pas, répondit Carson, d'une sentence de mort avec sursis de six ans. » En 1914, le danger devint imminent. La loi allait être applicable. Seul manquait l'assentiment de la Couronne. De grands efforts étaient faits pour amener George V à le refuser et à exiger une dissolution. Le 21 juillet 1914, le Roi ouvrit lui-même une conférence de représentants du gouvernement, de l'opposition, de l'Irlande et de l'Ulster. Le 24, cette conférence, n'entrevoyant aucun espoir d'entente, se sépara. Le même jour, l'Autriche envoyait son ultimatum à la Serbie.

IX. — En Europe comme en Angleterre, à une période de relative tranquillité, succédait une époque agitée, inquiète et tout animée par des philosophies de la violence. Au conservatisme statique de la Sainte-Alliance, à l'idéalisme inefficace des révolutionnaires de 1848, se substituait la politique réaliste de Cavour, de Bismarck et la lutte de classes brutale qu'avaient prédite Karl Marx et Georges Sorel. Bien que le libéralisme fût, en Angleterre, au pouvoir, sa doctrine idéaliste, réformiste, raisonnable et morale y était partout mise en échec par des suffragettes exaspérées, par des grévistes impatients, par des Irlandais révoltés, par des officiers rebelles. C'est à ce moment que la plus terrible des guerres étrangères interrompit, pour quatre ans, le travail douloureux et inconscient par lequel la vieille nation accouchait d'une Angleterre nouvelle.

10.
LA GRANDE GUERRE

I. Au milieu du XIXe siècle, et jusqu'en 1890, une guerre à mort entre l'Allemagne et l'Angleterre eût semblé inconcevable. Ces deux pays, qui rappelaient si volontiers leur communauté d'origine et de religion, n'avaient pas d'intérêts opposés ; leurs dynasties étaient unies par les liens de famille les plus étroits. Rivale de la Russie en Asie, de la France en Afrique, l'Angleterre ne trouvait alors en aucun lieu du monde l'Allemagne sur son chemin. Au début du XXe siècle, la situation était transformée. Une fois de plus, après Philippe II, après Louis XIV, après Napoléon, un souverain européen aspirait à l'hégémonie sur le Continent et souhaitait bâtir une flotte capable de lutter contre la flotte anglaise ; une fois de plus la politique de « la balance du pouvoir » semblait exiger que l'Angleterre s'opposât à de telles prétentions. L'entente avec la France, puis avec la Russie, devint, à partir de 1905, une réaction de défense provoquée par les menaces de l'amiral Tirpitz. « Nous devons, disait l'empereur d'Allemagne, saisir le trident de Neptune. » Cela donnait à penser aux possesseurs actuels du trident.

II. — Mais si les conservateurs, l'Amirauté et quelques libéraux de génie comme Winston Churchill flairaient un danger traditionnel, le gouvernement de l'Angleterre était alors essentiellement pacifiste. Aussi aucune promesse formelle n'avait-elle était faite à la France, ni à la Russie, avant le mois d'août 1914. L'opinion publique, souveraine maîtresse des décisions britanniques, n'eût pas toléré une guerre dont le seul motif eût été la nécessité de conserver la maîtrise des mers. La cause immédiate de la guerre de 1914 (un ultimatum autrichien à la Serbie, à la suite du meurtre de l'archiduc héritier) ne pouvait toucher les électeurs anglais. Il fallut l'entrée des Allemands en Belgique, au mépris des traités de neutralité, pour déclencher cette vague sentimentale qui, venant gonfler une vague de réalisme, souleva une Angleterre à peu près unanime. D'ailleurs, l'Allemagne eût-elle respecté la neutralité belge, que l'Angleterre aurait été amenée malgré tout à entrer dans la guerre un peu plus tard. Bien qu'elle n'eût pris aucun engagement direct envers la France, beaucoup de ses hommes d'État pensaient que ni son honneur, ni sa sécurité ne lui permettaient de laisser écraser celle-ci. Moins encore pouvait-elle tolérer ce que jamais Guillaume d'Orange ou Pitt n'eussent permis : la présence de l'Allemagne à Anvers et à Calais. Asquith, Premier Ministre, et Grey, ministre des Affaires étrangères, étaient décidés à donner leur démission si l'Angleterre demeurait neutre. La violation par l'Allemagne de la frontière belge détermina, le 4 août, l'envoi d'un ultimatum à Berlin.

III. — Bien que l'on retrouve dans la Grande Guerre certains caractères des guerres continentales soutenues par l'Angleterre dans le passé : police des mers, coalition continentale, subsides aux Alliés et, au début, envoi d'un petit corps expéditionnaire dans les Flandres, d'autres traits sont nouveaux : *a)* Pour la première fois les masses mises en mouvement ont été telles, et le danger si grave, que l'Angleterre elle-même, contre tous ses instincts, a dû recourir à la conscription. La masse des citoyens britanniques, jusqu'alors abritée par les soldats de métier, a souffert durement des maux de la guerre. *b)* Pour la première fois aussi, le sous-marin a failli venir à bout de la résistance anglaise. La flotte avait assuré sans difficulté le transport du corps expéditionnaire, mais peu à peu le nombre et le rayon d'action des sous-marins allemands allèrent croissant. En 1914, il existait au monde à peu près huit mille vaisseaux marchands de haute mer, dont quatre mille étaient anglais. De 1914 à 1918, l'Allemagne en coula cinq mille. Sur vingt millions de tonnes, huit millions allèrent au fond des océans. Au commencement, les chantiers de construction remplacèrent assez facilement les pertes ; à partir de 1917 le rythme des torpillages s'accéléra et l'emporta sur celui des remplacements. Si des remèdes n'avaient été trouvés, les Alliés, vers le mois d'août 1917, eussent succombé faute de transports.

IV. — Ce fut cette situation, connue des Allemands, qui les détermina à torpiller à vue les vaisseaux, même neutres, au risque d'amener les États-Unis à se joindre aux Alliés, ce qui arriva en effet en 1917. La guerre sous-marine fut jugulée : par l'organisation de convois protégés par des torpilleurs ; par l'emploi, pour la destruction des sous-marins, de bateaux de guerre maquillés en vaisseaux marchands ; par l'embouteillage des ports belges, qui servaient de base aux Allemands. En 1918, la menace sous-marine était si bien écartée que le transport des quarante-deux divisions des États-Unis fut assuré avec une perte totale de deux cents hommes. Bien que la seule grande bataille navale de la guerre, celle du Jutland, ait été indécise, on peut dire que l'Angleterre, pendant la guerre de 1914, a conservé la maîtrise de la mer, puisque la flotte allemande, malgré quelques remarquables exploits de navires isolés, n'a pu quitter ses ports. Sans la flotte britannique, le ravitaillement des Alliés eût été impossible.

V. — Le premier objectif assigné par le gouvernement anglais à son corps expéditionnaire fut la protection des ports de la Manche et de la mer du Nord. Cet objectif ne put être qu'imparfaitement atteint puisque les Allemands prirent Anvers, Ostende et Zeebrugge ; mais, par la bataille d'Ypres, Calais et Boulogne furent sauvés. Quand le front occidental fut tout entier jalonné par des lignes de tranchées continues, allant de la mer à la frontière suisse, beaucoup de bons esprits, en Angleterre comme en France, conseillèrent de tourner cette ligne et de porter ailleurs le principal effort militaire. Les uns suggéraient Salonique et une vigoureuse campagne dans les Balkans, qui rallierait à la cause des Alliés certains peuples hésitants, comme les Grecs, les Bulgares et les Turcs ; d'autres conseillaient un débarquement aux Dardanelles, pour forcer les détroits et ravitailler la Russie. Ces derniers triomphèrent mais, malgré des efforts héroïques et d'immenses pertes en navires et en hommes, la presqu'île de Gallipoli ne put être conquise. Les puissances alliées durent en revenir à la tactique sanglante de l'attaque frontale contre des positions fortifiées. Pour soulager l'armée française, attaquée à Verdun, l'armée anglaise livra la coûteuse bataille de la Somme. Jusqu'en juin 1918, le résultat, sur le front occidental, demeura douteux. Les tanks (ou chars d'assaut) qui, employés en masse, eussent peut-être permis d'obtenir une rupture du front allemand, furent essayés trop tôt et en trop petit nombre. Ces tanks furent l'invention la plus originale de la guerre et la riposte efficace des troupes de choc aux progrès du projectile ; ils sont à l'infanterie moderne ce que l'armure avait été au guerrier du Moyen Age. Un autre aspect nouveau de la guerre de 1914 fut le quadruple rôle de l'aviation : reconnaissance, bombardement, chasse, combat direct contre l'infanterie.

VI. — La fermeté de tous les peuples de l'Empire britannique fut inébranlable. Les engagements volontaires, puis la conscription donnèrent huit millions d'hommes. Tous les Dominions et l'Inde elle-même vinrent au secours de la métropole. Seule l'Irlande du Sud, qui pourtant avait, au début de la guerre, paru touchée par le sort de la Belgique catholique, fut atteinte, au moins en partie, par la propagande allemande. Un soulèvement de Dublin dut être réprimé militairement, avec de grandes pertes des deux côtés. Le parti des rebelles (ou *Sinn-Fein*) devint plus tard le gouvernement de l'Irlande. Le coût de la guerre, de 1914 à 1918, atteignit près de neuf milliards de livres, plus deux milliards de prêts aux Alliés, alors que les guerres napoléoniennes n'avaient coûté, en vingt-deux ans, que huit cent trente et un millions de livres. Sur ces neuf milliards, quatre furent fournis par l'impôt pendant la guerre elle-même. L'*income-tax* s'éleva à six shillings par livre ; une supertaxe sur les revenus élevés pouvait elle-même atteindre six shillings. La nourriture dut bientôt être rationnée. Le gouvernement eut grand soin de faire porter les restrictions également sur les riches et sur les pauvres ; les charges de la guerre furent réparties beaucoup plus justement qu'au temps de Pitt ; et les libertés publiques furent respectées autant que cela était possible. Un peuple uni poursuivit cette guerre jusqu'à la victoire, non parce que des chefs la lui imposaient par la force, mais parce que ses citoyens la croyaient juste.

VII. — Au début, l'armée se plaignit avec raison de manquer de munitions. Cette guerre était avant tout une guerre d'artillerie et aucun des peuples belligérants (sauf peut-être l'Allemagne) n'y était préparé. Entre French, commandant du corps expéditionnaire, et Kitchener, ministre de la Guerre, les rapports devinrent difficiles. Un cabinet de coalition attribua le ministère des Munitions à Llyod George qui, lors d'un nouveau remaniement, devint premier ministre. La conduite de la guerre fut confiée à un cabinet de guerre de cinq membres, sorte de Directoire exécutif, que présidait Llyod George. Un cabinet de guerre « impérial » fut aussi convoqué et réunit les premiers ministres des Dominions et de l'Inde. Ces institutions de combat disparurent dès que la paix fut rétablie.

VIII. — La puissance de l'Allemagne et le courage de ses armées apparaissent clairement quand on remarque qu'en 1918, après quatre années de guerre contre une coalition européenne, elle était loin d'être vaincue. Peut-être ne l'eût-elle pas été sans l'intervention des États-Unis. Par une attaque dirigée contre le point de soudure des armées françaises et anglaises, le commandement allemand faillit encore, en mars 1918, séparer ces armées l'une de l'autre et rejeter les Anglais vers la mer. Le 26 mars 1918, à Doullens, le maréchal Foch fut nommé commandant en chef des armées alliées. Les attaques allemandes demeuraient redoutables, mais l'arrivée rapide des divisions américaines allait permettre la relève des Alliés et la formation de réserves importantes. L'échec de l'attaque allemande du 15 juillet, en Champagne (attaque déjouée par une manœuvre conçue par Pétain, exécutée par Gouraud et inspirée par la conduite de Wellington à Torres Vedras), et la contre-attaque de Mangin à Villers-Cotterêts (18 juillet 1918) marquent le moment où « l'espoir changea de camp ». Le 8 août commença la contre-offensive britannique menée par Anglais, Canadiens et Australiens. Entre cette date et le 11 novembre, date de l'armistice, qui mit fin à la guerre, la marche des Alliés fut continue et leurs victoires ininterrompues. La défaite, puis la révolution allemande mirent en fuite l'empereur Guillaume, qui se réfugia en Hollande. Sur la flotte allemande qui, vers la fin d'octobre, avait reçu l'ordre de faire une sortie désespérée, les marins s'étaient mutinés. Plutôt que de livrer leurs vaisseaux aux Anglais, les officiers allemands les coulèrent à Scapa Flow. L'Angleterre était débarrassée de ce cauchemar : une flotte rivale en Europe. Pour elle, c'était là le principal objectif de la guerre. Elle en avait atteint d'autres : la Belgique et les côtes de la mer du Nord se trouvaient affranchies de toute menace ; la Mésopotamie, la Palestine, les colonies allemandes en Afrique avaient été conquises par ses armées ou par celles des Alliés ; ces territoires allaient désormais, sous des formes diverses, être incorporés à son Empire, ou graviter autour de lui.

IX. — Il est naturel qu'une victoire aussi complète, terminant une guerre aussi dure, ait été le signal d'une « orgie de chauvinisme ». L'élection qui suivit l'armistice donna en Angleterre une « Chambre kaki », élue sur un programme de vengeance. Le cabinet britannique, en faisant ajouter aux réparations des dommages causés le coût des pensions de guerre, éleva les indemnités demandées à l'Allemagne jusqu'à des chiffres absurdes. Il fut aussi le premier à promettre à son Parlement la punition des « coupables de guerre ». Pour amener les peuples à supporter des souffrances atroces et des pertes inhumaines, tous les chefs des gouvernements avaient dû surexciter les esprits jusqu'à la folie ; il ne leur était plus facile de les apaiser. La Paix de Versailles fut donc une mauvaise paix. Sous prétexte de permettre aux peuples de disposer d'eux-mêmes, les cinq Grands découpèrent l'Europe sans tenir compte de ses traditions, de son histoire, ni de sa vie économique. La France, à laquelle Llyod George avait refusé la frontière du Rhin, se vit promettre en échange un traité d'alliance qui ne fut jamais ratifié. L'Italie, envers laquelle des engagements précis avaient été pris au moment de son entrée en guerre, fut traitée par les Américains et les Anglais avec une mauvaise volonté qui touchait à l'hostilité. Enfin l'Allemagne, par un traité « trop mou pour ce qu'il avait de dur et trop dur pour ce qu'il avait de mou », fut acculée au désespoir. Ce n'était pas là cette *pax britannica* qui avait terminé d'autres conflits.

11.
L'ENTRE-DEUX-GUERRES

I. — La guerre de 1914-1918 a bouleversé la planète beaucoup plus profondément que les guerres napoléoniennes. Des États millénaires ont disparu ; de nouveaux États ont été créés. Les traités de 1815 avaient négligé les forces nationales ; celui de 1919 a réveillé des nationalismes que l'on pouvait croire éteints. Races et langues sont sorties du tombeau des siècles. Pour respecter les frontières ethniques, les négociateurs ont négligé les frontières économiques et préparé une crise universelle. Tandis que la Russie devenait un État communiste, on a vu naître, en Italie et en Allemagne, des dictatures et des États totalitaires qui ont remplacé les régimes parlementaires. Toutes ces transformations ont eu sur l'Angleterre moins d'effet qu'on aurait pu le croire. Nation d'un caractère trop original pour être sensible aux influences extérieures, elle a trouvé aux problèmes de l'époque des solutions adaptées à sa nature. Elle n'en a pas moins subi de grands changements politiques et économiques.

II. — En politique intérieure, le plus remarquable de ces changements est une loi électorale qui a rendu le suffrage vraiment universel. Voté en pleine guerre et symbole de l'unité de la nation, le *Representation of the People Act* (1918) donne le droit de vote à tous les hommes et aux femmes de plus de trente ans. Cette loi créa huit millions de nouveaux électeurs, dont six millions de femmes. Elle fut complétée en 1928 par un texte qui émancipa les femmes au même âge que les hommes. Ce que la violence des suffragettes n'avait pu obtenir avait donc été conquis, pendant la guerre, par le dévouement et le travail des femmes anglaises. Un second fait politique important est la disparition presque totale du parti libéral qui, sous le nom de parti whig, était vieux de trois siècles. De ce phénomène, on aperçoit au moins trois causes : *a)* Le scrutin à un seul tour ne permet pas aux partis d'opposition de se diviser. Un scrutin à deux tours, et mieux encore la représentation proportionnelle eussent sauvé le parti libéral. Mais un tel régime électoral, en théorie plus équitable, eût amené au pouvoir des gouvernements faibles et l'Angleterre n'en veut pas. *b)* Le parti travailliste, bien qu'il ait été, à l'origine, un parti socialiste et ouvrier, n'est pas un parti révolutionnaire. Beaucoup des intellectuels libéraux y ont trouvé leur place. *c)* Les grands problèmes politiques étant, en Angleterre, résolus, ou à peu près, à la satisfaction générale, ce sont les problèmes du travail, du chômage, de la répartition des biens qui deviennent les plus importants. Le parti travailliste, appuyé sur les *Trade-Unions,* représentait sur de tels sujets, mieux que le parti libéral, les opinions des masses ouvrières.

III. — Pendant les années qui ont suivi la guerre, c'est l'économie qui, en Angleterre, a commandé la politique. Comme les guerres napoléoniennes, la guerre de 1914 a été suivie d'une grave dépression industrielle. Les causes de désordre ont été les mêmes qu'en 1816 : démobilisation subite d'un grand nombre d'hommes qui ne trouvaient plus leur place dans une économie transformée ; prodigieux développement du machinisme par les nécessités de la guerre ; budget gonflé par l'énormité des dettes contractées pendant la campagne. La crise de 1920-1931, bien qu'elle n'ait pas été l'occasion de violences ni d'émeutes, fut plus profonde et plus dangereuse que celle de 1816-1821. Pendant quelques années, de bons observateurs se demandèrent si l'Angleterre n'était pas condamnée. L'avance qu'elle avait prise, au XIXe siècle, sur ses rivales avait été perdue. Ses industries, moins bien équipées que celles de l'Allemagne et des États-Unis, étaient en outre paralysées par des salaires plus élevés que ceux du Continent, et auxquels les *Trade-Unions* ne permettaient pas que l'on touchât. Son commerce extérieur était atteint par la disparition des consommateurs dans un monde appauvri ; sa flotte marchande demeurait sans emploi. Pour conserver son rôle de banquier du monde, elle essaya, jusqu'en 1931, de maintenir la valeur-or de la livre sterling et cette politique monétaire, théoriquement défendable mais pratiquement néfaste, accrut encore le chômage.

IV. — Le problème du chômage anglais était complexe. Le nombre des êtres humains occupés en Angleterre a en réalité, non pas diminué, mais augmenté après la guerre. En 1911 travaillaient 12 927 000 hommes, 5 424 000 femmes. En 1921, 13 656 000 hommes et 5 701 000 femmes. Mais le nombre total des citoyens en quête de travail était plus grand et surtout un déplacement de main-d'œuvre s'était produit. Les mines, les chemins de fer, les industries textiles employaient moins d'ouvriers ; le commerce, les industries de loisirs (sports, hôtels), les transports sur route en employaient au contraire un plus grand nombre. A ces changements de nature des industries, correspondent de curieuses migrations. Au temps de la révolution industrielle, le centre de gravité de l'Angleterre avait passé du sud au nord ; aujourd'hui les transports de force électrique, les moteurs à essence ramènent la population vers le sud et en particulier dans la région de Londres. L'emploi de ces forces nouvelles explique le grave chômage des mineurs, lequel est dû aussi à l'augmentation de la production en d'autres pays mieux équipés et en particulier en Pologne. En 1926, un effort pour abaisser les salaires des mineurs provoqua une grève générale. Les journaux ayant cessé de paraître, le gouvernement publia une petite feuille officielle : la *British Gazette* et annexa temporairement la *British Broadcasting Corporation* (compagnie à charte qui est seule autorisée en Angleterre à faire des émissions par radio). Maître de l'opinion publique, appuyé sur la majorité du pays, soutenu par de nombreux volontaires qui collaboraient avec la police et assuraient le ravitaillement des grandes villes, le gouvernement conservateur vainquit la grève.

V. — Quand le nombre des chômeurs dépassa un million et demi, l'assurance-chômage, débordée, dut être remplacée par un subside, le *dole,* méthode ruineuse pour le budget. Un gouvernement travailliste, arrivé au pouvoir en 1929 et présidé par Ramsay Macdonald, ne réussit pas plus que le gouvernement conservateur à vaincre le chômage et la crise. Aux États-Unis, en Europe, les capitalistes perdaient toute confiance en l'avenir de l'Angleterre. L'or fuyait le pays. Pendant la dernière quinzaine de juillet 1931, trente-cinq millions de livres quittèrent Londres.

A ce rythme, la banqueroute était proche. Ramsay Macdonald pensa qu'un cabinet national inspirerait plus de confiance. Sans avoir été mis en minorité par le Parlement, qui d'ailleurs était en vacances, il offrit sa démission au Roi. Il fut chargé de former, avec le concours des conservateurs, un cabinet de coalition qu'il présida lui-même jusqu'en 1935, date à laquelle Stanley Baldwin, *leader* des conservateurs, lui succéda.

VI. — De 1931 à 1935, le redressement rapide de l'économie britannique surprit les plus optimistes. Il était dû, pour une large part, au sang-froid de la nation ; pour une autre, à un chancelier de l'Échiquier énergique : Neville Chamberlain. Les méthodes employées furent simples : *a)* L'Angleterre renonça à maintenir la valeur-or de la livre. Celle-ci passa en France de 125 francs à 75. L'insularité des ouvriers et fonctionnaires britanniques fit que cette baisse ne fut pas suivie d'une hausse de salaires importante. Les prix anglais devinrent plus bas que ceux du bloc-or et favorables à l'exportation. Les Pays scandinaves, l'Amérique du Sud et, dans une certaine mesure, l'Amérique du Nord, ayant suivi les fluctuations de la livre, un bloc-sterling se trouva constitué, à l'intérieur duquel la place de Londres put continuer son rôle de centre bancaire. *b)* Le libre-échange fut abandonné. A la Conférence d'Ottawa (1932), les hommes d'État britanniques avaient invité les Dominions à conclure avec la métropole des accords économiques. Mais les Dominions montrèrent peu d'enthousiasme et cet échec encouragea les ministres anglais à chercher plutôt la solution de leurs problèmes dans une réorganisation intérieure. Des tarifs protecteurs permirent aux industriels, au grand dommage de la France et de l'Allemagne, de reconquérir le marché anglais. Un grand effort fut fait (par Walter Elliot) pour ranimer aussi l'agriculture et l'élevage. *c)* Enfin, le budget fut mis en équilibre grâce à des économies courageusement acceptées et à de nouveaux impôts. Une politique d'argent à bon marché permit aux industriels du bâtiment de connaître une grande prospérité. Deux millions de maisons neuves furent construites entre 1919 et 1933. Toutes ces mesures ont produit des effets heureux. Encore que le chômage soit loin d'être vaincu, il a commencé à décroître.

VII. — Faut-il donc enregistrer la mort de l'Angleterre libre-échangiste, individualiste, impériale ? Faut-il admettre qu'une nouvelle Angleterre, « autarcique » et protectionniste, vient de naître ? La vérité est plus simple. Au XIXe siècle la différence de niveau entre la civilisation européenne et le reste du monde avait créé un large courant d'échanges, lequel avait assuré la fortune à la fois d'un continent et d'une doctrine. La force de ce courant ne pouvait que diminuer ; la guerre a accéléré le changement de régime. Rencontrant soudain un typhon économique, l'Angleterre a diminué sa voilure. En un temps de désordre mondial, elle a trouvé avantage à réunir production et consommation en un groupe petit et contrôlable. Il s'agit d'un compromis et non d'une conversion.

VIII. — C'est aussi un compromis qui a permis aux Anglais de sauver leur Empire dont beaucoup d'Européens, vers 1925, annonçaient le démembrement. Les Dominions : Canada, Australie, Nouvelle-Zélande, Afrique du Sud avaient, pendant la guerre, donné sans compter hommes et argent pour aider la contrée mère. Mais ils avaient entendu le faire en États indépendants. Quand la Société des Nations avait été fondée, ils avaient exigé des représentants distincts de ceux de l'Angleterre. Le second statut de Westminster (1931) déclara que le Parlement britannique n'aurait plus désormais le droit de légiférer pour les Dominions ; que le droit de paix ou de guerre, comme celui de négocier les traités, appartiendrait aux Dominions en ce qui les concernait ; et enfin que les premiers ministres des Dominions relèveraient directement du Roi. Celui-ci est donc désormais le seul lien officiel entre l'Angleterre et les nations qui forment le *Commonwealth.* Par un traité de 1921, il avait été convenu que l'Irlande serait, elle aussi, un Dominion. Un État libre de l'Irlande du Sud avait été fondé, les provinces de l'Ulster demeurant, comme elles le souhaitaient, anglaises. De 1922 à 1931, l'Irlande, sous la présidence de M. Cosgrave, accepta cette situation, mais en 1931 M. de Valera, qui remplaça Cosgrave, rompit complètement avec l'Angleterre. L'Irlande, depuis ce moment, ne connaît même plus le lien royal, ne se fait pas représenter aux cérémonies britanniques, et agit en État indépendant.

IX. — Le passage de la vie rurale à la vie urbaine avait été, au début du XIXe siècle, cause de grandes souffrances ; au début du XXe le développement des transports par route et celui des loisirs populaires a au contraire amené une renaissance de la vie rurale. Sur de larges autoroutes circulaient dans toute l'Angleterre des cars, des voiturettes, des motocyclettes, dont les flots, noyant les rares voitures de luxe, étaient les signes d'un rapide nivellement des classes. Au bord des mers, des rivières, des piscines, s'éveillait une nouvelle *Merry England* pour laquelle phonographe et radio avaient remplacé la viole d'amour et le virginal. La liberté des mœurs permettait aux jeunes hommes et aux jeunes filles de goûter ensemble ces plaisirs. Savants, romanciers et auteurs dramatiques avaient émancipé des répressions victoriennes une grande partie de la jeunesse anglaise. Le théâtre fut à Londres, entre les deux guerres, aussi hardi qu'au temps de Congreve ou de Wycherley. En des romanciers comme Lawrence et Aldous Huxley, on pouvait observer à la fois la franchise géorgienne, les survivances puritaines et la transformation du radicalisme religieux en un radicalisme politique, pacifiste et sexuel. Il importe d'ailleurs de ne pas oublier, en interprétant ces auteurs, que leurs livres n'étaient plus lus que par une minorité et que, dans tout l'Empire, des myriades d'hommes et de femmes restaient fidèles aux disciplines religieuses et morales du siècle précédent.

X. — L'existence et la puissance de cette Angleterre traditionnelle furent rendues sensibles à tous par le mouvement d'opinion qui, en décembre 1936, amena soudain l'abdication du roi Édouard VIII. Son père, George V, et sa mère, la reine Mary, avaient encore accru, par la simplicité et par la dignité de leur vie, le prestige de la monarchie. Le jubilé du roi George et, quelques mois plus tard, ses funérailles avaient permis aux peuples de l'Empire de manifester leur loyalisme. Edouard VIII lui-même avait été, au début de son règne, entouré d'une sympathie à peu près unanime. L'Angleterre semblait heureuse de trouver en lui un souverain moderne et vivant qui, dès le jour de son avènement, rentrait à Londres en avion et qui, autant que les châteaux des pairs, visitait les maisons des chômeurs. Mais le *Times* devait, moins d'un an plus tard, appliquer à Édouard VIII la phrase de Tacite : *Omnium consensu capax Imperii nisi imperasset.*

XI. — Le règne n'avait duré que dix mois lorsque des rumeurs persistantes, et les journaux américains, apprirent aux citoyens anglais et à ceux des Dominions que le Roi se préparait à épouser une Américaine, Mrs. Simpson, laquelle était sur le point d'obtenir son second divorce. De tous côtés des messages d'avertissement et d'inquiétude parvenaient au Premier Ministre, Stanley Baldwin ; il demanda une audience au Roi et lui exposa les dangers d'une telle décision. Nul n'aurait contesté au souverain le droit d'épouser, comme l'avaient fait tant de ses ancêtres, une étrangère, mais une grande partie de ses sujets se refusait à reconnaître son mariage avec une femme deux fois divorcée. Le Roi lui-même, conscient de ces difficultés, suggéra un mariage morganatique. Aucune loi anglaise n'eût permis de recourir à cet expédient et ni le gouvernement britannique, ni ceux des Dominions ne consentaient à faire voter, sur ce sujet, une loi nouvelle. Tous estimaient qu'un tel mariage diminuerait gravement l'autorité de la couronne. Des factions se formeraient, irréconciliables. Loin de rester un arbitre unanimement accepté et un lien entre les États de l'Empire, le Roi deviendrait au contraire une cause de division et de scandale.

XII. — Au début de décembre 1936, le débat devint public et pendant deux jours l'opinion, à Londres, vacilla. Des journaux populaires accusèrent le gouvernement, les Églises et l'aristocratie de défendre avec hypocrisie une morale surannée ; des manifestants, dans les rues, crièrent : « Nous voulons notre roi ! » Mais à Londres même ces foules étaient peu nombreuses et les masses, plus silencieuses, des provinces, celles du Pays de Galles, de l'Écosse, des Dominions, firent bientôt savoir à leurs représentants qu'elles partageaient le sentiment du cabinet britannique. La majorité des citoyens du royaume et de l'Empire demanda qu'entre sa couronne et ce mariage le Roi fît un choix. Le Parlement, qui montra, pendant cette crise, une louable et volontaire discipline, approuva sans réserves la fermeté du Premier Ministre. Édouard VIII lui-même souhaitait abdiquer. « Je suis prêt à m'en aller », avait-il dit à Baldwin. A aucun moment il n'appuya ceux qui auraient voulu transformer ce drame sentimental en intrigue politique. Le jour même où, après son abdication (11 décembre 1936), son frère lui succéda sous le nom de George VI, il adressa de Windsor, à ceux qui avaient été ses sujets, un message dans lequel il expliquait son acte et affirmait, en termes émouvants, son loyalisme envers le nouveau souverain. *God save the King althougt I be not he,* avait écrit Shakespeare dans *Richard II.*

XIII. — Ce drame si curieux et dont l'Angleterre n'avait encore vu aucun exemple, a montré que le rôle de la monarchie reste assez important pour que le public exige de la famille royale des vertus représentatives, que les institutions parlementaires demeurent capables d'assurer les plus grands changements avec ordre, sagesse et dignité, et enfin que nation mère et Dominions peuvent, dans un cas grave, se concerter aisément, rapidement et secrètement en vue d'une action commune. Comme un malade guéri se trouve parfois plus vigoureux qu'il ne l'était avant la maladie, l'Empire britannique sortit de cette crise plus confiant en ses lois et en lui-même. « L'arbre a été violemment secoué par la tempête ; la force des racines n'en est apparue que plus clairement. »

XIV. — Ses traditions qui ont, en politique intérieure, si bien servi l'Angleterre, l'ont, entre les deux guerres, desservie en politique extérieure, où elle a tenté d'appliquer des méthodes anciennes à une situation nouvelle. Obsédée par l'idée de maintenir en Europe la balance du pouvoir, et de même qu'en 1815 elle avait soutenu la France contre les Alliés, elle a craint, en 1919, d'avoir trop affaibli l'Allemagne. A la France qui demandait que la Société des Nations fût mise en mesure de défendre, au besoin par la force, ses décisions, les ministres anglais ont opposé l'idée de la contrainte morale. Celle-ci ne pouvait être efficace en un temps où de grands pays européens, l'Italie, puis l'Allemagne, se donnaient à des dictateurs (Benito Mussolini, Adolf Hitler), voués par doctrine à la violence. Le peuple anglais le comprit avant son gouvernement. Peu à peu une propagande, faite dans tout le pays par l'Union pour la Société des Nations et appuyée par les Églises, créa une « mystique de Genève ». Quand l'Italie, en 1935, conquit l'Éthiopie, une vague sentimentale renforça un sursaut impérial et, pour la première fois depuis 1919, ce fut la Grande-Bretagne qui proposa d'appliquer les sanctions prévues par le Pacte. L'Angleterre et la France marchaient à contretemps. Les sanctions, insuffisantes, furent inefficaces. L'Italie se trouva rejetée dans le camp de l'Allemagne *(Axe Rome-Berlin)* et le cabinet de Neville Chamberlain (qui succéda en 1937 à Baldwin) essaya de faire une « politique d'apaisement ».

XV. — Cette politique ne pouvait réussir avec des aventuriers qui ne respectaient que la force. Encouragé par un traité naval que lui avait consenti la Grande-Bretagne, et par l'impunité avec laquelle la France et l'Angleterre lui avaient permis de remilitariser, en 1936, la rive gauche du Rhin, Hitler entreprit une série de conquêtes sans guerres. Ainsi, en mars 1938, l'Autriche fut annexée. Puis ce fut le tour de la Tchécoslovaquie. Mr. Chamberlain et ses amis croyaient que, si satisfaction était donnée à l'Allemagne sur certains points, elle serait prête ensuite à coopérer au maintien de l'ordre européen. A la Conférence de Munich, en septembre 1938, la Grande-Bretagne et la France abandonnèrent la Tchécoslovaquie. « Je vous rapporte, dit Chamberlain en rentrant à Londres, la paix avec l'honneur. » C'était la phrase de Disraeli après le Congrès de Berlin. Winston Churchill répondit : « L'Angleterre et la France avaient à choisir entre la paix et le déshonneur. Elles ont choisi le déshonneur ; elles auront la guerre. » C'était lui qui avait raison, car Hitler, ayant mesuré à Munich la faiblesse des démocraties, n'allait plus être retenu par aucune crainte. Bien qu'il se fût engagé à respecter ce qui restait encore de la Tchécoslovaquie, il décida, en mars 1939, au mépris des engagements pris avec Chamberlain, d'envahir tout le pays.

XVI. — Hitler n'avait pas prévu le changement qu'un tel parjure allait déterminer dans l'esprit de Chamberlain. En un instant, l'homme d'État qui avait tant recherché l'amitié de l'Allemagne devint son adversaire. Comme déjà tout faisait prévoir que la Pologne serait la prochaine victime, il informa le gouvernement polonais qu'en cas d'attaque, le gouvernement de Sa Majesté donnerait au gouvernement polonais toute assistance en son pouvoir. Dès lors une nouvelle guerre européenne devenait inévitable. Une fois de plus, l'Angleterre se trouvait en présence d'une puissance décidée à dominer l'Europe et peut-être le monde ; une fois de plus, elle choisissait de s'y opposer ; une fois de plus, elle avait sur le Continent des soldats qui étaient la France et la Pologne. Peut-être aurait-elle pu mettre aussi dans son jeu la Russie, mais la négociation échoua et un pacte de non-agression fut signé entre la Russie et l'Allemagne. La Seconde

Guerre mondiale s'engageait mal. La Pologne fut envahie et, le 3 septembre, Mr. Chamberlain annonça aux Communes l'entrée en guerre de son pays. « J'espère vivre assez, dit-il, pour voir le jour de la destruction de l'hitlérisme et du rétablissement de la liberté en Europe. » L'hitlérisme devait être détruit et la liberté rétablie, mais après la mort de Chamberlain. Ce fut Winston Churchill, homme de génie et d'imagination, fait pour gouverner dans la tempête, indomptable et pittoresque, qui devint le grand Premier de la guerre et conduisit son pays à la victoire.

12.
LA SECONDE GUERRE MONDIALE

I. — Plus que les guerres napoléoniennes, bien plus que la guerre de 1914, la Seconde Guerre mondiale a été pour l'Angleterre une question de vie ou de mort. Depuis la Conquête normande, protégée par sa flotte, par ses armées, par sa richesse et par ses alliés, elle avait connu la sécurité jusqu'au cœur même de ses combats. C'était sur le continent européen ou en quelque océan lointain qu'elle gagnait ses batailles. Après 1920, les progrès de l'aviation avaient annulé, pour une large part, les bénéfices de l'insularité. Au cours de la guerre de 1939-1945, Londres allait apparaître comme une cible très vulnérable. Le monde allait voir ce qu'il n'aurait pas cru possible : une sérieuse menace d'invasion de l'Angleterre par l'Allemagne, les routes de la Méditerranée coupées par l'Axe, cependant que l'alliance du Japon et des dictatures mettrait en péril les Indes, Singapour et même l'Australie. A la fin, grâce à ses antiques vertus de ténacité, de calme et de courage, grâce aussi à l'appui des États-Unis, de la Russie et des résistances européennes, la Grande-Bretagne allait sortir à son honneur « de ces bouches d'enfer », fière de sa force morale, de son unité, de la fidélité des Dominions, mais inquiète de l'avenir et sachant que, désormais, sa diplomatie traditionnelle devrait être profondément transformée.

II. — Au début de la guerre, elle avait pour alliées la Pologne et la France, mais ne pouvait leur apporter sur terre ni dans l'air un appui suffisant. Une longue période de pacifisme avait affaibli son potentiel de guerre. En avril 1940, elle n'avait encore mis en ligne que dix divisions. Il fallut l'arrivée au pouvoir de Churchill pour donner à la production l'impulsion puissante qui était nécessaire. Mal soutenue mal équipée, la Pologne ne put tenir qu'un mois. La France, comptant sur sa ligne Maginot, prépara une guerre défensive, mais la ligne ne couvrait pas la frontière du Nord et celle-ci, en mai 1940, fut franchie par les divisions blindées de Hitler qui avaient violé la neutralité des Pays-Bas et celle de la Belgique. Les armées franco-britanniques se virent coupées de leurs bases par la course à la mer des chars d'assaut allemands. En quelques jours, le désordre apporté par la *Luftwaffe*, maîtresse de l'air par les chars qui allaient attaquer les états-majors jusqu'aux arrières par les millions de réfugiés qui encombraient les routes devint tel qu'il rendit toute contre-attaque et même toute manœuvre impossibles.

III. — Ce fut alors que, d'Angleterre, une flotte de près de mille bateaux de toute nature et de toute taille : croiseurs, paquebots, yachts, barques, chalutiers, vint à Dunkerque, sous les bombes, dans la nuit, pour y chercher les débris des armées alliées. Près de quatre cent mille hommes furent embarqués, sous la protection d'héroïques divisions françaises qui se sacrifièrent pour interdire la ville à l'ennemi, et de l'aviation de chasse britannique qui, de ses bases anglaises, couvrit Dunkerque. Ainsi l'Angleterre récupéra ses hommes mais non leur équipement qu'il avait fallu abandonner. Lorsque la France, dont les armées étaient complètement désorganisées, signa un armistice, la Grande-Bretagne se trouva seule, sans armes autres que désuètes, devant une menace d'invasion. Elle se mit bravement au travail, créa une nouvelle armée, construisit des retranchements et des ouvrages sur toutes ses plages et falaises, et prépara des murs de flammes qu'alimenterait un immense réseau de tuyaux d'essence. A aucun moment elle ne désespéra. Elle n'avait jamais été battue ; elle ne voulait pas croire qu'elle pût l'être. De Norvège, de Belgique, de Pologne, de Tchécoslovaquie, des gouvernements en exil étaient venus à elle ; de France, le général de Gaulle et ses volontaires. Les savants anglais faisaient merveille et secondaient, par leurs inventions, la marine et l'aviation (lutte contre les mines magnétiques, radar). Churchill, qui fut alors un ministre digne de Pitt, animait les efforts de tous. « La bataille de France est finie, dit-il ; je pense que la bataille de Grande-Bretagne est sur le point de commencer. De cette bataille dépend le salut de la civilisation chrétienne... Fortifions donc nos cœurs pour remplir nos devoirs et conduisons-nous de telle manière que, dussent l'Empire britannique et sa communauté de nations durer encore mille années, les hommes de ce temps-là disent encore : « Ceci fut leur plus belle heure. »

IV. — Ce fut alors en effet que l Angleterre connut sa plus belle heure, et la plus dangereuse. L'attaque vint par air. Gœring qui croyait avoir, et avait en effet, une écrasante supériorité aérienne voulait briser par des bombardements massifs, la défense et le courage des Anglais de telle sorte que l'invasion devînt ensuite facile. La première grande bataille aérienne de l'histoire dura de la fin d août à novembre 1940. Les pilotes de la *Royal Air Force* étaient quatre fois moins nombreux que ceux de la *Luftwaffe*, mais leur héroïsme et leur adresse infligèrent à celle-ci de telles pertes qu'elle renonça enfin à son entreprise. « Jamais dans l'histoire dit Churchill, tant n'a été dû par tant d'hommes à si peu... » Cette guerre-éclair *(Blitzkrieg)* détruisit des quartiers entiers de Londres mit le feu aux docks rasa des cités comme Coventry, mais elle alluma « dans les cœurs britanniques et dans le monde entier un feu tel » qu'il devait brûler « d'une flamme ardente et droite jusqu au jour où les derniers vestiges de la tyrannie nazie » seraient réduits en cendres dans toute l'Europe

V. — Mais avant d'en arriver là l'Angleterre traversa une longue et douloureuse période de défaites. Elle ne réussit à susciter des résistances à l'Allemagne en Yougoslavie en Grèce que pour voir ces pay rapidement vaincus et occupés. En Méditerranée comme dans les océan , les sous-marins lui firent subir des pertes terribles que les con tructions de bateaux étaient loin de compenser. La Crète fut conquise par les Allemand dans la première invasion aérienne de l'histoire, ce qui pouvait inspirer de grandes craintes pour l'Égypte. Dans le désert, entre la Tripolitaine et Alexandrie les divisions italiennes avaient été renforcées par de l'*Afrika Korps* de Rommel et les troupes britanniques de Tobrouk étaient encerclées. Mais les grands aventuriers 'épuisent toujours faute de savoir s'arrêter. Au lieu d'exploiter avec toutes ses forces sa victoire africaine, Hitler, en juin 1941 commit l'insigne folie d'attaquer la Russie. De ce jour la guerre était gagnée pour Churchill car il avait d'autre part l'appui san réserves de Roosevelt qui fermement résolu à entrer dans la guerre mais à ne le faire qu'au jour où l'Amérique serait prête à le suivre, donnait en attendant à l'Angleterre l'aide matérielle la plus efficace sous forme de « prêt-bail », c'est-à-dire sans que l'Angleterre eût à débourser des devises. Le prêt-bail rééquipa en partie la huitième Armée, qui allait devenir la plus glorieuse armée britannique (dont faisaient partie les héros français de Bir-Hakeim) et à laquelle ses nouveaux chars et un nouveau chef, Montgomery, donnèrent enfin en 1942 la victoire d'El-Alamein qui sauva l'Égypte

VI. — Depuis la fin de 1941, les États-Unis étaient entrés en guerre, à la suite de l'attaque par les Japonais de Pearl Harbor. Les débuts de la guerre du Pacifique furent malheureux pour l'Amérique qui perdit les Philippines ; pour l'Angleterre, qui perdit Singapour, la Birmanie ; pour la Hollande, qui perdit Java et Sumatra ; et pour l'Australie, qui vit l'armée japonaise à ses portes. Mais la puissance de production des États-Unis était telle que tout observateur informé pouvait prévoir qu'après deux ou trois années ni le Japon, ni l'Allemagne ne seraient plus en état de résister aux armées alliées qui auraient alors la maîtrise totale de l'air et de la mer. En ce qui concerne l'Europe, une attaque de front, en 1942, semblait impossible. Un débarquement, effectué à Dieppe, avec grand courage, par les Canadiens, avait révélé la force des défenses allemandes. Le plan arrêté de concert par les Anglais et les Américains fut de prendre comme plate-forme de départ l'Afrique du Nord française. Des armées alliées y débarquèrent le 8 novembre 1942. Bientôt l'armée française d'Afrique, encore nombreuse, se joignit à elles et, ensemble, elles écrasèrent les armées allemandes de Tunisie, auxquelles était venu se joindre Rommel fuyant devant Montgomery et pris entre deux feux. Cette capitulation totale des forces allemandes et italiennes d'Afrique était la première grande victoire des Alliés. Ce n'était pas encore, dit Churchill, le commencement de la fin, mais c'était la fin du commencement.

VII. — Le temps était venu de reconquérir le continent européen où, dans tous les pays occupés, des mouvements de résistance attendaient les Alliés. La nécessité de couvrir les débarquements par l'aviation imposait des sauts de plate-forme en plate-forme. De Tunisie Eisenhower, qui commandait en chef, passa en Sicile, de Sicile en Italie. Fallait-il continuer l'effort dans cette direction et faire de la Méditerranée le centre de l'offensive ? C'était l'avis de Winston Churchill. Mais Roosevelt et Staline l'emportèrent et il fut décidé que la principale attaque contre « la forteresse Europe » aurait pour base les îles Britanniques et serait dirigée sur la côte normande, les premiers objectifs étant Cherbourg et la péninsule du Cotentin. Cette opération, préparée avec des soins infinis (construction de ports artificiels — *pipe-line* sous la Manche), fut tentée le 6 juin 1944 et réussit rapidement. Mais la riposte allemande fut une nouvelle *Blitzkrieg* contre l'Angleterre et en particulier contre Londres. Cette fois les projectiles étaient apportés par des fusées sans pilote, lancées de la côte européenne. Cette arme nouvelle, V 1 (V pour *Vengeance*), avait été étudiée depuis longtemps par les Allemands et la *Royal Air Force* avait jeté des milliers de tonnes d'explosifs sur les rampes de lancement. Néanmoins les dégâts furent terribles et aussi graves que ceux de l'attaque de 1940. Plus d'un million de maisons furent détruites ou endommagées par les bombes volantes. V 2, une fusée stratosphérique qui se déplaçait plus vite que le son, déjoua les défenses créées contre V 1. Il semble certain que si les Allemands avaient été en mesure de commencer cette offensive décisive plus tôt, ils eussent grandement gêné les préparatifs d'invasion.

VIII. — Mais la réussite de l'invasion leur enleva rapidement leurs dernières rampes de lancement. Les armées britanniques remontèrent le long de la côte vers la Belgique, cependant que les armées américaines marchaient vers l'Est, et que la Division Leclerc entrait dans Paris. Le 15 août, un nouveau débarquement avait été effectué dans le Midi de la France et avait sans difficulté progressé vers le Nord. En septembre, tout était en place pour l'attaque de la ligne Siegfried, mais une attaque frontale pouvait être meurtrière. Avant de la tenter, Eisenhower essaya de tourner par la Hollande l'extrémité nord de la ligne, en y jetant par surprise des divisions aéroportées. Cette manœuvre échoua et la guerre dura encore tout un hiver, mais les aviations britannique et américaine pulvérisaient les industries allemandes et l'issue n'était pas douteuse. Enfin les armées venues de l'Ouest rencontrèrent les armées russes Hitler se suicida et, le 7 mai 1945, l'ennemi signa une capitulation sans conditions. Churchill parut à un balcon de Londres, fut acclamé et rappela le temps où les lumières s'étaient éteintes, où les bombes étaient tombées et où nul, homme femme ou enfant, n'avait parlé d'abandonner la lutte. Maintenant l'Angleterre, après de longues années, avait échappé « aux bouches de l'Enfer et aux mâchoires de la Mort ». Restait pourtant à vaincre le Japon, mais cette victoire, elle aussi, était en bonne voie. Elle fut achevée par les bombes atomiques, en août 1945.

13.

APRÈS LA SECONDE GUERRE MONDIALE

I. — La part de l'Amérique et de la Russie, et aussi celle de l'Europe résistante, dans la victoire commune, étaient grandes ; à l'Angleterre appartenait la gloire d'avoir lutté seule aux jours qui semblaient sans espoir et d'avoir fait, de son heure la plus tragique, son heure la plus belle. Elle sortait du conflit victorieuse, avec un juste orgueil, mais elle en sortait épuisée. Elle avait, pour gagner cette guerre, donné toute sa substance ; elle était moralement enrichie, financièrement et matériellement appauvrie. Son peuple s'était habitué à des restrictions qu'avant guerre il n'aurait jamais supportées. Les classes les moins favorisées avaient constaté que les contrôles et les rationnements imposaient une certaine égalité économique. Pendant la guerre, il avait été nécessaire de satisfaire les besoins essentiels de la population tout entière, avant de permettre aux privilégiés de jouir d'un superflu. Les Britanniques s'étaient ainsi familiarisés avec l'idée d'un pouvoir d'achat minimum, que l'État avait pour devoir de maintenir. Les fonctions de l'État s'étaient aussi beaucoup étendues dans le domaine du contrôle des industries, de sorte que, par un processus logique, la conviction s'était répandue dans les masses qu'une forme de socialisme, adaptée aux habitudes de la nation, pourrait, même en temps de paix, assurer plus de justice sociale. D'où la victoire du parti travailliste dans la première élection après la fin de la guerre (1945).

II. — Mr. Attlee remplaça Winston Churchill comme Premier Ministre. Churchill avait gagné la guerre ; son pays ne lui confiait pas l'organisation de la paix. Clemenceau, en France, avait connu jadis la même aventure. Clement Attlee était un parlementaire de grande expérience, un homme d'État modéré, conciliant, qui réussit à maintenir l'unité de la nation tout en prenant des mesures de socialisation. Sur la prolongation du rationnement et sur la nécessité du plein emploi, il devait rencontrer peu d'opposition. Son chancelier de l'Échiquier, Sir Stafford Cripps, imposa au pays un régime de sévère austérité. Les Anglais comprenaient l'immense importance que présentait, pour toutes les classes, la défense de la monnaie. Ils avaient toujours fait preuve d'un sens civique de leurs responsabilités, lorsque les circonstances avaient demandé des sacrifices collectifs. Pendant quelques années, ils prirent un noble et amer plaisir à s'imposer des privations dans l'intérêt national.

III. — La nationalisation des industries fut plus discutée. Les chemins de fer, exploités par l'État pendant la Première Guerre mondiale, avaient été regroupés financièrement et rendus à l'entreprise privée en 1921. Les travaillistes mirent la nationalisation en tête de leur programme. Dès leur arrivée au pouvoir, ils donnèrent un gage de leurs intentions en nationalisant la Banque d'Angleterre (1946), bien que ce ne fût guère qu'une formalité, la politique de la Banque étant depuis longtemps dirigée par la Trésorerie. L'industrie du charbon suivit. Le 1er janvier 1947, fut établie une administration nationale des charbonnages et toutes les mines devinrent propriété de l'État. Des administrations similaires furent créées pour les transports par rail et par route, pour le gaz, l'électricité et l'aviation civile. La radio avait été confiée depuis longtemps à un organisme indépendant, la B.B.C. *(British Broadcasting Corporation)*, libre d'établir ses programmes mais soumis au contrôle du Parlement. Dès 1950, 22,5 % de tous les ouvriers britanniques étaient employés dans les usines nationalisées. Le parti travailliste se proposait de socialiser aussi les industries du fer et de l'acier. Il devait prendre le pouvoir avant d'avoir pu réaliser ce projet. Malgré les restrictions, les besoins du pays après la guerre étaient si grands que la balance commerciale demeurait défavorable. En 1949, les réserves d'or et de dollars diminuèrent à tel point qu'il fallut dévaluer la livre sterling qui passa de 4.03 dollars à 2.80. Cette mesure pénible produisit de bons résultats puisqu'en 1950 les réserves doublèrent.

IV. — L'Empire présentait des problèmes de la plus urgente gravité. Le concept impérial lui-même, si cher à Disraeli, à la reine Victoria et à Rudyard Kipling, n'était plus, loin de là, universellement accepté. Pendant la guerre, les peuples de la Communauté britannique avaient fait preuve d'une remarquable solidarité, les Dominions de population anglo-saxonne soutenant la Grande-Bretagne avec ferveur et affection. Mais en Afrique du Sud, où se mêlaient d'autres races, grandissait un nationalisme local et l'Inde se refusait à accepter plus longtemps une administration britannique. La Grande-Bretagne résolut de dénouer des liens qui, de toute manière, n'auraient pu être maintenus. Elle décida de retirer des Indes à la fois ses troupes et ses administrations civiles. Le dernier vice-roi, Lord Louis Mountbatten, fit preuve, pendant cette transmission des pouvoirs, de tact et de dignité. Le 15 août 1947, l'Inde se divisa en deux États indépendants et souverains : le Pakistan et l'*Union of India* qui, tous deux, devinrent membres de la Communauté britannique. La position économique de l'Angleterre aux Indes demeura très forte. La langue anglaise devait rester langue officielle, au même titre que les langages locaux, pendant quinze ans. En 1948, Ceylan devint à son tour un Dominion et la Grande-Bretagne abandonna son protectorat sur la Palestine. En 1949, l'Irlande *(Eire)*quitta la Communauté, cessa de reconnaître la suzeraineté de la Couronne et devint une république indépendante. Cependant l'Angleterre retirait, peu à peu, ses troupes de l'Égypte. Elle acceptait d'évacuer le Soudan et même le canal de Suez, cela sans garanties, ce qui était imprudent.

V. — Certains Dominions : le Canada, l'Australie, la Nouvelle-Zélande avaient été amenés par des raisons de proximité, de solidarité économique et de défense nationale, à se rapprocher des États-Unis. Le Canada, ayant une frontière commune avec ce puissant voisin, avait fait avec lui des arrangements monétaires et commerciaux ; l'Australie et la Nouvelle-Zélande avaient conclu, avec les États-Unis, des accords pour la défense du Pacifique. On ne peut nier l'émotion de l'opinion publique anglaise devant ce renforcement des liens, avec les États-Unis, de nations jusqu'alors essentiellement britanniques. De manière générale, les relations anglo-américaines ont passé, pendant les années qui ont suivi la guerre, par une période difficile.

VI. — Il y eut pour cela deux raisons. La première, c'est que Washington était devenu le centre incontestable de l'alliance occidentale. Les Britanniques le regrettaient ; ils étaient trop réalistes pour ne pas le reconnaître. Ils savaient fort bien que la position, dans le monde, de leur pays ne pouvait désormais être maintenue que par de bonnes relations avec les États-Unis, aussi bien sur le plan militaire que sur le plan économique. Toutefois le changement avait été trop rapide pour ne pas blesser certaines consciences anglaises. Ce fut un choc pour de nombreux Anglais que de voir un Américain nommé amiral de l'Atlantique, un plus grand choc encore de voir l'Amérique assumer la direction politique en Moyen et Extrême-Orient. Néanmoins ils ont accepté le nouvel équilibre des forces, tout en s'efforçant, sur certains points, de maintenir une politique indépendante — en Chine, par exemple, où ils sont en meilleurs termes que l'Amérique avec le gouvernement communiste.

VII. — En second lieu, pendant longtemps, les Britanniques ont redouté d'être entraînés, par les Américains, dans une Troisième Guerre mondiale. Ils ont fait de leur mieux pour freiner leurs partenaires. En 1950, Attlee vola précipitamment à Washington pour conseiller la prudence en Corée ; plus tard Winston Churchill et Anthony Eden allèrent conférer avec Eisenhower, au sujet de l'Indochine. Plus récemment, les points de vue des deux pays se sont un peu rapprochés. En partie parce que les savants anglais, ayant beaucoup et bien travaillé, ont fait de leur pays une puissance atomique, ce qui permet à leur gouvernement de parler avec plus d'autorité, et supprime quelques-uns des froissements qui résultaient du refus, par les Américains, de communiquer leurs secrets nucléaires. En partie aussi parce que l'avance des Russes, dans ce domaine, a rendu les Américains plus prudents. Le gouvernement de Washington n'a pas plus envie que celui de Londres de déclencher une catastrophe universelle. Les Anglais, enclins par nature aux compromis, demeurent plus favorables que la Maison-Blanche à quelque forme d'entente avec les Russes et les Chinois, mais les rapports des deux grands pays anglo-saxons sont, dans l'ensemble, très étroits. Leur conviction commune que la paix du monde dépend de leur union les rapproche, d'un mouvement presque automatique, après tout désaccord.

VIII. — L'attitude de la Grande-Bretagne envers l'Europe a désappointé quelques hommes d'État européens. Ils avaient espéré, surtout après les déclarations de Winston Churchill à Strasbourg, que l'Angleterre se joindrait à l'Europe des Six. C'était oublier que, comme nous l'avons souvent dit au cours de cette histoire, l'Angleterre se considère comme voisine du Continent, mais non comme faisant partie de celui-ci. Il est vrai qu'en un temps de fusées et d'avions, la Manche n'est plus une frontière naturelle, mais une nation ne se débarrasse pas en une génération de façons de penser vieilles de dix siècles. L'Angleterre, en cessant d'être une île, n'a pas cessé d'être insulaire. En outre, la Grande-Bretagne a toujours soutenu que ses liens avec le *Commonwealth* ne lui permettent pas de se lier trop étroitement à l'Europe. Pour tout ce qui concerne les échanges commerciaux, la préférence impériale lui impose une attitude distincte de celle des nations européennes. Cependant la constitution d'un marché européen de cent soixante millions d'acheteurs ne peut la laisser indifférente. Là encore elle essaie de trouver un compromis.

IX. — Au point de vue militaire, elle a résolument pris sa place dans le camp occidental. Pendant des siècles, elle avait été l'adversaire de la puissance la plus forte du Continent, jetant son poids, suivant le rapport des forces, dans l'un ou l'autre plateau de la balance. Cette politique n'est plus possible. On ne peut imaginer, pour de longues années, une Allemagne aussi redoutable que la Russie. L'Angleterre fait partie de l'O.T.A.N. et accepte même d'entretenir, de manières permanente, des troupes sur le continent européen. Un ambassadeur anglais, Sir Oliver Franks, cherchant à définir la position de son pays, s'est servi de l'image suivante. Certains clubs acceptent des membres qui vivent à la campagne et ne leur demandent pas de se soumettre à toutes les obligations des membres qui habitent la ville. La Grande-Bretagne, dit-il, voudrait être un membre campagnard du Club de l'Europe occidentale. Elle veut bien payer une cotisation et accepter des obligations limitées, mais elle ne veut pas devenir un membre semblable aux autres et s'astreindre à prendre part à toutes les manifestations organisées par le Club.

X. — Les élections générales de 1951 ramenèrent au pouvoir le parti conservateur, avec Winston Churchill pour Premier Ministre. La majorité gouvernementale était mince (320 conservateurs, 295 travaillistes, 6 libéraux). Aussi le gouvernement conservateur montra-t-il de la sagesse en ne revenant pas sur les réformes accomplies par les travaillistes ; ils s'abstint simplement de continuer la politique des nationalisations. Une période de relative prospérité et d'exportations accrues permit de relâcher un peu la politique d'austérité. Mais après quinze ans de restriction, le pays avait naturellement le désir de consommer davantage. Aussi le changement d'attitude fut-il un peu trop rapide. En 1955, une nouvelle diminution des réserves de dollars contraignit le gouvernement à restreindre les ventes à crédit et à élever le taux de l'escompte. Cependant on ne peut dire que, dans l'ensemble, la situation économique du pays soit dangereuse. La haute qualité de la production industrielle britannique lui assure une grande place sur les marchés mondiaux. Pour l'exportation des automobiles aux États-Unis, l'Angleterre arrive seconde, derrière l'Allemagne et devant la France, qui occupe le troisième rang.

XI. — En 1952, le roi George VI mourut, s'étant acquitté jusqu'au bout de ses devoirs, courageusement, malgré une douloureuse maladie. Il laissait le souvenir de l'un des meilleurs rois qu'ait eus l'Angleterre. Sa fille aînée, Elizabeth II, lui succéda. Elle avait épousé, en 1947, Philip Mountbatten qui, né prince de Grèce, était devenu sujet anglais par naturalisation, puis avait été fait duc d'Édimbourg à l'occasion de son mariage. Il allait jouer, avec dignité, le rôle difficile de prince consort. Le couple royal a trois enfants : le prince Charles, né en 1948, la princesse Anne, née en 1950, et le prince Andrew, né en 1960. Le couronnement de la jeune Reine, le 2 juin 1953, fut un grand événement national, impérial et mondial. Suivie sur les écrans de télévision ou de cinéma par tous les peuples de la terre, cette cérémonie prouva, une fois de plus, le prestige que doit l'Angleterre à sa fidélité aux traditions. La famille royale demeure l'objet de l'attention constante, et parfois gênante, de la presse. Sa vie privée même n'est pas à l'abri des curiosités populaires. La nation britannique veut trouver en son souverain le modèle de toutes les vertus familiales et civiques. C'est une sévère exigence, mais c'est aussi un hommage.

XII. — En 1953, le Reine conféra à Winston Churchill l'ordre de la Jarretière. Il aurait pu, s'il l'avait voulu, devenir duc de Londres et prendre à la Chambre des Lords une retraite honorée. Mais il n'avait aucun désir d'abandonner son siège aux Communes où, pendant si longtemps, il avait exercé l'autorité que méritaient les grands services rendus par lui à la nation. Il avait cherché, depuis son retour au pouvoir, à réunir une « conférence au sommet » avec les Russes. La terrifiante puissance destrutrice des armes atomiques lui faisait craindre, non sans raison, qu'une nouvelle guerre ne fût un suicide collectif de l'humanité. Il eût voulu, après avoir gagné la guerre, gagner la paix. Mais son état de santé et son grand âge ne lui permirent pas de rester au pouvoir. Après avoir reçu une dernière fois sa souveraine dans la maison de Downing Street, il passa la conduite des affaires à Anthony Eden, son neveu par alliance. Né en 1897, celui-ci était devenu en 1935 ministre des Affaires étrangères. Il avait donné sa démission en 1939, à la suite d'un désaccord avec son Premier Ministre, Neville Chamberlain, qu'il jugeait trop peu dévoué à la sécurité collective, puis était revenu plus tard au Foreign Office. En 1955, Eden fit des élections générales qui ramenèrent les conservateurs au pouvoir, avec une majorité accrue.

XIII. — La situation internationale était dangereuse. L'U.R.S.S., exploitant adroitement les rancunes des pays arabes, tentait de les dresser contre l'Occident. Elle y réussit en Égypte. Le 26 juillet 1956, le colonel Nasser, chef du gouvernement égyptien, annonça qu'il nationalisait le canal de Suez. C'était un coup dur pour l'Angleterre et pour la France. Suivirent des négociations confuses, au cours desquelles on essaya de trouver un compromis, mais qui étaient vouées à l'échec : *a)* parce que les États-Unis, croyant encore à la possibilité de conserver l'Égypte dans le camp occidental, ne soutenaient pas leurs alliés ; *b)* parce que l'Égypte, assurée de l'appui de la Russie, ne voulait faire aucune concession. L'Angleterre et la France assemblèrent, à Chypre, un corps expéditionnaire destiné en fait à réoccuper la zone du canal. L'opération fut déclenchée en novembre. Malgré des lenteurs d'exécution, elle aurait militairement réussi, avec l'appui de l'armée israélienne, si elle ne s'était heurtée politiquement à la fureur du gouvernement de Washington, que l'on n'avait ni pressenti, ni averti ; à la condamnation, par les Nations-Unies, de ce recours à la force ; et surtout à une menace directe de représailles par Moscou. En France l'opinion publique, exaspérée par Nasser, soutenait en majorité le gouvernement ; en Angleterre au contraire, non seulement l'opposition travailliste, mais une partie des conservateurs, blâmait cette improvisation téméraire. Dans les douze heures qui suivirent l'ultimatum de Boulganine, l'Angleterre décida de retirer ses troupes. C'était la première fois, depuis la guerre, qu'un gouvernement anglais avait tenté de se passer des États-Unis. L'expérience avait prouvé que, sans unité d'action, le monde occidental était impuissant. La leçon devait amener un rapprochement, plus étroit que jamais, entre la Grande-Bretagne et les États-Unis. Sir Anthony Eden qui, depuis longtemps, souffrait d'une grave maladie de foie, donna sa démission. La Reine fit appeler Mr. Harold Macmillan. Celui-ci gagna brillammment les élections de 1959. Le parti conservateur demeurait donc au pouvoir.

XIV. — On a souvent dit qu'en France « plus ça change plus c'est la même chose », et qu'en Angleterre, « moins ça change, moins c'est la même chose ». Il est certain qu'aux yeux d'un observateur superficiel, l'Angleterre change assez peu. Elle conserve sa monarchie, les carrosses dorés du couronnement, les Gardes en hauts bonnets à poil aux portes de Buckingham Palace, le cérémonial de la Chambre des Communes, le respect des institutions parlementaires, les juges à perruque. On voit encore, dans les rues de Londres, de nombreux passants en chapeau melon, le parapluie accroché au bras. Mais dès que l'on perce cette mince couche de survivances, on découvre qu'une rapide évolution transforme le pays. Le nivellement des revenus, trait général des pays occidentaux depuis la Seconde Guerre mondiale, a été particulièrement marqué en Grande-Bretagne. L'ancienne aristocratie ne peut plus entretenir ses châteaux et ses parcs séculaires. Beaucoup de ses demeures ancestrales sont devenues la propriété du *National Trust.* D'autres sont ouvertes au public moyennant un droit d'entrée qui rétribue les gardiens et permet de réparer les toitures. Le taux de l'impôt sur le revenu, beaucoup plus élevé qu'en France, ne permet plus le type de vie que peignaient les romanciers et dramaturges du début du siècle. Le *butler* des pièces de Barrie, ou de Galsworthy, est une espèce qui s'éteint. Les servantes mêmes sont rares et beaucoup de femmes jeunes, dans les classes moyennes, n'en cherchent pas. Elles font elles-mêmes leur ménage et leur cuisine. Hommes et femmes s'habillent de manière simple et non cérémonieuse. On ne voit plus dans les théâtres, hors certaines représentations de gala, robes du soir et cravates noires. Les longs séjours à l'étranger sont rendus plus difficiles par la sévérité du contrôle des changes.

XV. — La vie au foyer a donc pris plus d'importance. D'où le rôle immense joué par la radio et la télévision. La qualité des programmes justifie leur succès. La B.B.C., admirablement administrée, fait grand honneur à l'Angleterre. Cédant à la pression de l'opinion publique, le gouvernement a autorisé la création d'un réseau privé de télévision, financé par la publicité. La raison donnée officiellement de cette décision est que, la télévision devant exercer une influence croissante sur les esprits et les opinions, « il serait imprudent de la confier à une seule administration, si excellente que soit celle-ci ». Le *Television Act,* de juillet 1954, a autorisé l'établissement d'une télévision indépendante pour une période initiale de dix ans. La télévision a joué un rôle important dans les élections de 1955 ; il est certain que le charme personnel et la voix des hommes d'État auront, dans l'avenir, une importance politique. La presse n'est pas très différente de ce qu'elle était entre les deux guerres. Les Britanniques achètent plus de journaux qu'aucun autre peuple (611 par 1 000 habitants, contre 353 aux États-Unis). Un journal du dimanche, *News of the World,* détient le record mondial de la circulation avec huit millions d'exemplaires ; parmi les quotidiens, le *Daily News* dépasse de beaucoup quatre millions et cinq autres atteignent plus d'un million.

XVI. — Les *public schools* et les universités ont suivi la tendance générale en ouvrant leurs portes plus largement aux étudiants de toutes classes. Les bourses sont nombreuses, jusque dans les collèges les plus anciens et jadis les plus fermés. Mais là aussi le cérémonial est maintenu et un visiteur reçu à *All Souls* (Oxford) y retrouve les rites traditionnels. La science tient maintenant une large place dans les universités britanniques dont les laboratoires, richement dotés, ont été récompensés par de nombreux Prix Nobel, en physique, chimie et médecine. Bertrand Russell, mathématicien, logicien et philosophe, a été l'un des penseurs les plus originaux du monde moderne. Sir Alexander Fleming s'est acquis une célébrité universelle en découvrant la pénicilline

(1928). Le radar a été mis au point avant la guerre, en Angleterre. Le professeur Wilson a inventé la « chambre » qui porte son nom et qui permit de suivre, pour la première fois, les trajets des électrons. Aux débuts de l'énergie atomique, on avait pu croire que celle-ci resterait un monopole des États-Unis et de la Russie. Mais l'Angleterre (comme d'ailleurs la France) avait d'excellents physiciens nucléaires et elle a créé un grand centre de recherches atomiques à Harwell, dans le Berkshire.

XVII. — Elle a ainsi réussi à construire des bombes atomiques, qui ont été essayées avec succès, et des fusées téléguidées. Mais c'est surtout pour produire de l'énergie à des fins pacifiques que l'Angleterre a besoin de réacteurs atomiques. Les ressources en charbon de la Grande-Bretagne sont loin d'être illimitées. Dès maintenant, beaucoup de filons sont d'un accès difficile. Or le pays ne possède pas, comme la France ou la Suède, des sources d'énergie hydro-électriques. Le gouvernement britannique s'est donc engagé, avec sagesse, dans un vaste programme de production atomique. Dans vingt ans, une grande partie de l'énergie nécessaire au pays devrait être fournie par des réacteurs. En outre, des savants anglais étudient l'utilisation de l'énergie de la bombe H (pile Zéta). Dès maintenant la production des isotopes radioactifs devient une des industries majeures du pays et la B.O.A.C. (transports aériens) a créé des avions spéciaux pour les transporter, sans risques, à l'extrémité des ailes. Il est remarquable que ce pays aux universités médiévales soit à l'avant-garde de la découverte scientifique.

XVIII. — Un parti s'use presque toujours au pouvoir. Le gouvernement de Mr. Macmillan n'a pas échappé à cette règle. Plusieurs causes ont contribué à l'affaiblir. La situation économique de la Grande-Bretagne s'est détériorée. La création en Europe continentale d'un marché commun des Six (France, Allemagne fédérale, Italie, Benelux) a rendu plus difficiles les exportations britanniques. Le Royaume-Uni a essayé de porter remède à ce danger en constituant une zone de libre-échange avec onze pays européens comme le Danemark, la Norvège, et autres, qui n'ont pas adhéré au Marché commun. Mais le chômage a continué d'augmenter et, à contrecœur, l'Angleterre s'est décidée à entrer dans le « club » continental des Six. Un habile négociateur, Mr. Heath, a discuté à Bruxelles les conditions de cette adhésion. Il a rencontré un obstacle difficile à surmonter. La Grande-Bretagne accorde à ses Dominions des tarifs préférentiels. Les pays européens redoutent, pour leur agriculture, la concurrence du Canada, de l'Australie, de la Nouvelle-Zélande. L'opposition de la France, dont l'agriculture est excédentaire, fut particulièrement vive. Les négociations de Bruxelles échouèrent et le prestige du gouvernement conservateur en souffrit.

XIX. — Mr. Harold Macmillan est vulnérable sur d'autres points. Et d'abord sur celui de la défense nationale. Des fuites regrettables se sont produites à plusieurs reprises ; des secrets militaires ont été révélés au camp adverse. La force nucléaire de dissuasion, que l'Angleterre avait tenté de constituer, et pour laquelle on comptait sur le concours des Américains, s'est trouvée considérablement modifiée par le Pentagone, qui se refuse à la construction d'avions que l'Amérique juge périmés. Une entente s'est faite aux îles Bahamas, au cours d'entretiens Kennedy-Macmillan, mais elle semble précaire et peu satisfaisante. D'autre part, en 1963, a éclaté un scandale qui met en cause à la fois la sécurité militaire et la moralité publique. Le ministre de la Guerre, Mr. Profumo, a dû reconnaître, après l'avoir nié une première fois, qu'il partageait une maîtresse avec l'attaché naval soviétique. Le Premier Ministre, qui avait défendu son ministre, a pu prouver sa bonne foi et a obtenu la sympathie de la Chambre des Communes, mais sa situation est affaiblie. Au moment où ceci est écrit (juin 1963) beaucoup pensent que le prochain Premier sera le nouveau leader travailliste : Harold Wilson. Cette oscillation du pendule serait dans la tradition politique du pays. Si les conservateurs décidaient de ne pas prendre le risque d'élections anticipées, il est probable que Mr. Macmillan démissionnerait et céderait la place soit à Mr. Butler, soit à Mr. Maudling, soit à Lord Hailsham si une nouvelle loi permet à celui-ci de quitter la Chambre des Pairs.

14.
L'ANGLETERRE REJOINT L'EUROPE

Avant la conclusion de l'auteur, nous avons demandé à Michel Mohrt *la rédaction d'un dernier chapitre sur l'histoire de l'Angleterre depuis 1963.*

I. — Comme André Maurois l'avait prévu, les élections provoquées par Macmillan, dont le pouvoir était ébranlé, amenèrent en 1964 une défaite du parti conservateur et l'arrivée au pouvoir du leader travailliste Harold Wilson.

Ancien boursier d'Oxford, Harold Wilson venait de l'aile gauche de son parti. Il avait violemment combattu la tentative des Tories de faire entrer l'Angleterre dans le Marché commun. On pouvait s'attendre, sous son ministère, à un repli de l'Angleterre sur elle-même ; à une nouvelle série de nationalisations ; à un resserrement des liens avec les États-Unis et les pays du Commonwealth, politique qui a toujours eu la faveur un peu paradoxale du Labour, les conservateurs, au contraire, étant prêts à abandonner, en faveur de l'Europe, une partie de la souveraineté britannique.

Rien de tout cela ne se produisit. Répudiant ses convictions radicales, Harold Wilson, l'un des leaders les plus habiles et les plus réalistes que la Grande-Bretagne ait eus (il est le seul à avoir gagné quatre élections en douze ans), se voulut gestionnaire et empirique. Il proclama son refus de dévaluer la livre, renonça à promouvoir une politique socialiste dure et, deux ans plus tard, chercha par de nouvelles élections à accroître sa majorité. Réélu, il fut cependant incapable d'enrayer l'inflation et dut renoncer à un plan quinquennal de contrôle de l'économie et se contenter d'actions éparses et de mesures sectorielles. Bref, il fit une politique modérée, la seule que l'économie anglaise, en déclin, pouvait supporter.

En contradiction avec ce qu'il avait annoncé, dès son arrivée au pouvoir, il dévalua la livre de 30 %. Il ne put s'opposer à de nombreuses grèves et renonça à faire passer un projet de loi limitant le droit de grève. Enfin, se contredisant sur ce point comme sur d'autres, il posa une deuxième fois la candidature de la Grande-Bretagne au Marché commun et se heurta au même refus du général de Gaulle.

II. — Cependant, le Commonwealth se désintégrait. Plusieurs nations de l'ancien empire, comme le Canada et l'Australie, regardaient vers les États-Unis plus que vers l'ancienne métropole, attendant de leurs relations avec le pays le plus puissant du monde un accroissement de leurs échanges commerciaux. De 1961 à 1970, les exportations anglaises vers les pays du Commonwealth baissèrent de 30 à 21 % et les importations de 31 à 27 %.

L'affaire rhodésienne vint porter un nouveau coup à la communauté issue de l'empire. Le gouvernement élu de Ian Smith demandait à Londres l'indépendance accordée à d'autres. Londres hésitait, le pouvoir politique en Rhodésie étant aux mains de la minorité blanche. Le 11 novembre 1964, Ian Smith proclama unilatéralement l'indépendance, se plaçant ainsi dans une position de révolte. Une intervention militaire était hors de question. Londres se contenta de promulguer des sanctions économiques qui demeurèrent inefficaces.

L'impuissance de l'Angleterre se manifesta tout aussi tragiquement dans son refus d'intervenir au Biafra, né de l'ancienne colonie du Niger, où sévissait une sanglante guerre civile.

La guerre du Bengla-Desh qui se termina par la séparation de ce pays d'avec le Pakistan montra, après la guerre entre l'Inde et le Pakistan, la faiblesse des liens tissés entre les nations du Commonwealth et l'impossibilité pour la Grande-Bretagne de les maintenir.

Lié au déclin de ses ambitions géographiques, l'Angleterre diminua son effort militaire. Après des dépenses considérables, elle avait dû renoncer à la construction de missiles nationaux. Macmillan s'était résolu à acquérir des États-Unis les fusées *Skybolt* et *Polaris,* celles-ci destinées à équiper des sous-marins nucléaires. Il se plaçait ainsi dans une dépendance étroite de l'allié privilégié. En 1967, c'était l'évacuation d'Aden ; en 1971, le retrait de toutes les troupes à l'est de Suez. A Chypre, à Malte, l'Angleterre devait abandonner ses positions privilégiées. Seul subsiste le rocher paradoxal de Gibraltar, isolé par un blocus espagnol.

III. — Mais le problème le plus dramatique, à la fois intérieur et extérieur, qui se soit posé à l'Angleterre et qui, à l'heure où j'écris ces lignes, n'a pas trouvé de solution, est celui de l'Irlande du Nord.

Depuis 1921, l'Irlande du Nord a été dirigée par une classe dominante, farouchement protestante et pro-anglaise, qui a privé de ses droits civils la minorité catholique pauvre. En 1968, les catholiques réclamèrent leurs droits. Des éléments activistes, appuyés sur l'armée clandestine irlandaise (I.R.A.), fomentèrent des troubles et des attentats terroristes à la bombe qui firent de nombreuses victimes. Les protestants répliquèrent par des méthodes identiques. L'Angleterre dut envoyer des troupes pour séparer les deux communautés.

Harold Wilson entreprit une politique d'action ferme contre la violence, tout en prévoyant des mesures progressives destinées à supprimer la discrimination à l'encontre des catholiques. Les protestants refusèrent ces mesures. Les attentats reprenant de plus belle, Londres décida une série d'internements. Malheureusement, parmi les trois cents personnes emprisonnées il ne se trouvait pas un seul protestant. Bernadette Devlin, député catholique de l'Ulster, attaqua physiquement, en plein Parlement, Reginald Maudling, ministre conservateur, jugé responsable.

Edward Heath, venu au pouvoir, avait repris la politique de son prédécesseur et nommé un secrétaire d'État pour l'Irlande, William Whitelaw, chargé de faire respecter l'ordre. En dépit de l'accord intervenu entre Londres et Dublin, l'Eire acceptant le statu quo, tant qu'une majorité en faveur de l'Union — elle ne risque pas de se produire — ne se sera pas prononcée en Irlande du Nord, les troubles continueront. Avec des trêves illusoires, la situation demeure tragiquement tendue.

IV. — Incapable d'appliquer son programme socialiste et attaqué par l'aile gauche de son parti, Harold Wilson provoqua de nouvelles élections en 1970. Il les perdit. Les conservateurs revenaient au pouvoir après sept ans d'absence.

Edward Heath, nouveau Premier Ministre, était lui aussi d'origine modeste et boursier d'Oxford. Son élection à la tête du parti avait confirmé le déclin de l'aristocratie et de la haute bourgeoisie dans la conduite des affaires. La fonction du Premier Ministre a pris, depuis la guerre, une importance de plus en plus grande, au détriment de la puissance des Communes. Suivant un processus qui s'observe dans toutes les démocraties occidentales, en France notamment, la fonction s'est personnalisée et c'est pour un homme, autant que pour un parti, que l'électeur se prononce. Le Premier Ministre règne comme un monarque élu.

En dépit de sa bonne volonté, de son habileté comme négociateur à Bruxelles, en 1961, en dépit de ses prouesses de yachtman et de chef d'orchestre, Edward Heath n'est pas parvenu, au cours des quatre années de son gouvernement, à imposer son personnage, ni au pays ni à son parti. Il restera toutefois dans l'Histoire comme l'artisan de l'entrée de l'Angleterre dans le Marché commun de l'Europe des Six. Préparée par une série de votes, parfois dramatiques, où partisans et adversaires de l'Europe s'affrontèrent, l'entrée dans la Communauté européenne s'est faire à partir du 1er janvier 1973. Les travaillistes ne purent s'y opposer, une forte minorité, dans leur propre parti, ayant voté en faveur du projet, alors que la minorité de l'aile droite conservatrice votait contre. Tout au plus, les travaillistes ont-ils annoncé qu'ils renégocieraient les conditions de l'entrée de l'Angleterre dans la Communauté, celles-ci étant jugées par eux défavorables.

V. — L'évolution qui a permis cette conversion à l'Europe a eu pour cause principale le déclin du pays et son effacement progressif de la scène mondiale. Le progrès très lent de la production industrielle, entravé par de vieilles habitudes de travail, par les revendications incessantes des syndicats tout-puissants, par les grèves (celles-ci n'avaient pas épargné le ministère Wilson) ; la diminution du rôle de Londres comme banquier mondial ; le rapprochement spectaculaire de l'Amérique et de la Russie, enlevant aux « liens spéciaux » entre les deux démocraties anglo-saxonnes beaucoup de leur consistance ; enfin le relâchement des liens entre l'Angleterre et les pays du Commonwealth imposaient une révision déchirante de la politique isolationniste.

L'alternative à cette politique impériale dépassée était l'Europe. Heath attendait de l'entrée dans le Marché commun l'ouverture de nouveaux marchés pour l'industrie, c'est-à-dire une relance de l'économie par la compétition et un effort accru de la part de ses compatriotes. Le chemin avait été long à parcourir. Mais l'Angleterre ne pouvait pas renoncer facilement au « splendide isolement » qui avait fait sa force, pas plus qu'elle ne renonce facilement à ses traditions séculaires. Il lui aura fallu moins de temps pour prendre conscience de son effacement que pour adopter un système décimal de la monnaie : discuté au Parlement dès la fin des guerres napoléoniennes, en 1816, c'est seulement cent cinquante-cinq ans plus tard que celui-ci a été promulgué !

Il est à craindre que la majorité du pays soit encore hostile au Marché commun : les avantages que l'Angleterre peut en attendre ne se feront pas sentir rapidement. L'Histoire prochaine dira si la conversion à l'Europe aura été éphémère ou durable.

VI. — Edward Heath aurait voulu restreindre l'intervention de l'État et promouvoir une économie libérale de marché. Il ne put y parvenir. Les investissements étant bas, il dut secourir largement l'industrie, renflouer Rolls-Royce, la construction du Concorde, intervenir dans les affaires.

Ainsi, les deux partis sont-ils contraints de suivre à peu près la même politique, c'est-à-dire chercher à diminuer l'inflation tout en accroissant l'expansion. Quand celle-ci connaît une « surchauffe », il est nécessaire de la modérer en diminuant les investissements et en augmentant les impôts, ce qui provoque le chômage : cercle infernal que connaissent tous les pays industrialisés, condamnés à progresser et à augmenter les salaires, sans pouvoir arrêter les prix. L'Angleterre, depuis la dernière guerre mondiale, se débat dans ce système de *stop and go.*

Partant de principes différents, travaillistes et conservateurs ont dû faire la même chose. C'est cette politique du « juste milieu » qui a découragé bien des électeurs et augmenté les chances du parti libéral. Augmentant ses gains de voix, celui-ci n'a pu toutefois augmenter sensiblement le nombre de ses élus — onze, puis treize à la dernière consultation de 1974 —, le scrutin majoritaire à un tour imposant à l'électeur un choix « utile » entre les candidats ayant les plus grandes chances, c'est-à-dire appartenant aux deux grands partis.

VII. — Edward Heath s'est heurté aux mêmes problèmes que son prédécesseur et il ne leur a pas trouvé de solutions meilleures. En

Irlande, la guerre civile a continué. Le problème posé par l'immigration des gens de couleur, venus des anciennes colonies et possédant un passeport britannique, est demeuré grave. Les deux grands partis ont dû se mettre d'accord sur une politique de limitation de l'immigration. Le cas de 28 000 Asiatiques, chassés de l'Ouganda par le général Amin, a été tragique. Ils ont trouvé refuge en Grande-Bretagne. Mais le pays pourrait difficilement étendre cette politique à d'autres cas similaires. 62 596 immigrants sont venus du Commonwealth en 1972. Edward Heath a refusé de suivre le député conservateur Enoch Powell qui réclamait des restrictions plus grandes, en prédisant de tragiques lendemains à ses compatriotes. Il s'est conduit avec un libéralisme qui ne le cède en rien à celui des travaillistes et des libéraux enclins, par principe, à pratiquer une politique d'accueil.

VIII. — Heath devait échouer dans sa politique anti-inflationniste. Depuis la loi de 1971 qu'il avait fait voter sur « les relations dans l'entreprise », réglementation déguisée du droit de grève assortie de sanctions sévères, il était en mauvais termes avec les syndicats.

Ceux-ci, en particulier les plus combatifs, le syndicat des mineurs et celui des chemins de fer, sont aux mains des communistes ou des éléments les plus à gauche du parti travailliste. Ils refusèrent les heures supplémentaires demandées par le gouvernement pour améliorer le rendement de l'industrie. D'autre part, ils réclamèrent des améliorations des conditions de travail et firent valoir des revendications de salaire dépassant de beaucoup la marge autorisée par le plan de lutte contre l'inflation.

Le Premier Ministre refusa de céder. Il prescrivit des restrictions pour l'ensemble du pays : la semaine de trois jours dans le commerce et l'industrie ; la limitation du chauffage public et domestique. Les mineurs renforcèrent leur position et proposèrent une grève générale.

Edward Heath crut le moment venu de remettre les syndicats à leur place. Il dissout la chambre et en appela au pays. Les Tories allèrent aux élections au cri de « Qui gouverne le pays ? ».

Wilson ne répondit pas à cette question de principe, il fit campagne sur des faits précis : la vie chère, le chômage, méfaits supposés du Marché commun. Il se fit fort de résoudre le conflit avec les syndicats.

C'est sans doute ce qui détermina une partie de l'électorat flottant à voter pour le Labour. Enoch Powell fit campagne contre son propre parti. Il n'est pas exagéré de dire que le pays se trouvait plongé dans une atmosphère de guerre civile.

Les élections donnèrent aux travaillistes cinq députés de plus qu'aux conservateurs. Mais ils n'avaient pas la majorité. Après une tentative malheureuse de Heath pour s'allier aux libéraux, Harold Wilson forma un gouvernement minoritaire. Il lui était difficile de gouverner. Une fois de plus, le pays s'était prononcé pour une voie moyenne et voulait, lui aussi, être gouverné « au centre » : ni socialisme avancé, ni politique de coercition contre les syndicats.

Wilson abolit la loi sur le droit de grève et obtint un règlement du conflit en cours. Mais la précarité de cette entente avec les syndicats était évidente ; la nécessité de nouvelles élections, certaine.

IX. — Le principal élément de surprise de ces élections neutres fut de révéler la montée des nationalismes à l'intérieur du royaume.

L'Écosse a toujours assez mal supporté la suprématie de l'Angleterre. La découverte en mer du Nord d'importants gisements de pétrole et la crainte de voir l'Angleterre en tirer seule des bénéfices, réveilla un nationalisme ombrageux, accru du mécontentement dû à la mauvaise gestion économique. L'Écosse élut sept députés nationalistes au lieu de deux. Le Pays de Galles qui, jusqu'alors, n'avait aucun député nationaliste en envoya deux à Westminster.

Il est difficile d'évaluer la portée de tels mouvements qui recrutaient leurs partisans surtout chez les intellectuels, intéressés par la renaissance des langues celtiques. Ils témoignent d'une méfiance envers Londres, d'une révolte contre un excès de centralisation et, avant tout, expriment un mécontentement. Ils demeurent vigoureux, puisque les élections d'octobre 1974 ont amené au Parlement onze nationalistes écossais (au lieu de 7) et trois élus du Plaid Cymru (Parti nationaliste gallois).

X. — Harold Wilson a dû en effet revenir devant les électeurs huit mois après sa fausse victoire sur Edward Heath. Il a amélioré quelque peu sa majorité, sans toutefois qu'elle soit assez forte pour lui permettre d'appliquer dans son intégralité le programme socialiste. Il est donc condamné, comme par le passé, à faire une politique moyenne. Il n'a pas dénoncé, comme il l'avait dit, l'entrée dans le Marché commun, mais prévoit, pour le mois de juin 1975, un référendum national sur cette question controversée. Ce sera la première fois, dans l'histoire du pays, qu'une telle procédure sera employée. Avec sa prudence coutumière, Wilson refuse de lier son sort au résultat de la consultation et il a déclaré qu'il respecterait la volonté populaire.

Battu une deuxième fois, Edward Heath a abandonné la direction de son parti. C'est une femme, Margaret Thatcher, qui a été élue à sa place et dirige aujourd'hui le « cabinet fantôme », axé plus « à droite » que celui présidé par Edward Heath. Il n'est donc pas impossible de voir un jour une femme à la tête du pays.

XI. — En dépit de ses difficultés intérieures et extérieures, de la dévaluation de la livre, devenue monnaie flottante en 1972, de la crise de l'énergie qui a frappé durement son économie comme celle des autres pays européens, en dépit de l'instabilité de ses gouvernements, l'Angleterre a assuré à ses habitants la plupart des avantages de la « société de consommation ».

A travers un certain nombre de lois audacieuses — lois sur l'avortement, sur l'homosexualité, sur le divorce, sur le travail des femmes — votées à l'instigation des travaillistes et que les conservateurs ont dû avaliser quand ils étaient au gouvernement, le pays s'est acheminé vers ce que l'on a appelé la « société permissive ».

Il subsiste sans doute des îlots importants de pauvreté, mais dans l'ensemble, le standing de vie des citoyens a progressé.

Des résultats importants ont été obtenus dans l'amélioration de l'environnement, la lutte contre la pollution, et le fameux « smog » londonien, ce brouillard impénétrable qui recouvrait la cité, a disparu.

Une « méritocratie » remplace peu à peu la mainmise de l'aristocratie et de la haute bourgeoisie sur les leviers de commande. Cependant, en dépit d'une apparence de nivellement, de la disparition des domestiques, de l'amélioration du confort pour tous et des congés payés, de la création d'universités nouvelles, d'importantes différences subsistent entre les classes. L' « Establishment » existe toujours, fondé sur la naissance, l'argent et les relations. Et l'accroissement d'un sous-prolétariat de travailleurs immigrés n'a fait qu'augmenter les différences, exaspérer les rancœurs et les craintes — au point que des observateurs ont pu déceler des possibilités de révolution, suscitant des réactions de type fasciste. La monarchie, encore acceptée et respectée, résisterait-elle à des forces explosives de cette nature ?

La révolte des jeunes s'est manifestée avec moins de violence qu'en France en mai 68 : c'est que, mieux encadrée, la jeunesse universitaire anglaise est aussi moins nombreuse. Au cours des années 60, des écrivains, romanciers et dramaturges, ont montré dans leurs œuvres un esprit de révolte contre le « système ». On les a appelés les « jeunes hommes en colère ». La plupart d'entre eux venaient de milieux modestes et n'étaient pas sortis de ce séminaire des classes dirigeantes, Oxbridge.

Cette révolte n'a pas survécu au succès que l' « Establishment » a fait aux œuvres des *angry young men*. On a pu voir que ce qu'ils réclamaient, c'était « une place au soleil ». L'ayant obtenue, ils n'ont pas trouvé si détestable la société qu'ils contestaient. Certains d'entre eux ont été jusqu'à défendre des positions conservatrices et nationalistes.

Ils n'ont pas dit leur dernier mot. Le talent qu'ils ont montré dans leurs œuvres — les plus remarquables d'entre elles sont sans doute des pièces de théâtre, montées par de brillants metteurs en scène, jouées par de grands acteurs — ce talent, aussi bien que la vie intellectuelle intense dans les universités, l'importance de la recherche scientifique dans les domaines les plus avancés de la physique nucléaire, montrent la vitalité dont fait preuve cette grande nation, politiquement et économiquement affaiblie, mais invaincue.

XII. — L'année 1977 a vu le Jubilé des vingt-cinq années de règne d'Élisabeth II, « reine par la grâce de Dieu, chef du Commonwealth, défenseur de la foi ». Fêtée par ses sujets, la reine est apparue comme le garant le plus solide des institutions et de la démocratie. Le divorce de la princesse Margaret n'a pas porté atteinte à l'affection que le bon peuple éprouve pour la famille royale.

Ce jubilé a coïncidé avec l'espoir que les Anglais peuvent enfin former de sortir du marasme économique et de la crise financière. Le Premier Ministre, Callaghan, qui a succédé en 76 à Harold Wilson, a pu dire, en faisant allusion à l'exploitation du pétrole dans la mer du Nord qui doit couvrir le tiers des besoins britanniques et, dans trois ans, sa totalité : « Nous avons désormais une chance de remédier à l'indiscutable déclin qui a marqué ces dernières années. »

Toutefois, le présent reste sombre. La livre, victime de la spéculation, a perdu en cinq ans cinquante pour cent de sa valeur. Le malaise social persiste, bien que les syndicats acceptent de reconduire le contrat passé avec Harold Wilson et qui limite à 7,5 % les hausses des salaires. Mais l'inflation reste importante (plus de 16 %) ainsi que le chômage. De tous les pays de la Communauté, la Grande-Bretagne est le seul où le niveau de vie a baissé de 3 %.

Les problèmes posés par l'immigration de couleur engendrent toujours des émeutes. Le drame de l'Ulster persiste. En dépit de l'initiative de femmes des deux communautés, catholique et protestante, unies dans un mouvement de protestation contre la violence, attentats et assassinats ont continué. Le fort mouvement de départ des jeunes protestants vers l'Angleterre, fuyant un pays dont la situation économique se dégrade, apportera peut-être une solution à un drame sans issue ?

Paralysé par sa faiblesse aux Communes, le gouvernement de M. Callaghan, minoritaire, est incapable de mener à bien des projets de lois comme celui de la régionalisation qui devait donner à l'Écosse et au pays de Galles une assez large autonomie. Allié aux libéraux, le gouvernement a poursuivi avec le jeune ministre des Affaires étrangères, David Owen, une politique européenne. Mais les élections partielles ont montré un glissement des voix en faveur des Conservateurs. A l'heure où j'écris ces lignes, tout laisse penser que M. Callaghan procédera à de nouvelles élections dans un jour prochain. Verra-t-on une femme, Mrs. Thatcher, premier ministre de Grande-Bretagne ? Ces féministes trouveraient alors matière à se réjouir, en voyant les destinées de la grande démocratie occidentale, affaiblie mais encore puissante, aux mains de deux femmes.

15.
CONCLUSION

I. — L'histoire de l'Angleterre est celle d'une des réussites les plus remarquables de l'espèce humaine. Quelques tribus saxonnes et danoises, égarées sur une île en marge de l'Europe, mêlées à quelques survivants celto-romains, et organisées par des aventuriers normands, sont devenues en quelques siècles maîtresses d'un tiers de cette planète. Il est intéressant de chercher le secret d'une fortune aussi étonnante que le fut jadis celle de Rome.

II. — Le mélange de races était bien dosé, le climat sain, le sol fertile. Des assemblées locales avaient enraciné dans les villages le goût de la discussion publique et celui du compromis. Mais ces coutumes fussent sans doute tombées en désuétude, comme il arriva en d'autres pays, sans la Conquête normande. Ce fut grâce à l'autorité du Conquérant et de ses successeurs normands et angevins qu'avant tout autre peuple du Moyen Age, les Anglais connurent les bienfaits d'une bonne justice et apprirent le respect des lois. Abrités par la mer de leurs voisins continentaux et affranchis par elle des craintes qui paralysèrent en France tant d'hommes d'État, ils purent, sans courir de grands dangers, mettre au point des institutions originales. Une suite de hasards heureux leur fit découvrir lentement des conditions simples qui assurèrent à la fois leur sécurité et leur liberté.

III. — Dès le temps des royaumes saxons, les rois anglais avaient collaboré avec un Conseil et s'étaient efforcés d'obtenir pour leurs actes l'approbation des hommes les plus puissants du pays.

Cette méthode fut aussi celle de leurs successeurs et l'Angleterre ne connut jamais la monarchie absolue. Quand les forces réelles se déplacèrent, des souverains adroits consultèrent et rallièrent tous les « états » du royaume. Les meilleurs des ecclésiastiques furent leurs ministres ; les barons, puis les *squires* devinrent leurs fonctionnaires ; leurs bourgeois se groupèrent en « fidèles communes ». A mesure qu'ils arrivèrent à la maturité politique, tour à tour seigneurs, chevaliers, petits propriétaires, marchands, artisans, fermiers furent appelés à participer aux responsabilités du pouvoir, jusqu'à ce qu'enfin le parti ouvrier (ou travailliste) devînt le gouvernement de Sa Majesté. Ayant ainsi transformé tous les groupes successifs de mécontents virtuels en collaborateurs réels, les gouvernements anglais purent accorder au peuple des libertés d'autant plus larges qu'ils se sentaient moins menacés.

IV. — Deux vertus précieuses entre toutes : la continuité et la souplesse, assurèrent à l'Angleterre une évolution tranquille. « Il vaut mieux, disait lord Balfour, faire une chose absurde qui a toujours été faite qu'une chose sage qui n'a jamais été faite. » L'Angleterre est aujourd'hui, comme elle le fut toujours, gouvernée par des précédents. Après dix siècles, l'aristocratie terrienne demeure une magistrature bénévole. Monarchie, Parlement, Universités restent fidèles à des traditions et à des coutumes du Moyen Age. Les lois de la Forêt qu'édicta le Conquérant protègent de leur ombre pâlissante les derniers chasseurs à courre. Mais la puissance d'adaptation du peuple anglais est égale à son conservatisme. Toujours l'institution ancienne reconnaît, accepte et assimile les puissances nouvelles. Aussi n'y eut-il jamais en Angleterre de révolution véritable. Les brèves révoltes qui jalonnent cette histoire ne furent que rides sur un océan et la « glorieuse révolution de 1688 » qu'un échange de signatures.

V. — Les effets du hasard ont été en Angleterre utilisés par les hommes d'État comme les bonheurs d'expression ou de trait sont retenus par de grands artistes. Nous avons montré comment le rapprochement des chevaliers et des bourgeois, puis l'abstention volontaire du clergé, amenèrent la formation d'un Parlement composé de deux Chambres distinctes. Bientôt les rois dépendirent, pour leurs ressources financières, de la bonne volonté de ce Parlement. Les souverains de France et d'Espagne pouvaient percevoir, par la force, des impôts non consentis. Assez vite les Anglais comprirent que leurs libertés étaient liées au maintien de deux règles protectrices : pas d'impôts perpétuels ; pas d'armée royale trop puissante. Sur ces deux points ils entrèrent en conflit avec la dynastie des Stuarts et triomphèrent. Le Parlement ayant vaincu, il restait à trouver le moyen de tirer de cette assemblée législative un pouvoir exécutif. Ce fut alors qu'un nouveau hasard, l'arrivée au trône de la dynastie hanovrienne, rendit possible le système du cabinet responsable devant les Chambres. Enfin la prudence de l'aristocratie anglaise et la sagesse politique de ses chefs permirent de transformer, sans révolution, un club de propriétaires campagnards en une assemblée nationale. Ainsi se trouva lentement définie une méthode de gouvernement qui n'est pas, comme l'a souvent cru l'Europe, un système abstrait, valable en tous lieux, mais un ensemble de recettes qui, en ce pays et pour des raisons historiques, ont réussi.

VI. — L'insularité, l'éloignement et peut-être le climat amenèrent une rupture religieuse avec Rome et cette rupture à son tour fut la cause initiale de la formation d'un Empire britannique. De longues luttes religieuses créèrent, en Grande-Bretagne, un type de protestant dissident, courageux et têtu qui, plutôt que de se soumettre, émigra et peupla d'Anglo-Saxons des terres lointaines. La maîtrise de la mer, que l'Angleterre conquit successivement sur l'Espagne, sur la France, sur la Hollande et enfin sur l'Allemagne et qu'elle obtint parce qu'elle pouvait, grâce à sa position géographique, consacrer à sa flotte la plus grande partie de ses ressources, assura la survie de cet Empire. On aurait pu craindre qu'il ne disparût, sinon par conquête étrangère au moins par explosion interne, mais la perte des colonies américaines avait enseigné la modestie au gouvernement de Londres. Comme elle avait inventé le Parlement et le cabinet, l'Angleterre rencontra par hasard, et appliqua par bon sens, l'idée d'une fédération impériale d'États libres. Dans l'Empire comme dans la nation, le gouvernement britannique ne souhaite plus tenir son autorité que du consentement des gouvernés. Il a reconnu l'indépendance de nombreux États de l'Empire. Le Commonwealth subsiste, mais considérablement réduit. La Grande-Bretagne tend à se replier sur elle-même et sur les plus fidèles de ses Dominions (Canada, Australie, Nouvelle-Zélande).

VII. — La réussite des compromis anglais sera-t-elle durable ? La réponse à cette question n'appartient pas à l'historien, dont la tâche était de décrire le passé et non de prédire l'avenir. Mais il peut remarquer que les oppositions de classes ou de partis, mortelles en d'autres pays, sont moins dangereuses en Angleterre, parce que l'habitude de s'incliner avec discipline devant les décisions de la majorité y est aussi ancienne que les jurys des rois normands et aussi parce que, sous les superficiels conflits d'opinion, l'unité profonde du pays semble indestructible. Les classes sont ici séparées par des intérêts, lesquels transigent aisément, non par des souvenirs ni par des passions. L'intelligence et l'éloquence, qui divisent si fort d'autres peuples, ont sur les Anglais moins de prise qu'une sagesse instinctive et traditionnelle. Le respect du passé est chez eux général et l'histoire est présente en mille coutumes. Autant que dans ses flottes navales et aériennes, plus que dans sa nouvelle puissance atomique, la force du peuple anglais est dans le caractère discipliné, bienveillant, confiant et tenace qu'ont modelé dix siècles de bonheur. Mais le monde est devenu si dangereux que les traditionnelles vertus britanniques ne suffisent plus à assurer la sécurité de la Grande-Bretagne et de l'Empire. Les temps nouveaux ne permettent pas un splendide isolement. Désormais les nations de l'Occident travailleront collectivement ou elles périront séparément.

SOURCES

A

SOURCES GÉNÉRALES

Histoire de l'Europe. — H. A. L. Fisher : *Histoire de l'Europe.* — Halphen et Sagnac : *Peuples et Civilisations.* — Lavisse et Rambaud : *Histoire générale.*

Histoire d'Angleterre. — Cambridge, J.-R. Green, G.-M. Trevelyan, A.-F. Pollard, Prentout (en français), *Dictionary of National Biography,* et les différents ouvrages qui forment l'Histoire d'Angleterre publiée chez Methuen, sous la direction de Sir Charles Oman.

Histoire des Institutions. — Stubbs, Bagehot, Maitland, Boutmy : *Développement de la Constitution en Angleterre.* — Tocqueville : *Ancien Régime.* A.-F. Pollard : *Factors in Modern History,* et G. B. Adams : *Constitutional History of England.*

Histoire économique. — Thorold Rogers : *Six Centuries of Work and Wages.* — Prothero : *English Farming, Past and Present.* — Cunningham : *English Industry and Commerce.* — Ashley : *Introduction to English Economic History.* — Dowell : *History of Taxation,* et Miss Ch. Waters : *Economic History of England.*

Vie sociale. — Traill : *Social England.* — Wingfield Stratford : *History of British Civilisation.* — Synge : *History of Social Life in England.*

Histoire du langage. — Logan Pearsall Smith : *The English Language.*

Histoire littéraire. — Oxford, Legouis et Cazamian, Taine, Whitehead : *Science and the Modern World — Political Thought* *in Home University Library* (4 volumes) par GOOCH, LASKI, DAVIDSON et BARKER.

Politique étrangère. — *Cambridge History of Foreign Policy;* BOURGEOIS : *Manuel historique de Politique étrangère.*

B

SOURCES PARTICULIÈRES

LIVRE I

MACKINDER : *Britain and the British Seas;* OMAN : *England before Norman Conquest;* BELLOC : *The Old Road;* HUBERT : *Les Celtes* (Collection de Synthèse historique); HAVERFIELD : *Roman Occupation;* COLLINGWOOD : *Roman Britain, Anglo-Saxon Chronicle;* BÈDE : *Ecclesiastical History; Beowulf;* Beatrice LEES : *Alfred;* CHADWICK : *Heroic Age;* VINOGRADOFF : *Growth of Manor;* M. BLOCH : *Caractères originaux de l'histoire rurale française;* FREEMANN : *William the Conqueror, History of the Norman Conquest.*

LIVRE II

DAVIS : *England under the Normans and Angevins;* PETIT-DUTAILLIS : *Monarchie féodale en France et en Angleterre;* VINOGRADOFF : *English Society in the Eleventh Century;* POWICKE : *Mediaeval England;* MAITLAND : *Domesday Book and beyond;* OMAN : *Art of War in the Middle Ages;* A.-F. POLLARD : *Evolution of Parliament;* J.-H. ROUND : *Feudal England;* CALMETTE : *La Société féodale;* COULTON : *Social Life in Britain; Life in the Middle Ages* (4 volumes); SALZMANN : *English Life in the Middle Ages;* BÉMONT : *Simon de Montfort.*

LIVRE III

VICKERS : *England in later Middle Ages;* POWICKE : *Mediaeval England;* TREVELYAN : *England in the age of Wycliffe;* TOUT : *Edward I;* Mrs. J.-R. GREEN : *Henry II;* GAIRDNER : *Richard III; Paston Letters;* CHAUCER : *Canterbury Tales;*

ABRAM : *English Life and Manors in the later Middle Ages;* COULTON : *Chaucer and his England.*

LIVRE IV

INNES : *England under the Tudors; Cranmer;* Kath. GARVIN : *The Great Tudors;* POLLARD : *Henry VIII;* NEALE : *Elizabeth;* Evelyn WAUGH : *Campion;* Lytton STRACHEY : *Elizabeth and Essex;* CALLENDER : *Naval Side of British History;* COBBETT : *Drake and the Tudor Navy;* HAKLUYT, TROTTER : *Seventeenth Century Life in Country Parish;* Sir Charles OMAN : *The Sixteenth Century;* H. SAINT-CLAIR-BYRNE : *Elizabethean Life.*

LIVRE V

TREVELYAN : *England under the Stuarts;* GARDINER : *History of England* (1603-1642) ; Edward DOWDEN : *Puritain and Anglican;* CHARLES I : *Letters;* CHARLES II : *Letters; Vies de Cromwell* par FIRTH, Fr. HARRISON et John BUCHAN ; CARLYLE : *Cromwell's Letters and Speeches;* Arthur BRYANT : *Charles II;* John HAYWARD : *Charles II;* TRAILL : *Shaftesbury; Journal* de PEPYS ; *Letters* of Dorothy OSBORNE to Sir William TEMPLE ; Carola OMAN : *Henrietta-Maria of France; Vie du colonel Hutchinson;* BRYANT : *The England of Charles II.*

LIVRE VI

Queen ANNE : *Letters;* Winston CHURCHILL : *Marlborough;* W. SICHEL : *Bolingbroke;* MORLEY : *Walpole;* F.-S. OLIVER : *The Endless Adventure;* HARRISON : *Chatham;* ROSEBERY : *Pitt;* Basil WILLIAMS : *Pitt;* DOBREE : *Wesley;* Amiral MAHAN : *Nelson;* HAMMOND : *C.-J. Fox;* Grant ROBERTSON : *England under the Hanoverians;* THACKERAY : *The Four Georges;* Sir Charles PETRIE : *The Four Georges, A Revaluation;* Shane LESLIE : *George IV;* Holland ROSE : *Revolutionary and Napoleonic Era;* SOREL : *L'Europe et la Révolution française;* Van TYNE (sur la révolution américaine) ; HAMMOND : *Village Labourer;* MANTOUX : *Révolution industrielle;* Adam SMITH : *Wealth of*

Nations ; TURBERVILLE : *English Men and Manners in the Eighteenth Century.*

LIVRE VII

Élie HALÉVY : *Histoire du peuple anglais au XIXe siècle ;* MARRIOTT : *England since Waterloo ;* TREVELYAN : *Lord Grey of the Reform Bill ;* CHESTERTON : *Cobbett ;* Queen VICTORIA : *Letters ;* Lytton STRACHEY : *Queen Victoria ;* Edith SITWELL : *Victoria of England ;* MONYPENNY et BUCKLE : *Disraeli ;* MORLEY *Gladstone ;* DISRAELI : *Life of Lord George Bentinck ;* Sir Sidney LEE : *Edward VII ;* MAUROIS : *Edouard VII et son temps ;* Lady Gwendolen CECIL : *Lord Salisbury ;* CREWE : *Lord Rosebery ;* Basil WILLIAMS : *Cecil Rhodes ;* DUFF-COOPER : *Haig ;* Harold NICOLSON : *Lord Carnock, Lord Curzon and Peacemaking ;* G.-M. YOUNG : *Early Victorian England ;* HEARNSHAW : *Edwardian England ;* MARRIOTT : *Modern England* (1875-1932).

TABLE DES ILLUSTRATIONS

(Les illustrations sont citées dans l'ordre où elles paraissent dans le cahier)

Cnut, roi d'Angleterre et de Danemark. Registre de l'abbaye de Hyde 1
Guillaume le Conquérant et le comte de Dol, plus tard comte de Richmond. Registre de Richmond 2
Le meurtre de Thomas Becket, archevêque de Canterbury. D'après un Livre d'Heures du British Museum .. 3
Richard Cœur de Lion. Abbaye de Fontevrault. (Musée des Monuments français) *(Photo E. Sougez)*......... 4
Édouard III et son fils le Prince Noir 5
John Wycliffe.. 6
Henry V. National Portrait Gallery, Londres 7
Richard III. National Portrait Gallery, Londres......... 8
Henry VII 9
Thomas More. Bibliothèque Nationale, Paris *(Photo Giraudon)* 10
Henry VIII, par Holbein. Rome *(Photo Anderson-Giraudon)* 11
Anne Boleyn *(Photo braun)*............................ 12
Mary Tudor *(Photo Roger-Viollet)* 13
John Knox. Bibliothèque Nationale, Paris *(Photo Giraudon)* 14
Mary Stuart, reine d'Écosse, par Clouet. Bibliothèque Nationale, Paris *(Photo Giraudon)*................ 15
Elizabeth Ire. National Portrait Gallery, Londres........ 16
Jacques Ier, par Daniel Mytens. National Portrait Gallery, Londres 17
Le duc de Buckingham, par Rubens, Offices, Florence *(Photo Anderson-Giraudon)* 18

Charles Ier, d'après Van Dyck 19
Olivier Cromwell, par Peter Lely. Offices, Florence *(Photo Anderson-Giraudon)* 20
Charles II, d'après Samuel Cooper........ 21
Jacques II, d'après Kneller 22
John Churchill, duc de Marlborough, par Jan Wyck. National Portrait Gallery......................... 23
La reine Anne, par John Closterman. National Portrait Gallery, Londres................................ 24
Robert Walpole, comte d'Orford 25
William Pitt, comte de Chatham, par Richard Brompton. 26
National Portrait Gallery, Londres 27
George III, d'après Thomas Lawrence 28
William Pitt le jeune, d'après Hoppner 29
La reine Victoria *(Photo Collection Sirot)*............... 30
Disraeli *(Photo Collection Sirot)* ....
Sir Winston Churchill *(Photo Karsh Holmes-Lebel)* 31
La reine Elizabeth II et le duc d'Édimbourg *(Photo Cecil Beaton)*.. 32

Les photographies des planches 1, 3, 5, 6, 9, 19, 21, 22, 25, 27 et 28 proviennent de Radio Times Hulton Picture Library, *Londres.*

TABLE DES MATIÈRES

NOTE LIMINAIRE 9

LIVRE PREMIER

Les origines.

1. Position de l'Angleterre 13
2. Les premiers signes humains 16
3. Les Celtes 19
4. La conquête romaine 23
5. Fin de l'Angleterre romaine 29
6. Angles, Jutes et Saxons 34
7. La conversion des Anglo-Saxons 40
8. Christianisme et germanisme en Angleterre 46
9. Les invasions danoises et leurs effets 50
10. Du roi Alfred au roi Cnut 56
11. La conquête normande 62

LIVRE II

Les rois français.

Tableau I : Monarques normands et angevins 72

1. Effets de la conquête normande. Le gouvernement central 73
2. Effets de la conquête. Féodalité et vie économique .. 82
3. Les fils du Conquérant 90
4. Anarchie. Henry II. Conflit avec Thomas Becket.... 98

5. Henry II administrateur. Justice et police 105
6. Les fils d'Henry II. Mort du roi. Richard Cœur de Lion. Croisade et captivité. Jean sans Terre 111
7. La Grande Charte 117
8. Les communautés : 1. Villes et corporations 123
9. Les communautés : 2. Universités 129
10. Les communautés : 3. Les moines mendiants 134
11. Henry III et Simon de Montfort 138

LIVRE III

Grandeur et décadence de la féodalité (1272-1485).

Tableau II : Les derniers rois Plantagenets 146
1. Édouard Ier (1272-1307). Réformes légales. Administration intérieure 147
2. Origines et croissance du Parlement 151
3. Édouard Ier et les Celtes. Conquête du pays de Galles. Échec en Écosse. Édouard II 156
4. La guerre de Cent Ans (première partie) 162
5. La peste noire et ses conséquences 168
6. Premiers capitalistes anglais 173
7. Désordres dans l'Église 177
8. La révolte des paysans (1381) 183
9. Deuxième partie de la guerre de Cent Ans. Richard II (1377-1399), Henry IV (1399-1413), Henry V (1413-1422), Henry VI (1422-1461). Les Anglais hors de France 190
10. La guerre des Deux-Roses 196
11. L'Angleterre à la fin du Moyen Age 201

LIVRE IV

Les Tudors ou le triomphe de la monarchie.

Tableau III : La Maison de Tudor et la dynastie écossaise des Stuarts 208
1. Henry VII 209

2. Les institutions locales au temps des Tudors 215
3. Les réformateurs anglais 220
4. Henry VIII (1509-1547) 225
5. Schisme et persécutions 231
6. Édouard VI ou la réaction protestante 238
7. Mary Tudor ou la réaction catholique 243
8. Elizabeth et le compromis anglican 248
9. Elizabeth et la mer 256
10. Elizabeth et Mary Stuart 264
11. L'Angleterre au temps d'Elizabeth 273
12. Conclusion 279

LIVRE V

Le triomphe du Parlement.

Tableau IV : Les rois Stuarts de Grande-Bretagne 284
1. Jacques Stuart et le problème religieux 285
2. Premiers conflits du Roi et du Parlement 292
3. Buckingham et Charles Ier 299
4. Le Roi sans Parlement 305
5. Le Long Parlement 312
6. La première guerre civile 319
7. L'armée contre le Parlement 326
8. Cromwell au pouvoir 333
9. Effets durables du puritanisme 342
10. La Restauration 347
11. Jacques II et la révolution de 1688 357
12. Mœurs et idées de la Restauration. Conclusion 361

LIVRE VI

Monarchie et oligarchie.

Tableau V : George Ier et ses descendants 368
1. Le Hollandais régnant 369
2. Le temps de la reine Anne (1702-1714) 376
3. Le temps de Walpole 382
4. État de mœurs (1700-1750) 392
5. Le temps de Pitt 399

6. Gouvernement personnel de George III. — Perte des colonies américaines 407
7. La Révolution et l'Empire 417
8. Révolution agricole et industrielle 428
9. La révolution sentimentale 436
10. Conclusion 443

LIVRE VII

De l'aristocratie à la démocratie.

1. Les difficultés de l'après-guerre 449
2. Réforme électorale de 1832 457
3. Le triomphe du libre-échange 466
4. La politique étrangère de Palmerston 473
5. L'Angleterre victorienne 480
6. Disraeli et Gladstone 487
7. L'Empire au XIXe siècle 497
8. Le déclin du libéralisme 503
9. La paix armée 510
10. La Grande Guerre 518
11. L'entre-deux-guerres 524
12. La Seconde Guerre mondiale 534
13. Après la Seconde Guerre mondiale 540
14. L'Angleterre rejoint l'Europe 551
15. Conclusion 561
SOURCES 565
TABLE DES ILLUSTRATIONS 569

Achevé d'imprimer en mai 1990
dans les ateliers de la SEPC
à Saint-Amand (Cher)
pour le compte de la librairie Arthème Fayard
75, rue des Saints-Pères, Paris-6e

ISBN 2-213-00621-0

35-65-6397-03

Dépôt légal : mai 1990.
N° d'Édition : 8092. N° d'Impression : 1125.

Imprimé en France

H/35-6397-0